“十三五”高职高专规划教材 · 轨道交通系列
全国行业紧缺人才、关键岗位从业人员培训推荐教材

车辆构造与检修

——客车篇

何文乔　主　编
齐　伟　副主编
陈友伟　主　审

北京交通大学出版社
· 北京 ·

内 容 简 介

本书是从目前铁路客车车辆发展变化的实际和工作现场需要出发，参照并借鉴原铁道部2008年修订的《铁路高等职业教育铁道客车车辆检修专业教学计划》编制的“客车构造与检修”课程教学大纲和北京交通大学网络教育2014年高起专“车辆构造”课程教学大纲而编写的集知识性、实用性和专业性为一体的教材。本书重点对25G型客车和25T型客车及所属部件的结构、功能、原理及检修等方面的内容进行了系统、详细的介绍。本书主要内容包括：客车基本知识，客车轮对、滚动轴承、轴箱及弹簧减振装置，客车转向架，客车车钩缓冲装置，客车车体，客车设备。

本书可作为高职院校客车车辆专业的教材，也可作为客车车辆部门干部职工的学习资料，并可供相关专业工程技术人员参考。

图书在版编目（CIP）数据

车辆构造与检修. 客车篇 / 何文乔主编. —北京：北京交通大学出版社，2015.6（2021.1重印）

ISBN 978-7-5121-2300-7

Ⅰ.①车…　Ⅱ.①何…　Ⅲ. ①旅客列车-车辆检修　Ⅳ. ①U279.3

中国版本图书馆CIP数据核字（2015）第148266号

策划编辑：刘　辉
责任编辑：刘　辉
特邀编辑：刘广钦

出版发行：北京交通大学出版社　　电话：010-51686414
　　　　　北京市海淀区高梁桥斜街44号　　邮编：100044
印 刷 者：艺堂印刷（天津）有限公司
经　　销：全国新华书店
开　　本：185×260　印张：26　字数：649千字
版　　次：2015年6月第1版　2021年1月第4次印刷
书　　号：ISBN 978-7-5121-2300-7/U・197
印　　数：3701～5200册　定价：66.00元

本书如有质量问题，请向北京交通大学出版社质监组反映。对您的意见和批评，我们表示欢迎和感谢。
投诉电话：010-51686043，51686008；传真：010-62225406；E-mail：press@bjtu.edu.cn。

前 言

“安全优质、兴路强国”是新时期的铁路精神。随着我国铁路客车的迅速发展，新型客车采用了大量的新技术、新材料、新工艺和新装备。目前，新型客车已成为我国铁路旅客运输的主型客车，但有关客车车辆构造与检修方面的新知识、新教材比较匮乏，本书作者在结合现场实际并总结教学经验的基础上，参阅了大量的书籍和最新资料，编写了这本《车辆构造与检修》（客车篇）教材。

本书主要讲述了客车基本知识、客车轮对、滚动轴承、轴箱及弹簧减振装置、客车转向架、客车车钩缓冲装置、客车车体和客车设备等内容。在讲述客车基本知识时，主要以新型车为主，采用由浅入深、既全面介绍又兼顾重点、图文并茂，对于初学者和新转入客车车辆岗位人员能够比较直观地接受新知识，有利于增强学习新知识的信心。

由于客车车辆种类较多，本书主要以介绍最常见的并具有代表性的主型车辆为主，其他类型的车辆则简要介绍，这样能达到举一反三的目的。考虑到自学时方便，除配置结构图外，有的还配置了现车实物图，可以帮助读者更好地理解讲述的内容。

在本书的编写过程中，得到了有关车辆工厂、铁路局车辆处、车辆段和科研部门的大力支持和帮助，向本书提供了有关的图纸资料；在编写过程中，还参考了有关书籍和资料；特别应该提出的是，得到了中国铁路总公司第二期高技能人才培训班、中国铁路总公司车辆师资培训班的同学和现场的学生的帮助，他们提供的大量图片和资料极大地丰富了本书内容。在此特向有关车辆工厂、铁路局车辆处、车辆段、科研部门，以及所参考书籍的作者（编者）们和我的同学、学生表示衷心的感谢。

本书可作为高职院校客车车辆检修专业的教材，也可作为客车车辆部门干部职工、新转岗到客车车辆工作岗位人员的培训资料，还可以供相关专业工程技术人员参考。

本书由沈阳铁路局锦州职工培训基地何文乔担任主编，辽宁铁道职业技术学院齐伟担任副主编；由辽宁铁道职业技术学院陈友伟主审。

由于编者水平有限，在本书编审过程中，虽经编审人员通力合作，书中也难免会存在一些疏漏或不足之处，敬请使用和阅读本教材的广大师生和其他读者给予批评指正。

编 者

2015 年 3 月

目 录

第 1 章　客车基本知识……1

1.1　客车的组成和分类……1
1.1.1　客车的组成……1
1.1.2　客车的分类……3
1.2　车辆的方位和轴距……7
1.2.1　车辆的方位……7
1.2.2　车辆的轴距与定距……9
1.3　客车车辆标记……10
1.3.1　车型车号标记……10
1.3.2　产权、配属标记……13
1.3.3　制造标记……14
1.3.4　性能标记……15
1.3.5　检修标记……18
1.4　铁路限界及客车车辆在曲线上的偏移量……21
1.4.1　设置限界的意义及制定限界的原则……21
1.4.2　机车车辆限界的概念……23
1.4.3　建筑限界的概念……25
1.4.4　客车在曲线上的偏移量……27
1.5　客车主要技术参数及有关车辆运用限度……31
1.5.1　性能参数……31
1.5.2　主要尺寸……32
1.5.3　有关车辆运用限度……32
1.6　我国现行的客车车辆检修制度……33
1.6.1　定期检修……34
1.6.2　运用维修……35
复习思考题……36

第 2 章　客车轮对、滚动轴承、轴箱及弹簧减振装置……38

2.1　客车轮对……38
2.1.1　客车车轴……43
2.1.2　客车车轮……52
2.1.3　客车常用轮对检查器的使用及测量方法……62
2.2　客车滚动轴承及轴箱装置……76

2.2.1 客车用滚动轴承······76
2.2.2 铁路客车用滚动轴承轴箱装置······87
2.3 客车弹簧减振装置······101
2.3.1 弹簧装置······101
2.3.2 减振装置······110
复习思考题······120

第 3 章 客车转向架······122

3.1 普通客车转向架······122
3.1.1 209T 型客车转向架······123
3.1.2 209P 型客车转向架······132
3.1.3 209 PK 型客车转向架······140
3.1.4 206G 型客车转向架······150
3.1.5 206P 型客车转向架······154
3.2 快速客车转向架······157
3.2.1 209HS 型客车转向架······158
3.2.2 206KP 型客车转向架······165
3.2.3 SW-160 型客车转向架······171
3.2.4 SW-220K 型客车转向架······178
3.2.5 CW-2 型客车转向架······186
3.2.6 CW-200K 型客车转向架······192
3.2.7 AM96 型客车转向架······204
3.2.8 PW-220K 型客车转向架······217
3.3 客车转向架主要零部件的检修要求······235
3.3.1 客车转向架的段修要求······235
3.3.2 客车转向架分解要求······249
3.3.3 客车转向架组装及落成要求······255
复习思考题······270

第 4 章 客车车钩缓冲装置······272

4.1 客车车钩缓冲装置概述······273
4.1.1 客车车钩缓冲装置的组成及作用······273
4.1.2 几种常用客车车钩缓冲装置的具体组成、区别及作用力传递过程······274
4.1.3 车钩的开启方式及摆块式车钩复原装置······275
4.1.4 客车车钩的种类······277
4.2 客车车钩······277
4.2.1 15 号车钩······277
4.2.2 15C 号车钩······283
4.2.3 15 号小间隙车钩······284

4.2.4 密接式车钩……286
4.3 客车缓冲器……296
4.3.1 1 号缓冲器……297
4.3.2 G1 型缓冲器……298
4.3.3 KC15 弹性胶泥缓冲器……298
4.3.4 弹性胶泥缓冲器……300
4.4 车钩缓冲装置的故障及检修……302
4.4.1 15 号车钩缓冲装置的故障及检修……302
4.4.2 密接式车钩缓冲装置的检修……308
4.5 车钩高度调整方法……309
4.5.1 15 号车钩高度的调整方法……310
4.5.2 密接式车钩高度的调整方法……314
复习思考题……315

第 5 章 客车车体……316

5.1 25G 型客车车体……317
5.1.1 YZ_{25G} 型空调硬座车……317
5.1.2 YW_{25G} 型空调硬卧车……321
5.1.3 RW_{25G} 型空调软卧车……325
5.1.4 CA_{25G} 型餐车……328
5.2 25T 型客车车体……332
5.2.1 YZ_{25T} 型空调硬座车……332
5.2.2 YW_{25T} 型空调硬卧车……338
5.2.3 RW_{25T} 型空调软卧车……342
5.2.4 CA_{25T} 型餐车……344
5.3 25K 型客车车体简介……351
5.3.1 YZ_{25K} 型空调硬座车的总体布置……351
5.3.2 YW_{25K} 型空调硬卧车的总体布置……351
5.3.3 CA_{25K} 型餐车的总体布置……352
5.4 客车车体故障及检修……353
5.4.1 客车车体的主要故障……353
5.4.2 客车车体的检修……354
5.5 车辆振动的一般知识……355
5.5.1 车辆振动的原因和形式……355
5.5.2 车辆减振措施……357
复习思考题……358

第 6 章 客车设备……360

6.1 客车给水装置……360

6.1.1　25G 型空调客车给水装置……360
6.1.2　25T 型空调客车给水装置……364
6.2　客车采暖装置……368
6.2.1　YZ_{25} 型普通客车燃煤锅炉温水取暖装置……369
6.2.2　直流 600V 供电 YW_{25G} 型空调硬卧车电热采暖装置……372
6.2.3　25T 型客车电热采暖装置……373
6.3　风挡装置……376
6.3.1　铁风挡装置……376
6.3.2　橡胶风挡装置……378
6.3.3　密封式折棚风挡装置……379
6.4　客车集便器……382
6.4.1　气动冲水式集便器装置……383
6.4.2　真空保持式集便器装置……385
6.5　客车塞拉门……397
6.5.1　MS730CP50 电控气动塞拉门的结构……397
6.5.2　MS730CP50 电控气动塞拉门的工作原理……398
6.5.3　MS730CP50 电控气动塞拉门门控操作……398
复习思考题……400
附录 A　NJ（P）3226X1 型轴承用工程塑料保持架技术说明……401
附录 B　轴承组装前的清洁度及工作间环境质量要求……402
参考文献……405

第1章

客车基本知识

铁路客车车辆是旅客的装载、运输工具，它要求运行平稳、乘坐舒适、旅行安全和方便。随着我国铁路建设的飞速发展，近年来铁路客车车辆在构造上和客车检修规程上都做了相应的调整。因此，通过学习和掌握各种客车车辆的构造和性能，了解客车车辆部件的损伤规律和检修知识，是客车车辆部门技术人员、铁道车辆专业学生和广大客车车辆工作者的基本任务。

1.1　客车的组成和分类

1.1.1　客车的组成

为了适应旅客运输的不同要求，满足国民经济高速发展的需要，铁路车辆生产厂家生产出了多种类型与结构的客车车辆，但从结构组成上，铁路客车车辆一般由客车车体、客车车钩缓冲装置、客车转向架、客车制动装置和客车车内设备五大部分组成。

1. 客车车体

客车车体现车实物如图 1-1 所示。它既是容纳旅客、装载行包及整备品等的部分，又是安装与联接其他 4 个组成部分的基础。客车车体主要由底架、侧墙、端墙及车顶等部分组成。其中，底架是车体的基础，由各种纵向梁、横向梁、辅助梁和底板等组成，承受着作用于车辆上的各种垂直载荷和水平载荷。因此，车体应具有足够的强度和刚度，其结构形式应考虑车辆的用途，使之互相适应。

图 1-1　客车车体现车实物图

2. 客车车钩缓冲装置

客车车钩缓冲装置是将机车与客车车辆或客车车辆与客车车辆之间进行互相联接，传递纵向牵引力及缓和列车运行中冲击力等作用性能的装置。客车车钩缓冲装置主要由车钩、钩尾框、钩尾扁销、缓冲器和前、后从板等组成，它安装在车体底架两端的牵引梁上。客车车钩缓冲装置要求具有强度大、摘挂方便和缓冲性能良好等特点。客车车钩缓冲装置、客车车辆与客车车辆之间现车联接实物及结构如图1-2所示。

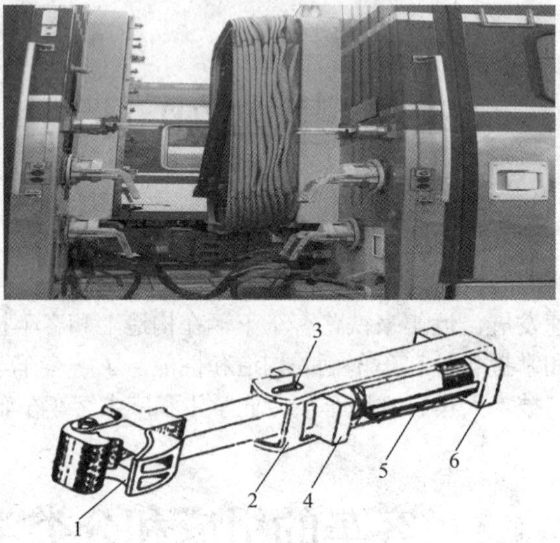

图 1-2　客车车钩缓冲装置

1—车钩；2—钩尾框；3—钩尾扁销；4—前从板；5—缓冲器；6—后从板

3.客车转向架

客车转向架（也称为走行部）现场又称台车，客车转向架现车实物如图1-3所示。它是车辆上能相对车体回转的一种走行装置，它承载着车体的自重和载重，并由机车牵引行驶在钢轨上。客车转向架主要由构架、轮对轴箱装置、摇枕弹簧装置和基础制动装置四部分组成。车辆运行速度高，转向架必须有足够的强度和良好的运行平稳性，以保证安全运行和满足旅客的舒适性要求。目前，一般铁道客车车辆的走行装置大部分是由两台二轴转向架组成的。

图 1-3　客车转向架现车实物图

4. 客车制动装置

客车制动装置是客车车辆上起制动作用的零部件所组成的一整套机构。它的主要作用是保证高速运行中的列车能按需要实现减速或在规定的距离内实现停车，以保证行车安全。客车制动装置由客车空气制动机、人力制动机和基础制动装置三部分组成。空气制动机利用压缩空气，人力制动机利用人力，可分别推动基础制动装置，使闸瓦压紧车轮或闸片压紧制动盘来实现制动作用。制动装置是保证列车安全运行的最重要部分，客车制动装置现车实物如图1-4所示。

图 1-4　客车制动装置现车实物图

5. 客车车内设备

客车车内设备是指为旅客提供必要的舒适条件所需的设备，如车内的座席、卧铺、茶桌、行李架、给水、集便器、取暖、通风、照明、空气调节及各种电气设备和供电装置等，客车车内设备中洗面间现车实物如图 1-5 所示。

图 1-5　客车车内设备中洗面间现车实物图

1.1.2　客车的分类

客车按其用途可分为 3 种：直接运送旅客的车辆、间接为旅客服务的车辆和特种用途的车辆。

客车的一般外形特点是：两侧墙上有较多的带玻璃的车窗；两车箱联接处有供旅客通行

的折棚装置与渡板；有运行品质较好的客车转向架；车身一般比较长等。客车的主要用途是运送旅客或提供某种为旅客服务的功能。还有一些客车既不运送旅客，又不为旅客服务，但因某种特殊的用途编在旅客列车中或单独几辆编组按旅客列车在线路上运行，如试验车和公务车等。

1. 直接运送旅客的车辆

直接运送旅客的车辆较多，主要有硬座车、软座车、硬卧车、软卧车、合造车和双层客车 6 种。

1）硬座车

供旅客乘坐使用。旅客座位是设有硬席座椅设备的座车，是旅客列车中的主要组成部分，每节车厢可容纳的旅客人数较多，我国新造的硬座车座席定员 118 人（带有办公席的硬座车定员 112 人）。座位的靠背为高回弹聚氨酯材料，相对的两组座椅中心距离在 1 800 mm 以下，硬座车现车实物如图 1-6 所示。

图 1-6 硬座车现车实物图

2）软座车

基本作用与硬座车相同，也是供旅客乘坐使用。车内的主要设备虽然还是座席，但座垫和靠背均有弹簧装置。座椅间距离较大，相对的两组座椅中心距离在 1 800 mm 以上。车内座席数比硬座车少，一般软座车定员 80 人，车内装饰也比硬座车讲究，软座车有着较好的舒适性，软座车现车实物如图 1-7 所示。

图 1-7 软座车现车实物图

3）硬卧车

供长途旅客乘坐及睡眠使用。目前，在长途旅客列车中，它是仅次于硬座车的主要组成部分。车内主要设备是硬席卧铺，硬卧车定员 66 人一般硬卧车内分成若干个开敞式的隔间，每个隔间内设有上、中、下 3 层 6 个铺位，少数硬卧车如软卧车那样做成包间式，硬卧车现车实物如图 1-8 所示。

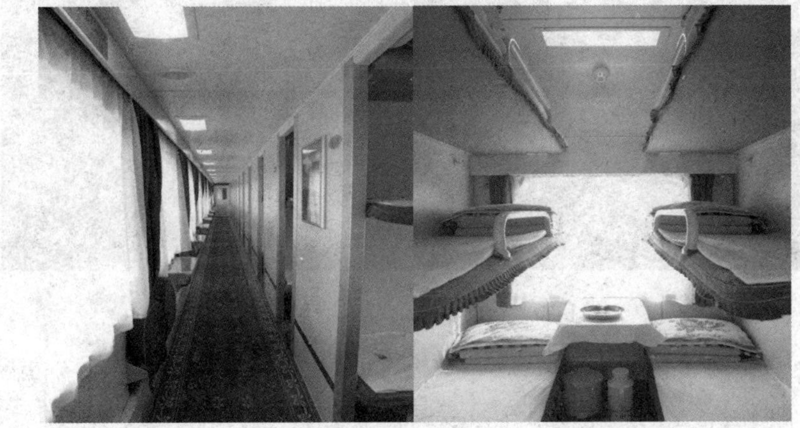

图 1-8　硬卧车现车实物图

4）软卧车

基本作用与硬卧车相同，也是供长途旅客乘坐及睡眠使用。编挂在长途旅客列车中，车内主要设备是卧铺，卧铺垫有弹簧装置，软卧车一般做成包间式，定员 36 人，每个包间定员不超过 4 人，分上、下两层，软卧车现车实物如图 1-9 所示。

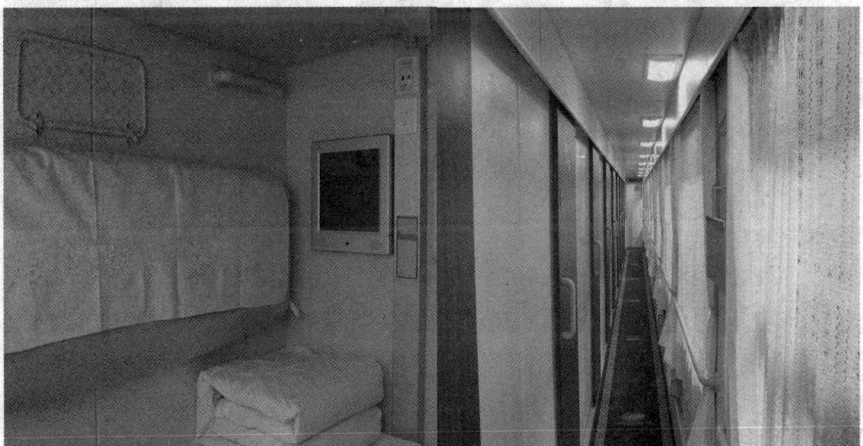

图 1-9　软卧车现车实物图

5）合造车

一辆车上同时设有两种或两种以上用途的客车车内设备的车辆，如行李软座合造车、软硬座合造车，行李邮政合造车等，行李软座合造车现车实物如图 1-10 所示。

图 1-10 行李软座合造车现车实物图

6）双层客车

设有上、下两层客室的座车或卧车，双层客车现车实物如图 1-11 所示。

图 1-11 双层客车现车实物图

2. 为旅客服务的车辆

为旅客服务的车辆一般主要有餐车和行李车两种。

1）餐车

餐车是供旅客在旅行中饮食和就餐所用的车辆，其一端为厨房，另一端为餐室并有储藏室，餐车现车实物如图 1-12 所示。

图 1-12　餐车现车实物图

2）行李车

行李车供运送旅客行李、包裹及行李员办公使用。车内设有行李间和专为行李员办公的小间，如图 1-13 所示为行李车安放行李及包裹的行李间现车实物图。

图 1-13　行李车安放行李及包裹的行李间现车实物图

3. 特种用途的车辆

特种用途的车辆是指具有特殊用途的专用车辆。特种用途的车辆较多，主要有公务车和空调发电车等。

1.2　车辆的方位和轴距

1.2.1　车辆的方位

客车车辆在前、后、左、右方向是一个接近对称的结构，在对称轴上或在对称的部位上有许多结构相同或相近的零部件。设置客车车辆方位就像数学上给定坐标系一样，以利于在设计、制造、检修和运用中确定同类型零部件在客车车辆中的位置。为了便于管理和检修，对车辆的方向和零部件位置规定了统一的确定方法。

1. 客车的纵、横方向

客车位于平直线路时，沿客车前后的联接牵引方向称为客车纵向；与客车纵向相垂直的水平方向称为客车横向。

2. 客车车辆方向的确定

客车车辆的方向定位称呼是以制动缸活塞杆推出的方向为第一位，相反的方向为第二位，在第一位车端称为一位端，第二位车端称为二位端，并在车上规定的部位涂刷方位标志。

客车转向架使用盘形制动装置时单元制动缸数较多，则规定安装人力制动机的车端为1位端，另一端为2位端。

3. 客车零部件位置的称呼方法

客车的轴箱、车轮、车轴、车窗、车钩、转向架、车底架上的各梁和其他零部件位置的称呼方法规定为：如果零部件位置是纵向排列的，由1位端数起，顺次数到2位端止；如果零部件位置是左右对称的，则人站立在1位端，面向2位端，从1位端数起，按照从左到右（即左侧为奇数，右侧为偶数）顺次数到2位端止，车辆方位表示如图1-14所示。

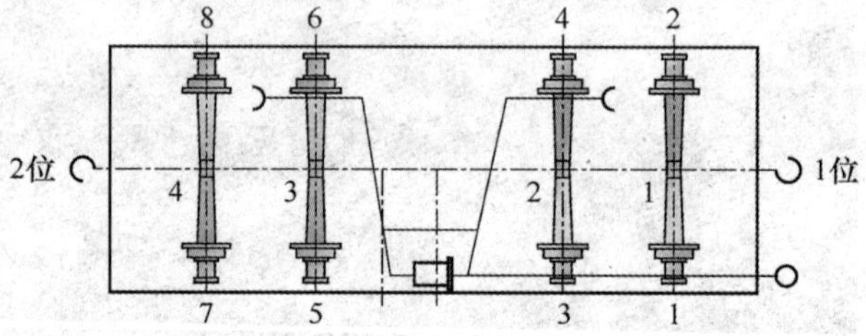

图1-14 车辆方位表示图

4. 列车中客车前、后、左、右的称呼方法

编挂在列车中的客车，其前、后、左、右的称呼方法是按照列车运行方向来规定的。

其前进的一端称为前部，相反的一端称为后部，人站在后部面向前部（列车运行方向）而定出其左右（列车运行方向的左侧或右侧）。

其连挂的客车车辆，由机车后的第一辆客车、第二辆客车等分别称为机车后部1位、2位客车车辆等，列车中客车前、后、左、右的称呼方法现车实物如图1-15所示。

图1-15 列车中客车前、后、左、右的称呼方法现车实物图

1.2.2　车辆的轴距与定距

当车辆运行在曲线上时，车体或转向架的中心线与线路中心线会不一致，这种不一致的程度越大，轮缘与钢轨之间的磨损就越大。为了克服这种缺点，除在线路铺设上，应限制曲线半径不得过小，外轨应适当加高和轨距加宽外，在车辆的制造上，对轮轴距离也应加以规定和限制。

1. 全轴距

一辆车上，最前位车轴和最后位车轴中心线间的水平距离称为全轴距，如图 1-16 中的 *A* 所示。

全轴距不得小于 17 000 mm，这是为什么呢？因为全轴距过小时，会引起车体激烈的点头振动，容易引起脱轨或脱钩事故，并使旅客不舒适。

2. 车辆定距

车辆定距又称心盘中心距。

有转向架的车辆，底架两心盘中心销（或牵引销）中心线之间的水平距离称为车辆定距，如图 1-16 中的 *B* 所示。

车辆定距是车辆计算中不可缺少的技术参数。一般在制造车辆时，取车辆全长与车辆定距之比为 1.4∶1。这个比例既不可过大，也不能过小。当比例过大时，易引起牵引梁下垂；当比例过小时，车辆通过曲线线路会造成车体中部偏移量过大。

客车车辆定距一般为 18 000 mm，双层客车车辆定距一般为 18 500 mm。

3. 固定轴距

同一转向架中最前位车轴和最后位车轴中心线间的水平距离称为固定轴距，如图 1-16 中的 *C* 所示。

固定轴距过大或过小，对车辆的运行具有的影响如下。

当固定轴距过大时，如果车辆在曲线半径小的线路上运行，外侧车轮轮缘压迫钢轨内侧面，不但会加剧轮缘与钢轨间的磨耗，而且容易扩大轨距造成脱轨事故；当固定轴距过小时，会增大车辆的振动，使旅客感到不舒服，而且使车辆上的螺栓等紧固件容易松弛，各零部件及货物容易损坏。

因此，一般铁路客车二轴转向架的固定轴距为 2 400～2 700 mm。

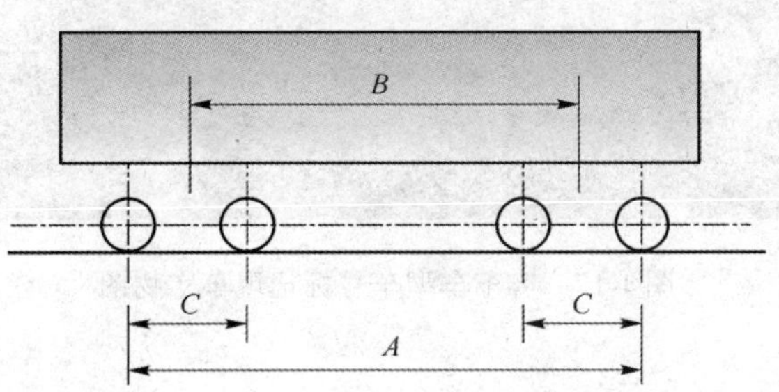

图 1-16　车辆轴距、车辆定距示意图

A—全轴距；*B*—车辆定距；*C*—固定轴距

1.3 客车车辆标记

为了便于对客车车辆的运用、检修和管理，每一车辆应具有《铁路车辆标记》中所规定的各种标记。并在车辆指定的明显部位，用油漆涂打各种应有识别的标记。车辆标记用于标明车辆的配属、用途、编号、主要参数、方向、位置等文（数）字和代号称为车辆标记。车辆标记由共同标记和特殊标记构成。

客车车辆标记一般分为车型车号标记、产权配属标记、制造标记、性能标记和检修标记5类。

1.3.1 车型车号标记

客车的车型车号标记简称车号，是指车辆型号及号码。客车车辆车型车号按照《铁路客车车型车号代码》（TB/T 2913—1998）的规定进行编码。

客车的车型车号标记由基本型号、辅助型号和客车制造顺序号码三部分组成。三部分完整的车号是指某辆具体的车。客车的车型车号标记涂打在车体1、4位外侧墙板靠车门处，客车的车型车号标记现车实物如图1-17所示。在客车内部两内端门上方各安装1块带定员的“车内车号牌”。为了便于旅客识别，在客车车体两侧外墙板近车门处涂打车种汉字称号和汉语拼音称号，并涂打车号标记。

图1-17 客车车型车号标记现车实物图

1. 基本型号

基本型号代表车辆种类。将客车的车种名称简化，用2～3个大写汉语拼音字母来表示，将这些拼音字母称为客车的基本型号，例如，YW表示硬卧车、SYZ表示双层硬座车等。

客车的车种名称和基本型号如表1-1所示。

表 1-1　客车车种名称和基本型号表

<table>
<tr><th colspan="3">客车类别</th><th>基本型号</th></tr>
<tr><td rowspan="10">直接运送旅客类</td><td colspan="2">硬座车</td><td>YZ</td></tr>
<tr><td colspan="2">软座车</td><td>RZ</td></tr>
<tr><td colspan="2">硬卧车</td><td>YW</td></tr>
<tr><td colspan="2">软卧车</td><td>RW</td></tr>
<tr><td rowspan="3">双层客车</td><td>双层硬座</td><td>SYZ</td></tr>
<tr><td>双层软座</td><td>SRZ</td></tr>
<tr><td>双层软卧</td><td>SRW</td></tr>
<tr><td rowspan="3">合造车</td><td>软硬座车</td><td>RYZ</td></tr>
<tr><td>行李邮政车</td><td>XU</td></tr>
<tr><td>其他</td><td></td></tr>
<tr><td rowspan="2">为旅客服务类</td><td colspan="2">餐车</td><td>CA</td></tr>
<tr><td colspan="2">行李车</td><td>XL</td></tr>
<tr><td rowspan="5">特种用途类</td><td colspan="2">邮政车</td><td>UZ</td></tr>
<tr><td colspan="2">公务车</td><td>GW</td></tr>
<tr><td colspan="2">试验车</td><td>SY</td></tr>
<tr><td colspan="2">维修车</td><td>WX</td></tr>
<tr><td colspan="2">空调发电车</td><td>KD</td></tr>
</table>

2. 辅助型号

辅助型号代表车辆的构造形式。为表示同一车种名称客车的不同结构系列，以及内部有特殊结构设施或车体材料改变时，用一位或两位小阿拉伯数字及小号汉语拼音字母表示，附在基本型号的右下方。将这些小阿拉伯数字和小汉语拼音字母称为客车的辅助型号。

例如，YZ_{25G}、YZ_{25K}、YZ_{25T}等中的25G、25K、25T均为客车的辅助型号。

辅助型号作为基本型号的后缀，原则上两种型号合在一起不得超过5个字符。

例如，RW_{25G}中，RW表示车种，25表示车长系列，G表示结构区别。

3. 车辆制造顺序号码

大阿拉伯数字为车辆的制造顺序号码，每一辆车应有唯一的号码。客车的车号编码采用数字码，它以6位阿拉伯数字表示。表示按照预先规定的规则而编排的某一车种的制造顺序号码。用以区分同一类型的不同车辆，用大阿拉伯数字表示，记在基本型号和辅助型号右侧。例如，YW_{25G} 665655中的665655即为客车车辆制造顺序号码。

国铁客车车辆制造顺序号码的编排如表1-2所示。

表 1-2 国铁客车车辆制造顺序号码编排表

顺 号	车 种	起 止 号 码
1	合造车	100000～109999
2	软座车	110000～199999
3	行李车	200000～299999
4	硬座车	300000～499999
5	软卧车	500000～599999
6	硬卧车	600000～799999
7	餐 车	800000～899999
8	其他车	900000～999999

地方、合资铁路公司配属的客车纳入中国铁路总公司车号统一管理，它们的客车车辆制造顺序号码的编排如表 1-3 所示。

表 1-3 地方、合资铁路公司配属的客车车辆制造顺序号码编排表

顺号	车种	起止号码
1	合造车	001000～009999
2	软座车	010000～019999
3	行李车	020000～029999
4	硬座车	030000～049999
5	软卧车	050000～059999
6	硬卧车	060000～079999
7	餐 车	080000～089999
8	其他车	090000～099999

注：严禁自编、自改客车制造顺序号码。

其中：

① 对于有特殊结构和用途的客车，在车种基本型号前增添汉语拼音字头。例如，双层硬座客车（SYZ）在“YZ”前加“S”等。

② 由两种或两种以上车种合造成一辆车时，称为合造车。合造车的基本型号由组成合造车的车种汉语拼音字头合并，并按表 1-1 所示的顺序排列。例如，“软硬座合造车”在“Z”前加“RY”为“RYZ”。

客车标记示例：

YZ_{25Z}393968。其中，YZ 表示基本型号为硬座车；25Z 表示辅助型号为 25 型准高速客车，393968 表示客车制造顺序号码。

RZ_{25K}193968。其中，RZ 表示基本型号为软座车；25K 表示辅助型号为 25 型快速空调客车；193968 表示客车制造顺序号码。

1.3.2　产权、配属标记

1. 国徽标记

凡参加国际联运的客车，在车体两侧外墙板中心必须悬挂特制的国徽，国徽标记现车实物如图 1-18 所示，表示是中华人民共和国的车辆，国徽标记应按国际联运有关规定制造。

图 1-18　国徽标记现车实物图

2. 路徽标记

为区别于外国车辆和不属于中国铁路总公司的地方、合资铁路公司配属的客车车辆，在中国铁路总公司所属的车辆上，一律按规定涂打铁路路徽。我国的路徽为，路徽标记现车实物如图 1-19 所示，含有人民铁道之意。路徽标记的图形和尺寸应符合中国铁路总公司标准的规定，并涂打在车体两端外墙板（即 1、4 位端墙）。

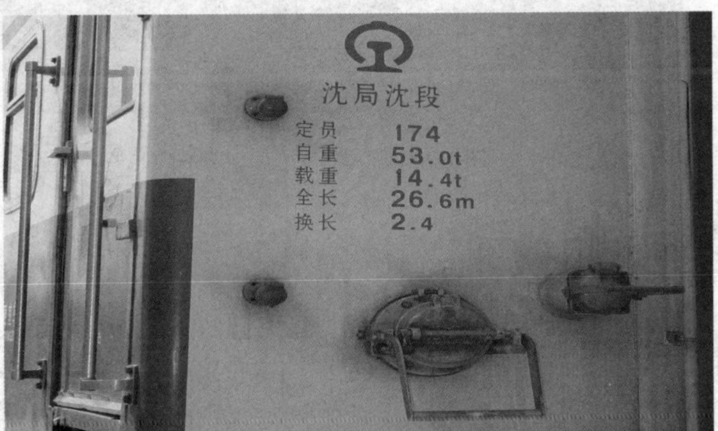

图 1-19　路徽标记现车实物图

3. 配属标记

铁路客车实行固定配属管理，按照统一管理、同型集中、有利维修的原则。根据列车运行图方案，综合考虑检修、整备和存车能力，由各铁路局车辆处负责将客车配属到车辆段，车辆段技术管理部门负责将客车配属到运用车间。

行李车、邮政车等代管客车，配属单位每年与代管铁路局、车辆段签订代管协议。当代管关系发生变化时，应由配属单位以文件或电报的形式通知所在铁路局车辆处和相关车辆段。

凡配属给指定铁路局、车辆段和有关单位管理的客车，在客车车体两端外墙板（即1、4位端墙）左侧路徽标记的下方，应按规定涂打配属单位简称的“配属标记”，例如，配属给沈阳铁路局沈阳车辆段的客车应涂打“沈局沈段”配属标记，配属标记现车实物如图1-20所示。

配属标记示例：×局×段

×段 → 车辆段简称

×局 → 铁路局简称

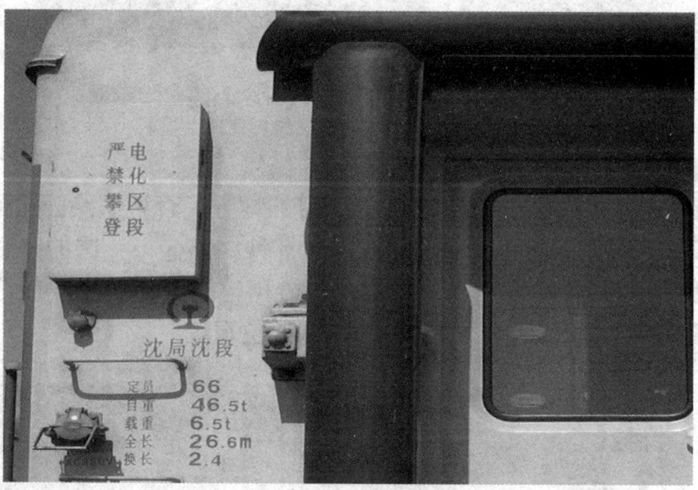

图 1-20　配属标记现车实物图

1.3.3　制造标记

在每辆客车上，都安装有一块金属的制造厂铭牌，制造标记现车实物如图 1-21 所示。其内容包括制造厂名和制造年份，式样由生产厂家自定，新造客车应安装在车体 2 位或 3 位脚蹬上。

此外，车辆的主要零部件，如车轮、车轴、转向架及车钩等，在其上一般均有该零部件生产厂家的某种代号，锻造常打出数码代号，铸件常铸出铸造代号。这些标记的基本作用是在发生行车事故后可据此追究责任。

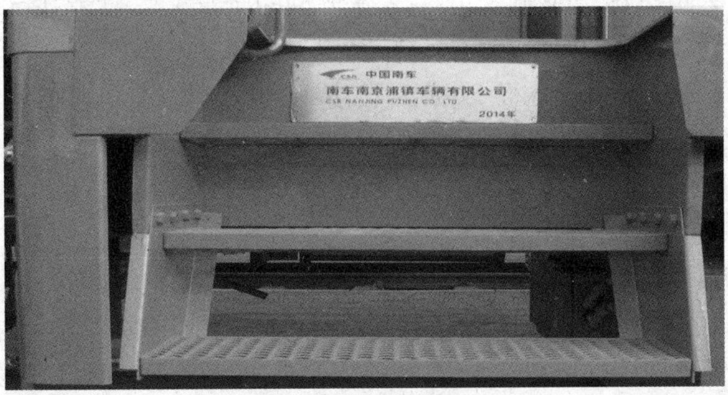

图 1-21　制造标记现车实物图

1.3.4　性能标记

客车的性能标记包括定员、自重、载重、全长、换长和容积（行李车有此项标记），硬座车及行李车的性能标记现车实物如图1-22所示，涂打在客车车体两端外墙板（即1、4位端墙）左侧配属标记的下方。

图 1-22　硬座车及行李车的性能标记现车实物图

（1）自重：空车时，车辆自身具备的全部质量称为车辆自重。以吨（t）为计量单位，保留1位小数。

（2）载重：车辆标记中所注明的货物或旅客和行李包裹的质量（包括整备品质量和乘务人员的质量）称为车辆的载重。换言之，车辆允许的正常最大装载质量，以吨（t）为计量单位，保留1位小数。

（3）容积：车辆内部可容纳货物的体积称为车辆的容积。也可以表述为：行李车和邮政车等可供装载货物的最大容量。以车体内部长、宽、高的乘积表示，以立方米（m^3）为计量单位，保留1位小数。容积下面附括号，在括号内列出长、宽、高标记，以米（m）为计量单位，保留1位小数。

行李车、邮政车在配属标记下方涂打“容积”标记。

（4）车辆长度（全长）：车辆不受纵向外力影响时，该车两端车钩在闭锁位置时两钩舌内侧面之间的水平距离称为车辆长度（又称车辆的全长）。以米（m）为单位，保留1位小数。

（5）换长：车辆长度（m）除以标准长度（m）所得之值为车辆的换长。它是车辆长度换算标记，保留1位小数，尾数四舍五入。

换长也可以称为计算长度，以解放初期C_1型敞车的车辆长11 m为标准长度。采用换长是为了简化计算列车的编组长度。

（6）定员标记：每辆车上允许乘坐、站立或睡眠的旅客人数称为定员。也可以表述为：每辆车设计时，乘载旅客的座位数或铺位数。定员标记固定在客车客室内部两端门上部的特制标盘上，标明车号及按座席或铺位可容纳的定员数，定员标记现车实物如图1-23所示，硬座车的定员数为118人。

图 1-23　定员标记现车实物图

（7）最高运行速度标记：最高运行速度除满足安全及结构强度等条件外，还必须满足连续以该速度运行时，车辆有足够良好的运行性能。以往常用“构造速度”作为参数，因其概念不够明确，所以，现多以“最高试验速度”和“最高运行速度”来替代它。在客车车体的1、4位侧墙上涂打该车的最高运行速度标记，如“140 km/h”，表示该车在满足安全和舒适性条件下，制造单位限制用户将车辆的运行速度不超过140 km/h。最高运行速度为140 km/h的现车实物如图1-24所示。一般来说，最高运行速度距最高试验速度还有一定的裕量，也就是说，最高运行速度要比最高试验速度低，以保证行车安全。

图 1-24　最高运行速度标记现车实物图

（8）票插：在2、3位脚蹬的旁板上或两端外侧墙板的右下方安装票插，安装两种形式“票插”的现车实物如图1-25所示。

图 1-25　安装两种形式票插的现车实物图

（9）为了保证电气化区段的作业安全，在电气化区段运行的客车，应有“电气化区段严禁攀登”的安全性标识。其标记位置，一般在车辆 1、4 位端部的登顶扶梯处，“电气化区段严禁攀登”的安全性标识现车实物如图 1-26 所示。

图 1-26　电气化区段运行客车“电气化区段　严禁攀登”的安全标识现车实物图

（10）小间隙车钩标记在车体端墙下角涂打“小”，小间隙车钩标记现车实物如图 1-27 所示。

图 1-27　小间隙车钩标记现车实物图

（11）密接式车钩标记在车体端墙下角涂打“密”字标记，密接式车钩标记现车实物如图 1-28 所示。

图 1-28　密接式车钩标记现车实物图

1.3.5　检修标记

客车车辆的检修标记是便于车辆计划预修理制度执行与管理的标记，它记下本次修程、类型及检修责任单位并提醒下一次同类修程应在何时进行等，车辆一旦发生行车事故，可据此追查与车辆检修有关的责任单位及责任者。

客车车辆检修标记一般分为定期检修标记和车辆检修有关标记等。

1. 定期检修标记

1）客车厂、段修标记

客车车辆的厂、段修标记及现车实物如图1-29所示，横线上部为段修标记，下部为厂修标记。右侧是本次检修的年、月和检修单位简称，左侧为下次检修年、月。由厂、段修标记可反映出厂修和段修的周期。客车的厂、段修标记涂打在两外端墙板（即2、3位端板）右侧。

15.10　　13.04 沈沈

20.12　　10.12 唐厂

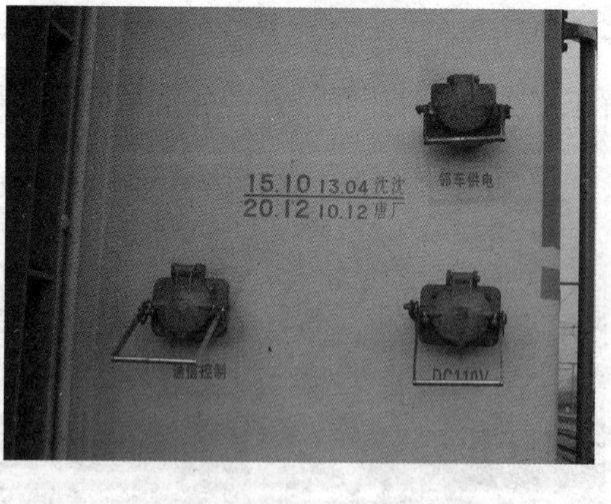

图 1-29　客车厂、段修标记及现车实物图

2）客车辅修标记

由于辅修修程的周期短，因此，仅需标注月日、检修单位简称，以及下次应做检修的日期等即可。

施行辅修后的客车，按图 1-30 所示用漏模在制动缸（或副风缸）外侧中部涂打辅修标记；在转向架第 2、3 位侧梁上涂打辅修标记。标记应清晰端正，右上格为本次检修日期和局段简称，左上格为下次检修日期。辅修标记空格用完后，做定检时应将原标记用油漆涂掉，再涂打新的标记。

图 1-30　客车辅修标记现车实物图

3）快速车辆检修标记

快速车辆检修标记现车实物如图1-31所示，分为A1、A2、A3、A4四级修程，涂打于两外侧墙板右侧。检修时间A1修必须涂打年、月、日，A2、A3、A4修只需涂打年、月。

A1		
A2		
A3	09 . 05	沈沈
A4	04 . 11	四厂

图 1-31　快速车辆检修标记现车实物图

2. 车辆检修有关标记

（1）车辆方位：用阿拉伯数字“1”和“2”表示，分别表示车辆的1位端和2位端，涂打在车体两外端墙两下角，如图1-32所示为该车的车辆方位为一位端。

图 1-32　车辆的一位端现车实物图

（2）车钩中心线：沿车钩钩舌外侧及钩头两侧，在钩身横截面高度1/2处用白色油漆涂打一宽度为5 mm的水平直线，即为车钩中心线。车钩中心线距轨面的距离应符合规定，现车实物如图1-33所示。

图 1-33　车钩中心线现车实物图

（3）钩型：在钩头侧面涂有车钩型号（阿拉伯数字），以便于识别，现车实物如图1-34所示。

图 1-34　钩型为 15 号车钩的现车实物图

（4）：表示客车架车作业时，顶车的指定部位现车实物如图 1-35 所示。

图 1-35　客车架车作业顶车的指定部位现车实物图

1.4　铁路限界及客车车辆在曲线上的偏移量

1.4.1　设置限界的意义及制定限界的原则

为了防止机车车辆与线路建筑物碰撞发生铁路交通事故，由中国铁路总公司于2014年11月1日起施行的《铁路技术管理规程》规定：一切建（构）筑物、设备，均不得侵入铁路建筑限界。与机车车辆有直接互相作用的设备，在使用中不得超过规定的侵入范围。铁路限界由机车车辆限界（简称“车限”）和建筑限界（简称“建限”）两者共同组成，两者间相互制约与依存。铁路限界是铁路安全行车的基本保证之一，为了使机车车辆能在一定范围的路网内通行无阻，不会因机车、车辆外形尺寸设计不当、货物装载位置不当或建筑物、地面设备的位置不当而引起不安全的行车事故，必须用限界分别对机车、车辆和建筑物等地面设备加以制约。因此，限界是铁路各业务部门都必须遵循的基础技术规程。限界制定的是否合理、先进，也关系到铁路运输总的经济效果。

一般，建筑限界和机车车辆限界均指在平直线路上两者中心线重合时的一组尺寸约束所构成的极限轮廓，如图 1-36 所示。

图 1-36　机车车辆限界与建筑限界

在机车车辆限界与建筑接近限界之间留有一定的空间，这个空间称为安全空间。安全空间应该包括以下8点内容。

① 车辆制造公差引起的上下、左右方向的偏移或倾斜。

② 车辆在名义载荷作用下弹簧受压缩引起的下沉，以及弹簧由于性能上的误差可能引起的超量偏移或倾斜。

③ 由于各部分磨耗或永久变形而造成的车辆下沉，特别是左右侧不均匀磨耗或变形而引起的车辆倾斜与偏转。

④ 由于轮轨之间，以及车辆自身各部分存在的横向间隙而造成车辆与线路间可能形成的偏移。

⑤ 车辆在走行过程中因运动中力的作用而造成车辆相对线路的偏移。它包括曲线区段运行时，实际速度与线路超高所要求的运行速度并不一致而引起的车体倾斜，以及车辆在振动中产生的上下、左右各个方向的位移。

⑥ 线路在列车反复作用下可能产生的变形。

⑦ 运输某些特殊货物时可能会超限。

⑧ 为应付可能出现的特殊情况，还应该有足够的裕留空间。

以上最后两点指的是由铁路承运的某些不宜分解的大型、重型机器设备，以及某些特大型的机器设备，如大型发电设备及化工设备等。

理论上，根据机车车辆限界包括以上提到的8种空间的多少而可以分成以下3种不同的限界。

- 无偏移限界：当机车车辆限界仅考虑上述第1点内容时，称为无偏移限界，又称制造限界。此时，车辆限界与建筑限界之间所留的空间应该很大。
- 静偏移限界：当机车车辆限界考虑了上述第1至第3点内容时，称为静偏移限界或静态限界。此时，车辆限界与建筑限界之间的空间可以压缩一些，只包括第4至第8点内容。
- 动偏移限界：当机车车辆限界考虑了第1至第5点内容时，车辆限界与建筑限界之间的空间可以留得很少，这种限界称为动偏移限界或动态限界。

3种限界虽然都应考虑以上8点内容，但以无偏移限界空间利用率最低，这是因为各种不同的机车、车辆可能发生的最大偏移量都各不相同。因为要把除了制造公差以外的全部内容都包含在机车车辆限界与建筑限界之间的空间内，所以，只能尽可能留得大一些的空间，以免发生意外。而以动偏移限界的空间利用率最高，因为，可以在车限内考虑各种机车、车辆发生不同的偏移状况，而把车辆限界与建筑限界之间的不定因素减到最小限度，因此，车辆限界与建筑限界之间所留的空间可以最小。我国准轨铁路的机车车辆限界在横向基本属于无偏移限界；而在垂向除需考虑车钩高的变化外，还需考虑弹簧的平均静挠度及垂向均匀磨耗，故基本属于静偏移限界。

除上述3种限界外，根据制定限界的这些原则，在某些特殊的路网上还可以使用特殊的限界。例如，高速客运专线上在考虑行车安全时必须考虑空气动力学问题，因此，复线的线间距及隧道截面积等都比普通线路大。

1.4.2 机车车辆限界的概念

机车车辆限界是一个和线路中心线垂直的机车车辆的极限横断面轮廓图形。机车车辆无论是空车还是重车，无论是具有最大标准公差的新车，还是具有最大标准公差和磨耗限度的旧车，停放在水平直线上，无侧向倾斜与偏移，除电力机车升起的受电弓外，该车所有突出部分和悬挂部分，都应容纳在这个限界轮廓之内，不得超越。

我国的机车车辆限界经过多次修改，目前执行的是2014年11月1日起施行的《铁路技术管理规程》客货共线铁路机车车辆限界标准和客运专线铁路机车车辆限界标准。客货共线铁路机车车辆限界和客运专线铁路机车车辆限界用下面的机车车辆限界图来说明。

（1）客货共线铁路机车车辆上部限界图如图1-37所示。

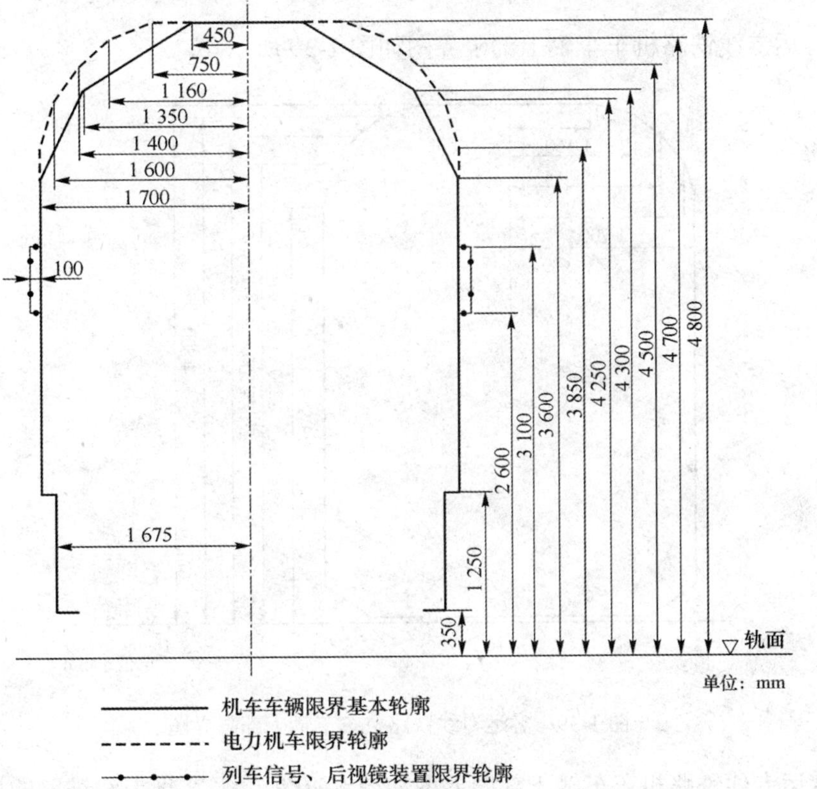

图 1-37 客货共线铁路机车车辆上部限界图

（2）客货共线铁路机车车辆下部限界图如图1-38所示。

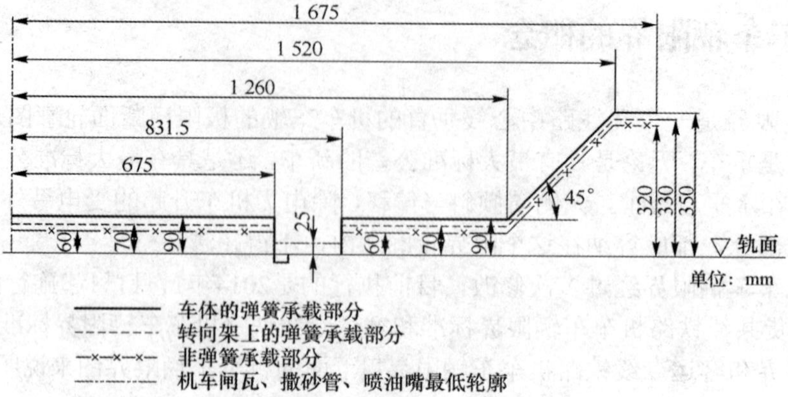

图 1-38 客货共线铁路机车车辆下部限界图

（3）客运专线铁路机车车辆上部限界图如图 1-39 所示。

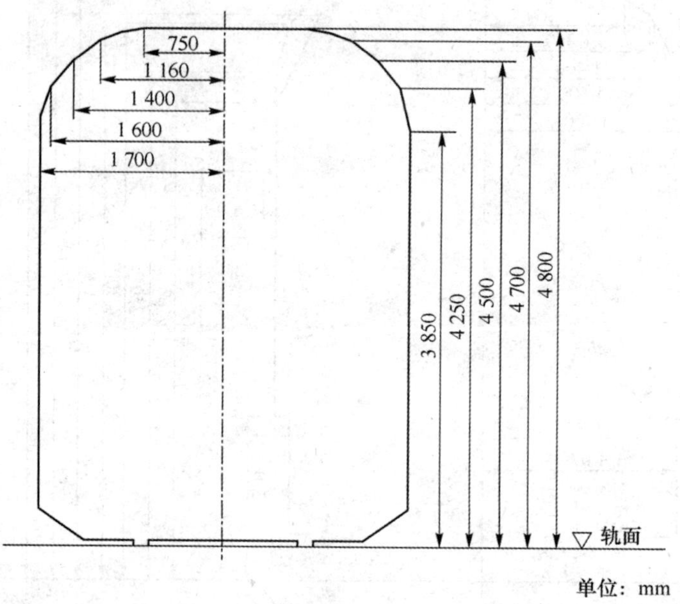

图 1-39 客运专线铁路机车车辆上部限界图

（4）客运专线铁路机车车辆下部限界图如图 1-40 所示。客运专线铁路的机车车辆在客货共线铁路运用时，还应符合客货共线铁路机车车辆限界要求。

规定限界的目的，主要是防止机车车辆在线路上运行时与各种建筑物及设备发生接触，以保证行车安全。

为了检验新造或修理后的机车车辆是否符合限界的标准，机车车辆修造部门一般都设有一个限界的检查框架，称为“标准轨距铁路机车车辆限界规”，简称“限界规”，以保证机车车辆符合限界尺寸的要求。

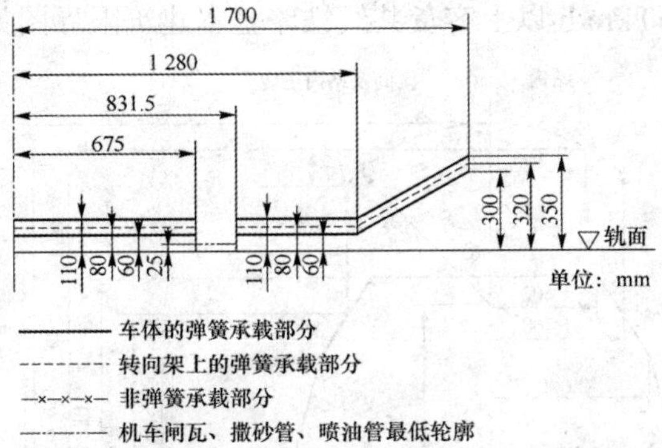

图 1-40　客运专线铁路机车车辆下部限界图

在使用中犹如把一个直角坐标系固定在限界图中，所有竖直高度均从轨面算起；所有横向宽度均从中垂线向两侧计算。若一辆车在某横截面处的总宽度虽不超限，但只要某侧半宽超限即为超限。

1.4.3　建筑限界的概念

限制线路建筑物或设备距线路中心和轨面的最小容许尺寸的轮廓图形称为建筑限界。目前，我国执行的是2014年11月1日起施行的《铁路技术管理规程》客货共线铁路建筑限界标准和客运专线铁路建筑限界标准。车辆运行速度在160 km / h及以下的客货共线铁路建筑限界、车辆运行速度在160 km / h以上客货共线铁路建筑限界和客运专线铁路建筑限界用下面的建筑限界图来说明。

（1）运行速度在160 km/h及以下的客货共线铁路基本建筑限界图如图1-41所示。

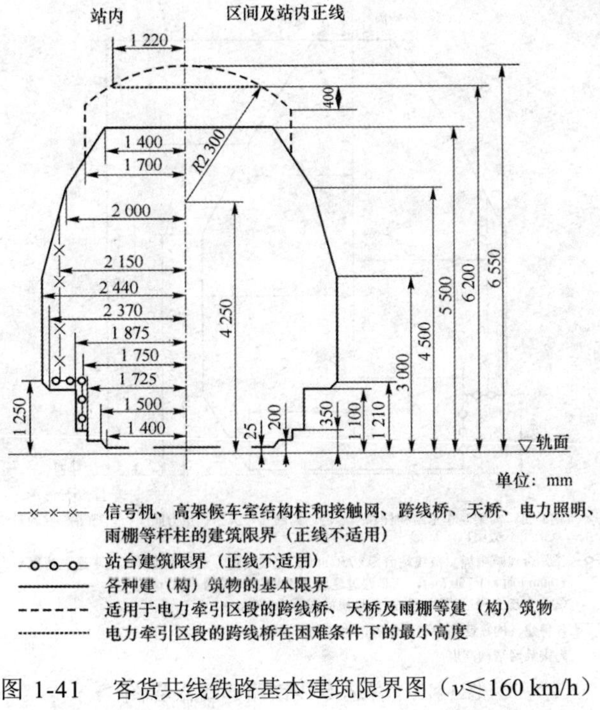

图 1-41　客货共线铁路基本建筑限界图（$v \leqslant 160$ km/h）

（2）运行速度在 160 km/h 以上客货共线铁路基本建筑限界图如图 1-42 所示。

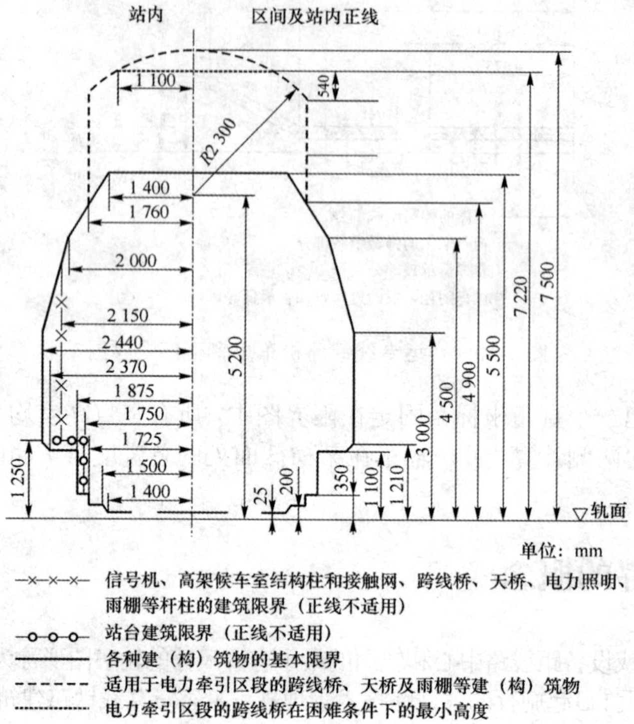

图 1-42　客货共线铁路基本建筑限界图（v＞160 km/h）

（3）客运专线铁路建筑限界图如图 1-43 所示。

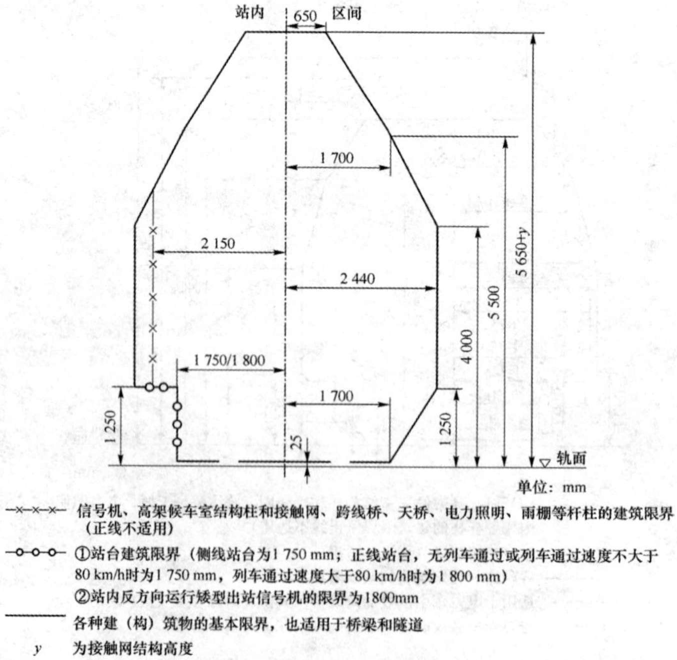

图1-43　客运专线铁路建筑限界图

根据中国铁路总公司2014年11月1日起施行的《铁路技术管理规程》规定，一切建（构）筑物、设备，均不得侵入铁路建筑限界。但是，当车辆在曲线上运行时，车辆中心线与线路中心线不能重合，车辆两端超出曲线外侧，而中部偏入曲线内侧；曲线线路上外轨有超高，使车辆发生倾斜；考虑到这些因素的影响，所以，在线路的曲线区段必须加宽建筑接近限界，以使其保证有足够的曲线限界间隙。

1.4.4 客车在曲线上的偏移量

车辆通过曲线时，车体的中心线与线路的中心线不能重合而发生偏离的现象称为车辆偏移。

偏移量及其过大的危害如下。客车通过曲线时，车体的中央部分偏向线路的内侧，车体的两端偏向线路的外侧，使车体的中心线与线路的中心线不能重合而发生偏移，该偏移的大小称为偏移量。

客车在曲线上的静偏移量与曲线半径和车体的长度有关，曲线半径越小或车体长度越长，则偏移量越大。偏移量过大时，有可能超过机车车辆限界，并使车钩互相摩擦，可能引起车钩自动分离，或出现不能摘钩等现象。

在实际工作中，主要应用在监装超限货物时，需要计算通过曲线时的偏移量，核查能否保证安全运行。

车辆在曲线上的偏移量的计算方法如下。

1. 二轴车在曲线上偏移量的计算

假定车辆是一个理想的刚体，即轮对与轨道、车体间没有任何相对运动，且车轴与车体相互垂直，轮对中心线与线路中心线重合。

二轴车在曲线上的车体偏移情况如图 1-44 所示。

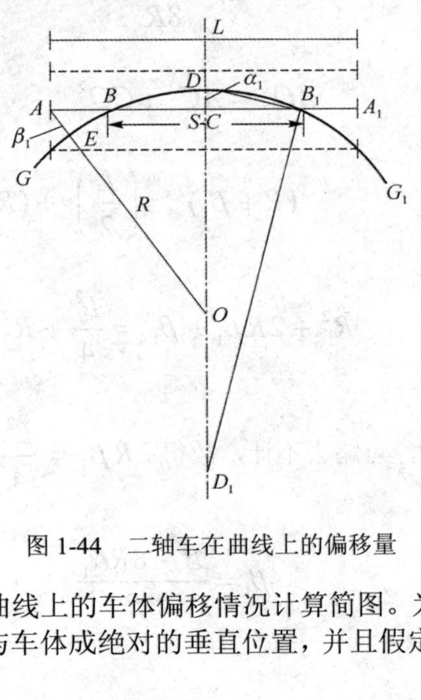

图 1-44 二轴车在曲线上的偏移量

图 1-44 表示二轴车在曲线上的车体偏移情况计算简图。为简化计算，假定轮对与车体之间没有任何游间，而车轴与车体成绝对的垂直位置，并且假定这两个轮对的中心与线路的

中心线相重合。设 $CD=\alpha_1$ 为车体中央部分的内偏移量；$AE=\beta_1$ 为车体端部的外偏移量（忽略夹角影响将 AE 视作 β_1）；$AA_1=L$ 为车体长度；$BB_1=S$ 为二轴车的固定轴距；R 为线路曲线半径；GG_1 弧为曲线线路中心线。

由$\triangle D_1C_1B_1 \backsim \triangle B_1CD$

得
$$\frac{D_1C}{CB_1}=\frac{CB_1}{CD}$$

因
$$D_1C=DD_1-DC=2R-\alpha$$

$$CB_1=\frac{BB_1}{2}=\frac{S}{2}$$

故
$$\frac{2R-\alpha_1}{\frac{S}{2}}=\frac{\frac{S}{2}}{\alpha_1}$$

$$\frac{S^2}{4}=2R\alpha_1-\alpha_1^2$$

因 α_1^2 的数值很小，可以略去不计，故得 $\dfrac{S^2}{4}=2R\alpha_1$

$$\alpha_1=\frac{S^2}{8R} \tag{1-1}$$

在$\triangle AOC$ 中
$$AO^2=AC^2+CO^2$$

即
$$(R+\beta_1)^2=\left(\frac{L}{2}\right)^2+(R-\alpha_1)^2$$

展开后得
$$R^2+2R\beta_1+\beta_1^2=\frac{L^2}{4}+R^2-2R\alpha_1+\alpha_1^2$$

因 α_1^2 及 β_1^2 的数值很小，可略去不计，故得 $2R\beta_1=\dfrac{L^2}{4}-2R\alpha_1$

$$\beta_1=\frac{L^2-8R\alpha_1}{8R}$$

将式（1-1）代入，得

$$\beta_1 = \frac{L^2 - S^2}{8R} \tag{1-2}$$

在规定的限界条件下，车体端部的偏移量与中央部分的偏移量相等时可获得最大的车辆宽度。

在车体长度、固定轴距和线路曲线半径已知的条件下，由式（1-1）和式（1-2）可分别求得二轴车辆在曲线上，其中央部分的向内偏移量 α_1 和两端的向外偏移量 β_1。

为了充分利用限界，在设计车辆时希望 $\alpha_1 = \beta_1$，

$$\frac{S^2}{8R} = \frac{L^2 - S^2}{8R}$$

则

$$L^2 = 2S^2$$

即

$$\frac{L}{S} = \sqrt{2} \approx 1.4$$

上式说明车体长度与车辆定距之比为 1.4 时，利用限界较为合理。

2. 具有转向架的四轴客车在曲线上的偏移量的计算

有转向架的客车在曲线上的偏移情况和计算简图如图 1-45 所示。有转向架的客车在曲线上运行时，由于转向架心盘的中心向线路曲线内侧偏移，带动车体都向曲线中心移动。因此，车辆中部的偏移量增加，两端的偏移量减少。

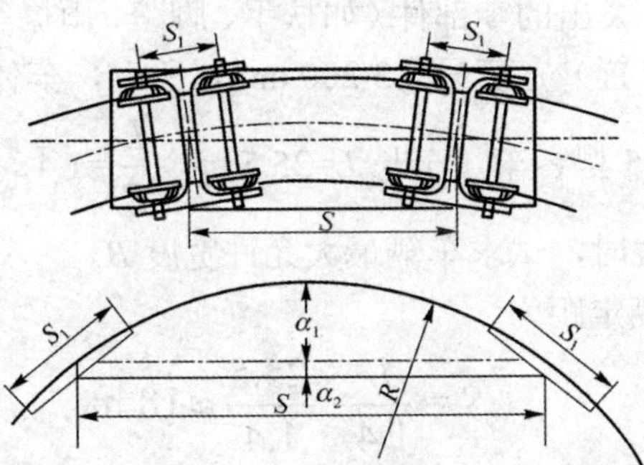

图 1-45　有转向架的四轴客车在曲线上的偏移量

由图 1-45 可知，有转向架的客车两心盘中心线间的水平距离（即车辆定距）为 S，车体长度为 L，转向架固定轴距为 S_1，转向架下心盘中心向线路曲线中心内侧偏移量 α_2 可根据式 $\alpha_1 = \frac{S^2}{8R}$ 求得

$$\alpha_2=\frac{S_1^2}{8R}$$

因为曲线半径很大，故α_2可视为整个车辆向曲线中心的移动量。于是，具有转向架的客车中央部分的总内偏移量为

$$\alpha=\alpha_1+\alpha_2=\frac{S^2+S_1^2}{8R} \tag{1-3}$$

有转向架的客车端部的总外偏移量为

$$\beta=\beta_1-\alpha_2=\frac{L^2-S^2-S_1^2}{8R} \tag{1-4}$$

3. 标准车辆及车辆最大宽度的确定

当车辆运行在曲线时，车辆的定距和车体长度越大，车体的内、外偏移量也越大。因此，在车辆设计中规定了“标准车辆”。我国25型客车标准车辆的车长为25.5 m，宽为3.1 m，车辆定距为18 m 的四轴车。该标准车辆在通过半径为145 m的曲线时，其内、外偏移量均不得与建筑物相碰。要求新设计的车辆在曲线上的偏移量不得超过标准车辆在曲线上的偏移量。

当某一设计车辆在曲线上运行时，其最大内、外偏移量如果小于标准车辆在同一曲线半径上的相应偏移量，则所设计车辆各部分的宽度只要不超过车辆限界所规定的各部尺寸即可；反之，如果大于标准车辆在同一曲线上的相应偏移量，则所设计车辆的宽度就必须减少某一数值后才能安全通过限界，其减少的数值为此车辆与标准车辆偏移量之差中的较大一个值的两倍。

总之，设计一般车辆时，其最大宽度可以取到与车辆限界相同的宽度，即3 400 mm。但由于车体外侧墙安装有各种突出的零部件（如扶手、脚蹬、雨檐等），而且车辆下部限界（距轨面1 250 mm高度以下的位置）宽度只有3 200 mm，所以，车体宽度一般均小于3 200 mm。

例 1-1 我国制造的 25 型客车，车长 L=25.5 m，$\frac{L}{S}$=1.4，转向架固定轴距 S_1= 2.4 m，运行在半径 R=145 m 的曲线时，试求车辆最大允许宽度 B。

解：25 型客车的车辆定距为

$$S=\frac{L}{1.4}=\frac{25.5}{1.4}\approx 18\text{ m}$$

（1）标准车辆的允许偏移量

中央部分内偏移量可用式$\alpha_1=\frac{S^2}{8R}$求得，即由机车车辆限界（见图 1-37）知，25 型客车最大允许宽度适用于距轨面 1 250～3 600 mm 范围内

$$\alpha_1=\frac{S^2}{8R}=\frac{18^2}{8\times145}=\frac{324}{1160}\approx 0.28\text{ m}=280\text{ mm}$$

其端部外偏移量可用式$\beta_1=\dfrac{L^2-S^2}{8R}$求得，即

$$\beta=\frac{L^2-S^2}{8R}=\frac{25.5^2-18^2}{8\times145}=0.303\ \text{m}=303\ \text{mm}$$

（2）25 型客车车体的偏移量

中央部分内偏移量可用式$\alpha=\dfrac{S^2+S_1^2}{8R}$求得，即

$$\alpha_1=\frac{S^2+S_1^2}{8R}=\frac{18^2+2.4^2}{8\times145}=0.284\ \text{m}=284\ \text{mm}$$

其端部外偏移量可用式$\beta=\dfrac{L^2-S^2-S_1^2}{8R}$求得，即

$$\beta_1=\frac{L^2-S^2-S_1^2}{8R}=\frac{25.5^2-18^2-2.4^2}{8\times145}=0.276\ \text{m}=276\ \text{mm}$$

通过比较得知，25 型客车车体中央部分内偏移量超过标准车辆的内偏移量为284−280=4 mm，所以，25 型客车最大允许宽度应按标准车辆的宽度每边都缩减 4 mm，故得出车体宽度为 B=3 400−2×4=3 392 mm。

1.5　客车主要技术参数及有关车辆运用限度

客车的技术参数是指客车性能和结构特点的指标，客车的主要技术参数一般分为性能参数和主要尺寸两大类。

1.5.1　性能参数

客车的性能参数是指影响其运行品质的指标，有自重、载重、容积、定员、最高试验速度和最高运行速度、轴重、每延米轨道载重等。性能参数中的自重、载重、容积、定员和最高运行速度等已在 1.3.4 节介绍过，此外还有以下几项。

1. 最高试验速度

最高试验速度是指客车设计时，按安全及结构强度等条件所允许的车辆最高行驶速度。最高试验速度一般为最高运行速度的 1.1 倍。

2. 轴重

轴重是指客车总重与该客车轴数的比值。其值一般不允许超过铁道线路及桥梁所允许的数值。

3. 每延米轨道载重

每延米轨道载重是指车辆总重与车辆全长的比值，其单位为 t/m。该参数与桥梁设计密切相关，按目前桥梁设计规范，允许车辆每延米轨道载重可取到 8 t。

4. 通过最小曲线半径

通过最小曲线半径是指配用某种型式转向架的客车车辆在站场或厂、段内调车时所能安全通过的最小曲线半径。当客车车辆在此曲线区段上行驶时不得出现脱轨、倾覆等危及行车安全的事故，也不允许转向架与车体底架或与车下其他悬挂物相碰。

需要说明的是，对于客车，一般没有自重系数与比容系数。直接载客的客车车种如硬座车、软座车、硬卧车和软卧车等均给出了以下 3 个参数，即“每个定员所占自重”“车辆每米长所能容纳的定员”及“车辆每米长所占自重”。

1.5.2 主要尺寸

客车的主要尺寸中的全轴距、固定轴距、车辆定距及车辆定距比已在 1.2.2 节介绍过；车辆长度（全长）也已在 1.3.4 节作了说明。此外，还有以下几项。

（1）车体长度：车体两端外端墙板（非压筋处）外表面的水平距离。

（2）底架长度：底架两端梁外表面间的水平距离。

（3）车辆（车体）高度：空车时，车体上部外表面至钢轨水平面的垂直距离。

（4）车辆（车体）宽度：客车两侧墙的最外凸出部位之间的水平距离。

（5）最大宽度：客车侧面的最外凸出部位与车体纵向中心线间的水平距离的 2 倍。

（6）最大高度：空车时，车辆上部最高部位至钢轨水平面的垂直距离。

（7）车钩中心线高：空车时，车钩钩舌中心线至钢轨水平面的垂直距离。

（8）车体内部主要尺寸。

① 车体内长：车体两端墙板内表面间的水平距离。

② 车体内宽：车体两侧墙板内表面间的水平距离。

③ 车体内中心高：由地板上平面至车顶中央部内表面间的垂直距离。

（9）地板面高度：指空车时，木地板上表面至轨面的垂直距离（不包括木地板覆盖物，如地板布、地毯等的厚度）。对于通用客车车辆的地板面高度有一定范围的要求，各种客车地板面高度除与站台高度相适应外，应尽可能一致，这样，可以方便旅客在各车厢之间顺利通行。

1.5.3 有关车辆运用限度

1. 车钩

① 钩舌与钩腕内侧面距离闭锁位置时不大于135 mm。

② 钩舌与钩腕内侧面距离全开位置时不大于250 mm。

③ 车钩中心高度（空气弹簧车辆在充气状态下）最高890 mm，最低830 mm。

④ 两联接车钩中心高度之差不大于75 mm。

2. 车体

车体倾斜不大于50 mm。心盘承载客车同一转向架左右旁承游间之和为2～6 mm。

3. 轮对

① 轮辋厚度不小于25 mm。

② 轮缘厚度不小于23 mm。

③ 轮缘垂直磨耗高度不大于15 mm。

④ 踏面圆周磨耗深度不大于8 mm。

⑤ 踏面擦伤及局部凹入深度本属出库不大于0.5 mm，外属出库不大于1 mm，运行途中不大于1.5 mm。

⑥ 踏面剥离长度1处不大于30 mm，2处每处不大于20 mm。

测量方法如下。

① 沿圆周方向测量。客列检测量时，两端宽度不足10 mm 的剥离尖端部分不计算在内。

② 长条状剥离，其最宽处不足20 mm者，不计。

③ 两剥离外边缘相距小于75 mm时，每处长不得超过20 mm，连续剥离长度不超过350 mm。

④ 剥离前期未脱落部分，客列检可不计算在内。

4. 制动装置

① 闸片厚度（测量最薄部分厚度）不小于5 mm。

② 制动盘摩擦盘面热裂纹距内或外边缘大于或等于10 mm时，长度小于95 mm；距内或外边缘小于10 mm 时，长度小于65 mm。

③ 制动盘磨耗剩余厚度96 mm，即每侧磨耗7 mm。闸片与制动盘两侧间隙之和为3～5 mm。

④ 风表指针压力差±20 kPa。

⑤ 闸瓦厚度不小于10 mm，同一制动梁两端闸瓦厚度之差不大于20 mm。

⑥ 制动缸活塞行程:自动间隙调整器客车（190±15）mm，ST1-600型闸调器客车（190±10）mm。

5. 其他

① 各垂下品与轨面距离不小于50 mm。

② 闸瓦插销不小于25 mm。

③ 轴箱顶部与构架间隙不小于30 mm。

1.6　我国现行的客车车辆检修制度

车辆是一种数量很多的运输工具，运用条件十分复杂，车辆在运行中各种零部件经常会发生磨耗、裂纹、折损、变形、松弛、变质及腐蚀等损伤。这些损伤若不及时消除，就会继续发展，使车辆技术性能降低，甚至引起事故，威胁行车安全。因此，认真检修车辆，经常保持车辆具有良好的技术状态，保证旅客的舒适和安全是车辆部门的主要任务之一。

为了实现“大幅度提高客车检修质量，大幅度提高客车安全系数，提高客车使用效率”的目的，建立了以“走行千米为主、时间周期为辅”的计划预防维修制度。

为了及时消除客车车辆潜在的缺陷和各种损伤，经常保持车辆的良好技术状态，中国铁路总公司统一规定了车辆维修保养检修制度，即采取预防为主的原则，我国现行的客车车辆检修制度分为定期检修和运用维修两大类。

1.6.1 定期检修

客车的定期检修是客车车辆每运用一定时间或里程对客车车辆的全部和部分零部件进行一定程度的检修。在客车车辆未发生故障之前就对客车车辆进行修理，消除客车车辆零部件的缺陷和隐患，预防故障的发生。

为规范客车基础管理，不断提升客车运用维修质量，根据《铁路技术管理规程》规定车辆修程，车辆实行定期检修，并逐步扩大实施状态修、换件修和主要零部件的专业化集中修。客车和特种用途车实行以“走行千米为主、时间周期为辅”的计划预防修制度，最高运行速度不超过 120 km/h 的客车修程分为厂修、段修、辅修；最高运行速度超过 120 km/h 的客车修程分为 A4、A3、A2、A1。

1. 客车定期检修周期

（1）最高运行速度不超过 120 km/h 的客车分为厂修、段修和辅修，具体规定如下。

① 22 型客车。

- 厂修：运行（240±60）万千米，或距新造或上次厂修 8 年。
- 段修：运行（60±20）万千米，或距上次段修及以上各修程 2 年。
- 辅修：运行（20±2）万千米，或距上次辅修及以上各修程 8 个月。

② 25B、25、25A、25G 型及双层客车。

- 厂修：运行（240±60）万千米，或距新造或上次厂修 10 年。
- 段修：运行（60±20）万千米，或距上次段修及以上各修程 2.5 年。
- 辅修：运行（20±2）万千米，或距上次辅修及以上各修程 8 个月。

（2）最高运行速度超过 120 km/h 的客车，修程分为 A4、A3、A2、A1，具体规定如下。

- A4 级为大修：运行（240±40）万千米，或距新造或上次 A4 级修程超过 10 年。
- A3 级为段修：运行（80±10）万千米，或已做过一次 A2 修，距上次 A2 级修程超过 2 年。
- A2 级为段修：运行（40±10）万千米，或距上次 A2 级以上各修程时间超过 2 年。
- A1 级为安全检修：运行（20±2）万千米，或距上次 A1 级以上各修程时间超过 1 年。

（3）以客车走行千米确定各级修程检修周期循环如下（单位：万千米）。

20	40	60	80	100	120	140	160	180	200	220	240
●	○	○	○	○	○	○	○	○	○	○	●
A1	A2	A1	A3	A1	A2	A1	A3	A1	A2	A1	A4

车辆的检查及修理，应根据修程范围，在车辆修理工厂、车辆段和车辆乘务人员值乘中进行。

（4）运用列车库检检修周期如下。

① 跨局直通旅客列车每运行一个往返必须安排入库检修；单程运行距离在 2 000 km 及以上的旅客列车，在折返站原则上应安排入库检修。

② 局管内旅客列车按走行千米确定入库检修周期，运行不超过 4 000 km 需入库检修一次。

③ 旅客列车入库进行技术检查作业的时间每次不得少于 6 小时。

2. 客车定期检修的主要任务

1）厂、段、辅修的任务

（1）厂修：厂修一般在车辆工厂施行。按规定应对车辆的各部装置进行全面分解检查、彻底修理，并进行必要的技术改造工作。对底架、车体钢结构，各梁、柱、板的腐蚀及变形按厂修限度进行修理，将各主要配件恢复原有性能，保持其应有的强度，以保证车辆在长期运用中技术状态良好。经过厂修，车辆各部装置得到全面恢复，使之与新造车基本上接近。修竣后涂打厂修标记。

（2）段修：段修在车辆段施行。段修的主要任务是分解检查车辆的转向架、车钩缓冲装置及制动装置等部件，检查并修理车辆（包括车体及其附属装置）的故障，保证各装置作用良好，防止行车事故，以提高车辆的使用效率。修竣后涂打段修标记。

（3）辅修：辅修主要是对制动装置和轴箱油润部分施行检修，并对其他部分进行辅助性修理。做到螺栓紧固、配件齐全、作用良好。客车利用库停时间修理。修竣后涂打辅修标记。

2）A4、A3、A2、A1修程的任务

（1）A4修：即240万千米大修，A4修一般在车辆工厂施行。按规定应对车辆的各部装置进行全面地分解检查、彻底修理，并进行必要的技术改造工作。经过A4修，车辆各部装置的性能得到全面恢复，使之与新造车基本上接近。

（2）A3修：即80万千米段修，通过对客车重点部位实施大范围的换件检修，确保客车运行安全；对车辆上部实施高标准的状态维修，以全面恢复客车上部设施的功能。A3级修程在车辆段（厂）内进行架车检修，对换下的部件进行异地检测和专业化集中修，以压缩修时，提高台位利用率；在状态修中更换的配件检修时执行换件修标准。

（3）A2修：即40万千米段修，通过对零部件实施分单元、分部位的换件修和状态修，使车辆上部、下部基本恢复其技术状态，在保证客车安全的同时，提高客车使用效率。A2级修程采用均衡维修方式，利用库停时间分次在整备线、临修线上或段修库内进行检修，对换下配件按A3级检修要求进行集中检修，保证检修质量；在状态修中更换的配件检修时执行换件修标准。

（4）A1修：即安全检修，按照客车运用安全要求，通过对安全关键部件实施换件修，其他部位实施状态修，对故障部位进行处理，恢复其基本性能和要求，保障客车运行安全。Al级修程在列车整备线上实施，在状态修中换下的配件检修时执行换件修标准。

1.6.2 运用维修

客车运用维修的任务是保证在运用中的车辆具有良好的技术状态，及时发现并消除运用中的一切故障，防止造成事故。

客车的日常维修主要基地是客车技术整备所（简称客整所），又称运用车间。是运用客车维修与保养的重要基地，具有列车的A1修、辅修、日常检修、专项检修、专项检查整治、客车整修及临客整治等功能，应设置相应的整备线（库）、临修线（库）、存车线、站场照明、列车供电、车辆排污、污水处理、风水电路配件材料存放、消防设施及运输通道等生产设施。整备线（库）、存车线及相应的检修地沟、外接（地面）电源、上水、吸污设施等须满足本、外属客车检修整备需要。因一客整所能力不足需将运用车底送外站停留时，停留场所应设置外接（地面）电源，并根据需要设置吸污设施。客整所须配备起重、运输、换轮、充电、试风、作业安全防护、通信等装备。客整所的检修、检测技术装备要适应客车新技术发展的需要。库列检承担着以上的工作，是客车技术整备所的主体。要充分利用客车在客整所内停留时间，认真检查，彻底修理，消除故障，维护质量，以保证经库列检检修的本属客车达到《运用客车出库质量标准》，并保证列车在一个入库检修周期内不因车辆故障发生晚点和事故。

在旅客列车途经的旅客列车检修所（简称客列检），是确保旅客列车安全运行的重要部门，承担着对终到、始发、通过旅客列车走行部进行重点技术检查，及时消除危及行车安全故障等工作，并承担通过旅客列车的不摘车修，协助车辆乘务员应急处理车辆故障。对发现和预报的车辆故障，必须进行积极修复、妥善处理，保证由该车站发出的列车技术状态良好，确保列车安全、正点地运行到下一个客列检或车辆段所在地。

复习思考题

1. 铁路客车车辆一般由哪几大部分组成？各部分的主要作用是什么？
2. 客车车体由哪几部分组成的？
3. 客车转向架由哪几部分组成？
4. 客车按用途是如何分类的？
5. 有没有既不运送旅客，又不为旅客服务的客车？
6. 什么是客车的纵、横方向？
7. 客车车辆的方向是如何确定的？零部件的位置称呼方法是怎样规定的？
8. 什么是全轴距？全轴距过小有哪些危害？它最小不得小于多少？
9. 什么是固定轴距？固定轴距过大或过小对车辆的运行都有哪些影响？
10. 铁路客车二轴转向架的固定轴距规定在什么范围？
11. 什么是车辆定距？客车和双层客车的车辆定距都是多少？
12. 客车车辆标记一般分为哪几类？
13. 客车的车号由哪几部分组成？
14. 客车的性能标记主要有哪些？客车的性能标记涂打在客车的什么位置？
15. 什么是安全空间？
16. 什么是机车车辆限界？
17. 什么是建筑限界？

18. 什么是车辆在曲线上的偏移和偏移量？影响偏移量的因素有哪些？分别写出二轴车和有转向架车辆偏移量的计算公式。
19. 一辆客车，车体长度 L=25.5 m，车辆定距 S=18 m，转向架的固定轴距 S_1=2.4 m，运行在半径 R=145 m 的曲线时，试计算出该车辆车体的中部及端部的偏移量各为多少。
20. 已知某客车的车体长度 L=25.5 m，车辆定距 S=18.5 m，转向架固定轴距 S_1=2.4 m，计算该客车通过 R=300 m 曲线时，该车体的中部及端部的偏移量各为多少？
21. 客车的主要技术参数一般分为哪几类？
22. 我国现行的客车车辆检修制度分为哪几类？
23. 最高运行速度不超过 120 km/h 的客车修程和最高运行速度超过 120 km/h 的客车修程都是如何规定的？

第2章

客车轮对、滚动轴承、轴箱及弹簧减振装置

客车轮对、滚动轴承及轴箱装置是铁路客车转向架的重要组成部分，它们的作用分别如下：客车轮对承担铁路客车车辆的全部质量（自重和载重），并且引导铁路客车车辆在钢轨上滚动完成铁路客车车辆的高速运行；铁路客车滚动轴承保持轴承的正常润滑、减少摩擦，降低运行阻力；轴箱装置将铁路客车轮对和构架紧密地联系在一起，把客车车辆的垂向和水平载荷传递给轮对，防止热轴，限制客车轮对过大的横向移动，防止雨水、灰尘等异物侵入，保证车辆安全可靠运行。

弹簧减振装置是铁路客车转向架上的重要部件之一，为了使铁路客车车辆在运行中消减各种冲击和振动，车辆走行部分必须合理地选用一定特性的弹簧减振装置。

2.1 客车轮对

铁路客车轮对由一根车轴和两个相同的车轮组成，结构及实物图如图 2-1 所示。在轮轴结合部位采用过盈配合，用车轴压装机将车轮压装在车轴两端，使车轴和车轮牢固地结合在一起，为保证行车的绝对安全，绝对不允许有任何松动现象发生。

轮对是转向架中重要的部件之一，又是影响车辆运行安全性的关键部件之一，轮对的质量直接影响列车的安全运行。因此，客车轮对应该满足下列基本要求。

① 应有足够的强度，以保证在容许的最高速度和最大载荷下安全运行。

② 既要有足够的强度，又要自重轻，以减小客车通过不平坦线路时，轮对与线路的相互作用力。

③ 具有一定的弹性，以缓和轮轨间的相互作用力并减小噪声。

④ 应具备运行阻力小和耐磨性好的优点，降低牵引力并能提高使用寿命。

⑤ 既能适应车辆直线运行，又能顺利通过曲线，并具备抵抗脱轨的安全性。

⑥ 快速客车轮对组装后，需作动平衡试验，允许不平衡值不大于0.735 N·m。

运行中的轮对状态直接影响列车在运行中的安全性和平稳性，因此，对轮对组装、检

验及修理都有严密的技术要求和严格的管理制度。

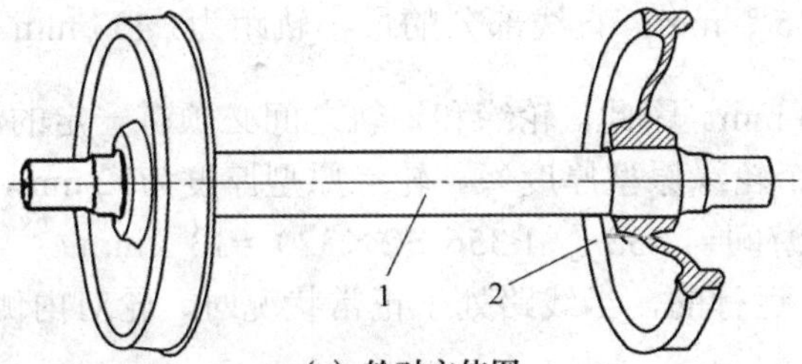

(a) 轮对立体图

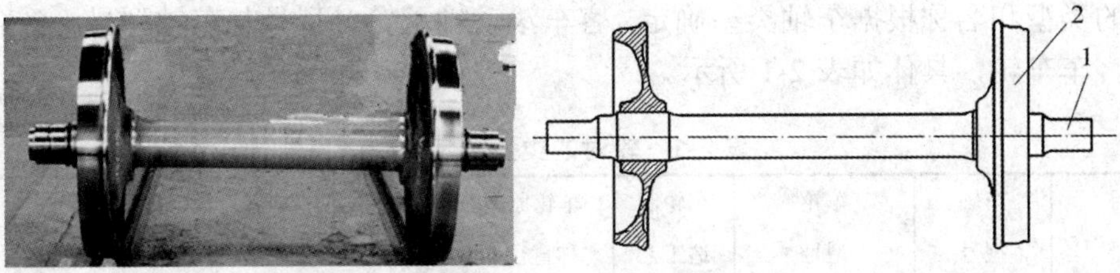

(b) 非盘形轮对

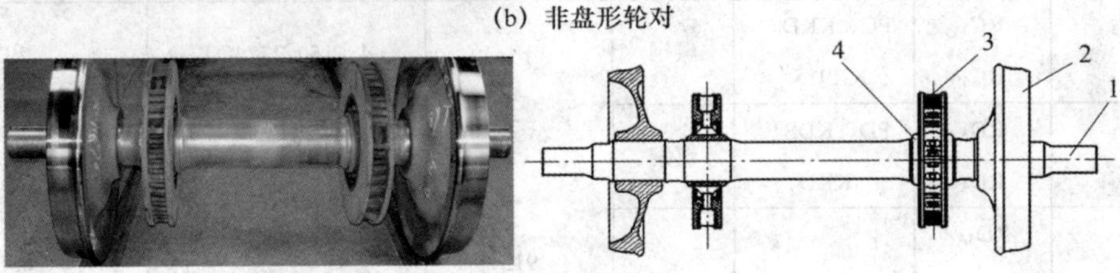

(c) 盘形轮对

图 2-1　客车轮对结构及实物图

1—车轴；2—车轮；3—制动盘；4—盘毂

轮对的两轮缘内侧面之间的距离称为轮对内侧距离。车辆轮对的内侧距离为 1 353 mm，其允许偏差为±3 mm，速度为 120 km/h＜v≤160 km/h 的客车允许偏差为±2 mm。车辆轮辋宽度小于 135 mm 的，按铁路总公司车辆检修规程执行。

车辆轮对的内侧距离规定，最大为1 356 mm，最小为1 350 mm，主要是考虑轮轨关系，轮对的内侧距离与钢轨和道岔各部尺寸应相互配合，相互制约，其理由如下。

（1）严格规定尺寸。道岔的翼轨作用面到护轮轨头部外侧距离规定不得大于1 348 mm。轮对的内侧距离最小规定为1 350 mm，即还有2 mm间隙，可使车轮圆滑地通过。如果翼轨作用面到护轮轨头部外侧的距离更大或轮对的内侧距离更小，轮对将被翼轨和护轮轨卡住或挤上钢轨造成脱线事故。

辙叉心作用面到护轮轨头部外侧的距离不得小于1 391 mm，因轮对最大内侧距离加一个轮缘原型厚度之和等于1 388 mm，即车轮通过时还有3 mm的间隙。如果辙叉心作用面到护轮轨头部外侧的距离更小或轮对的内侧距离更大，则容易碰坏辙叉心或进入异线，造成事故。其计算方法如下。

1 391 mm−1 356 mm−32 mm（轮缘原型厚度）=3 mm（即安全量）

（2）减少轮缘和钢轨的磨耗。轮对在直线轨道上行驶时，每侧轮缘的外侧与钢轨内侧面之间应有一定的间隙，以减少运行阻力和轮轨间的磨耗。

我国标准轨距为1 435^{+6}_{-2} mm，直线部分的最小轨距为1 433 mm。当轮对的内侧距离最大时，应能顺利通过1 433 mm。因此，轮缘和钢轨之间必须有一定的游间。游间=最小轨距-（轮对最大内侧距离＋2个轮缘原型厚度）。轮缘原型厚度为32 mm，将数字代入上式则

游间=1 433-（1 356＋2×32）=13（mm）

车辆轮对是在轨道上运行的，当线路处于正常状况时，轮对内侧距离的大小是影响行车安全的重要因素。

轮对的类型和名称根据车轴类型确定。客车滚动轴承轮对型号与车轴型号一致，车轮为相应吨位客车车轮，具体如表 2-1 所示。

表 2-1　轮对的类型和名称

<table>
<tr><th>分类</th><th>轮对型号</th><th>车轴型号</th><th>车轮型号</th><th>车轮制造工艺</th><th>车轮原型公称直径/mm</th><th>配套轴承型号</th><th>适用转向架型号</th></tr>
<tr><td rowspan="6">标准型轮对</td><td>RC_3
RC_4</td><td>RC_3
RC_4</td><td>PC、KKD、KX915①</td><td>辗钢</td><td rowspan="5">915</td><td>4（15）2724QT</td><td>202</td></tr>
<tr><td>RD_3
RD_4</td><td>RD_3
RD_4</td><td>PD、KDS、KKD</td><td>辗钢</td><td rowspan="2">NJ（P）3226X1</td><td>206 系列、207 准轨、209T</td></tr>
<tr><td>RD_{3A}
RD_{4A}</td><td>RD_{3A}
RD_{4A}</td><td rowspan="3">KKD</td><td rowspan="3">辗钢</td><td>209P、206P、209PK</td></tr>
<tr><td>RD_{3A}</td><td>RD_{3A}</td><td rowspan="2">进口热组装圆柱滚子轴承</td><td>209HS、SW-160（H）、CW-1、CW-2 系列</td></tr>
<tr><td>RD_{3A1}</td><td>RD_{3A1}</td><td>CW-200K、SW-220K、PW-220K、PW-200</td></tr>
<tr><td>RD_{3B}</td><td>RD_{3B}</td><td>KKD、KDQ</td><td>辗钢</td><td>915</td><td>BC2-0103
BCIB322880（1）</td><td>CW-200、SW-200（S）、PW-200、SW-220K</td></tr>
<tr><td rowspan="4">非标准型轮对</td><td>RD_{1X}</td><td>RD_{1X}</td><td>PD、KDS、KKD</td><td>辗钢</td><td>915</td><td>NJ（P）3226X1
进口热组装圆柱滚子轴承</td><td>211、212</td></tr>
<tr><td>RDAM96</td><td>RDAM96</td><td>RDAM96 用车轮</td><td>辗钢</td><td>915</td><td>BT2-8690D
TBU1639605E</td><td>AM96</td></tr>
<tr><td>RFQ</td><td>RFQ</td><td>KKDQ</td><td>辗钢</td><td>915</td><td>BC2-0098</td><td>SW-QD160</td></tr>
<tr><td>PW-220</td><td>PW-220</td><td>PW-220 用车轮</td><td>辗钢</td><td>920</td><td>TBU1639435</td><td>PW-220</td></tr>
<tr><td colspan="8">备注：①轮毂孔按 C 轴孔径精加工的 KKD 车轮型号为 KX915；
②表中未列型号的盘形制动轮对车轴按 RD_{3A} 标准执行</td></tr>
</table>

轮对的主要尺寸和组装尺寸应符合表 2-2 和图 2-2~图 2-6 所示的规定。

表 2-2 轮对的基本尺寸

轮对型号	车轴型号	轴颈中心距离 L_0/mm	轴颈直径 d/mm		轴颈长度 l/mm
			基本尺寸	极限偏差	
RC_3 RC_4	RC_3 RC_4	1 930	120	+0.059 +0.037	191
RD_3 RD_4	RD_3 RD_4	1 956	130	+0.068 +0.043	195
RD_{3A} RD_{4A}	RD_{3A} RD_{4A}	1 956	130	+0.068 +0.043	195
RD_{3A1} RD_{3B}	RD_{3A1} RD_{3B}	2 000	130	+0.068 +0.043	195
RD_{1X}	RD_{1X}	2 036	130	+0.068 +0.043	195
RDAM96	RDAM96	2 000	130	+0.068 +0.043	191
RFQ	RFQ	2 050	160	+0.068 +0.043	220
PW-220	PW-220	2 000	150	+0.068 +0.043	212

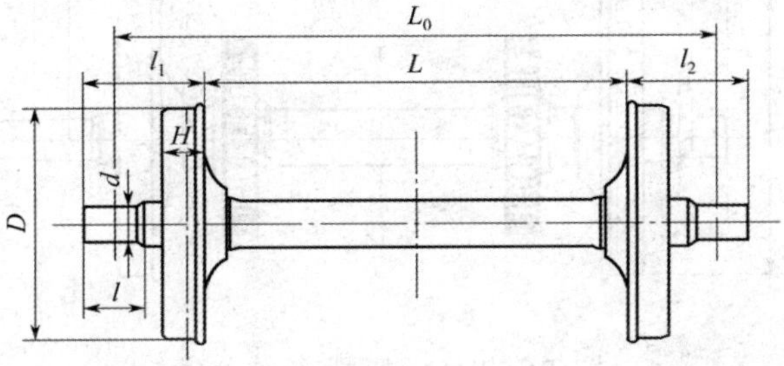

图 2-2 RC_3、RD_3、RD_{1X} 型非盘形轮对

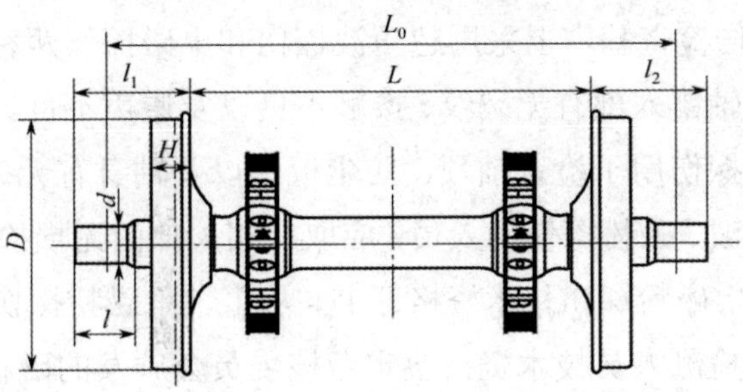

图 2-3 RD_{3A}、RD_{3A1}、RDAM96、PW-220 型盘形轮对

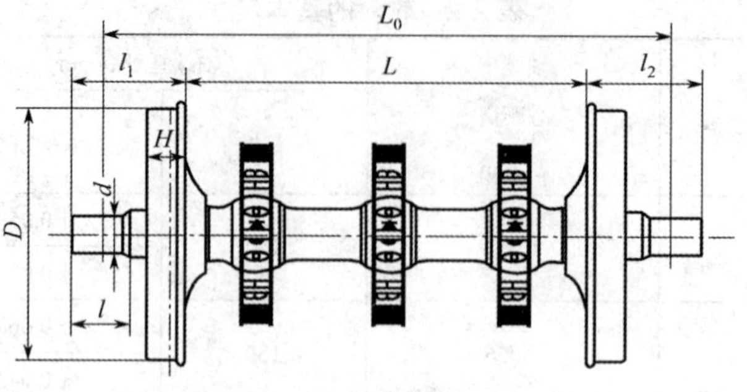

图 2-4 RD_{3B}、RFQ 型盘形轮对

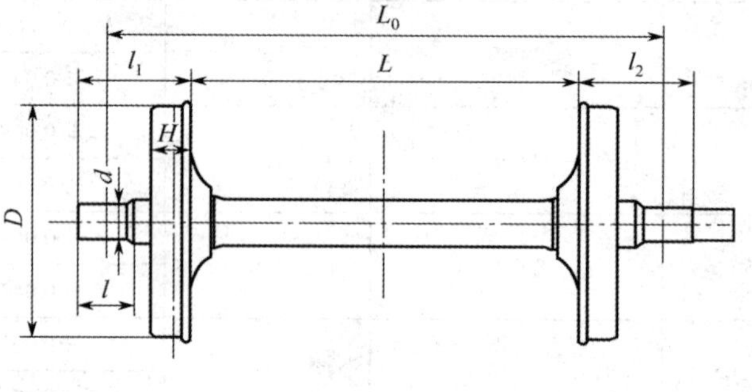

图 2-5 RC_4、RD_4 型长轴轮对

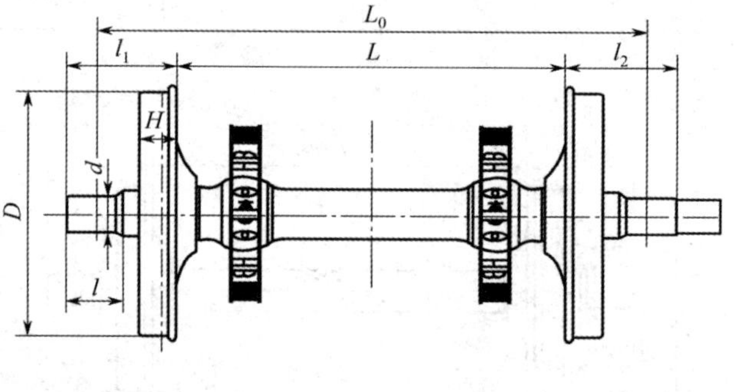

图 2-6 RD_{4A} 型盘形长轴轮对

1）轮对的探伤检查

目前，对轮对的探伤检查基本上采用超声波探伤和电磁探伤两种方法。超声波探伤用于检查已组装好车轮的车轴镶入部有无裂纹、接触不良以及透声不良。这两种方法均属于材料的无损检测方法；电磁探伤用于检查轴颈、防尘板座以及轴身有无裂纹。

从事客车轮轴超声波、磁粉探伤的人员，应取得相关部门无损检测人员技术资格鉴定考核委员会颁发的超声波、磁粉探伤技术资格证书。从事轴承磁粉探伤的人员，应取得相关部门或其他工业部门无损检测人员技术资格鉴定考核委员会颁发的磁粉探伤技术资格证书。独立从事探伤工作的探伤人员应持Ⅱ级及以上相关专业证书和上岗证。

2）轮对的检修

轮对修理分为段修和厂修。进行段修、厂修时，必须清除轮对各部位表面的油漆及锈垢，并涂刷清漆，车轴外露表面必须露出基本金属面，制动盘散热筋、盘毂上的污垢杂物必须清除干净；各部位必须进行外观检查和尺寸测量，按规定建立《轮对卡片》，确定施修范围。

车辆轮对在装配前，应对车轴各部位进行探伤检查。检修时，按规定对轴颈、防尘板座、轮座、制动盘座及轴身进行探伤检查。最高运行速度超过120 km/h客车的轮对装车前，应进行动平衡试验。

3）轮对组装分为新组装和重新组装

- 新组装：轮对新组装是以新制车轮、新制制动盘及新制车轴按新制（原型）技术标准实施的组装。
- 重新组装：轮对重新组装是以旧车轮和旧车轴（拼修）、旧车轮和新车轴（换轴）、新车轮和旧车轴（换轮）按厂修技术标准实施的组装。

4）轮对组装的一般要求

为保证轮对组装的质量和运行安全，轮对在压装时必须符合下列要求：

① 同一车轴上必须组装同厂家、同型号、同材质的车轮（除另有规定者外，不同国家或不同厂家制造的车轮不得混装）。

② 新组装的轮对，同一车轴上必须组装同厂家、同型号、同型式的制动盘；重新组装的轮对，允许在同一车轴上组装同厂家、同型号、不同型式（整体式和分体式）的制动盘。

③ 轮对应以对应型号的车轴和车轮相组装。当车轮与车轴型号不对应时，轮对型号以车轴型号为准。

④ 轮对组装时，同一车轴上组装的两个辗钢车轮轮辋宽度差必须符合表2-3所示的规定，轮毂长度小于175 mm，轮辋宽度小于134 mm的车轮不得再组装使用。

表 2-3 同一车轴上组装的两个辗钢车轮轮辋宽度差

最高运行速度v /（km / h）	v<160	v=160
车轮轮辋宽度差 / mm	≤3	≤2

⑤ 轮对退轮（退盘）后，原车轮（制动盘毂）与原车轴不得重新组装。

铁路客车临修时，换下的轮轴必须进行段修。

轮对标记：为了便于检查和发现轮对故障，确认轮对生产或检修质量的责任，在轮对的适当部位刻打有或铸有不同的标记，用以确认。轮对标记包括车轴标记和车轮标记。

2.1.1 客车车轴

客车车轴是客车轮对的主要配件，它除与客车车轮组成客车轮对外，两端还要与轴箱油润装置配合，保证客车车辆安全运行。目前，我国铁路客车已全部采用滚动轴承车轴。

1. 客车车轴的各部位名称和作用

铁路客车车辆用的车轴，除动车组和高速客车采用空心车轴外，绝大多数客车采用圆截面实心轴。由于客车车轴各部位受力状态不同及装配的需要，客车车轴的直径也不一样。

1）客车车轴的各部位名称

目前，客车车轴分为非盘形轮对滚动轴承车轴和盘形轮对滚动轴承车轴。

非盘形轮对滚动轴承车轴由中心孔、轴颈、轴颈后肩、轮座前肩、轮座、轮座后肩、轴身、防尘板座、卸荷槽、轴端螺栓孔和皮带轮安装座组成，各部位的名称如图 2-7 所示。

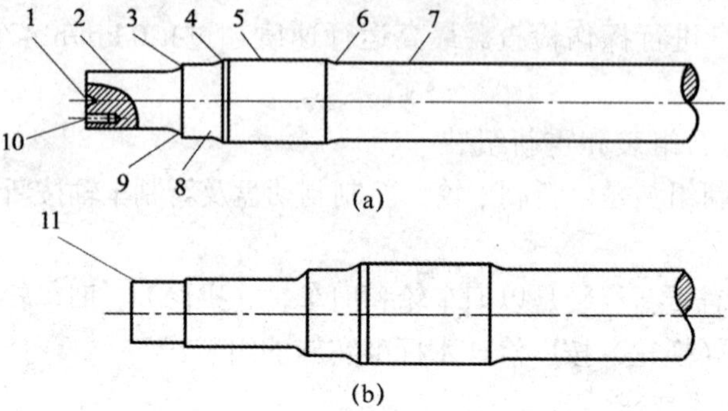

图 2-7 非盘形轮对滚动轴承车轴

1—中心孔；2—轴颈；3—轴颈后肩；4—轮座前肩；5—轮座；6—轮座后肩；7—轴身；8—防尘板座；9—轴颈根部（卸荷槽）；10—轴端螺栓孔；11—皮带轮安装座

盘形轮对滚动轴承车轴由轴颈、防尘板座、轮座、制动盘座和轴身组成，各部位的名称如图 2-8 所示。

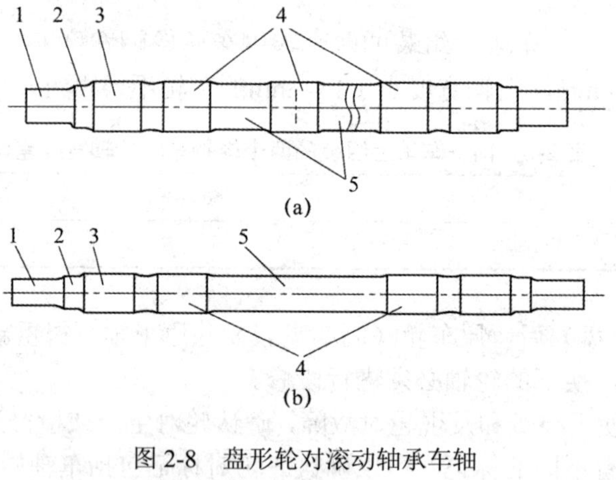

图 2-8 盘形轮对滚动轴承车轴

1—轴颈；2—防尘板座；3—轮座；4—制动盘座；5—轴身

2）客车车轴的各部位作用

① 中心孔：方便车轴或车轮车削定位，校对车轴的圆度以及测量车轴的基准线。

② 轴颈：安装滚动轴承，承受车辆的重量，并传递各方向的静、动载荷。

③ 轴颈后肩：轴颈与防尘板座之间的过渡圆弧。

④ 轮座前肩：轮座与防尘板座之间的过渡圆弧。

⑤ 轮座：是车轴和车轮配合的部位，即压装车轮部分，也是车轴受力最大的部分。

⑥ 轮座后肩：轮座与轴之间的过渡圆弧。

⑦ 轴身：是两轮座的联接部分，即轮座至车轴中央之间的部分，为增加其强度和减少应力集中，车轴轴身呈圆柱形。该部位受力较小。

⑧ 防尘板座：为车轴与防尘板配合部位，其直径比轴颈直径大，比轮座直径小，介于两者之间，是轴颈和轮座的中间过渡部分，以减小应力集中。安装防尘挡圈，以防止灰尘侵入轴箱内部。

⑨ 卸荷槽：减少安装轴承后在轴承后肩处产生的应力集中。

⑩ 轴端螺栓孔：是滚动轴承车轴安装轴端压板的地方，轴端压板的作用是为防止滚动轴承内圈从轴颈上窜出。

⑪ 皮带轮安装座：是车轴轴端加长部分，用于安装轴驱式发电机的主传动皮带轮。

⑫ 制动盘座：起安装制动盘作用。该部分只在使用盘形制动的车轴上有，一般 1 根车轴上设有 2 个制动盘安装座，过渡圆弧为 55 mm，高速转向架车轴上有 3～4 个制动盘座。

2. 客车车轴的种类、使用范围

25 型客车常用滚动轴承车轴主要有 RD_3 型、RD_4 型、RD_{3A} 型、RD_{4A} 型、RD_{3A1} 型和 AM96 型等。

RD_3 型、RD_4 型滚动轴承车轴一般用在 206 系列和 209T 型等转向架上。其中，RD_4 型滚动轴承车轴是在 RD_3 型滚动轴承车轴的一端加长 140 mm、直径为 118 mm 的发电机皮带轮安装座，用来安装车轴发电机皮带轮。

RD_{3A}、RD_{4A} 型滚动轴承车轴是可用于安装制动盘的车轴，在两轮座之间的轴身上加有两个制动盘座，用来安装制动盘，一般用在 209HS、206KP、SW-160、CW-2 系列、209P、206P、209PK 型等转向架上。

RD_{3A1} 型滚动轴承车轴，一般用在 CW-200K、SW-200K、PW-220K 型等转向架上。

AM96 型滚动轴承车轴，一般用在 AM96 型转向架上。

3. 铁路客车车轴型式

铁路客车车轴型式按照 TB/T 3169—2007 规定的轴重如表 2-4 所示。

表 2-4　客车轴型的标准轴重（t）规定

车轴型号	车轴主要尺寸 $d_1 \times l_1 \times L_2$ / mm	最高运行速度对应轴重 / t		
		120 km/h	140 km/h	160 km/h
RC_3	120×191×1 930	15.5	—	—
RD_3	130×195×1 956	18.0	—	—
RC_4	120×191×1 930	15.5	—	—
RD_4	130×195×1 956	18.0	—	—
RD_{3A}	130×195×1 956	18.0	17.5	16.5
RD_{4A}	130×195×1 956	18.0	17.5	16.5
RD_{3A1}	130×195×2 000	18.0	17.5	16.5
RD_{3B}	130×195×2 000	18.0	17.5	16.5

4. 铁路客车车轴的基本尺寸

铁路客车车轴的基本尺寸规定如下。

（1）RC_3、RD_3、RD_{1X}型车轴的基本尺寸如图 2-9 和表 2-5 所示。

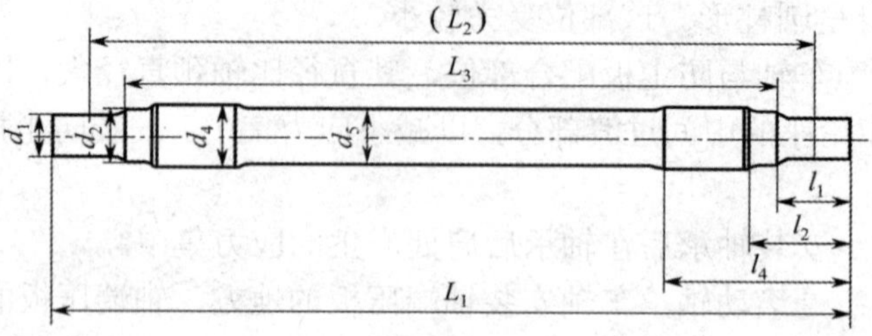

图 2-9 非盘形轮对车轴尺寸

（2）RC_4、RD_4型车轴的基本尺寸如图 2-10 和表 2-5 所示。

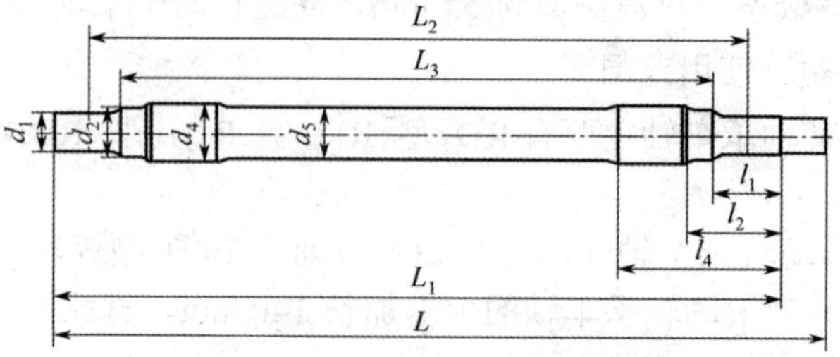

图 2-10 非盘形轮对长轴车轴尺寸

（3）RD_{3A}、RD_{3A1}、RDAM96、PW-200 型车轴的基本尺寸如图 2-11 和表 2-5 所示。

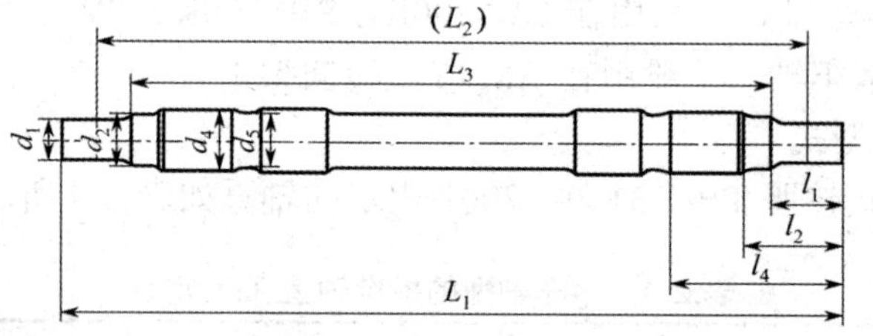

图 2-11 （双）盘形轮对车轴尺寸

（4）RD_{3B}、RFQ 型车轴的基本尺寸如图 2-12 和表 2-5 所示。

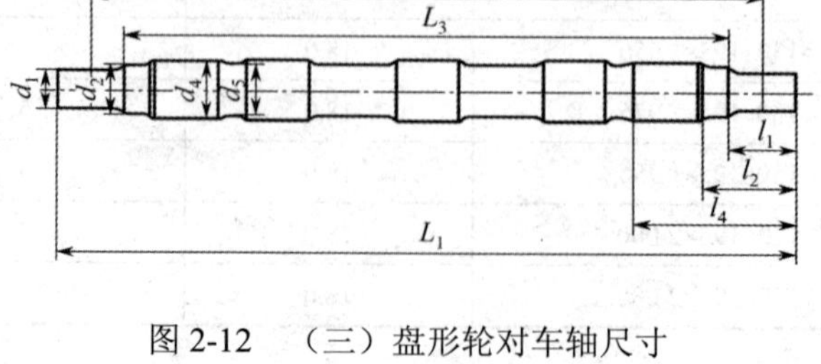

图 2-12 （三）盘形轮对车轴尺寸

（5）RD_{4A}型车轴的基本尺寸如图 2-13 和表 2-5 所示。

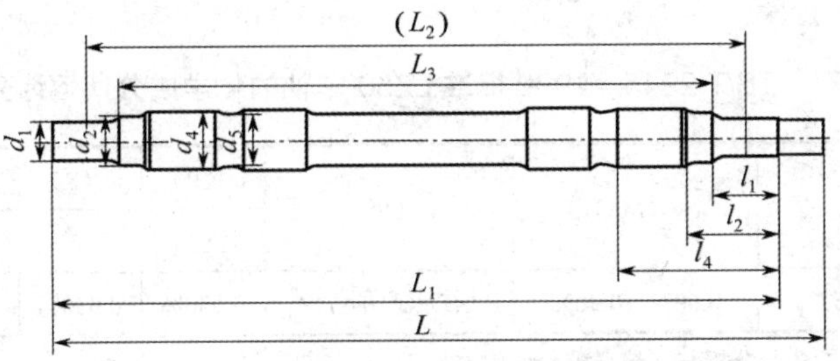

图 2-13　盘形轮对长轴车轴尺寸

表 2-5　客车滚动轴承车轴的基本尺寸　（尺寸单位：mm）

轴型	d_1	d_2	d_4	d_5	L	L_1	(L_2)	L_3	l_1	l_2	l_4	质量 / kg
RC_3	120	145	178	158	—	2 110	1 930	1 728	191	255	441	315
RC_4	120	145	178	158	2 270	2 110	1 930	1 728	191	255	441	332
RD_{3A}	130	165	194	174	—	2 146	1 956	1 756	195	273	458	413
RD_{4A}	130	165	194	174	2 286	2 146	1 956	1 756	195	273	458	425
RD_{3A1}	130	165	194	174	—	2 190	2 000	1 800	195	293	481	409
RD_3	130	165	194	174	—	2 146	1 956	1 756	195	273	471	383
RD_{3B}	130	165	194	174	—	2 190	2 000	1 800	195	273	481	420
RD4	130	165	194	174	2 286	2 146	1 956	1 756	195	273	471	398
RD_{13}	130	165	194	174	—	2 226	2 036	1 836	195	273	499	395
RDAM96	130	160	185	160	—	2 180	2 000	1 798	191	259	424	380
RFQ	160	195	235	215	—	2 180	2 050	1 830	220	235	507	642
PW-220	150	185	200	170	—	2 184	2 000	1 760	212	259	439	432

5. 车轴的材质要求

车轴采用优质碳素钢加热锻压成型，经热处理及机械加工而成，所用车轴钢为 40#钢和 50#钢。车轴的理化性能应符合下列标准规定。

（1）TB/T 451—1996 标准 LZ40 车轴的化学成分（熔炼分析）必须符合表 2-6 所示的规定。

表 2-6　TB/T 451—1996 标准 LZ40 车轴的化学成分（熔炼分析）

车轴钢种	w（C）	w（Mn）	w（Si）	w（P）	w（S）	w（Cr）	w（Ni）	w（Cu）
				≤				
LZ40	0.37%～0.45%	0.50%～0.80%	0.15%～0.35%	0.040%	0.045%	0.30%	0.30%	0.25%

注：LZ40 车轴化学成分的成品分析与熔炼分析允许偏差如下。

w（C）：$^{+0.03\%}_{-0.02\%}$；w（Mn）：$^{+0.10\%}_{-0.05\%}$；w（Si）：±0.05%；w（P）：$^{+0.005\%}_{0}$；w（S）：$^{+0.005\%}_{0}$。

（2）TB/T 2945—1999 标准 LZ50 车轴的化学成分（熔炼分析）必须符合表 2-7 所示的规定。

表 2-7 TB/T 2945—1999 标准 LZ50 车轴的化学成分（熔炼分析）

车轴钢种	w（C）	w（Mn）	w（Si）	w（P）	w（S）	w（Cr）	w（Ni）	w（Cu）
				≤				
LZ50	0.47%～0.57%	0.60%～0.90%	0.17%～0.40%	0.030%	0.030%	0.30%	0.30%	0.25%

注：LZ50 车轴化学成分的成品分析与熔炼分析允许偏差如下。

w（C）：±0.02%；w（Mn）：±0.03%；w（Si）：±0.02%；w（P）：$^{+0.005\%}_{0}$；w（S）：$^{+0.005\%}_{0}$。

（3）TB/T 451—1996 标准 LZ40 车轴的机械性能必须符合表 2-8 所示的规定。

表 2-8 TB/T 451—1996 标准 LZ40 车轴的机械性能

车轴钢钢种	抗拉强度 R_m / MPa	伸长率 A_5 / %	冲击韧性 a_K / （J/cm²）	
			4 个试样平均值	个别试样最小值
		≥	≥	
LZ40	≥549～569	22	59	39
	＞569～598	21	49	34
	＞598	20	39	29

（4）TB/T 2945—1999 标准 LZ50 车轴的机械性能必须符合表 2-9 所示的规定。

表 2-9 TB/T 2945—1999 标准 LZ50 车轴的机械性能

车轴钢钢种	抗拉强度 R_m / MPa	屈服强度 R_e / MPa	伸长率 A_5 / %	断面收缩率 Z / %
LZ50	≥610	≥345	≥22	≥37

6. 车轴标记

车轴标记包括车轴制造标记、轮对组装标记和特殊标记，主要刻打在车轴两端面的 6 个扇形中。

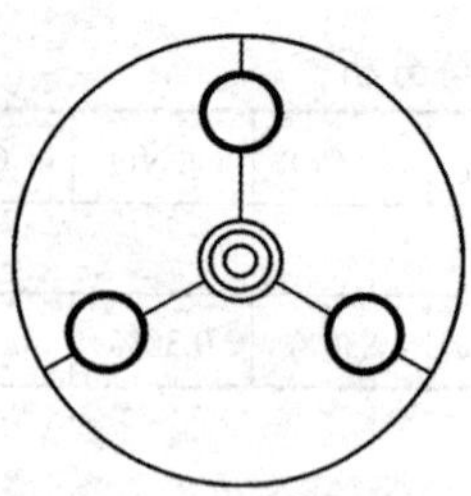

图 2-14 车轴扇区示意图

1）车轴标记刻打位置

在车轴两端面上，以轴端中心孔中心与轴端 3 个螺栓孔中心的假想线及其延长线将轴端分成 3 等份，构成 3 个扇区，如图 2-14 所示。车轴标记必须按规定刻打在某一扇区内。

2）车轴制造标记

① 车轴钢冶炼熔炼号：阿拉伯数字，如 9311288，字体高 7 mm。

② 车轴钢钢种标记：1 个汉语拼音字母，字体高 7 mm，

打在熔炼号后面（50#钢车轴钢钢种标记为“W”，40#钢车轴钢钢种标记省略）。

③ 车轴制造（锻造）单位代号：制造单位代号，3 位阿拉伯数字，如 183，字体高 7 mm。

④ 车轴锻造年月：年、月分别用两位阿拉伯数字表示，如 9508，字体高 7 mm。

⑤ 车轴锻造顺序号(轴号)：5 位或 6 位阿拉伯数字，从 00001～99999 或 000001～999999 循环刻打，如 79310 或 079310，字体高 7 mm。

⑥ 车轴方位标记：“左”字标记，字体高 7 mm。

⑦ 车轴轴型标记：用字母及阿拉伯数字表示，如“RC_3、RD_{13}、RD_{3A}”等，字体高 7 mm，角标高 5mm。

⑧ 车轴制造超声波穿透探伤检查钢印标记：“↑”，高 10 mm。

⑨ 超声波穿透探伤工作者的责任钢印标记：“$\triangle C_1$”，C 字体高 5 mm，超探工作者编号“1”字体高 3 mm，三角形框高 8 mm，下底宽 10 mm。

车轴制造标记必须集中刻打在轴端的某一扇区之内，并永久保留，排列位置如图 2-15 所示。

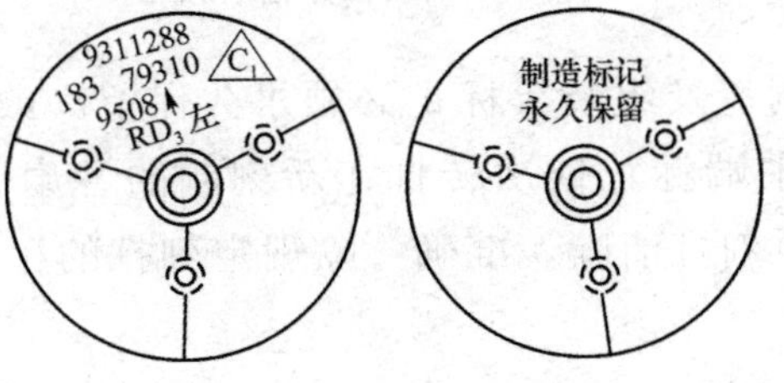

图 2-15 车轴标记示意图

3）轮对组装标记

① 轮对组装及组装责任单位标记：“ ××× ”，矩形框长 12 mm，高 7 mm，框内刻打轮对组装责任单位代号，字体高 5 mm，如 904 。

② 轮对组装年月日标记：年、月、日分别用两位阿拉伯数字表示，字体高 7 mm，如 951014。

轮对第一次组装标记必须在车轴制造标记所处扇区按顺时针方向排列的下一个扇区内刻打，排列位置如图 2-16 所示，轮对第一次组装标记必须永久保留。

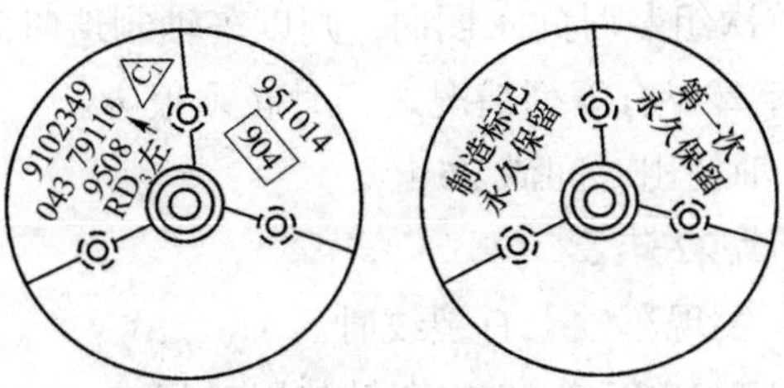

图 2-16 轮对第一次组装标记示意图

轮对再次组装时，组装标记在轮对第 1 次组装标记所处扇区按顺时针方向排列的下一个扇区内刻打，左端打满后在右端刻打，依此类推。各扇区均打满后，依次选择第 2 次及以后各次组装标记中允许不保留者，将该扇区的所有标记全部磨除，重新刻打组装标记。

4）改轴标记

车轴经改轴后再组装使用时，必须在刻打本次轮对组装标记的扇区内增加刻打“改”字标记（字体高7 mm）和改轴后的轴型标记（字体高7 mm），如“改RC_3”，车轴型号以改轴后的轴型为准，带有“改”字标记的扇区内的所有标记必须永久保留，如图2-17 所示。

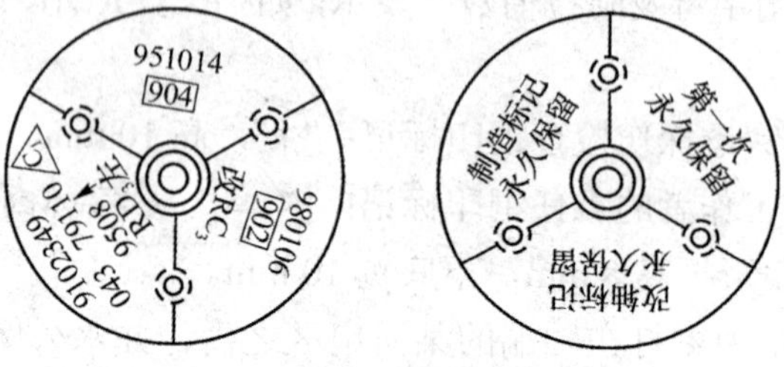

图 2-17　车轴改轴标记示意图

进口轮对轴端原有制造及组装等标记必须永久保留。改轴和改制轴端螺栓孔时，必须将需要永久保留的轴端标记依次转打在新刻制的各扇区内（按新的标记刻打规范）。车轴轴端标记必须刻打清晰、准确，除规定刻打的标记外，不允许刻打其他任何标记。

7. 车轴的故障及处理方法

车轴的故障主要有车轴裂纹、车轴磨伤和车轴弯曲等。这些故障特别容易引起车辆脱线、颠覆或热轴等事故，因此，一定要认真检查并及时处理，这样才能保证行车的绝对安全。

1）车轴裂纹

（1）车轴裂纹的种类。车轴裂纹有横裂纹和纵裂纹两种形式。

裂纹与车轴中心线夹角大于 45° 时称为横裂纹；裂纹与车轴中心线夹角小于 45° 时称为纵裂纹。

车轴的横裂纹使车轴的有效截面积减少，容易扩展，引起断轴事故，有着非常大的危害。为了有效地保证行车安全，车轴必须实行寿命管理，车轴的使用时间应计算到月，自轮对首次组装时间开始计算，当首次组装时间不明时，则以车轴制造时间为准，使用终止时间按轮对入检修单位的收入时间计算。有下列情况之一时必须报废。

① $50^{\#}$钢车轴或进口车轴使用时间满 25 年。

② $40^{\#}$钢车轴使用时间满 22 年。

③ 使用时间满 20 年，发现车轴上有裂纹时。

④ $40^{\#}$钢车轴使用时间满 19 年或 $50^{\#}$钢车轴使用时间满 22 年，轮对需解体时。

（2）客车车轴裂纹易发生的部位及原因。客车车轴易发生裂纹的部位如图 2-18 所示。

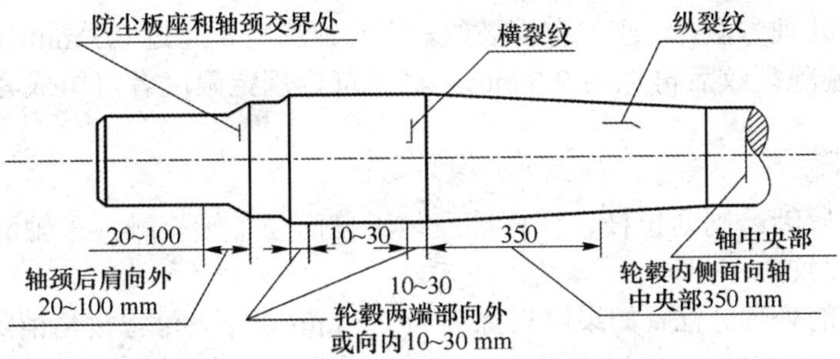

图 2-18　客车车轴易发生裂纹的部位

客车车轴易发生裂纹的原因如下。

① 轮毂两端部向外或向内10～30 mm处。主要原因是在荷重下车轴发生微弯，在轮座两端向内10～30 mm以内相当于固结，即固结点内移，如图2-19所示。由于此处弯矩最大，且轮毂孔上部有空隙，下部轮座受挤压，在运行中承受弯曲交变应力，故易产生疲劳裂纹。

② 防尘板座与轴颈交界处。主要原因是圆弧过渡不良，易引起应力集中。

③ 轴颈后肩向外20～100 mm处。主要原因是热轴后变形或磨伤轴颈引起应力集中而产生疲劳裂纹。

④ 轮毂内侧面向轴中央部350 mm范围。主要原因是外物意外打击受伤或锻造重皮等，易引起应力集中。

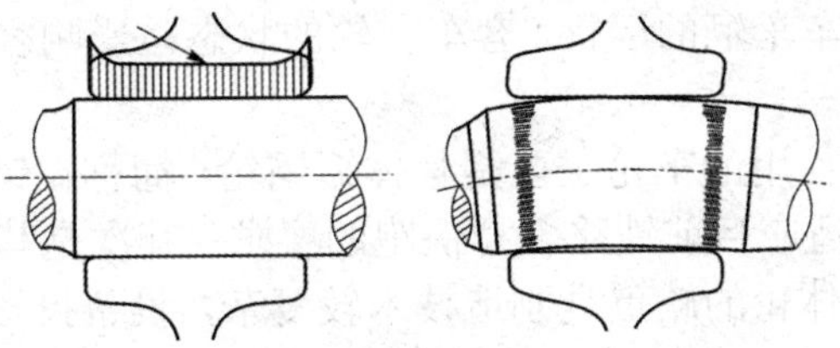

图 2-19　轮座部分受力变形

（3）车轴断裂的原因如下。

① 热切：滚动轴承车轴由于滚动轴承的内圈崩裂、滚子破碎等原因，会造成轴箱或轴承激热，使车轴产生裂纹，甚至导致车轴折断。

② 冷切（疲劳断裂）：大多数车轴断裂是由裂纹逐渐发展而来的。车轴在交变载荷的作用下，长时间使用会造成金属的疲劳，降低金属的拉伸强度和疲劳极限，从而使车轴产生裂纹。车轴使用年久都可能产生疲劳裂纹。一般情况下，车轴发生疲劳裂纹的时间是在使用12 年左右。

（4）车轴裂纹的处理方法如下。

① 纵裂纹的处理方法：车轴各部圆弧上有纵向毛细裂纹或开口裂纹时均须旋除。轴颈、防尘板座及轮座的表面纵向毛细裂纹，长度不超过 4 mm 者，可不予计算；长度不超过 25 mm者，不得超过 5 条，同一断面不得超过 3 条。超过上述规定或有开口裂纹时均须旋除。轴身上有纵裂纹在同一断面上不超过 3 条时须铲除，超过时须旋除。毛坯轴身上的铲槽深（即裂纹深）不得超过 6 mm，超过时可将轴身旋削至不小于原型尺寸，旋削铲槽剩余深度不得超过3 mm，铲槽端部应是斜坡过渡。各铲槽长度之和不得超过 1 200 mm。但铲槽深度不超过 1 mm或长度不超过 100 mm 的均不计算在内。当有纵裂纹延伸至轮座镶入部无法铲除时，应退轮旋除。

② 横裂纹的处理方法：轮座上有横裂纹，铲或旋深度不超过 0.3 mm，经电磁探伤检查，确认无裂纹时，旋除裂纹后再加旋 0.5 mm，直径符合规定限度者可组成客车轮对使用，不刻打“++”钢印。

2）车轴磨伤

① 轴身磨伤原因：制动拉杆、杠杆等组装不良而与车轴接触。车轴磨伤处会引起应力集中，导致车轴裂纹。

② 轴身磨伤的处理方法：如果磨伤深度为 2.5 mm 以下，可将棱角消除，打磨光滑后继续使用；如果深度为 2.5 mm 及以上，必须将缺陷旋除，旋修后的轴身尺寸允许比原形公称尺寸减少 4 mm。

3）车轴弯曲

① 车轴弯曲的原因：当车辆重车脱轨，车轴受到剧烈冲击时会引起车轴弯曲。当车轴弯曲时，车辆运行振动增大，会造成轴箱发热、轮缘偏磨，甚至发生脱轨事故。沿车轮圆周测量轮对内侧距离，如果任意两处相差超过 3 mm，则车轴弯曲超限，必须更换轮对。

② 车轴弯曲的处理方法：车轴弯曲时报废。

2.1.2 客车车轮

客车车轮是客车车辆的最终受力部件，它的主要作用是将客车车辆的载荷传递给钢轨，并在钢轨上滚动，完成客车车辆的运行。客车车轮的状态是影响客车车辆安全和运行品质的重要因素之一。

目前，我国铁路客车使用的车轮主要是整体辗钢轮，简称辗钢轮。它最大的优点是强度高、韧性好、自重轻，能适应目前铁路多拉快跑的要求；其次是其踏面状态可以通过旋修修复，维修费用低。辗钢整体轮的缺点是制造技术较复杂，设备投资较大，工艺要求较高，踏面耐磨性较差等。

我国铁路客车使用的车轮轮径为 915 mm。

1. 客车车轮各部分的名称和作用

（1）客车用整体辗钢轮由踏面、轮缘、轮辋、辐板、辐板孔、轮毂和轮毂孔组成。车轮各部位名称如图 2-20 所示。

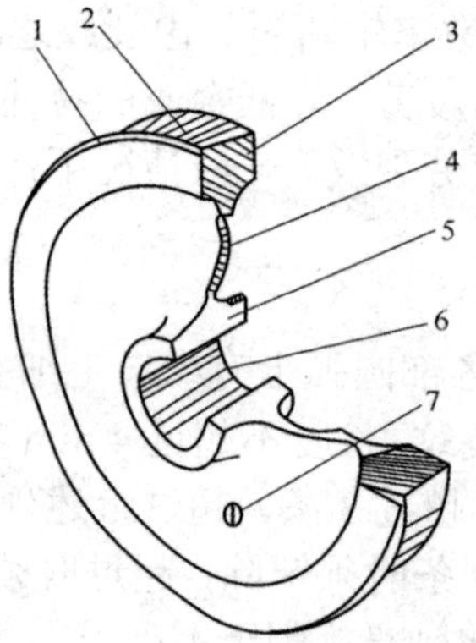

图 2-20 客车车轮

1—轮缘；2—踏面；3—轮辋；4—辐板；5—轮毂；6—轮毂孔；7—辐板孔

（2）客车用整体辗钢轮各部分的作用如下。

① 轮缘：踏面内侧沿整个圆周的凸起部分称为轮缘。轮缘是为了保持车轮沿钢轨运动，起导向作用，用于防止轮对脱轨的重要部分。

② 踏面：车轮和钢轨面的接触面称为踏面，它具有一定的斜度。

③ 轮辋：沿踏面圆周的厚度方向称为轮辋。它用来保证踏面具有足够的强度，轮对踏面状态修复时要求其必须有足够的余量。

④ 辐板：辐板是轮辋与轮毂之间的板状联接部分，它起支撑作用，呈S形。

⑤ 轮毂：轮毂是与车轴紧固并联接辐板的部分。固定在车轴轮座上，轮毂为车轮整个结构的主干与支撑。

⑥ 轮毂孔：安装车轴轮座的孔，与轮座过盈配合。

⑦ 辐板孔：为便于加工和吊装轮对而设，每个车轮上有两个辐板孔。目前，新造轮对已取消辐板孔。

2. 客车磨耗型踏面车轮基本外形

为使轮对在钢轨上平稳运行，能顺利地通过曲线和道岔，且使踏面磨耗比较均匀，轮缘和踏面必须有相应的外形。我国铁路车辆上现已全部使用磨耗型（LM 型）踏面车轮，磨耗型踏面车轮基本外形如图 2-21 所示。

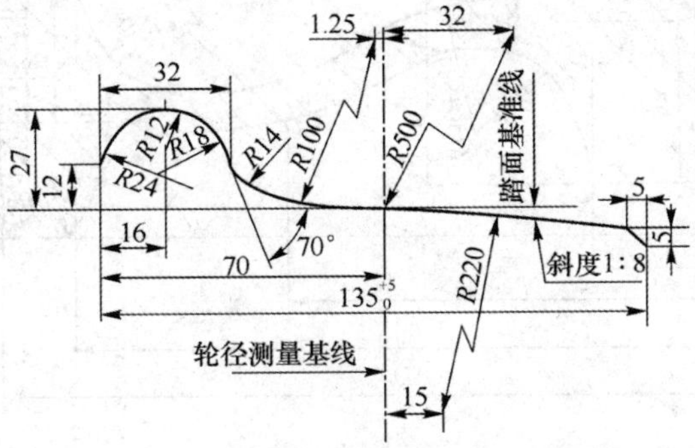

图 2-21　轮缘厚度 32 mm 磨耗型（LM 型）踏面车轮基本外形

车轮内侧面为加工基准面，车轮内侧面和踏面外侧面之间的距离称为轮辋宽度，标准车轮的轮辋宽度为135 mm。

由车轮内侧面向外70 mm处踏面上的一点称为基点，基点沿车轮一周组成的圆称为滚动圆，车轮的直径、轮辋的厚度、踏面的圆周磨耗深度都在此处测量。

以LM型为例，由车轮内侧面向外16 mm处轮缘上的一点称为轮缘顶点。

过距车轮内侧面向外70 mm处的踏面上一点做一水平线，为轮缘高度测定线。

由轮缘顶点至轮缘高度测定线之垂直距离为轮缘高度，标准轮缘高度为27 mm。

由轮缘高度测定线铅垂线上12 mm作一水平线与轮缘相交，两交点间的距离称为轮缘厚度，标准轮缘厚度为32 mm。

3. 客车车轮的种类

客车标准型车轮按GB 8601—1988有KD型，按TB / T 2817—1997有KDS型，装于RC_3、RC_4、RD_3、RD_{3A}型等车轴上，客车车轮直径为915 mm。KKD型进口车轮，适用于运行

$v \leqslant 160$ km / h的客车，目前，进口车轮有代号为“UV”（法国）和“KLW”（乌克兰）两种。国产KKD型和KDQ型车轮适用于运行$v \leqslant 200$ km / h的客车上。

4. 铁路客车车轮型式和基本尺寸

铁路客车标准整体辗钢车轮型式和基本尺寸必须符合表 2-10 和图 2-22 所示的要求。

表 2-10 客车车轮型式和基本尺寸

mm

规格型号		外径 D	轮辋内侧内径 D_1	轮毂外径 D_3	轮毂孔径 d_0	毂长 L	毂宽 H	辐板厚度		理论质量/kg
								S_1	S_2	
ϕ915	KD	915	785	273	170	178	135	19	25	342
	KKD		785	274	186					386
	KDS		785	274	186					391

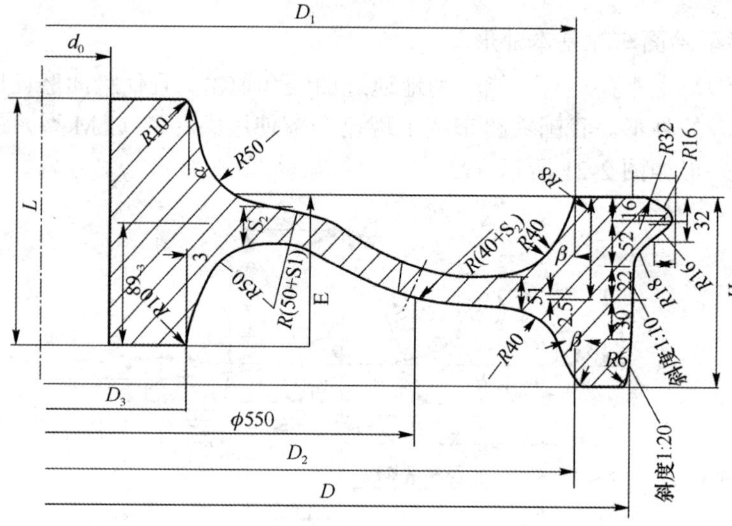

图 2-22 车轮尺寸示意图

5. 客车车轮的材质要求

整体辗钢车轮的材质用CL-50A钢材，车轮的理化性能应符合下列标准的规定。

（1）GB 8601—1988 车轮的化学成分（熔炼分析）必须符合表 2-11 所示的规定。

表 2-11 GB 8601—1988 车轮的化学成分（熔炼分析）

车轮钢代号	车轮钢牌号	化学成分					
		w（C）	w（Si）	w（Mn）	W（P）		w（S）
					A 级	B 级	
					≤		
Ⅱ	CL60	0.55%～0.65%	0.17%～0.37%	0.50%～0.80%	0.035%	0.040%	0.040%

（2）TB/T 2708—1996、TB/T 2817—1997 车轮的化学成分（熔炼分析）均必须符合表

2-12 所示的规定。

表 2-12 TB/T 2708—1996 和 TB/T 2817—1997 车轮的化学成分（熔炼分析）

车轮钢代号	车轮钢牌号	化学成分				
		w（C）	w（Si）	w（Mn）	W（P）	w（S）
Ⅱ	CL60	0.55%～0.65%	0.17%～0.37%	0.50%～0.80%	≤0.035%	≤0.040%

（3）GB 8601—1988 车轮的机械性能必须符合表 2-13 所示的规定。

表 2-13 GB 8601—1988 车轮的机械性能

级别	车轮代号、牌号及规格			轮辋拉伸试验			踏面下30mm 处轮辋硬度/HBW	辐板冲击吸收能量常温 A_{KU}/J
				抗拉强度 R_m/MPa	伸长率 A_4/%	断面收缩率 Z/%		
					≥			
A	Ⅱ	CL60	ϕ915/mm	910～1 155	8	14	255	16
B				880～1 105	10	14	251	16

（4）TB/T 2817—1997 和 TB/T 2708—1996 车轮的机械性能必须符合表 2-14 所示的规定。

表 2-14 TB/T 2817—1997 和 TB/T 2708—1996 车轮的机械性能

车轮钢代号	车轮钢牌号	轮辋拉伸试验			踏面下 30mm 处轮辋硬度/HBW	轮辋表面硬度/HBW	辐板冲击吸收能量常温 A_{KU}/J
		抗拉强度 R_m/MPa	伸长率 A_4/%	断面收缩率 Z/%			
Ⅱ	CL60	≥910	≥10	≥14	265～320	270～341	≥16

6. 客车车轮标记

辗钢轮制成后，车轮上应有制造年月、车轮型号、制造厂代号（标记）、车轮钢种标记、熔炼炉罐号等基本标记。

车轮标记可采用热压、冷打等方式生成。

车轮标记必须在轮辋外侧面或轮毂内侧端面上；辗钢车轮冷打标记字体高为 9～15 mm，字痕深≥0.2 mm，字迹必须清晰完整；当在轮辋外侧面时，字体下基线到轮辋内径圆周边缘的距离≤7 mm，且必须保证轮辋磨耗到限时，标记仍不被磨掉；当在轮毂内侧端面时，其字体下基线到轮毂孔边缘的距离≥10 mm；车轮热压字痕深≤4 mm。

车轮标记示例：中国马鞍山钢铁股份有限公司制造的整体辗钢车轮上的标记在轮辋外侧面或轮毂内侧端面上，如图 2-23 所示。

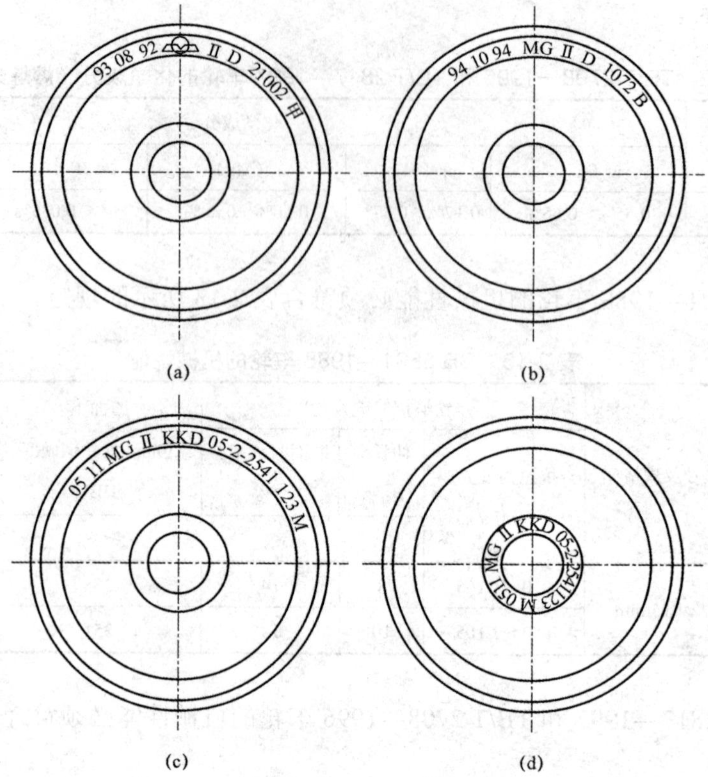

图 2-23 车轮标记示意图

1）在轮辋外侧面上

（1）1993 年及以前。制造年月（各两位数字）、冶炼年份、制造单位标记、车轮钢种代号、车轮型号、熔炼炉罐号、班次。例如：

93 08 92 Ⅱ D 21002 甲

（2）1994—2002 年。制造年月（各两位数字）、冶炼年份、制造单位代号、车轮钢种代号、车轮型号、熔炼炉罐号、班次。例如：

94 10 94 MG Ⅱ D 1072 B

（3）2003 年及以后。制造年月（各两位数字）、制造单位代号、车轮钢种代号、车轮型号、熔炼炉罐号（冶炼年份末两位数字-冶炼炉编号-本年度冶炼流水号）、车轮顺序号、检验人员标记。例如：

05 11 MG Ⅱ KKD 05-2-02541 123 M

2）在轮毂内侧端面上

制造年月（各两位数字）、制造单位代号、钢种代号、车轮型号、熔炼炉罐号（冶炼年份末两位数字-冶炼炉编号-本年度冶炼流水号）、车轮顺序号、检验人员标记。例如：

05 11 MG Ⅱ KKD 05-2-02541 123 M

中国太原重工股份有限公司制造的整体辗钢车轮标记在轮毂内侧端面上，如图 2-24 所示。

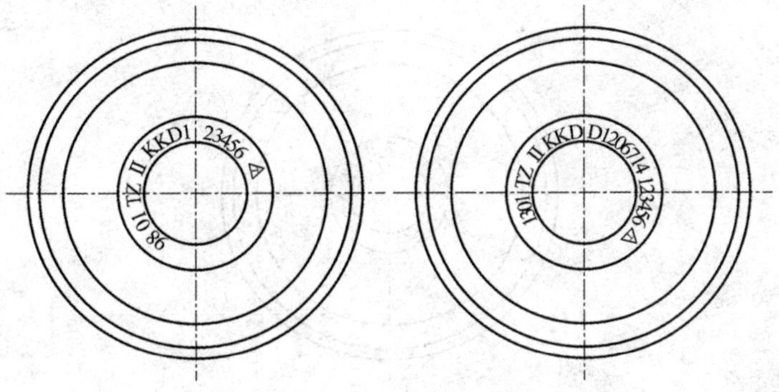

(a)　(b)

图 2-24　车轮标记示意图

（1）2012 年及以前。制造年月（各两位数字）、制造单位代号、钢种代号、车轮型号、车轮顺序号、检验人员标记。例如：

98　01　TZ　Ⅱ　KKD　123456　△T

（2）2012 年以后。制造年月（各两位数字）、制造单位代号、钢种代号、车轮型号、熔炼炉号、车轮顺序号、检验人员标记。例如：

13　01　TZ　Ⅱ　KKD　D1206714　123456　△T

乌克兰车轮制造厂制造的整体辗钢车轮标记在轮毂内端面上，如图 2-25 所示。

制造单位代号、熔炼炉罐号、车轮顺序号、车轮钢牌号、制造年月（各两位数字）、车轮型号和检验员代号。例如：

KLW　22049　115　R7T　0102　KKDW　X

法国 TRI source 公司进口客车轮标记在轮毂内端面上（冷打方式），如图 2-26 所示。

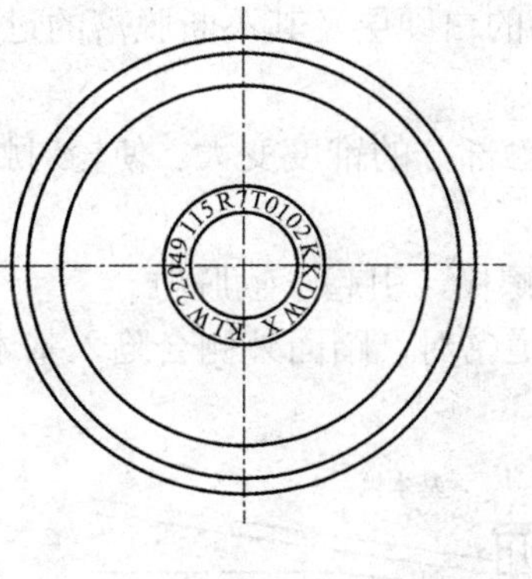

图 2-25　车轮标记示意图

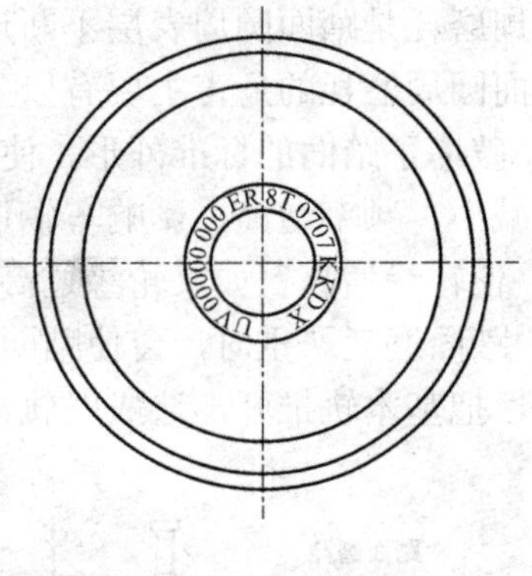

图 2-26　车轮标记示意图

制造单位代号、熔炼炉罐号、车轮顺序号、车轮钢牌号、制造年月（各两位数字）、车轮型号和检验员代号。例如：

UV　00000　000　ER8T　0707　KKD　X

德国 BVV 公司制造的整体辗钢车轮标记在轮毂内侧端面上，如图 2-27 所示。

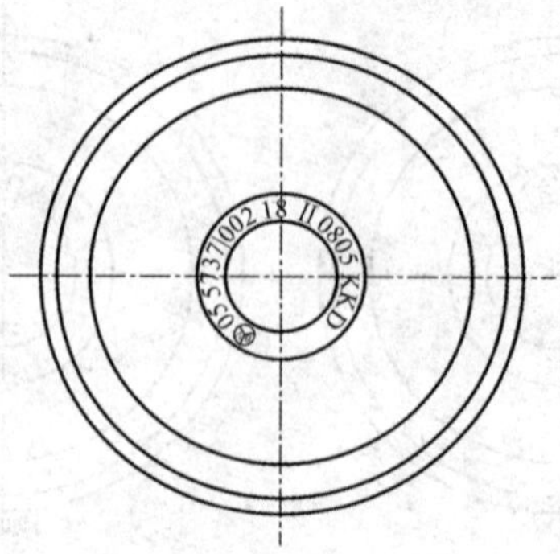

图 2-27 车轮标记示意图

制造厂标记、熔炼炉罐号及顺序号、车轮钢种代号、制造月年（各两位数字）、车轮型号。例如：

Ⓑⓥ（或 BV） 055737/00218 Ⅱ 0805 KKD

7. 客车车轮的故障

客车车轮的故障主要有踏面圆周磨耗，轮缘磨耗，轮辋厚度减少，踏面擦伤、剥离和局部凹下，车轮裂纹等。在这些故障中，车轮的故障主要是轮缘及踏面磨耗，其次是踏面剥离和擦伤，整体辗钢轮发生裂纹的情况是比较少的。这些故障都直接威胁着行车安全，因此，必须认真检查，及时妥善处理。

1）踏面圆周磨耗

车轮踏面圆周磨耗是指车轮踏面在运用过程中车轮直径减小，并改变了踏面标准轮廓。段修时，如果磨耗深度超过5 mm，必须旋修。踏面圆周磨耗是一种不可避免的自然磨耗。踏面圆周磨耗是踏面圆周表层不断形成0.05～0.2 mm厚的白硬层及其不断脱落的过程。

踏面圆周磨耗的危害主要有以下几方面。

① 破坏了踏面的标准外形，使踏面与钢轨经常接触部分的锥度变大。使轮对蛇行运动的波长减小，频率增高，影响车辆运行的平稳性。

② 使轮缘增高。如果轮缘过高，会压坏钢轨联接螺栓，引起车辆脱轨。

③ 踏面磨耗严重时，会使踏面外侧下垂。当通过道岔时，踏面外侧会陷入基本轨和尖轨之间，把基本轨推开，造成脱轨，如图2-28所示。

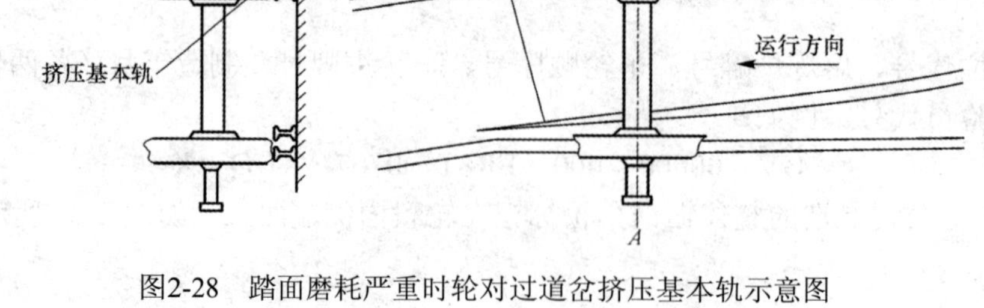

图2-28 踏面磨耗严重时轮对过道岔挤压基本轨示意图

④ 使车轮与钢轨面的接触面积扩大，导致运行摩擦阻力增大。车轮踏面与钢轨接触的各点与车轴中心的距离是不同的，如图2-29中的a、b两点，车轮滚动一圈，a点和b点的滚动距离也不相同，而钢轨各处纵向长度是相同的，这样，车轮与钢轨必然会发生局部滑动摩擦，从而增大运行阻力。踏面磨耗越严重，踏面与钢轨接触各点与车轴中心距离的偏差越大，则运行的摩擦阻力也越大。

踏面圆周磨耗的限度为厂修3 mm，段修5 mm，运用8 mm。

2）轮缘磨耗

（1）轮缘磨耗的形式。轮缘发生磨耗主要表现在它的厚度的减少，当磨耗严重时，在轮缘外侧面上形成锋芒和辗堆等现象。具体来说，轮缘磨耗有轮缘厚度尺寸的减少、轮缘垂直磨耗、轮缘顶部锋芒和轮缘辗堆4种形式会严重影响行车安全。

① 轮缘厚度尺寸的减少：轮缘磨耗面与水平面多数成70°的夹角，如图2-30所示。轮缘厚度尺寸减少后，其外侧A点与顶点C的水平距离减小。轮缘外侧A点是轮缘靠紧钢轨时轮缘和钢轨接触的极限位置，如果A、C两点的水平距离太小，当车轮过道岔时，轮缘顶部会压伤尖轨或爬上尖轨而脱线。A、C两点的水平距离称为“避开距离”，它不得小于6 mm。轮缘顶点与轮缘外侧面的水平距离是16 mm，所以，运用中轮缘厚度不得小于23 mm。

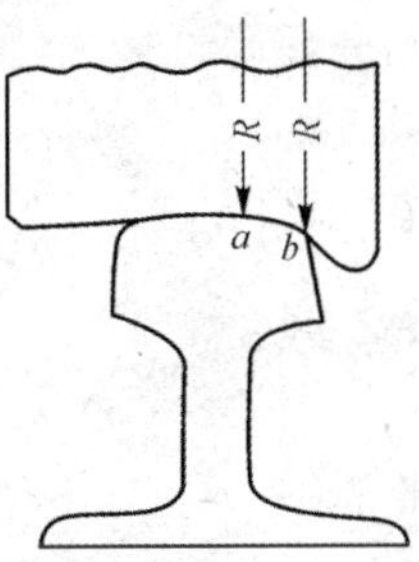

图 2-29　踏面磨耗时运行阻力增大的原因

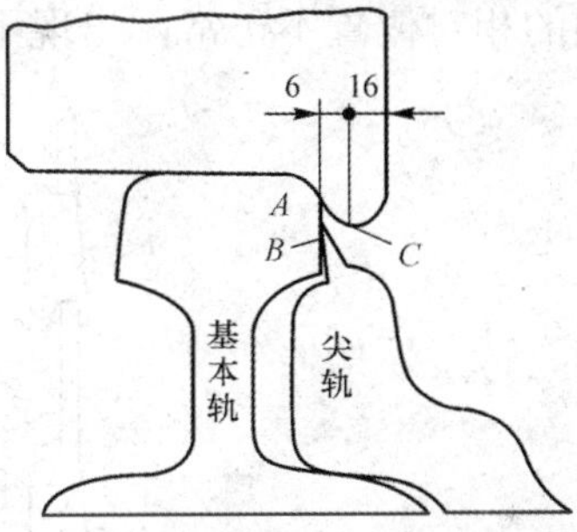

图 2-30　轮缘厚度尺寸减少过道岔情况

另外，当轮缘厚度尺寸减少到超限时，会使轮对横向窜动量加大，给车体带来摆动，在曲线上运行则会减少安全搭载量，并易使轮缘根部产生裂纹。

② 轮缘垂直磨耗：轮缘外侧面被磨耗成与水平面成垂直状态，称为轮缘垂直磨耗，如图2-31所示。

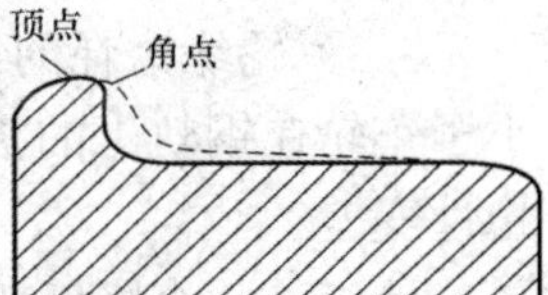

图 2-31　轮缘垂直磨耗

轮缘垂直磨耗是在轮缘外侧垂直方向的磨耗，使踏面不保持原弧线形状。其产生的原因与轮缘厚度尺寸的减少的原因基本相同，但其横向力更大。轮缘垂直磨耗的危害是当车轮通过道岔时，轮缘外侧磨耗面容易和基本轨密贴，轮缘顶部更易压伤或爬上尖轨，造成脱轨。

轮缘外侧磨耗面与轮缘顶部未磨耗部分的交点称为“角点”。角点到轮缘根部的竖直距离称为垂直磨耗高度。

轮缘垂直磨耗的限度是由轮缘根部向轮缘顶点方向垂直高度不大于15 mm，大于15 mm必须更换轮对。

③ 轮缘顶部锋芒：如图2-32所示，轮缘外侧磨耗后使角点与轮缘顶点重合，在轮缘顶点处形成的尖端称为锋芒。当通过道岔时，轮缘锋芒可能豁开道岔的尖轨而造成脱轨。

④ 轮缘碾堆：如果车轮材质过软，在轮缘磨耗的过程中，轮缘受钢轨的挤压作用，在轮缘外侧靠轮缘顶部形成的突起称为辗堆，如图2-33所示。轮缘产生辗堆后，其危害与轮缘垂直磨耗的情况相似，在通过道岔时容易脱轨。如果发现轮缘辗堆，必须更换轮对进行旋修处理。

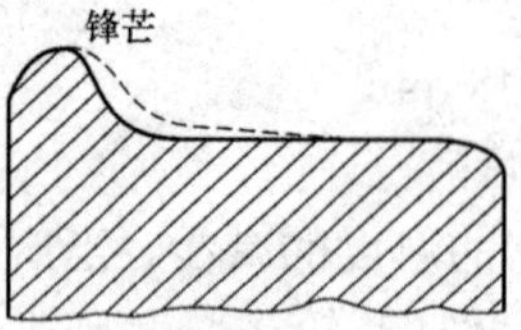

图 2-32 锋芒

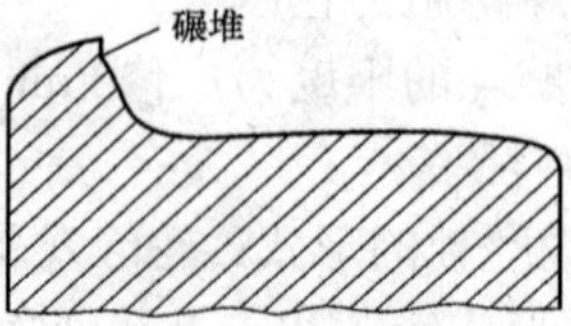

图 2-33 碾堆

（2）导致轮缘磨耗的主要原因。车轮做蛇行运动时或在曲线上由于离心力的作用，轮缘不可避免地要与钢轨内侧面发生冲撞、摩擦，进而造成磨耗。这是正常的磨耗，并不严重。

加剧轮缘磨耗的主要原因如下：转向架两侧固定轴距差过大，如图2-34所示；轴箱导框间隙过大或过小；同轴两车轮直径差过大；压装车轮时两车轮至轴端的距离不相等，使轮对和钢轨间的相对位置不正常，出现不应有的横向力。

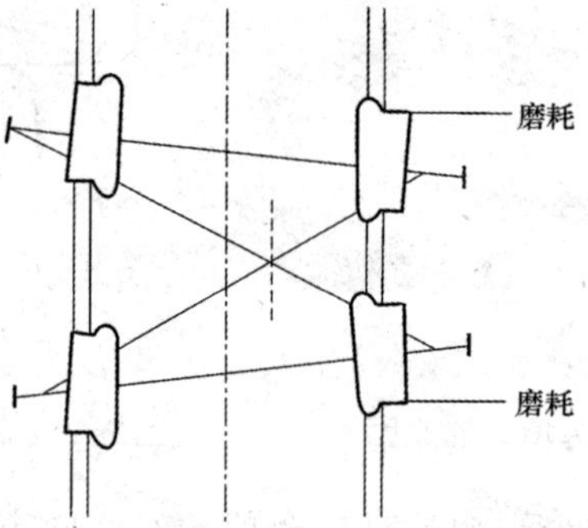

图2-34 固定轴距差过大引起轮缘磨耗

（3）轮缘磨耗的危害。轮缘磨耗后，轮轨间的横向游隙增加。车辆在通过曲线时，减小了车轮在钢轨上的搭载量，容易脱轨；在通过直线时，增加了车辆的横动量，使运行平稳性变差。

轮缘过薄会降低轮缘的强度，可能使轮缘根部产生裂纹，进而造成轮缘缺损，影响行车安全。

磨耗后，由于磨耗面外形与钢轨内侧面的形状一致，使两者的接触面大大增加，不仅加大运行阻力，还会加速轮缘和钢轨内侧面的磨耗，从而降低车轮的使用寿命、危及行车安全。

车轮通过道岔时，轮缘外侧磨耗面容易和基本轨密贴，使轮缘顶部更易压伤或爬上尖轨，轮缘锋芒和碾堆则可能豁开道岔的尖轨而造成脱轨。

3）轮辋厚度减少

轮辋厚度由于车轮踏面圆周磨耗及多次旋修车轮而使轮辋厚度逐渐减少，当轮辋厚度过薄时，会减弱其强度，容易发生裂纹；同时，由于车轮直径变小，会使转向架的高度下降，影响各部分配合关系。轮辋过薄超过限度时，应更换车轮。D型车轮轮辋厚度运用限度规定为23 mm。

4）踏面擦伤、剥离和局部凹下

（1）踏面擦伤：由于车辆在运行中制动力过大，抱闸过紧，使车轮在钢轨上滑行，把圆锥形踏面局部被磨成一块或数块平面的现象称为踏面擦伤。

踏面擦伤主要是制动力过强、车轮抱闸滑行或缓解不良造成的。踏面擦伤后，车辆运行时会引起过大的振动，使车辆零部件加速损坏，使轴箱发热，还会损坏钢轨。踏面擦伤的深度越大，引起的振动越大。而且当擦伤处与钢轨接触时车轮转动的阻力增大，更易引起车轮在钢轨上滑行，扩大擦伤。

（2）踏面剥离：车轮踏面表面金属呈片状剥落而形成小凹坑或片状翘起的现象称为踏面剥离。

踏面剥离产生的主要原因是车轮材质不良、有夹渣。在运行中由于反复辗压、材质疲劳而出现的鳞片状剥落称为疲劳型剥离；另外，由于制动抱闸产生高温，在冬天又急剧冷却，经常反复热胀冷缩而在表面出现细小裂纹，经辗压，使金属剥落称为热剥离。踏面剥离限度如表2-15所示。

表 2-15 踏面剥离限度表 单位/mm

车 种	限 度	运 用
客车滚动	1处不大于	30
轴承轮对	2处（每处不大于）	20

踏面剥离超限的危害与踏面擦伤的危害相同。踏面剥离同样使车辆在运行中产生过大的振动，也可能造成热轴。踏面剥离的深度一般较大，剥离的凹下处不会与钢轨接触，为了限制踏面剥离对车辆振动的影响，对踏面剥离的长度规定了限度。踏面剥离的长度应沿着车轮的圆周方向测量。以列检测量为例，具体测量与计算方法如图2-35所示。

① 当b>20 mm，a<10 mm时，只计算x部分长度，如图2-35（a）所示。

② 长条剥离宽a<20 mm不计，如图2-35（b）所示。

③ 当两处剥离边缘相距a<75 mm时，任何一处长度不得超过20 mm；当a>75 mm时，按2处计算，如图2-35（c）所示。

④ 连续剥离长度a不得超过350 mm，如图2-35（d）所示。

⑤ 剥离前期尚未脱落的部分a可不计，如图2-35（e）所示。

（3）踏面局部凹下：局部凹下的主要原因是材质不良，有局部缩孔、软点、硬度不足，经滚动磨耗后造成的，具测量方法和限度与踏面擦伤相同。

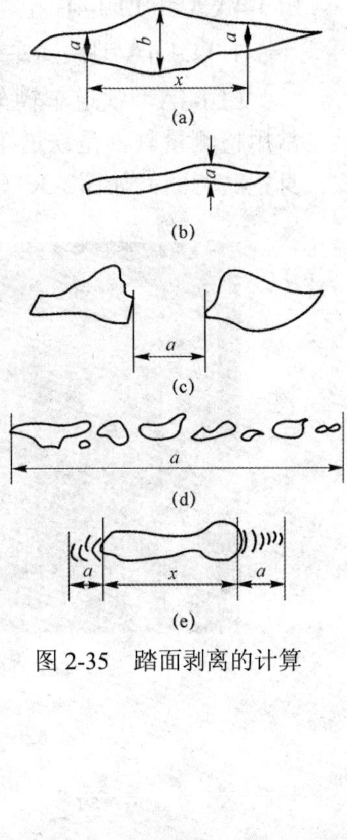

图 2-35 踏面剥离的计算

5）车轮轮缘缺损或踏面缺损

车轮钢材存在缺陷，如辗制时金属的皱折（重皮）、铸造的熔渣等，经运行中撞击或压辗作用会造成车轮缺损。在运用中，轮缘内侧缺损长度超过 30 mm 或宽度超过 10 mm 时必须更换轮对，轮缘外侧缺损时也必须更换轮对，因为踏面外侧缺损影响到车轮在钢轨上的安全搭载量，在列检作业中，当缺损长度超过 150 mm 或缺损处边缘距离相对车轮轮缘外侧小于 1 505 mm 时，必须更换轮对。

6）车轮轮辋外侧辗宽

这种故障是由于车轮材质过软引起的。轮辋外侧辗宽的危害与踏面磨耗的情况相似，在过道岔时辗宽部分会挤压基本轨而造成车辆脱轨。段修时如果车轮辗宽超过5 mm，则必须旋修。

7）车轮裂纹

车轮裂纹一般发生在使用时间过长、轮辋厚度减少的车轮上。铸钢轮比辗钢轮容易发生裂纹。裂纹的部位多在辐板孔周围及辐板与轮辋交界处、轮辋外侧、踏面及轮缘根部。车轮裂纹时必须停止使用，更换轮对。由于现在使用的绝大多数都是整体辗钢轮，所以，它发生裂纹的情况是比较少的。

2.1.3 客车常用轮对检查器的使用及测量方法

轮对的各部尺寸及限度对行车安全十分重要，为了准确测量各部尺寸，需有专用的检查仪器与量具。在车辆检修单位，经常使用的轮对检查器有很多，包括第一号检查样板、第四种检查器、轮辋厚度检查器、轮缘垂直磨耗检查器、轮对内侧距离检查尺、轴肩弧度半径检查样板和车轮直径检查尺共 7 种。下面在这 7 种常用的轮对检查器中选择第四种检查器中的 LLJ-4A 型和 LLJ-4B 型、轮对内侧距离检查尺和车轮直径检查尺进行介绍。

1. LLJ-4A 型铁道车辆车轮第四种检查器

LLJ-4A型铁道车辆车轮第四种检查器是目前我国铁路测量车轮轮缘、踏面尺寸的一种常用检测量具，是铁道车辆及车轮制造、检修和运用等部门必备的计量器具，其实物（尺身正、背面）如图2-36（a）、（b）所示。

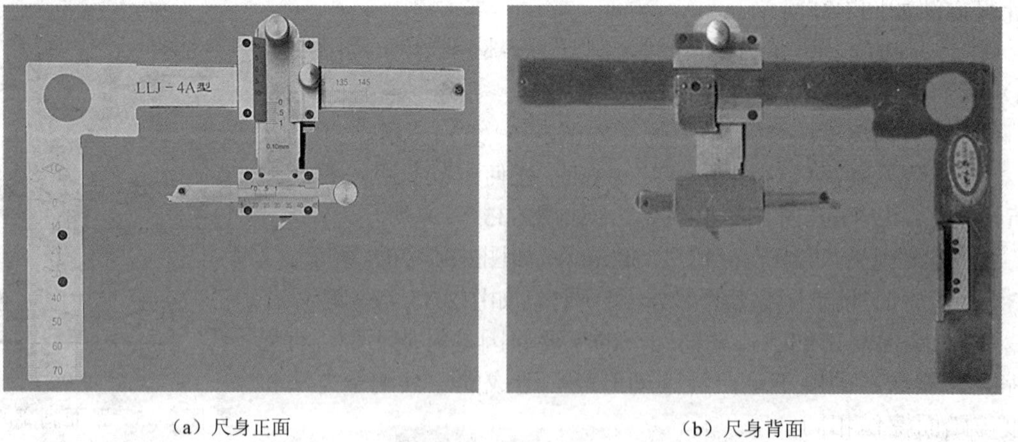

（a）尺身正面　　（b）尺身背面

图 2-36 LLJ-4A 型铁道车辆车轮第四种检查器

LLJ-4A型铁道车辆车轮第四种检查器具有测量车轮踏面圆周磨耗、轮缘厚度、轮缘垂直磨耗、轮缘高度、轮辋厚度、轮辋宽度、车轮外侧辗宽、踏面擦伤深度、踏面擦伤长度、踏面剥离深度、踏面剥离长度和15号车钩闭锁位钩舌与钩腕内侧距离共12个测量功能。

LLJ-4A型铁道车辆车轮第四种检查器的结构形式如图2-37所示。主尺（1）为直角形，其垂直尺身（又称轮辋厚度测尺（8））正面刻有长度双刻度线，水平尺身的背面刻有车轮滚动圆中心定位刻线（12）。踏面圆周磨耗测尺（3）和轮缘厚度测尺（9）通过踏面圆周磨耗测尺尺框（2）和轮缘厚度测尺尺框（10）组合在一起，从而形成了整体的联动结构形式。为保证车轮检查器测量操作的稳定和数据准确可靠，在轮辋厚度测尺（8）的背面安装有定位角铁（13）。

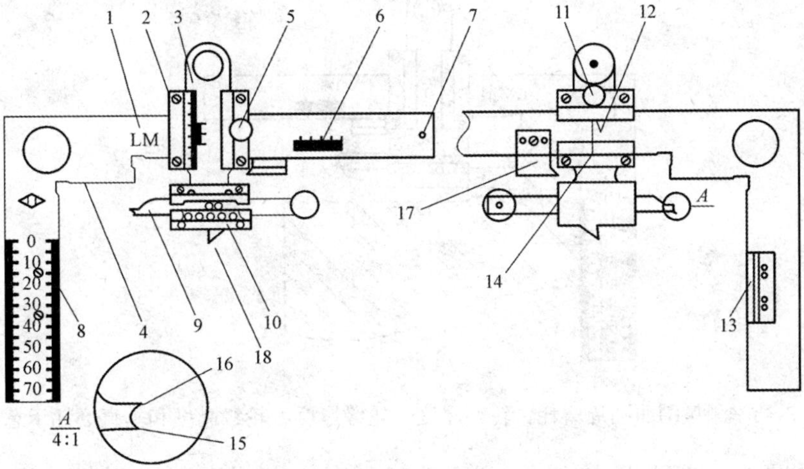

图 2-37 LLJ-4A 型铁道车辆车轮第四种检查器

1—主尺；2—踏面磨耗测尺尺框；3—踏面磨耗测尺；4—轮缘高度测量定位面；
5—尺框紧固螺钉；6—轮辋宽度测尺；7—止钉；8—轮辋厚度测尺；9—轮缘厚度测尺；
10—轮缘厚度测尺尺框；11—踏面磨耗测尺紧固螺钉；12—主尺背面滚动圆中心定位线；
13—定位角铁；14—踏面磨耗测尺尺框背面滚动圆刻线；15—轮缘厚度测头；
16—垂直磨耗测头；17—定位挡块；18—踏面磨耗测头

LLJ-4A型铁道车辆车轮第四种检查器的主要特点是根本改变了原我国铁路以车轮轮缘顶点为基点测量轮缘厚度的方法，这种检查器以车轮踏面滚动圆（即距车轮内侧面70 mm处的基线）为基点测量轮缘厚度，车辆轮对的轮缘厚度测量点始终距车轮滚动圆保持恒定的距离（踏面滚动圆向上12 mm），不会因踏面磨耗而改变。

这种车轮检查器测量数据准确，对保证行车安全、检查脱轨的安全性、延长车轮使用寿命起到非常重要的作用。

下面介绍LLJ-4A型铁道车辆车轮第四种检查器的使用及测量方法。

测量车轮踏面圆周磨耗、轮缘厚度、轮缘高度轮辋厚度时，首先，定基线（其余8种测量功能不需定基线）。定基线有两种方法：一种方法是将踏面圆周磨耗测尺尺框背面滚动圆刻线（14）与主尺背面上的车轮滚动圆中心定位刻线（12）对齐；另一种方法是用定位挡块（17）定位，首先，把踏面圆周磨耗测尺尺框（2）推向最左侧；然后，把轮缘厚度测尺（9）

推向最右端；接着，将踏面圆周磨耗测尺（3）推向最上方，将踏面圆周磨耗测尺尺框（2）向右拉，直到拉不动为止；最后，拧紧踏面圆周磨耗尺框紧固螺钉（5）。

然后，将车轮检查器立放在车轮踏面上，主尺（1）的轮辋厚度测尺（8）贴靠在轮辋内侧面上，其尾端指向车轴中心线，使车轮检查器的轮缘高度测量定位面（4）与车轮轮缘顶部接触。

最后，按下列步骤测量各部位尺寸。

1）测量踏面圆周磨耗

如图2-38所示为测量踏面圆周磨耗、轮辋厚度、轮缘厚度、轮缘高度和垂直磨耗示意图。

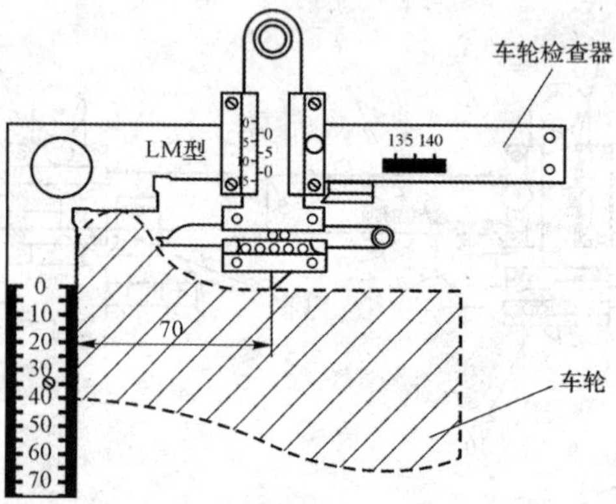

图 2-38　测量踏面圆周磨耗、轮辋厚度、轮缘厚度、轮缘高度和垂直磨耗示意图

推动踏面圆周磨耗测尺（3），使踏面磨耗测头（18）接触车轮踏面，此时必须将踏面磨耗尺框背面滚动圆刻线（14）与主尺背面滚动圆定位线（12）刻线对正，拧紧踏面圆周磨耗尺框紧固螺钉（11）。读取踏面圆周磨耗测尺（3）上面刻线与踏面圆周磨耗测尺尺框（2）刻线相重合的数值，即为踏面圆周磨耗数值。

测量范围：−5～10 mm。

分度值：0.1 mm。

实际测量读数举例：主尺对应2～3 mm，读作2；副尺上的0.8与主尺对齐，读作0.8，读数为2+0.8=2.8 mm，如图2-39所示。

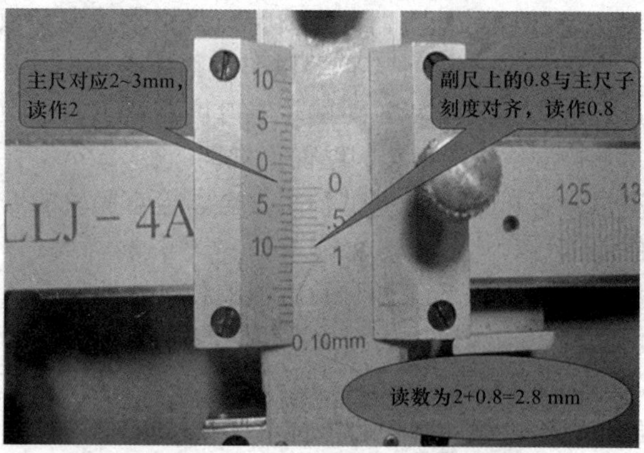

图2-39　测量踏面圆周磨耗读数

2）测量轮缘厚度

测量踏面圆周磨耗的同时，推动轮缘厚度测尺（9），使其测头（15）接触轮缘，读取轮缘厚度测尺（9）上面刻线与轮缘厚度测尺尺框（10）刻线相重合的数值，即为轮缘厚度数值。

测量范围：15～40 mm。

分度值：0.10 mm。

实际测量读数举例：主尺对应25～26 mm，读作25；副尺上的0.6与主尺刻度对齐，读作0.6，读数为25+0.6=25.6 mm，如图2-40所示。

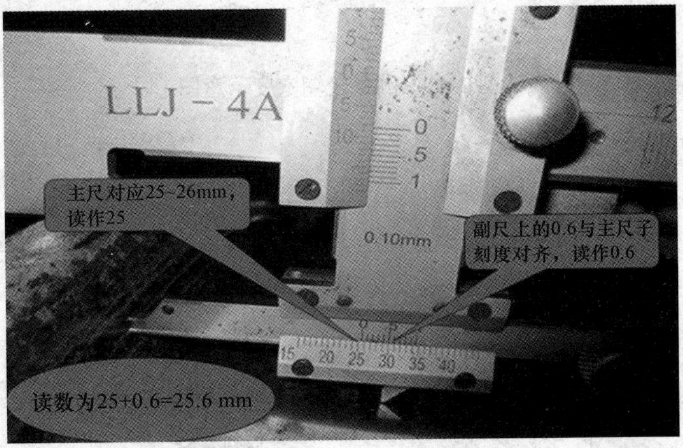

图 2-40　测量轮缘厚度读数

3）测量轮缘垂直磨耗

测量轮缘厚度的同时，如果垂直磨耗测头（16）接触轮缘，说明车轮轮缘垂直磨耗到限。

4）测量轮缘高度

用标准轮缘高度数值加上踏面圆周磨耗正、负数值，即为实际轮缘高度数值。LM型踏面标准轮缘高度为27 mm。

5）测量轮辋厚度

读取轮辋内侧边缘与轮辋厚度测尺（8）内侧刻度线对应数值，再减去踏面圆周磨耗数值，即为轮辋厚度。

测量范围：0～75 mm。

分度值：1 mm。

6）测量轮辋宽度

如图2-41所示为测量轮辋宽度示意图。

将踏面圆周磨耗测尺尺框（2）推向右侧，使踏面圆周磨耗测尺（3）的测头（18）贴靠（或指向）车轮外侧面，读取踏面圆周磨耗测尺尺框（2）左侧面对应轮辋宽度测尺（6）的数值，即为轮辋宽度。如果踏面有辗宽，应减去踏面辗宽数值，即为轮辋实际宽度。

测量范围：122～145 mm。

分度值：1 mm。

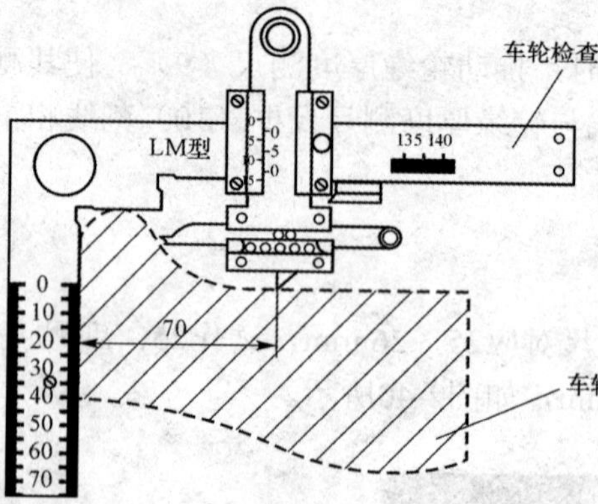

图 2-41　测量轮辋宽度示意图

7）测量车轮外侧辗宽

如图2-42所示为测量车轮外侧辗宽示意图。

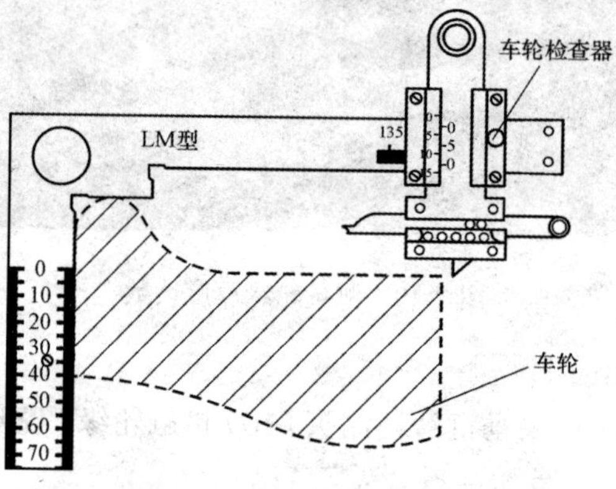

图 2-42　测量车轮外侧辗宽示意图

先将踏面圆周磨耗尺框（2）推向右侧，使踏面圆周磨耗测尺（3）的测头（18）贴靠（或指向）车轮外侧边缘，再用钢板尺接触轮辋外侧面，此时，踏面圆周磨耗测尺（3）的测头（18）对应钢板尺上面的刻度线，即为车轮外侧辗宽数值。

8）测量踏面擦伤深度

移动踏面圆周磨耗测尺尺框（2）和踏面圆周磨耗测尺（3），使踏面圆周磨耗测尺（3）的测头（18）对准踏面擦伤部位最深处，如图2-43（a）所示，并拧紧踏面圆周磨耗测尺尺框紧固螺钉（5），读取踏面圆周磨耗测尺（3）上面刻线与踏面圆周磨耗测尺尺框（2）刻线相重合的数值，做好记录，然后沿车轮圆周方向移动主尺（1），测量同一圆周未擦伤部位的踏面圆周磨耗深度，如图2-43（b）所示，两个量值的差值，即为踏面擦伤深度。

测量范围：−5～10 mm。

分度值：0.10 mm。

（a）测量踏面擦伤部位最深处现车实物图

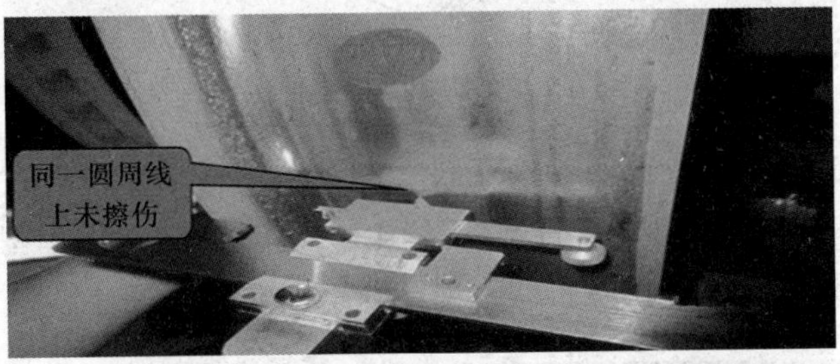

（b）测量踏面擦伤部位最深处同一圆周线上未擦伤处现车实物图

图 2-43　测量踏面擦伤深度

9）测量踏面擦伤长度

用车轮检查器的轮辋厚度测尺（8）的外刻线沿车轮圆周方向测量擦伤的长度，即为踏面擦伤长度。

测量范围：0～75 mm。

分度值：1 mm。

10）测量踏面剥离深度

因为测量踏面剥离深度的测量方法与测量踏面擦伤的测量方法相同，所以参照图2-43，将“踏面擦伤”改为“踏面剥离”，具体测量方法如下。

移动踏面圆周磨耗测尺尺框（2）和踏面圆周磨耗测尺（3），使踏面圆周磨耗测尺（3）的测头（18）对准踏面剥离部位最深处，如图2-43（a）所示，并拧紧踏面圆周磨耗测尺尺框紧固螺钉（5），读取踏面圆周磨耗测尺（3）上面刻线与踏面圆周磨耗测尺尺框（2）刻线相重合的数值，做好记录，然后沿车轮圆周方向移动主尺（1），测量同一圆周未剥离部位的踏面圆周磨耗深度，如图2-43（b）所示，两个量值的差值，即为踏面剥离深度。

测量范围：−5～10 mm。

分度值：0.10 mm。

11）测量踏面剥离长度

用车轮检查器的轮辋厚度测尺（8）的外刻线沿车轮圆周方向测量剥离的长度，即为踏面剥离长度。

测量范围：0～75 mm。

分度值：1 mm。

12）测量15号车钩闭锁位钩舌与钩腕内侧距离

用检查器垂直尺身（8）外形尺寸135 mm的长度，水平插向钩舌与钩腕内侧之间，上、中、下位置测量3点，如果有一处能通过即为不合格，如图2-44所示。

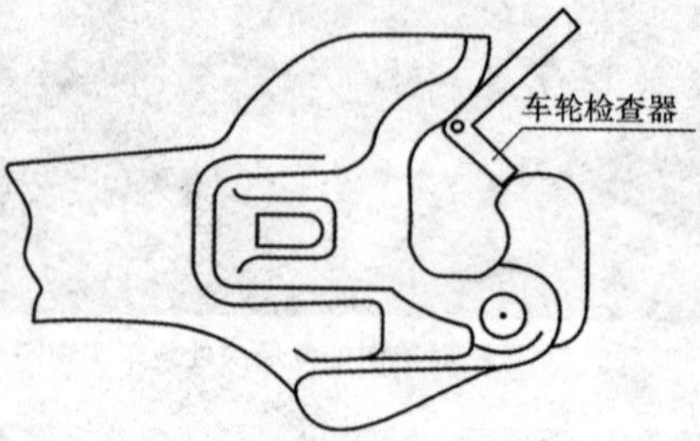

图 2-44 测量 15 号车钩闭锁位钩舌与钩腕内侧距离

2. LLJ-4B 型铁道车辆车轮第四种检查器

LLJ-4B型铁道车辆车轮第四种检查器是继“LLJ-4型”“LLJ-4A”型后新研制开发的铁道车辆车轮检查器，其实物（尺身正、背面）如图2-45所示。

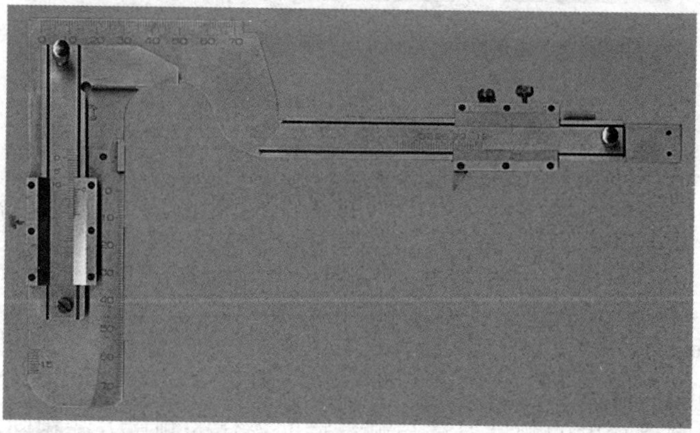

（a）尺身正面

（b）尺身背面

图 2-45 LLJ-4B 型铁道车辆车轮第四种检查器

这种检查器采用新的结构和游标卡尺工艺，测量原理完全符合国际通用的测量轮缘厚度基准和中国铁路总公司标准，三种铁道车辆车轮检查器测量原理基本相同，只是结构有所不同，LLJ-4B型与原有第四种检查器相比，具有操作简便、长期使用稳定可靠、测量功能齐全的特点，是一种理想的铁道车辆车轮检查器。三种铁道车辆车轮检查器共同特点是：都采用新的标准，测量准确，都在广泛应用。

LLJ-4B型铁道车辆车轮第四种检查器具有测量车轮踏面圆周磨耗；轮缘厚度；轮缘垂直磨耗超限；轮辋厚度；轮辋宽度；踏面碾宽超限；踏面擦伤、剥离、凹陷深度和宽度八大影响功能。

LLJ-4B型铁道车辆车轮第四种检查器的各部分名称如图2-46所示。

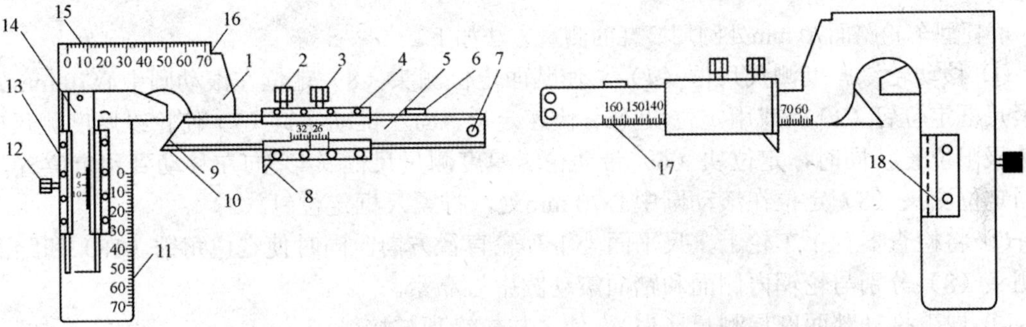

图 2-46　LLJ-4B 型铁道车辆车轮第四种检查器

1—底板；2—尺框定位钉，3—轮缘厚度测尺紧固钉；4—轮缘厚度测尺尺框；5—轮缘厚度测尺；6—定位块；7—螺钉；8—踏面定位测头；9—垂直磨耗测头；10—轮缘厚度测尺测头；11—轮辋厚度测尺；12—踏面磨耗测尺紧固钉；13—踏面磨耗测尺尺框；14—踏面磨耗测尺；15—刻度尺；16—碾宽测量线（碾宽测量限度尺）；17—轮辋宽度刻度尺；18—定位角铁

结构原理：LLJ-4B型铁道车辆车轮第四种检查器是LLJ-4型铁道车辆车轮检查器的换代产品，该检查器采用游标读数方式。结构特点：与底板（1）相连的尺框（4）有上、下两个导槽，下面的导槽使尺框在底板上左右移动，上面的导槽用于装轮缘厚度测尺。踏面圆周磨耗测尺尺框（13）直接装在底板（1）上，踏面磨耗测尺（14）在踏面圆周磨耗测尺尺框（13）中上、下滑动。移动踏面定位测头（8）使之定位在滚动圆中心70 mm测量处，紧固踏面磨耗测尺紧固钉（12），通过测量轮缘高度的变化测得踏面磨耗值。轮缘厚度测点固定在滚动圆中心向上12 mm处，实现了以踏面滚动圆中心为基准测量轮缘厚度的方案。

下面介绍LLJ-4B型铁道车辆车轮第四种检查器的使用及测量方法。

（1）如图2-47所示为车轮踏面圆周磨耗测量。

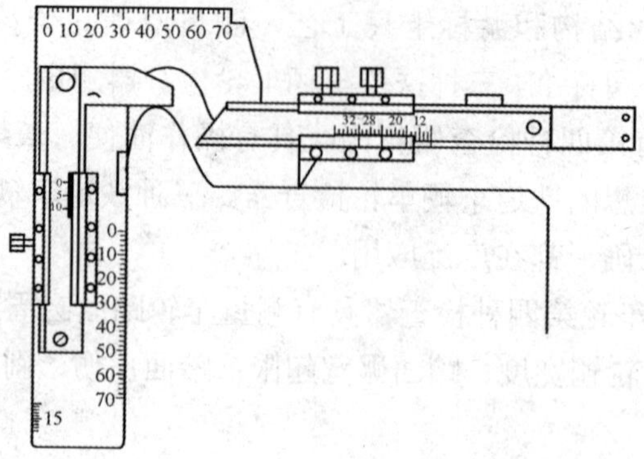

图 2-47 车轮踏面圆周磨耗测量

磨耗型车轮踏面70 mm处圆周磨耗的测量方法如下。

① 移动轮缘厚度测尺尺框（4），使踏面定位测头（8）定位在滚动圆中心70 mm处，拧紧尺框定位钉（2）；或用定位块（6）快速定位，向左推动螺钉（7）使轮缘厚度测尺（5）到达极限位置，同时，定位块（6）带动轮缘厚度测尺尺框（4）向左移动到预定位置，即踏面定位测头（8）定位在滚动圆中心70 mm处，拧紧尺框定位钉（2）。

② 将检查器置于车轮上，尺平面处于车轮直径方向，同时使定位角铁（18）和踏面定位测头（8）分别与轮辋内侧面和踏面滚动圆中心靠紧。

③ 向下推动踏面磨耗测尺（14），使之与轮缘顶部接触。

④ 从踏面磨耗测尺（14）的游标上读出踏面圆周磨耗值。

测量范围：-3～10 mm。

分度值：0.1 mm。

（2）如图2-48所示为轮缘厚度测量。

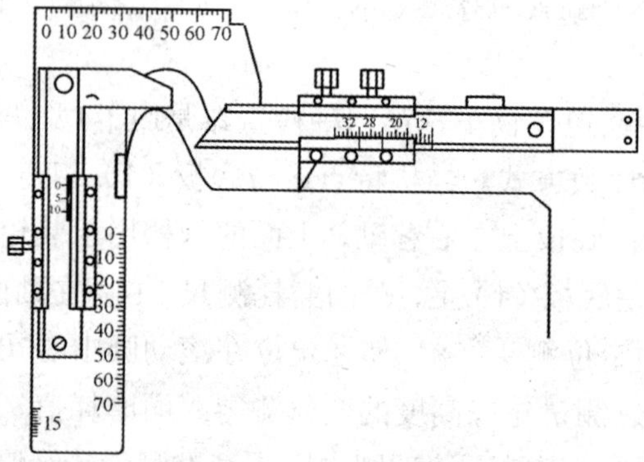

图 2-48 轮缘厚度测量

① 完成踏面圆周磨耗测量后，向左推动轮缘厚度测尺（5），使之与轮缘接触。

② 在轮缘厚度测尺（5）的游标上读出轮缘厚度值。

测量范围：12～35 mm。

分度值：0.1 mm。

（3）如图2-47所示为轮缘垂直磨耗超限测量。

在测量轮缘厚度时可同时观测垂直磨耗是否超限，方法是当轮缘厚度测尺测头（10）与轮缘接触时，观察其上边的垂直磨耗测头（9）是否与轮缘接触。如果垂直磨耗测头（9）与轮缘未接触，说明轮缘垂直磨耗未超限；如果垂直磨耗测头（9）与轮缘接触，说明轮缘垂直磨耗超限。

（4）如图2-49所示为轮辋厚度测量。

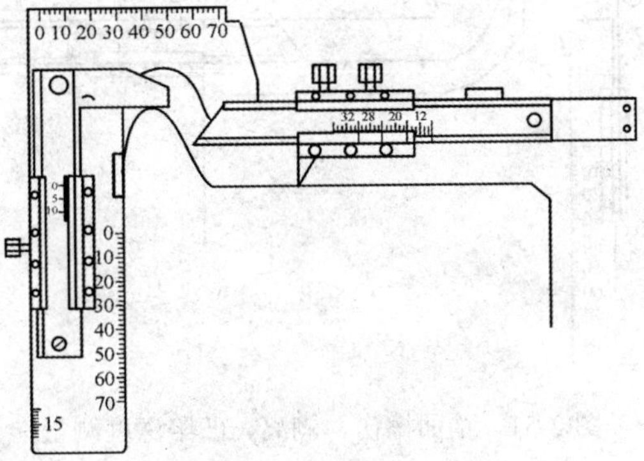

图 2-49　轮辋厚度测量

① 将检查器置于车轮上，尺平面处于车轮直径方向，同时，定位角铁（18）和踏面定位测头（8）分别同轮辋内侧面和踏面滚动圆70 mm处靠紧。

② 从轮辋厚度测尺（11）上直接读出轮辋厚度值。

测量范围：0～70 mm。

分度值：1 mm。

（5）如图2-50所示为轮辋宽度测量。

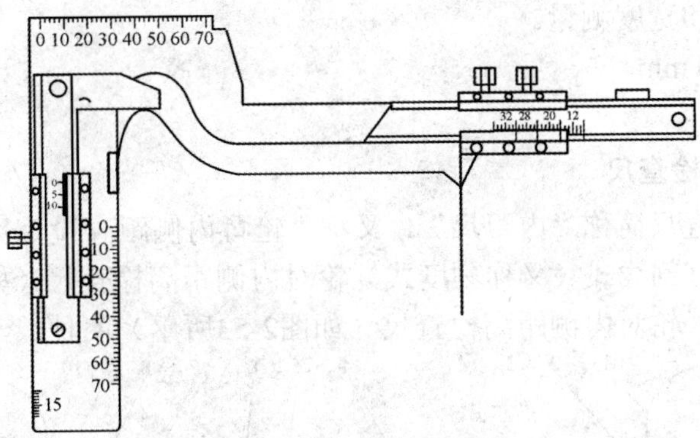

图 2-50　轮辋宽度测量

① 将轮缘厚度测尺尺框（4）向右推至端部，把检查器置于车轮上，使定位角铁（18）与车轮内侧面密贴。

② 向左移动轮缘厚度测尺尺框（4），使踏面定位测头（8）与轮辋外侧接触。

③ 从轮辋宽度刻度尺（17）读出轮辋宽度值（如踏面有碾宽，应减去踏面碾宽数值，即为轮辋的实际宽度）。

测量范围：60～150 mm。

分度值：1 mm。

（6）踏面碾宽超限测量：用碾宽测量线16来测量判定。

（7）如图2-51所示为踏面擦伤、剥离、凹陷深度测量。

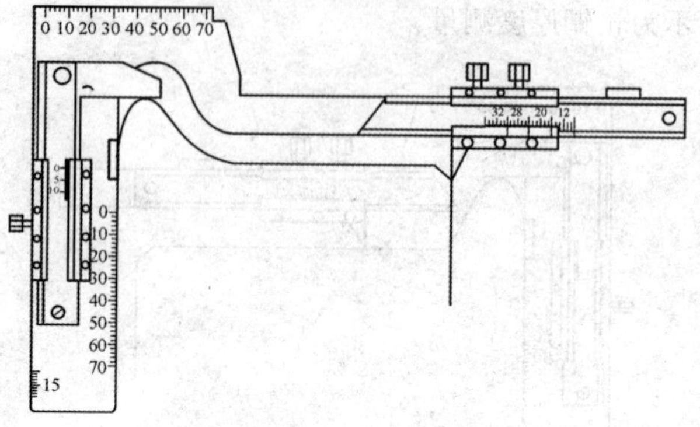

图 2-51 踏面擦伤、剥离、凹陷深度测量

① 松开尺框定位钉（2），移动轮缘厚度测尺尺框（4），使踏面定位测头（8）置于踏面擦伤、剥离、凹陷最深处。此时（在踏面磨耗测尺（14）游标上）测得数值记为A。

② 踏面定位测头（8）位置不动，移动检查器或转动车轮在同一圆周上测得未擦伤、剥离、凹陷的数值（在踏面磨耗测尺（14）游标上）记为B。

③ 则踏面擦伤、剥离、凹陷的深度值$S=A-B$。

测量范围：−3～10 mm。

分度值：0.1 mm。

（8）踏面擦伤、剥离、凹陷的长度和宽度测量。用刻度尺（15）直接在踏面擦伤、剥离、凹陷处进行长度和宽度测量。

测量范围：0～70 mm。

分度值：1 mm。

3. 轮对内侧距离检查尺

轮对内侧距离检查尺简称“内距尺”，又称“轮背内侧距离检查尺”，用来检查同一轴两轮对的内侧距离，有刻线式（又称刻度式）轮对内侧距离检查尺（如图2-52所示）和数显式（又称数字显示式）轮对内侧距离检查尺（如图2-53所示）两种。

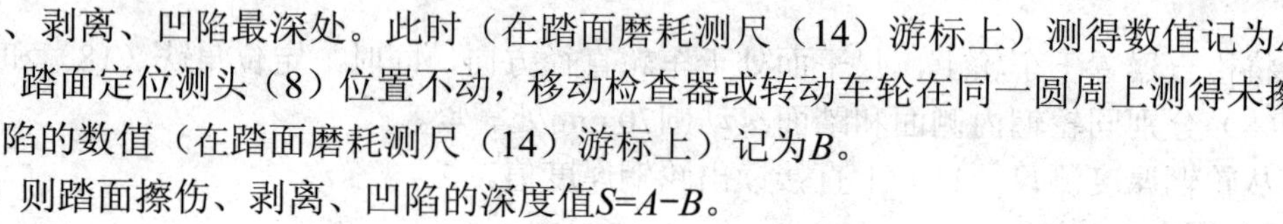

图 2-52 刻线式轮对内侧距离检查尺

1—活动测杆；2—紧定螺钉；3—标套；4—螺钉；5—弹簧；
6—弹簧座；7—尺身；8—紧定螺钉；9—限位卡钩；10—固定测杆

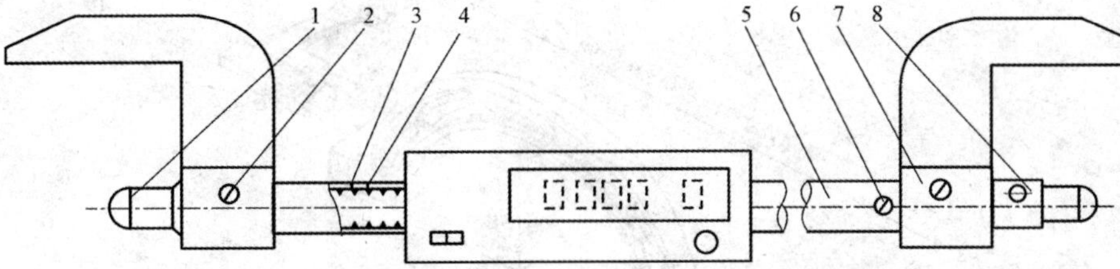

图 5-53　数显式轮对内侧距离检查尺

1—活动测杆；2—紧定螺钉；3—弹簧；4—套筒；
5—尺身；6—紧定螺钉；7—限位卡钩；8—固定测杆

（1）刻线式轮对内侧距离检查尺的使用及测量方法如图2-54所示。

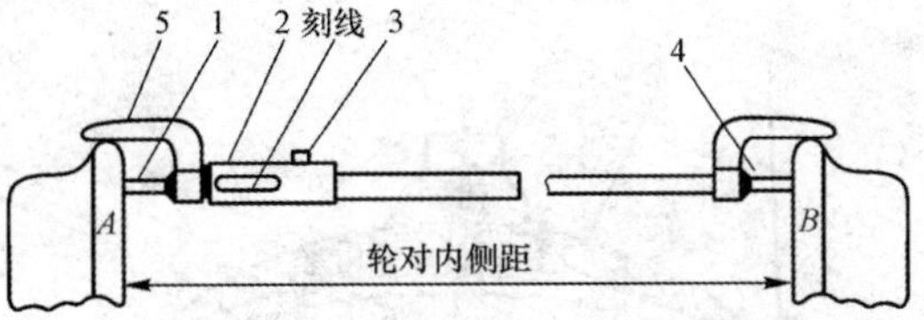

图 2-54　刻线式轮对内侧距离检查尺使用及测量方法

1—活动测杆；2—示值标套；3—螺钉；4—固定测杆；5—限位卡钩

测量轮对内侧距离时，将内距尺两端的左右限位卡钩（5）平放在两侧车轮的轮缘顶点上，使固定测杆（4）的*B*端与一侧车轮的内侧面紧靠，然后再推动活动测杆（1），使其*A*端紧靠另一侧车轮的内侧面，这时，尺身与车轴中心线保持平行。拧紧螺钉（3）以固定活动测杆（1）的位置。读活动测杆（1）上的零刻线对准示值标套（2）上的刻度，即为轮对内侧距离的尺寸。测量时，必须沿车轮圆周方向每120° 测量一处，共测量3处，轮对圆周3等分处最大内侧距与最小内侧距之差为轮对内侧距最大差。

（2）数显式轮对内侧距离检查尺的测量范围为1 345～1 365 mm，分度值为0.01 mm，测量极限误差小于0.15 mm。

4. 车轮直径检查尺

车轮直径检查尺简称“轮径尺”，现场又习惯称它为“轮径检查尺”，是用来测量车轮的直径。目前，常用的车轮直径检查尺有两种，一种是直接测量直径两端点间距离的检查尺，如图2-55所示；另一种是测量根据车轮的三个接触点间的距离来显示出车轮直径的仪表式车轮直径检查尺，如图2-56所示。

同一车轮必须检查3处，其最大与最小之差即为车轮直径差。

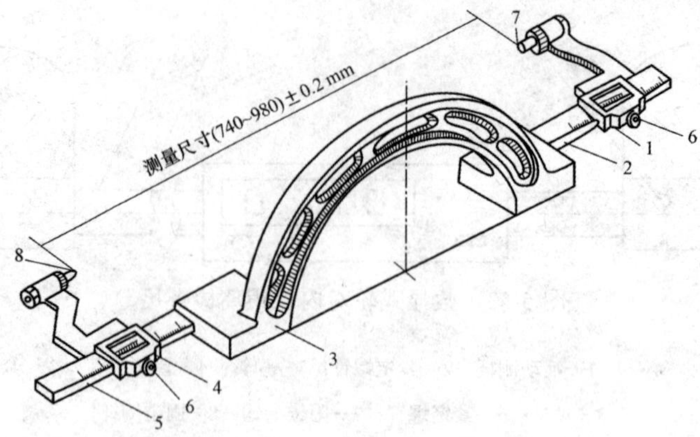

图 2-55　直接测量直径两端点间距离的车轮直径检查尺

1—右游标；2—右主尺；3—尺体；4—左游标；5—左主尺；6—止螺钉；7—右测头；8—左测头

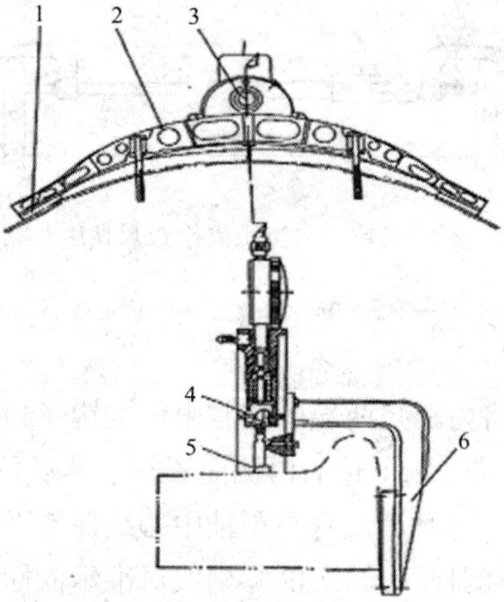

图 2-56　仪表式车轮直径检查尺

1—测量块；2—构架；3—指示表；4—传动装置；5—测头；6—定位架

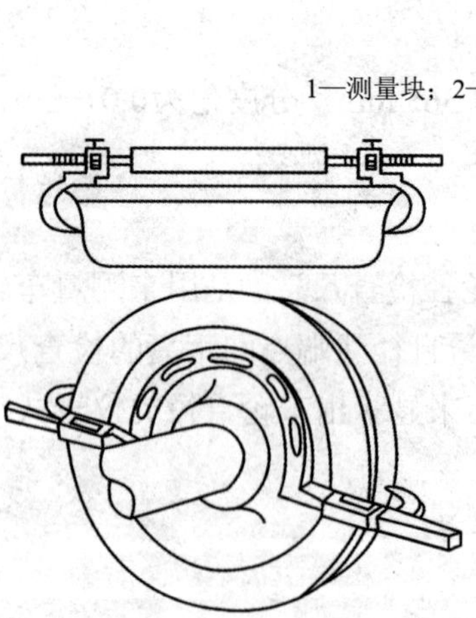

图 2-57　车轮直径检查尺使用示意图

（1）直接测量直径两端点间距离的检查尺的使用及测量方法如图2-57所示。

按下列步骤使用车轮直径检查尺测量车轮直径（如图2-55和图2-57所示）。

① 将左游标（4）“零”位固定于左主尺（5）的800 mm处，并拧紧左游标上的止螺钉（6）。

② 将检查尺从轮背内侧放到车轮上，主尺平面必须与车轮内侧面贴紧，保证固定侧左测头（8）处于车轮测量基线上，并贴紧踏面。

③ 移动调整活动侧右游标（1），使右测头（7）与踏

面接触（松紧必须适当）并上下移动对准直径。

④ 观察右游标（1）的“零”位对准右主尺（2）上（分度值为0.1 mm）的读数，再加上左主尺（5）上的尺寸即为该车轮直径。

（2）测量根据车轮的3个接触点间的距离来显示出车轮直径的仪表式车轮直径检查尺（如图2-56、图2-58、图2-59和图2-60所示）。

目前，常用的还有一种车轮直径检查尺，它是根据车轮的3个接触点间的距离显示出车轮的直径，较为轻便，而且显示数值较为精确，它是由测量块（1）、构架（2）、指示表（3）、传动装置（4）、测头（5）、定位架（6）组成，如图2-56所示；用于校对测量器零位的标准图是一段圆弧，结构如图2-58所示。

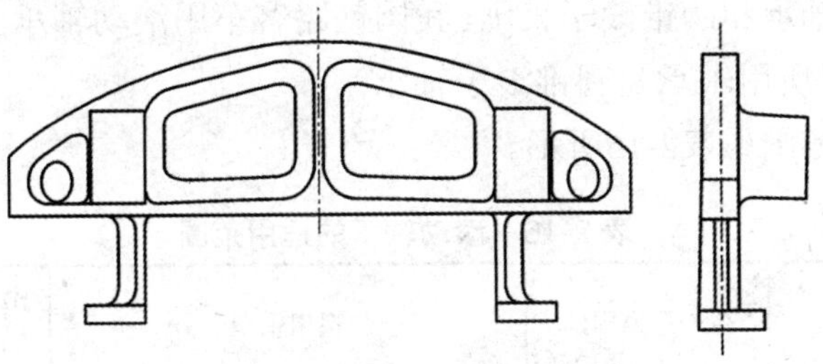

图 2-58　校对器

使用及测量方法如下。

（1）在标准圆上校对“零位”（如图2-56所示）。

① 装上指示表（3），稍稍紧固。

② 装上测头（5）。

③ 放置于标准圆上，通过上下移动指示表（3）和旋转指示表盘，将指示表（3）读数调整为标准圆直径，紧固指示表和指示表盘。

（2）用仪表式车轮直径检查尺测量车轮直径（如图2-56所示）。测量时两手握住测量器两端的构架（2）部位，放置在被测车轮上，使定位架（6）与车轮基准端面靠紧（因为有磁性，只要一接触就能保证密贴），两手轻轻下压，至两测量块（1）均与车轮踏面接触即可从指示表（3）中读出直径值。

指示表中短指针指示的是10 mm以上的数，长指针指示的是10 mm以下的数，分度值为0.1 mm，可估读到0.01 mm。

例如：图2-59的读数是1 230.64 mm；图2-60的读数是826.77 mm。

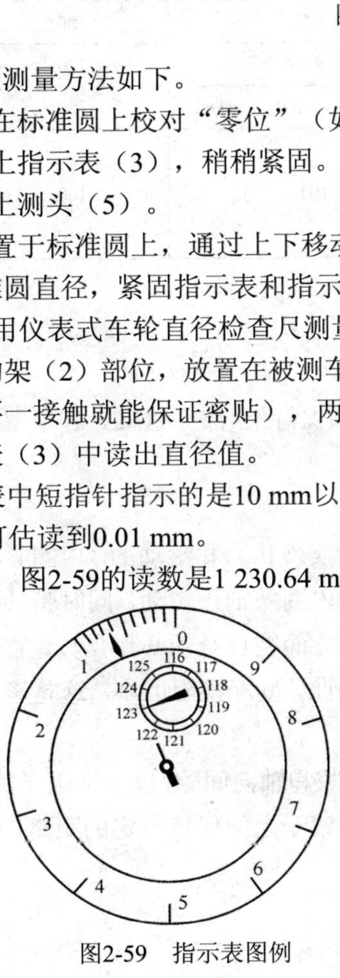

图2-59　指示表图例

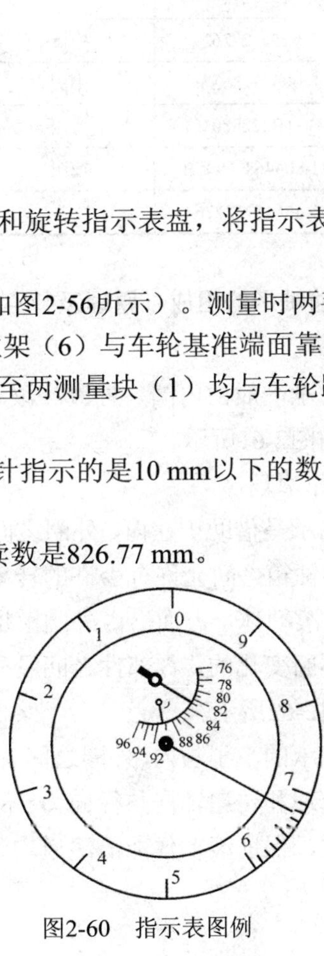

图2-60　指示表图例

2.2 客车滚动轴承及轴箱装置

目前，我国的铁路客车车辆已经全部采用滚动轴承及滚动轴承轴箱装置。

2.2.1 客车用滚动轴承

铁路车辆轴承均设计为非标准系列的形式，采用滚动体为向心滚子的轴承。我国铁路车辆主要采用圆柱滚子轴承和圆锥滚子轴承。我国铁路客车用滚动轴承主要为单列向心短圆柱滚子轴承（AM96轮对所用轴承是圆锥滚子轴承）。

滚动轴承的适用范围如表2-16所示。

表 2-16 滚动轴承的适用范围

序号	轴承型号	生产厂家国别	适用轴型	适用客车构造速度不大于/（km/h）	备注
1	4（15）2724	中国	RC_3、RC_4	100	
2	4（15）2726	中国	RD_3、RD_4	120	已不生产
3	NJ（P）3226X1	中国	RD_3、RD_4、RD_{1X}、RD_{3A}、RD_{5A}	120	
4	SKF-BC1B322880（1）	德国	RD_{3A}、RD_{3AJ}	160	
5	FAG-804468（9）B	德国			
6	NSK-4（15）2726T	日本			

1. 滚动轴承的组成、原理及特点

1）组成

滚动轴承一般由内圈、外圈、滚动体（滚子）和保持架4部分组成。客车双列圆柱滚动接触结构如图2-61所示。

2）工作原理

滚动轴承是借助于在内、外圈之间的滚动体滚动实现传力和滚动的。内圈紧配合于轴颈上，外圈与轴箱之间允许有少许的转动，车轮转动时内圈随轴颈转动，同时带动保持架与滚动体转动，滚动体一方面沿内外圈滚道作公转，另一方面绕自身轴心作自转，它们之间的接触点是在不断变化的，零部件之间没有滑动摩擦，因此，其摩擦阻力小，这是滚动摩擦主要特点，如图2-62所示。

滚动轴承的滚子与内、外圈之间有一定的径向游隙和轴向间隙，以保证滚子能自由滚动、载荷分布合理和传递轴向与径向力。保持架使滚子与滚子之间保持一定的距离，防止相互挤压而被卡住，保证滚动体能沿滚道均匀分布。

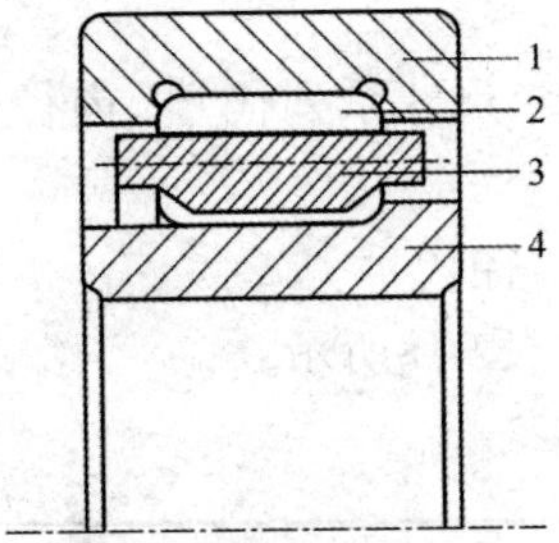

图2-61　圆柱滚子轴承

1—外圈；2—圆柱滚子；3—保持架；4—内圈

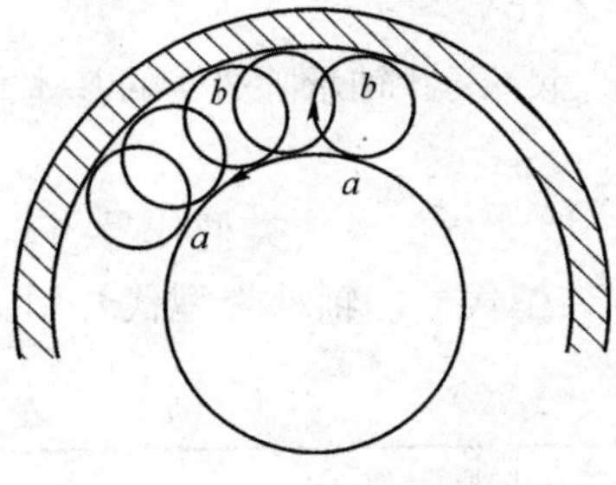

图2-62　滚动摩擦原理

3）特点

滚动轴承具有摩擦阻力小、功率消耗少、启动容易、结构简单、成本低廉、制造及检修方便等特点。滚动轴承之所以有上述特点，是由于滚动轴承主要依靠元件间的滚动接触支承转动零部件。

2. 滚动轴承的代号

滚动轴承有很多种类及型号，为了便于选择和使用，把轴承的各种规格及特殊要求等用代号来表示。

我国铁路使用的国产滚动轴承有两种代号表示标准，一种是老标准GB/T 272—1988（采用该表示标准的轴承有42724QT、152724QT型，42726QT、152726QT型等）；另一种是新标准GB / T 272—1993（采用该表示标准的轴承有NJ 3226X1、NJP 3226X1型等）。现在老标准GB/T 272—1988已被新标准GB / T 272—1993所代替，新造轴承均采用新标准GB / T 272—1993作为表示标准。

按照国标GB/T 272—1993的规定，轴承代号由基本代号、前置代号和后置代号构成，其排列如下。

前置代号　基本代号　后置代号

基本代号表示轴承的基本类型、结构和尺寸，是轴承代号的基础。前置、后置代号是轴承结构形式、尺寸、公差、技术要求有改变时，在其基本代号左右添加的补充代号，轴承代号排列如表2-17所示。

表2-17　轴承代号排列表

<table>
<tr><th colspan="12">轴承代号</th></tr>
<tr><th rowspan="2">前置代号</th><th rowspan="2" colspan="3">基本代号</th><th colspan="8">后置代号</th></tr>
<tr><th>1</th><th>2</th><th>3</th><th>4</th><th>5</th><th>6</th><th>7</th><th>8</th></tr>
<tr><td rowspan="2">成套轴承分部件</td><td rowspan="2">类型代号</td><td>尺寸系列代号</td><td>内径代号</td><td rowspan="2">内部结构</td><td rowspan="2">密封与防尘套圈变形</td><td rowspan="2">保持架及其材料</td><td rowspan="2">轴承材料</td><td rowspan="2">公差等级</td><td rowspan="2">游隙</td><td rowspan="2">配置</td><td rowspan="2">其他</td></tr>
<tr><td colspan="2">配合安装代号</td></tr>
</table>

1）基本代号

滚动轴承（滚针轴承除外）的基本代号由轴承类型代号、尺寸系列代号、内径代号构成，其排列如下。

类型代号　　尺寸系列代号　　内径代号

（1）类型代号：轴承类型代号用数字或字母表示，如表2-18所示。

表 2-18　轴承类型表

代号	轴承类型	代号	轴承类型
0	双列角接触轴承	7	角接触球轴承
1	调心轴承	8	推力圆柱滚子轴承
2	调心滚子轴承和推力调心滚子轴承	N	圆柱滚子轴承 双列或多列用字母NN表示
3	圆锥滚子轴承		
4	双列深沟球轴承	U	外球面球轴承
5	推力球轴承	QJ	四点接触球轴承
6	深沟球轴承		

注：在表中代号后或前加字母和数字表示该类轴承中的不同结构。

（2）尺寸系列代号：由直径系列代号和轴承的宽（高）度系列代号组合而成。尺寸系列如表2-19所示。

表 2-19　尺寸系列代号

直径系列代号	向心轴承								推力轴承			
	宽度系列代号								高度系列代号			
	8	0	1	2	3	4	5	6	7	9	1	2
	尺寸代号											
7	—	—	17	—	37	—	—	—	—	—	—	—
8	—	08	18	28	38	48	58	68				—
9	—	09	19	29	39	49	59	69				—
0	—	00	10	20	30	40	50	60	70	80	10	—
1	—	01	11	21	31	41	51	61	71	91	11	—
2	82	02	12	22	32	42	52	62	72	92	12	—
3	83	03	13	23	33	—	—	—	73	93	13	23
4	—	04	—	24	—	—	—	—	74	94	14	24
5	—	—	—	—	—	—	—	—	—	95	—	—

直径系列是指对应同一轴承内径的外径尺寸系列，分别有7、8、9、0、1、2、3、4、5等外径尺寸依次递增的直径系列。

宽度系列是指对应同一轴承直径系列的宽度尺寸系列，分别有8、0、1、2、3、4、5、6等宽度尺寸依次递增的宽度系列。

推力轴承以高度系列对应于向心轴承的宽度系列，有7、9、1、2高度尺寸依次递增的4

个高度系列。

（3）内径代号：表示轴承公称内径的内径代号，如表2-20所示。

表 2-20　轴承公称内径的内径代号

轴承公称内径/mm		内径代号	示　例
0.6～10（非整数）		用公称内径（mm）数直接表示，在其与尺寸系列代号之间用“/”分开	深沟球轴承 618 / 2.5　d=2.5
1～9（整数）		用公称内径（mm）数直接表示，对深沟球轴承及角接触球轴承少7、8、9直径系列，内径与尺寸系列代号之间用“/”分开	深沟球轴承625 618 / 5　d=5
10～17	10	00	深沟球轴承 62 00　d=10
	12	01	
	15	02	
	17	03	
20～480（22、28、32除外）		公称内径5的商数，商数位为个位数，需在商数左边加“0”，如08	调心滚子轴承 232 08　d=40
≥500 以及22、28、32		用公称内径（mm）数直接表示，但在与尺寸系列之间用“/”分开	调心滚子轴承 230 / 500 d=500 深沟球轴承 62 / 22 d=22

（4）基本代号编制规则：基本代号中当轴承类型代号用字母表示时，编排时应与表示轴承尺寸的系列代号、内径代号或安装配合特征尺寸的数字之间空半个汉字距。例如：NJ 3226，NA 4801。

（5）常用的轴承类型、尺寸系列代号、轴承代号如表2-21所示。

表 2-21　轴承名称类型代号表

轴承类型	类型代号	尺寸系列代号	轴承代号
双内圈双列圆锥滚子轴承	35		350000
双外圈双列圆锥滚子轴承	37		370000
内圈无挡边圆柱滚子轴承	NU	23	NU 2300
内圈单挡边圆柱滚子轴承	NJ	23	NJ 2300
内圈单挡边并带平挡圈圆柱滚子轴承	NUP	23	NUP 2300
双列圆柱滚子轴承	NN	30	NN 3000
内圈无挡边但带平挡圈圆柱滚子轴承	NJP		NJP 0000
无挡边的圆柱滚子轴承	NB		NB 0000

2）前置代号

前置代号是表示轴承的结构形状等特点的，增加在基本代号前的补充代号。前置代号用字母表示，如表2-22所示。

表 2-22 前置代号表

代 号	含 义	示 例
F	凸缘外圈的向心球轴承（仅适用d≤10 mm）	F 618 / 4
L	可分离轴承的可分离内圈或外圈	LNU 207
R	不带可分离内圈或外圈的轴承（滚针轴承仅适用）	RNU 207、RNA 6904
WS	推力圆柱滚子轴承轴圈	WS 81107
GS	推力圆柱滚子轴承座圈	GS 81107
KOW-	无轴圈推力轴承	KOW-51108
KIW-	无座圈推力轴承	KIW-51108
LR	带可分离的内圈或外圈与滚动体组件轴承	—
K	滚子保持架轴承	K 81107

3）后置代号

后置代号表示轴承尺寸、公差、材料、技术要求有改变时在基本代号后增加的补充代号，用字母（或加数字）表示。

后置代号的编制必须符合下列规则。

（1）后置代号置于基本代号的右边并与基本代号空半个汉字距（代号中有“—”“ / ”除外）。当改变项目多，具有多组后置代号时按表2-17中1～8所列从左至右的顺序排列。

（2）改变为4组（含4组）以后的内容，则在其代号前用“ / ”与前面代号隔开，例如：6205—2Z / P6，22308 / P63。

（3）改变内容为第4组的后2组，在前组与后组代号中的数字或文字表示含义可能混淆时，两代号间空半个汉字距。例如：6208 / P 62 V1。

我国铁路客车用滚动轴承NJP 3226X1（外边的）和NJ 3226X1（里边的）的代号含义如下。

（1）没有前置代号。

（2）NJ、NJP是轴承类型代号；NJP轴承带活动单挡边，NJ表示轴承带固定单挡边。

（3）“3226”中，“26”表示内径为26×5=130（mm）；“3”和“2”分别是轴承宽度系列代号和直径系列代号。

（4）“Xl”表示外圈外圆周形状为圆柱形。

（5）“（K1、K2）”表示尺寸改变，内径分别比标准小0.5 mm和1 mm。

3. 铁路客车用滚动轴承的种类、各部名称及作用

1）滚动轴承种类

目前，我国铁路客车上常用的滚动轴承主要为单列向心短圆柱滚子轴承（简称圆柱轴承），主要有以下几种型号：42724QT、152724QT型；42726QT、152726QT型和NJ3226X1、NJP3226X1型。42726QT、152726QT型曾是我国铁路客车主型轴承，大量用于各型客车车辆转向架中，但随着铁路运输的不断发展，列车运行速度的不断提高，该型轴承已不能满足运用要求。因此，原铁道部规定：自2001年1月1日起停止生产42726QT、152726QT型轴承（现有库存产品允许继续使用，用完为止），而生产NJ 3226X1、NJP 3226X1型轴承，其外

形尺寸与原42726QT、152726QT型相同。

此外，为了适应铁路运输对车辆运行速度上的要求，我国还在快速客车上装用进口FAG（德国）制造的8044688 / 8044698型（保持架为塑钢者标记为“KF804468BTVP”）、SKF（德国）制造的BCl B322880、BCI B322881型或BCl B322880AB型（保持架材质为塑钢者标记为“AB”） 和NSK公司（日本）制造的42726T和152726T型滚动轴承（保持架为铜质并有“N”字标记）。

2）滚动轴承的各部名称及作用

圆柱滚子轴承的结构特点：可以承受较大的径向负荷，滚子端面与内、外圈挡边面接触，在保证油润的前提下，挡边可承受一定量的轴向负荷；轴承零部件可以拆卸和安装，检修方便；在良好的油润条件下，有较高的极限转速。其结构如图2-63所示。

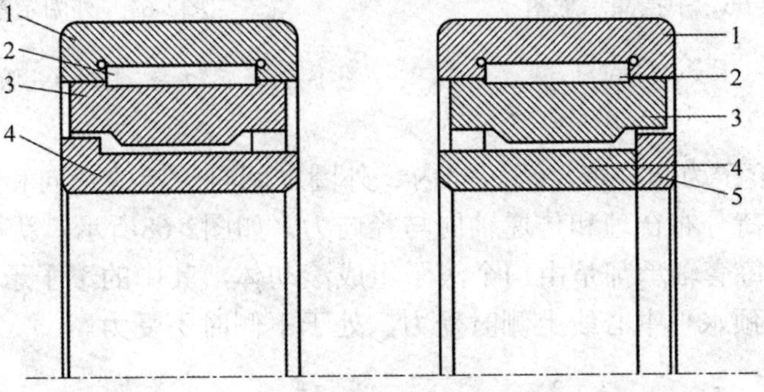

图 2-63　4（15）2726 型单列短圆柱滚动轴承示意图

1—外圈；2—滚子；3—保持架；4—内圈；5—平挡圈

（1）内圈。内圈与轴颈为过盈配合，外圆周面为滚道。NJ3226X1、42724、42726的内圈有固定单挡边，如图2-64所示；NJP3226X1、152724、152726的内圈没有固定单挡边，如图2-65所示；而NJP3226X1、152724、152726的内圈设有活动平挡圈，如图2-66所示。

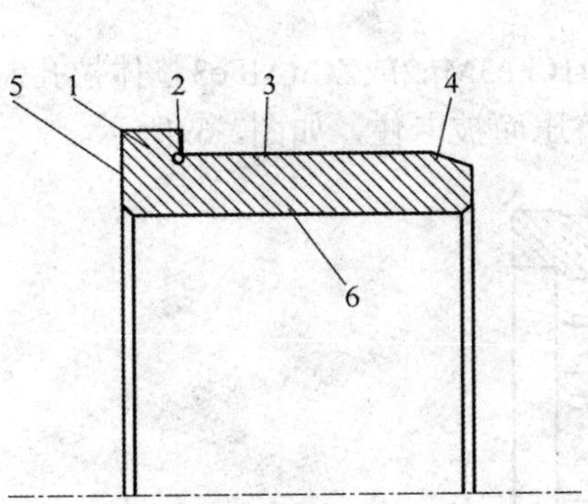

图2-64　内圈（有固定挡边）示意图

1—挡边；2—沟槽；3—滚动面；4—斜坡；5—端面；6—内径面

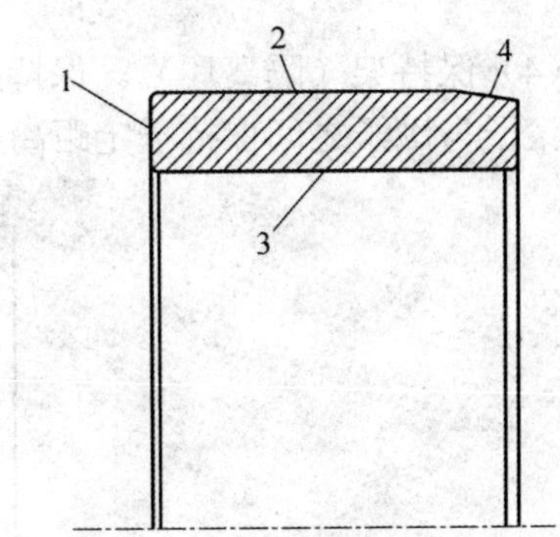

图2-65　内圈（无固定挡边）示意图

1—端面；2—滚动面；3—内径面；4—斜坡

（2）外圈。外圈的内圆周面为滚道，并且两侧都有固定单挡边；外圆周面与轴箱为间隙配合，以使外圈受力合理，如图2-67所示。

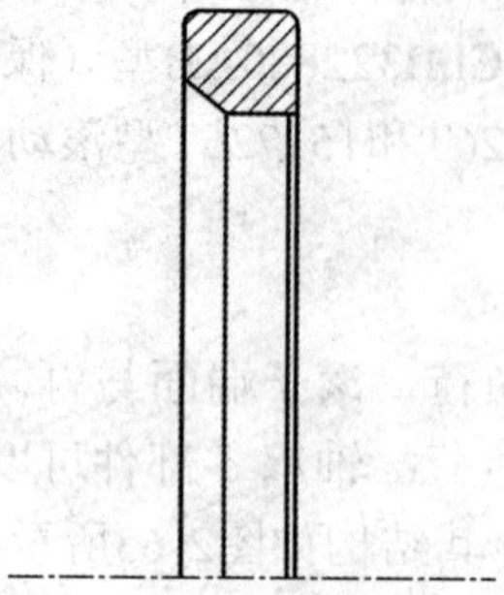

图2-66 平挡圈示意图

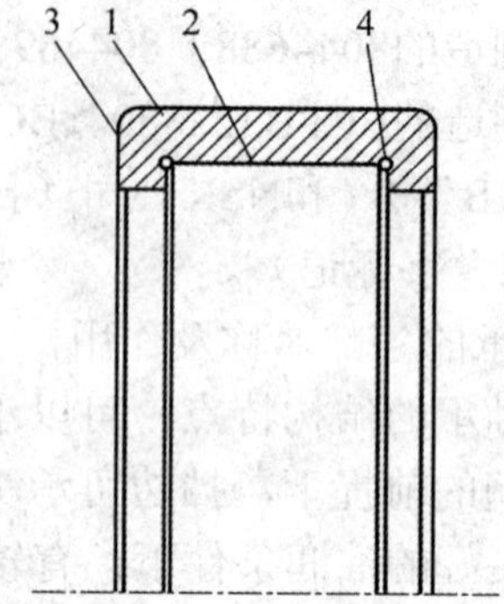

图2-67 外圈示意图

1—外径面；2—滚道面；3—端面；4—沟槽

（3）滚子。滚子为圆柱形，滚子与内、外圈之间有一定的径向和轴向间隙，以保证滚子自由滚动、载荷分布合理和传递轴向与径向力，如图2-68所示。新标准轴承NJ3226X1型和NJP3226X1型每套轴承都是由14个滚子组成滚动体，其中的滚子承受载荷并产生滚动作用，滚子处于轴颈水平中心线上侧时受力，处于下侧时不受力。

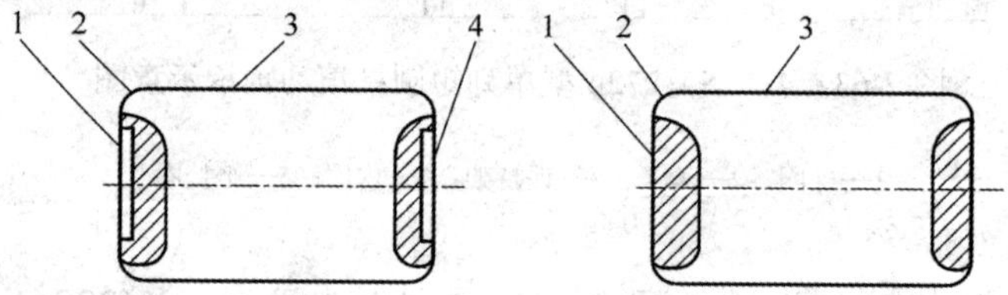

(a) 普通轴承滚子　(b) 国产提速、进口轴承滚子

图 2-68 滚子示意图

1—端面；2—倒角；3—滚动面；4—凹窝

（4）保持架（隔离环）。保持架采用ZCuAl10Fe3Mn2或ZCuAlFe3整体拉孔制成，保持架使滚子与滚子之间保持一定距离以防止相互挤压而被卡住，如图2-69所示。

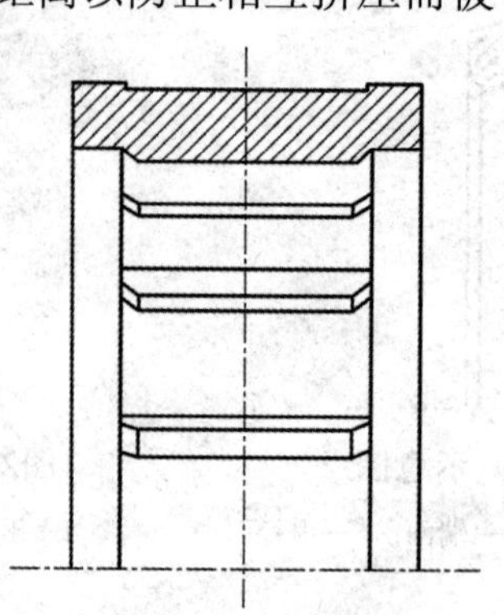

图2-69 保持架示意图

4. 铁路客车用滚动轴承标记

1）滚动轴承制造标记

滚动轴承制造标记有滚动轴承型号、滚动轴承制造厂代号和制造年月及内部追溯信息标记。

滚动轴承公称内径直径比原型公称内径直径小0.5 mm的第一等级滚动轴承在滚动轴承型号后刻打“K_1”标记；滚动轴承公称内径直径比原型公称内径直径小1 mm的第二等级滚动轴承在滚动轴承型号后刻打“K_2”标记。

滚动轴承制造标记分别刻写在内圈端面和外圈端面上，滚动轴承型号、滚动轴承制造厂代号和滚动轴承制造年月按顺序在圆周上均布，内部追溯信息标记应位于制造年月后。

滚动轴承制造标记为永久性标记，滚动轴承型号、滚动轴承制造厂代号和制造年月必须采用机械刻打，内部追溯信息标记允许采用激光等方式刻写，字迹必须清晰、易识别。机械刻打字体高 3 mm，激光等方式刻写字体高 3～5 mm。标记示例如图 2-70 所示。

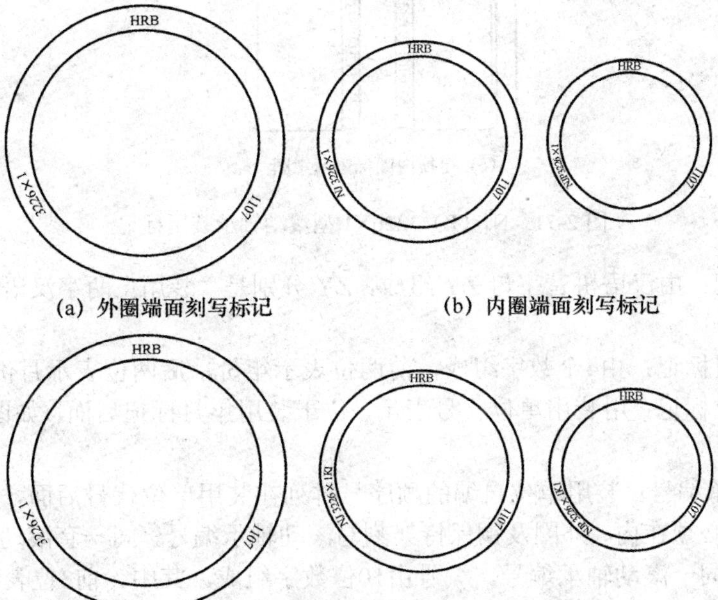

(a) 外圈端面刻写标记　　(b) 内圈端面刻写标记

(c) 等级滚动轴承端面刻写标记

图 2-70　NJ（P）3226X1 型滚动轴承制造标记示意图

标记刻写部位：内圈在斜面上，外圈在有字的端面制造厂代号右侧并与制造厂代号间隔约30°，其刻写圆周的平均直径与滚动轴承原有制造标记相同。

滚动轴承首次装用标记必须永久保留至该件报废为止。

2）滚动轴承装用标记及轴承编号

新品滚动轴承首次装用时必须在内、外圈上刻写装用标记、装用年月标记、装用单位代号和滚动轴承编号（冷压装滚子轴承装用标记在滚动轴承外圈环带部位刻写），严禁机械刻打，如图 2-71 所示。

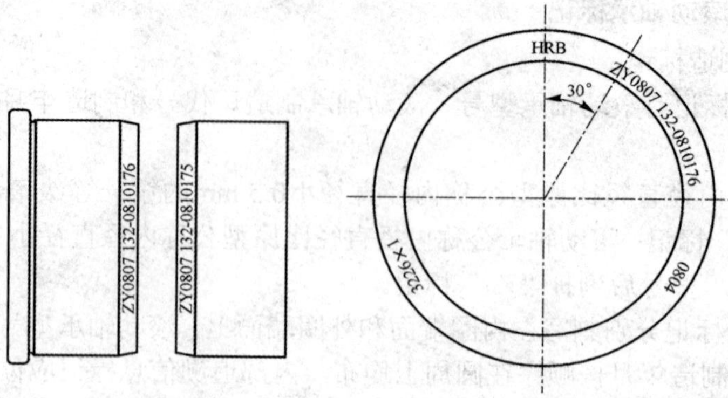

(a) 内圈标记　　　　(b) 外圈标记

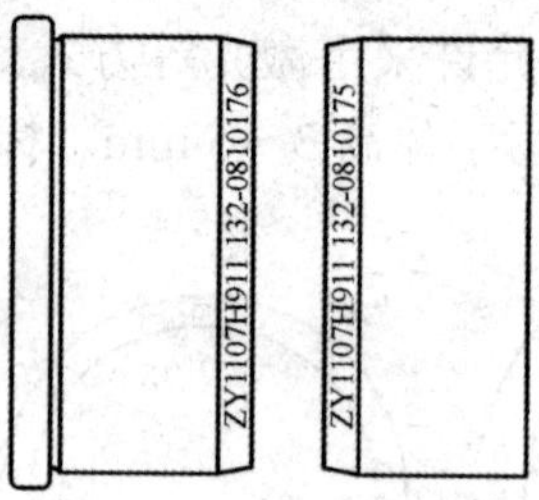

(c) 更换内圈标记示意图

图 2-71　NJ（P）3226X1 型滚动轴承装用标记

① 装用标记：由汉语拼音字母 ZY 组成，ZY 分别是“装用”两字汉语拼音的第 1 个字母。

② 装用年月标记：由4个数字组成，前两位表示年份，后两位表示月份。

③ 装用单位标记：用装用单位代号表示，位于装用年月标记后面，如图2-71（a）、（b）所示。

④ 滚动轴承编号：装用单位自编的顺序号排列在装用单位代号后面，逐年编写。滚动轴承首次装用时必须在内、外圈及铜保持架刻写滚动轴承编号，同一套滚动轴承的内、外圈及铜保持架应为同一滚动轴承编号。编号由10位数字组成，其中，前3位表示滚动轴承首次装用单位代号，第4、5位为装用年代号，第6～10位为本单位装用新滚动轴承的顺序号。新滚动轴承顺序编号为00001～49998，奇数为外排滚动轴承，偶数为内排滚动轴承，其中，第3和第4位间用“—”号隔开，如图2-71（a）、（b）所示。例如：“132-0920000”表示浦镇车辆厂2009年装用的第20 000套轴承。

⑤ 更换新内圈时，除在新换的内圈上刻写新的装用年月标记及与外圈相同的滚动轴承编号外，还必须在新的装用年月的尾部刻写字母“H”和换装单位代号（表明该内圈某年某月某单位更换的），以与原内圈区别，如图 2-71（c）所示。

⑥ 标记刻写部位：内圈标记在斜面上，外圈标记在有字的端面制造厂代号右侧并与制造厂代号间隔约 30°，其刻写圆周的平均直径与滚动轴承原有制造标记相同。上述各标记之间的空白距离保持 15～20 mm，如图 2-71（a）、（b）所示。

⑦ 标记刻写时，不得损伤滚道。采用酸笔书写时必须用中和液擦拭；字体高 5 mm，要求字体端正、笔画清楚、排列整齐。检修时发现标记字迹不清时必须重新书写。

⑧ 滚动轴承首次装用标记必须永久保留至该件报废为止。

3）滚动轴承检修标记

① 滚动轴承经过检修后，在滚动轴承内、外圈上书写检修标记，标记由检修单位代号和 4 位数字的检修年月组成，中间用“—”号隔开。

② 滚动轴承的检修标记书写在外圈刻字面和内圈斜面上，如图 2-72 所示。

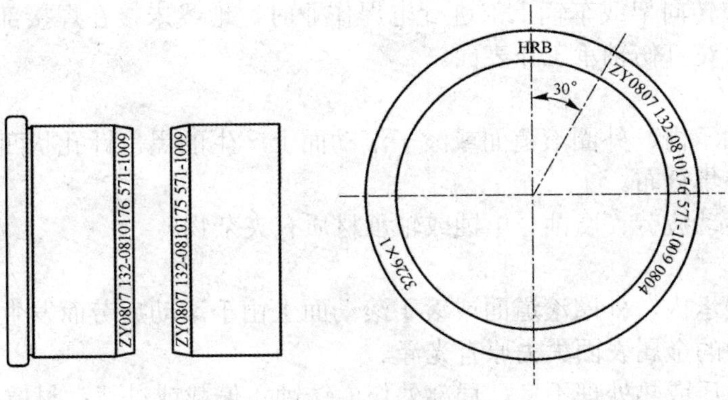

图 2-72　滚动轴承检修标记示意图

③ 标记书写时，不得损伤滚道。采用酸笔书写时必须用中和液擦拭；字体高5 mm，字体端正、笔画清楚、排列整齐。

4）过渡编号

检修时如果发现滚动轴承无编号，必须对该滚动轴承重新补写过渡编号。过渡编号由 10 位数字组成，其中，前 3 位表示补写单位代号，第 4、5 位为补写年代号，第 6～10 位为补写单位补写的顺序号，为区别于上述新装用滚动轴承的顺序号，补写滚动轴承顺序编号为 50001～99998，奇数为外排滚动轴承，偶数为内排滚动轴承。其中，第 3 位和第 4 位之间用“—”号隔开。

5. 滚动轴承常见故障、特征及原因分析

滚动轴承尽管在现车实际运用中故障较少，但由于材质、安装、振动和受力等方面的原因，也会出现各种故障，这些故障都会对行车安全造成十分严重的危害。因此，必须掌握和了解这些故障的特征及产生故障的原因，以便在检修中消除这些故障。

下面对滚动轴承常见的故障进行分析。

1）裂损

故障特征：轴承内、外圈，滚子或保持架上所发生的裂纹破碎及局部缺损。

原因分析：材质不良或材质疲劳；轴承在组装拆卸、清洗搬运或运用中不慎而受到不正当冲击力；热处理不当等。

2）擦伤

故障特征：轴承内、外圈滚道面或滚子滚动面上产生的一定长度和面积乃至全部带周向擦纹的粗糙损伤。

原因分析：润滑不良；轴承游隙过小或轴承润滑脂中含有杂质。

3）烧附

故障特征：严重擦伤面有熔性金属黏着的现象。

原因分析：润滑不良；轴承游隙过小或轴承润滑脂中含有杂质。

4）电蚀

故障特征：轴承内、外圈滚道面或滚子滚动面有凹坑或洗衣板状条沟损伤，一般呈斑点、凹坑、密集的小坑状。这是因电流通过滚子与套圈接触面时，击穿油膜易产生的金属熔融现象。

原因分析：在转向架或车辆上部进行电焊作业时，地线未接在焊接部附近，电流通过轴承内部发生电火花打伤轴承工作表面。

5）麻点

故障特征：轴承内、外圈滚道面或滚子滚动面上产生的黑色针孔状凹坑，有一定的深度，个别存在或密集分布。

原因分析：滚动疲劳、腐蚀、电蚀或轴承材质有夹杂物。

6）辗皮

故障特征：轴承内、外圈滚道面或滚子滚动面上由于滚动疲劳而发生的鳞片状的金属起皮现象。辗皮后的金属表面失去原有光泽。

原因分析：材质或热处理不良；局部外伤、锈蚀、偏载或过载；材质正常疲劳破坏。

7）剥离

故障特征：轴承内、外圈滚道面或滚子滚动面上由于麻点辗皮等缺陷继续发展易形成鳞片状乃至不规则的更大面积的金属剥落现象。

原因分析：滚动疲劳、轴承组装时游隙不适当，安装误差大，偏载、过载，材质不良或热处理质量不好。

8）压痕

故障特征：轴承内、外圈滚道面或滚子滚动面上呈现的边缘圆滑的凹坑或条状凹痕。

原因分析：轴承受较大冲击载荷作用或内、外滚道面硬度不足。

9）划伤（凹痕）

故障特征：轴承内、外圈或滚子各部形成的线状划痕或点条状塑性凹陷。

原因分析：轴承内部不清洁、混有硬性颗粒或润滑脂中混有硬性杂质、零部件有相对移动或受冲击。

10）色斑

故障特征：在轴承内、外圈滚道面或滚子滚动面上不规则形状无深度的表面变色，呈浅灰色或红褐色。

原因分析：润滑脂中含有水分或酸性物质；润滑脂变质及轴承清洗、存放不当，维修保养不好。

11）蚀刻

故障特征：比色斑程度稍重，有比较浅的深度，呈灰色或浅黑色的腐蚀现象。

原因分析：润滑脂中含有水分或酸性物质；润滑脂变质及轴承清洗、存放不当，维修保养不好。

12）蚀坑

故障特征：比蚀刻程度还严重的呈黑色并有一定深度且呈密集点、片状的腐蚀现象。

原因分析：润滑脂中含有水分或酸性物质；润滑脂变质及轴承清洗、存放不当，维修保养不好。

2.2.2　铁路客车用滚动轴承轴箱装置

采用客车滚动轴承装置是铁路客车车辆技术现代化的重要措施之一，采用滚动轴承后，显著降低了客车车辆启动阻力和运行阻力，可以提高牵引列车的重量和运行速度。铁路客车滚动轴承轴箱形式有两种：一种是圆柱滚子轴承轴箱装置，另一种是圆锥滚子轴承轴箱装置。

1. 圆柱滚子轴承轴箱装置

客车用滚动轴承轴箱装置根据密封形式的不同，分为金属迷宫密封式轴箱装置和橡胶油封密封式轴箱装置两种，这两种密封形式的轴箱装置都具有比较好的密封性能。

1）金属迷宫密封式轴箱装置

金属迷宫密封式轴箱装置是由轴箱体、防尘挡圈、轴箱前盖和压板等组成的，如图2-73所示。

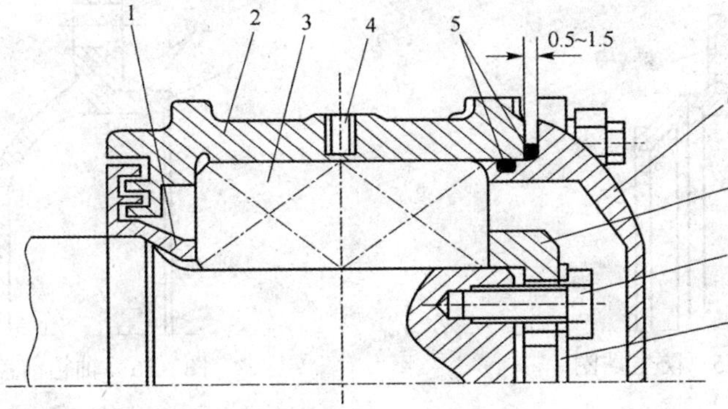

图 2-73　金属迷宫密封式轴箱装置

1—防尘挡圈；2—轴箱体；3—圆柱滚子轴承；4—轴温报警器安装孔；
5—密封圈；6—轴箱前盖；7—压板；8—压板螺栓；9—防松片

金属迷宫密封式轴箱不带轴箱后盖，在轴箱体后端设有迷宫槽，迷宫槽的底部设有排水孔。在圆筒内后端设有凸台，以支承内侧轴承的外圈。

（1）轴箱体。金属迷宫密封式轴箱的轴箱体与下面要讲的橡胶油封密封式轴箱装置的轴箱体基本相同。不同的是，金属迷宫密封式轴箱的轴箱体后端不设轴箱耳，因为它没有轴箱后盖，而设有迷宫槽，与防尘挡圈迷宫槽配合起密封作用，并在后端筒内设有台阶，用以支承内侧轴承外圈，金属迷宫密封式轴箱的轴箱体结构如图2-74所示。

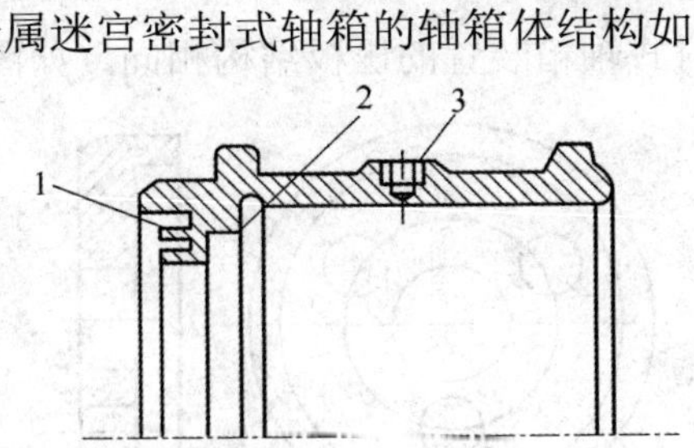

图 2-74　轴箱体

1—迷宫；2—台阶；3—轴温报警器安装孔

（2）防尘挡圈。防尘挡圈又称防尘板，安装在车轴防尘板座上，与车轴过盈配合。防尘挡圈的外圆设有迷宫槽，与轴箱体上的迷宫槽配合。轴箱后部的密封是靠轴箱与防尘挡圈形成很小间隙的迷宫槽配合，从而起到密封作用，为无接触式密封。内圆端面支承内侧轴承内圈端面，如图2-75所示。

（3）轴箱前盖。金属迷宫密封式轴箱的轴箱前盖为铸钢件。轴箱前盖的作用是密封轴箱前部。打开轴箱前盖便于检查轴承。轴箱前盖盖口凸边插入轴箱孔内，支承外侧轴承外圈。在凸起缘外圆周上和根部设有密封圈槽，用来安装密封圈。金属迷宫密封式轴箱装置和橡胶油封密封式轴箱装置的轴箱前盖构造相同，如图2-76所示。

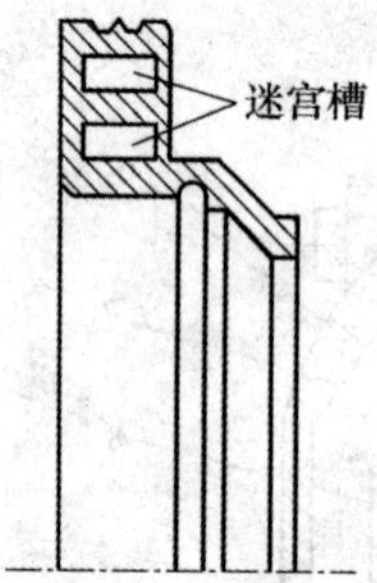

图2-75　防尘挡圈

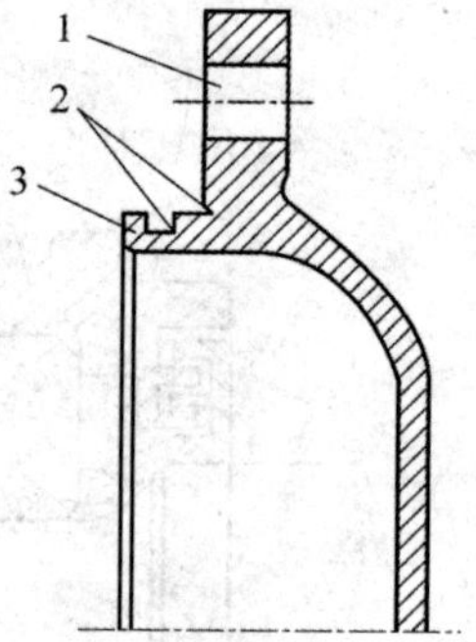

图2-76　轴箱前盖

1—螺栓孔；2—密封圈槽；3—凸起缘

自2009年8月1日起，新制的各型转向架轴箱前盖，均需在轴箱前盖外表面铸造凸缘高度尺寸（“L21”或“L51”）和铸造单位代号标识。209系列、206系列、SW-160系列和CW-2（1）系列等160km/h以下速度级转向架的轴箱前盖凸缘高度尺寸均为21mm；CW-200K、SW-220K、PW-200K和PW-220K型等160km/h及以上速度等级转向架的轴箱前盖凸缘高度尺寸均为51mm。

（4）压板。压板内侧凸起缘顶在外侧轴承内圈端面，起支承作用。压板用三条螺栓固定在车轴端面上，防松片安装在螺栓和压板之间，用来防止螺栓松动。金属迷宫密封式轴箱装置和橡胶油封密封式轴箱装置的压板结构相同，如图2-77所示。

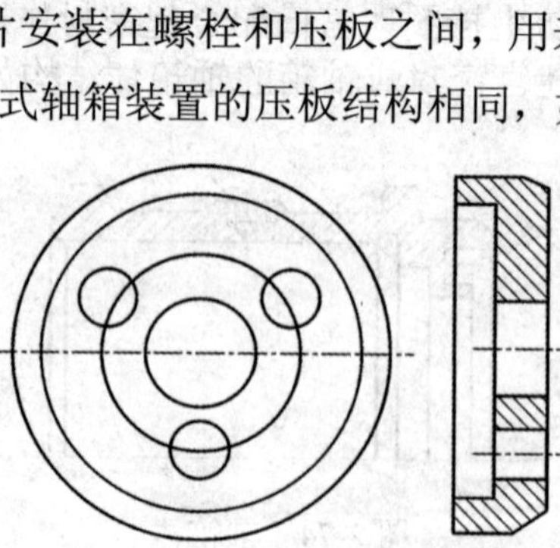

图2-77　压板

2）橡胶油封密封式轴箱装置

橡胶油封密封式轴箱装置又称橡胶迷宫式密封轴箱装置。它主要由轴箱体、轴箱后盖、橡胶油封、防尘挡圈、轴箱前盖和压板等组成，如图2-78所示。

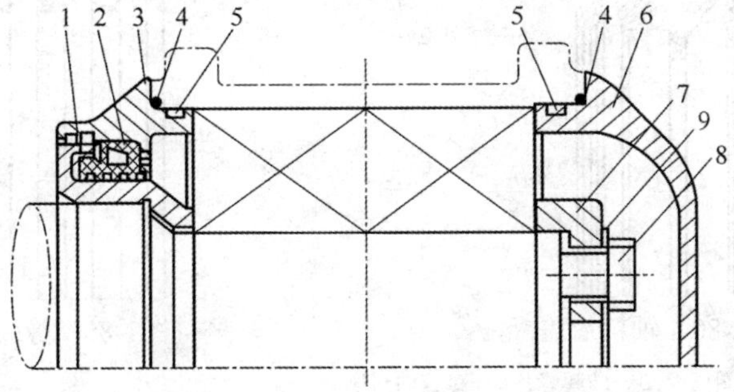

图 2-78　橡胶油封密封式轴箱装置

1—防尘挡圈；2—橡胶油封；3—轴箱后盖；4、5—O形橡胶密封圈

6—轴箱前盖；7—压板；8—螺栓；9—防松片

（1）轴箱体。橡胶油封密封式轴箱的轴箱体为铸钢件，内孔为贯通式圆筒形，外部两侧铸有弹簧托盘，前后端面上有4个螺栓孔耳，轴箱前盖和轴箱后盖各用4个螺栓、螺母及弹簧垫圈紧固在轴箱体上，轴箱体的结构如图2-79所示。

轴箱前、后盖内侧凸起缘嵌入轴箱体圆筒内，分别支承内外侧轴承外圈端面，在凸起缘外圆周和根部设有密封圈槽，以安装O形橡胶密封圈。

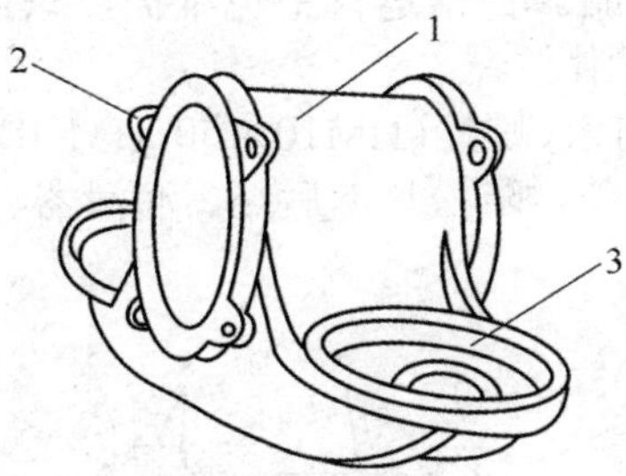

图 2-79　轴箱体

1—轴箱筒；2—轴箱耳；3—弹簧托盘

（2）轴箱后盖。橡胶油封密封式轴箱的轴箱后盖为铸钢件，内侧凸起缘嵌入轴箱体筒内，支承内侧轴承外圈。在凸起缘外圆周面上和根部设有密封圈槽，用以安装密封圈。在内圆周面安装橡胶油封。轴箱后盖的结构如图2-80所示。

（3）橡胶油封。橡胶油封密封式轴箱的橡胶油封是耐油橡胶与钢板骨架硫化而成，压装于轴箱后盖内圆周面上，它与防尘挡圈配合。橡胶油封的结构如图2-81所示。

（4）防尘挡圈。防尘挡圈如图2-82所示，过盈配合于车轴防尘板座上，与橡胶油封配合起密封作用，其内圆周端面支承内侧轴承内圈端面。

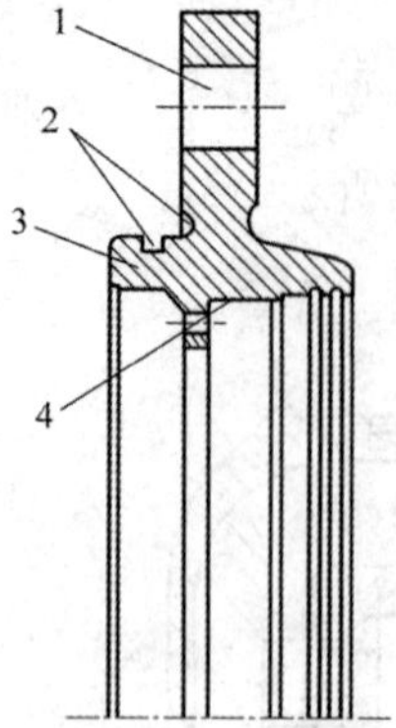

图2-80 轴箱后盖

1—螺栓孔；2—密封圈槽； 3—凸起缘；4—橡胶油封座

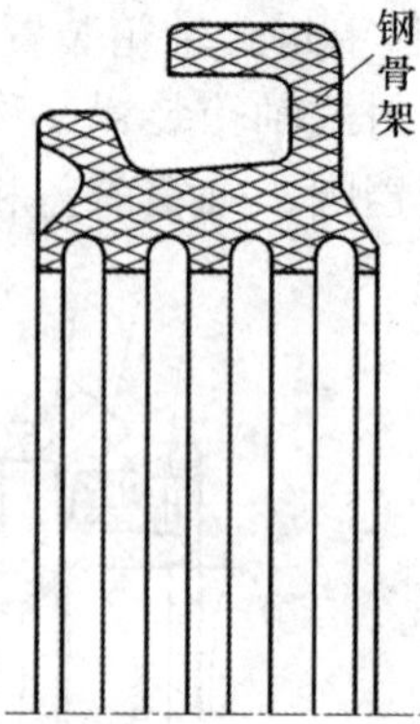

图2-81 橡胶油封

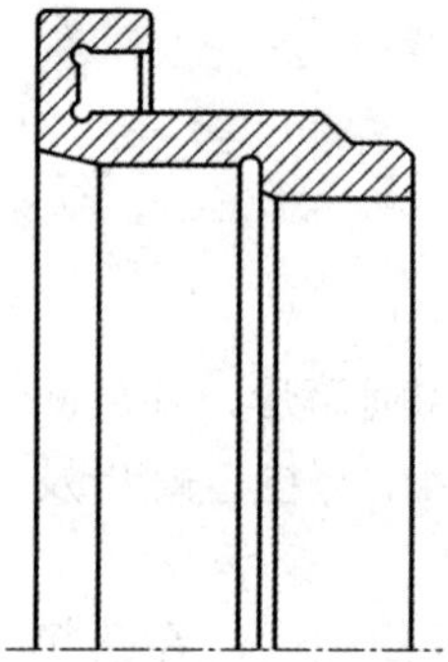

图2-82 防尘挡圈

由于橡胶油封密封式轴箱装置的轴箱前盖和压板与金属迷宫密封式轴箱装置的轴箱前盖和压板构造结构相同，所以这里就不再介绍了。

2. 圆锥滚子轴承轴箱装置

国产 25T 型客车中的 AM96 型转向架是法国进口的转向架，它是庞巴迪 25T 车转向架的一种。它的轮对轴箱装置采用的轴承为双列圆锥滚子自密封式轴承，1、3、5、7 位安装速度传感器，2、8 位安装接地装置，4、6 位为菱形◇轴箱盖。为防止轴箱转动，分别在每个轴箱盖外侧的上部加装止挡，安装轴箱时要保证止挡上平面水平。青藏客车采用型号为 SKF432795-104 的轴承，非青藏客车采用型号为 BT2-8690D 或 TBU130（1639605E）的轴承。轴承均为冷压装方式安装，安装时，不需加注润滑脂。日常运营中免维护，只需在运行 80 万千米时，将轴承拆下，由专业维修厂负责更新润滑脂。

圆锥滚子轴承轴箱装置由前盖、螺栓（HM10×50，HM10×30，HM20×50）、垫圈（W10）、O 形密封圈、后盖、轴箱体、压盖、防松片、后挡、润滑器、注油装置和轴承内圈组成。具体轴箱结构如图 2-83 所示。

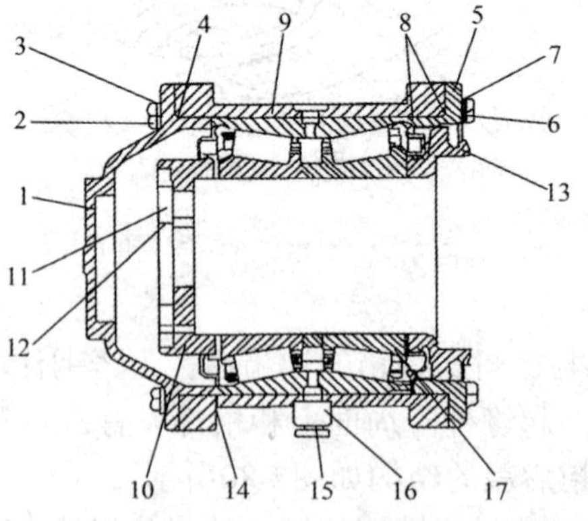

图2-83 圆锥滚子轴承轴箱装置

1—前盖；2—螺栓 HM10×50；3—垫圈 W10；4—O形密封圈；5—后盖；6—螺栓 HM10×30；7—垫圈 W10；8—O形密封圈；9—轴箱体；10—压盖；11—螺栓 HM20×50；12—防松片；13—后挡；14—O形密封圈；15—润滑器；16—注油装置；17—轴承内圈

3. 铁路车辆滚动轴承的润滑脂

1）润滑脂润滑的特点

铁路车辆滚动轴承承受着较大的负荷和冲击振动，且车辆运行于南北方之间，经常受温度变化的影响。所以，根据铁路车辆滚动轴承的结构和使用条件，一般均采用润滑脂润滑。

润滑脂是由润滑油稠化剂及添加剂组成的膏状混合物，其特点是：油膜强度高、能承受较高的负荷；缓冲性能好，能承受较大的冲击和振动；黏附性能好，在低、中速时不易流失；密封和防护性能好，可有效地防止灰尘、水分及其他有害物质侵入轴承；黏温性能好，油脂黏度受温度变化的影响较小，故可在较大温度范围内使用。

2）铁路车辆滚动轴承润滑脂的适用范围

我国铁路客车滚动轴承现在使用的是Ⅲ型和Ⅳ型润滑脂。根据TB/T 2548—2011规定，在我国铁路客车滚动轴承上使用的Ⅲ型和Ⅳ型润滑脂的适用范围分别为：Ⅲ型润滑脂适用于最高运行速度≤160 km/h，轴重≤18 t的客车；Ⅳ型润滑脂适用于最高运行速度≤160 km/h，轴重≤18 t或最高运行速度≤200 km/h，轴重≤17 t的客车。

Ⅲ型和Ⅳ型润滑脂的质量指标也有所不同，仅从外观来看，Ⅲ型润滑脂为棕色的均匀油膏；而Ⅳ型润滑脂则为褐色至棕褐色的均匀油膏。

3）铁路车辆滚动轴承对润滑脂性能的要求

（1）具有较好的机械安定性。轴承在工作过程中，润滑脂受到强烈的机械剪切作用，有可能使润滑脂的结构发生破坏，使润滑脂变稀，失去附着在轴承内起润滑作用的能力，轴承内的润滑脂将容易产生流失。因此，要求润滑脂要具有良好的机械安定性。

（2）具有良好的胶体安定性。润滑脂在存放或运用过程中，不应发生油皂分离而大量地析出润滑油，否则，会使润滑脂变硬，影响润滑或不起润滑作用。胶体安定性的好坏，在运用中以析出润滑油量的多少和油脂是否变硬来衡量，在实验室里以压力分油法来测定。

（3）具有良好的氧化安定性。氧化安定性也叫抗氧防腐性。润滑脂在运用过程中，在强烈的搅拌和压力下，可能与轴承金属表面和磨耗下来的金属微粒，以及空气中的氧气互相作用而产生带酸性的氧化物，这种酸性氧化物中和润滑脂中的游离碱会使润滑脂变质、失效和腐蚀轴承。因此，要求润滑脂要具有良好的氧化安定性。氧化安定性是通过测定旧油脂中游离酸和游离碱来判定的。

（4）有一定的抗乳化性。即要求润滑脂具有良好的抗水性，不会因混入水分而乳化变稀。

（5）具有良好的温度特性。轴承在最高工作温度时，润滑脂不溶化，不变稀漏泄；而当轴承在－50～－40℃工作时，润滑脂不会变得很稠，也就是黏度不会变得很高，以免增加运行阻力。润滑脂耐高温的能力，可用滴点来测定。滴点是润滑脂由半固体转变成液体的温度，一般应比轴承允许的最高工作温度高20℃以上。低温性能可通过黏度计来测定其低温相似黏度。

4. 轴承及轴箱装置组装及检修

1）热组装圆柱滚子轴承及轴箱装置的检修和组装

（1）退卸。

① 轴承有下列情况之一时，必须从轴颈上退卸。

- 盘形轮轴段修、厂修时。
- 非盘形轮轴段修，轴承内圈及防尘挡圈状态不良或装用时间达到两个段修周期及厂修时。

- RC_4、RD_4等型车轴的长轴端每次段修时。
- 车轮踏面擦伤、局部凹陷深度达≥2 mm，或缺损超过运用限度。
- 电焊作业导致电流通过轴承。
- 车辆颠覆或脱轨后的全车轴承。
- 轮轴遭受水浸或火灾的轴承。
- 发生热轴故障的轴承。
- 无法判断轴承上次组装时间。
- 其他需要退卸的情况。

② 轴承内圈及防尘挡圈退卸时必须使用温控感应加热器，加热温度≤150℃，长时间加热导致严重变色或变形、加热温度>150℃的内圈不得使用。

（2）轴承检测、组装、存放环境必须符合下列规定。

① 轴承检测、组装、存放间的场地必须封闭，温度为16～30℃。检测、组装间的相对湿度≤60%，存放间的相对湿度≤40%。

② 轴承检测间的24h落尘量≤60 mg/m^2，轴承存放、组装间的24 h落尘量≤80 mg/m^2。

③ 轴承检测、组装、存放间的温度、相对湿度每天检查1次，环境清洁度定性检查每周不少于2次；定量检查每月进行1次，且在定性检查合格后第2天进行。

（3）轴承检修基本工序如下：轴承清洗，外圈除锈，内圈、外圈、滚子、平挡圈及保持架外观检查、修磨，内圈、外圈及滚子探伤，轴承精洗，轴承零部件尺寸检测、数据微机输入，轴承防锈。

① 轴承清洗时需注意如下事项。

- 所有退卸待检修的轴承零部件均必须清洗。清洗应配置专用设备。
- 轴承清洗时，必须选用对轴承零部件无腐蚀、具有防锈作用的清洗介质。外圈组件的清洗液温度≤90℃，在溶液中停留时间≤10 min；清洗时必须防止零部件磕碰伤。
- 轴承清洗时，必须确保轴承内圈、外圈、保持架和滚子组件原套。
- 轴承清洗后，其各表面及沟角处必须无目视可见的油污、水分、灰尘、纤维物和其他污物。

② 轴承外圈外径面锈蚀时可用油石或砂纸机械修磨。

③ 轴承零部件外观检查、修磨。

- 轴承零部件必须全数进行外观检查，并根据缺陷类别和程度按规定进行处理。
- 轴承零部件有轻微的碰伤、划伤、锈蚀等缺陷时，可用油石或200#金相砂纸蘸油打磨，经处理的轴承零部件工作表面及配合面必须平滑，不影响轴承零部件的轮廓尺寸时允许使用。
- NJ（P）3226X1 型轴承工程塑料保持架外观检查必须符合附录 A 的规定。出现意外伤损、外观检查不符合附录 A 的规定或外观检查中出现裂纹（未断开）时，在保证外圈和滚子为原套时允许更换同厂家、同型号的新品。
- 铜保持架存在毛刺、裂纹（未断开、未变形）、严重锈蚀时，可更换为工程塑料保持架。
- 平挡圈不得有裂纹、严重锈蚀和变形等缺陷。

④ 轴承内圈、外圈及滚子必须施行复合磁化磁粉探伤检查，必须无缺陷。外圈或滚子

有缺陷时，整套轴承必须报废。

⑤ 轴承精洗：轴承内圈、外圈及滚子探伤后必须精洗，去除表面附着的磁粉。轴承零部件清洗后的清洁度必须符合附录 B 的规定。

⑥ 轴承零部件尺寸检测注意事项如下。

- 检测前，轴承检测仪、标准件（样环）、轴承零部件在轴承检测间内必须同温＞8 h。
- 轴承检测仪使用前必须进行校验。
- 轴承零部件的各部尺寸必须按规定项目进行检测，同时在轴承上按规定书写检修标记。

⑦ 清洗后的轴承零部件，必须进行防锈处理。

⑧ 检修后的良好轴承如不能及时装用，应进行防锈、防尘防护。超过10天时应密封存放。

⑨ 轴承零部件实行原套检修，但因内圈损坏或等级修而需要更换内圈时，必须更换同厂家、同型号、同材质的新品。

（4）检修轴承有下列情况之一时，必须整套报废。

① 轴承达到寿命管理要求。

② 车辆颠覆或脱轨后的全车轴承。

③ 轴承发生热轴或被火灾损伤。

④ 轴承转动不灵活。

⑤ 轴承零部件发生电蚀。

⑥ 轴承外圈及滚子有裂纹、剥离、擦伤、麻点、严重锈蚀。

⑦ 工程塑料保持架破损（已断开）。

⑧ 铜保持架变形。

⑨ 轴承外圈及滚子外观检查出现无法修复的故障缺陷。

（5）轴箱装置检修基本工序如下：轴箱除锈，轴箱内壁打磨、轴箱清洗，轴箱外观检查、检测、探伤（CW-1、CW-2 型轴箱），轴箱刷漆，内壁防锈。

① 轴箱装置检修时必须除锈。

② 轴箱内壁打磨、轴箱清洗。

- 轴箱检修时必须打磨内壁。
- 轴箱装置清洗时，必须选用对轴箱装置无腐蚀、具有防锈作用的清洗介质。
- 轴箱装置清洗后，各工作表面手感不得有颗粒物存在，非工作表面不得有易脱落的物质，清洁度必须符合附录B的规定。

③ 轴箱装置外观检查、检测。新品轴箱及附属零部件在装用前，必须对相关尺寸进行全面检测，符合图样要求。轴箱及其附属零部件检修时外观检查、检测要求如下。

a）轴箱体。

- 轴箱体有破损、裂纹、变形时不得装车使用，弹簧托盘磨耗过限时允许焊修，焊修后焊缝必须打磨处理。弹簧托盘圆孔磨耗（测量直径）≤4 mm，超过时焊修或更换。
- 轴箱体内径表面有纵向擦伤或划痕，其深度段修≤1.0 mm、厂修≤0.5 mm时，允许将边缘棱角磨除后使用；局部磨耗深度≤0.3 mm时允许使用，超过时更换；如有锈蚀，必须清除锈垢，除锈后允许局部留有除锈后的痕迹。

- 轴箱体检修时，轴箱体内径表面允许存在5个直径≤3 mm、深度≤2 mm的砂眼或气孔，超过时报废。
- 金属迷宫轴箱体密封沟槽上有凹陷、变形，有锈蚀、尖角及毛刺时，必须磨除；局部轻微变形时，必须磨除突出部位，经检测合格后使用，尺寸超限时报废。
- 轴箱体上的轴温测孔必须清洁，符合图样规定，螺纹无破损、滑扣。
- CW-2（1）型轴箱定位销、轴箱体按规定进行磁粉探伤，裂纹时焊修或更新；弹性节点必须更新。CW-2（1）型轴箱定位销的圆锥表面有擦伤、划痕或锈蚀时，必须处理，螺纹部分损伤或滑扣1扣以上者或定位销弯曲变形时，必须更新，定位销开口销孔磨耗＞2 mm时，应焊修或更新。
- SW-160型轴箱底部轴温报警器连线固定座状态必须良好。
- 测量轴箱内径直径时，必须分别在距轴箱体两端内孔端面20～40 mm处测量，同一断面必须测量相互垂直的两个直径，两断面尺寸的平均值为轴箱内径直径，必须符合表2-23中的规定。

表 2-23　新轴承抽检项目表

序号	测量项目	检测标准	
1	外观	1.包装、防锈良好，证件齐全，标记清晰。 2.内、外圈及滚子工作表面及配合面必须光洁，不得存在划伤、压痕、磨伤、锈蚀等缺陷，内圈装配倒角与内圆柱面联接处应光滑过渡，不得存在尖角锐边。 3.保持架应表面应平整、光滑，不得存在裂纹、变形、毛刺等缺陷，滚子在保持架中不得挤夹或掉出	
2	转动灵活性	左右旋转 3～5 周，应转动灵活，无异音，无滑动、脱落、卡死现象	
3	径向游隙（mm）	0.12～0.17	
4	凸出量（mm）	0.4～0.7（FAG、NSK 单套成品不要求）	
		4（15）2724QT	NJ（P）3226X1
5	外圈外径（mm）	$240^{0}_{-0.03}$	$250^{0}_{-0.03}$
6	内圈内径（mm）	$120^{0}_{-0.02}$	$130^{0}_{-0.025}$
7	内圈滚道直径（mm）	$150^{0}_{-0.025}$	$158^{0}_{-0.025}$
8	探伤	内、外圈、滚子全数探伤且合格，剩磁≤3Gs。	
9	内圈宽度（mm）	NJP3226X1：$80^{0}_{-0.23}$（含平挡圈），其余 $80^{0}_{-0.1}$	
10	外圈宽度（mm）	$80^{0}_{-0.1}$	
11	同组滚子直径相互差（mm）	24 型、FAG、SKF、NSK 轴承	≤0.003
		NJ（P）3226X1	≤0.002
	同组滚子长度相互差（mm）	1. 滚子长度的测量位置应符合图样规定，为两端面接触点间的距离，测量 3 点取平均值。 2. 同组滚子长度相互差≤0.010（SKF≤0.012）	
12	硬度（HRC）	内、外圈（端面）为 58～62，滚子（端面）为 59～63	

b）轴箱前盖。

- 前盖有凹陷、变形、裂纹，锈蚀、尖角或毛刺时，必须消除。
- O形橡胶密封圈必须全部更新。

c）接地装置组装要求

（a）基本要求如下。

- 防松件更新，螺栓必须按规定力矩紧固（见表2-24），并涂中强度螺纹锁固胶，涂打防松标识。

表 2-24　接地装置螺栓紧固力矩

螺栓规格	M6	M8	M10	M12
紧固力矩/（N·m）	8.8	21	45	55

- 厂修时车体接地线、碳刷、弹簧更新，所有密封件和紧固件更新。
- 接地装置零部件更新时，必须采用原制造厂配件，接地体、摩擦盘及压板不允许不同厂家混装。

（b）安装。

- 轴承压板组装按相关标准要求进行。
- 将防松垫片、摩擦盘安装到轴承压板，扭矩为45 N·m。
- 接地体与轴箱盖间的密封垫圈更新，将接地体安装到轴箱盖上，扭矩为45 N·m（鞍形弹垫凸面朝向螺栓头）。
- 轴箱盖橡胶密封圈更新。

（c）联接接地体和联接电缆、保护电阻线和联接电缆，螺栓扭矩为55 N·m，并涂打防松标识。

d）橡胶迷宫式轴箱后盖、骨架油封检查及安装。

- 后盖不得有砂眼、气孔、夹砂、夹渣、浇注不足等铸造缺陷，有局部缺损、裂纹、变形及过度磨耗或偏磨时，必须更换。
- 后盖螺栓不得松动。
- 后盖排水孔应朝下，不可堵塞，排水孔处有毛刺时，必须清除。
- 后盖的骨架油封有装配松动、移位、唇口破损、撕裂、堆磨缺肉，内、外排水沟根部连续裂纹，长度超过全周的1/4或裂纹裂透（见骨架）时，必须更换。
- 后盖内骨架油封装用两个段修后，必须更新。每次分解后盖时，O形橡胶密封圈全部更新。
- 骨架油封透光检查。

内唇口透光检测：将骨架油封放置在仪器上，内唇口应有光线透出，透光连续或累计长度＞1/2周长。

内唇口不透光检测：将骨架油封放置在仪器上，内唇口不得有光线透出，但允许有圆周方向累计≤1/4周长、宽度≤0.2 mm的透光现象。

外唇口透光检测：将骨架油封放置在仪器上，外唇口应有光线透出，透光连续或累计长度＞1/2周长。

外唇口不透光检测：将骨架油封放置在仪器上，外唇口不得有光线透出，但允许有圆周方向累计≤1/4周长、宽度≤0.2 mm的透光现象。

- 骨架油封压装：压装前检查后盖配合面，倒角处无棱角、毛刺，表面必须光滑，在骨架油封外径及后盖配合面均匀涂刷一层变压器油；压装时使用专用胎具将骨架油封压入后盖，骨架油封压入后不得有偏斜和不到位现象，间隙≤0.8 mm。
- 向轴箱体安装后盖：在后盖与轴箱体接触表面上涂刷一层变压器油，沟槽内O形橡胶密封圈更新，将后盖排水孔朝下。螺栓螺纹部分涂少量润滑油（脂），放上弹簧垫圈均匀对角紧固，使两者端面密贴，局部间隙≤0.5 mm。非防松螺母、螺栓紧固力矩为176～186 N·m，防松螺母、螺栓紧固力矩按产品说明书执行。

e）防尘挡圈不得有裂纹、凹陷、变形，有锈蚀、尖角及毛刺必须消除，经检测合格后使用。

f）测速齿轮及压板均不得有裂损、毛刺、腐蚀、变形，组装后作用良好。

g）轴端螺栓。

- 轴端螺栓材质必须为35号钢制品，并带有锻造的35号标记，制造年标记、制造单位代号标记。轴端螺栓的使用寿命≤10年。
- 轴端螺栓必须进行外观检查，不得有锈蚀、破损、滑扣、弯曲、拉长、裂纹，有锈蚀、毛刺时清除。使用螺纹环规检查螺纹，通端螺纹环规必须旋合通过，止端螺纹环规在距端面3扣内必须止住。

h. 防松片不得重复使用。

（6）轮轴组装要求。

① 综合要求如下。

a）轴承组装间的温度应为16～30℃。轴承、轴箱、轮对与相应检测量具在组装前必须同温＞8 h，如不能同室存放时，两室温差≤5℃。

b）轴承、轴颈、轴箱及其附件清洁度必须符合附录B的规定。

c）新轴承装用前，必须清洗后进行外观检查，并按客车新轴承检测记录单所列项目进行检查、探伤、检测（进口轴承仅进行外观检查和尺寸检测），结果应符合表2-23所示的规定。

② 组装基本工序。轴颈、防尘板座擦试，轴颈、防尘板座、轴承、防尘挡圈检测，轴承与轴颈、防尘挡圈与防尘板座选配，轴颈、防尘板座涂油，内圈及防尘挡圈热装，轴承、轴箱总组装，轴承注脂，轴端压板组装，刻打标志板，轴箱前盖组装，轴箱窜动量测量，轮轴磨合试验。

a）轴承内圈及防尘挡圈组装前，轴端中心孔及螺栓孔内的铁屑和污物必须清除。

b）轴承内圈及防尘挡圈组装前，应将轴颈、防尘板座擦拭干净，按图2-84所示的位置测量车轴轴颈直径、圆度、圆柱度和防尘板座直径。

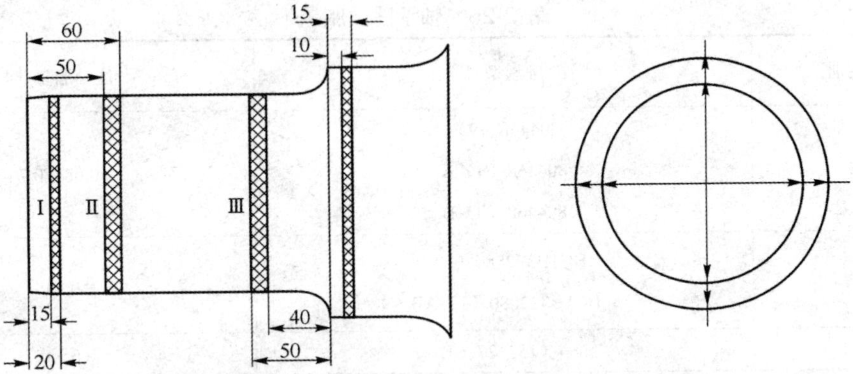

图 2-84　车轴轴颈、防尘板座直径测量位置示意图

车轴轴颈直径必须测量Ⅰ、Ⅱ、Ⅲ三个截面，每个截面测量 2 点，测量位置均必须相差 90°，2 点算术平均值为每个截面车轴轴颈直径，2 点直径差值除以 2 为每个截面车轴轴颈圆度。Ⅱ、Ⅲ两个截面直径的算术平均值为车轴轴颈直径。Ⅱ、Ⅲ截面轴颈直径之差除以 2 为车轴轴颈圆柱度。轴颈圆度及圆柱度≤0.015 mm，圆柱度可在全长范围内向轴颈端部方向逐渐减小。防尘板座直径测量 2 点，测量位置必须相差 90°，2 点算术平均值为防尘板座直径。

c）轴承内圈与轴颈组装及防尘挡圈与防尘板座的组装前必须进行选配，过盈量必须符合表2-23的规定。

d）轴颈及防尘板座擦拭干净后，在轴颈及防尘板座表面涂刷变压器油。

e）轴承、轴箱体组装的注意事项如下。

- 轴承内圈及防尘挡圈必须采用热装，干燥箱或油浴的加热温度≤150 ℃，保温时间＞10 min。
- 防尘挡圈及轴承内圈组装后，防尘挡圈必须紧靠轴肩，不得翘曲变形，其端面与内圈及内圈与内圈的接触面必须密贴。局部间隙为 0.05～0.1 mm 时，周向单个长度≤30 mm，累计长度≤50 mm。轴承内圈与轴颈组装后，必须冷却到室温才可组装轴箱组件。
- 组装后的车轴轴颈载荷中心距必须符合规定。
- 同一轴箱内应组装同厂家、同型号、同材质的保持架和轴承。厂修时必须装用新造轴承。
- 轴承组装后外侧轴承内圈滚道直径不得大于内侧轴承内圈滚道直径。两轴承内圈滚道直径差≤0.015 mm。
- 轴承外圈组件与轴箱组装时，外圈外径和轴箱内径表面涂变压器油。将轴承外圈组件放入轴箱孔内时，不得用铁锤敲打（允许用紫铜棒轻敲外圈端面），两轴承外圈的非打字面必须相靠，不得装反。
- 向轴颈上套装轴箱组件时应平稳、正位，防止碰伤轴承滚子、滚道和密封部位。在橡胶油封的唇口和防尘挡圈上均匀地涂抹铁道车辆滚动轴承的专用润滑脂。

f）轴承内必须填注专用油脂，油脂应均匀分布，注脂量必须符合表2-25所示的规定。

表 2-25 轴承注油脂量

轴承类别	轴承型号	注油脂量/kg
FAG	804468（9） 804468（9）A 804468（9）B	0.68～0.7
SKF	BC1B322880（1） BC1B322880（1）AB	0.6～0.7
NSK	4（15）2726T	0.6～0.7
国产	NJ（P）3226X1	0.6～0.7
国产	4（15）2724QT	0.5～0.6

g）轴端压板组装的注意事项如下。

- 装有接地装置端的轮对，轴端压板螺栓必须用防松片止锁，防松片必须为新品，防松片的所有止耳必须撬起，每组2个止耳中至少有1个贴靠在轴端螺栓的六方平面上。
- 皮带轮安装座轮对的长轴端，皮带轮安装座保护套螺栓必须用弹簧垫圈紧固后，封以ϕ1.6～ϕ2.0 mm的铁丝并用铅弹施封，施封正反面必须分别有施封单位简称及代号。
- 其他轮对轴端压板螺栓必须用弹簧垫圈紧固后，封以ϕ1.6～ϕ2.0 mm的铁丝（带测速齿轮轴端压板凸缘较高无法穿铁丝的可用防松片止锁）。
- 轴端压板或皮带轮安装座保护套螺栓紧固力矩必须满足200～240 N·m。

h）轴箱前盖组装、刻打标志板的注意事项如下。

- 轴箱前盖必须选配组装，轴箱前盖凸缘高度比轴箱端面至轴承端面高度高0.5～1.5 mm，前盖凸缘端面必须压紧轴承外圈端面，轴箱前盖沟槽内O形橡胶密封圈更新，并在轴箱前盖凸缘表面上均匀涂刷一层变压器油，组装后前盖与轴箱体端面（盖耳处除外）间隙必须符合表2-23的规定。
- 轴箱前盖的螺栓安装时，螺栓螺纹部分涂少量润滑油（脂），放上弹簧垫圈均匀对角紧固；非防松螺母、螺栓紧固力矩为176～186 N·m，最高运行速度≥120 km/h客车的轴箱前盖螺栓必须用防松螺母，螺栓及螺母必须符合产品说明书规定。
- 轴箱前盖右上角螺栓上必须用施封锁施封，车轴左端的轴箱前盖右上角的螺栓上必须安装标志板。施封锁必须有施封锁制造单位代号和施封单位代号。标志板必须用0.5～1.0 mm的镀锌板或不锈钢板按图样规定制作，按规定刻打标记，标记必须清晰、准确。

i）轴承、轴箱装置组装后必须检查技术状态，轴箱转动必须灵活，轴向窜动量符合表2-23的规定。

j）轴承、轴箱装置组装后，必须进行转速≥200 r/min、时间≥15 min 的磨合试验。磨合过程中，必须无异音、卡滞，轴承温升≤40 ℃。

（7）轴承抽验项目如表2-26所示（有特殊规定者除外）。

表 2-26　铁道车辆轴承润滑脂质量检测项目（TB/T 2548—2011）

项　目	试验方法
工作锥入度	GB/T 269
滴点	GB/T 4929
钢网分油	SH/T 0324
水分	GB/T 512
相似黏度	SH/T 0048
杂质含量	SH/T 0336

2）冷压装滚子轴承及轴箱装置的检修和压装

（1）轴承及轴箱必须分解退卸检修。

（2）轴承及后挡退卸时必须保证压力机活塞中心与车轴中心在同一直线上。

（3）轴承有下列情况之一时由退卸单位就地报废。

① 车辆颠覆或脱轨后的全车轴承。

② 由于电流通过引起的局部放电而造成的斑点、凹槽或槽纹等表面电蚀损伤的轴承。

③ 锈蚀严重或不能正常转动的轴承。

④ 发生燃轴或火灾被损伤的轴承。

⑤ 外圈破损的轴承。

⑥ 轴承达到或超过使用寿命时。

⑦ 其他无修复价值的轴承。

（4）轴箱等附属件检修及要求按热组装圆柱滚子轴承相关规定执行。

（5）测量轴箱内径：分别在距其两端 55～65 mm 处测量，同一断面必须测量相互垂直的两个直径，两断面尺寸的平均值为轴箱内径直径，必须符合表 2-23 所示的规定，轴箱内径椭圆的长径必须在垂直方向上。

（6）总组装。

① 同一车轴上必须压装同厂家、同型号的轴承。厂修时必须装用新造轴承。

② 压装间温度为 16～30 ℃，待选配的轮对、轴承及附件和量具必须同温＞8 h，若无同温条件，存放室温差≤5 ℃。

③ 轴承压装间的相对湿度≤60%，落尘量≤80 mg/m^2。

④ 轴承压装前，轴端中心孔及螺栓孔内的铁屑和污物必须清除。

⑤ 轴承、后挡选配。

a）检修轴承压装前必须复测内圈内径和外圈外径，新轴承以检测数据为准，必须符合表2-23所示的规定。

b）后挡内径测量配合面中部，测量2点，测量位置必须相差90°，2点算术平均值为后挡内径，必须符合表2-23的规定。

c）轴颈与防尘板座检测前必须擦拭干净，彻底清除各部毛刺。

d）轴颈直径，测量方法必须符合相关的规定。

e）防尘板座直径测量位置距轴颈后肩为10～15 mm处，测量2点，测量位置必须相差90°，

2点算术平均值为防尘板座直径。防尘板座直径、圆度必须符合表2-23所示的规定。

f）轴承内圈与轴颈及后挡（防尘挡圈）与防尘板座必须选配组装，过盈量必须符合表2-23所示的规定。

g）RFQ型轮对轴箱组成的防尘挡圈必须采用热装，轴颈及防尘板座擦拭干净后，在轴颈及防尘板座表面涂刷变压器油。将防尘挡圈放入干燥箱或油浴加热，加热温度≤150℃、保温时间＞10 min。安装后，防尘挡圈必须紧靠轴肩，不得翘曲变形，其端面与内圈的接触面必须密贴，间隙≤0.05 mm。局部间隙为0.05～0.1 mm时，周向单个长度≤30 mm，累计长度≤50 mm。

⑥ 轴承压装。

a）轴承压装前，外圈环带部位必须刻写装用标记和轴承编号。

b)RDAM96 和 PW-220 轮对轴箱组成轴承压装前，先在轴颈卸荷槽处涂抹一层 LGMT3/5 防腐剂，然后在轴颈（不含卸荷槽）及防尘板座上均匀涂抹一层 MOLYKOTEG-NPLUSPASTE 或 MOLYKOTEDX 型油脂。RFQ 型轮对和 SW-220 转向架用轮对压装轴承前在轴颈上均匀涂抹蓖麻油。

c）按选配好的后挡、轴承一一对号确认位置。

d）压装前检查轴承中隔圈必须正位。待中隔圈压入引导套后，人工转动轴承 2～3 圈。压装过程中，应旋转轴承外圈，保持其旋转灵活；卡滞时必须停止压装，退卸检查。压装压力和贴合压力必须符合表 2-23 的规定，保压 5s，压力超过最大终止贴合压力时，必须更换聚酰胺挡板。

e）用深度尺或刀口尺和塞缝尺测量轴端剩余量，RDAM96 型轮对装用 BT2-8690D 轴承时≥1.825 mm，装用 TBU1639605E 轴承时为（11.5±1）mm。

f）测量轴承压装后的轴向游隙值，推（拉）力和游隙必须符合表 2-23 的规定。

⑦ 安装轴箱前，RDAM96 轴箱必须在其内径表面涂抹一薄层 LGAF3E 型专用润滑脂，RFQ 型轮对用轴箱和 SW-220 转向架用轴箱必须在其内径表面涂抹一薄层变压器油，PW-220 轮对轴箱必须在其内径表面涂抹一薄层 Shell albida ep2 型专用润滑脂，轴箱内外方向必须正确。

⑧ 轴端压板螺栓必须使用弹簧垫圈紧固，并封以 $\phi1.6$～$\phi2.0$ mm 的铁丝止锁。有以下情况时直接使用防松片紧固和止锁，防松片必须更新，防松片的所有止耳必须撬起，每组 2 个止耳中至少有 1 个贴靠轴端螺栓的六方平面上。

a）装有接地装置端。

b）其他不能使用铁丝止锁时。

⑨ RDAM96 轮对轴端压板和测速齿轮紧固螺栓等级为 8.8 级，扭矩为 145 N·m。RFQ 轮对轴端压板螺栓等级为 6.8 级，扭矩为（350±10）N·m。

⑩ 组装轴箱前盖、后盖，O 形密封圈必须更新。前盖、后盖螺栓扭矩必须符合表 2-23 的规定。

⑪ 用塞尺检测前盖与轴箱体（轴箱盖耳除外）间隙必须符合表2-23的规定。

⑫ 轴箱前盖组装后，必须在车轴左端轴箱前盖右下角安装标志板，标志板必须用0.5～1.0 mm的镀锌板按图样规定制作，安装时必须按规定刻打标记，标记必须清晰准确。

（7）磨合试验。轴箱组装后必须进行转速≥200 r/min、时间≥15 min的磨合试验。磨合过程中，必须无异音、卡滞，轴承温升≤40℃。

2.3 客车弹簧减振装置

车辆上采用的减振器与弹簧一起构成弹簧减振装置。铁路客车的走行部分安装弹簧减振装置的目的是缓和与消减振动和冲击，以提高客车车辆运行的平稳性，保证客车车辆安全、顺利地通过曲线。铁路客车车辆在轨道上运行时，伴随着要产生复杂的振动现象，为了减少车辆这种有害的冲动，车辆必须有缓和冲动和消减振动的装置，即弹簧减振装置。

铁路客车车辆上的弹簧减振装置，按其主要作用的不同，一般分为三类：第一类主要是起缓和冲动的弹簧装置，如中央及轴箱的螺旋圆弹簧；第二类主要是起衰减（消耗能量）振动的减振装置，如横向、垂向减振器；第三类主要是起定位（弹性约束）作用的定位装置，轮对轴箱横、纵方向的弹性定位装置及纵向牵引拉杆。这三类装置在客车车辆振动系统中又称为弹性悬挂装置。

2.3.1 弹簧装置

弹簧装置的作用有两个，一是使车辆的质量及载荷比较均衡地传递给各轮轴，并使车辆在静载状况下，两端的车钩距轨面高度应满足《铁路技术管理规程》规定的要求，以保证车辆的正常连挂；二是缓和因线路的不平顺、轨缝、道岔、钢轨磨耗和不均匀下沉，以及因车轮擦伤、车轮不圆、轴颈偏心等原因引起车辆的振动和冲击。由于有弹簧装置，使车辆的弹簧以上部分和弹簧以下部分分成既有联系又有区别的两个部分，即簧上、簧下的作用力虽然互相传递，但是它的运动状态（位移、速度、加速度）又不完全相同。车辆内设置弹簧装置可以缓和轮轨之间的相互作用，可以提高车辆运行的平稳性和舒适性，保证旅客的舒适和安全，延长车辆零部件和钢轨的使用寿命。

铁路车辆应用的弹簧形式很多，但铁路客车车辆上采用的弹簧按材质分有钢质弹簧（包含螺旋弹簧、环形弹簧和抗侧滚扭杆等）、橡胶弹簧和空气弹簧3种。

1. 钢质弹簧

1）螺旋弹簧

螺旋弹簧呈螺旋状，螺旋弹簧有圆柱形和圆锥形两种，铁路车辆上应用的都是圆柱形螺旋弹簧，故又称圆簧。如图2-85所示为圆柱形单卷螺旋弹簧，其截面为圆形，常用的弹簧材质有55Si2Mn和60Si2Mn两种。还有圆柱形双卷螺旋弹簧，如图2-86所示。为了使结构紧凑，减小弹簧占用面积，将直径D_1、D_2大小不同的两个螺旋弹簧套装在一起，组成双卷螺旋弹簧。凡是采用双卷螺旋弹簧的，其紧挨的内、外两层簧的螺旋方向不一致，一个左旋，另一个右旋，以避免相互卡住和簧组的转动。

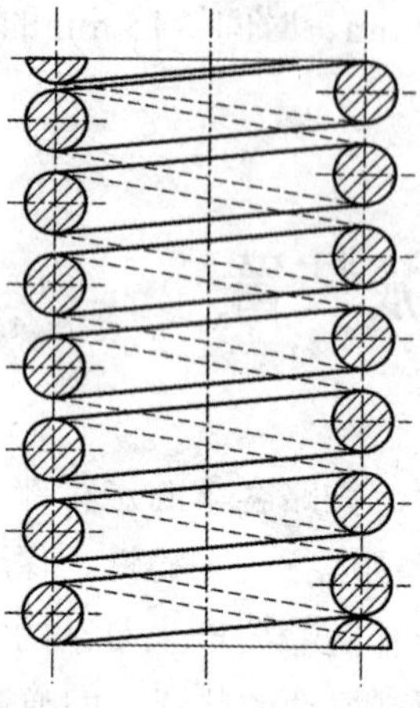

图2-85 圆柱形单卷螺旋弹簧

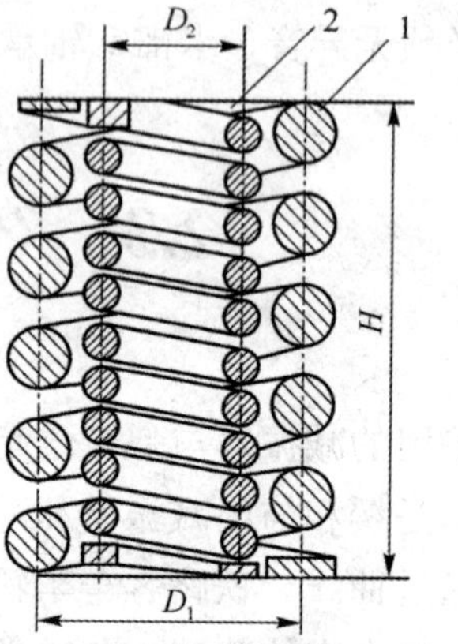

图2-86 圆柱形双卷螺旋弹簧

1—外层簧；2—内层簧

螺旋弹簧的旋转方向如图2-87所示。螺旋弹簧的旋转方向可分为右旋弹簧和左旋弹簧两种。判别的方法是：用眼睛正视弹簧端面簧条旋制方向，顺时针旋转的为右旋弹簧，逆时针旋转的为左旋弹簧。

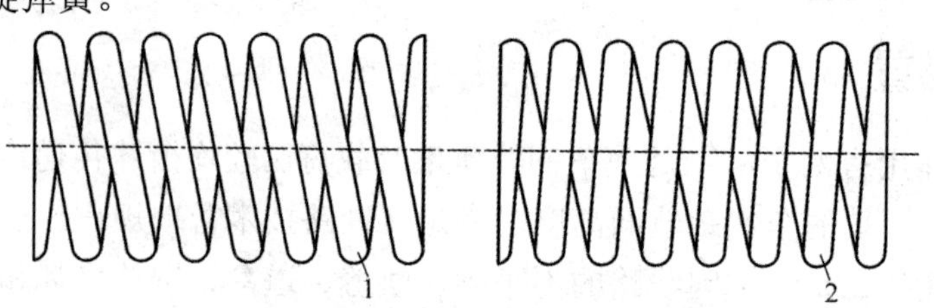

图2-87 螺旋弹簧的旋向

1—右旋弹簧；2—左旋弹簧

2）环形弹簧

由多个具有锥面配合的弹性环组成的弹簧称为环形弹簧，简称环簧。环簧主要用于缓冲器，其结构如图2-88所示。内环的外面和外环的内面都做成V形锥面，组装时，要求有一定的初压缩力，以保证环弹簧锥面间的密切配合。当环弹簧受力压缩时，由于内、外环为锥面配合，受力后外环扩张，内环缩小，产生轴向弹性变形，起到缓冲作用。与此同时，内、外环锥面间有相对滑动，因摩擦而做功，从而使部分冲击能量变为摩擦功而消失。当外力去除后，各内、外环由于弹力而复原，此时，同样也要消耗部分冲击能量。

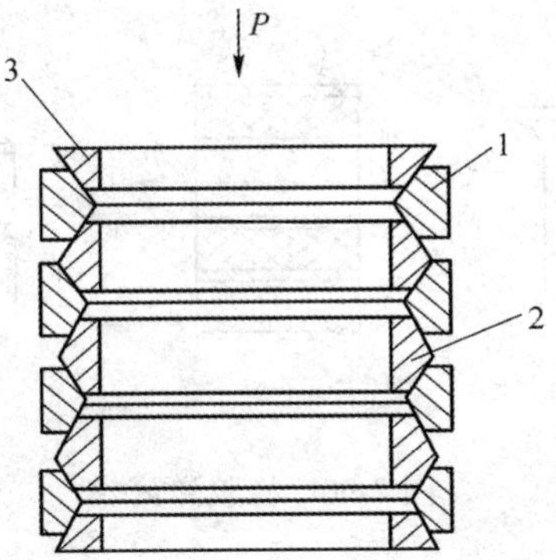

图2-88　环形弹簧

1—外环簧；2—内环簧；3—半面环簧

3）抗侧滚扭杆

高速车辆为了改善垂向动力学性能，克服转向架的二系弹簧刚度较低而导致车辆在运动中侧滚幅度加大的缺点，从而增加舒适度，在转向架中增设了抗侧滚扭杆装置。抗侧滚扭杆装置（实物如图 2-89 所示）由 1 根扭杆、2 个扭臂、1 个可调节连杆、1 个固定连杆和 2 个支承座组成。其中，扭杆是该装置中最主要的受力件，承受循环扭矩作用。扭杆和扭臂之间采用可靠性很高的圆锥形渐开线花键联接，能够传递较大的扭矩。连杆与扭臂及车体之间的联接均采用自润滑关节轴承，且本身带有防尘密封装置。

扭臂一端与转向架构架上的扭杆座联接，另一端与车体枕梁下的扭杆座联接。其作用主要是通过抗侧滚扭杆的扭转运动抵消车体的侧滚振动。

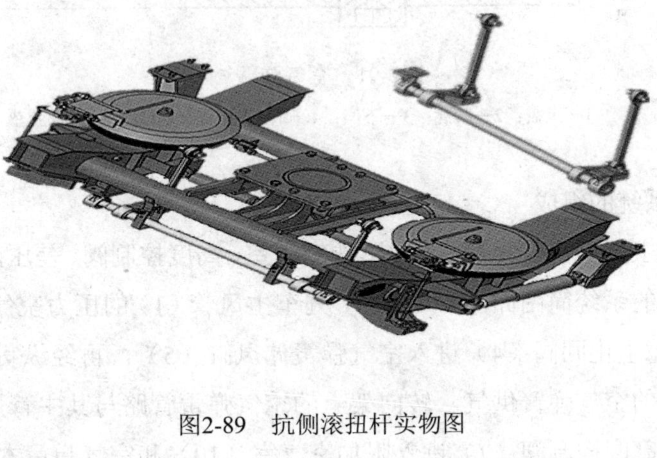

图2-89　抗侧滚扭杆实物图

2. 橡胶弹簧

车辆上的橡胶元件主要用于定位装置。随着新型车辆的不断发展和车速的进一步提高，橡胶弹簧在车辆上的应用越来越广泛。车体与摇枕、摇枕与构架、轴箱与构架、弹簧支承面等金属件接触部位之间经常采用橡胶衬垫、衬套、止挡等橡胶元件。如图2-90（a）、（b）、（c）、（d）、（e）所示为常见的橡胶元件形式。

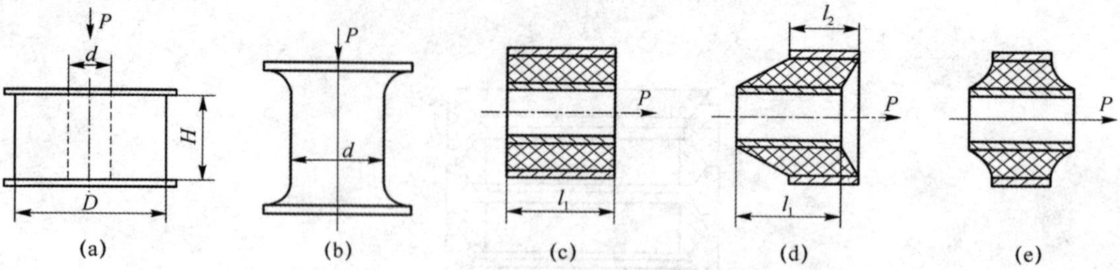

图 2-90 橡胶弹簧

（a）直柱形橡胶弹簧；（b）带圆角的圆柱形橡胶弹簧；（c）、（d）、（e）衬套式橡胶弹簧

3. 空气弹簧

空气弹簧由上盖、胶囊、下座、节流阀、定位座、橡胶垫等组成，如图2-91所示。

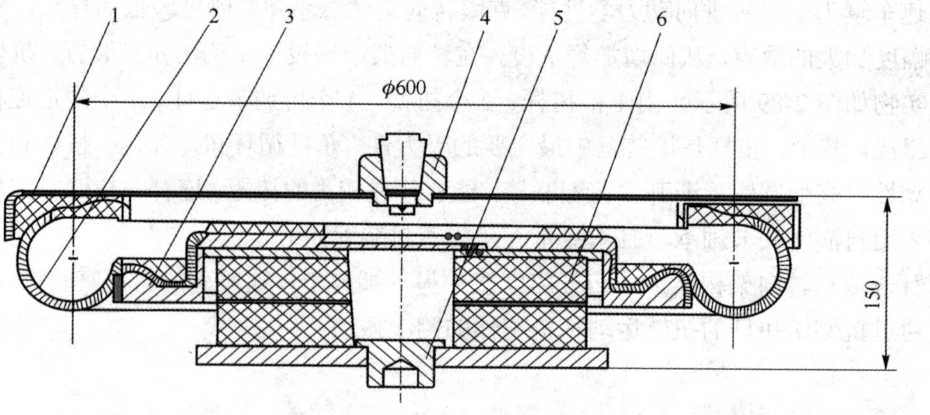

图2-91 空气弹簧

1—上盖；2—胶囊；3—下座；4—节流阀；5—定位座；6—橡胶垫

1）空气弹簧系统的组成

空气弹簧系统主要由空气弹簧本体、附加空气室、高度控制阀、差压阀及滤尘器等组成。

空气弹簧装置的系统简图如图2-92所示，列车主风管（1）的压力空气经过T形支管（2）、截断塞门（3）、滤尘止回阀（4）进入空气弹簧储风缸（5），再经纵贯车底的空气弹簧主管向两端转向架上的空气弹簧供气。转向架上的空气弹簧管路与其主管用联接软管（6）接通，压力空气再经高度控制阀（7）进入附加空气室（10）和空气弹簧本体（8）。

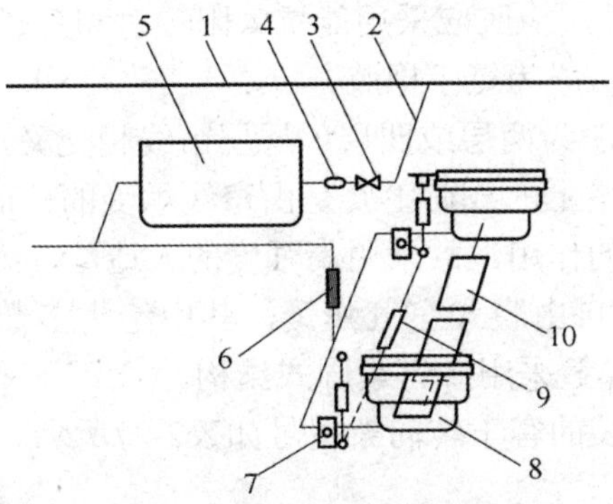

图2-92　空气弹簧装置系统

1—列车主风管；2—支管；3—截断塞门；4—止回阀；5—储风缸；6—联接软管；

7—高度控制阀；8—空气弹簧；9—差压阀；10—附加空气室

2）空气弹簧的种类

空气弹簧的形式有很多，根据其结构特点分为囊式空气弹簧和膜式空气弹簧两种。

囊式空气弹簧可分为单曲囊式空气弹簧、双曲囊式空气弹簧和多曲囊式空气弹簧等形式。

膜式空气弹簧可分为约束膜式空气弹簧（它的结构如图2-93所示）和自由膜式空气弹簧（它的结构如图2-94所示）等形式。

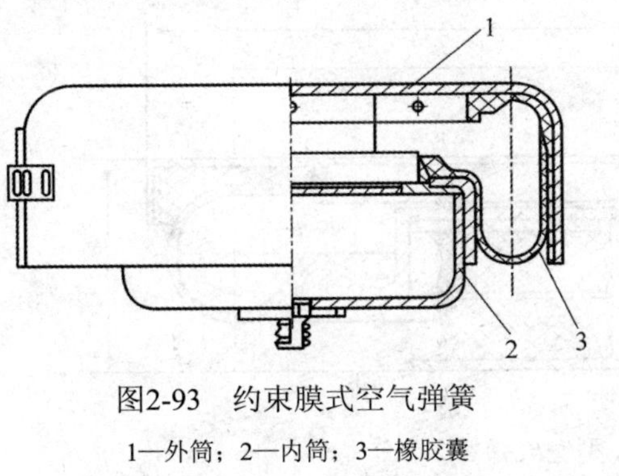

图2-93　约束膜式空气弹簧

1—外筒；2—内筒；3—橡胶囊

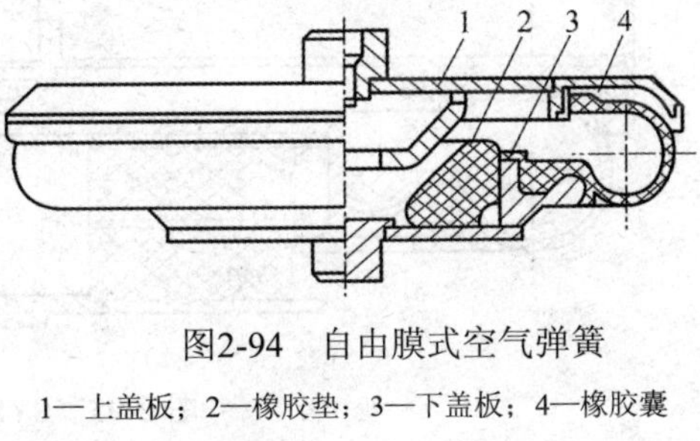

图2-94　自由膜式空气弹簧

1—上盖板；2—橡胶垫；3—下盖板；4—橡胶囊

自由膜式空气弹簧可以减轻橡胶囊的磨耗，提高了使用寿命。它本身的安装高度比较低，可以明显降低车辆地板面距轨面的高度。质量轻，并且其弹性特性可以通过改变上盖板边缘的包角，加以适当调整，使弹簧具有良好的负载特性。所以，在无摇动台装置的空气弹簧转向架上应用较多。

空气弹簧的密封要求高，以保证弹簧性能稳定和节省压缩空气。一般采用压力自封式和螺钉紧封式两种密封式。压力自封式是利用空气囊内部的空气压力将橡胶囊的端面与盖板（或内、外筒）卡紧加以密封；螺钉紧封式是利用金属卡板与螺钉夹紧加以密封。压力自封式的结构简单，组装检修方便，应用较多。

空气弹簧橡胶囊是由内、外橡胶层，帘线层和成型钢丝圈组成的。

内层橡胶主要用于密封，需采用气密性和耐油性较好的橡胶材质，外层橡胶除了密封外，还起保护作用。因此，外层橡胶应采用能抗太阳辐射和臭氧浸蚀并耐老化的橡胶材质，还应满足环境温度的要求，一般为氯丁橡胶。

帘线的层数为偶数，一般为两层或四层，层层帘线相交叉，并与空气囊的经线方向成一定角度布置。由于空气弹簧上的载荷主要是由帘线承受的，而帘线的材质对空气弹簧的耐压性和耐久性起着决定性的作用，故采用高强度的人造丝、维尼龙或卡普隆作为帘线。

我国铁路客车全部采用自由膜式空气弹簧，其中绝大多数为压力自封式结构，仅有209HS型客车转向架用空气弹簧采用螺钉紧固式结构。

空气弹簧的种类与所安装的客车转向架型号如表2-27所示。

表 2-27 空气弹簧的种类

转向架型号	209HS	PW-200	206KP	SW-160	SW-200	CW-2C	CW-200
空气弹簧型号	SYS600	ϕ60自密封式	SYS550C	SYS550D SYS640	SYS640	SYS600A	580无摇枕 自密封式

下面介绍两种SYS型空气弹簧。

（1）SYS600A型空气弹簧。SYS600A型空气弹簧大量应用于CW-2型准高速和提速客车转向架，是我国铁路装车数量最多的一种空气弹簧。

SYS600A型空气弹簧是压力自封式密封结构的自由膜式空气弹簧，其结构如图2-95所示。

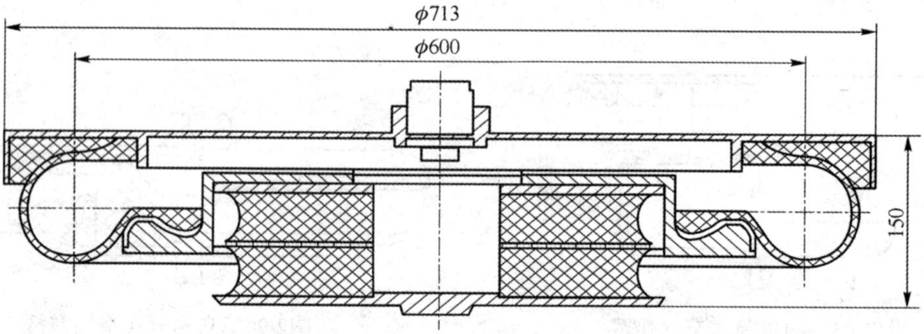

图 2-95 SYS600A 型空气弹簧

SYS600A型空气弹簧主要由上盖、橡胶囊、下座、橡胶堆和可调阻尼节流阀等组成。

SYS600A型空气弹簧的主要特点如下。

① 全压力自密封方式，结构简单，组装维修方便，质量轻。

② 下座为橡胶堆结构，以实现弹性支承，可以通过有效利用橡胶堆的剪切与弯曲变形而降低空气弹簧的横向刚度，并可在空气弹簧无气状态时，保证车辆具有一定的运行品质。

③ 设有可调阻尼节流阀，可在较宽的振动频率范围内提供适中的减振阻尼。

（2）SYS600 型空气弹簧。SYS600 型空气弹簧是一种采用螺钉紧固式密封结构的自由膜式空气弹簧，主要应用于 209HS 型准高速客车转向架。

SYS600 型空气弹簧主要由上盖、扣环、橡胶囊下座、橡胶堆和可调阻尼节流阀等组成，其结构如图 2-96 所示。

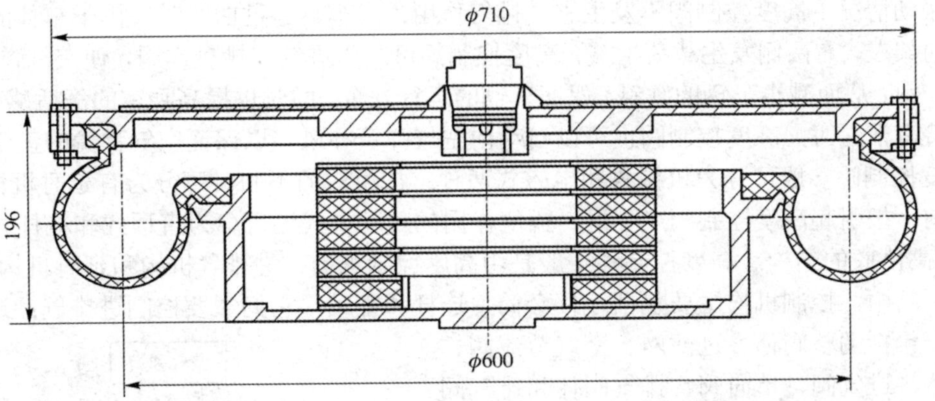

图 2-96　SYS600 型空气弹簧

SYS600 型空气弹簧的主要特点如下。

① 螺钉紧固密封方式较可靠，但结构复杂，组装麻烦，且质量重。

② 下座为刚性支承结构，不利于进一步改善空气弹簧悬挂的振动性能。

③ 下座钢筒内设有橡胶堆，可以在空气弹簧无气状态时保证车辆具有一定的运行品质。

④ 设有可调阻尼节流阀，可在较宽的振动频率范围内提供适中的减振阻尼。

3）空气弹簧节流孔

空气弹簧采用的节流孔可分为固定节流孔和可变节流孔。节流孔形式的不同，使车体垂直振动特性不同，从试验结果比较两者可知：当采用固定节流孔时在低频振动范围，无论振幅大小，对于振动的衰减效果，都存在相对阻尼不足或相对阻尼过大的区域。在车辆上采用可变节流孔的空气弹簧，不仅可使车辆垂直方向的低、高频振动均有适宜的阻尼，并且对车体侧滚的低频振动和车体横向振动也有良好的衰减特性。所以，在我国准高速客车转向架上采用了可变节流孔的空气弹簧。

在空气弹簧本体和附加空气室之间装设有适宜的节流孔。当空气弹簧垂向变位时，上述两者之间将产生压力差。若空气弹簧处于静态变位（缓慢变位）过程，则其压力差较小；若是在振动过程（快速变位）中，则其压力差较大。空气流过节流孔由于阻力而耗散部分的振动能量，使之具有减振作用。一般采用空气弹簧悬挂装置的车辆都采用这种减振方式。

4）空气弹簧悬挂系统装置中的两个重要组成部件——高度控制阀和差压阀

（1）高度控制阀。高度控制阀又称高度调整阀，简称高度阀。它是空气弹簧系统中的重要组成部件，虽然不属于制动系统，但与制动系统有着密切关系，因为空气制动的空重车自动调整阀的压力信号取自于空气弹簧，该阀与差压阀的状态好坏，直接影响到空气弹簧是否能正常工作，所以，也影响到空气制动系统。高度控制阀在一定程度上决定了空气弹簧的性能。

高度控制阀的特点：进气阀和排气阀打开时有延时效应，关闭时很迅速。

高度控制阀的作用：维持车体在不同静载荷下都能与钢轨轨面保持一定的高度。

高度控制阀主要用途：当车辆载荷发生变化时，高度控制阀可以根据车辆载荷的增减情况，自动增减空气弹簧中的空气量，从而使空气弹簧的高度保持最佳工作状态（即空气弹簧的高度不随车辆载重而变化），保证前后车辆之间的可靠连挂。当车辆直线运行时，车辆在正常的振动情况下高度控制阀不发生进、排气作用；当车辆通过曲线时，由于车体的倾斜，导致转向架左、右两侧发生载荷增减，高度控制阀可产生进气和排气作用，使空气弹簧的高度保持一致，从而减小车辆的倾斜，保证车辆的运行安全，同时也提高乘客的舒适感。另外，空气弹簧有泄漏时，高度控制阀也可以自动向空气弹簧补风，以保证空气弹簧的正常高度。

高度控制阀一般可分为机械式和电磁式两种，按组成的不同又可分为有延时机构和无延时机构；按引起高度控制阀产生进、排气作用的传动方式还可分为直顶式和杠杆式等。

① 高度阀的结构。高度控制阀一般是由高度控制机构、进排气机构和延时机构3部分组成的。其中，控制机构主要包括连杆套筒、连杆和主轴，它们主要控制进排气；进排气机构主要包括调整阀体、过滤网、空气节流阀、进气阀体、进气阀、单向阀、排气阀体和排气阀等，这些阀门的开启或关闭受到高度控制机构和延时机构的控制；延时机构主要有活塞、吸入阀、缸盖、缓冲弹簧、弹簧支架和减振器支架。延时机构一方面可减少高度调整阀的误动作，另一方面可起到节省压力空气的作用。高度控制阀的结构原理如图2-97所示。

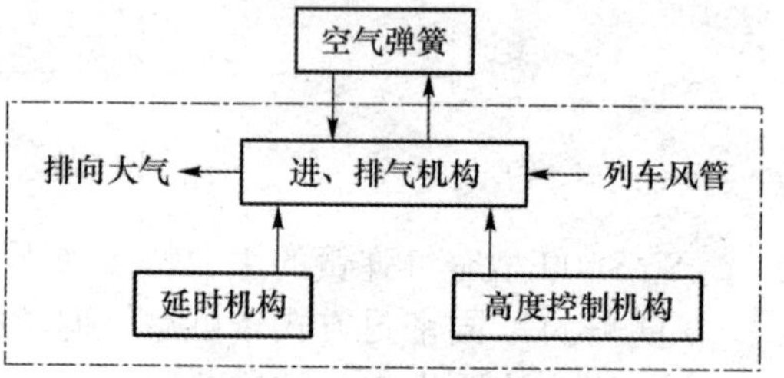

图 2-97 高度控制阀结构原理

高度控制阀的结构如图 2-98 所示。它由阀本体、杠杆和调节杆 3 部分组成。阀本体装于摇枕一端，通过主轴与杠杆相连，杠杆用关节轴承与调节杆相连，调节杆装于空气弹簧托盘上，调节杆的长度可以调节。安装后要求调节杆呈垂直位置，杠杆呈水平位置。当车辆重量变化或运行时，由于摇枕的上下移动使杠杆上下转动，带动主轴转动。

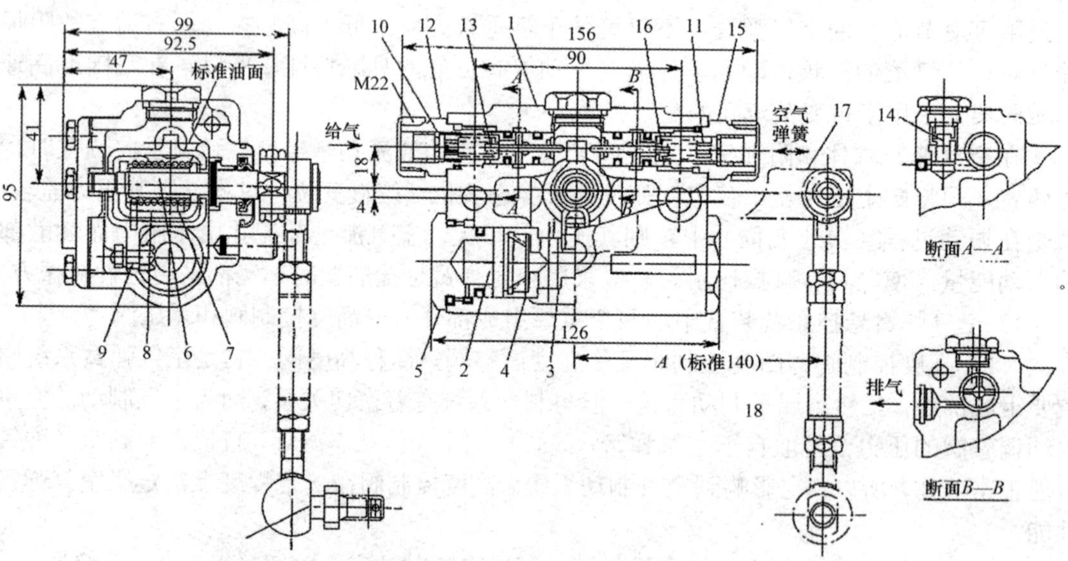

图2-98 高度控制阀的结构

1—阀体；2—液压缓冲器；3—活塞；4—吸入阀；5—缸盖；6—主轴；7—缓冲弹簧；8—弹簧支架；9—减振器支架；10—过滤网；11—空气节流阀；12—进气阀体；13—进气阀；14—单向阀；15—排气阀体；16—排气阀；17—连杆；18—连杆套筒

② 高度控制阀的工作原理。当车辆载荷增加时，空气弹簧受压，高度降低，车体下降，高度阀随之下降；连杆向下转动，主轴转动，一定时间后，打开进气阀，向空气弹簧充气；空气弹簧高度增加，摇枕上升，连杆回转，连杆恢复水平位置，进气阀关闭。

当车辆载荷减少时，空气弹簧受压高度升高，车体上升，高度阀随之上升；连杆向上转动，主轴转动，一定时间后，打开排气阀，空气弹簧向大气排气；空气弹簧高度降低，摇枕下降，连杆回转，连杆恢复水平位置，排气阀关闭。

（2）差压阀。差压阀在空气弹簧悬挂系统中起保证安全作用。差压阀是用来调节同一转向架左右两侧空气弹簧的内压差，以保证同一转向架左右两侧空气弹簧的内压差不超过规定的安全范围。由于空气弹簧进、排气时间、速度的差别等因素，使得静止或运行中的转向架左右两侧空气弹簧的内压不相等，当压力差达到0.1～0.15 MPa时，会导致两侧的垂向载荷很不均衡，降低减载侧的抗脱轨能力。

差压阀的结构原理如图2-99所示。

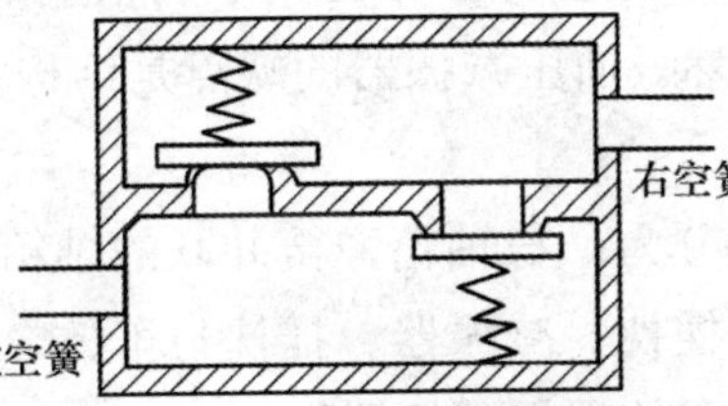

图 2-99　差压阀结构原理

差压阀的工作原理如下：当左右两侧空气弹簧压力差小于某一定值（一般为0.08 MPa）时，左右两阀均处于关闭状态，左右空气弹簧不相通；若其中任一侧的空气压力增大并使左右压力差超过定值，则打开左右阀的通路，使两侧压力空气贯通。

4. 弹簧装置的检修

钢弹簧和空气弹簧是转向架上的重要零部件，它能缓和来自轨道的冲击，还能承受并传递载荷。钢弹簧和空气弹簧若出现故障，会严重影响车辆的安全运行。因此，弹簧装置的检修非常重要，一定要按规定认真检修，发现故障要及时进行处理。

（1）圆弹簧的裂纹和折损的部位、原因及处理。圆弹簧的裂纹和折损部位易发生在弹簧两端的1.5～2圈内。

圆弹簧裂纹和折损的原因如下：首先，车辆在运行中受到较大的冲击，超载或偏载过大，超出了弹簧的负荷；其次，由于在弹簧制造或修理时，未能达到工艺要求；最后，在检修和更换弹簧时，人为地用力锤击弹簧造成伤痕。

处理：发现裂纹和折损的弹簧应及时进行更换。

（2）客车圆弹簧自由高度低于基本尺寸3 mm时应调修。

（3）客车段修规程规定圆弹簧圆钢直径腐蚀、磨耗超过10%时应进行更换。

（4）空气弹簧上盖与摇枕间胶垫破损老化时应更换。锥形密封胶圈裂纹、缺损、失效时应更换。胶囊老化、龟裂、破损漏气时应更换。

（5）空气弹簧上盖裂纹时应分解焊修。加工平整，弯曲变形影响安装和密封时应更换。

胶囊安装座、扣环必须光滑、平整、清洁。组装螺栓丝扣部分不得与胶囊接触。

（6）空气弹簧底座裂纹时应焊修并加工平整，漏泄分解时，内侧必须涂刷防锈漆。

2.3.2 减振装置

减振器的作用是减小振动，它的作用力总是与运动方向相反，起着阻止振动的作用。通常，减振器有变机械能为热能的功能，减振阻力的方式和数值不同，直接影响到振动性能。

现代铁路客车为了适应其高速、安全、平稳、舒适的运行要求，大量采用了各型油压减振器，用于改善车辆的垂向、横向特性和抑制转向架的蛇行运动。目前，铁路客车车辆主要采用油压式减振器。油压减振器主要是利用液体黏滞阻力所做的负功来吸收振动能量。油压减振器的优点在于它的阻力是振动速度的函数，其特点是振幅的衰减量与幅值的大小有关，振幅大时衰减量也大，反之亦然。油压减振器的缺点是结构复杂、维修比较困难、成本较高及受外界温度影响等。

油压减振器按用途分类可分为：与轴箱弹簧并联的轴箱减振器、与中央（摇枕）弹簧（如空气弹簧）并联的中央（摇枕）减振器、摇枕与车体之间的横向减振器、构架与车体之间的抗蛇行减振器和车体之间的耦合减振器等。

SFK1型、SFKZ13型和MSP602型减振器简称为1A型减振器（包括横向油压减振器）。1A型减振器为20世纪60—80年代初的主型减振器，并一直应用至今。1A型减振器的密封性能、阻力稳定性等方面尚不够完善。

SLK70型和SLK71型减振器简称为2A型减振器(包括横向油压减振器)，适用于120 km/h以下的运行速度。2A型减振器与1A型减振器相比较，阻力稳定性、密封性、防锈性能有较大改进。

3A型（系列）高速机车车辆油压减振器结构方面以改善压缩卸荷特性为主。安装于准高速列车运用后，经过改进，1996年又研制了3A1型（系列）减振器。该种减振器以改进密封性能为目的，结构和材料有较大改进。

3A2型（系列）油压减振器充分吸取了国内外减振器结构的特点，采用先进的密封材料和动密封技术，具有体积小（较3A1型减小38%）、质量轻、阻力衰减率小、密封性好等优点。3A2型油压减振器可改换6种端部联接形式，阻尼系数为15～100 kN・s／m，改变阻尼系数和安装长度后，可以满足大多数机车车辆的使用要求。

新型客车转向架采用进口油压减振器，有水平安装的，也有垂直安装的，有安装在摇枕与构架之间的，也有安装在构架与轴箱之间的，无论安装在哪里，其基本作用原理是一致的，起到消减振动或抑制高速车辆的蛇行运动（纵向安装的油压减振器）的作用，提高车辆运行的平稳性。

目前，客车上使用的油压减振器主要分国产和进口两类，其中进口油压减振器用于提速客车，如SFKI型、KONI型和DISPEN型等。

1. 油压减振器的基本作用原理

油压减振器通过拉伸和压缩的基本动作，能够起到消减振动的作用，提高车辆运行的平稳性，其基本作用原理如图2-100所示。它是一个密封的充满油液的油缸，油缸内有一个活塞，活塞把油缸分成上、下两个部分。活塞上有小孔，称为节流孔，由于油缸上部固定在摇枕上，下部固定在弹簧托板上，当摇枕做上、下运动时，活塞杆随摇枕运动，于是活塞杆与油缸产生上、下的相对位移。

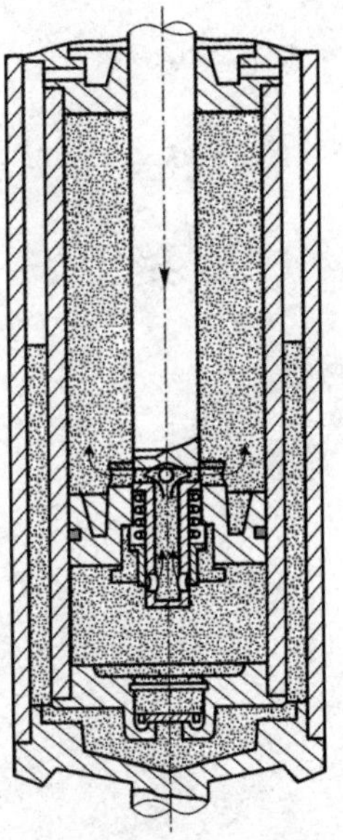

图2-100　油压减振器的基本作用原理

当活塞杆向上（拉伸过程）移动时（如图2-101所示），油缸上部分体积缩小，下部分体积扩大，因为油缸是完全密封的，所以，油缸上部油液的压力增大而下部油液的压力降低，油缸上、下两部分形成压力差，导致压力高的部分油液通过节流孔流向油缸下部，以补充活塞移动后产生的真空。油液要通过微小的节流孔时产生较大的阻力，阻力的大小与油液的流速、节流孔的孔径大小有关。油液流速越大，阻力越大。

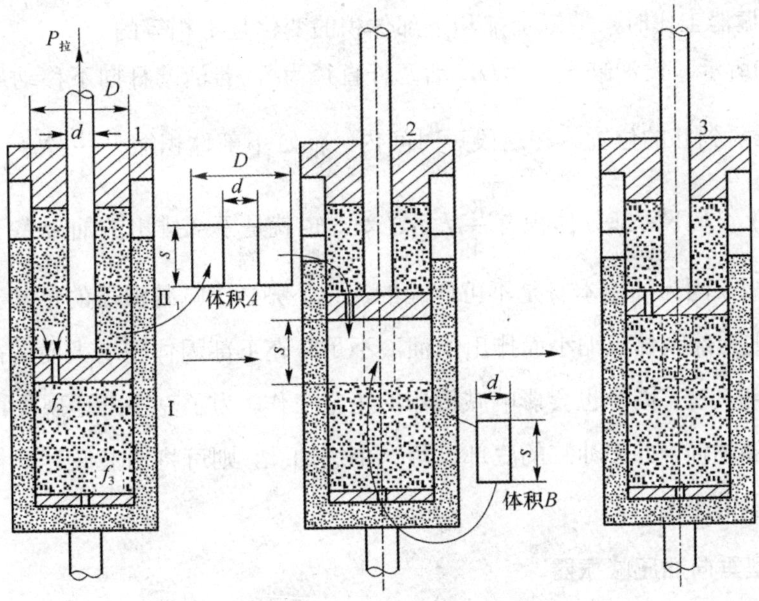

图 2-101　油压减振器拉伸过程原理图

相反，当活塞向下（压缩过程）运动时（如图2-102所示），油液从下部通过节流孔流向油缸上部，也同样产生阻力。在油压减振器与圆弹簧配合作用下，可以起到消减车辆振动的作用，从而提高车辆运行的平稳性。

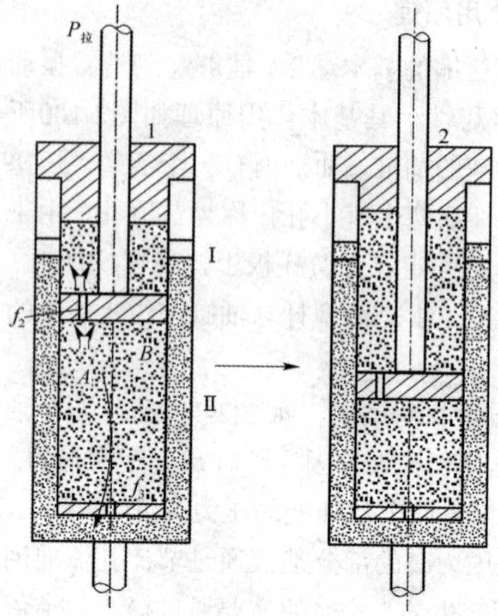

图 2-102 油压减振器压缩过程原理图

以上情况是在假设活塞杆不占据油缸体积的情况下的作用，但实际的活塞杆是具有一定体积的。当减振器工作时，油缸上部和下部体积的变化是不相等的。

如图2-100所示，设油缸直径为D，活塞杆直径为d，若活塞杆向下移动最初位置为Ⅰ，移动一段距离s后到Ⅱ的位置。在这段短时间内，油缸下部体积缩小$\frac{\pi}{4}D^2s$，而上部体积增大$\frac{\pi}{4}(D^2-d^2)$，上下两部分体积有$\frac{\pi}{4}d^2s$之差，也就是下部排出的油液多于上部因体积增大所需补充的量。因为油液本身是不可压缩的流体，势必影响减振器的正常工作。反之，如果活塞上移，则上部因体积缩小而排出的油液不足补充下部因体积增大而所需要的油量，下部则会产生局部真空，同样也会影响减振器的正常工作。为了克服上述现象，在减振器油缸外层增加一个储油筒，并在油缸的底部设置一个进油孔，则可将油液储存或补充，来满足拉伸与压缩时油量的平衡。

2. SFK1 型垂向油压减振器

图2-103所示为客车转向架采用的SFK1型垂向油压减振器。它主要由活塞部Ⅰ、进油阀部Ⅱ、缸端密封部Ⅲ和上下联接部Ⅳ四部分组成。

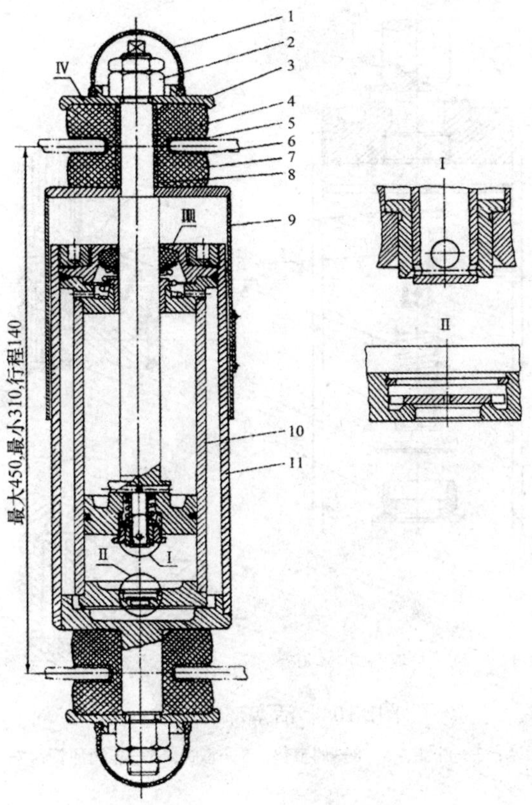

图 2-103　SFKI 型油压减振器

Ⅰ—活塞部；Ⅱ—进油阀部；Ⅲ—缸端密封部；Ⅳ—上下联接部

1—防锈帽；2—螺母；3—压盖；4、7—橡胶垫；5、6—铁垫；

8—套；9—防尘罩；10—缸筒；11—储油缸

1）活塞部

活塞部是减振器产生阻力的主要部分，如图2-104所示，主要由活塞杆（1）、活塞（2）、涨圈（3）、调整垫（4、8）、芯阀（5）、芯阀弹簧（6）、套阀（7）和阀座（9）组成。

在芯阀侧面下部开有两个直径为2 mm和两个直径为5 mm的节流孔。组装后，2 mm直径节流孔的一部分露出套阀，露出部分的节流孔称为初始节流孔，减振器的阻力主要取决于初始节流孔的大小。为了能调整减振器阻力的大小，在芯阀、套阀和阀座的底部设有0.2 mm或0.5 mm厚的调整垫，5 mm直径的节流孔的作用是防止减振器因振动速度过大，致使油压过高，即限压作用。芯阀弹簧和套阀与芯阀配合可调整初始节流孔的大小。活塞和活塞杆为一休结构，在活塞杆的头部装有涨圈，以提高活塞的密封性能，防止活塞磨耗以后造成过大的阻力变化。

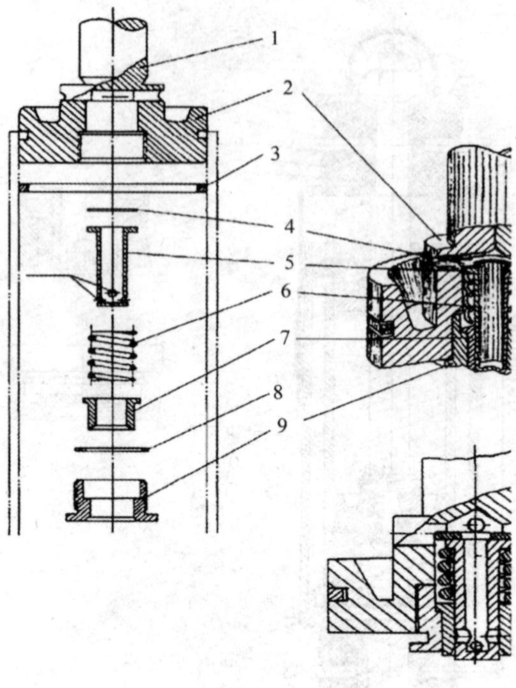

图2-104 活塞部的组成

1—活塞杆；2—活塞；3—涨圈；4、8—调整垫；5—芯阀；6—芯阀弹簧；7—套阀；9—阀座

2）进油阀部

进油阀部装在油缸的下端，起密封作用并安装其他配件，是该部分的主体。它的主要作用是向缸筒内补充油液和压出油液，是减振器产生阻力的辅助部分。如图2-105所示，进油阀主要由进油阀体（1）、阀瓣（2）和锁环（3）组成。

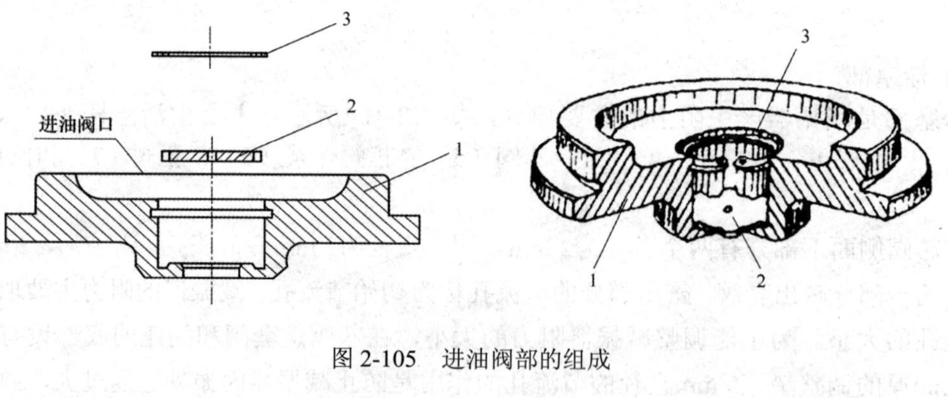

图 2-105 进油阀部的组成

1—进油阀体；2—阀瓣；3—锁环

进油阀体中心有进油阀口，阀口上放有阀瓣，在阀瓣中心有直径为0.8～1.0 mm的节流孔，是进出油液的必经之路，从而产生节流作用。锁环装于进油阀体的锁环槽内，用于限制阀瓣上下活动范围。阀瓣与进油阀口之间，以及进油阀体与缸筒之间都要求接触严密，以防

止漏泄。

3）缸端密封部

缸端密封部位于缸筒的上端，油缸端部有专门的密封结构，它的主要作用有两个：一是活塞杆上下运动时起导向作用，使活塞杆中心和油缸中心线始终保持一致；二是防止油液流出及外界灰尘进入减振器内，影响减振器的正常工作。

如图2-106所示，缸端密封部主要由螺盖（1）、密封盖（2）、橡胶密封圈（3）、密封托垫（4）、密封弹簧（5）、油封圈（6）、导向套（7）、缸端（8）、活塞杆（9）、储油缸（10）和缸筒（11）组成。

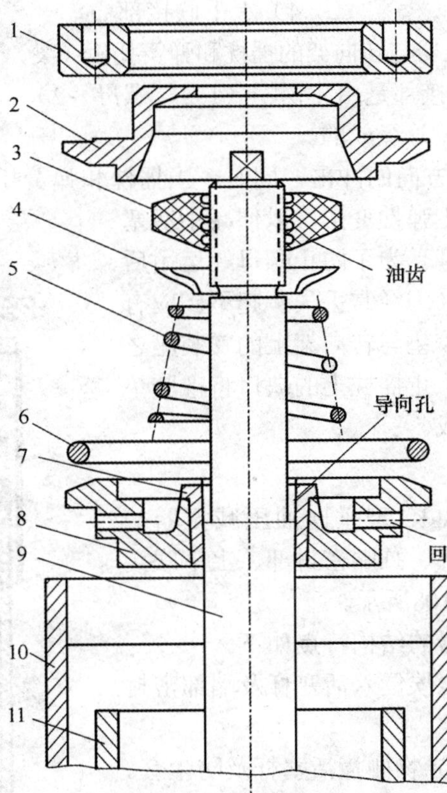

图 2-106　缸端密封部的组成

1—螺盖；2—密封盖；3—橡胶密封圈；4—密封托垫；5—密封弹簧；
6—油封圈；7—导向套；8—缸端；9—活塞杆；10—储油缸；11—缸筒

当减振器工作时，油缸内油压最高可达2 500 kPa，所以，密封是一个很重要的问题。SFK1型油压减振器的密封部分曾进行过多次改进，现在采用的结构是在油缸筒上装有缸端、油封圈、橡胶密封圈、密封弹簧、密封托垫、密封圈及螺盖，并通过密封盖把这些零部件紧紧压住。

为了保护活塞杆的表面光洁度，进一步减小磨损，在缸端上压装有一个材料为铸造锡青铜的导向套。在密封盖中间装有橡胶密封圈，其作用是把漏过导向套和活塞杆之间缝隙的少量油液从活塞杆上刮下来，经过缸端侧壁上的回油孔，流回到储油缸。

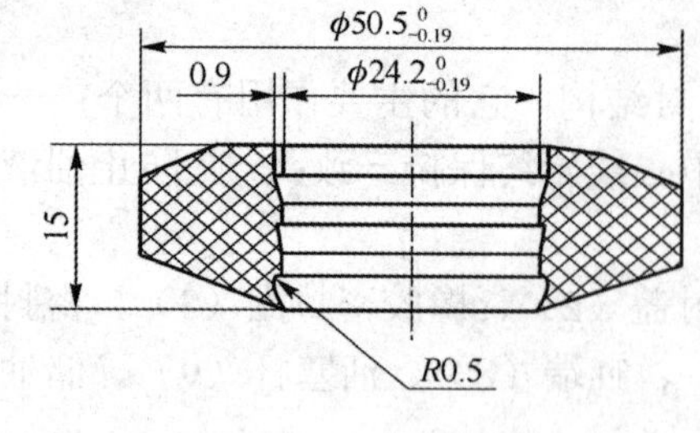

图 2-107　橡胶密封圈

如图2-107所示，橡胶密封圈的刮油齿要有合理的形状和高度，齿根应防止出现裂纹。为了保护刮油齿，对活塞杆的表面粗糙度也提出了严格要求，镀铬以后精磨抛光，运用中不允许有锈蚀、划痕等缺陷。橡胶密封圈和油封圈的材质必须是耐油、耐寒橡胶，要求在汽油中浸泡24小时后，没有膨胀和油蚀等现象，并要求在低温下有一定的弹性。

4）上下联接部

上下联接部是指油压减振器与转向架的摇枕和弹簧托板（梁）上的安装座相联接的部分。

如图2-103所示，上下联接部是由防锈帽（1）、螺母（2）、压盖（3）、橡胶垫（4、7）、铁垫（5、6）和套（8）等组成的。

橡胶垫可以缓和上、下方向的冲击，同时，当摇枕和弹簧托板（梁）有前后和左右方向相对偏移时，橡胶垫可产生弹性变形，以便减小活塞杆的蹩劲，减轻活塞杆的偏磨。为了防止螺母经运用后雨水侵入锈死，设有防锈帽（因经常丢失，起不到应有的作用，现已取消）。在橡胶垫与转向架上的安装座之间装有1.5 mm厚的铁垫，以防止摇枕上的缺口将橡胶垫挤坏。上部的套筒用塑料制成。

3. KONI 型油压减振器

KONI型油压减振器和SFK1型垂向油压减振器一样，也是由活塞部、进油阀部、缸端密封部、上下联接部4个主要部分组成，如图2-108所示。

（1）KONI型油压减振器的结构特点如下。

① 伸缩式防尘套：防止尘埃侵入活塞杆及端部密封装置。

② 防尘罩：防止砂石及异物碰撞活塞杆及防尘套。

③ 阻尼调节阀：又称节流阀，当活塞上下移动时，油液流经阀门而产生阻力。调节弹簧的预紧力可改变减振阻力的大小和特性。

④ 刮油环：在压缩行程中清除活塞杆表面的脏油膜。

⑤ 活塞杆密封装置：密封效果不受油压影响。

⑥ 活塞杆导向座：保持活塞杆密封部不受压。

⑦ 压力缸：承受压缩油液产生的压力。

⑧ 单向阀：用于活塞及阀体上，只允许油液由上而下单向流通。

⑨ 活塞及活塞杆组成：通过上下运动产生减振阻力

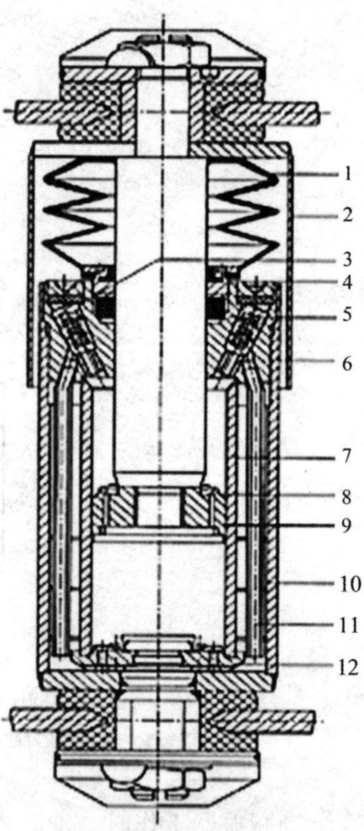

图2-108　KONI型油压减振器

1—伸缩式防尘套；2—防尘罩；3—阻尼调节阀；4—刮油环；5—活塞杆密封装置；6—活塞杆导向座；7—压力缸；8—单向阀；9—活塞及活塞杆组成；10—储油缸；11—导油管；12—底阀组成

的主要部分。

⑩ 储油缸：缸中储有一定的油液，减振器工作时产生进油和排油。

⑪ 导油管：引导经节流阀流来的压力缸油液进入储油缸。

⑫ 底阀组成：由阀体、阀片及预紧弹簧组成单向阀，阀体上有大的通油孔，便于储油缸向压力缸迅速充油。

（2）KONI型油压减振器的作用原理。油压减振器通过拉伸和压缩动作可起到消减振动的作用，提高客车运行的平稳性，其作用原理如图2-109所示。

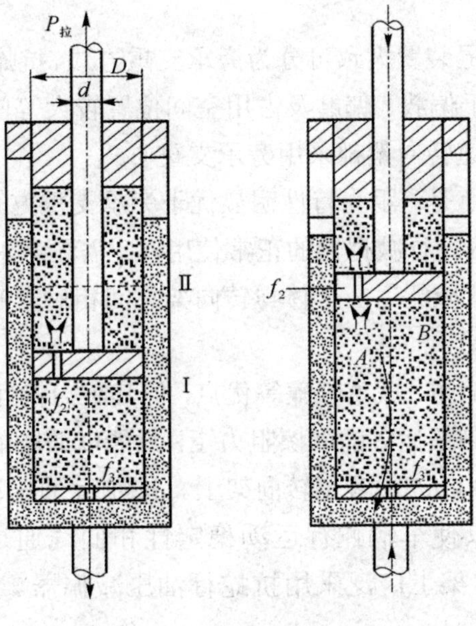

图 2-109　油压减振器作用原理

油压减振器拉伸时，活塞向上移动，上部油液受到活塞的压力后，经过单向阀上的节流孔到活塞下部，形成拉伸阻力；同时，缸筒外部的油液通过进油阀进入缸筒，使减振器的活塞下部迅速充满油液。

油压减振器压缩时，活塞向下压迫，其下部油液通过活塞上的节流孔进入活塞上部，另一部分油液则通过进油阀小孔进入储油缸，形成压缩阻力。

4. 横向油压减振器

如图2-110所示为横向油压减振器。

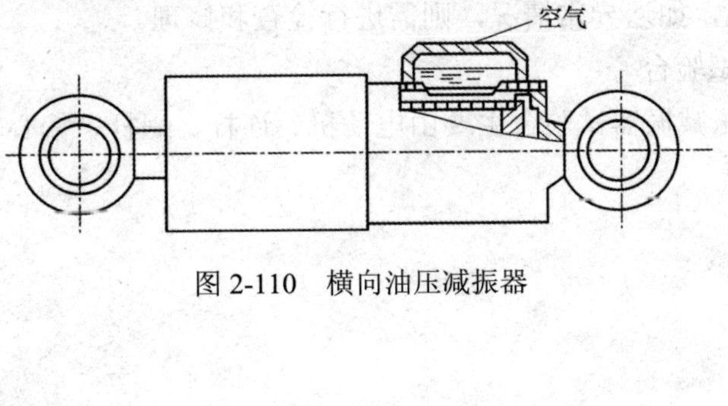

图 2-110　横向油压减振器

横向油压减振器的内部结构与垂向油压减振器基本相同，结构上的特点是增加了一个空气包。空气包的作用是使进油阀完全浸在油中，不露出油液面，防止空气进入缸筒内部。横向油压减振器一般水平安装在摇枕与构架之间。

5. 抗蛇行油压减振器

为抑制高速客车车辆的蛇行运动，在车体与转向架之间设有抗蛇行运动回转阻尼装置。抗蛇行运动油压减振器又称纵向油压减振器。它安装在车体与转向架之间。目前，高速客车转向架都采用这种装置。它具有一般油压减振器的特点，只是节流结构与节流特性不同于其他形式的油压减振器。

采用抗蛇行运动回转阻尼装置大致可分为旁承支重方式、抗蛇行运动油压减振器方式和大心盘方式。大心盘方式由于偏载、偏磨及占用空间位置较大等问题，在客车转向架上已不采用。目前，我国几种准高速转向架都采用旁承支重方式。

抗蛇行油压减振器的特点是：阻力特性明显优于旁承支重方式，但结构复杂，制造、维护较难，成本较高。为保证抗蛇行减振器的正常使用，还需注意正确选择安装位置和安装接头型式。两端节点的联接装置应能适应车体与转向架之间相对空间位移，使之具有良好的随动性。

旁承支重方式具有结构简单、成本低廉等优点，但其阻力特性不能同时使车辆蛇行运动稳定性和曲线通过性能都得到最适宜的摩擦阻力矩，只能以兼顾的观点确定阻力矩之值，通常用在最高运行速度小于160 km/h的客车转向架上。抗蛇行油压减振器虽然结构复杂、成本较高，但其阻力特性可以使车辆蛇行运动稳定性和曲线通过性能都得到适宜的阻力值，所以，在高速客车转向架上广泛采用抗蛇行油压减振器。

6. 油压减振器的检修

1）油压减振器性能试验

（1）凡新制或经过检修的油压减振器都必须在专用试验台上经过试验，观察其工作是否正常；阻力系数K必须达到图纸规定的数值，其偏差应符合规定；示功图应平滑，不得产生畸形。

（2）根据在试验台上描绘出的示功图，按规程要求调整阻力系数K的大小。

（3）如阻力系数K或示功图形有不符合要求的，应分解减振器，重新进行调整，直至试验合格为止。

（4）性能好的减振器，应在试验台上运转10 min左右后，再记录示功图。在正常情况下，示功图应无变化，如遇异常情况，则需进行检查和修理。

2）油压减振器试验台

（1）构造。油压减振器试验台主要由电动机、连杆、蜗杆、偏心轮、滑轮和传感器组成，如图2-111所示。

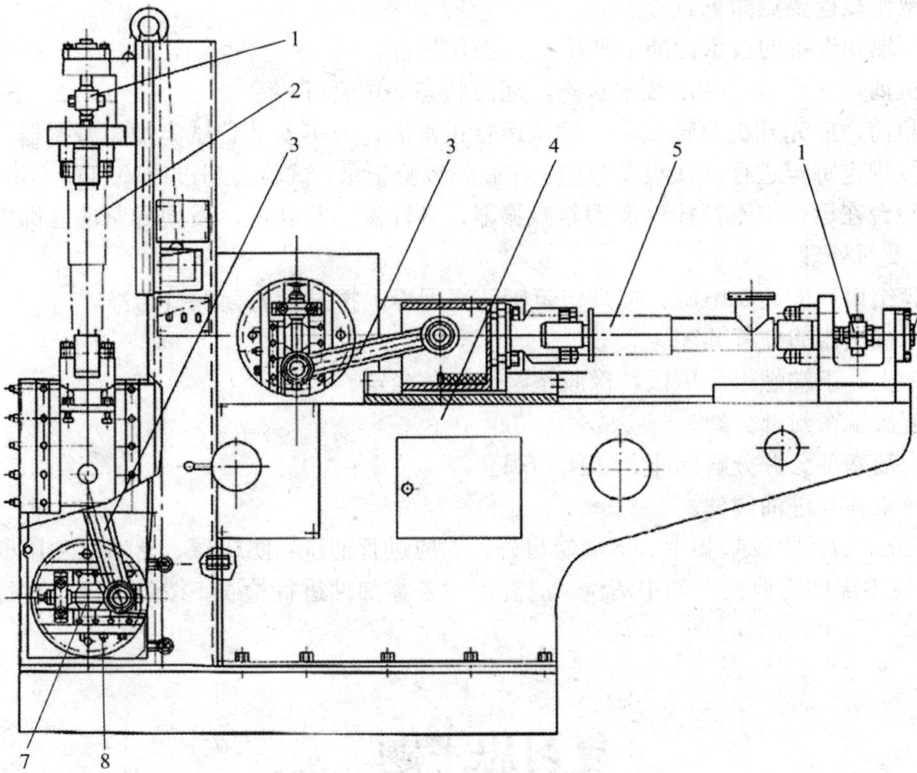

图 2-111　油压减振器试验台

1—滑块；2、5—油压减震器；3—连杆；4—蜗杆；
6—传感器；7—电动机；8—偏心轮

（2）试验原理与示功图。如图2-112所示，电动机连接偏心轮带动连杆控制减振器位移。传感器代替记录笔和记录板，通过微机显示所有数据。试验记录下来的图形，是一个倾斜的椭圆，通常称为示功图，它的面积就是减振器活塞上、下一次所做的功。

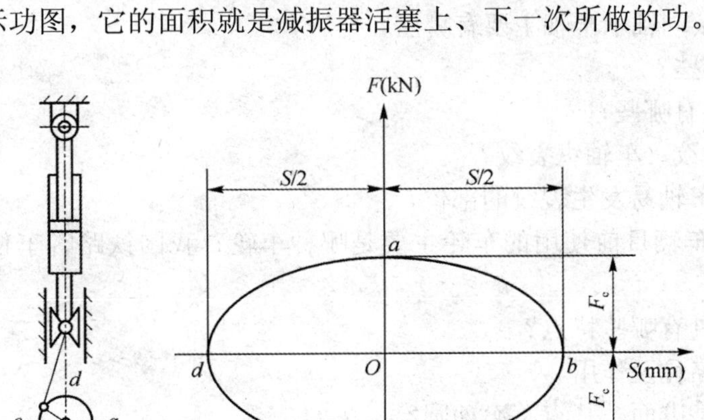

图 2-112　油压减振器试验台试验原理图

（3）操作规程要点如下。

① 必须熟知设备的技术性能，严格执行操作规程。

② 开机前，认真检查各部技术状态，润滑状态必须良好。

③ 试验前，应先开机空转试车，确认运行正常后，方可安装、试验油压减振器。

④ 应按规定每年进行一次设备校验，并做成校验记录。试验台超过校验日期不得使用。

⑤ 试验台在运行中不得检修或调整减振器，并注意运行状况，发现异常应立即停车，查明原因，及时处理。

⑥ 试验结束后应切断电源。按规定范围认真保养，擦拭设备，保持洁净。

3）油压减振器的分解顺序

① 拆卸上、下端螺母，压板，橡胶垫，套和防尘罩。

② 分解缸端密封部分。

③ 取出活塞部分并分解阀座、芯阀和阀套。

④ 分解缸体与进油阀体。

减振器分解后，除胶垫和上、下端螺母外，均应进行清洗；防尘罩、储油缸和压板可进行煮洗；其他零部件需放在汽油中清洗。清洗后对各零部件进行检查，按限度规定进行修理或更换。

复习思考题

1. 铁路客车轮对是由什么组成的？
2. 什么叫轮对内侧距离？轮对内侧距离是多少毫米？其允许的偏差是多少毫米？
3. 客车滚动轴承轮对型号应与什么型号一致？
4. 目前对轮对的探伤检查基本上采用哪几种方法？
5. 说明滚动轴承车轴各部名称及作用。
6. 25型客车常用滚动轴承车轴主要有哪些？
7. 车轴标记包括哪些？
8. 车轴的故障主要有哪些？
9. 什么是车轴横裂纹、车轴纵裂纹？
10. 画图说明客车车轴易发生裂纹的部位。
11. 我国铁路客车车辆目前使用的车轮主要是哪种车轮？我国铁路客车使用的车轮轮径是多少？
12. 整体碾钢车轮具有哪些特点？
13. 说明车轮各部名称及作用。
14. 何为车轮加工基准面、基点、滚动圆？
15. 何为轮辋宽度？标准车轮的轮辋宽度是多少？
16. 何为轮缘顶点、轮缘高度测定线？
17. 何为轮缘高度？标准轮缘高度是多少？

18. 何为轮缘厚度？标准轮缘厚度是多少？
19. 画出磨耗型车轮踏面外形图，并标注尺寸。
20. 客车车轮应有哪些基本标记？
21. 客车车轮标记采用什么方式生成？
22. 什么是踏面圆周磨耗？
23. 什么叫轮缘垂直磨耗？
24. 什么叫做角点？
25. 什么叫垂直磨耗高度？
26. 什么叫做锋芒？
27. 什么叫做碾堆？
28. 什么叫踏面擦伤？
29. 什么叫踏面剥离？
30. LLJ-4A 型、LLJ-4B 型第四种检查器的测量功能都有哪些？
31. 如何用轮对内侧距离检查尺测量轮对内侧距离？
32. 如何用车轮直径检查尺测量车轮直径？
33. 我国铁路客车用滚动轴承主要采用什么形式的滚子轴承？
34. 滚动轴承由哪几部分组成？
35. 试述滚动轴承的工作原理。
36. 我国铁路客车上常用的滚动轴承主要有哪几种型号？
37. 铁路客车滚动轴承轴箱形式有哪几种？
38. 客车用滚动轴承轴箱装置根据密封形式的不同分为哪几种？
39. 铁路客车车辆上采用的弹簧按材质分有哪几种？
40. 说明空气弹簧本体的组成。
41. 说明空气弹簧系统的组成。
42. 我国铁路客车全部采用什么式的空气弹簧？其中绝大多数为什么式的结构？
43. 高度控制阀一般分为哪几种？
44. 试说明高度控制阀的工作原理。
45. 试说明差压阀的工作原理。
46. SFKI型油压减振器由哪几部分组成？
47. 目前提速客车上使用的进口油压减振器主要有哪些型号？
48. 试说明KONI型油压减振器的作用原理。
49. 抗蛇行油压减振器有何特点？
50. 说明油压减振器的分解顺序。

第3章

客车转向架

客车是运送旅客和为旅客服务的车辆，为保证旅客运输的安全性、平稳性和舒适性，对客车转向架提出了更加严格的要求。客车转向架不仅要有足够的强度，而且还要有良好的运行平稳性和较高的运行速度，以便将旅客安全、迅速、平稳、舒适地运送到目的地。

客车转向架作为支承客车车体并担负客车走行任务的部分，它是能相对车体回转的一种走行装置。客车转向架是客车车辆的重要部件之一，它在制造工艺、生产技术、材料选配等方面都有着相当高的要求，它的结构是否合理对于客车车辆的运用指标、振动性能和运行安全都有很大的影响。

客车转向架采用两系弹簧，在轴箱与构架间设轴箱弹簧，称为第一系悬挂弹簧；在摇枕和构架间设摇枕弹簧，称为中央弹簧，又称第二系悬挂弹簧。

近些年来，随着我国经济的不断发展，旅客流量逐渐增多。人们对乘坐铁路的交通工具选择面越来越广泛，有普通列车、快速列车和高速列车等，下面就来学习普通列车和快速列车中的转向架，即普通客车转向架和快速客车转向架。

客车转向架有209系列客车转向架、206系列客车转向架、CW系列客车转向架和PW-220K型等客车转向架。

3.1 普通客车转向架

通常把最高运行速度低于160 km/h的客运列车称为普通列车，普通列车使用的转向架称为普通客车转向架。

1. 客车转向架基本作用

客车转向架的基本作用如下。

（1）减少车辆运行阻力。

（2）车辆通过高低不平处，减少车体的垂直位移。

（3）便于安装多系弹簧及减振器，保证车辆有良好的运行品质，以适应不断提高运行速度。

（4）转向架容易从车体下推出，便于检修。

（5）传递和放大制动缸产生的制动力，使车辆具有良好的制动效果。

（6）支承车体并将车体上的各种作用力和载荷传递给钢轨，保证在运行中，车体能可靠地坐落在转向架上。

2. 客车转向架基本组成

由于车辆运行条件有差异，制造和检修工艺不同，使得转向架种类繁多，结构各异，但其基本作用和基本组成部分是相同的。一般而言，转向架可分为构架、摇枕弹簧悬挂装置、轮对轴箱弹簧装置和基础制动装置 4 部分。

目前，我国客车上使用的主型普通客车转向架有：209系列客车转向架中的209T型客车转向架、209P型客车转向架和209PK型客车转向架；206系列客车转向架中的206G型客车转向架和206P型客车转向架。我国普通客车转向架的结构特点如表3-1所示。

表 3-1　普通客车转向架的结构特点

型号 项目	209T	209P	209PK	206G	206P
轴型	RD_3，RD_4	RD_{3A}，RD_{4A}	RD_{3A}，RD_{4A}	RD_3，RD_4	RD_{3A}，RD_{4A}
构架形式	铸钢一体或钢板压型组焊H形	铸钢一体或钢板压型组焊H形	铸钢一体或钢板压型组焊H形	铸钢一体或钢板压型组焊U形	钢板压型组焊U形
摇枕弹簧装置形式	圆弹簧超外侧悬挂	圆弹簧超外侧悬挂	空气弹簧有摇动台	圆弹簧外侧悬挂	圆弹簧外侧悬挂
减振形式	二系装油压减振器	二系装油压减振器	二系为节流孔	二系装油压减振器	二系装油压减振器
回转阻尼	无	无	无	无	无
抗侧滚装置	无	无	有	无	无
轴箱弹簧装置形式	圆弹簧	圆弹簧	圆弹簧	圆弹簧	圆弹簧
轴箱定位装置形式	干摩擦导柱式弹性定位	干摩擦导柱式弹性定位	干摩擦导柱式弹性定位	干摩擦导柱式定位	干摩擦导柱式弹性定位
轴承型号	42726QT 152726QT	NJ 3226X1 NJP 3226X1	42726QT 152726QT	42726QT 152726QT	NJ 3226X1 NJP 3226X1
基础制动装置形式	双片吊挂直接式闸瓦制动	单元盘形制动	单元盘形制动	双片吊挂直接式闸瓦制动	单元盘形制动

下面分别介绍这几种普通客车转向架。

3.1.1　209T 型客车转向架

209T型客车转向架是我国自行研制的209系列客车转向架中的一种。209T型客车转向架中的T表示踏面制动。它具有结构简单、性能可靠、磨耗件少、检修方便和运行平稳等优点。209T型客车转向架是我国主型D轴客车转向架之一，目前，广泛应用于25G和25B型客车上，在客运列车中适用于120 km/h以下速度运行。

209T型客车转向架的主要技术参数如下。

每台转向架质量（t）	6.8
最高运行速度（km / h）	140
轨距（mm）	1 435
轮型及轮径（mm）	整体辗钢轮，ϕ915
车轴型号	RD_3，RD_4
轴承型号	42726QT，152726QT或SKF轴承
轴箱定位方式	干摩擦导柱式弹性定位
摇枕吊倾角	0°
摇枕吊有效长度（mm）	590
摇枕横向缓冲器	橡胶缓冲器
摇枕弹簧横向间距（mm）	2 510
每台转向架制动倍率	4
心盘允许最大载荷（kN）	290
通过最小曲线半径（m）	
正线运行	R145
缓行调车	R100
固定轴距（mm）	2 400
两旁承中心间距（mm）	2 390
弹簧型式	一、二系均为圆柱螺旋钢弹簧
减振型式及阻尼系数（kN·s / m）	二系垂向油压减振器，2×100
牵引方式	纵向牵引拉杆
基础制动装置	双侧踏面制动
车体自重下，下心盘面距轨面高（mm）	780
车体自重下，下旁承面距轨面高（mm）	970

209T型客车转向架摇枕弹簧装置采用了超外侧悬挂，它的最大特点就是采用了纵向牵引拉杆装置，用以代替传统的纵向摇枕挡。

209T型客车转向架的现车实物及结构如图3-1所示。它主要由构架装置（1）、摇枕弹簧悬挂装置（2）、轮对轴箱弹簧装置（3）和基础制动装置（4）四部分组成。用于母车的转向架还带有5 kW发电机轴端传动装置。

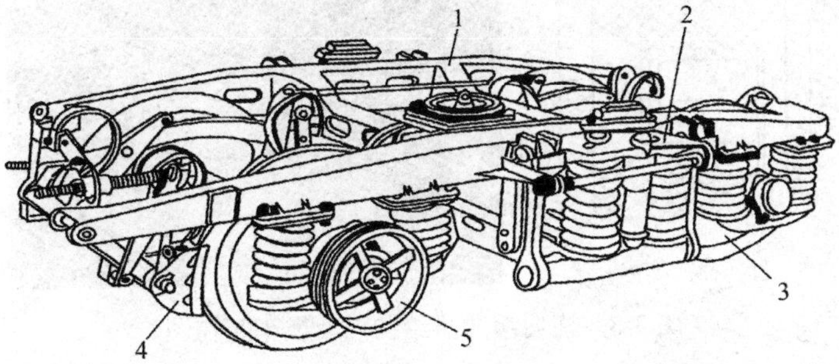

图 3-1　209T 型客车转向架现车实物图及结构图

1—构架装置；2—摇枕弹簧悬挂装置；3—轮对轴箱弹簧装置；
4—基础制动装置；5—5 kW发电机轴端传动装置

1. 构架装置

209T型客车转向架的构架为铸钢一体式或钢板压型焊接式H形结构，如图3-2所示。

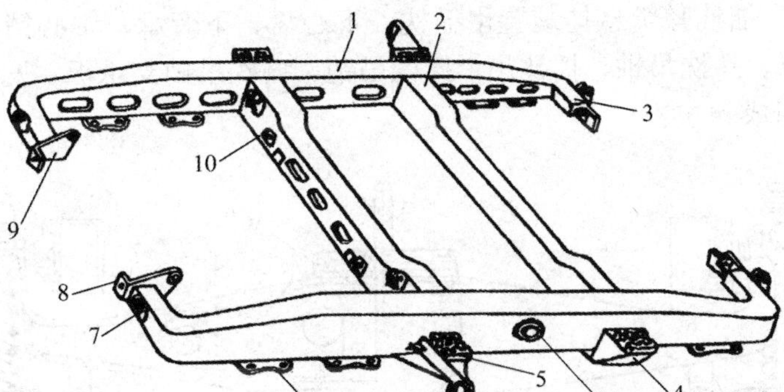

图 3-2　209T 型客车转向架构架

1—侧梁；2—横梁；3—悬臂小端梁；4—摇枕吊座托架；5—摇枕吊座；6—轴箱弹簧支柱座；
7—闸瓦托吊座；8—缓解弹簧座；9—固定杠杆支点座；10—制动拉杆吊座；11—横向缓冲器座

构架由两根侧梁（1）、两根横梁（2）和4段悬臂小端梁（3）组成。构架轮廓尺寸（长×宽×高）为3 550 mm×2 620 mm×350 mm，构架两侧梁中心距为1 943 mm，各梁均为箱形封闭断面，并根据需要铸有出砂孔和工作孔。在横梁（2）与悬臂小端梁（3）之间的侧梁底面上共铸有8个轴箱弹簧支柱座（6），用于安装轴箱弹簧支柱。闸瓦托吊座（7）、缓解弹簧座（8）、固定杠杆支点座（9）和制动拉杆吊座（10）铸或焊接在构架上。

在侧梁与横梁交界处的外侧铸有4个摇枕吊座托架（4），托架上焊有铸钢摇枕吊座（5）。在构架侧梁（1）中部外侧横向缓冲器座（11）内装有横向缓冲器。

横向缓冲器结构图及现车实物如图3-3所示。横向缓冲器由挡轴（1）、缓冲橡胶（2）及与构架侧梁一体的缓冲器座组成。组装时将缓冲橡胶压入构架侧梁中部外侧缓冲器座内即可。

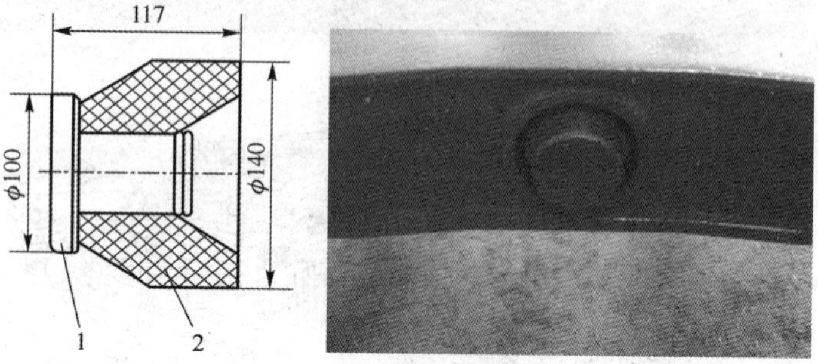

图 3-3　横向缓冲器结构图及现车实物图

1—挡轴；2—缓冲橡胶

横向缓冲器和摇枕每侧间隙为（25±2）mm，两侧间隙之和不大于50 mm。采用横向缓冲器可缓和车辆通过曲线线路时产生的横向摆动。

2. 摇枕弹簧悬挂装置

209T型客车转向架的摇枕弹簧悬挂装置为摇动台式，采用单节长吊杆，构架超外侧悬挂，如图3-4所示。摇枕弹簧悬挂装置由摇枕、下心盘、下旁承、中心销、摇枕弹簧、油压减振器、弹簧托梁、摇枕吊轴、摇枕吊、摇枕吊销、摇枕吊销支承板、安全吊及纵向牵引拉杆等主要零部件组成。

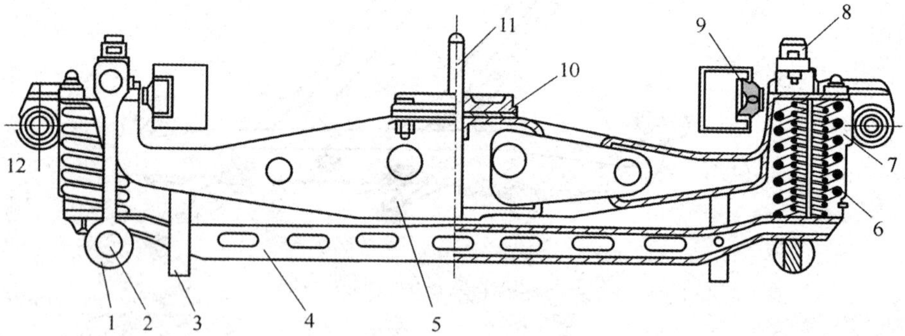

图 3-4　摇枕弹簧悬挂装置

1—摇枕吊；2—摇枕吊轴；3—安全吊；4—弹簧托梁；5—摇枕；6—摇枕弹簧；7—油压减振器；8—下旁承；9—横向缓冲器；10—下心盘；11—中心销；12—纵向牵引拉杆

摇枕为铸钢空心的变截面等强度箱形鱼腹梁结构，两端向上翘起，通过侧梁处凹下。为了增加摇枕弹簧的横向跨距，采用了超外侧悬挂。下旁承安装在摇枕端部，位于构架侧梁外侧，中心距为2 390 mm，俗称外侧旁承，不仅方便检修，而且还能减小车体的侧滚振动。

在构架两侧和摇枕两端斜对称焊装有纵向牵引拉杆座，用具有橡胶弹性节点的纵向牵引拉杆（现车实物及结构如图3-5所示）将摇枕和构架相连，使摇动台得到纵向定位并可以改善振动性能。纵向牵引拉杆结构由两端带M42螺纹的拉杆，隔套，橡胶垫，内、外夹板，止推垫圈和M42螺母等零部件组成。拉杆的固定端（即内侧无调节螺帽端）固定在构架上，调节端固定在摇枕上，起到构架牵引摇枕的作用。应在整车找平后进行牵引拉杆的组装。

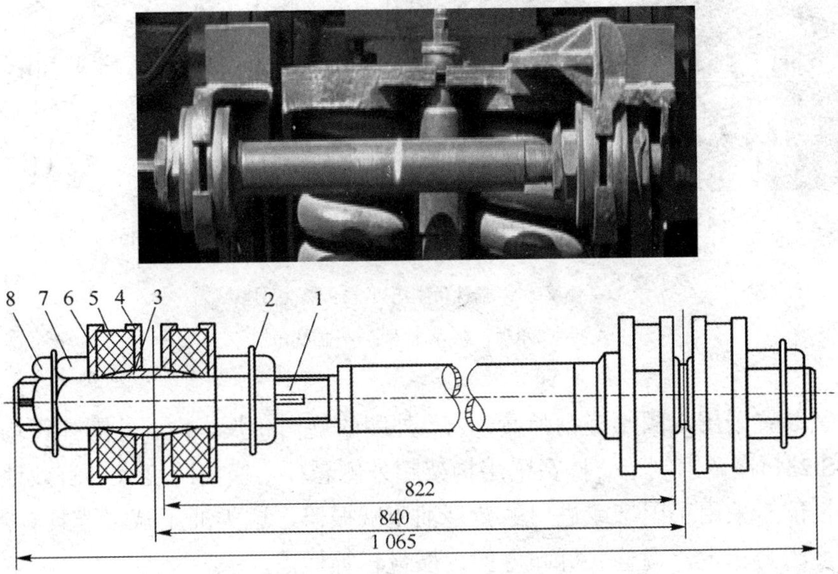

图 3-5　纵向牵引拉杆现车实物图及结构图

1—拉杆；2—止推垫圈；3—隔套；4—内夹板；5—橡胶垫；6—外夹板；7—螺母M42；8—薄螺母M42

在侧梁上的摇枕吊座托架及摇枕吊座现车实物及结构如图3-6所示。摇枕吊座（3）焊接在摇枕吊座托架（2）上，摇枕吊（5）通过摇枕吊销（6）和两块活动的吊销支承板（4）垂直悬挂在摇枕吊座（3）上。支承板上的圆孔做成上、下偏心25 mm，支承板下部还可安放10 mm厚以内的调整垫板，因此，车钩高度的调整范围最大可达30 mm，形成了钩高调整装置。这样既便于检修时调整钩高，又有利于选择较大的弹簧静挠度值，改善垂直振动性能。摇枕吊（5）采用单节长吊杆型式，上、下孔均镶有锻钢衬套。上、下孔的中心距为580 mm，组装后摇枕吊销和吊轴的中心距，也就是摇枕吊的有效长度为590 mm。摇枕吊销（6）的安装结构和一般转向架不同，它插入构架上摇枕吊座（3）中的支承板（4）孔中。摇枕吊通过摇枕吊销及两块支承板垂直悬挂在摇枕吊座上，使摇枕弹簧横向中心距达2 510 mm，形成摇枕弹簧装置的超外侧悬挂（摇枕弹簧横向中心距2 400 mm以上的为外侧悬挂，超过2 500 mm为超外侧悬挂）。

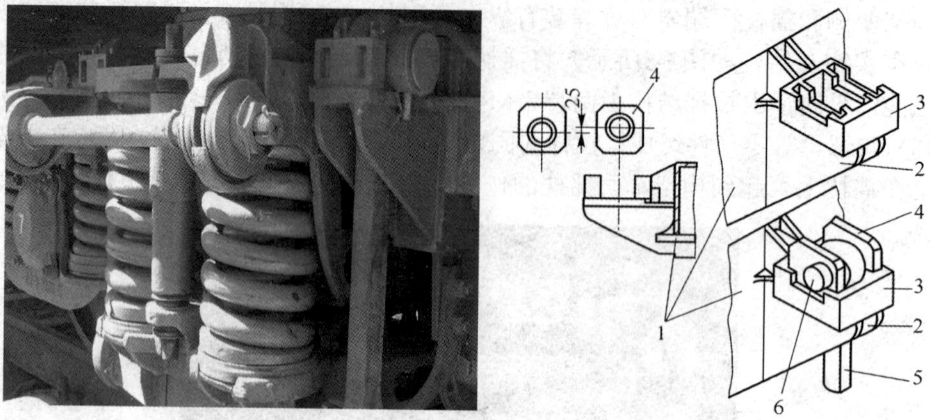

图 3-6 摇枕吊座托架及摇枕吊座现车实物图及结构图

1—侧梁；2—摇枕吊座托架；3—摇枕吊座；

4—支承板；5—摇枕吊；6—摇枕吊销

摇枕弹簧装置采用双圈螺旋钢弹簧，内、外圈的旋向相反，内、外圈弹簧均采用综合性能良好的60Si2Mn弹簧钢制造。枕簧采用构架超外侧悬挂，横向跨度大，有效地改善了车体的横向振动性能。采用了国产或进口的新型油压减振器，这类油压减振器具有密封、防尘、防锈性能好，阻力稳定，调整、拆卸方便，质量轻等优点。

中心销采用下穿式，有利于车体底架的防腐。

弹簧托梁为铸钢件，采用整体铸钢横梁式结构，弹簧托梁为多孔箱形梁，既保证了强度，又减轻了质量。弹簧托梁的两端设有油压减振器安装座、安装摇枕弹簧和吊轴的加工面及安装吊轴的螺孔。摇枕吊轴为实体变截面等强度梁，用螺栓与弹簧托梁联接。

安全吊采用扁钢结构，用螺栓安装在构架侧梁下部的安全吊座上。

3. 轮对轴箱弹簧装置

209T型客车转向架的轮对轴箱弹簧装置由轮对轴箱装置、轴箱弹簧装置和轴箱定位装置3部分组成。

（1）轮对轴箱装置：轮对采用RD_3型或RD_4型（安装发电机传动装置）轮对，轴箱装置为无导框式带轴箱弹簧托盘的滚动轴承轴箱，装用的轴承型号为42726QT、152726QT单列向心短圆柱滚子轴承或进口SKF轴承。轴箱装置采用整体金属迷宫式密封结构。

（2）轴箱弹簧装置：轴箱弹簧采用单卷圆柱螺旋弹簧。轴箱弹簧装置为无导框式结构，由轴箱体、轴箱弹簧、弹簧支柱、弹性定位套、定位座组成、支持环和橡胶缓冲垫等组成。

（3）轴箱定位装置：轴箱定位装置采用了干摩擦导柱式弹性定位结构，由导柱定位座、摩擦套及弹性定位套组成，干摩擦导柱式弹性轴箱定位装置现车实物及结构如图3-7所示。

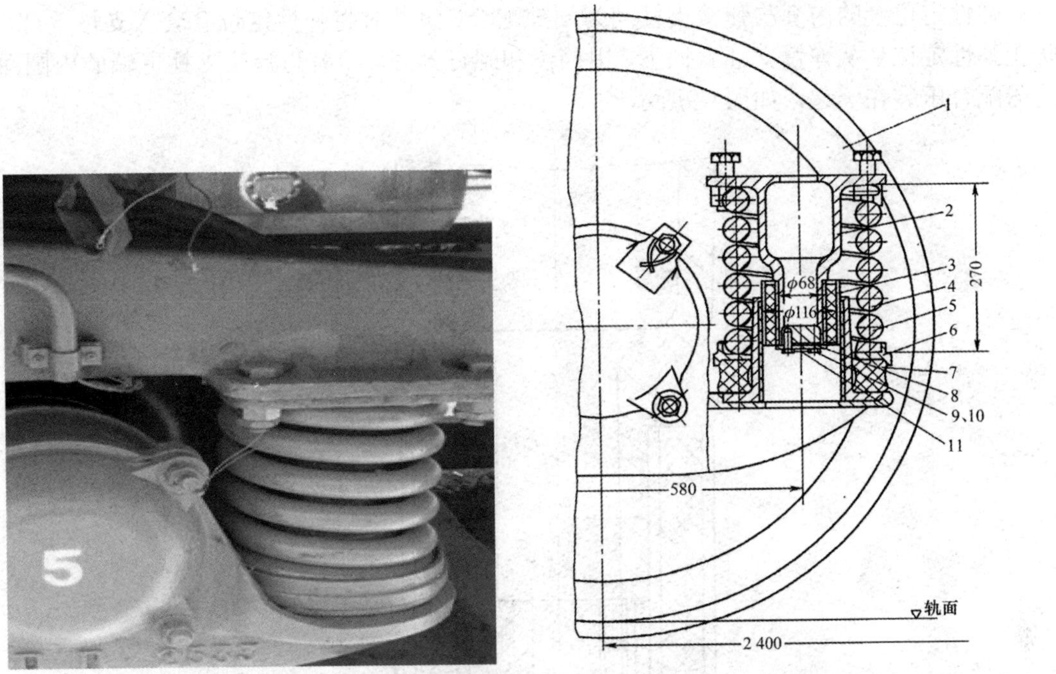

图 3-7　干摩擦导柱式弹性轴箱定位装置现车实物图及结构图

1—轮对；2—弹簧支柱；3—弹性定位套组成；4—定位座组成；5—轴箱弹簧；6—支持环；7—橡胶缓冲垫；8—挡盖；9—螺栓（M10×25）；10—弹簧垫圈；11—低碳素结构钢丝（1.6×170）

轴箱体呈圆筒形，箱体两侧铸有弹簧托盘，托盘中央有圆孔。弹簧支柱用螺栓固定在构架的侧梁上。弹性定位套由橡胶压入内、外钢套组成，如图3-8所示。

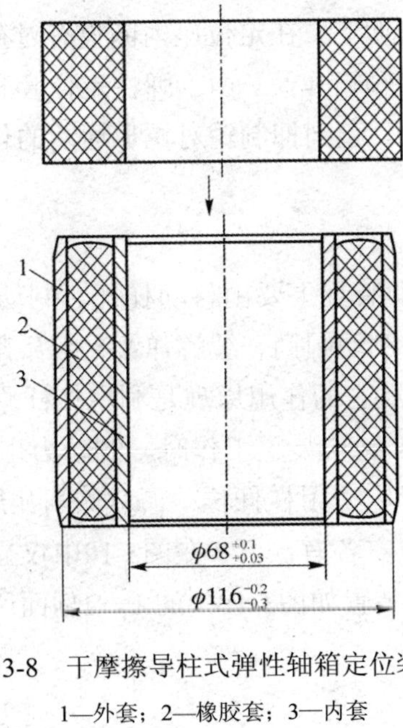

图3-8　干摩擦导柱式弹性轴箱定位装置

1—外套；2—橡胶套；3—内套

弹性定位套的内套与弹簧支柱间为间隙配合，组装时将弹性定位套套入支柱下部，为了防止弹性定位套从弹簧支柱上掉下，用挡盖和螺钉紧固。端盖与弹簧支柱下端的内圆面采用过盈配合压装在一起，如图3-9所示。

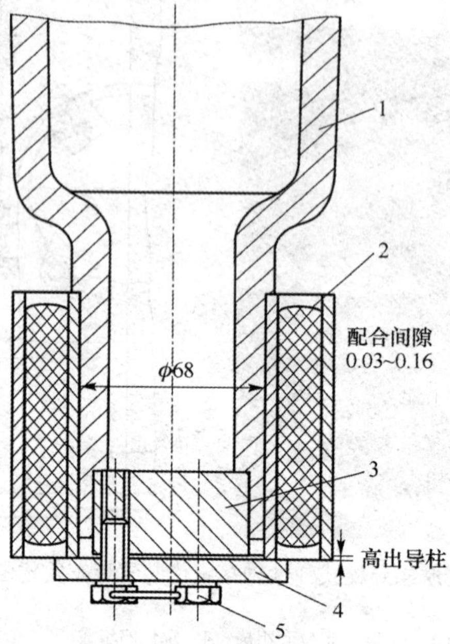

图 3-9 弹性定位套与支柱组装

1—弹簧支柱；2—弹性定位套组成；3—端盖；
4—挡盖；5—螺栓、垫圈、钢丝

定位座安放在轴箱的弹簧托盘上。在定位座内圈设有过盈配合的摩擦套。在定位座的底盘上安装橡胶缓冲垫、支持环和轴箱弹簧。由于弹性定位套和定位座间隙很小，且弹性定位套中的橡胶具有一定刚度，因此，起到抑制轮对蛇形运动的作用，实现轮对与轴箱间在纵横方向的定位。

4. 基础制动装置

209T型客车转向架基础制动装置主要由移动杠杆、制动杠杆、制动拉杆吊、上拉杆、拉环、制动梁（为扁钢结构）、制动圆销、缓解弹簧、闸瓦托吊、闸瓦托、闸瓦及闸瓦间隙调整装置等组成，如图3-10所示。它的作用原理是利用杠杆原理把制动缸的制动力放大后传给轮对。209T型客车转向架基础制动装置工作时，制动力由制动梁直接传递给闸瓦，这种作用方式称作“直接作用式”。它采用杠杆传动，双侧闸瓦制动，为双片吊挂直接作用式。在一台转向架上制动杠杆系统左右各有一套（在图3-10中仅显示出一侧车轮的一套，另一侧与此完全相同）。闸瓦间隙调整装置如图3-10中的*A*—*A*剖面所示，调整弹簧座之一与闸瓦托吊焊成一体。

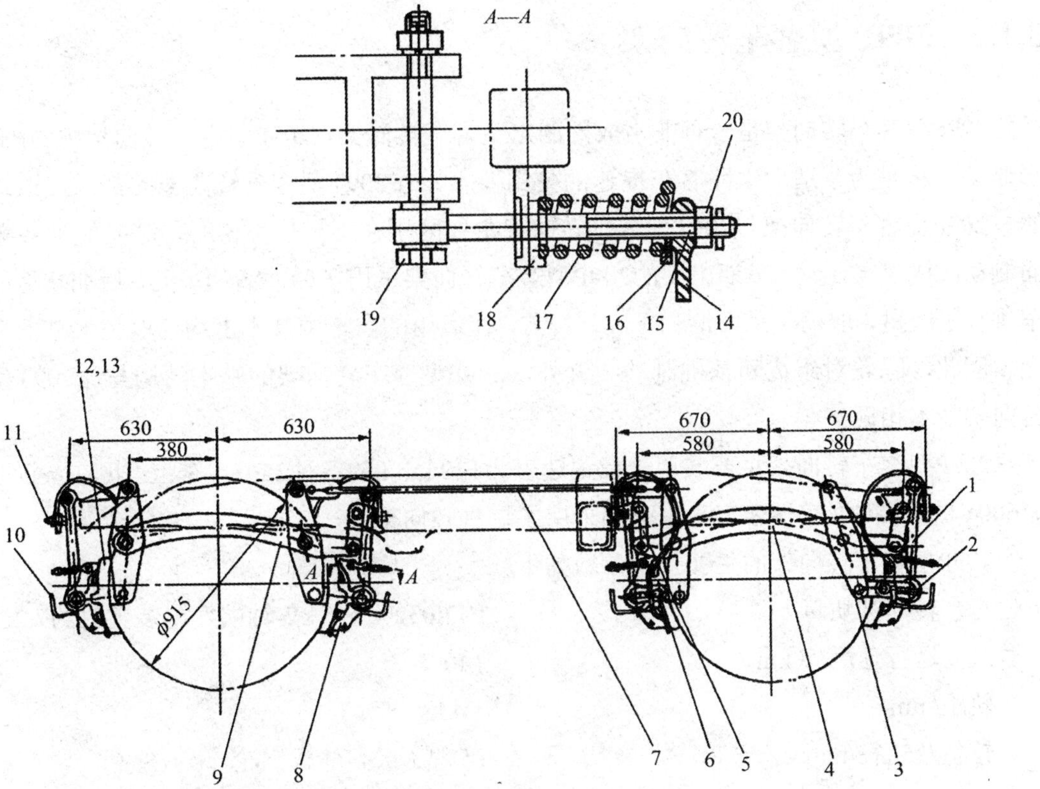

图 3-10　基础制动装置

1—闸瓦托吊；2—制动梁；3—制动杠杆；4—制动拉杆；5—制动拉杆吊；
6—联接板；7—上拉杆；8—闸瓦托；9—制动拉杆；10—缓解弹簧座；
11—缓解弹簧压铁；12—闸瓦；13—闸瓦插销；14—调整螺母；
15—调整螺栓；16—调整弹簧座；17—调整弹簧；18—调整弹簧座；
19—闸瓦间隙调整销；20—螺母

209T型客车转向架支承车体并将车体上的各种作用力和载荷传递给钢轨，209T型客车转向架垂向载荷传导顺序如下。

车体→上心盘→下心盘→摇枕→（摇枕弹簧 / 油压减振器）→弹簧托梁→摇枕吊轴→摇枕吊→

摇枕吊销→吊销支承板→摇枕吊座→摇枕吊座托架→构架→轴箱弹簧支柱座→轴箱弹簧支柱→轴箱弹簧→支持环→橡胶缓冲垫→定位座→轴箱弹簧托盘→轴箱→轴承→轴颈→车轮→钢轨。

3.1.2 209P型客车转向架

209P型客车转向架是一种非常成熟的定型客车转向架。209P型客车转向架中的P表示盘形制动。它是为了适应铁路客车提速的使用要求，在209T型客车转向架的基础上改进设计的。209P型客车转向架与209T型客车转向架主要区别在于导柱不偏心，基础制动装置把踏面制动改成盘形制动，早期出厂的209P型客车转向架采用了踏面清扫单元，后期新造的出厂车进行了改进，取消了踏面清扫单元，目前，在运用的客车中基本上均已取消了踏面清扫单元。因此，除轮对组成和基础制动装置外，209P型客车转向架的基本结构与原209T型客车转向架基本相同。

209P型客车转向架主要装用于标记速度为120 km/h的各种25型客车上。现在，新造的直流600V供电25G型空调客车基本上都采用了这种转向架。

209P型客车转向架的主要技术参数如下。

每台转向架质量/t	约7.032（装5 kW轴端发电装置时约7.265）
最高运行速度/（km / h）	140
轨距/mm	1 435
轮型及轮径/mm	PD型A级整体辗钢轮，ϕ915
车轴形式	RD_{3A}、RD_{4A}
轴承型号	NJ（P）3226X1（42726QT，152726QT）
轴箱定位方式	干摩擦导柱式弹性定位
通过最小曲线半径/m	
正线运行	R145
缓行调车	R100
固定轴距/mm	2 400
弹簧形式	一、二系均为圆柱螺旋钢弹簧
减振方式及其阻尼系数/（kN・s/m）	二系垂向油压减振器，2×100
转向架制动形式	单元式盘形制动
车体自重下，下心盘面距轨面高/mm	780
车体自重下，下旁承面距轨面高/mm	970

209P型客车转向架的现车实物及结构如图3-11所示。它主要由构架装置（1）、轮对轴箱定位装置（2）、摇枕弹簧悬挂装置（3）和基础制动装置（4）4部分组成。用于母车的转向架还带有5 kW发电机轴端传动装置（5）。

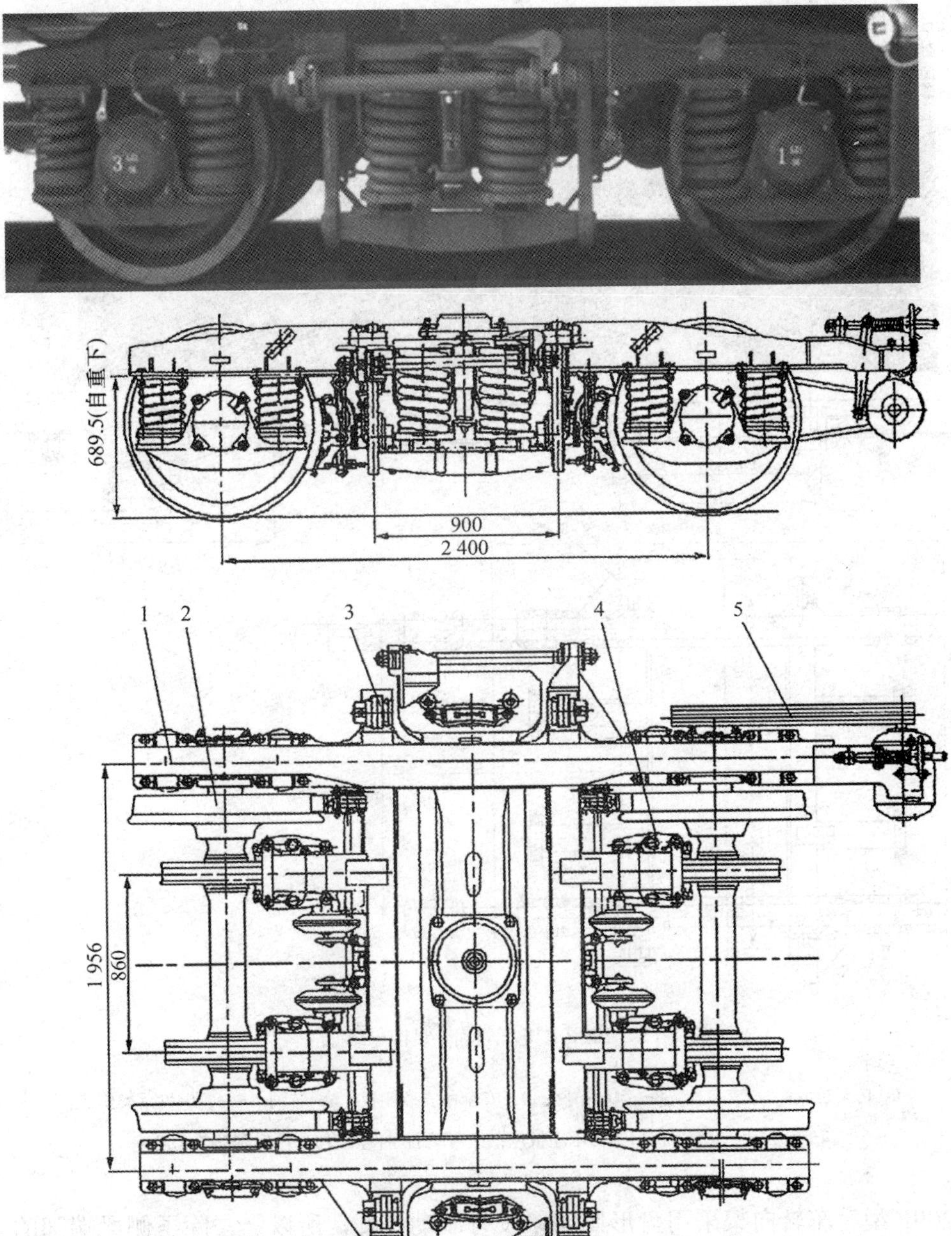

图 3-11　209P 型客车转向架现车实物图及结构图

1—构架装置；2—轮对轴箱定位装置；3—摇枕弹簧悬挂装置；

4—基础制动装置；5—5kW 发电机轴端传动装置

1. 构架装置

209P 型客车转向架的构架为铸钢一体式或钢板压型焊接 H 形结构。209P 型客车转向架的构架装置主要由构架、制动吊座、摇枕吊销支承板座、安全吊安装座板、牵引拉杆座和制动缸吊座等零部件焊接而成，图 3-12 所示为 209P 型客车转向架构架实物图及构架装置结构图。

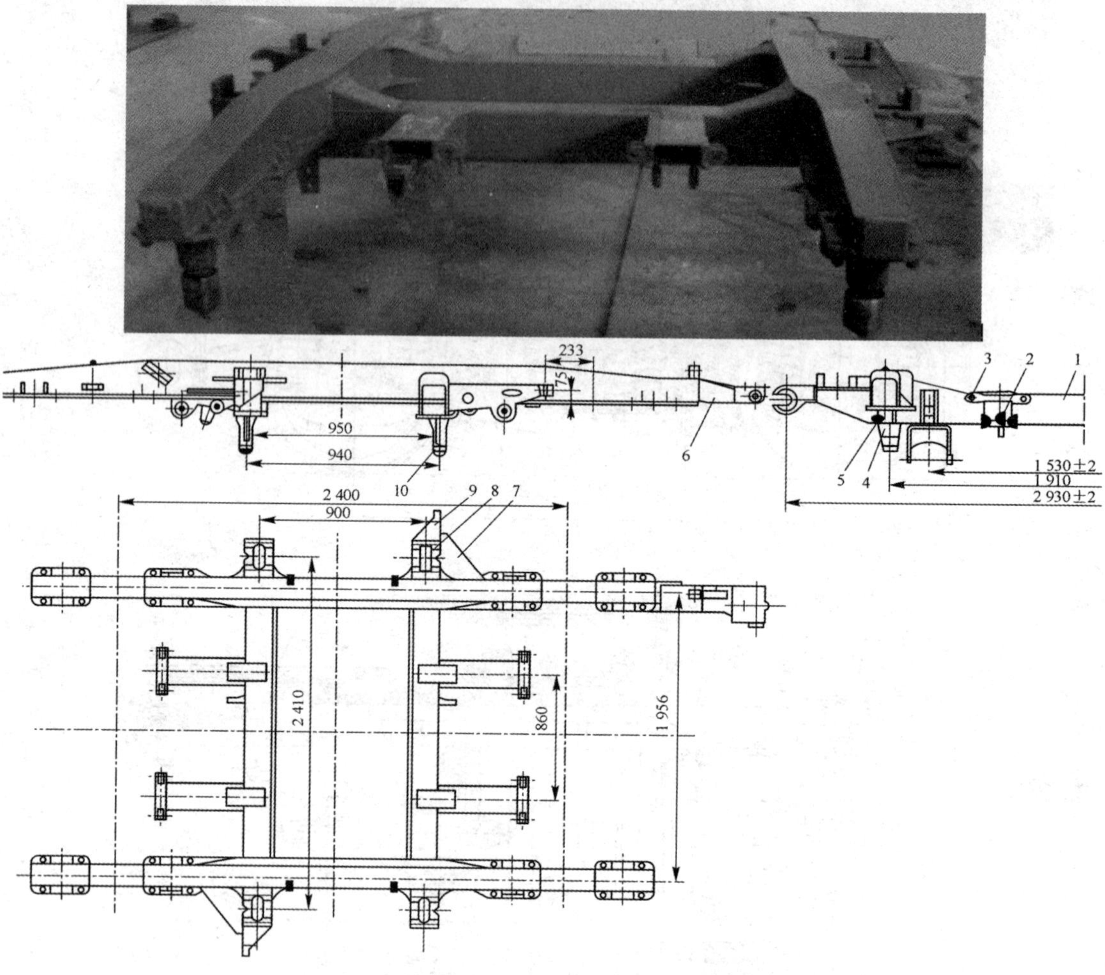

图 3-12　209P 型客车转向架构架装置

1—构架组成；2—支点座；3—制动吊座；4—安全吊安装座板；5—转轴；6—发电机吊架组成；
7—补强板；8—摇枕吊销支承座板座；9—牵引拉杆座；10—盘形制动单元吊座

由于 209P 型客车转向架采用盘形制动，没有制动杠杆，所以，去除了侧梁端部的 4 个悬臂小端梁。转向架的各种零部件都是通过构架组装在一起的，横梁外侧共焊有 4 个盘形制动单元吊座。在一位横梁上还焊有支点座，座上装有 M24 螺栓以限制与人力制动相连的制动缸的移动。在横梁与侧梁交界处的下部焊有安全吊的吊座，吊座上设有螺栓孔。一位转向架一位侧梁下方焊有杠杆固定座，以联接人力制动钢丝绳。构架侧梁底面上铸有 8 个轴箱弹簧支柱座，构架侧梁外侧分别铸有 4 个牵引拉杆座和摇枕吊座。在构架侧梁中部外侧装有横向缓冲器座。

2. 轮对轴箱定位装置

209P 型客车转向架轮对轴箱定位装置为无导框式结构。它与 209T 型客车转向架一样，也是由轮对轴箱装置、轴箱弹簧装置和轴箱定位装置 3 部分组成。

209P 型客车转向架轮对轴箱定位装置现车实物及结构如图 3-13 所示。

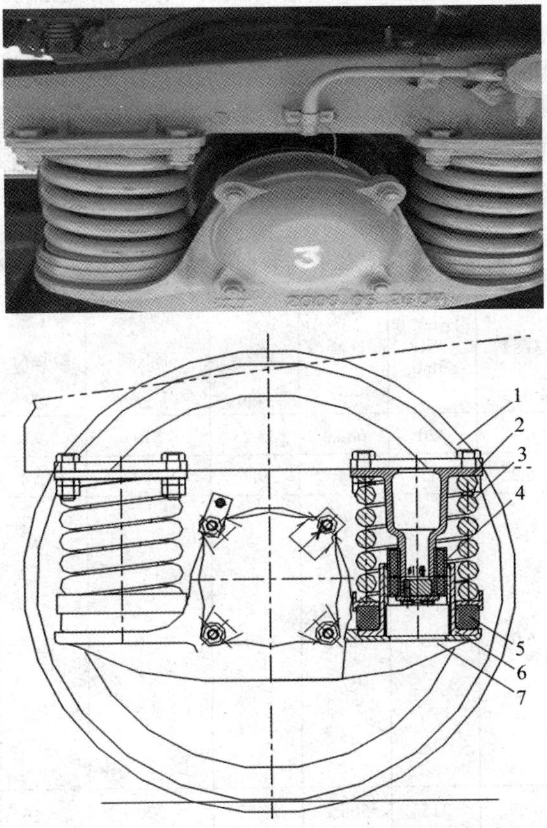

图 3-13　209P 型客车转向架轮对轴箱定位装置现车实物图及结构图

1—轮对；2—导柱；3—轴箱弹簧；4—弹性定位套；
5—橡胶缓冲垫；6—定位座；7—轴箱装置

1）轮对轴箱装置

轮对采用 RD_{3A}、RD_{4A} 型滚动轴承轮对，车轮与车轴配合采用突悬结构，以提高轮座的疲劳强度。轮对采用 PD 型 A 级全加工碾钢整体车轮，直径为 ϕ915mm，结构与 209T 型转向架车轮比较无变化，只是在车轮内侧车轴中部 860 mm 中心距上设有 2 个宽 180 mm、粗 ϕ198 mm 的制动盘座。制动盘与车轴为过盈配合，压装吨位为 20～40 t，并有合格的压力曲线。制动盘有 3 种型式：第一种是铁道科学研究所的 H300 型分体式制动盘，第二种是戚墅堰机车车辆工艺研究所的整体制动盘，第三种是沈阳铁道制动机厂的整体制动盘。这 3 种制动盘均由摩擦盘、盘毂及紧固件等组成。摩擦盘外圆两侧离侧面 7 mm 处加工有三角形浅槽，主要用来判断摩擦盘是否应该更换。在正常使用情况下，摩擦盘的寿命和车轮寿命相当，使用时，不允许用检查锤敲打摩擦盘面的任何部位。

轴箱装置采用了整体金属迷宫式密封轴箱，在 2 位侧 4 个轴箱盖上安装速度传感器。车轴端部安装测速齿轮，通过在传感器与轴箱盖之间加调整垫来调整齿轮与传感器之间的间隙，该间隙可以从轴箱盖上螺堵孔处用塞尺检查。内装 NJ（P）3226X1 外形尺寸同 42726QT、152726QT 国产提速客车轴承以及新的橡胶密封元件，提高了密封效果和运行的可靠性。

2）轴箱弹簧装置

轴箱弹簧采用单圈圆柱螺旋弹簧，轴箱弹簧采用综合性能良好的 60Si2Mn 弹簧钢制造，是与 209T 型客车转向架规格相同的弹簧。为了保证弹簧的组装精度，弹簧两端面需磨平 3/4 圈，两端面平行度不大于 1 mm，弹簧中心垂直度不大于 5 mm，直线度不大于 3 mm。

各型车在 209P 型客车转向架上所装轴箱弹簧的数据如表 3-2 所示。

表 3-2　209P 型客车转向架轴箱弹簧数据表

序号	料径 d /mm	中径 D /mm	有效圈数	总圈数	自由高度/mm	刚度/（N/mm）	试验载荷/kN	试验载荷下高（h±4）	最大试验载荷/kN	最大试验载荷下高度/mm	使用车型
1	40	200	4.6	6.1	320	682.4	33.23	270	64.935	224	KD_{25G}
2	38	190	4.7	6.2	315	634.5	29.76	270	61.74	216	TZ GW_{25}
3	38	200	4.5	6.0	315	568.2	24.04	270	60.23	209	YZ_{25G}　XL_{25G}　UZ_{25G}　YW_{25G}　RW_{25G}　CA_{25G}　XL_{25B}　UZ_{25B}　YW_{25B}　RW_{25B}　CA_{25B}
4	36	190	4.75	6.25	315	505.2	22.73	270	54.56	207	

3）轴箱定位装置

轴箱定位装置与 209T 型客车转向架一样，也采用了干摩擦导柱式弹性定位结构。由导柱、弹性定位套组成、定位座组成、轴箱弹簧、支持环、橡胶缓冲垫、挡盖、螺栓、弹簧垫圈和螺母等零部件组成。弹性定位套采用硫化结构。针对 209T 型转向架采用 3 个 M10 螺栓压紧弹性定位套，螺栓联接强度偏低的缺点，209P 型转向架采用 3 个 M12 的螺栓将弹性定位套固定在导柱上，以提高运用的可靠性。金属内套的外表面，外套的内表面上均加工有凸台，以增加橡胶与内、外套的结合强度。弹性定位套与导柱组装后，用挡盖螺栓固定在导柱上。在定位座组成中装有内表面覆聚四氟乙烯的钢背摩擦套或奥-贝球铁摩擦套。该结构为干摩擦结构，无须加油润滑，具有自润滑性，基本上不磨对偶件。

在轴箱两侧弹簧托盘上依次安放定位座、橡胶缓冲垫、支持环和轴箱弹簧，以提高缓冲，吸振能力。

3. 摇枕弹簧悬挂装置

209P型客车转向架摇枕弹簧悬挂装置现车实物图及结构图如图3-14所示。

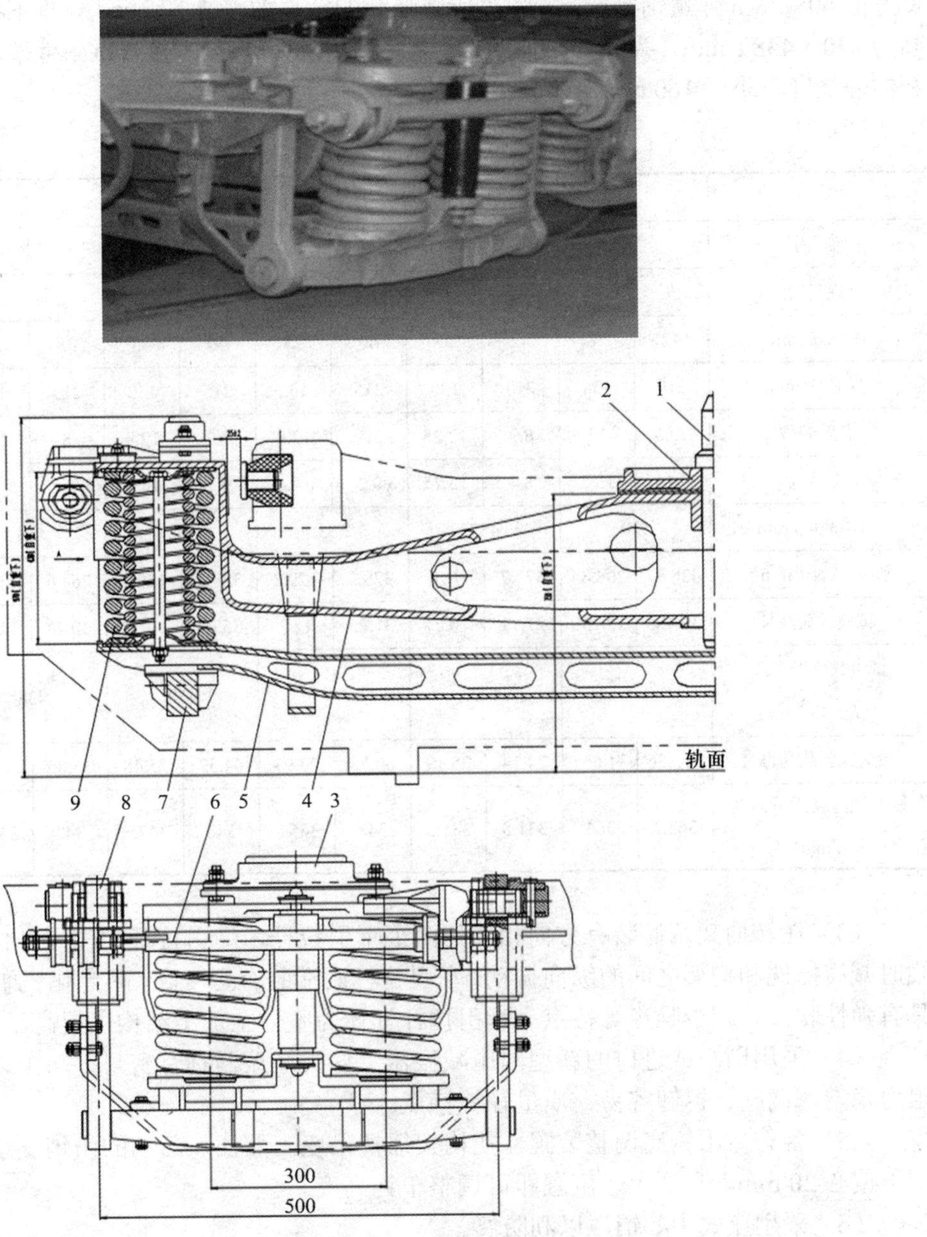

图 3-14 209P 型客车转向架摇枕弹簧悬挂装置现车实物图及结构图

1—中心销；2—下心盘；3—下旁承组成；4—摇枕组成；5—弹簧托梁组成；
6—牵引拉杆组成；7—摇枕吊轴；8—摇枕吊组成；9—摇枕弹簧组成

209P型客车转向架的摇枕弹簧悬挂装置与209T型客车转向架的摇枕弹簧悬挂装置基本相同。

（1）弹簧横向跨距大，支承面高，水平方向采用长吊杆，改善了车体的横向振动性能。

（2）摇枕弹簧采用双圈螺旋钢弹簧，内外圈的旋向相反，内外圈弹簧均采用综合性能良好的 60Si2Mn 弹簧钢制造，各型车所装弹簧的数据如表 3-3 所示。自重下摇枕弹簧的工作高为 430（438）mm。为降低车体的自振频率，增加平稳性，在载重条件下，转向架两系弹簧的静挠度不小于 160 mm（邮政车、行李车、特种车除外）。

表 3-3 209P 型客车转向架摇枕弹簧数据表

序号	1		2		3		4		5		6	
卷别	外	内	外	内	外	内	外	内	外	内	外	内
旋向	左	右	左	右	左	右	左	右	左	右	左	右
料径d/mm	42	28	42	25	40	25	40	25	38	25	40	25
中径D/mm	210	134	210	120	215	132	215	132	213	140	210	129
有效圈数	7.65	12	6.9	12.25	7.7	12.9	7.7	12.9	8	12.5	6.85	11.56
总圈数	9.15	13.5	8.4	13.75	9.2	14.4	9.2	14.4	9.5	14	8.35	13.06
自由高度/mm	530		487		533		545		553		485	
刚度/（N / mm）	430.87	208.84	477.7	181	328.2	129.2	328.2	129.2	264.6	111.7	395.88	154.42
试验载荷/kN	39.488	19.139	27.11	10.27	31.25	12.3	35.03	13.79	30.44	12_85	29.825	11.634
试验载荷下高度（h±4）/mm	438		430		438		438		438		410	
最大试验载荷/kN	71.836	34.667	74.14	28.19	60.78	23.97	64.57	25.48	55.85	24．08	67.695	26.406
最大试验载荷下高度/mm	363.3	364	331.8	331.3	348	347.5	348	347.5	342	337.5	314	314

（3）在转向架两侧装有方向相反的两个牵引拉杆，牵引拉杆的作用是使车辆在通过曲线时减缓摇枕和构架之间的纵向振动。牵引拉杆两端装有强度高、耐老化、弹性好的橡胶垫，具有弹性联接、减少噪声等特点。牵引拉杆杆体为整体全加工结构，提高了运用可靠性。

（4）采用国产或进口的新型油压减振器。这类减振器具有密封、防尘、防锈性能好、阻力稳定、调整、拆卸容易、质量轻等特点。

（5）备有专用钩高调整装置，在构架摇枕吊座上面插入活动的吊销支承板，其孔做成上下偏心 20 mm，只要上下倒置即可调整车钩高度。

（6）采用座式中心销，以利防腐。

（7）摇枕、托梁均为铸钢件。摇枕为等强度箱形鱼腹梁，托梁为多孔箱形梁，既保证了强度，又减轻了质量。摇枕将车体的质量传递到摇枕弹簧，托梁将左右弹簧组成联接起来。

针对209T型客车转向架摇枕与牵引拉杆座联接筋板处的强度相对薄弱的缺点，209P型客车转向架的摇枕将该处筋板加强，提高了209P型客车转向架运用的可靠性。

4. 基础制动装置

209P 型客车转向架基础制动装置的实物图及结构图如图 3-15 所示。

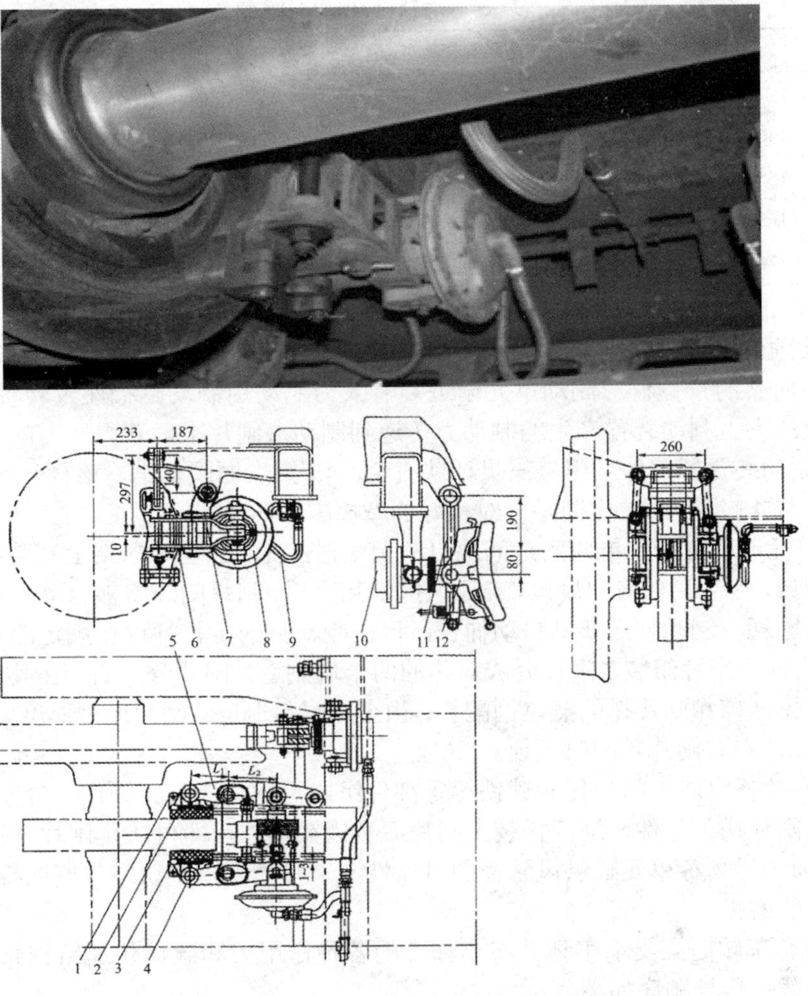

图 3-15　209P 型客车转向架基础制动装置现车实物图及结构图

1—左闸片托装置；2—闸片组成；3—右闸片组成；4—内侧杠杆；5—人力制动杠杆；6—外侧杠杆；7—杠杆吊座；8—8 英寸单元制动缸；9—软管组成；10—6 英寸单元制动缸；11—闸瓦托吊及横向联接装置；12—闸瓦托组成

209P型客车转向架基础制动装置采用盘形制动单元。

每个制动盘都有一个盘形制动单元，每个盘形制动单元都是由单元制动缸、人力制动杠杆（仅一位盘形制动单元有）、内外侧杠杆、杠杆吊座、闸片托、闸片、闸片托吊和闸片吊销等零部件组成，以 3 点悬挂式悬挂在构架横梁上的制动缸吊座上。

根据车重不同，可将杠杆比分为 4 个档次，如表 3-4 所示。每个车轮有一个踏面清扫单元，由踏面清扫器、闸瓦托吊及其横向联接杆等零部件组成。目前，在运用中的客车上已取消了踏面清扫单元。

表 3-4　杠杆比档次对照表

自重范围 /t	杠杆比（L_2/L_1）		杠杆吊座A值		使用车型
	104阀	F8阀	104阀	F8阀	
42～46	146 / 154	134 / 166	33	21	XL_{25G}，UZ_{25G}，YZ_{25G}，XL_{25B}，UZ_{25B}，YZ_{25B}
46～50	155 / 145	143 / 157	42	30	YW_{25G}，RW_{25G}，CA_{25G}，YW_{25B}，RW_{25B}，CA_{25B}
50～55	163 / 137	150 / 150	50	37	宿营YW_{25B}，RW_{25B}，CA_{25B}
55以上	171 / 129	160 / 140	58	47	KD_{25G}

（1）制动缸为浮动式吊挂，制动时车轴（制动盘）产生横移也能保证闸片压力的均匀。每车一位转向架的一位盘形制动单元附近装有人力制动用制动缸挡座及转轴，通过拐臂组成，将车上的人力制动装置产生的制动力传递到制动盘闸片上，获得所需的制动力。

（2）制动装置各部件采用奥－贝球铁衬套，45#钢表面硬化销。该衬套耐磨性好、抗腐蚀能力强，与45#钢表面硬化销是一对良好的摩擦副。

（3）单元制动缸带有单向闸片间隙自动调整器，制动缸往转向架上安装或更换闸片时，需旋转回程母，使活塞杆缩到最短。当通风抱闸几次后，闸片间隙将被自动调整到 3～5 mm。随着闸片的磨耗，制动缸活塞杆自动伸长，保证制动缸的工作行程在规定的范围内。

（4）为便于闸片组装，闸片分成对称的两半块制造，闸片分左右，在其后部镶有钢背，钢背上的燕尾凸榫和闸片托的燕尾槽配合，由合成材料制成，闸片原型厚度为 28 mm，允许磨耗到 5 mm，左右闸片需同时更换。

（5）闸片托组成由闸片托和锁铁等零部件组成，闸片托为铸钢件，分左右件。每个制动盘用左右闸片托各一件，闸片托装上闸片后被锁铁挡住，即可防止闸片脱落。

（6）为了提高各单元缸供风软管的可靠性，采用了外罩不锈钢丝网的橡胶软管，避免了橡胶软管的磨损。

209P型客车转向架支承车体并将车体上的各种作用力和载荷传递给钢轨，209P型客车转向架垂向载荷传导顺序如下。

车体→上心盘→下心盘→摇枕→（摇枕弹簧 / 油压减振器）→弹簧托梁→摇枕吊轴→摇枕吊→摇枕吊销→摇枕吊座→构架侧梁→轴箱弹簧支柱座→轴箱弹簧→支持环→橡胶缓冲垫→定位座→轴箱弹簧托盘→轴箱→轴承→车轮→钢轨。

3.1.3　209 PK 型客车转向架

由于我国研制的双层客车的车体具有断面大、车体长、重心高、转动惯量大和载客量大等特点，一般转向架已经不能适应双层客车的要求。为了满足双层客车的需求，在 209T 型客车转向架的基础上，又研制出了采用空气弹簧、盘形制动单元和抗侧滚扭杆等新技术进行改进设计的 209PK 新型客车转向架。209PK 型客车转向架中的 P 表示盘形制动，K 表示空气弹簧。

209PK 型客车转向架采用许多不同于 209T 型客车转向架的新结构：使用了空气弹簧、抗侧滚稳定器、盘形制动单元、车钩高度自动调整等新技术，制动力由空重车阀根据车体重量自动调节。除了这些新结构外，凡是 209T 型客车转向架可以采用的零部件均可继续使用。

209PK 型客车转向架在列车运行中最大允许速度是 140 km/h，不仅能满足双层客车的结构特点和运行要求，而且也能适用于普通客车。

209PK 型客车转向架的主要技术参数如下。

每台转向架质量/t	6.8
最高运行速度/（km/h）	160
轨距/mm	1 435
轮型及轮径/mm	整体辗钢轮，ϕ915
车轴型号	RD_{3A}，RD_{4A}
轴承型号	42726QT，152726QT
轴箱定位方式	干摩擦导柱式弹性定位
摇枕吊倾角	0°
摇枕吊有效长度/mm	590
摇枕横向缓冲器	橡胶缓冲器
摇枕弹簧横向间隙/mm	2 280
轴箱弹簧横向间隙/mm	1 956
心盘允许最大载荷/kN	290
通过最小曲线半径/m	
正线运行	R145
缓行调车	R100
固定轴距/mm	2 400
弹簧型式	一系均为圆柱螺旋弹簧，具体规格根据车种确定；二系为自由膜式空气弹簧（包括高度调整阀、差压阀等）
外部直径/mm	ϕ710
有效直径/mm	ϕ600
工作高度/mm	192
减振方式	垂直方向利用空气弹簧节流孔阻尼，水平方向加设油压减振器
牵引方式	纵向牵引拉杆
抗侧滚装置	扭杆式横向稳定器
基础制动装置	盘形制动单元，制动缸为膜板式
车体自重下，心盘面距轨面高/mm	780

209PK 型客车转向架采用的新技术如下。

（1）采用盘形制动单元，制动缸和基础制动装置都装在转向架上，解决了双层客车车下部无法安装制动缸的困难。

（2）双客虽总重达 72 t，但采用了盘形制动，制动力均匀，冲动小，并可承受较大的制动功率。

（3）采用空重车阀，使制动力均匀，实现空重车无级调压。

（4）转向架上取消了踏面制动复杂的杠杆系统，因此，转向架两端无小端梁，构架长度较短，有利于加长车体大断面部分的长度，增加定员，扩大载客能力。

（5）双层客车定员 186，比普通客车增加 57.6%，空重载变化 20 t 。采用空气弹簧，并配有自动高度调整阀，不仅解决了圆柱螺旋弹簧无法满足《铁标》对静挠度的要求及运用中对车钩高的要求问题，而且可使车辆的垂直振动性能达到较高指标。

（6）双客断面大，转动惯量大，车体重心高，相应的侧滚横摆的幅度也大，另外， 由于双客心盘定距大于普通客车。通过曲线时车体偏移量增加。209PK 型客车转向架采用抗侧滚稳定器和空气弹簧，提供了合适的阻尼，所以，能够较安全地通过曲线。

209PK 型客车转向架主要由构架装置、轮对轴箱定位装置、摇枕弹簧悬挂装置和基础制动装置组成。

凡是原来 209T 型客车转向架中可以采用的零部件均可在 209PK 型客车转向架上继续使用。改进后的 209PK 型客车转向架现车实物及结构如图 3-16 所示。

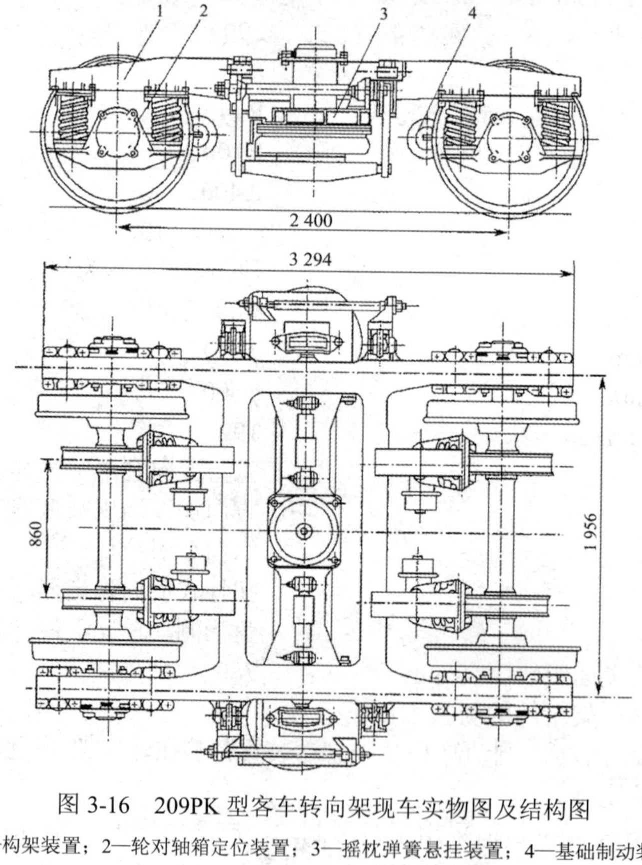

图 3-16 209PK 型客车转向架现车实物图及结构图

1—构架装置；2—轮对轴箱定位装置；3—摇枕弹簧悬挂装置；4—基础制动装置

1. 构架装置

209PK 型客车转向架的构架为铸钢一体式或钢板压型焊接式 H 形结构。它是在原 209T 型客车转向架的基础上进行局部改造而成的，主要由侧梁、横梁、摇枕吊座、纵向牵引拉杆座、盘形制动单元吊座、安全吊安装座和轴箱弹簧支柱座等组成，如图 3-17 所示。

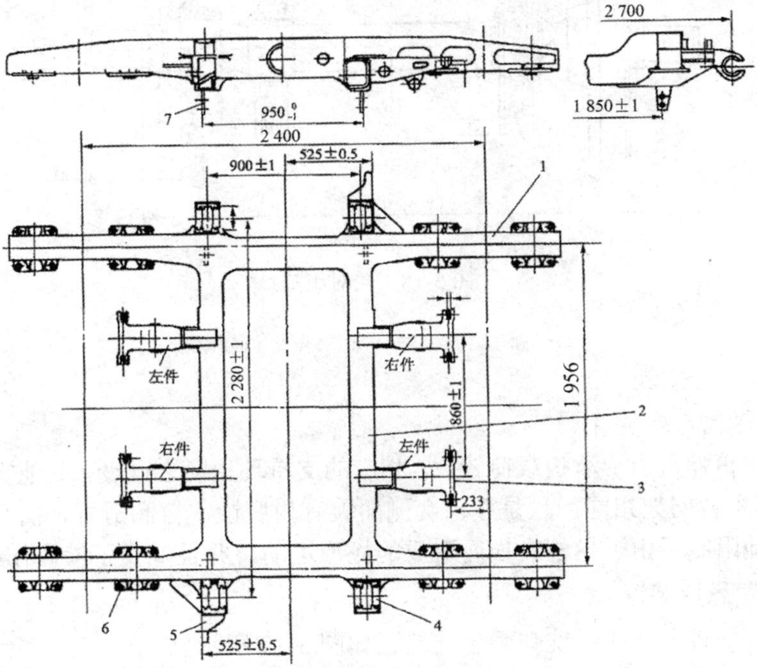

图 3-17　209PK 型客车转向架构架组成

1—侧梁；2—横梁；3—盘形制动单元吊座；4—摇枕吊座；5—牵引拉杆座；
6—轴箱弹簧支柱座；7—安全吊安装座

209PK 型客车转向架构架有以下 4 个部分与 209T 型客车转向架构架不同，其他都相同。

（1）由于没有制动杠杆，所以，割去侧梁端部小端梁，采用厚 12 mm 钢板焊接封闭，使构架长度由 3 740 mm 缩为 3 294 mm。

（2）由于装设了空气弹簧，为减少横向间距，将摇枕吊座端部切割，然后焊接处理，使摇枕吊座中心距由 2 410 mm 缩短为 2 280 mm 而形状不变。

（3）由于取消了原来的基础制动部分，而采用了盘形制动单元，因此，取消了构架上各种制动吊座，改为两根横梁上焊接 4 个盘形制动单元吊座。

（4）由于采用了横向减振器，所以，侧梁中部内侧焊上横向油压减振器座。

2. 轮对轴箱定位装置

1）轮对组成

如图 3-18 所示，轮对采用整体辗钢轮，直径 ϕ915 mm，结构与现使用客车轮比较无变化。 除在车轮内侧中心距 860mm 处加工有两个 ϕ198 mm、宽 180 mm 的制动盘座外， 其他和 RD_3 型车轴完全相同。制动盘毂与车轴采用过盈配合，过盈量为 0.14～0.22 mm，压装最后压力为 20～35 t ，制动盘可同毂一起组装，也可以待毂压装后组装。

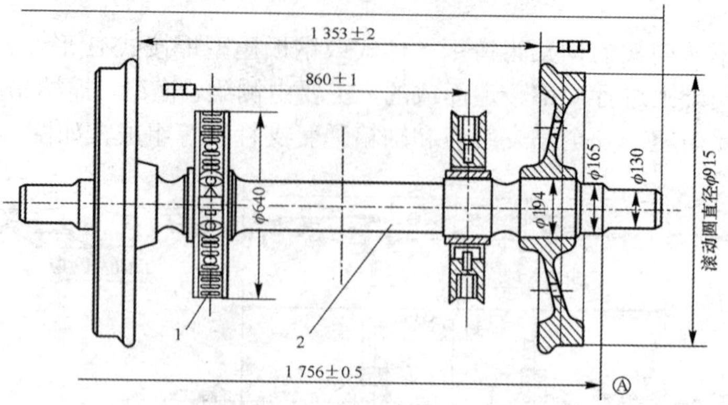

图 3-18 轮对组成

1—制动盘组成；2—车轴；3—整体辗钢轮

2）导柱式轴箱定位装置

双层客车轴箱弹簧由于承担载荷较大，相应的支持环也随之改变，其他零部件结构均和原来 209T 型客车转向架相同，只是摩擦套侧面镀有耐腐蚀，自润滑好，而且摩擦系数较小的金属氟较好地限制了由于导柱磨损而造成的蛇形运动，并且减少了检修作业量。

3. 摇枕弹簧悬挂装置

209PK 型客车转向架的摇枕弹簧悬挂装置如图 3-19 所示。

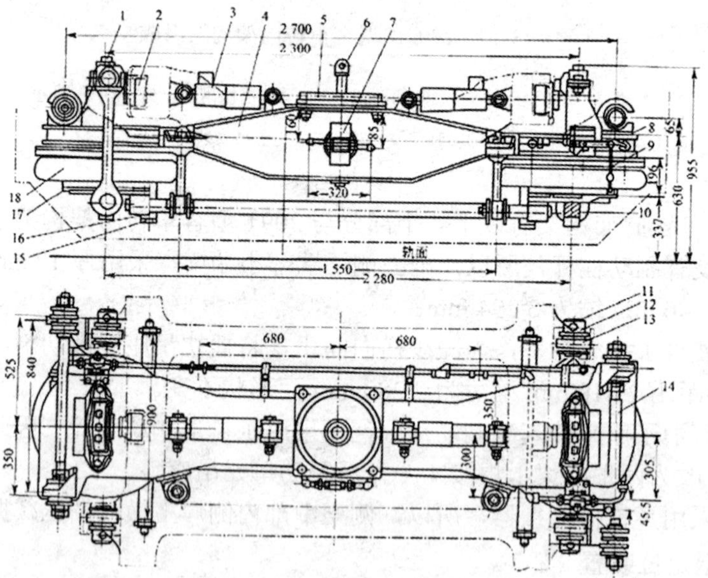

图 3-19 摇枕弹簧悬挂装置

1—下旁承；2—横向缓冲器；3—横向油压减振器；4—摇枕；5—下心盘；6—中心销；7—差压阀；8—高度调整阀；9—调节杆；10—摇枕吊轴；11—摇枕吊销；12—支承板；13—摇枕吊；14—纵向牵引拉杆；15—安全吊；16—连杆装置；17—弹簧托梁；18—空气弹簧组成

1）基本情况简介

除在摇枕吊轴上的托梁、空气弹簧系统、摇枕抗侧滚扭杆装置、横向油压减振器为新设计外，其他如摇枕吊轴、摇枕吊、牵引拉杆、横向缓冲器、心盘、旁承均采用原209T型转向架的结构。心盘高度为780 mm，以便使该转向架有可能用在普通客车上。有关空气弹簧系统和管路均集中在摇枕上和摇枕组成为一个部件，便于组装。

2）托盘结构

弹簧托盘如图3-20所示。它由弹簧座、联接座、扭杆、联接轴等零部件组成。

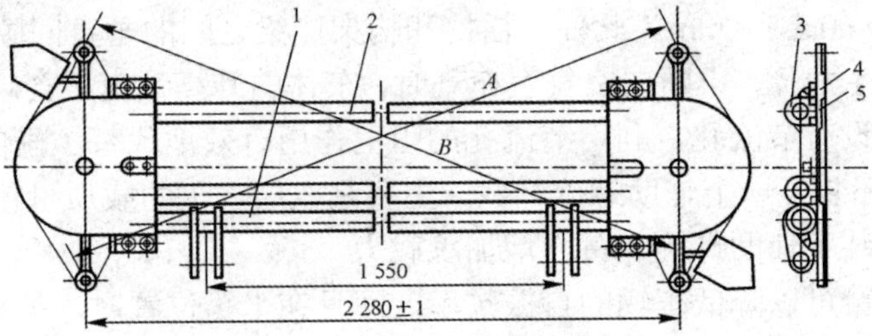

图3-20 托盘组成

1—扭杆组成；2—联接轴组成；3—联接座组成；4—弹簧座；5—轴端的挡板

弹簧座为铸钢件，中间设有ϕ74 mm浅槽，安装空气弹簧时可以定位。联接座也为铸钢件，用6个M16螺栓与弹簧座固定。为安全起见，螺帽均用穿开口销的槽形螺母。三根联接轴采用ϕ60×7 mm无缝钢管在两端焊有轴头组成， 联接轴安装后不能转动，两端分别用轴端挡板及两个M12×25螺栓和联接座固定，扭杆用ϕ60×9 mm无缝钢管，在联接座上装有耐磨套和防尘盖，耐磨套采用钢套覆聚四氟乙烯耐磨材料，这种耐磨套具有自润滑作用，无须加油。托梁组装后，要求安装吊轴的各孔中心位置应符合要求：中心距（2 280±1）mm，对角线差不大于3mm。

3）连杆装置

连杆装置由连杆夹板、圆销套、橡胶件及紧固件组成。连杆转臂固定，上端固定在摇枕上，连杆和扭杆配套形成抗侧滚稳定器。当车体侧滚时，一侧连杆向下移动，另一侧边杆向上移动，这样扭杆就会发生扭转，利用扭杆的扭转反力矩抵抗车体侧滚， 组装部每块胶垫的预压缩量为2～3 mm。

4）横向油压减振器

每个转向架的摇枕和构架侧梁之间装有两个SYST 5型横向油压减振器。横向油压减振器结构与现行体相同，安装防尘罩，一端安装在心盘侧以保证减振器和车体横梁的间隙。

5）摇枕组成

摇枕为钢板焊接结构，分成左右两个各自独立的空气弹簧附加空气室，每个附加空气室容积为59 L。钢板材料采用16 Mn焊接，空气室经1 600 kPa水压试验，并且摇枕经58 t加载消除内应力。在摇枕两端设有3 / 8管座，平时装管堵，试验时装压力表。在摇枕上焊有牵引拉杆座，下旁承座，横向油压减振器座，抗侧滚稳定器的连杆座及安装阀的座板和管子吊卡等，并装有高度调整阀、差压阀、空重车阀的空气管路。形成摇枕组成部件。

6）空气弹簧

空气弹簧由上盖、胶垫、辅助弹簧装置、胶囊、扣环、底座、橡胶挡构成，如图 3-21 所示。空气弹簧装在托梁和摇枕之间，利用摇枕内腔作为空气弹簧的附加空气室。每个空气弹簧都有一个高度调整阀， 标准状态下空气簧高度为 192 mm。高度调整阀安装在摇枕部的侧面，采用带有铰节点的机械式杠杆调节装置进行自动调整，调节装置固定在托梁上，空气弹簧中装有橡胶挡作为安全装置，橡胶挡和空气弹簧上盖之间的间隙为 22 mm。因此，即使没有压缩空气，车体下降量至多不会超过上述间隙与橡胶挡挠度之和的极限值。空气弹簧无压力下，车钩高（860±5）mm。此外，摇枕和构架侧梁之间的垂直间隙为 36 mm，因此，即使高度调整阀发生故障，不断向空气室充气时，车体的升高量也不会超过此限。空气弹簧和附加空气室之间设有节流孔，利用节流孔的阻尼作用有效地代替了垂向减振器。

空气弹簧中还装了一个辅助螺旋弹簧，主要是双层客车的载质量特别大，单靠空气弹簧承载力还不够，装了辅助螺旋弹簧，增加承载力。

单采用空气弹簧可以降低车辆的自振频率，而且在平衡位置时，振动较小，刚度较低，位移增大，刚度增加，限制车体振幅。同时，能保持空重车的激振频率相差不多，有良好吸收高频振动性能和隔音性能，能承受各个方向载荷，有效地限制了其他几个方向的振动。但其配件较多，增加检修工作量。

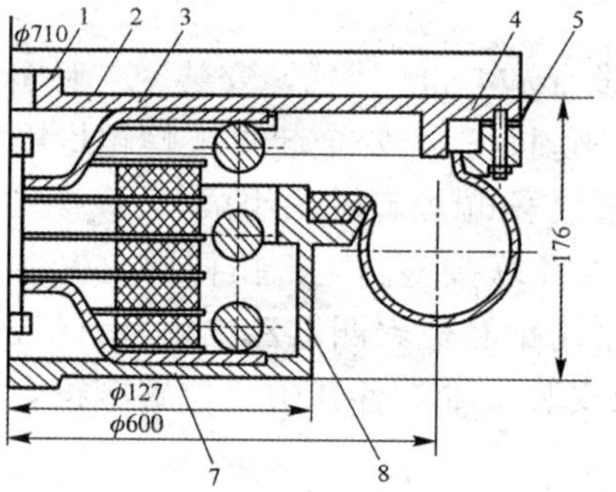

图 3-21 空气弹簧组成

1—上盖；2—胶垫；3—辅助弹簧装置；4—胶囊；5—扣环；6—底座；7—橡胶挡

7）空气弹簧密封胶圈

摇枕和空气弹簧之间设有 O 形密封胶圈。如果不装密封圈会造成漏泄，检修时也应注意。

8）高度调整阀调整杆

高度调整阀调整杆示意图如图 3-22 所示。在摇枕和托梁之间装有高度控制阀调整杆。调整杆的杠杆端部有一个方孔，固定在摇枕上的高度控制阀上，下部球形节点固定在托梁上的调整杆安装座上，采用的调整杆和高度调整阀配套。调整杆的铰接点有橡胶，为无磨耗件，检修时应注意铰节点状况。 其高度可以调整，调整范围为（230±50）mm。运用时，铰中心距应调在 232 mm。

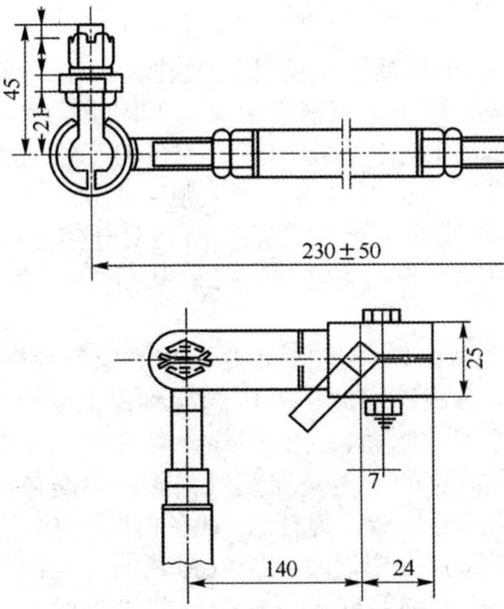

图 3-22　高度调整阀调整杆示意图

9）空气弹簧系统的组成

如图 3-23 所示，空气弹簧系统由空气弹簧副风缸、高度调整阀、附加空气室、空气弹簧、差压阀等组成。 空气弹簧副风缸空气来自 104 阀中间体，止回阀防止其空气逆流，也可来自列车主管作紧急使用，才打开塞门，因此，这个截断塞门是常闭位。空气弹簧副风缸空气通过高度调整阀进入附加气室和空气弹簧，差压阀把两个空气弹簧连在一起。

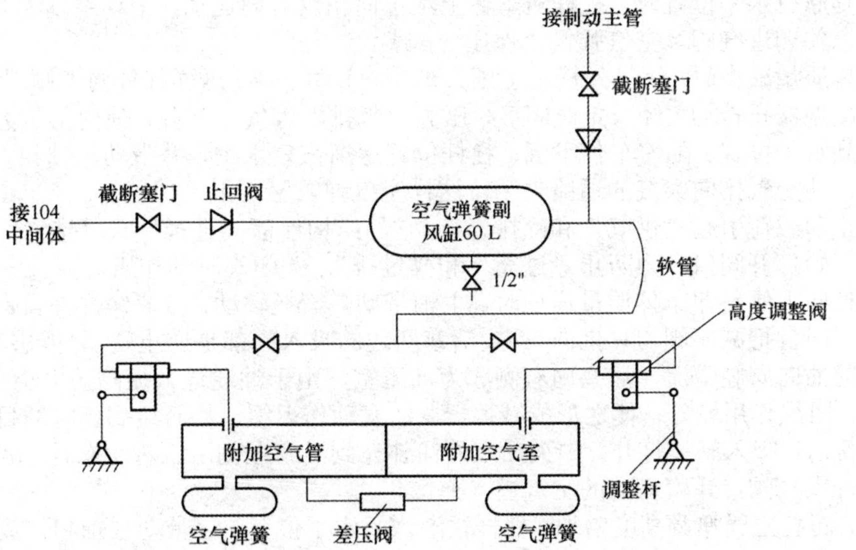

图 3-23　空气弹簧系统的组成

10）空气弹簧自动高度调整系统

双层客车采用的空气弹簧改善了转向架的动力品质，提高了车辆运行的平稳性，这些性能的实现要在其高度自动调整系统的帮助下来完成。

自动高度调整系统在每一个空气弹簧上装有一个高度调整阀，在每台转向架的两空气弹簧中间设有一个差压阀。

（1）自动高度调整阀能够根据车体质量的变化而变化。向空气弹簧中充气或由空气弹簧中排出一部分空气，使车钩能够维持在相应水平上。当车体质量增大时，空气弹簧高度降低，这时自动高度调整阀向空气弹簧中充气，增加空气弹簧内空气的压力，使车体升高；当车体质量减小时，空气弹簧高度升高。这时自动高度调整阀把空气弹簧中空气排出一部分，使其压力降低，使车体高度降低。但是高度自动调整阀不是对任何原因引起的载荷变化都起作用，阀中设有油压减振阀可产生阻尼作用，它只有在静载荷变化时，才能起作用，这样避免车辆空气的消耗和过多噪声。

如果一侧空气弹簧破裂或发生故障，差压阀可将另一侧空气弹簧中的空气向故障侧补充，防止车体产生过大倾斜或翻车事故，因此，差压阀起到保证安全作用。

自动高度调整阀安装在摇枕端部的侧面，它的外部一侧通空气弹簧，另一侧通空气弹簧副风缸。自动高度调整阀外部铸有箭头的一侧是通空气弹簧，由阀体、供气阀、排气阀、逆止阀、减振阀、调整杆连杆和缓冲部分构成。为使进入空气弹簧的空气清洁，进气口处设有滤尘网。供气阀是控制空气弹簧副风缸中空气进入空气弹簧的“大门”，其中，逆止阀防止空气弹簧中的空气逆流，排气阀是控制弹簧向大气中排气的“关口”。杠杆和调整杆根据车辆质量变化产生动作，使阀产生相应动作，达到“供气”和“排气”效果。缓冲部分包括：减振簧弹簧托、主轴和减振阀，三者一起产生阻尼作用，使自动高度调整阀只能在静载荷或频率低的载荷变化时才反应。

（2）工作原理。当车体静载荷变化时，将使空气弹簧“进气”或“排气”。当车体质量增加时，空气弹簧内空气压力不变，车体下沉，这样杠杆向上倾斜，带动主轴转动，并带动弹簧托和减振器托转动。经一定时间后，减振阀托推动进气阀杆，打开进气阀，空气弹簧副风缸中空气通过进气阀口、逆止阀，进入空气弹簧中去，使弹簧内压力升高，车体上浮。当车体恢复原有水平位置时，杠杆随车体上浮也向相反方向运动，带动主轴和“两托”恢复原有位置，关闭进气阀。空气弹簧“保压”。

当车体质量减少时，空气弹簧由于压力不变，车体上浮。这样杠杆向下倾斜，带动主轴，弹簧托和减振器托转动，经一定时间后，压力空气排入大气一部分，使内部压力降低，车体随之下沉到水平位置。随着车体下沉，杠杆位置逐渐恢复水平，并带动主轴和“两托”离开排气阀杆，使空气排向大气的通路关闭，这样空气弹簧又实现“保压”。

为防止动载荷引起“供气”和“排气”，它的结构保证“进气”和“排气”泄后一段时间，才能开始打开阀口。为防止“过充”和“过排”，关闭阀时动作迅速。

当杠杆向上倾斜即车体质量增加时，主轴带动弹簧托转动，拧紧缓冲弹簧，用这个力使减振托的下凸台把减振阀勾只推向右方，活塞两边的吸入阀都是逆止阀，只能进油不能出油，防止油室的油向阀腔中流，活塞向右侧成为油压室，由于油通过减振阀盖上小孔向腔中流，孔径很小，阻尼作用较好，使之形成减振器，活塞动作迟缓，从而达到延时的目的。活塞左侧油室是负压，吸入阀被打开，中央油室的油补充到活塞左侧。活塞动作时，减振阀托开始转动，打开供气阀，弹簧风缸的空气进入弹簧。

相反，随着空气弹簧高度增加，杠杆逐渐恢复水平位置，它带动主轴和弹簧托一起转动缓冲弹簧，带动减振器托一起向回转，此时，活塞左侧为油压室，油要回流到中腔去，由于活塞左侧设有油路A，A孔孔径较大，油回流速度快，使其阻尼作用很小，而右侧油室为负压，油通过活塞中孔补充到油室中，这样活塞回移阻力很小，则它能够迅速关闭进气阀口。

当车体上浮时，延时作用和迅速关闭阀门作用与车体下沉位置相反。减振弹簧防止了减振系统的刚性冲击，起到缓冲作用，同时吸收振动，再加上减振阀的配合，使频率较高的动载荷对它不起作用。

11）差压阀

差压阀由阀体、阀座、单向阀、弹簧、接头、密封件、过滤网、密封圈、活节、联接螺帽和垫片组成，如图 3-24 所示。

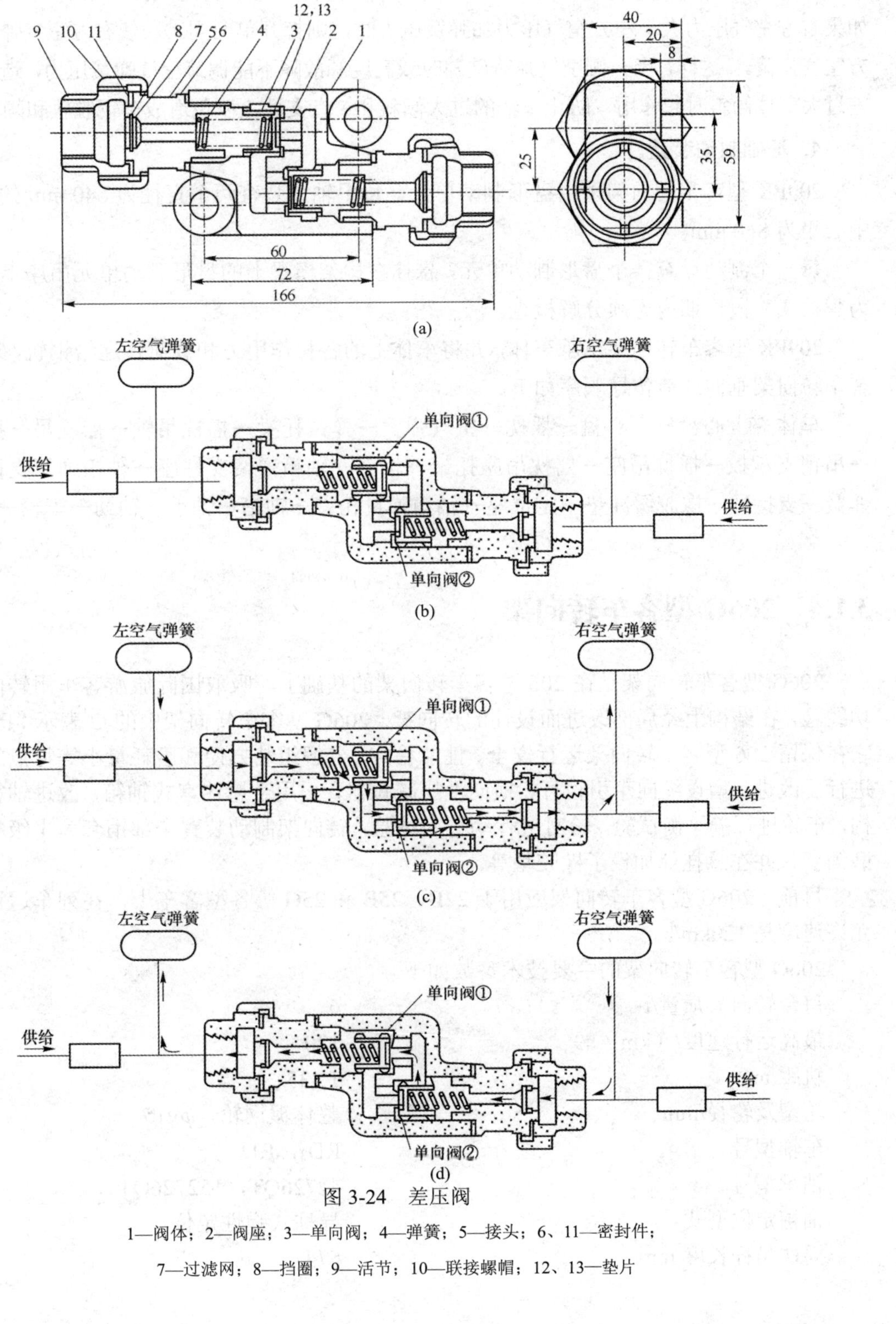

图 3-24　差压阀

1—阀体；2—阀座；3—单向阀；4—弹簧；5—接头；6、11—密封件；

7—过滤网；8—挡圈；9—活节；10—联接螺帽；12、13—垫片差压阀的作用原理如下。阀体装在摇枕上，用两根螺栓固定。在联接螺母螺纹处配管，把两边空气弹簧引入阀体内。一侧空气压力和另一侧的空气压力加弹簧压力相平衡。从左方来的空气压力大于右方空气压力加弹簧压力时，打开单向阀①，使左方空气弹簧来的空气流入右方，如果右方空气压力大于左方空气压力加弹簧压力时，则打开单向阀②，使右方空气弹簧流入左方空气弹簧。这样，当一侧空气弹簧破漏时或高度阀故障不能调节空气弹簧压力，造成两簧压差过大车体倾斜时起作用，防止车辆的过大倾斜和 3 点支撑，以免造成车辆脱轨和颠覆。

4. 基础制动装置

209PK 型客车转向架采用盘形制动单元，每根轴上装有两个直径为 640 mm 的制动盘，中心距为 860 mm。

每一个制动盘有一个盘形制动单元，悬挂在构架横梁上的盘形制动单元吊座上。制动缸为膜板式，段修期内无须分解检查。

209PK 型客车转向架支承车体，并将车体上的各种作用力和载荷传递给钢轨，209PK 型客车转向架垂向载荷传导顺序如下。

车体→上心盘→下心盘→摇枕→空气弹簧→弹簧托梁→摇枕吊轴→摇枕吊→摇枕吊销→吊销支承板→摇枕吊座→摇枕吊座托架→构架→轴箱弹簧支柱座→轴箱弹簧支柱→轴箱弹簧→支持环→橡胶缓冲垫→定位座→轴箱弹簧托盘→轴箱→轴承→轴劲→车轮→钢轨。

3.1.4 206G 型客车转向架

206G 型客车转向架是在 206 型客车转向架的基础上，吸取国际旅游客车用转向架的成功经验，在结构上经局部改进而设计的转向架。206G 型客车转向架中的 G 表示“改进型”。它在保留 206 型客车转向架运行安全、性能稳定、分解组装方便和磨耗量小等特点的基础上进行了改进，增设纵向牵引拉杆、横向油压减振器，采用金属迷宫式轴箱，改进轴箱定位结构，车轮进行静平衡试验，轮对进行动平衡试验，转向架制动装置全部销套为 I 级精度的耐磨销套，并在悬挂处加设了橡胶垫等。

目前，206G 型客车转向架应用于 22B、25B 和 25G 等各型客车上，在列车运行中最大允许速度是 120km/h。

206G 型客车转向架的主要技术参数如下。

每台转向架质量/t	6
最高运行速度/（km / h）	120
轨距/mm	1 435
轮型及轮径/mm	整体辗钢轮，ϕ915
车轴型号	RD_3，RD_4
轴承型号	42726QT，152726QT
轴箱定位型式	导柱式弹性定位
摇枕吊杆长度/mm	574

每台转向架制动倍率	4
心盘允许最大载荷/t	25
通过最小曲线半径/m	
干线运行	R145
缓行	R100
固定轴距/mm	2 400
弹簧型式	一、二系均为圆柱螺旋钢弹簧
减振型式及阻尼系数/（kN・s / m）	
垂向油压减振器	2×80
横向油压减振器	2×25
转向架制动形式	双侧踏面制动
车体自重下心盘面距轨面高/mm	780
车体自重下，下旁承面距轨面高/mm	970

206G型客车转向架的结构分为铸钢和钢板焊接两种形式，结构图及现车实物图如图3-25（a）、（b）、（c）所示。它是由构架装置、中央悬挂装置、轮对轴箱装置和基础制动装置四部分组成的。另外，还有发电机及RD4轴端传动装置（206G型客车转向架的现车实物如图3-25（c）所示）和轴温报警器。除构架组成、摇枕组成及弹簧托梁不同外，其他零部件均可与206型客车转向架的零部件互换。

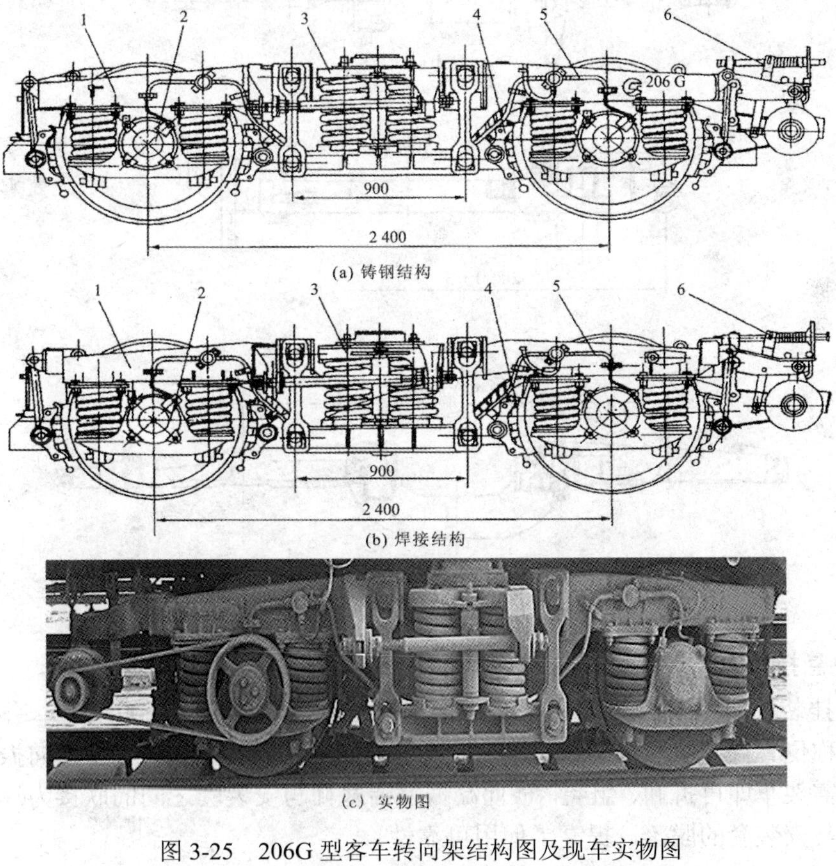

(a) 铸钢结构

(b) 焊接结构

(c) 实物图

图 3-25　206G 型客车转向架结构图及现车实物图

1—构架组成；2—轮对轴箱装置；3—中央悬挂装置；4—基础制动装置；5—轴温报警装置；6—轴端传动装置

1. 构架装置

206G型客车转向架采用U形构架，如图3-26所示。在一位构架二位端保留电机吊座，在侧梁上靠近摇枕吊座部斜对称位置焊装纵向牵引拉杆座；在侧梁U形下部内侧焊装横向油压减振器座；闸瓦托吊耳内挡尺寸为52 mm，并在吊座的一侧加焊了吊销安全挡销座；端部闸瓦托吊座为铸钢件，吊耳的厚度加大，强度加强。

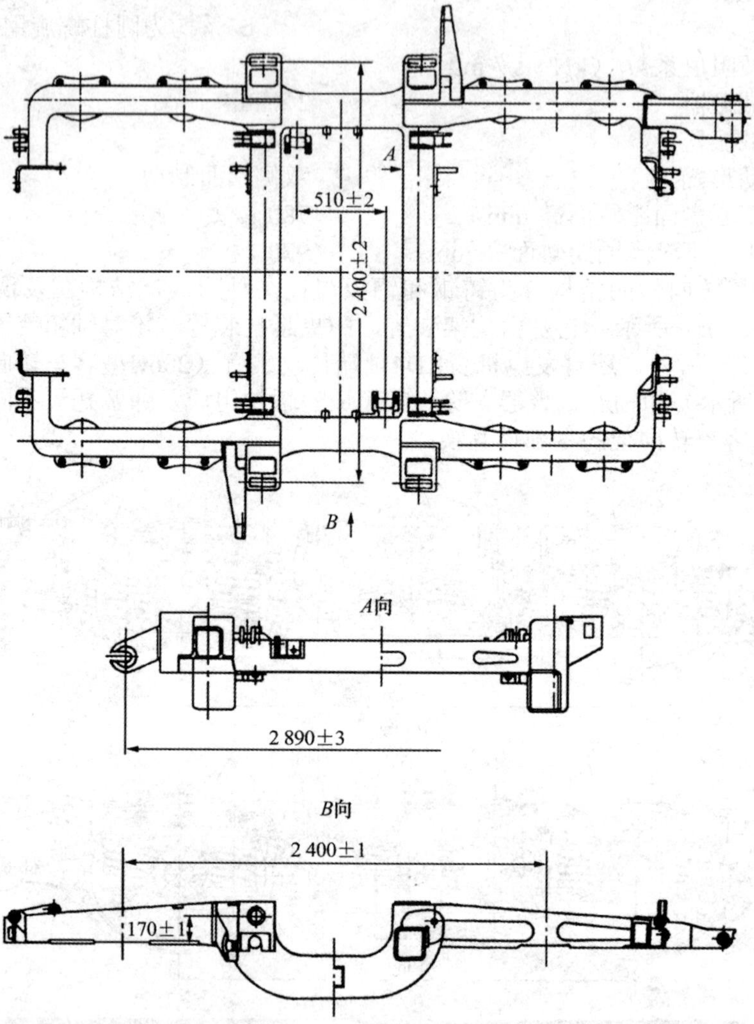

图3-26 206G型客车转向架构架组成

2. 中央悬挂装置

中央悬挂装置如图3-27所示，它是小摇动台结构，采用无磨耗的纵向牵引拉杆，在摇枕两端斜对称位置焊装纵向牵引拉杆座。加设了横向油压减振器，改善了横向振动性能，运用检修时不需架车即可拆卸、组装，横向减振器活塞杆与安装套之间的联接为焊接形式，避免了活塞杆与安装套的脱落，提高了使用可靠性。

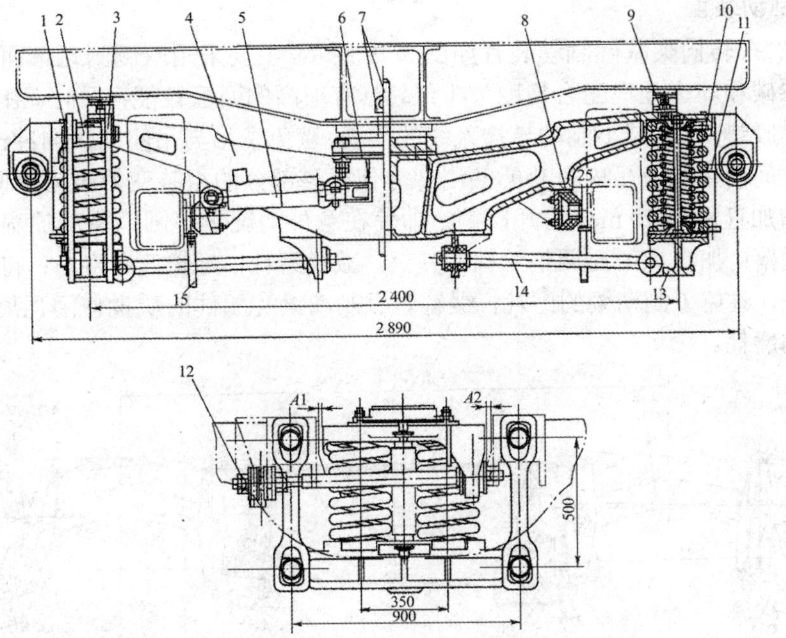

图 3-27　206G 型客车转向架中央悬挂装置

1—摇枕吊环座；2—摇枕吊销；3—摇枕吊；4—摇枕；5—横向油压减振器；6—下心盘垫；7—中心销；8—横向缓冲器；9—下旁承；10—摇枕弹簧；11—油压减振器；12—纵向牵引拉杆；13—弹簧托梁；14—横向拉杆；15—横向拉杆安全吊

3. 轮对轴箱装置

206G 型客车转向架轮对轴箱装置如图 3-28 所示，主要采用导柱式弹性定位装置。支持环内定位套为粉末冶金材质（铸钢型式）、氟塑料金属材质（钢板焊接），它们的耐磨性好；定位套下面的隔套改为定位套环，既可防止定位套的下移，又可插到缓冲胶垫内，使胶垫产生径向压缩，加大轴箱的定位刚度，改善车辆运行平稳性。

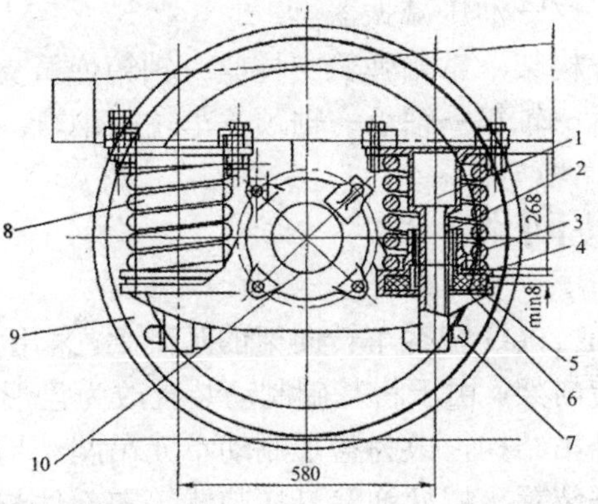

图 3-28　206G 型客车转向架轮对轴箱装置

1—弹簧支柱；2—弹簧支柱定位套；3—支持环定位套；4—支持环；5—缓冲垫；6—定位套环；7—弹簧支柱销子；8—轴箱弹簧；9—轮对；10—轴箱

4. 基础制动装置

206G 型客车转向架基础制动装置如图 3-29 所示，主要采用双侧闸瓦踏面制动。各种销、套经过表面渗碳和淬火处理配合精度为 I 级，具有很高的耐磨性能；同时，在闸瓦托吊与吊座之间增加橡胶垫，可以减小制动悬挂系统的摆动，避免了吊与吊座间纵向冲击引起的磨耗，胶垫与吊座之间的垫圈及吊内衬套的凸出部分使得该部分的组装变得极为方便；在各闸瓦托吊销的尾部增加直径为 10 mm 的开口销，即使在意外情况下，圆销头部的扁开口销丢失，圆销也不会脱落；加粗了闸瓦调整丝杠和弹簧，减轻磨耗，延长使用寿命；将缓解弹簧改为制动梁安全托，避免了制动梁的磨耗，缓解时靠制动梁等配件的质量使闸瓦离开车轮，可以消除制动梁的磨耗。

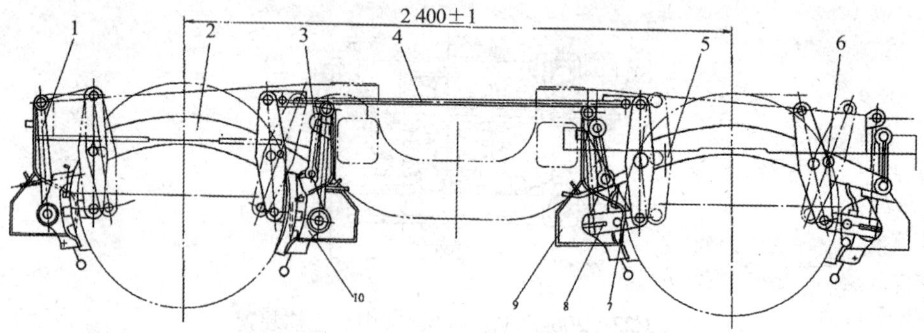

图 3-29　206G 型转向架基础制动装置

1—闸瓦托吊；2—制动杠杆拉板；3—制动杠杆拉杆吊；4—制动杠杆上拉杆；5—制动杠杆拉板；6—制动杠杆；7—联接环；8—制动梁；9—制动梁安全托；10—闸瓦托

206G型客车转向架支承车体并将车体上的各种作用力和载荷传递给钢轨，206G型客车转向架垂向载荷传导顺序如下。

车体→上心盘→下心盘→{摇枕弹簧 / 油压减振器}→弹簧承台→吊销→吊销座→摇枕吊→摇枕吊销→摇枕吊销座→摇枕吊座→构架→轴箱弹簧支柱座→轴箱弹簧支柱→轴箱弹簧→支持环→橡胶缓冲垫→轴箱弹簧托盘→轴箱→轴承→轴颈→车轮→钢轨。

3.1.5　206P 型客车转向架

206P 型客车转向架是在 206G 型客车转向架的基础上，采用盘形制动（P 代表盘形制动）装置进行改进设计的客车转向架。由于将基础制动装置改为盘形制动，所以，去除侧梁端部小端梁及相应的基础制动悬吊结构，改为盘形制动单元吊座结构，采用 RD_{3A}、RD_{4A} 轮对。其他包括轮对轴箱弹簧定位装置、摇枕弹簧悬挂装置等零部件与 206G 型客车转向架相同。部分转向架装用了轴端式电子防滑器，用于母车的转向架还带有发电机轴端传动装置。早期生产的部分 206P 型客车转向架带有单侧踏面清扫器（现已逐渐取消了踏面清扫器）。

206P 型客车转向架主要装用于最高运行速度为 140 km/h 的 25B 和 25G 等各型客车上。

206P 型客车转向架的主要技术参数如下。

每台转向架质量/t	7.3
最高运行速度/（km / h）	140
轨距/mm	1 435
轮型及轮径/mm	整体辗钢轮KD，ϕ915
车轴型号	RD_{3A}或RD_{4A}
轴承型号	NJ3226X1，NJP3226X1
轴箱定位型式	干摩擦导柱式弹性定位
摇枕吊杆	
长度/mm	574
倾角	0°
发电形式	轴端驱动、三角皮带传动，5 kW发电机（集中供电不用）
通过最小曲线半径/m	
干线运行	R145
缓行调车	R100
固定轴距/mm	2 400
弹簧型式	一、二系均为圆柱螺旋钢弹簧
减振型式及阻尼系数/（kN • s / m）	
垂向油压减振器	2×80
横向油压减振器	2×25
转向架制动型式	盘形制动
车体自重下，心盘面距轨面高/mm	780
车体自重下，下旁承面距轨面高/mm	970
旁承跨距/mm	2 300

206P型客车转向架的现车实物及结构如图3-30所示。它主要由构架装置（1）、轮对轴箱装置（2）、摇枕弹簧悬挂装置（3）和基础制动装置（4）四大部分组成。用于母车的转向架还带有5 kW发电机轴端传动装置。

1. 构架装置

构架为钢板压型后组焊而成的U形结构，主要由侧梁、横梁、摇枕吊座、制动吊座、纵向拉杆座、减振器座及制动缸吊座等组成，当作为母车使用时，其一位构架带有电机吊架。

2. 轮对轴箱装置

轮对轴箱装置与209P型转向架基本相同，主要由轮对、轴箱、弹性定位套、定位座、导柱、轴承、轴箱盖、防尘板及轴箱弹簧等组成。为了提高其密封性能，采用金属迷宫式轴箱、干磨擦导柱式弹性定位，其弹性定位套和定位座可与209P型转向架互换。采用RD_{3A}、RD_{4A}型车轴，其结构尺寸除制动盘座部分外，其他部分同RD_3、RD_4型车轴；轴承采用标准的42726QT、152726QT型（或新型NJ 3226X1、NJP 3226X1轴承）。

3. 摇枕弹簧悬挂装置

摇枕悬挂装置与206G型转向架基本相同，主要由摇枕、弹簧托梁、纵向牵引拉杆、横向拉杆、摇枕吊、摇枕吊环座、横向缓冲器、垂向油压减振器、横向油压减振器、摇枕弹簧等组成。它仍保留了206G型转向架分解组装方便、磨耗轻、使用寿命长的优点，同时，将垂向、横向油压减振器改用进口产品，提高了可靠性。

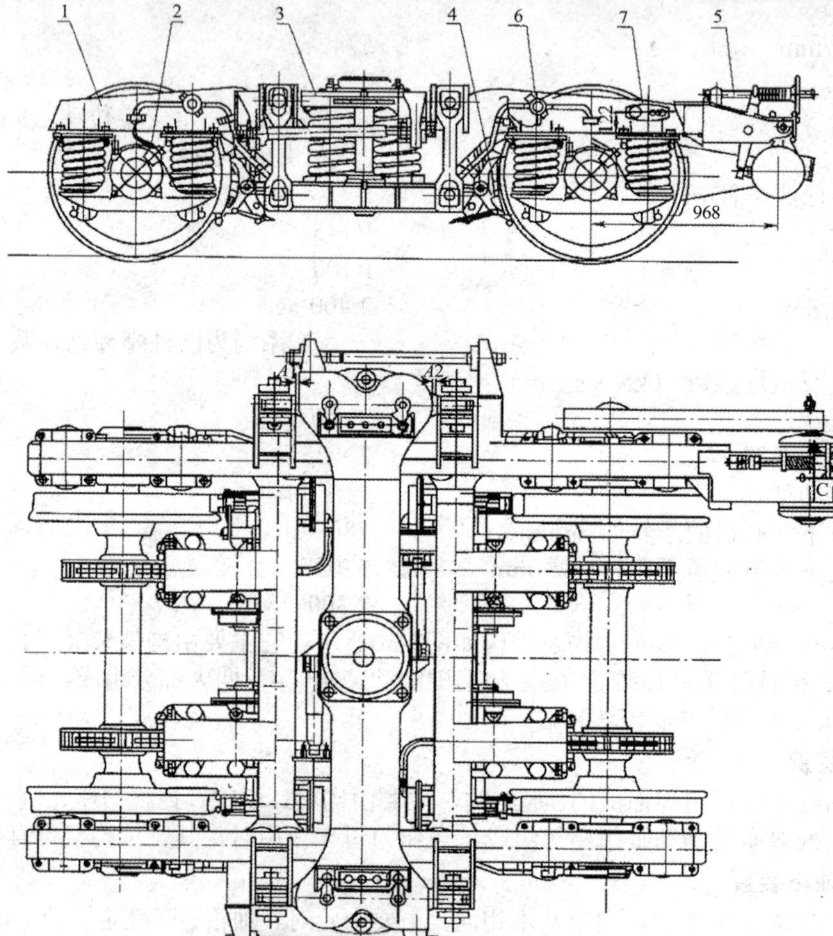

图 3-30 206P 型客车转向架现车实物图及结构图

1—构架装置；2—轮对轴箱装置；3—摇枕弹簧悬挂装置；4—盘形制动装置；

5—轴端传动装置；6—轴温报警装置；7—铭牌

4. 基础制动装置

基础制动装置主要包括盘形单元制动缸、制动盘、夹钳和杠杆等。盘形制动采用8英寸单元制动缸。制动系统所用的钢衬套为具有自润滑功能的奥-贝球铁材质，可减轻磨耗，延长衬套的使用寿命，减少维修的工作量。

3.2　快速客车转向架

通常，把最高运行速度为160～200 km/h的客运列车称为快速列车，快速列车使用的转向架称为快速客车转向架。

随着客车运行速度的不断提高，对客车转向架的要求也越来越高。因此，快速客车转向架比普通客车转向架应具有更高的强度、更好的减振性能、更强的制动能力。快速客车转向架的结构与普通客车转向架有较大的区别，快速客车转向架的结构共同特点如下。

① 采用全旁承承载，弹性中心销牵引结构。以消除车体与转向架的间隙，减小冲击。
② 构架和摇枕采用全钢焊接结构，以提高强度，减轻自重。
③ 在构架和摇枕间设横向油压减振器，以提高横向减振性能。
④ 在构架和摇枕间设纵向牵引拉杆，以消除构架与摇枕的间隙，减小冲击。
⑤ 摇枕弹簧采用空气弹簧，以提高减振效果。
⑥ 摇枕吊采用弹性联接，以减小摇枕吊垂向冲击。
⑦ 设有抗侧滚扭杆装置，以减小车辆的侧滚振动。
⑧ 设有一系单向油压减振器，以减小轮轨冲击对车辆的影响。
⑨ 采用无间隙弹性定位装置，以提高轮对横向稳定性。
⑩ 基础制动采用盘形制动装置，以提高制动能力。
⑪ 采用电子防滑器，以充分利用轮轨黏着，制动时防止车轮滑行。
⑫ 在车体与构架间设抗蛇行运动减振器，以提高车辆运行平稳性。

目前，我国客车上使用的快速客车转向架有：209系列客车转向架中的209HS型客车转向架；206系列客车转向架中的206KP、SW-160和SW-220K型客车转向架；CW系列客车转向架中的CW-2和CW-200K型客车转向架；AM96和PW-220K型客车转向架等。我国部分快速客车转向架的结构特点如表3-5所示。

表 3-5　部分快速客车转向架结构特点

项目＼型号	209HS	206KP	SW-160	CW-2
轴型	RD_{3A}	RD_{3A}	RD_{3A}	RD_{3A}
构架形式	焊接构架H形	焊接构架U形	焊接构架U形	焊接构架H形
摇枕弹簧装置形式	空气弹簧有摇动台	空气弹簧无摇动台	空气弹簧无摇动台	空气弹簧有摇动台
减振形式	一系单向油压减振 二系为可变节流阀	一系单向油压减振 二系为可变节流阀	一系单向油压减振 二系为可变节流阀	一系单向油压减振 二系为可变节流阀
回转阻尼	全旁承支重	全旁承支重	全旁承支重	全旁承支重
抗侧滚装置	有	有	有	有
轴箱弹簧装置形式	圆弹簧	圆弹簧	圆弹簧	圆弹簧
轴箱定位装置形式	橡胶堆定位	转臂式定位	转臂式定位	转臂式加横向控制杆
轴承型号	进口SKF	进口SKF	进口SKF	进口SKF
基础制动装置形式	单元盘形制动	单元盘形制动	单元盘形制动	单元盘形制动

3.2.1 209HS 型客车转向架

209HS 型客车转向架中的 HS 是英文单词 high-speed 的缩写，即高速之意，从其结构来讲，它是 209 系列客车转向架。209HS 型客车转向架是为适应 160 km/h 运行需要，在 209PK 型客车转向架的基础上，采用了全旁承支重、无磨耗的橡胶堆轴箱定位、弹性吊杆和电子防滑器等新技术研制成功的一种新型客车转向架。在运行速度为 160 km/h 时，总体动力学性能良好，保证了在该速度下的运行平稳性和安全性，制动距离小于 1 400 m，达到了设计任务书的要求。1994 年年底投入运行时暴露了一些问题，于 1995 年 3 月开始对 209HS 型转向架进行了改进设计。改进后的 209HS 型转向架于 1996 年 10 月正式运行，并于 1997 年年初在环行道进行了速度为 200 km/h 以上的动力学试验，均达到了预期的效果。

209HS 型客车转向架主要技术参数如下。

每台转向架质量/t	7.0
最高运行速度/（km/h）	160
轨距/mm	1 435
车轮直径/mm	ϕ915
车轴型号	RD_{3A}
轴承型号	进口 SKF 轴承
轴箱定位方式	无磨耗的橡胶堆定位
悬挂装置弹簧形式	一系均为圆柱螺旋弹簧（簧条直径 ϕ35mm）
	二系为自由膜式空气弹簧
减振方式	一系垂直液压减振器
	二系可变节流孔阻尼加横向油压减振器
摇枕吊杆有效长度/mm	710
摇枕吊倾斜角度	0°
载重下弹簧总静挠度/mm	>220
轴箱弹簧中心距/mm	1 956
两旁承中心距/mm	1 400
通过最小曲线半径/m	
正线	R145
调车缓行	R100
固定轴距/mm	2 400
自重下旁承面距轨面高度/mm	932
基础制动装置	盘形制动单元，加防滑器

209HS 型客车转向架实物图及结构图如图 3-31 所示。它是由构架装置（1）、轮对轴箱定位装置（2）、中央悬挂装置（3）、基础制动装置（4）组成的。209HS 型客车转向架目前主要用在干线提速特快列车上，在列车运行中最大允许速度是 140 km/h。

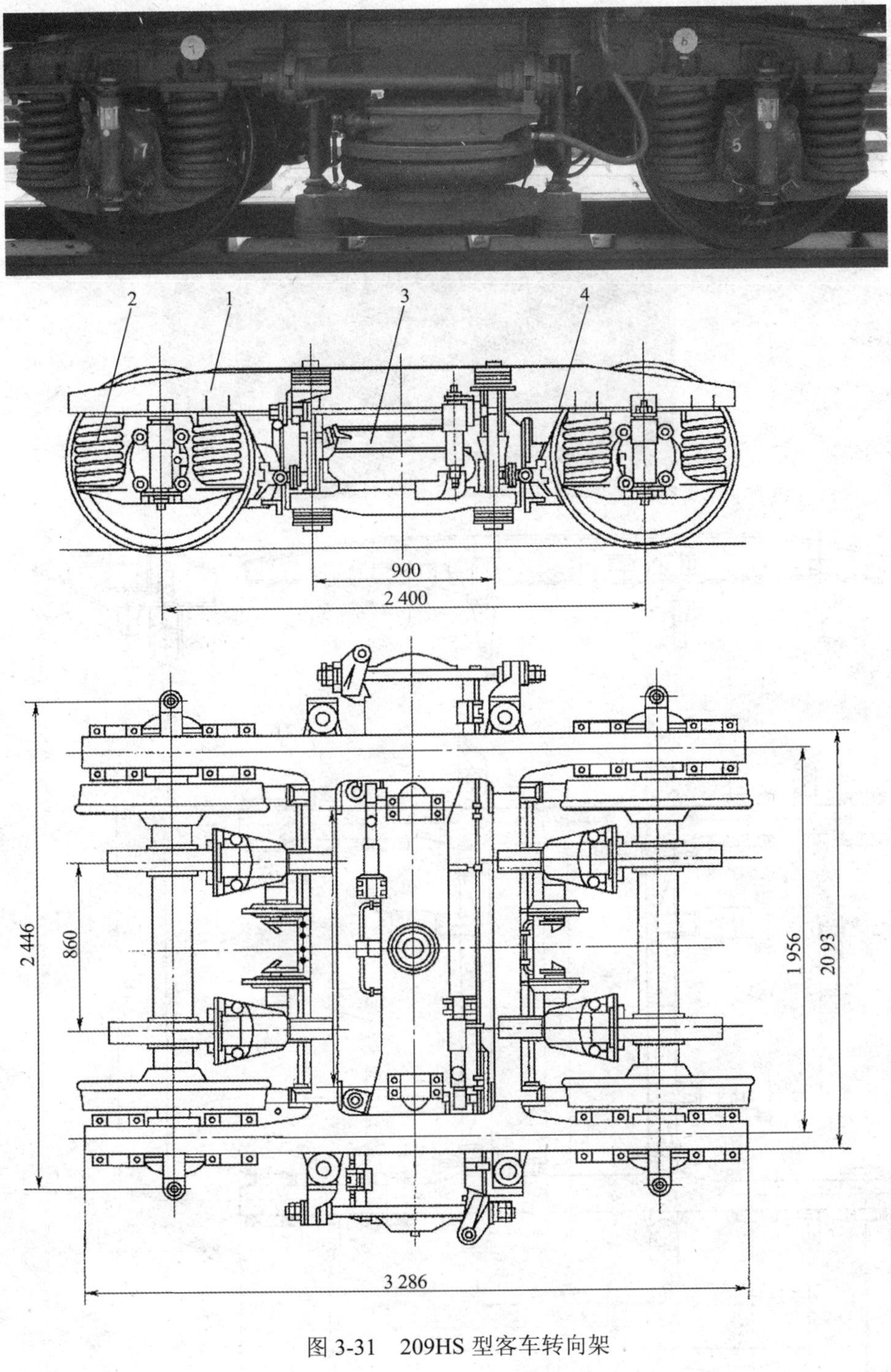

图 3-31　209HS 型客车转向架

1—构架装置；2—轮对轴箱定位装置；3—摇枕弹簧装置；4—基础制动装置

1. 构架装置

209HS 型客车转向架的构架（现车实物图及结构图如图 3-32 所示）采用新研制的箱形焊接结构、H 形构架， 材料采用 16Mn 低合金钢，各梁断面均为箱形结构，以达到等强度和减轻自重的目的。构架为无端梁结构，总长 3 286 mm，总宽 2 500 mm，摇枕吊座中心距为 2 280 mm，两侧梁中心距 1 943 mm。侧梁内侧面焊有横向减振器座，外侧面焊有垂直减振器座；横梁外侧焊有制动吊座及闸瓦托吊座，新造车闸瓦托吊座已取消，下侧焊有制动缸吊座，安全吊安装座板；摇枕吊座上平面焊有吊座，斜对角焊有牵引拉杆座。

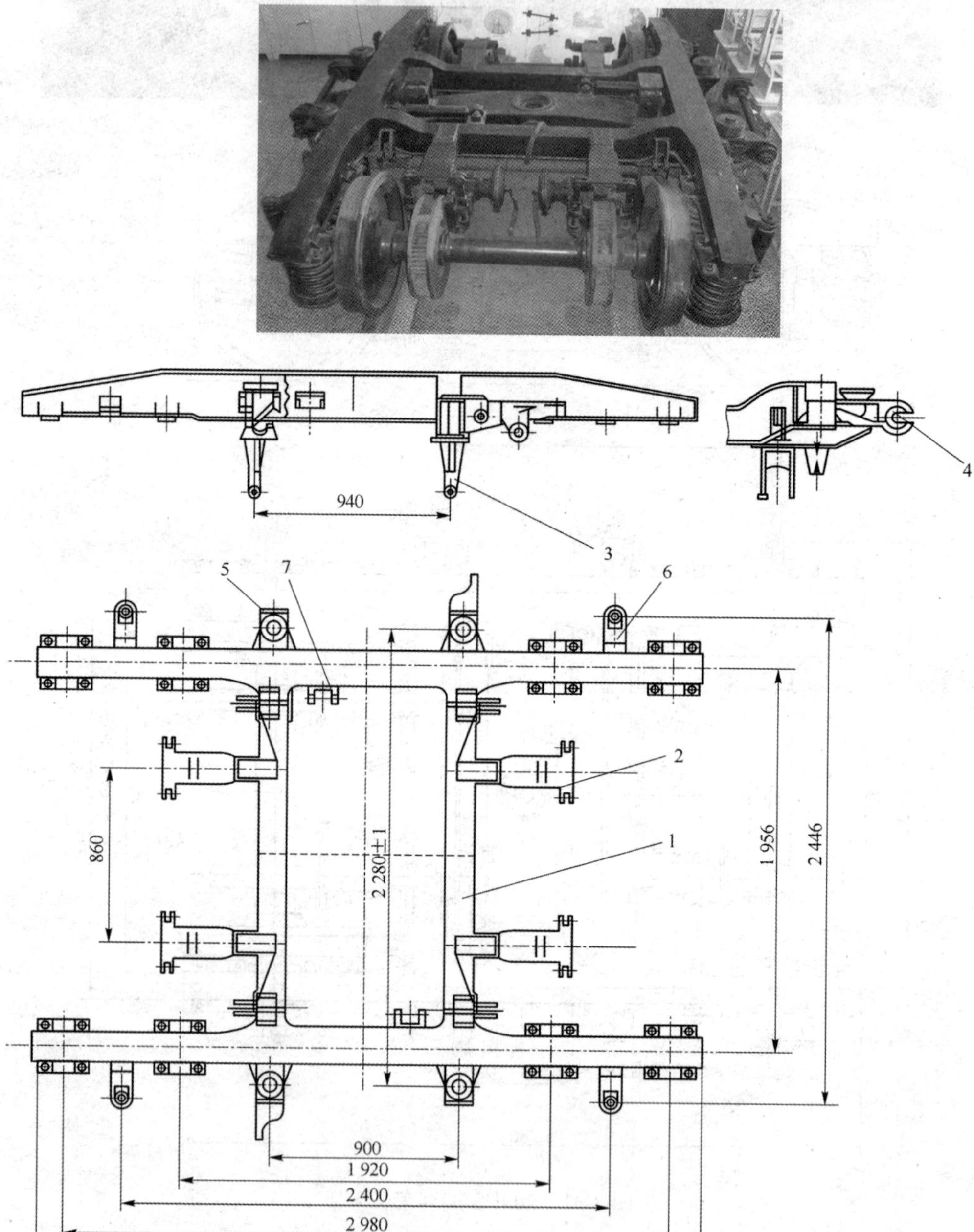

图 3-32　209HS 型客车转向架构架装置现车实物图及结构图

1—构架；2—盘形制动；3—踏面清扫器吊座；4—牵引拉杆座；

5—摇枕吊座；6—轴箱减振器座；7—横向油压减振器座

2. 轮对轴箱定位装置

轮对轴箱定位装置如图 3-33 所示。它由轴箱体、油压减振器、轴箱圆弹簧、弹簧支柱、橡胶堆定位装置、支持环、缓冲橡胶垫和防松吊座等组成。

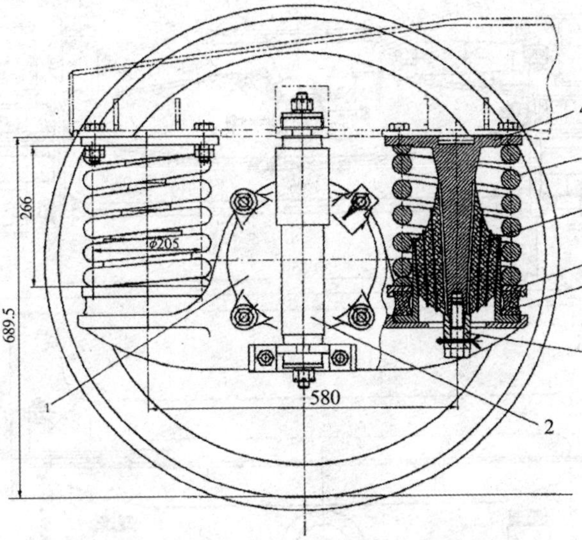

图 3-33　209HS 型客车转向架轮对轴箱定位装置

1—轴箱体；2—油压减振器；3—轴箱圆弹簧；4—弹簧支柱；
5—橡胶堆定位装置；6—支持环；7—缓冲橡胶垫；8—防松吊座

1）轮对组成

209HS 型客车转向架轮对采用带有制动盘座的 RD_{3A} 型滚动轴承轮对。车轮与车轴配合采用突悬结构，突悬量是 5～10 mm，以提高轮座的疲劳强度。制动盘与车轴为过盈配合，压装吨位 20～37 t，并有合格的压力曲线。轮对组装后需做动平衡实验。

2）制动盘

采用 H300 型制动盘，由特种铸铁制成的两个对分式摩擦盘和一个铸钢的盘毂组成，两者之间用 8 个径向排列的弹性销套相联接，弹性销套中间穿有螺栓，便于磨耗到限后不退轮更换。摩擦盘上加工有磨耗限度的标志，磨耗限度为每侧 7 mm。在正常情况下，摩擦盘使用寿命和车轮寿命相当。使用时，不允许用检点锤敲摩擦盘的任何部位。

3）橡胶堆定位装置

无磨耗橡胶堆轮对定位装置使用橡胶堆定位器，橡胶堆定位器通过下部联接件与导柱连为一体。当轮对相对于构架运动时，橡胶堆定位器在 3 个方向均有弹性定位作用。橡胶堆定位器是由天然橡胶与 235-A 钢板用特种粘结剂粘结硫化而成的。 定位器需进行严格的高低温、 静动特性试验和 200 万次疲劳试验，使用寿命为 4 年。为了实现纵向定位刚度大于横向定位刚度，橡胶堆在横向开有缺口，安装时应将定位器的缺口方向沿着车轴方向，并由定位块定位。

3. 中央悬挂装置

中央悬挂装置是由摇枕装置、旁承支重装置、弹性摇枕吊装置、牵引装置、弹簧托梁装置、抗侧滚扭杆装置、空气弹簧装置、横向缓冲器、横向油压减振器、牵引拉杆装置和安全吊等组成的，如图 3-34 所示。

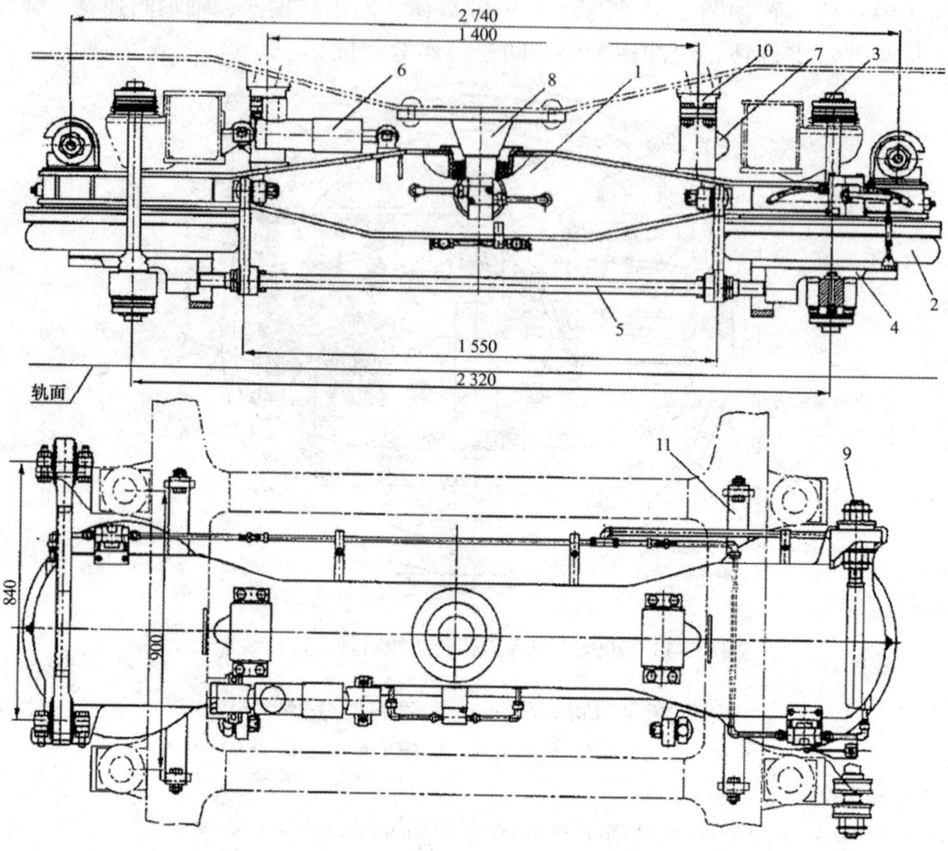

图 3-34 209HS 型客车转向架摇枕弹簧装置

1—摇枕；2—空气弹簧装置；3—弹性摇枕吊装置；4—弹簧托梁装置；
5—抗侧滚扭杆装置；6—横向油压减振器；7—横向缓冲器；8—牵引装置；
9—牵引拉杆装置；10—旁承支重装置；11—安全吊

1）摇枕装置

摇枕为钢板焊接结构，分成左右两个独立的空气弹簧附加空气室，每个附加空气室容积为 57 L。钢板采用 16MnR，摇枕焊接后经 16 kg/cm²水压试验，并经振动法消除焊接应力。在摇枕上焊有牵引拉杆座、下旁承座、中心销座、横向油压减振器座等，并装有高度调整阀、差压阀及空气管系，形成摇枕装置部件。为适应旁承支重的受力方式，对摇枕进行了改进设计，改进后的摇枕应力分布更加合理，接近等强度，同时提高了疲劳强度。

2）旁承支重装置

209HS 型客车转向架采用全旁承支重，旁承支重装置由设置在车体枕梁下的上旁承和安装在摇枕上的下旁承、旁承板和调整垫等组成，旁承板摩擦面镀铜后覆聚四氟乙烯与材质为 65Mn 的上旁承形成一对平面摩擦副，利用摩擦副的摩擦力矩抑制转向架的蛇行运动。

3）弹性摇枕吊装置

为消除吊杆两端有害摩擦和磨耗，在吊杆端部加设橡胶堆，以实现无磨耗。橡胶堆有减振和隔音的作用，同时增加了摇枕吊杆有效长度，降低二系横向刚度，提高横向振动性能。

弹性摇枕吊装置由摇枕吊、锁紧圈、吊轴、防尘套及橡胶堆组成。摇枕吊是重要受力部件，由40Cr材料制成，调质处理，加工后进行电磁探伤。橡胶堆是由天然橡胶与Q235-A用特种黏结剂黏结硫化制成的。

4）牵引装置

牵引装置由牵引中心销装置和牵引拉杆装置两个相互独立的部分组成。

牵引装置采用了旁承支重后，转向架上取消了原上、下心盘的牵引结构，而改为由安装在车体枕梁上的中心销穿入装于摇枕中部的橡胶套实现弹性牵引，降低了牵引中心，减小了轴重转移，同时起到缓冲、减振和隔音作用，并以此作为车体与转向架的回转中心。弹性橡胶套由天然橡胶和钢板硫化而成。

牵引中心销装置由固定于车体枕梁下的中心销和设置在摇枕中部的中心销座组成。中心销与销座之间设有牵引橡胶堆，用以缓和由中心销传递牵引力时所引起的冲击作用。牵引中心销装置既是转向架相对于车体的转动中心，又可以通过它把牵引力由车体传至转向架摇枕。它的作用类似于上、下心盘的作用，但不承受车体的重量。

牵引拉杆装置一端以弹性节点与摇枕相连，另一端与构架侧梁上的牵引拉杆座相连。牵引力经牵引拉杆由摇枕传给构架，最终传给轮对。牵引拉杆一般不妨碍摇枕的上、下运动。

5）弹簧托梁装置

弹簧托梁由左、右弹簧座和联接左、右弹簧座的联接轴组成。弹簧座为铸钢件，中间设有ϕ74 mm、深10 mm的槽，作为安装空气弹簧时定位用，空气弹簧即安装在弹簧座上。弹簧座用M16螺栓固定在吊轴上，然后通过4根摇枕吊杆悬挂于构架侧梁外侧，形成了摇动台结构。摇枕吊杆采用了弹性吊杆装置，在吊杆的上、下两端与吊座、吊轴的联接处设置了橡胶堆，这样的结构消除了以往金属销套联接结构的有害摩擦和磨耗，同时，增加了摇枕吊杆的有效长度，降低了摇动台的横向刚度，提高了横向平稳性。

6）抗侧滚扭杆装置

209HS型客车转向架的抗侧滚扭杆设置在摇枕与弹簧托梁之间。它由固定杆、扭臂和扭杆等组成。抗侧滚扭杆有的扭杆用$\phi 60\times 9$ mm无缝钢管，并在两端焊有轴头、转臂、套管等，扭杆两端的支承座采用无检修、自润滑的关节轴承。连杆装置由连杆、夹板、圆销、套、橡胶件及紧固件组成。连杆下端和扭杆上的转臂固定，连杆上端安装在摇枕连杆座上。当车体做浮沉振动时，抗侧滚扭杆装置对车体不产生任何附加作用力，当车体出现侧滚角位移时，联接在摇枕一端的固定杆向上运动，而另一端的固定杆则向下运动，通过扭臂的作用使扭杆发生扭转变形，由此产生的反力矩阻止车体的侧滚角位移，从而改善了车体的横向动力性能。

7）空气弹簧装置

空气弹簧由上盖、空气弹簧密封圈、上垫、橡胶支承座、底座、胶囊等组成。空气弹簧为自由模式，通过底座安装在弹簧托梁上，空气弹簧上盖与摇枕下平面空气弹簧定位圈相对应，底座和上盖中心均设有定位凸台，上盖中心设有M42×2的螺栓孔与摇枕附加空气室相连。空气弹簧充气后，标准状态时高度为192 mm（如果包括4 mm橡胶上垫的高度，则为196 mm）。

空气弹簧是利用列车主管的压力空气作为风源，为了减少行车中空气压力的波动，空气弹簧系统除了每个摇枕有两个57 L的附加空气室外，还增加了一个100 L的空气弹簧副风缸（两套104阀时为2×60 L）。每个空气弹簧装有一个高度调整阀，两个空气弹簧之间装有一个差压阀。

车体上管路系统和转向架管路系统用4根软管联接，一根是空气弹簧副风缸引出的管路和转向架摇枕一端的进气管联接；一根是从摇枕一端引出接车体上空重车阀，作为空重车阀动作的压力信号；还有两根是从车体上防滑器排风阀引出，分别接到两个轮对的制动管路进口处。

（1）高度调整阀。高度调整阀和调节杆均从日本进口，当车辆载重变化而引起空气弹簧高度变化时，自动调整阀便开始工作，使空气量增加或减少，保持空气弹簧高度不变。摇枕附加空气室和管路及安装部灰尘要完全吹干净，安装管路时，不能转动阀体两端的六角形零部件，调节杆安装时尽可能垂直，以免影响其使用寿命。

（2）差压阀。差压阀采用 DP-3 型日本进口件，当压力差为 150 kPa 时起作用，压差误差为±15 kPa。差压阀安装在摇枕上，与两个附加空气室连通，当一侧附加空气室的压力超过另一侧附加空气室的压力 150 kPa 时， 即差压阀导通，一侧空气通向另一侧，其目的是防止一侧空气弹簧故障排气时，车体产生过大倾斜。此阀安装时，也应将各联接部吹净，以免灰尘堵塞，产生动作的延迟或失灵。

8）横向缓冲器

横向缓冲器安装在摇枕上旁承座内，它为非线性的弹性橡胶块，与构架侧梁内侧面的调整垫之间保持 40 mm 的间隙，当摇动台的横摆量超过 40 mm 时，横向缓冲器将起到阻挡和缓冲的作用。

9）横向油压减振器

在摇枕与构架侧梁之间设有两个横向油压减振器，以改善高速运行时的横向动力性能。209HS 型转向架均采用进口油压减振器。

4. 基础制动装置

209HS 型客车转向架的基础制动装置采用盘形制动单元并加装电子防滑器，如图 3-35 所示。单元盘形制动装置与以往的杠杆式基础制动装置相比，不仅制动力较大，而且减少了大量的销、套之间的磨耗，为检修运用带来了方便。在基础制动装置中同样设有人力制动装置。209HS 型客车转向架基础制动装置的制动力比较大，为了防止紧急制动时车轮抱死，通常在车轴端部装有电子防滑器。

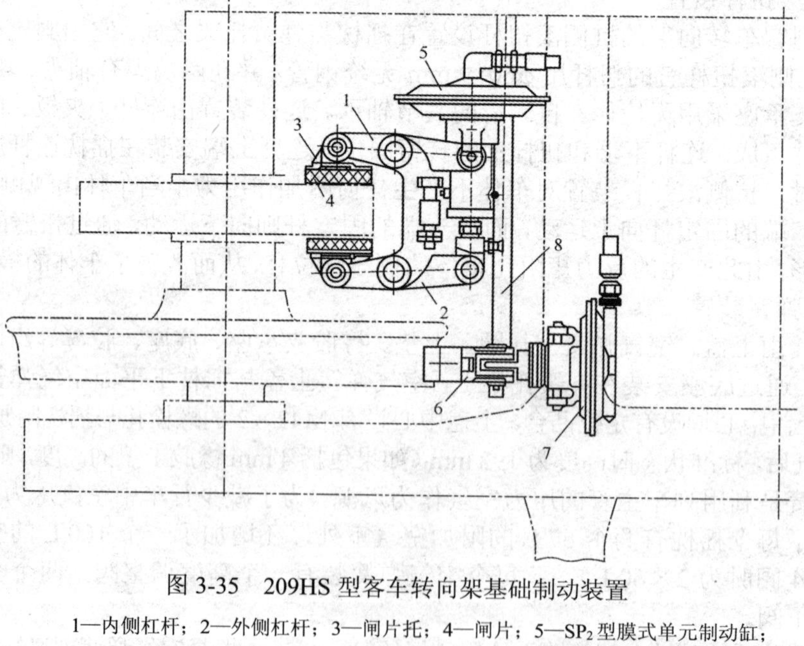

图 3-35 209HS 型客车转向架基础制动装置

1—内侧杠杆；2—外侧杠杆；3—闸片托；4—闸片；5—SP_2 型膜式单元制动缸；6—闸瓦托；7—SP_4 型膜式单元制动缸；8—闸瓦托连杆

盘形制动系统由安装在车轴上的制动盘和悬挂在构架横梁上的制动单元组成。每台转向架设有 4 个相互独立的制动单元，图 3-35 所表示的基础制动装置是 4 个相互独立的制动单元其中之一。

基础制动装置每个制动盘有一个盘形制动单元，由单元制动缸、内外侧杠杆、杠杆吊座、闸片托、闸片、闸片托吊、闸片吊销等零部件组成，以 3 点悬挂式悬挂在构架横梁的制动吊座上。每个车轮装有一个踏面制动单元，由制动缸和闸瓦托吊组成（现在踏面制动单元均已取消）。

1）制动缸

带有闸片间隙自动调整器的 SP_2 型膜板式单元制动缸，主要由膜板制动缸和间隙调整器组成。当通风制动几次后，闸片间隙将被自动调整到 3～5 mm。

2）闸片

209HS 型客车转向架采用合成闸片与 H300 型特种合金铸铁相匹配， 取得了较理想的效果。为便于闸片组装，闸片分成对称的两个半块制造，闸片分左、右件，在其后部镶有钢背，钢背上的燕尾凸榫和闸片托的燕尾槽配合。闸片原型为 28 mm，允许磨耗到 5 mm，如果一侧闸片超限左、右闸片，需同时更换。

3）闸片托组成

闸片托组成由闸片托和锁铁等零部件组成，闸片托为铸钢件，并分左、右件。闸片托装上闸片后，将锁铁锁住，即可防止闸片脱落。

4）制动圆销

制动圆销均为材质 Q275 的光圆销，圆销钢衬套采用自润滑的金属氟耐磨材料，在运用中不需另加润滑油。

209HS型客车转向架支承车体并将车体上的各种作用力和载荷传递给钢轨，209HS型客车转向架垂向载荷传导顺序如下。

车体 → 上旁承 → 下旁承 → 摇枕 → 空气弹簧 → 弹簧托梁 → 摇枕吊轴 → 吊轴垫 → 摇枕吊 → 吊垫 → 摇枕吊座 →

构架 ┬ 轴箱油压减振器 ──────────────────────────┬ → 轴箱 →
　　 └ 轴箱定位导柱 → 轴箱弹簧 → 支持环 → 橡胶缓冲垫 → 轴箱定位座 ┘

轴承 → 轴颈 → 车轮 → 钢轨。

3.2.2　206KP 型客车转向架

206KP 型客车转向架是 206 系列客车转向架之一，它为无摇动台结构的转向架，是在 206 型客车转向架的基础上，吸收了国内外客车转向架的优点，采用了许多新的结构和新的技术，由四方厂研制成功的快速客车转向架。206KP 型客车转向架中，K 代表空气弹簧，P 代表盘形制动。206KP 转向架读为：206 型空气弹簧加盘形制动转向架。由于它的构架为 U 形，因而，属于 U 形系列客车转向架。

206KP 型客车转向架的优点是结构简单，性能良好，维修方便。这种转向架适用于标准轨距为 1 435 mm 的准轨铁路，连续运行速度为 160 km/h。转向架基础制动满足初速度 160 km/h，紧急制动距离≤1 400 m 的要求。

206KP 型客车转向架主要技术参数如下。

每台转向架质量/t	约 6.5
最高运行速度/（km/h）	160
轨距/mm	1 435
固定轴距/mm	2 400
车轮直径/mm	ϕ915
车轴型号	RD_{3A}
轴承型号	进口 SKF 轴承
减振器阻尼系数/（kN·s/m）	
一系垂向油压减振器	4×15
二系横向油压减振器	2×25
转向架制动倍率	1.3～2.3（盘形制动）
通过最小曲线半径/m	
连挂	R145
缓行调车	R100
自重下旁承面距轨面高度/mm	960
基础制动装置	盘形制动单元，加防滑器
外形尺寸（长×宽×高）（mm×mm×mm）	3 370×2 710×980

206KP 型客车转向架的实物外形和结构如图 3-36 所示。它主要由构架组成、中央悬挂装置、轮对轴箱装置和基础制动装置 4 部分组成。206KP 型客车转向架采用旁承支重、一系无磨耗弹性定位、空气弹簧和电子防滑器等新技术。206KP 型客车转向架目前主要用在快速空调客车上，在列车运行中最大允许速度是 140 km/h。

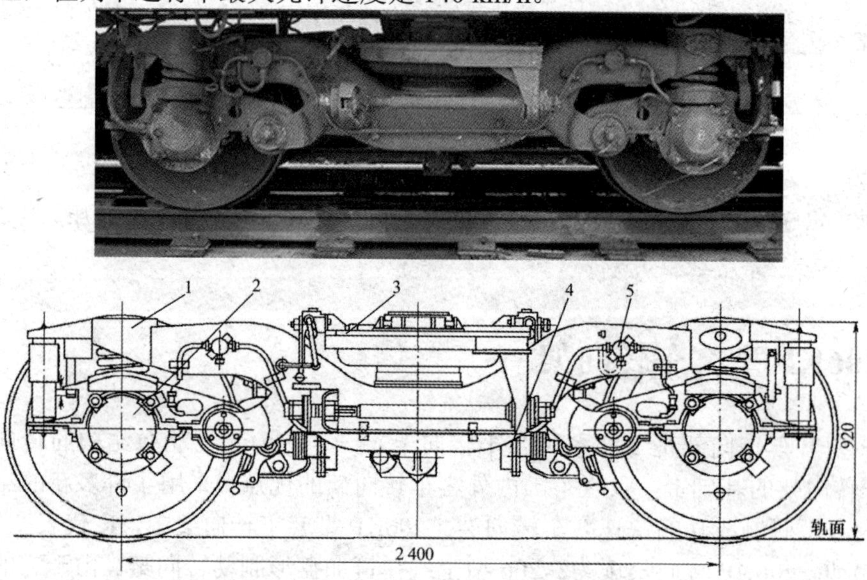

图 3-36　206KP 型客车转向架

1—构架组成；2—轮对轴箱装置；3—中央悬挂装置；4—基础制动装置；5—转向架轴温报警装置

1. 构架组成

206KP 型客车转向架的构架组成如图 3-37 所示。

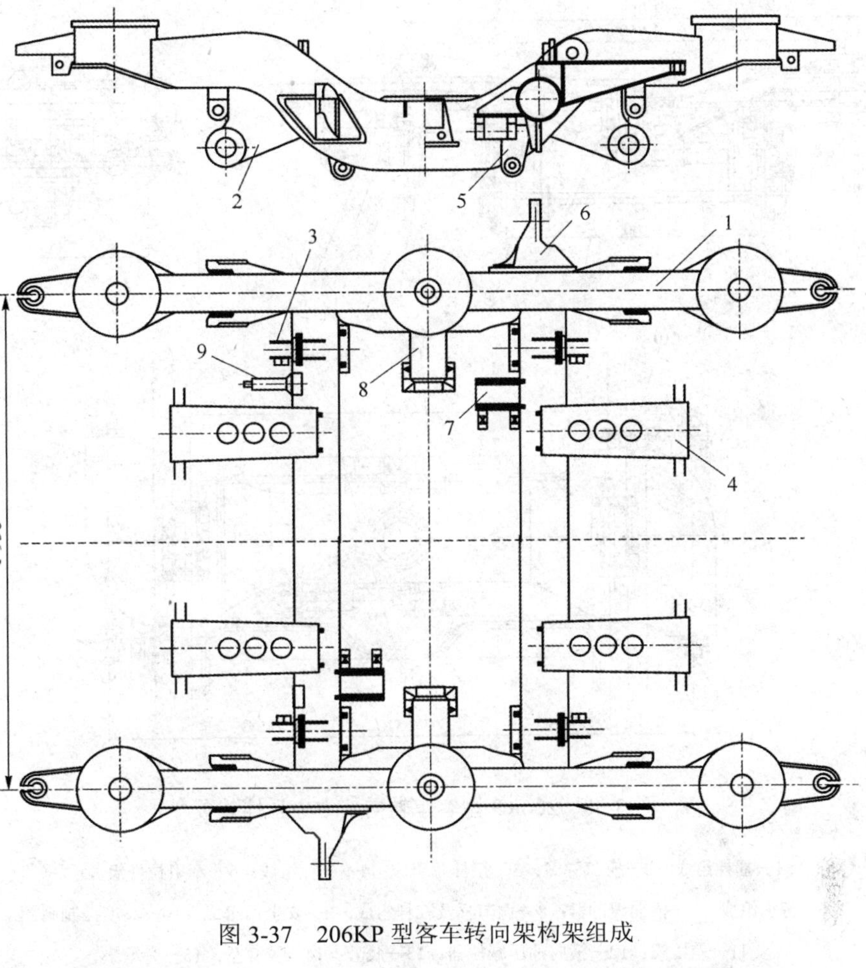

图 3-37　206KP 型客车转向架构架组成

1—构架；2—定位臂座；3—闸瓦托吊座；4—盘形制动单元吊座；5—闸瓦制动缸安装座；6—牵引拉杆座；7—横向油压减振器座；8—横向挡及扭杆座；9—手制动转臂座

构架组成由焊接结构的构架、制动梁吊座、减振器座、拉杆座、扭杆座及轴箱定位转臂座等焊接而成，如图 3-37 所示。

构架由侧梁、横梁和轴箱弹簧座等组成。

侧梁为 U 形结构，由两块厚 14 mm 的钢板热压成槽形的梁体对焊而成。侧梁中部上面焊有空气弹簧承载座。

横梁及侧梁端部的轴箱弹簧座分别由壁厚 12 mm 的圆管制成。侧梁内腔为封闭式，作为空气弹簧的附加空气室，每个侧梁内腔容积约为 65 L。

构架组成中除减振器座和定位转臂座为铸钢件外其余均为钢板件，构架组焊后经退火处理，消除焊接应力。

2. 中央悬挂装置

206KP 型客车转向架中央悬挂装置如图 3-38 所示。

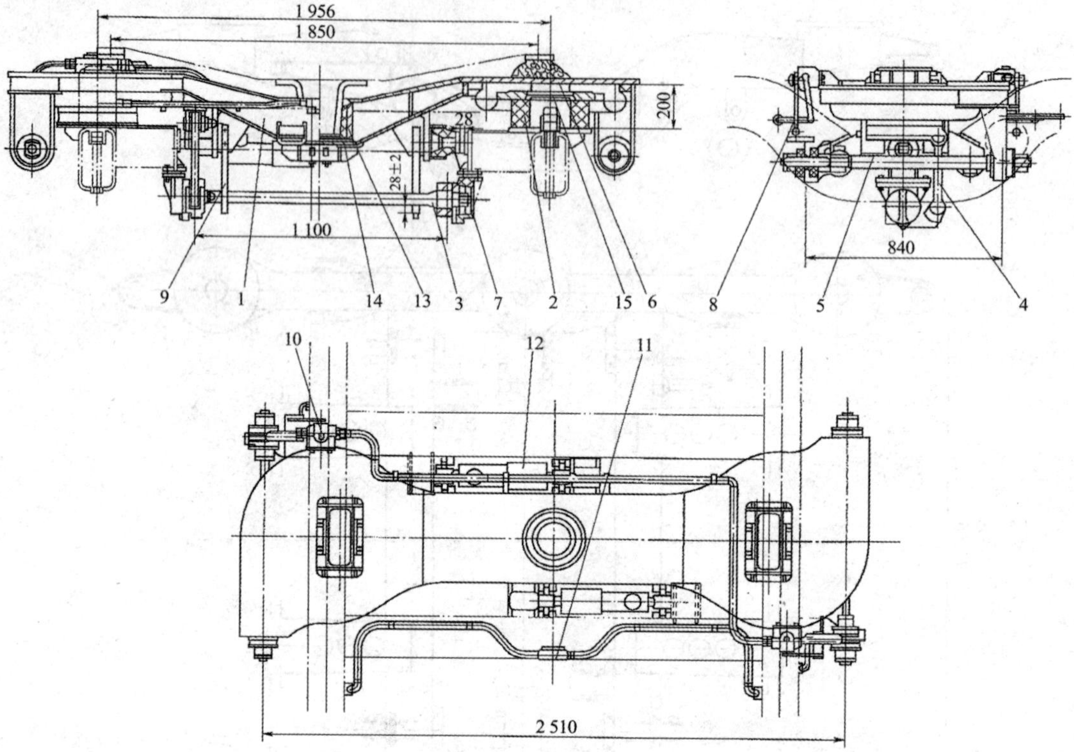

图 3-38 206KP 型客车转向架中央悬挂装置

1—摇枕组成；2—空气弹簧；3—扭杆总组成；4—连杆组成；5—牵引拉杆组成；6—旁承组成；7—横向缓冲器；8—调节杆及杠杆组成；9—安全吊组成；10—高度控制阀；11—差压阀；12—横向油压减振器；13—胶套；14—胶套垫；15—旁承垫

206KP型客车转向架中央悬挂装置利用U形构架的结构特点和空气弹簧的横向复原特性，采用结构简单的无摇动台空气弹簧悬挂形式。采用全旁承支重方式，利用上、下旁承的摩擦阻力矩来抑制转向架的蛇行运动；装在车体枕梁与摇枕之间的牵引中心销只起传递牵引力、制动力及横向力的作用。

中央悬挂装置由摇枕、空气弹簧、横向挡、牵引套、牵引中心销、下旁承、旁承调整垫、抗侧滚扭杆装置、扭杆安全吊、牵引拉杆、横向油压减振器、高度调整阀、差压阀及供风管路等组成。

摇枕为钢板焊接结构。摇枕通过两端的下平面支承在空气弹簧的上盖板上。空气弹簧通过带橡胶堆的底座直接坐落在构架侧梁的弹簧座上，并以构架侧梁内腔作为附加空气室。空气弹簧与附加空气室之间设有可变阻尼节流阀，这种节流阀阻尼的大小可随振动的大小变化，从而使衰减振动的效果更好。

考虑到空气弹簧垂向刚度低、横向跨距小（1 956 mm）及抗侧滚能力差的特点，在206KP

型转向架中央悬挂装置中安装了抗侧滚扭杆装置，如图3-39所示。

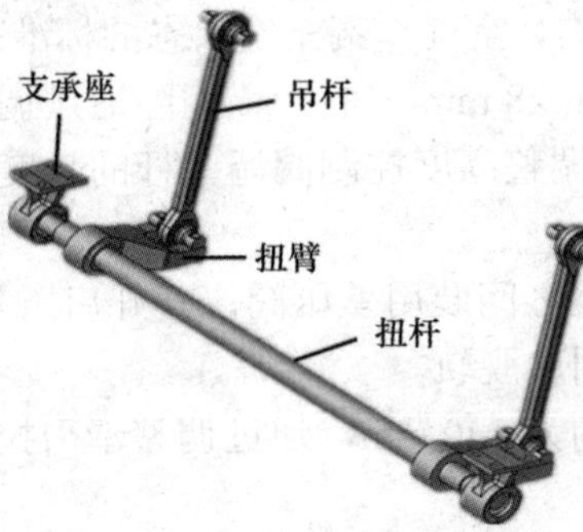

图 3-39　抗侧滚扭杆装置实物图

抗侧滚扭杆装置由扭杆、扭臂、连杆（或称吊杆）、支承座、纤维轴承及球关节轴承等组成。扭臂一端与转向架构架上的扭杆座联接，另一端与车体枕梁下的扭杆座联接。当车体（摇枕）发生侧滚时，通过连杆、扭臂的传递使扭杆发生扭转变形，从而限制车体侧滚角度。当车体浮沉振动时，扭杆不发生扭转，对车体不产生力的作用。连杆两端装用球关节轴承，避免因安装扭杆而影响车体（摇枕）的正常的横向摆动。

旁承由旁承体、摩擦块（超高分子聚乙烯材质）、橡胶缓冲垫及调整垫等组成。

空气弹簧为 SYS550C 型，如图 3-40 所示。空气弹簧由上盖组成、自由膜式橡胶囊、底座与橡胶硫化成一体的下座组成、压环、节流阀及 O 形密封圈等组成。由于没有摇动台，空气弹簧采用橡胶堆结构，尽量降低其横向刚度，以获得好的横向振动性能。橡胶囊的大、小密封口均为自密封式，为减少橡胶囊的磨耗，在上盖、下座与橡胶囊接触部位硫化有一层橡胶。节流阀的作用提供了垂向振动所需的阻尼，为减缓冲击，节流阀采用可变阻尼式，节流孔的大小可随空气弹簧与附加空气室压差的变化而变化。

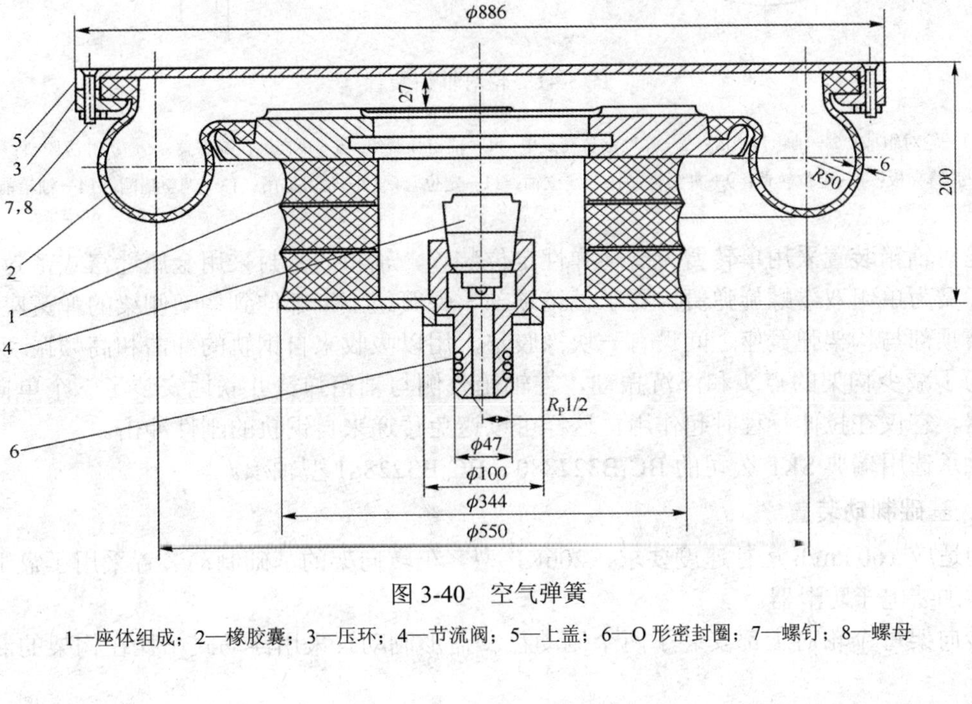

图 3-40　空气弹簧

1—座体组成；2—橡胶囊；3—压环；4—节流阀；5—上盖；6—O 形密封圈；7—螺钉；8—螺母

在车辆自重下，空气弹簧无气状态下的高度约为 172 mm，此时，构架上测量座与摇枕上测量板之高度差为 28 mm 左右，空气弹簧充气状态的标准高度为 200 mm，即充气后的空气弹簧上盖与支承座间隙保持在 28 mm 左右，该间隙通过调整测量座与测量板之高度差满足（28±2）mm 来保证，通过调整高度控制阀调节杆的长度来实现（调节杆上、下关节之间的长度约为 230 mm）。

在两个空气弹簧附加空气室之间装用差压阀，其开启压差为 150 kPa，目的是防止两侧空气弹簧承载有较大的差别而引起脱轨。

纵向牵引拉杆的安装长度约为 840 mm，通过调整牵引拉杆的安装长度使摇枕处在构架纵向中心位置。

摇枕与构架设有两个横向油压减振器，当一个发生故障不能正常工作时仍可保证摇枕弹簧系统有一定的横向阻尼，避免因无横向阻尼引起横向振动而失稳。

3. 轮对轴箱装置

206KP 型客车转向架的轮对轴箱装置由轮对组成、轴箱体组成、弹性定位套组成、定位转臂、单向油压减振器、轴箱弹簧组、缓冲橡胶垫和弹簧夹板等零部件组成，如图 3-41 所示。

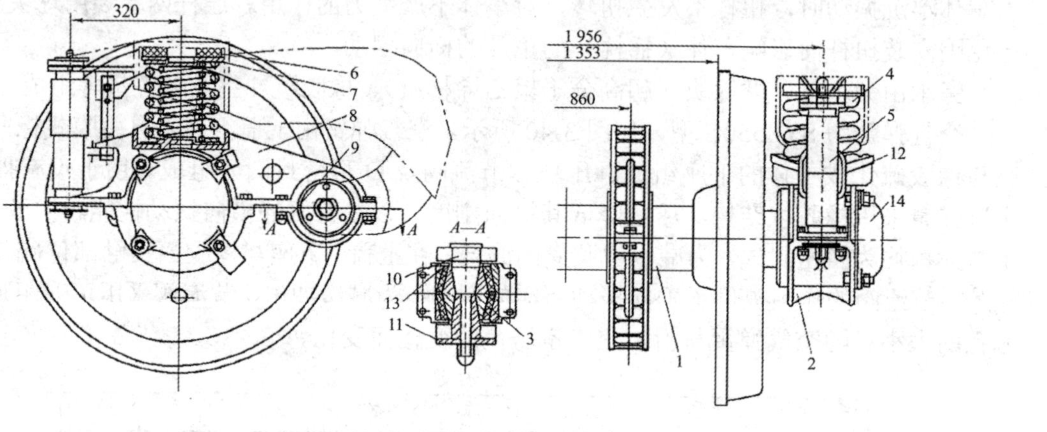

图 3-41 轮对轴箱装置

1—轮对组成；2—轴箱体组成；3—弹性定位套组成；4—轴箱弹簧组；5—单向油压减振器；6—缓冲橡胶垫；7—弹簧夹板；8—定位转臂；9—夹紧箍；10—定位轴；11—定位套；12—轮对提吊；13—调整垫圈；14—轴箱前盖

轮对轴箱装置采用单转臂无磨耗弹性定位装置，轴箱的密封采用金属迷宫式密封结构，轴箱弹簧为单组双卷螺旋弹簧，置于轴箱顶部，弹簧组上半部伸到构架侧梁的弹簧座里面，在弹簧顶部与构架弹簧座之间设有一块橡胶垫，用以吸收来自钢轨的冲击和高频振动。

为了减少构架的点头和浮沉振动，在轴箱外侧与轴箱弹簧并联地安装了一个单向油压减振器，它仅在拉伸行程时起作用，这样可以避免传递来自钢轨的刚性冲击。

轴承选用瑞典 SKF 公司的 $BC_1B322880$、$BC_1B322881$ 型轴承。

4. 基础制动装置

为适应 160 km/h 运行速度要求，206KP 型客车转向架的基础制动装置采用了盘形制动单元并加装电子防滑器。

转向架每个轮对上都安装了两个制动盘。盘形制动缸采用浮动式吊挂在构架的制动缸吊座上。每车一位转向架的一位盘形制动单元装有手制动转臂组成，通过转臂组成将车上的手制动装置产生的制动力传递到制动盘闸片上，从而获得所需的制动力。

每个盘形制动单元均有一个单元制动缸。

206KP型客车转向架支承车体并将车体上的各种作用力和载荷传递给钢轨。206KP型客车转向架垂向载荷传导顺序如下。

车体 → 上旁承 → 下旁承 → 摇枕 → {空气弹簧 / 抗侧滚扭杆} → 构架 → {轴箱弹簧 / 油压减振器} →

定位转臂 → 轴箱 → 轴承 → 轮对 → 钢轨。

3.2.3 SW-160型客车转向架

SW-160 型客车转向架是继 206KP 型客车转向架后推出的改进型转向架，它继承了 206KP 型客车转向架较为成熟和稳定的技术特点，是在对 206KP 型客车转向架运用及检修中暴露的一些不足，认真分析总结的基础上开发研制的。

SW-160 型客车转向架在 206KP 型客车转向架的基础上作了如下改进：牵引销由圆锥形改为圆柱形，以减小回转阻尼；改进构架的结构与制造工艺，以提高强度，减少裂纹的发生；改进轴箱弹簧上盖板形状，以避免轴箱弹簧与上盖板相碰；改进轴箱弹簧定位装置结构，以便于检修；增大空气弹簧的间距，采用外侧支悬结构，以提高车辆的运行平稳性。

“SW”为四方厂英文（Sifang Work）字母的缩写，字母“S”代表四方，字母“W”代表机车车辆工厂，“160”代表转向架的最高运行速度。

SW-160 型客车转向架主要技术参数如下。

每台转向架质量/t	约 6.9
轴重/t	16.5
最高运行速度/（km/h）	160
轨距/mm	1 435
固定轴距/mm	2 560
车轮直径/mm 及型式	ϕ915，KKD 车轮
车轴型号	RD_{3A}
轴承型号	进口 SKF 或 NSK 或 FAG 轴承
减振器阻尼系数/（kN·s/m）	
一系垂向阻尼	4×10
二系垂向阻尼（节流阀空气节流当量）	2×60
二系横向阻尼	2×25
轴颈中心距/mm	1 956
空气弹簧横向间距/mm	2 300
通过最小曲线半径/m	
连挂	R145

缓行调车	R100
自重下旁承面距轨面高度/mm	970
制动型式	盘形制动

SW-160 型客车转向架的现车实物及结构如图 3-42 所示。它主要由构架组成、中央悬挂装置、轮对轴箱装置和基础制动装置 4 部分组成。SW-160 型客车转向架从 1998 年开始运用于高档餐车、软卧车及提速客车上，在列车运行中最大允许速度是 140 km/h。

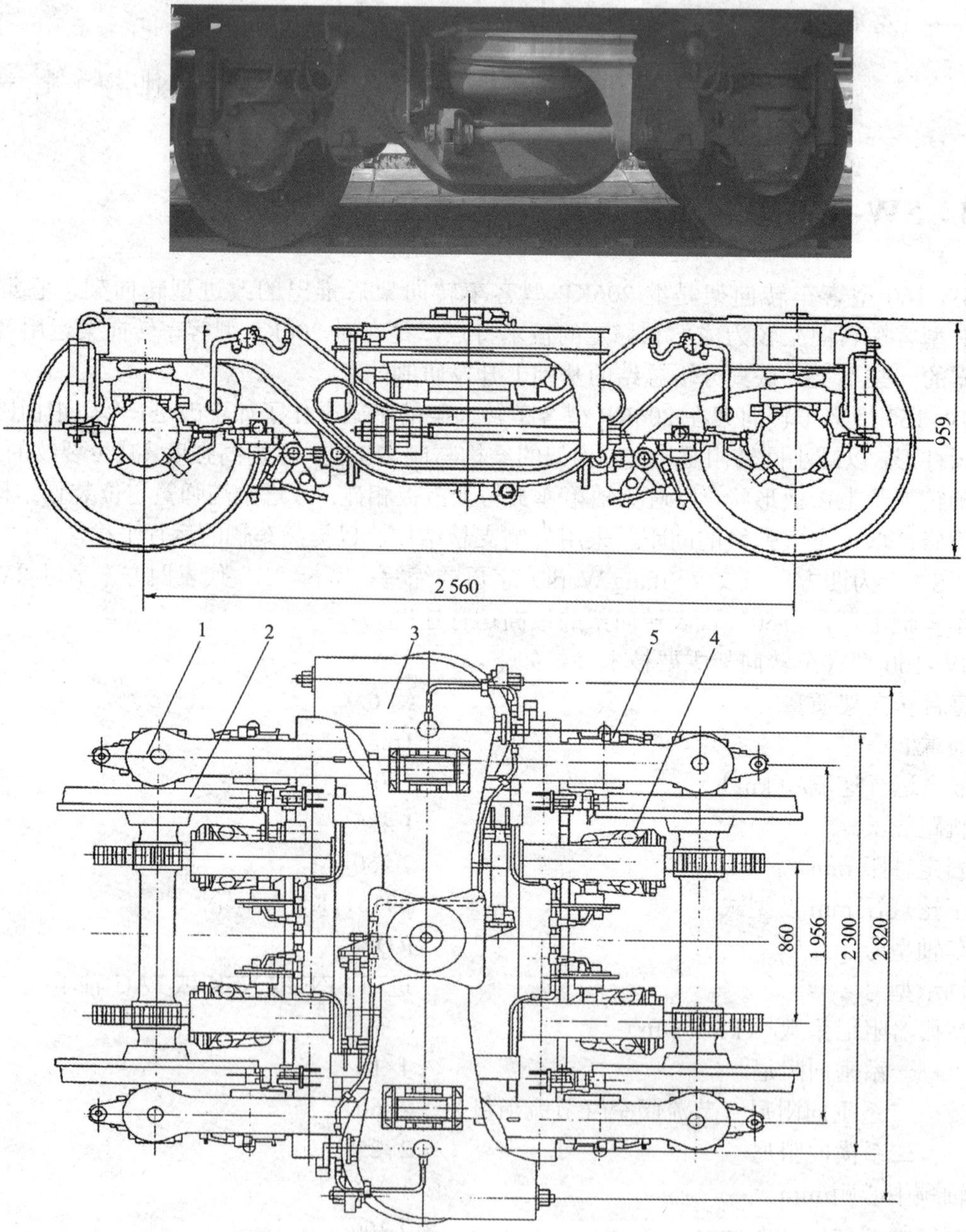

图 3-42　SW-160 型客车转向架现车实物图及结构图

1—构架组成；2—轮对轴箱装置；3—中央悬挂装置；4—基础制动装置

1. 构架组成

SW-160 型客车转向架构架组成采用焊接结构，如图 3-43 所示。与 206KP 型客车转向架相比，在侧梁的结构上有较大区别，侧梁仍为 U 形但改为 4 块钢板拼焊的形式，这克服了 206KP 型客车转向架构架压型侧梁因模具所限而影响二系悬挂参数选择的缺点。

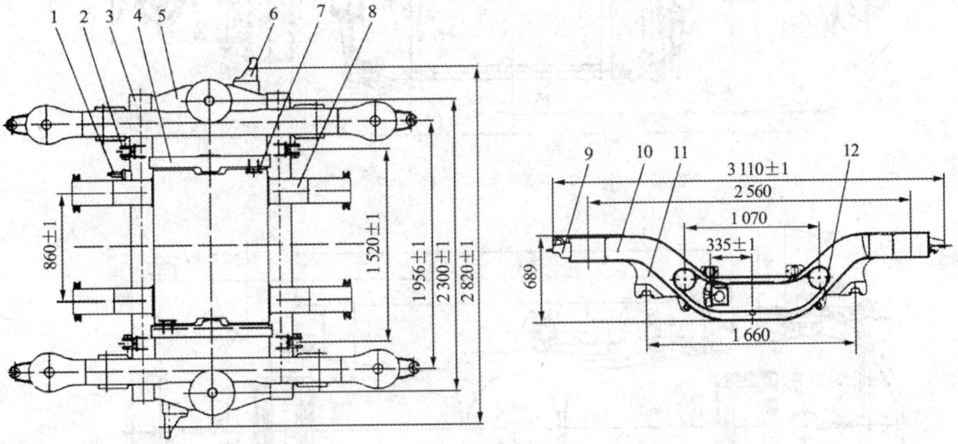

图 3-43　SW-160 型客车转向架构架组成

1—手制动转臂座；2—闸瓦托吊座；3—横梁；4—纵向辅助梁；5—空气弹簧支承座；6—牵引拉杆座；7—横向油压减振器座；8—制动吊座；9—轴箱减振器座；10—侧梁；11—定位臂；12—制动梁吊座

采用空气弹簧，在侧梁外侧位置增大了空气弹簧支点的横向距离，为此，在侧梁之外的两横梁间设一箱形空管支承梁，以支承空气弹簧并和横梁相连通作为附加空气室。横梁仍采用圆管型材，贯通并延伸出两侧梁之外，从而避免了 206KP 型客车转向架构架横梁端面与侧梁外侧平齐而易引起焊接缺陷的现象。对侧梁两端之轴箱弹簧支承部位及 206KP 型客车转向架中出现的个别部位强度裕量不足、轴箱弹簧易碰磨筒壁等问题，在结构设计和布局细节处理上作了改进。为了方便轮对轴箱定位节点的安装和拆卸，将定位臂的定位面改为梯形槽结构。在侧梁内侧及横梁之间设两个纵向辅助梁，用于安装扭杆、差压阀和横向减振器座。构架组焊后经退火处理，消除焊接应力。

2. 中央悬挂装置

SW-160 型客车转向架中央悬挂装置采用无摇动台结构，如图 3-44 所示。它具有结构简单、无磨耗、零部件少、方便检修等优点。

SW-160 型客车转向架的中央悬挂装置，对 206KP 型客车转向架投入运用以来出现的一些问题，着重在以下几方面作了相应的改进。

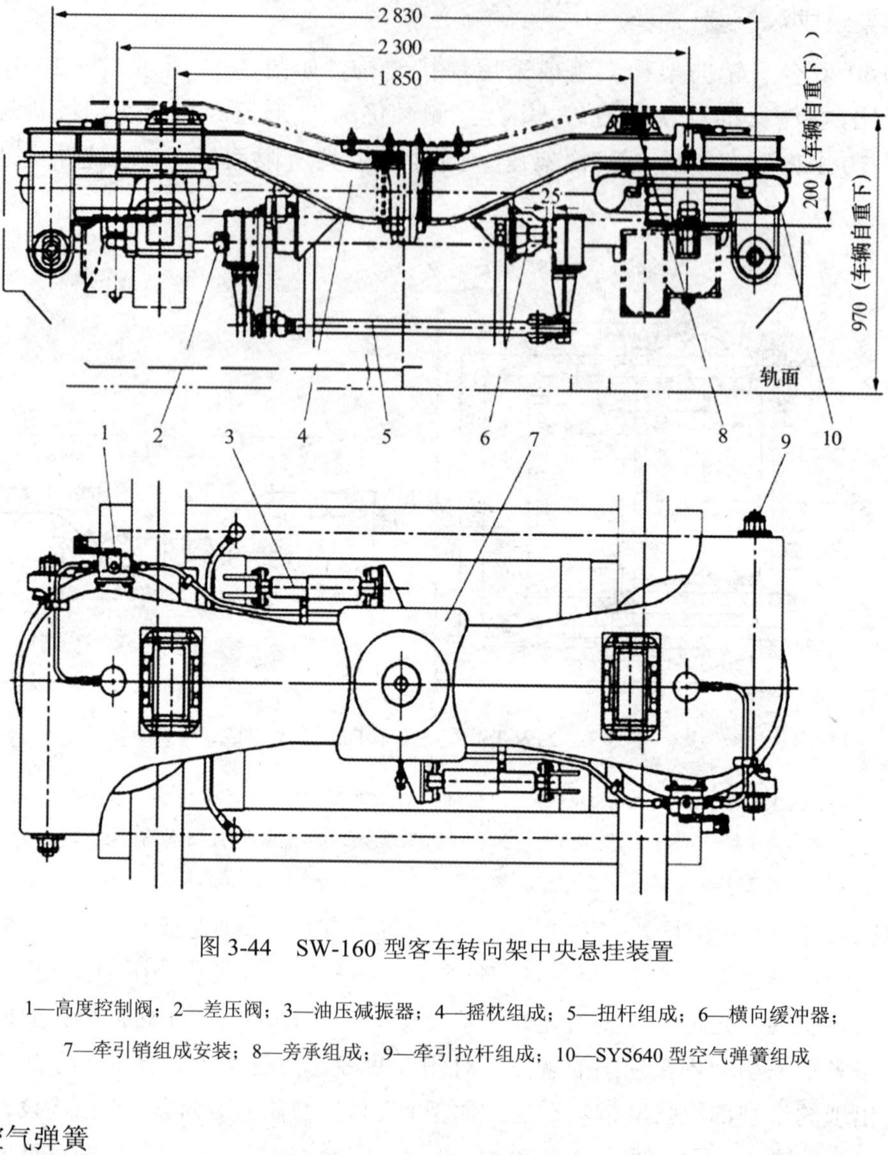

图 3-44　SW-160 型客车转向架中央悬挂装置

1—高度控制阀；2—差压阀；3—油压减振器；4—摇枕组成；5—扭杆组成；6—横向缓冲器；7—牵引销组成安装；8—旁承组成；9—牵引拉杆组成；10—SYS640 型空气弹簧组成

1）空气弹簧

采用新研制的 SYS640 型自密封式空气弹簧，如图 3-45 所示。它的组成主要包括上盖组成、橡胶囊、支承座、橡胶堆、节流阀和 O 形密封圈等。根据计算和试验的结果，进一步降低了二系的横向刚度来改善横向振动性能。由于将空气弹簧横向间距由 1 956 mm 增至 2 300 mm，构成外侧悬挂，而且横向刚度也有所降低，解决了 206KP 型客车转向架空气弹簧受构架形状所限而影响性能的问题。与此同时，增大了转向架的抗侧滚刚度。

2）摇枕

摇枕仍采用焊接结构，由梁体和两端头组成。原 206KP 型客车转向架摇枕端头为开口断面筒形结构，在端头外侧斜对称位置布置纵向拉杆座，从摇枕的整体结构上看，端头部位显得较为薄弱，在运用中也曾出现过问题。为此，将原开口结构改为封闭式箱形结构，增强了承载部位的强度和刚度。将空气弹簧供风改为上进式。

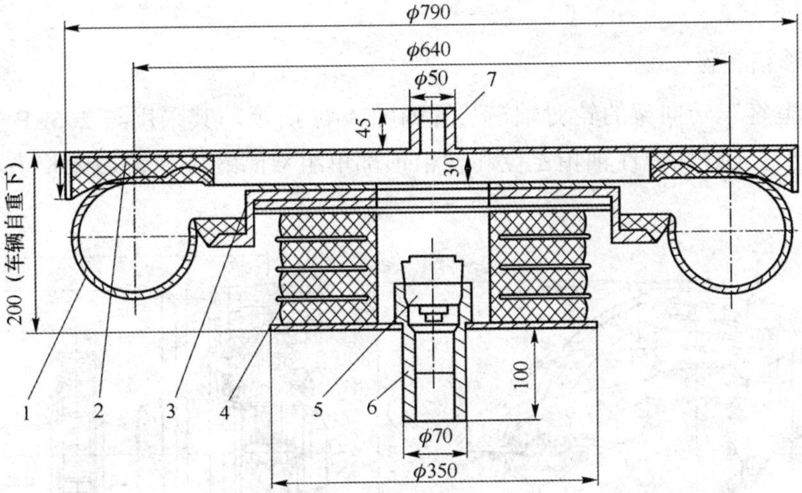

图 3-45　SYS640 型空气弹簧组成

1—橡胶囊；2—上盖组成；3—支承座；4—橡胶堆；5—节流阀；6、7—O 型密封圈

3）牵引装置及其他部件

采用全旁承支重。选用 65Mn 上旁承与具有自润滑特性的氟塑料金属摩擦块；采用了圆柱截面牵引销、套（内、外钢套中间为硫化橡胶）配合的新型结构，使该装置只传递水平载荷。SW-160 型客车转向架与 206KP 型客车转向架的牵引销的结构对比如图 3-46 所示。

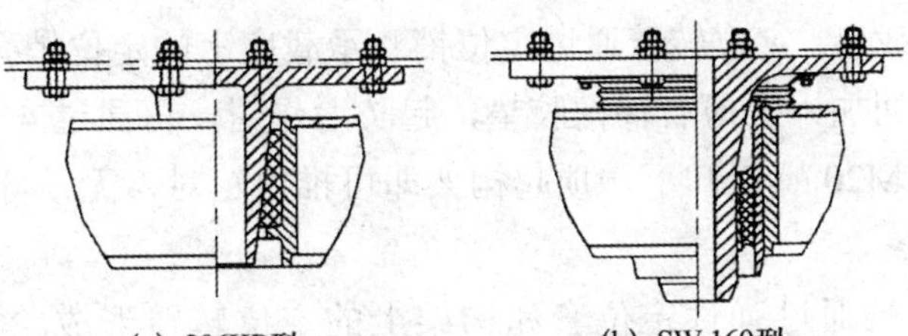

(a) 206KP型　(b) SW-160型

图 3-46　牵引销组成安装

中央悬挂装置其他部分包括旁承、抗侧滚扭杆、牵引拉杆组成等，均和 206KP 型客车转向架基本相同。

高度调整阀和差压阀仍采用日本进口的 NABCO 产品，在自重状态下，空气弹簧无气时的高度约为 170 mm，此时，构架上的测量座顶面与空气弹簧上平面高度差为（30±5）mm。空气弹簧充气后的标准高度为 200 mm。差压阀的开启压差为 150 kPa，以防止两侧空气弹簧产生过大的压差。

牵引拉杆用来传递构架和摇枕之间的纵向力，同时通过调整拉杆的安装长度，使摇枕处于构架的纵向中心位置。

为了提高空气弹簧供风软管的可靠性，采用了外罩不锈钢丝网的软管，这样可以减轻橡胶管的磨损。

3. 轮对轴箱装置

SW-160 型客车转向架的轮对轴箱装置如图 3-47 所示。其采用与 206KP 型客车转向架相同的单转臂式无磨耗弹性轴箱定位和轴箱顶部单组双圈螺旋弹簧加橡胶垫及垂向油压减振器的形式。

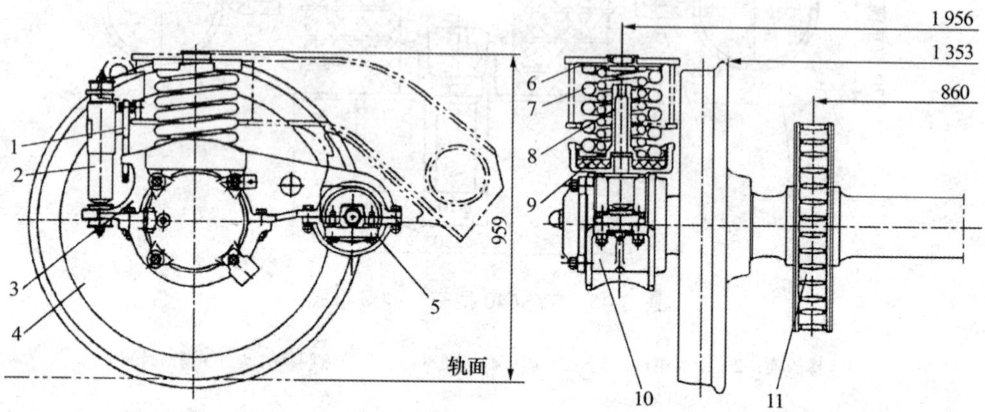

图 3-47　SW-160 型客车转向架轮对轴箱装置

1—轮对提吊；2—垂向油压减振器；3—定位转臂组成；4—轮对；5—定位挡板；6—上弹簧夹板组成；7—轴箱弹簧组；8—下弹簧夹板组成；9—缓冲胶垫；10—轴箱；11—制动盘

轴箱两侧设有承载座，定位转臂通过定位销和承载座上的定位销孔来保证定位，定位转臂与轴箱体承载座之间加一层薄石棉橡胶垫，起防滑作用，再通过 4 个 M20 螺栓固定，更换轮对时只需将 4 个 M20 螺栓卸下，顶起构架即可推出轮对，无须分解定位转臂及弹簧悬挂系统。

定位转臂的另一端通过弹性定位套和构架上的定位转臂形成轮对轴箱纵、横方向弹性定位。它由定位轴、定位套和弹性定位套组成，当轮对轴箱相对构架位移时，弹性定位套中的橡胶层发生变形，因而，是无磨耗的。为了使定位节点和定位臂的组装更加方便，将原 206KP 型客车转向架的圆形销轴改为梯形槽结构。在轴箱底部两侧均设轴箱传感器安装位。

在运用过程中，针对 206KP 型客车转向架出现的轴箱弹簧和构架轴箱筒壁发生碰磨的现象，SW-160 型客车转向架在设计时进行了改进。首先，大幅度增加了轴箱弹簧筒和轴箱弹簧之间的间隙，特别是沿纵向方向将原圆形断面改为长圆孔断面；其次，重新设计了轴箱弹簧和构架之间的定位装置，保证在运用时轴箱弹簧不致产生过大的横向位移，改善了弹簧的工作环境，并延长了它的使用寿命。

SW-160 型客车转向架与 206KP 型客车转向架轴箱弹簧定位结构的对比如图 3-48 所示。

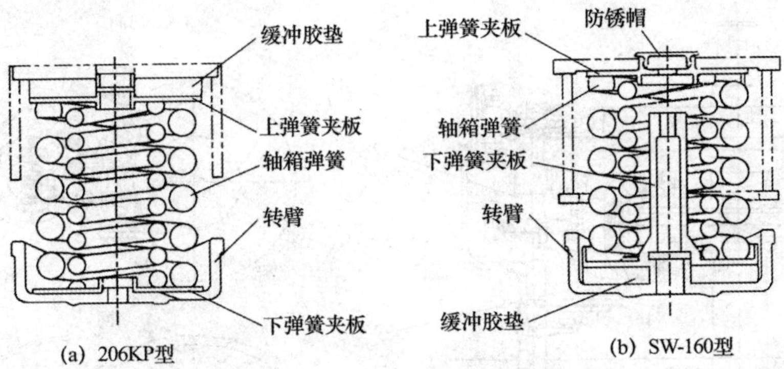

图 3-48 轴箱弹簧定位结构改进

为了保证重车下弹性定位套基本不扭转，减少弹性定位套引起的垂向附加刚度。轴箱弹簧两端面设有弹簧夹板，保证在组装、分解定位转臂时，弹簧有一定的预压缩，从而避免弹性定位套产生过大的扭转角。

构架上轴箱弹簧筒外端设有垂向油压减振器座，以此作为转向架整体起吊时的吊钩之用。在减振座下方，安装有轮对提吊，在转向架未落车时，轮对提吊钩住定位转臂上的挡座，以免在轴箱弹簧作用下，弹性定位套转角过大而损坏垂向减振器。

SW-160 型客车转向架的轮对和 206KP 型客车转向架可以完全互换，每个轮对上装有两个制动盘。对称两半结构的铸铁制动盘通过螺栓及定位销连成一体，制动盘与盘座为横穿螺栓式，分解安装方便。制动盘座冷压到车轴轴身专设的安装座上。

车轮踏面采用磨耗型（LM）踏面。

为适应 160 km/h 的速度要求，轴承选用进口 SKF 或 NSK 轴承，润滑脂选用铁道Ⅲ型脂，轴箱为金属迷宫式密封结构，轴箱前盖（1、3、5、7 位）、防尘板及轴端压盖等和普通客车转向架（206、209 系列）通用。在 2、4、6、8 位轴端上安装有防滑器测速齿轮，相应地在轴箱前盖留有观察孔和传感器安装孔座。

4. 基础制动装置

SW-160 型客车转向架基础制动装置如图 3-49 所示。它的基本结构与 206KP 型客车转向架相同。

SW-160 型客车转向架的基础制动装置采用了盘形制动单元并加装电子防滑器。转向架每个轮对上都安装了两个制动盘，盘形制动缸为浮动式吊挂在构架的制动缸吊座上。两种单元制动缸设有单向闸瓦间隙自动调整器，随着闸片的磨耗，制动缸活塞自动伸长，保证制动缸工作行程在 6～8 mm。一位转向架的一位盘形制动单元具有手制动功能。

SW-160 型客车转向架支承车体并将车体上的各种作用力和载荷传递给钢轨，SW-160 型客车转向架垂向载荷传导顺序与 206KP 型客车转向架相同。

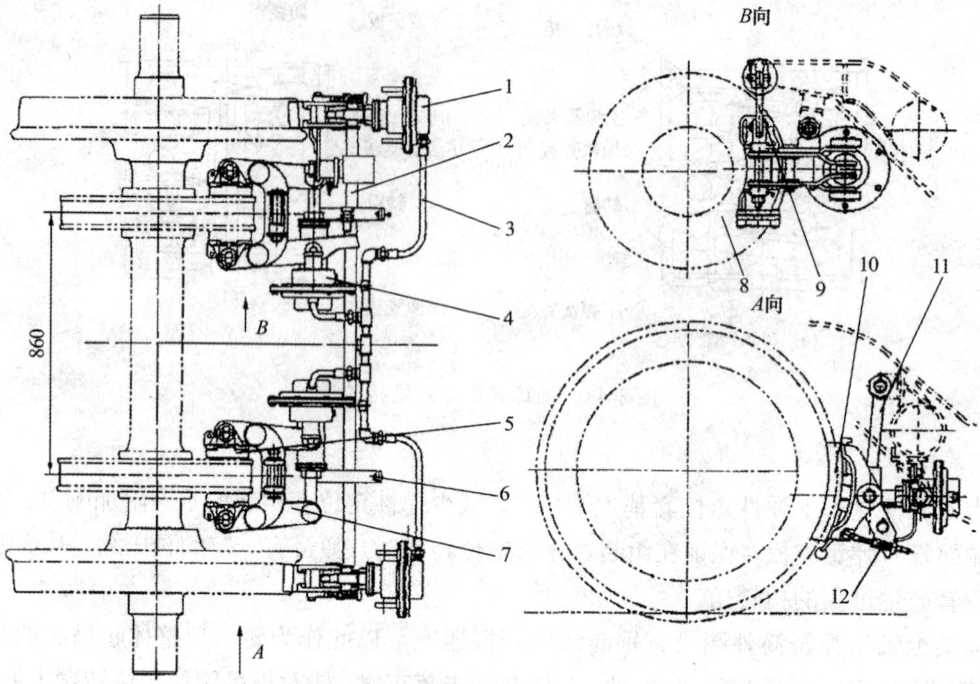

图 3-49　SW-160 型客车转向架基础制动装置

1—单元制动缸（6 英寸）；2—制动梁；3—制动软管；4—单元制动缸（8 英寸）；5—闸片；6—制动梁安全托；7—制动杠杆；8—制动盘；9—闸片托吊杆；10—闸瓦；11—闸瓦托吊杆；12—闸瓦间隙调整弹簧

3.2.4　SW–220K 型客车转向架

SW-220K 型客车转向架是由中国南车四方股份公司制造的一种高速客车转向架。它是在 SW-220 型客车转向架的基础上，按照 160 km/h 速度客车的要求，经局部改造而成的客车转向架。

SW-220K 型客车转向架采用无摇动台、无摇枕、单转臂无磨耗弹性轴箱定位、空气弹簧和盘形制动等技术。“SW”代表四方工厂，“220”代表转向架速度系列。SW-220K 型客车转向架可适应各种 160 km/h 速度等级的客车使用。

SW-220K 型客车转向架主要技术参数如下。

转向架自重/t	约 5.8
可持续运行速度/（km/h）	160
最高试验速度/（km/h）	250
构架型式	平面为 H 形，侧梁为 U 形焊接结构构架
轨距/mm	1 435
车轮型式及直径/mm	KKD 车轮 ϕ915

轴重/t	15.5
车轴型式	RD_{3A1} 轴
轴承型号	进口 SKF $BC_1B322880$/ $BC_1B322881$ 轴承 或 FAG 804468/804469 轴承
轴箱定位方式	单转臂无磨耗弹性轴箱定位
弹簧型式	一系钢弹簧 二系为空气弹簧
减振型式	一系垂向减振器 二系横向减振器、抗蛇行减振器
悬挂型式	无摇枕、无旁承、空气弹簧支重
牵引方式	单拉杆牵引+抗蛇行减振器
吊杆型式	无吊杆
减振器	
一系垂向阻尼系数/（kN·s/m）	15
二系横向阻尼系数/（kN·s/m）	40
抗蛇行运动阻尼系数/（kN·s/m）	600
固定轴距/mm	2 500
制动形式	膜板或皮碗活塞式单元制动

SW-220K 型客车转向架现车实物及结构如图 3-50 所示。它主要由构架组成（1）、轮对轴箱定位装置（2）、中央悬挂装置（3）和基础制动装置（4）4 部分组成。

1. 构架组成

SW-220K型客车转向架的构架组成如图3-51所示。

构架采用钢板焊接结构，平面呈H形，主要由侧梁组成、横梁组成、空气弹簧支撑梁、辅助梁组成和定位臂等组成。侧梁的中部为凹形，横梁的内腔与空气弹簧支撑梁的内腔组成空气弹簧的附加空气室。

1）侧梁

侧梁采用由 4 块钢板组成箱形断面的焊接结构，上、下盖板厚分别为 12 mm、16 mm，腹板厚 12 mm，侧梁中部为 U 形。采用 Q345C（或 ST52-3）焊接结构用轧制钢板。与弹性节点联接的定位臂为铸钢件（ZG25MnNi），其与侧梁联接部为圆滑过渡，以缓和应力。

2）横梁

横梁采用ϕ203 mm×12 mm 无缝钢管（材质为 Q345C 或 ST52-3），表面经酸洗磷化处理。其内腔作为空气弹簧的附加空气室。在横梁上焊有制动吊座、牵引座及空气弹簧的防过冲座等。

3）空气弹簧支撑梁

空气弹簧支撑梁位于侧梁外侧的两横梁之间，是由3块板组焊而成的槽形结构，它与侧梁外侧腹板组成的密闭腔，与横梁内腔相通，共同组成空气弹簧的附加空气室。

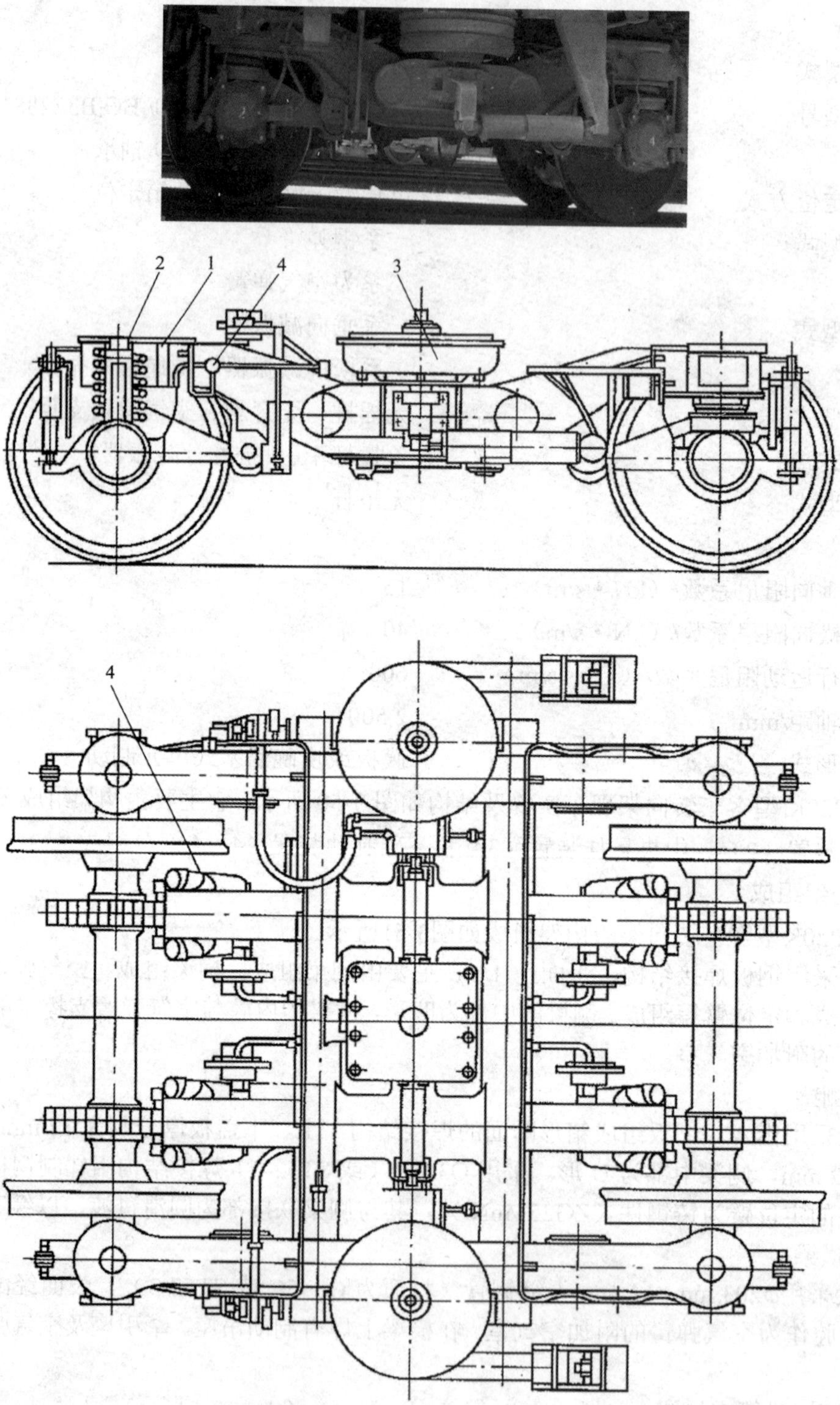

图 3-50　SW-220K 型客车转向架现车实物图及结构图

1—构架组成；2—轮对轴箱定位装置；3—中央悬挂装置；4—基础制动装置

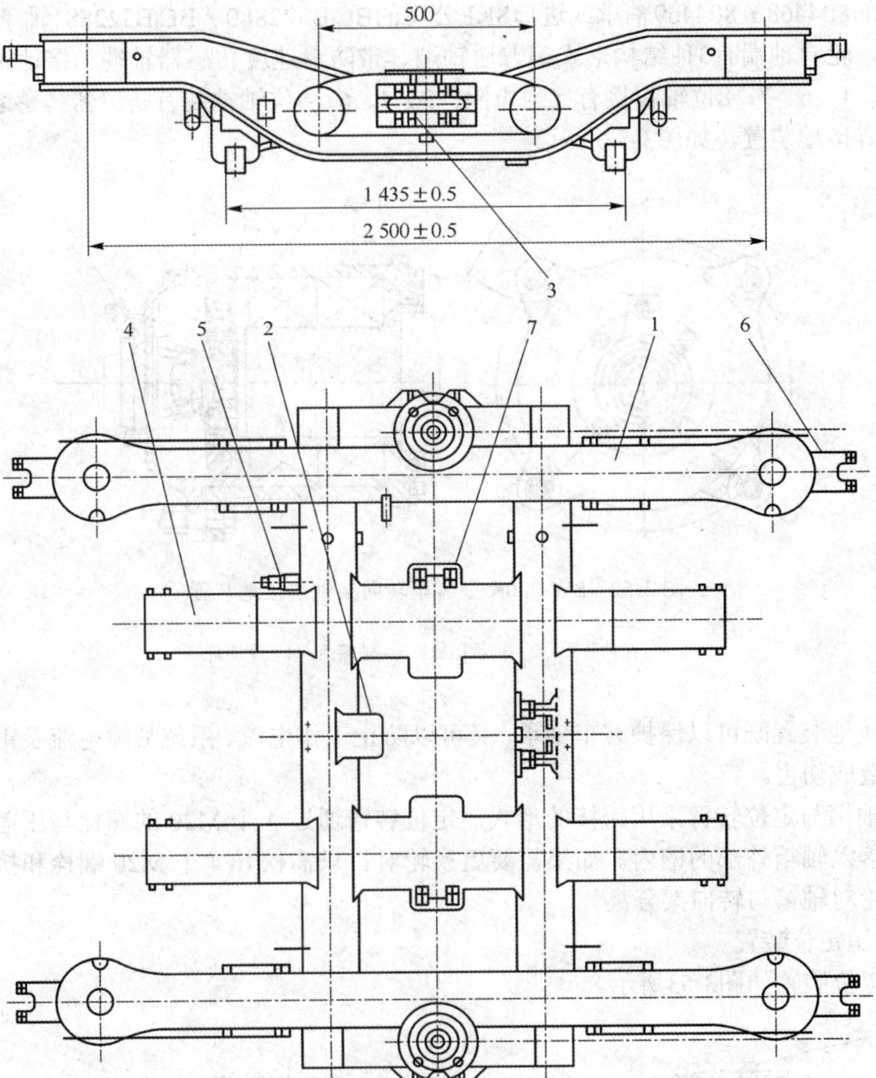

图 3-51　SW-220K 型客车转向架构架组成

1—构架；2—防过冲挡座；3—抗蛇行减振器安装座；4—制动吊梁组成；
5—手制动转轴；6—垂向减振器座；7—横向减振器座

4）辅助梁组成

为提高构架刚度，在两横梁之间由纵向辅助梁联接，其上安装有横向减振器座和横向缓冲器座等。辅助梁采用箱形断面的焊接结构。

2. 轮对轴箱定位装置

SW-220K 型客车转向架的轮对轴箱定位装置采用单转臂无磨耗弹性轴箱定位。

1）轮对轴箱

在轮对中，车轴采用RD_{3A1}型，车轮采用KKD车轮，制动盘采用轴装制动盘，轴承采用进口FAG的804468／804469轴承或进口SKF公司的BC$_1$B322880／BC$_1$B322881轴承。

另外，轮对轴端有3种结构形式：普通轴端、带防滑速度传感器轴端和接地轴端。转向架的1、2、4、6、7、8位轴端接有接地电阻；2、4、6、8位轴端装有防滑器传感装置；3、5位轴端装有接地装置，如图3-52所示。

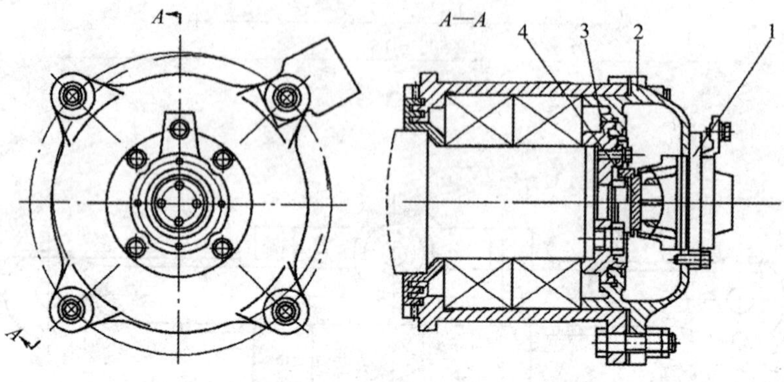

图 3-52 SW-220K 型客车转向架轴端接地装置

1—接地装置；2—轴承压板；3—轴箱盖；4—摩擦片

轴端接地装置既可以保护客车轴承，又可以防止工作电流、系统故障电流及雷电电流通过轴承而造成伤害。

轮对轴箱与定位转臂采用跨接的形式，定位转臂通过 4 个 M20 的螺栓与压盖联接，定位转臂跨落入轴箱外部的槽内。如果需要更换轮对，只需松开 4 个 M20 螺栓和接地线等，便可以使轮对轴箱与转向架分离。

2）轴箱定位装置

轴箱定位装置如图3-53所示。

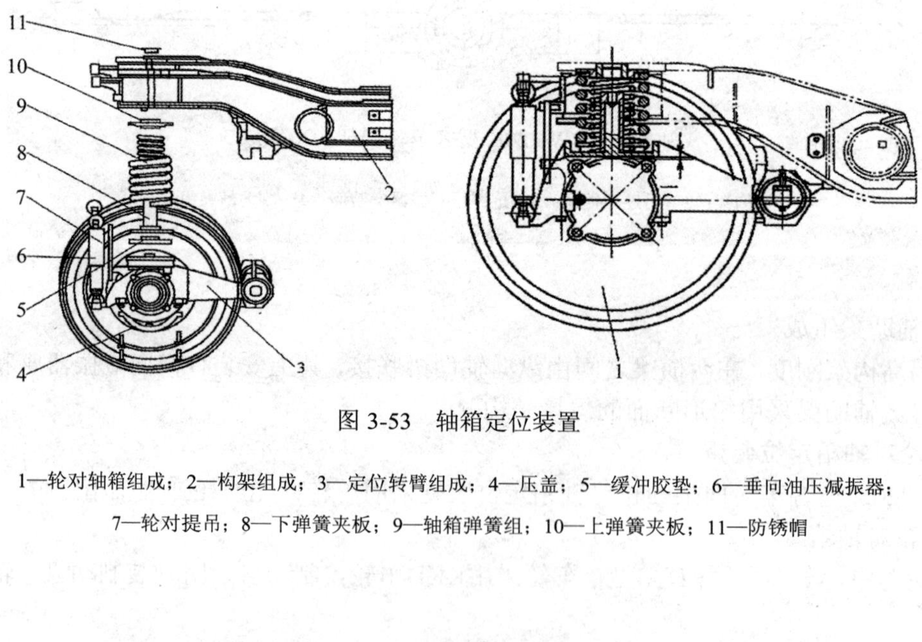

图 3-53 轴箱定位装置

1—轮对轴箱组成；2—构架组成；3—定位转臂组成；4—压盖；5—缓冲胶垫；6—垂向油压减振器；7—轮对提吊；8—下弹簧夹板；9—轴箱弹簧组；10—上弹簧夹板；11—防锈帽

定位转臂是轴箱定位装置中的骨架，是轮对轴箱与构架的联系纽带，为减小定位节点刚度对一系垂向刚度的附加影响，定位转臂选择得应尽可能长，一般为550 mm，采用铸造件（ZG25MnNi）。

轴箱定位装置有如下4个特点。

① 可利用弹性节点自由地选择纵向和横向的刚度。

② 垂向采用轴箱顶置钢弹簧，弹簧刚度选择范围大，并且与纵向、横向刚度几乎无关，可以单独设计。

③ 没有滑动和摩擦部分，橡胶件几乎不外露，延缓老化，可以长期运用免维修。

④ 与其他定位方式相比，零部件少，不必进行轴距控制，因此，组装、分解中均不需特殊工装。

3）一系垂向减振器

一系垂向减振器设在定位转臂和构架弹簧座之间，型号为DISPEN或KONI型，阻尼系数为15 kN・s / m，位移量为190 mm，节点结构及刚度为两端球铰，刚度为10 MN / m。

3. 中央悬挂装置

SW-220K 型客车转向架的中央悬挂装置如图 3-54 所示。

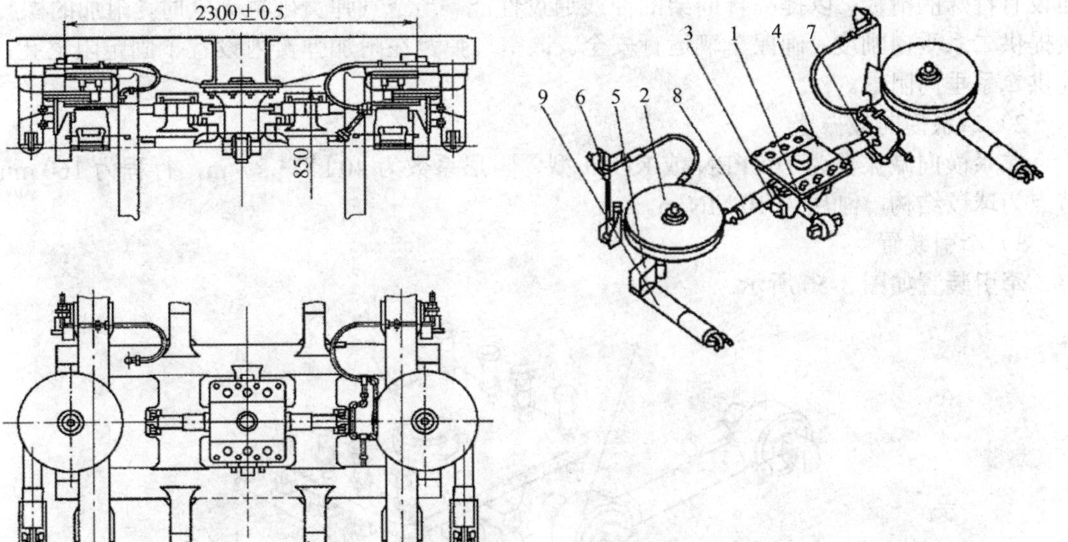

图 3-54　SW-220K 型客车转向架中央悬挂装置

1—牵引拉杆组成；2—空气弹簧组成；3—横向挡；4—中心销组成；5—减振器座；6—高度调整阀；7—差压阀；8—横向减振器；9—抗蛇行减振器

1）空气弹簧

空气弹簧组成如图 3-55 所示。

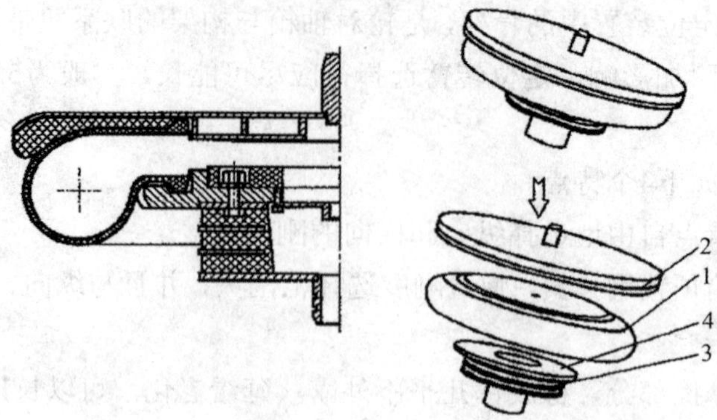

图 3-55　空气弹簧组成

1—橡胶囊；2—上盖组成；3—橡胶垫；4—下座组成

空气弹簧是由气囊和附加的橡胶弹簧组合而成的自由膜形式，适用于水平位移大的无摇枕转向架。

气囊的上下支口为自密封结构。上盖板上设有定位柱，与车体相连，下部通气口与构架相连，为圆柱面并用 O 形密封圈。为使空气弹簧无气状态时转向架能够运行，在下支座上面设有特殊的滑板，以提高转向架的曲线通过性能。当空气弹簧破损无气时，附加的橡胶弹簧提供二系垂向刚度，确保车辆运行安全。该空气弹簧在附加弹簧内设置了固定阻尼孔，以提供二系垂向阻尼。

2）二系横向减振器

二系横向减振器为 DISPEN 或 KONI 型，阻尼系数为 40 kN・s / m，行程为 160 mm，节点为球铰结构，刚度为 10 MN/m。

3）牵引装置

牵引装置如图 3-56 所示。

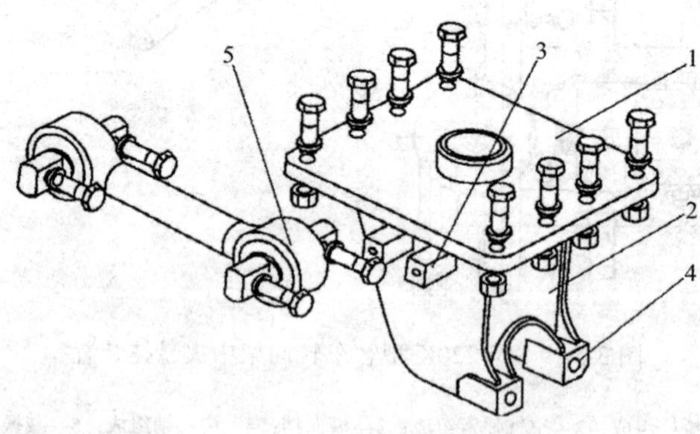

图 3-56　牵引装置

1—安装座；2—中心销联接体；3—减振器安装块；4—拉杆安装块；5—牵引拉杆

牵引装置采用单拉杆结构，安装在车体的中心销组成与带缓冲的拉杆联接传递牵引力和制动力。为降低转向架传递给车体的振动，每台转向架的前后牵引刚度设置为 5 MN/m。

牵引装置具有以下 4 个特点。

① 转向架相对于车体的回转依靠牵引杆端部节点中橡胶的弹性变形。

② 转向架横向（垂向）移动时的回复力，除依靠空气弹簧横向（垂向）刚度外，还依靠两拉杆两端橡胶节点的刚度，但这部分的作用很小。

③ 牵引装置内无相对滑动部分，为无磨耗结构。

④ 转向架和车体的分离应先拆卸牵引杆两端螺栓。

4）横向缓冲器

横向缓冲器是作为限制车体运行中（特别是曲线上）过大的横移而设置的。为了避免运行中车体频繁碰撞缓冲器或者接触后出现硬性冲击，本系统中将缓冲器与止挡的间隙设置为（40±2）mm，同时，将缓冲器设计成非线性特性，它与空气弹簧的横向刚度共同完成限制车体的横移，且位移较大时，可提供非线性增长的复原力。

5）防过冲座

由于采用无摇枕转向架，应设置防止车体意外过大地上升。本转向架在横梁上设有防过冲座，与牵引拉杆头部之间设置了 70 mm 的间隙，具有阻止车体过高上升的功能。

6）抗蛇行减振器

抗蛇行减振器为 DISPEN 或 KONI 型，阻尼系数为 600 kN・s/m，行程为 320 mm，节点为球铰结构，刚度为 25 MN/m。

7）高度调整阀和差压阀

高度调整阀为机械式的纯空气阀（SAB）或日本的 LV-3 型。差压阀设定的压力差为 150 kPa。

4. 盘形制动装置

盘形制动装置如图 3-57 所示。

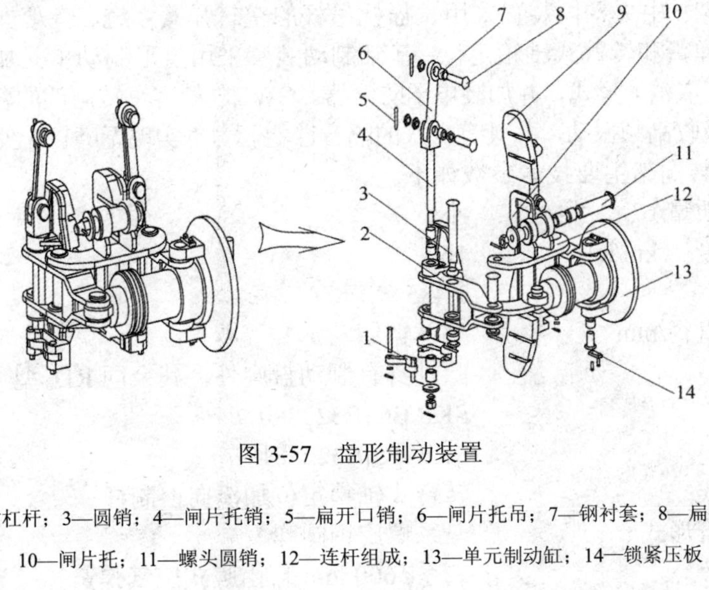

图 3-57　盘形制动装置

1—锁铁；2—夹钳杠杆；3—圆销；4—闸片托销；5—扁开口销；6—闸片托吊；7—钢衬套；8—扁孔圆销；9—闸片；10—闸片托；11—螺头圆销；12—连杆组成；13—单元制动缸；14—锁紧压板

SW-220K 型客车转向架盘形制动装置与 25K 型客车、SW-160 型客车转向架相同，配件可以互换。制动缸为 8 英寸皮碗活塞式，内有自动间隙调整器，可调整闸片与制动盘的间隙。

制动缸最大压力：F8 型阀为 480 kPa，104 型阀为 420 kPa。活塞最大行程为（28±2）mm。

丝杠伸出量：每次（14±2）mm，最大 120 mm，有效 4～6 mm。

每辆车的一位转向架设有一个带手制动装置的杠杆。

制动盘采用轴装式，直径为 640 mm；摩擦半径为 247 mm；闸片与现有提速客车闸片相同，可完全互换使用。

3.2.5 CW-2 型客车转向架

CW-2 型客车转向架采用空气弹簧，它的原型是 T10-1 型转向架。T10-1 型转向架是 1989 年从英国引进的铁路客车技术，并在 BT-10 型转向架的基础上结合我国实际情况设计的。1997 年 4 月 1 日以后，原长客厂对 CW-2 型客车转向架进行了改进，设计成为 CW-2B 和 CW-2C 等型客车转向架，2000 年又对 CW-2 型客车转向架进行了改进设计，设计成为 CW-2E 型客车转向架。CW-2 型客车转向架中，“CW”是长春工厂英文的缩写（Changchun Work），其中字母“C”代表长春，字母“W”代表车辆工厂，“2”表示摇枕弹簧为空气弹簧的系列转向架。目前，国内客车上已装用 CW-2B、CW-2C 和 CW-2E 型 3 种转向架。

CW-2B、CW-2C 和 CW-2E 这 3 种型号的客车转向架是 CW-2 型客车转向架经过对构架改进和加强设计生产出来的。它们在某些结构上有所区别，但总体结构形式是基本一致的，主要特点有：构架采用 H 形钢板焊接结构；一系悬挂均采用圆簧和单向油压减振器，并均采用转臂式弹性轴箱定位装置和横向控制杆，使轮对轴箱具有适当的纵向、横向定位刚度；均采用摇动台式二系悬挂（圆簧或空气弹簧），并在构架与摇枕之间设有横向油压减振器；采用全旁承支重和橡胶弹性中心销；采用抗侧滚扭杆装置；基础制动装置采用每轴两个制动盘的盘形制动装置，并且采用电子防滑装置。

下面仅以 CW-2C 型客车转向架为例进行介绍。CW-2C 型客车转向架采用铸钢一体的 H 形焊接结构的构架；中央悬挂装置采用长摇枕吊杆的空气弹簧系统、旁承支重；轴箱弹簧定位装置采用钢圆弹簧和转臂式轴箱定位；基础制动装置采用盘形制动单元加踏面清扫器（现在，踏面清扫器已取消）形式，并加装电子防滑器。CW-2C 型客车转向架的各零部件广泛采用橡胶元件，可以吸收高频振动，并具有良好的隔音性能，力争实现无磨耗，使检修更为方便。

CW-2C 型客车转向架主要技术参数如下。

每台转向架质量/t	小于 7
最高运行速度/（km/h）	160
轨距/mm	1 435
车轮形式及直径/mm	整体辗钢轮ϕ915
车轴型号	除轴身有制动盘座外，其余同 RD_3 型
轴承型号	SKF $BC_1B322880$
	SKF $BC_1B322881$
轴箱定位方式	转臂式轴箱定位加横向控制杆
悬挂装置弹簧形式	一系螺旋钢圆弹簧
	二系ϕ600 mm 自由膜式空气弹簧
减振方式	一系垂直方向利用空气弹簧节流减振，水平设横向减振器
	二系可变节流孔阻尼加横向油压减振器
摇枕吊杆有效长度/mm	685
摇枕吊杆倾角	0°

牵引方式	纵向牵引拉杆
摇枕横向缓冲器	橡胶挡
抗侧滚装置	扭杆式抗侧滚装置
空气弹簧横向间距/mm	1 956
轴箱弹簧横向间距/mm	1 956
两旁承中心距/mm	1 450
通过最小曲线半径/m	
正线	R145
缓行	R100
固定轴距/mm	2 500
基础制动装置	盘形制动单元加电子防滑器

CW-2C 型客车转向架的现车实物及结构如图 3-58 所示。它主要由构架组成（1）、轮对轴箱定位装置（2）、中央悬挂装置（3）和基础制动装置（4）4 部分组成。CW-2C 型客车转向架主要运用于 25K 型快速空调客车上，在列车运行中最大允许速度是 140 km/h。

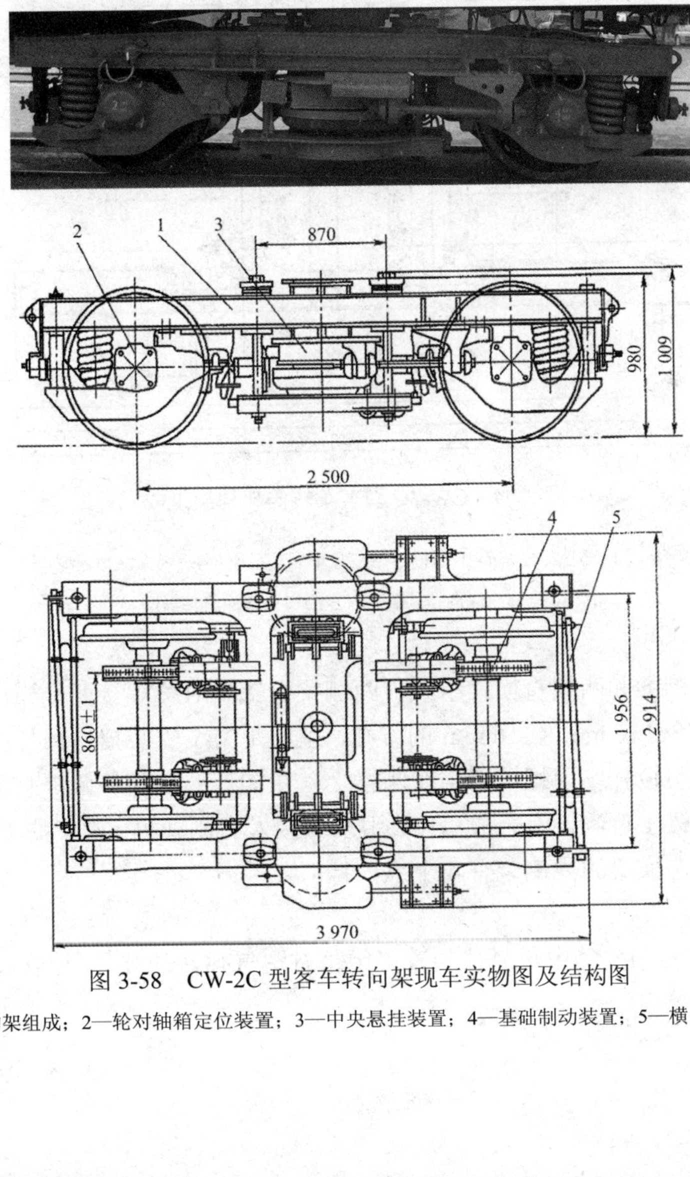

图 3-58　CW-2C 型客车转向架现车实物图及结构图

1—构架组成；2—轮对轴箱定位装置；3—中央悬挂装置；4—基础制动装置；5—横向控制杆

1. 构架组成

CW-2C 型客车转向架采用 16MnR 或 16Mn 低合金结构钢焊接 H 形构架，构架截面为封闭的箱形，如图 3-59 所示。

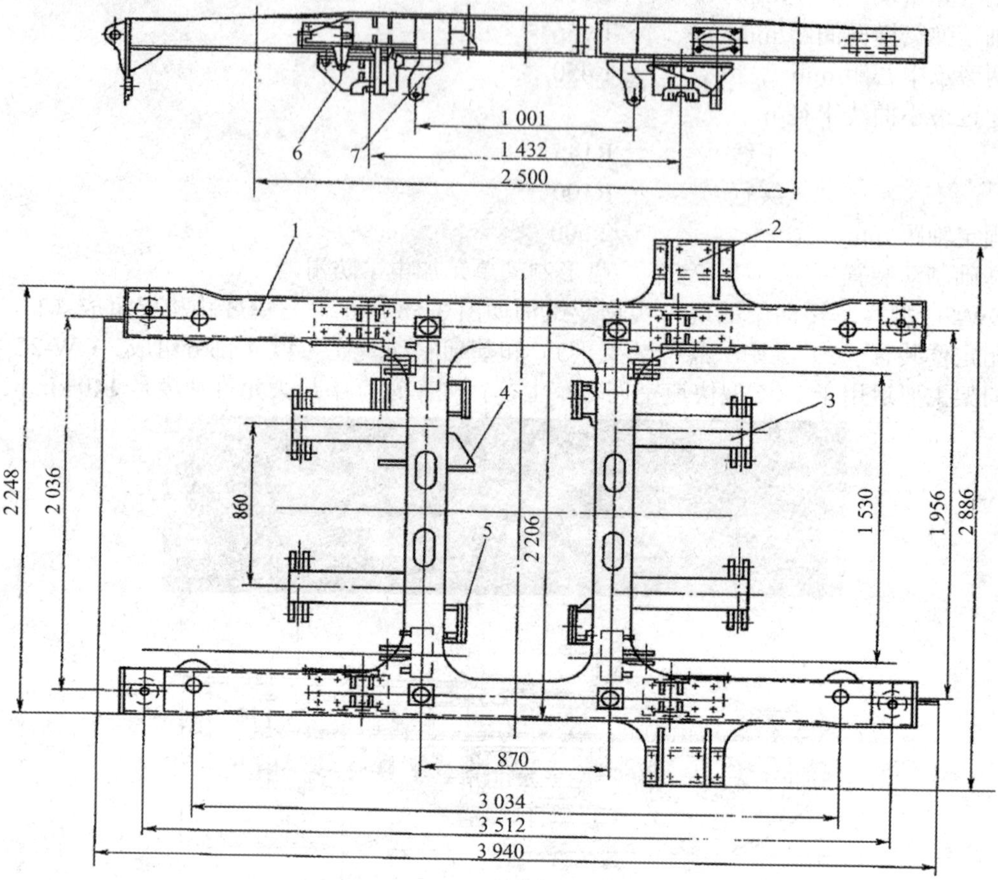

图 3-59 CW-2C 型客车转向架构架组成

1—构架；2—牵引拉杆座；3—盘形制动吊座；4—横向减振器座；5—纵向挡；6—定位座；7—踏面清扫器座

构架由两根直侧梁和两根直横梁组成，两侧梁端部斜对称焊接两个横向控制杆安装座；每侧梁中部设置两个 116 mm×116 mm 的方孔，主要是为了安装摇枕吊杆；4 个轴箱节点定位座和两个纵向牵引拉杆座用螺栓固定在侧梁上；在构架的横梁外侧焊有盘形制动吊座，1 位转向架的 1 位横梁 1 位侧设有合成吊座，用来联接人力制动机；构架的 1 位或 4 位横梁装有横向减振器座；在横梁的内侧装有 4 个纵向挡。

2. 中央悬挂装置

CW-2C 型客车转向架的中央悬挂装置采用带有空气弹簧的摇动台结构，如图 3-60 所示。

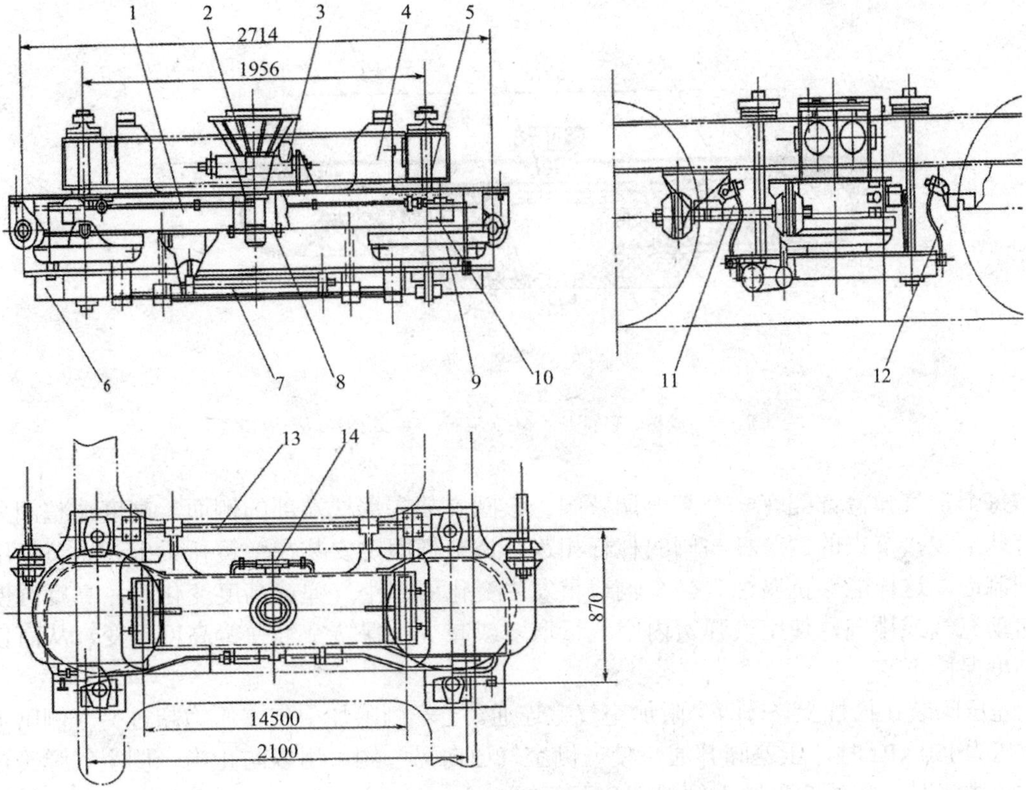

图 3-60　CW-2C 型客车转向架中央悬挂装置

1—摇枕；2—回转支座；3—横向油压减振器；4—下旁承；5—摇枕吊杆；
6—弹簧托梁；7—横向拉杆；8—中心销套；9—空气弹簧；10—高度调整阀；
11—牵引拉杆；12—安全钢丝绳；13—抗侧滚扭杆；14—差压阀

中央悬挂装置由摇枕、空气弹簧、弹簧托梁、摇枕吊杆、下旁承、横向油压减振器、抗侧滚扭杆装置、牵引拉杆和横向拉杆等零部件组成。

摇枕为箱形焊接结构，其内分为左、右两个部分，分别作为左、右两个空气弹簧的附加空气室，每个附加空气室容积为60 L。

采用全旁承支重，旁承磨耗板为钢板上涂覆聚四氟乙烯复合层，复合层厚度为1.5 mm。为防止灰沙侵入摩擦表面，在旁承座板上开有沟槽，内装密封毡条。在各级修程中，均应检查旁承磨耗板面的复合层是否有剥离和缺陷，如果旁承磨耗板面的复合层有剥离和缺陷，应予以更换。

摇枕两端与构架间装有弹性横向挡，以限制摇枕的横向位移。安装在车体枕梁上的铸钢中心销穿过装于摇枕中央的橡胶套作为回转枢轴。摇枕与构架间装有牵引拉杆起牵引作用，牵引杆端部均有橡胶套联接。摇枕与构架间还装设1个横向油压减振器以控制横向振动。

空气弹簧有效直径为ϕ600 mm，在充气状态下，空气弹簧标准高为150 mm，如图3-61所示。空气弹簧安装在摇枕与弹簧托梁之间，利用节流阀可调阻尼有效地控制垂直振动而代替了垂直液压减振器。

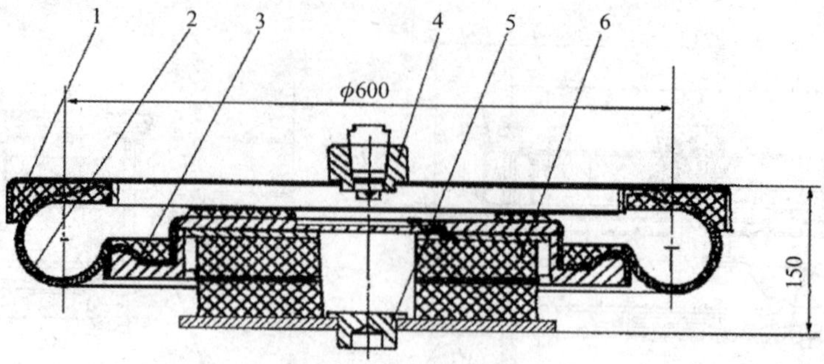

图 3-61　空气弹簧

1—上盖；2—胶囊；3—下座；4—节流阀；5—支承座；6—橡胶堆

每个空气弹簧都配有一个高度调整阀，该阀安装在摇枕端部的侧面。高度调整阀采用带有球形铰接节点的调节杆与阀的杠杆相连，调节杆固定安装在弹簧托梁上。调节杆用不锈钢制造，这样能够抗腐蚀。当车辆载重发生变化引起空气弹簧高度变化时，高度阀便开始自动充气或排气，使空气弹簧内空气量增多或减少以保持空气弹簧高度不变，从而使车体高度保持不变。

差压阀装在摇枕上，与两个附加空气室连通。当一侧附加空气室压力超过另一侧附加空气室压力 150 kPa 时，压差阀开通，使一侧空气通向另一侧，用以防止当一侧空气弹簧过充或故障排气时，车体产生过大倾斜而危及行车安全。

弹簧托梁由 16MnR 钢板焊接而成，弹簧托梁通过 4 根摇枕吊杆悬挂于侧梁上，组成摇动台结构。摇枕吊杆上、下两端通过一对球面接触的凹凸垫、橡胶垫及开口螺母与构架侧梁和弹簧托梁相联接，该弹性悬挂结构既可保证摇动台摇动自由，又不产生磨耗。

弹簧托梁与摇枕之间设有横向拉杆，以防止摇枕相对于弹簧托梁发生相对位移。弹簧托梁与构架之间装有 4 根不锈钢的钢丝绳作为摇动台的安全吊。

抗侧滚扭杆装置如图3-62所示。

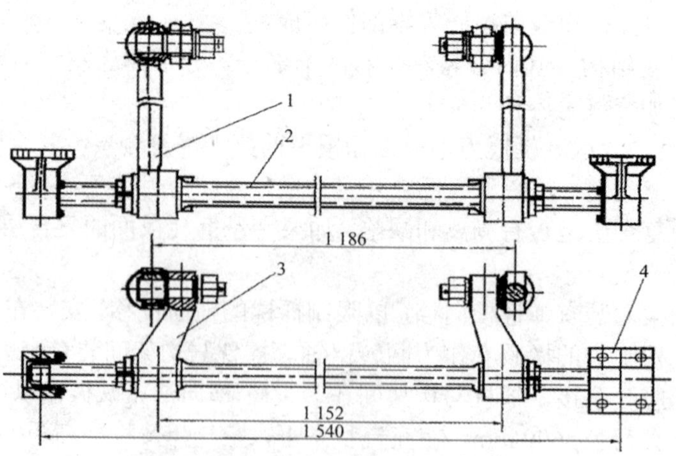

图3-62　抗侧滚扭杆装置

1—吊杆（或称连杆）；2—扭杆；3—扭臂；4—支承座

抗侧滚扭杆装置由扭臂、扭杆、吊杆（或称连杆）、支承座等组成，安装在摇枕和弹簧托梁之间。扭杆与扭臂之间的联接为圆锥花键，易于组装和检修。扭杆两端支承在装有关节轴承的支承座内，避免扭杆两端偏磨。吊杆（或称连杆）与扭臂、扭杆吊座之间的联接处均装有关节轴承，以免吊杆（或称连杆）别劲。吊杆（或称连杆）两端装有橡胶密封圈和防尘盖，支承座与扭杆联接处也装有橡胶油封，防止水侵入而造成联接销及扭杆锈死。

安装在车体枕梁上的铸钢中心销穿过装于摇枕中央的橡胶套作为回转轴。

3. 轮对轴箱定位装置

CW-2C 型客车转向架的轮对轴箱定位装置，如图 3-63 所示。它由轮对、轴箱体、弹性定位套、油压减振器和轴箱弹簧等组成。

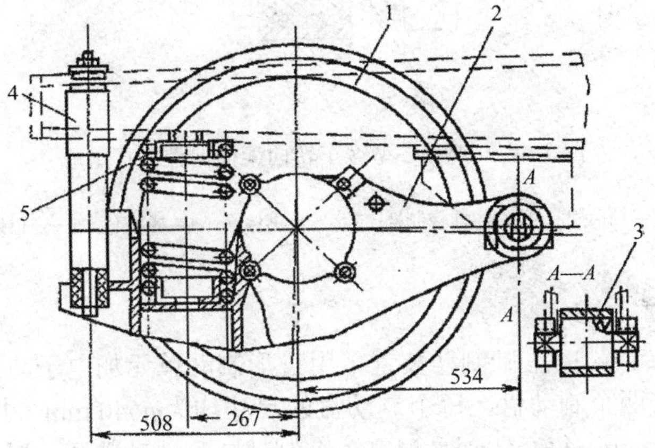

图 3-63　CW-2C 型客车转向架轮对轴箱定位装置

1—轮对；2—轴箱体；3—弹性定位套；4—油压减振器；5—轴箱弹簧

轮对为带有制动圆盘安装座的RD_{3A}型轮对。轴承采用从瑞典SKF公司进口的轴承，其型号为$BC_1B322880$与$BC_1B322881$。

轴箱体为整体铸有轴箱弹簧安装座和油压减振器安装座，轴箱圆弹簧和一个单向油压减振器并联安装在轴箱的外侧。轴箱体的另一侧则铸成定位转臂。定位转臂通过轴箱节点弹性定位套与构架的定位座相连，组成轴箱定位装置。

CW-2C型客车转向架采用转臂式轴箱定位装置，以及与其匹配的横向控制杆定位系统共同实现轴箱定位，如图3-64所示。横向控制杆系统由两根中空矩形杆组成，一根是轴箱控制杆（1），另一根是前控制杆（2）。轴箱控制杆与同一轮对两端的轴箱相连，前控制杆一端与构架侧梁端部相连，另一端与轴箱控制杆相连，各联接点由定位销和橡胶套等组成。横向控制杆系统的纵、横向刚度和轴箱定位转臂节点弹性定位套的纵、横向刚度组合在一起，构成轴箱定位所需要的纵、横向刚度。这种定位装置的结构可靠，能有效地控制轮对和转向架的蛇行运动，保证车辆蛇行运动稳定性的要求。为保证运行安全性，两杆之间设有两根材质为不锈钢的安全钢丝绳，以提高其耐腐蚀性。轴箱定位销由原来的螺纹联接改为像构架定位销一样的焊接结构。横向控制杆的纵、横向刚度与轴箱节点的弹性定位套纵、横向刚度组合而成为一系悬挂所需要的纵、横刚度值。采用横向控制杆结构与定位转臂匹配，可以更好地实现轴箱的定位，提高车辆运行横向平稳性。

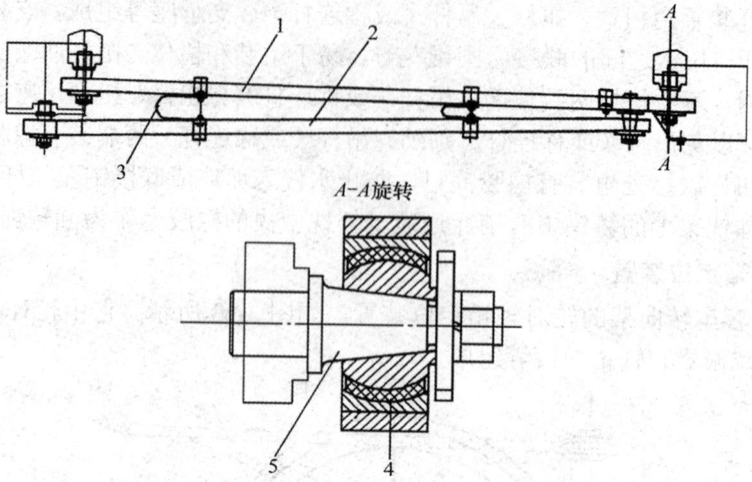

图 3-64　CW-2C 型客车转向架横向控制杆组成

1—轴箱控制杆；2—前控制杆；3—安全钢丝绳；4—橡胶套；5—定位销

4. 基础制动装置

CW-2C 型客车转向架的基础制动装置采用盘形制动单元加电子防滑器结构。在转向架的每个车轴上安装有两个制动盘，每个制动盘的尺寸均为ϕ640 mm×110 mm，两个制动盘之间的中心距为 860 mm。每个制动盘配有一个制动缸和传动装置，以 3 点悬挂式悬挂在构架横梁的制动缸吊座上。一位转向架上一位制动缸的外侧杠杆与人力制动钢丝绳相连。制动盘采用组合式，制动盘毂压装在车轴的制动盘座上，制动盘与盘毂之间采用 8 个径向弹性圆销完全自由地膨胀、伸缩，以消除内应力。制动盘与闸片的材质经过试验并相互匹配适应高速运行。制动缸为膜板式，并带有闸片自动间隙调整器。闸片厚度的原型为 28 mm，允许磨耗至 5 mm 厚度时更换。

转向架的一位侧各轴端安装有防滑器的传感器和齿轮，可以把轮对转动的速度信号转换为电信号，并传给防滑器的主机，由主机通过放风阀调整制动力，防止车轮擦伤。

CW-2C型客车转向架支承车体并将车体上的各种作用力和载荷传递给钢轨， CW-2C型客车转向架垂向载荷传导顺序如下。

车体→上旁承→上旁承→摇枕→空气弹簧→弹簧托梁→摇枕吊→构架→{油压减振器 / 轴箱节点 / 轴箱弹簧}→轴箱→轴承→轮对→钢轨。

3.2.6　CW-200K 型客车转向架

CW-200K 型客车转向架是在 CW-200 型客车转向架的基础上加以改进，其主要变化是将制动盘改为二盘，取消了传统结构的悬吊件，并借鉴和吸收了国外高速客车转向架结构自主研制开发的。

CW-200K 型客车转向架的总体结构采用无摇枕、无摇动台和无旁承的三无结构。车体和转向架间通过牵引拉杆传递拉、压力，并装有抗蛇行减振器；轴箱定位采用可分离式轴箱转臂定位方式；中央悬挂装置采用大变位空气弹簧直接支承车体；基础制动采用每轴两个制动盘的单元制动方式。在转向架的设计中尽可能使用无磨耗结构，因此，转向架结构简单，并容易维修。

CW-200K 型客车转向架主要技术参数如下。

轨距/mm	1 435
最高运行速度/（km / h）	160
轴距/mm	2 500
轴重/t	15.5
通过最小曲线半径/m	
车辆连挂时	R145
单车调车时	R100
轮对形式/mm	KKD车轮ϕ915
轴承型号	SKF公司滚动轴承 BC1B322880AB BC1B322881AB
轴箱弹簧横向跨距/mm	2 000
空气弹簧中心跨距/mm	2 000
空气弹簧上平面自重高/mm	937
转臂节点纵向刚度/（MN / m）	12±0.5
转臂节点横向刚度/（MN / m）	6±0.5
二系每空气弹簧垂向刚度/（MN / m）	0.32
二系每空气弹簧横向刚度/（MN / m）	0.20
二系每空气弹簧纵向刚度/（MN / m）	0.20
一系每垂向减振器阻尼/（kN · s / m）	15
二系每空气弹簧垂向阻尼（节流孔）/（kN · s / m）	80
二系每减振器横向阻尼/（kN · s / m）	5
二系每减振器抗蛇行阻尼/（kN · s / m）	50（卸荷速度0.04m/s时最大，为10 kN）
抗蛇行减振器横向跨距/mm	2 824
抗侧滚扭转刚度/（kN · m / rad）	2.9
一系每转向架簧下质量/t	3.6
转向架自重/t	6.3
车辆定距/mm	18 000

CW-200K 型客车转向架的现车实物及结构如图 3-65 所示。它主要由构架组成、轮对轴箱定位装置、中央悬挂装置和盘形单元制动装置 4 部分组成。CW-200K 型客车转向架主要运用于 25T 型特快空调客车上，在列车运行中最大允许速度是 160 km/h。

图 3-65　CW-200K 型客车转向架现车实物图及结构图

1—构架组成；2—轮对轴箱定位装置；3—中央悬挂装置；4—盘形单元制动装置

1. 构架组成

CW-200K型客车转向架构架组成如图3-66所示。它主要由构架、牵引座、盘形制动单元吊座、抗蛇行减振器座、高度调整阀座、防过冲座、定位座、垂向减振器座、横向减振器座和差压阀座等组成。

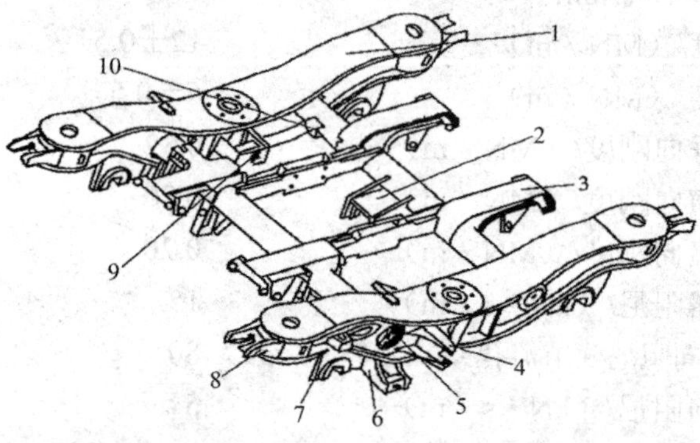

图 3-66　CW-200K 型客车转向架构架组成

1—构架；2—牵引座；3—盘形制动单元吊座；4—抗蛇行减振器座；5—高度调整座；
6—防过冲座；7—定位座；8—垂向减振器座；9—横向减振器座；10—差压阀座

CW-200K型客车转向架构架为H形钢板焊接结构，采用材质为16MnR的板材，由两根侧梁和两根横梁组成，两横梁间设有两根纵向梁。侧梁为中间下凹的鱼腹形，由4块钢板组焊成的箱形封闭结构。侧梁内有密封隔板，使侧梁内腔成为空气弹簧的附加空气室。横梁采用从日本进口的无缝钢管，外径为ϕ165.2 mm，壁厚为14.3 mm。在侧梁上焊有定位座、横向减振器座、高度阀座和防过充装置等，在横梁上焊有盘形制动单元吊座、抗侧滚扭杆座和牵引拉杆座等，通过优化设计，在保证足够强度和刚度的基础上，尽量减轻质量，构架组成质量约为1 435 kg，实现了轻量化。

2. 轮对轴箱定位装置

CW-200K型客车转向架轮对轴箱定位装置如图3-67所示。它包括轮对组成、弹簧装置、轴端安装、轴箱减振器、节点装置、转臂和箍等。

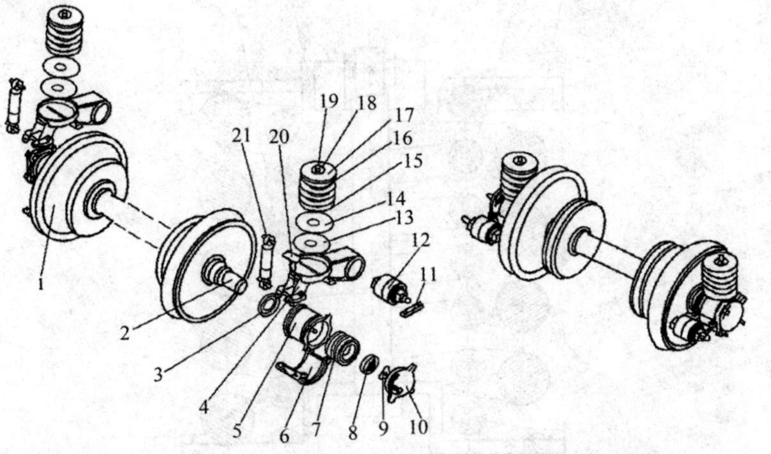

图3-67 CW-200K型客车转向架轮对轴箱弹簧定位装置

1—车轮；2—车轴；3—防尘挡圈；4—转臂；5—轴箱；6—箍；7—轴承；8—压板；9—防松片；10—轴箱盖；11—锁紧板；12—节点；13—橡胶垫；14—调整垫；15—下夹板；16—弹簧；17—上夹板；18—螺母；19—螺栓；20—吊；21—轴箱减振器座

轮对轴箱定位装置采用可分离式轴箱转臂定位方式，轴箱转臂一端与轴箱体联接，另一端压装于定位节点，并通过定位座与构架相连。轴箱定位的纵、横向刚度靠橡胶节点保证，节点组装时从转臂端部压入。转臂和箍整体加工，分解时将箍和转臂间联接螺栓拧开即可将轮对推出。

1）轮对组成

CW-200K型客车转向架轮对组成如图3-68所示。它由车轮、车轴和制动盘组成。

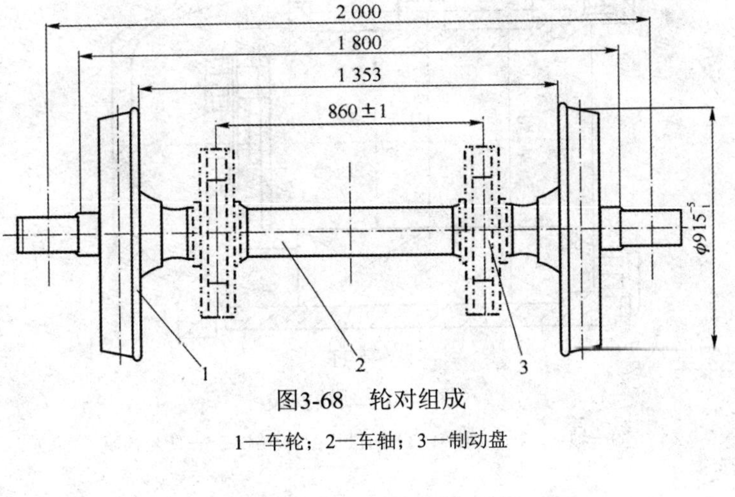

图3-68 轮对组成

1—车轮；2—车轴；3—制动盘

车轮采用KKD型整体辗钢车轮，LM磨耗型踏面；车轴采用RD_{3A1}型，车轴轴重为15.5 t，车轴轴颈中心距为2 000 mm；轮对组装后需做动平衡试验，允许不平衡值为0.75 N·m，采用去重法对不平衡进行校正。

2）弹簧装置

CW-200K型客车转向架弹簧装置如图3-69所示。

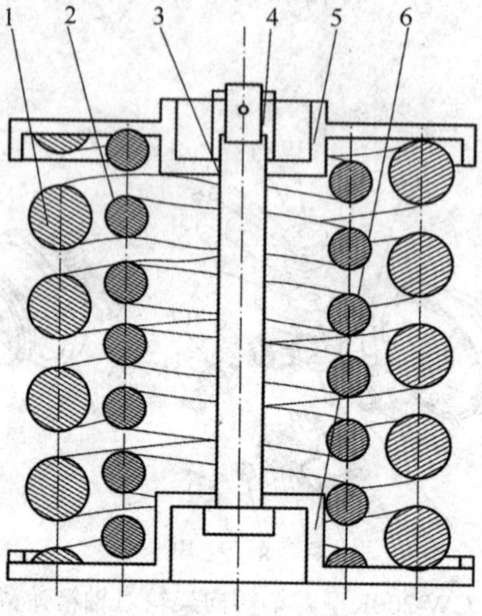

图 3-69　弹簧装置

1—外圈弹簧；2—内圈弹簧；3—预压紧螺栓；4—螺母；5—上夹板；6—下夹板

弹簧装置由外圈弹簧、内圈弹簧、上夹板、下夹板及预压紧螺栓、螺母组成。螺母上开有销孔，弹簧组装后需穿开口销。整套轴箱弹簧装在轴箱顶部，弹簧组装高度为300 mm。

3）轴端安装

CW-200K型客车转向架轴端安装如图3-70所示。

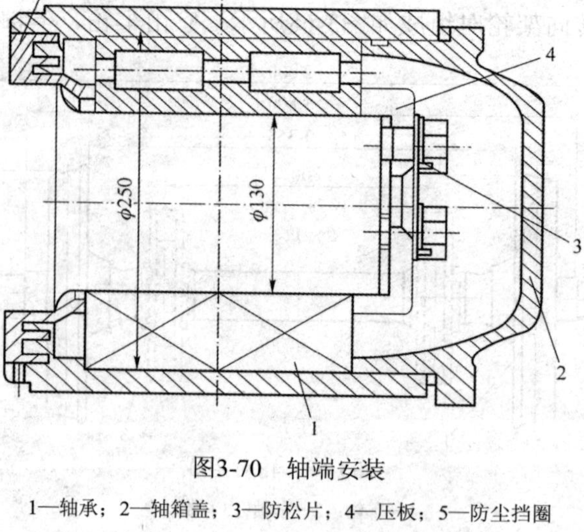

图3-70　轴端安装

1—轴承；2—轴箱盖；3—防松片；4—压板；5—防尘挡圈

带速度传感器的轴端安装如图3-71所示。其中的一端安装有速度传感器。轴承采用进口SFK短圆柱滚子轴承，外形轮廓尺寸为130 mm×250 mm×（2×80 mm）。轴承脂为国产Ⅲ型滚动轴承润滑脂。

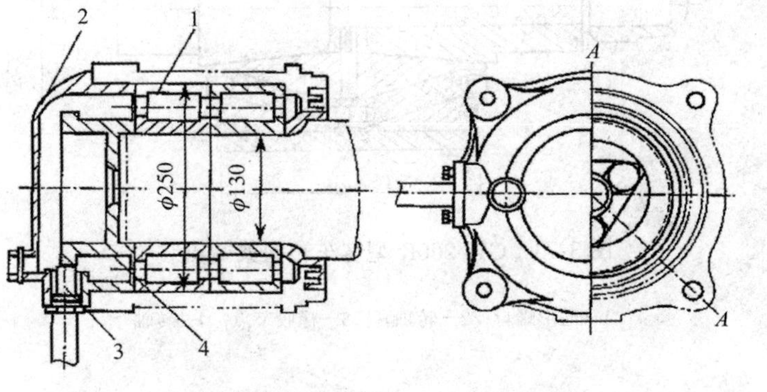

图 3-71　带速度传感器的轴端安装

1—轴承；2—轴箱盖；3—传感器组成；4—测速齿轮

带接地装置的轴端安装如图 3-72 所示。轴箱体上装有轴温传感器，每个转向架有一个轴端，轴端安装有轴端接地装置以防止轴承发生电蚀。

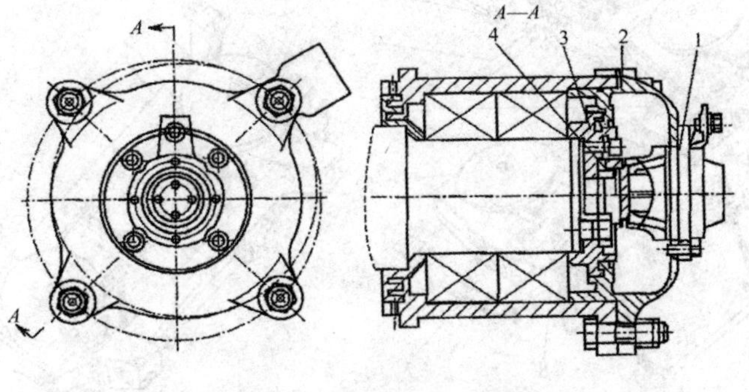

图 3-72　带接地装置的轴端安装

1—接地装置；2—轴箱盖；3—轴承压板；4—摩擦盘

4）节点装置

CW-200K 型客车转向架节点装置包括两个橡胶节点、转轴、转轴套和盖形螺母，如图 3-73 所示。

一系定位的纵、横向刚度均是由橡胶节点决定，组装时要求同一转向架各位置节点刚度值应做原始记录，相差值不应人于0.2 MN/m。定位节点的纵、横向刚度可根据整车的动力学优化及试验进行调整。定位套从转臂定位孔两端分别压入后用定位轴和盖形螺母锁紧。

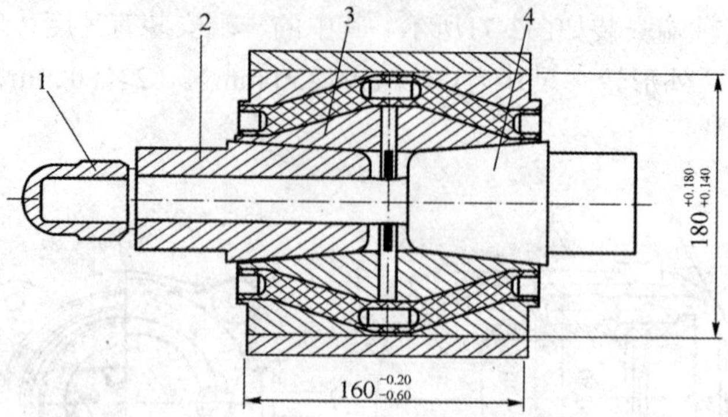

图 3-73 CW-200K 型客车转向架节点装置

1—盖形螺母；2—转轴套；3—橡胶节点；4—转轴

3. 央悬挂装置

CW-200K型客车转向架的中央悬挂装置如图3-74所示。它的主要部件有：空气弹簧及其附属的高度调整阀、差压阀，以及横向挡、横向减振器、抗蛇行减振器、抗侧滚扭杆、防过充装置和牵引装置等。

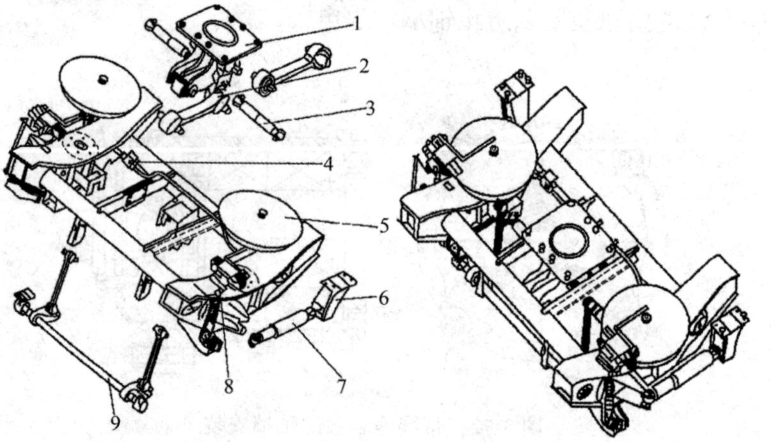

图 3-74 CW-200K 型客车转向架中央悬挂装置

1—牵引支座；2—牵引拉杆；3—横向减振器；4—差压阀；5—空气弹簧；
6—抗蛇行减振器座；7—抗蛇行减振器；8—高度阀；9—抗侧滚扭杆

CW-200K型客车转向架的中央悬挂装置为无摇枕结构，采用高柔性空气弹簧。两侧设两个横向减振器、两个横向挡，横向挡与小纵向梁的间隙为（40±2）mm。车体与转向架间装有两个对称的抗蛇行减振器，使车辆在高速运行时减小轮缘磨耗和悬挂系统的作用力，提高车辆运行稳定性和平稳性。

1）ϕ580 mm无摇枕空气弹簧

空气弹簧由上盖板、空气胶囊、支承座、底座橡胶垫和可变节流阀等组成，如图3-75所示。

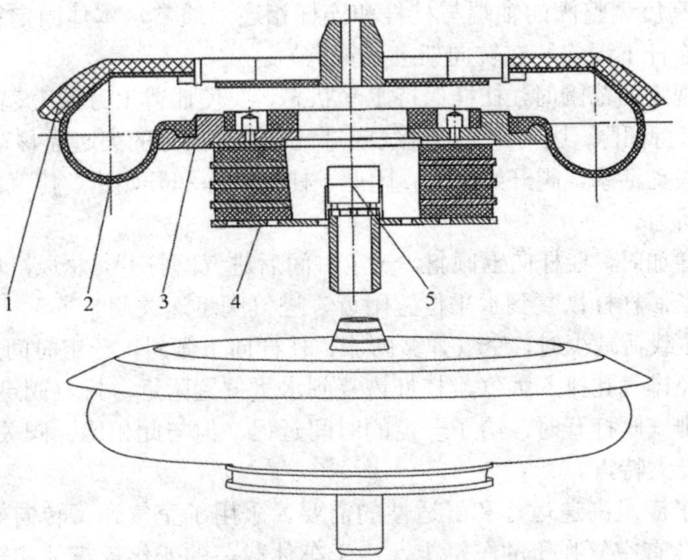

图 3-75 空气弹簧

1—上盖板；2—空气胶囊；3—支承座；4—底座橡胶垫；5—可变节流阀

空气弹簧横向变位可达110 mm以上，车辆通过曲线时依靠空气弹簧的水平变位实现转向功能，同时，又不会形成过大的回转阻力使车辆产生较大的侧向力从而增大轮轨磨耗。

转向架构架侧梁内部作为空气弹簧的附加空气室，空气弹簧的下部通风口与附加空气室联接，上部进风口与车体的管路联接。空气弹簧的胶囊气室与附加空气室间的节流孔对车体的垂向振动起到一定的衰减作用，因此，不需要加装垂直油压减振器。

安装空气弹簧时，上部进风口和下部通风口的外部表面必须涂润滑脂防锈，O形圈必须涂润滑脂进行保护。

2）LV-3型自动高度调整阀

LV-3型自动高度调整阀主要由以下部分组成：位于本体上方的进气阀、排气阀组成，位于本体中心部位的弹簧组成，位于本体下方的油阻尼器。

进、排气阀组成装有排气阀，阀导杆常闭于阀座上，其后面靠弹簧压紧。弹簧的一端由空气节流孔，固定其外侧装有滤尘网的阀体可拧在本体上，阀体的端面可以联接配管。

弹簧组成由轴、弹簧架组成一体，在其上有可以绕轴转动的摇臂。扭转弹簧的端部同时压在框架和弹簧架下，在轴和扭转弹簧之间装有分开的两个衬套，可以使动作圆滑进行。

阻尼部由活塞、阀、弹簧、挡环组成，它从油缸的中心位置离开时产生阻力，返回时不产生阻力，并与摇臂下方的突起相联接，油缸的一端塞装阻尼帽。

这样，在本体内残留一些空气室，均充满硅油。为了注油和检查油量，在最上部位装有油盖，油盖中装有逆止阀。突出本体之外的只有阀体的配管部位和一个轴端。

此外，从进气阀到排气阀通路中设有逆止阀、弹簧。防止空气弹簧压力高于总风缸压力时，产生空气逆流。为了防止雨水和尘埃从外部侵入，在气封、油封处各部位配置了O形密封圈或油封。

LV-3型自动高度调整阀的轴端与杠杆和连杆相连，通常，本体固定在车体上（簧上）并与管路联接，连杆下端安装在转向架上（簧上）。

车体高度在规定的范围时，杠杆保持水平状态，要使摇臂上方的突起与进、排气阀的导杆端离开一点，保持间隙。因而，为了进气或排气，摇臂上方的突起需移动一段距离，同时，摇臂下方的突起拨动活塞，阀开始打开，因此，杠杆动作和开始进、排气时之间产生动作时间延迟（时间滞后）。

当车体载荷增加时，杠杆向上倾斜。一定时间后进气阀打开，总风缸的空气充向空气弹簧，空气弹簧膨胀，杠杆恢复到水平位置附近，进气阀迅速关闭。

相反，当车体载荷减少时，空气弹簧膨胀，杠杆向下倾斜，一定时间后排气阀打开，空气弹簧内的空气经排气孔排入大气，杠杆恢复到水平位置附近，排气阀迅速关闭。

这样，进、排气阀打开时，给予一定的时间延迟，但与此相比，阀关闭时却动作迅速，这是本调整阀的最大特点。

现代车辆为了满足高速运行和舒适性的需要，采用了空气弹簧转向架，其二系弹簧使用空气弹簧。在装有空气弹簧的车辆上，由于车体载荷的变化，车体和转向架之间的距离将产生变化，自动高度调整阀的作用是：检测出这种相对变位，自动调整空气弹簧内的空气量，从而保持空气弹簧的高度不变。

每个空气弹簧有一个高度调整阀，用于维持车体在不同静载荷下均与轨面保持相同高度。

3）DP-3型自动压差调整阀

阀体设有相反方向的阀室，阀室端部压入阀座。在阀室中装入阀，弹簧把阀顶在阀座上形成常闭后，接头兼作弹簧座并拧入阀体，靠衬垫防止空气泄漏。

为了在接头端部联接配管，安装有内接头螺纹和活接头螺母，由衬垫防止空气漏泄。另外，为了不让配管内的锈、灰尘进入差压阀，在接头处安装有滤尘网，阀体用螺栓固定在车体上，在内接头螺纹处进行配管、与空气弹簧相连，压力空气就会进入阀体内。从左、右来的压力空气分别打开而起作用。但是当右空气弹簧压力相等时，压力空气也作用在阀的背面，由于阀弹簧的作用，阀不会打开。

差压阀设在两个附加空气室管路之间。一旦其中一个空气弹簧失压，压差值达到120 kPa时，差压阀即打开，以使两空气弹簧之间的压力保持均衡，确保行车安全。

4）抗蛇行减振器

抗蛇行减振器分别安装在转向架的两侧，一端与构架上的减振器座联接，另一端与车体下的减振器座联接。它的作用是提高车辆的蛇行失稳临界速度，以此来保证运动稳定性和运动平稳性，同时又不降低曲线的通过能力。

5）抗侧滚扭杆

顾名思义，抗侧滚扭杆只对车辆的侧滚运动有抵抗力，对于车辆的垂直振动、横摆运动以及摇头运动是不起作用的。一般情况下，当车辆运行在直线区段时，抗侧滚扭杆是不起作用的。当车辆运行在曲线区段时，抗侧滚扭杆对其曲线平稳性也不起作用。只有在侧向力即离心力和风力作用下车辆发生侧滚运动时，抗侧滚扭杆才起作用。抗侧滚扭杆只对车辆的侧滚运动有抵抗力，也就是抗侧滚扭杆的作用只是增加车辆的侧滚刚度，具体来说是增加转向架二系侧滚刚度。车辆在受到侧向力作用时，车辆的侧滚刚度越大，车辆的侧滚角越小。最不利的情况是离心力和风力在同一方向达到最大值，一般采用这种最不利的情况来评定车辆的侧滚刚度是否足够。为了保持车辆具有一定的侧滚刚度或控制车辆的侧滚角不宜过大，需要安装抗侧滚扭杆。

抗侧滚扭杆安装在构架与车体之间，具体安装位置如现车实物图3-76所示。

图 3-76　抗侧滚扭杆现车安装实物图

CW-200K型抗侧滚扭杆从结构特点上来讲，是由扭杆（1）、扭臂（2）、支承座（3）、连杆（4）和连杆轴承（5）组成的，如图3-77所示。

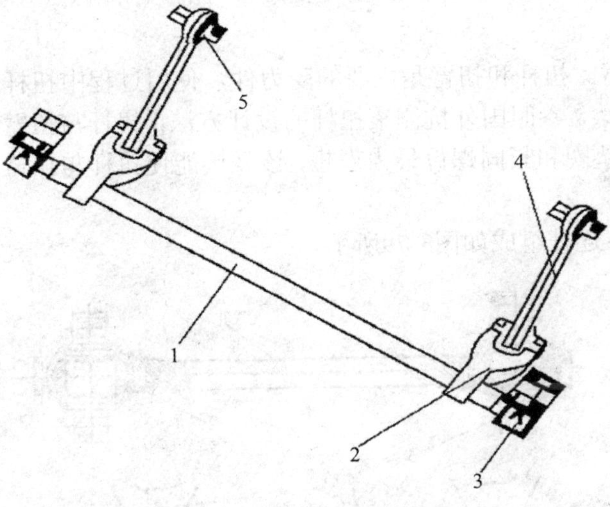

图 3-77　抗侧滚扭杆示意图

1—扭杆；2—扭臂；3—支承座；4—连杆；5—连杆轴承

其中，扭杆是该装置中最主要的受力件，承受循环扭矩作用。扭杆和扭臂之间采用可靠性很高的圆锥形渐开线花键方式使之联接，能够传递较大的扭矩。支承座取消了轴承，采用了弹性衬套，解决了轴承容易损坏的故障。连杆与扭臂联接结构为叉接式，即使连杆轴承损坏也不会使连杆脱落。扭臂的作用是通过抗侧滚扭杆的扭转运动抵消车体的侧滚振动。

CW-200K型抗侧滚扭杆从构造上来讲，主要是由连杆组成、支承座组成、扭杆和扭臂等部分组成的，如图3-78所示。

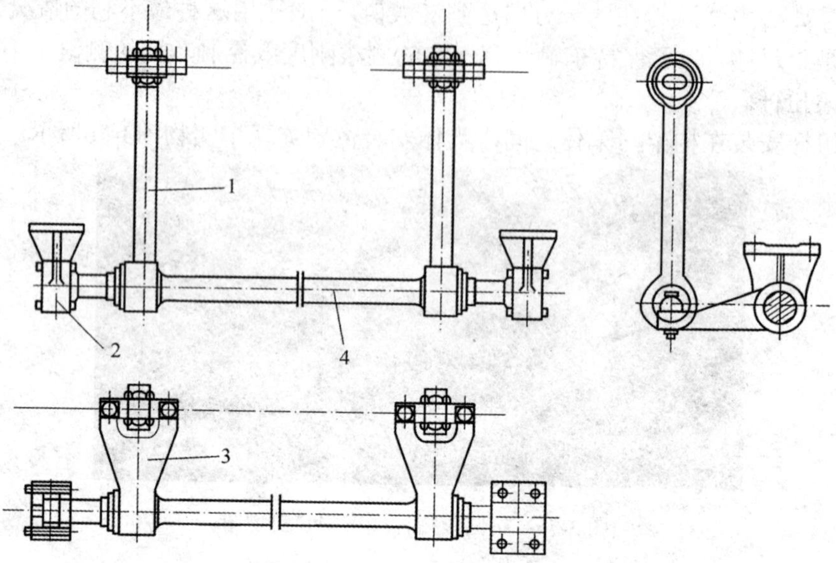

图 3-78 抗侧滚扭杆结构图

1—连杆组成；2—支承座组成；3—扭臂；4—扭杆

（1）扭杆和扭臂。扭杆和扭臂是主要的受力件，使用过程中扭杆发生扭转而产生反扭矩，从而抵抗车体侧滚。参照国外抗侧滚扭杆的设计方法，扭杆与扭臂采用圆锥直齿渐开线花键联接，外加防松垫圈和紧固螺母最为理想，该联接能使扭杆与扭臂之间紧密地无间隙联接，便于安装与拆卸。

（2）连杆组成。连杆组成如图3-79所示。

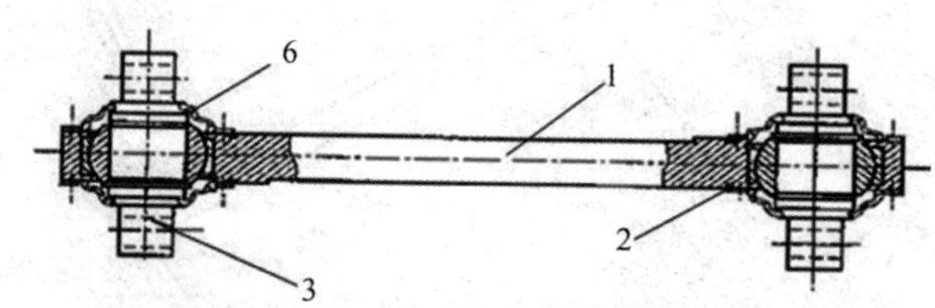

图 3-79 连杆组成

1—连杆体；2—纤维球轴承；3—销轴；4—扭杆；5—扭臂；6—橡胶密封圈

连杆是联接扭杆与车体（或摇枕）的一个部件，连杆两头是销轴和轴承，外面用橡胶密封圈密封，为了能满足车辆发生浮沉及横摆振动时产生的联接点的两个方向的转动，因此，采用GEG40纤维球轴承。

（3）支承座组成。支承座组如图3-80所示。

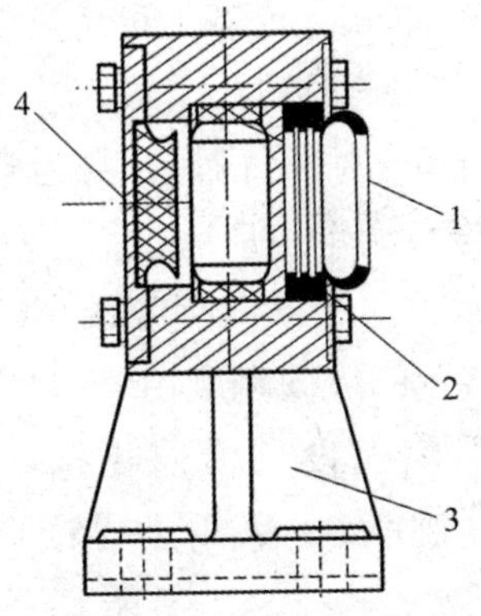

图 3-80　支承座组成

1—纤维球轴承；2—橡胶密封圈；3—支承座体；4—支承座橡胶缓冲盖

为了能满足所有方向能转动，支承座组成也采用GE40（或GE45）的纤维球轴承，外面也有一个橡胶的密封圈，后盖是一个有橡胶的缓冲盖。

6）防过充装置

在构架的两个外侧，各有一根防过充安全钢丝绳。安全钢丝绳的功能是：当车辆出现异常状态时，即空气弹簧处于过充状态、高度调整阀、差压阀同时处于故障状态时，由安全钢丝绳将车体和构架拉住，限制空气弹簧的高度，保证车辆与限界之间的有效安全距离，从而保证车辆的行车安全。

安全钢丝绳由调整端头和钢丝绳组成。调整端头可以使钢索的长度在0～35 mm内进行调整，以满足车轮旋修后对车钩高度的调整。

7）牵引装置

牵引装置主要由牵引支座、牵引拉杆、横向止挡和横向减振器组成，如图3-81所示。

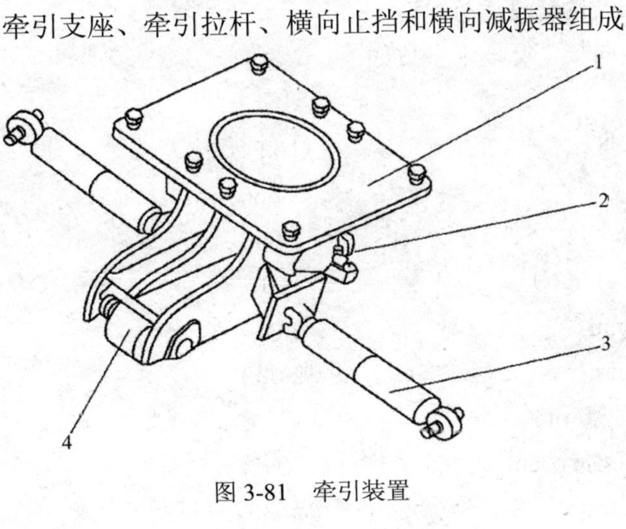

图 3-81　牵引装置

1—牵引支座；2—横向止挡；3—横向减振器；4—牵引拉杆

牵引装置各零部件的功能如下。

（1）牵引支座。牵引支座在车体与转向架之间起衔接作用，它的一端与车体联接，另一端与转向架上的牵引拉杆、横向减振器联接。

（2）牵引拉杆。牵引装置采用单拉杆结构，杆身为整体锻件，两端装有相同球形橡胶节点，一端与构架相连，另一端与车辆牵引座联接。牵引装置在垂向、横向的位移主要由拉杆两端的球形橡胶变形来实现，垂向和横向刚度很小，对中央悬挂系统的振动性能影响很小，具有良好的随动性，牵引装置的纵向刚度由牵引拉杆弹性节点提供。

（3）横向止挡。在中央牵引座上设置横向止挡，横向止挡与纵向梁的间隙为40 mm。为适应于低横向刚度的空气弹簧，采用柔性横向缓冲器，能有效地缓解车辆的横向振动。

（4）横向减振器。每侧设一个横向减振器，分别连在中央牵引座和构架上的减振器座上。当车辆发生横向振动时，横向减振器会施加适当的阻尼力，以改善车辆的横向稳定特性。

4. 盘形制动装置

盘形制动装置每轴安装两个轴装式制动盘和两个带有自动间隙调整器的单元制动缸，闸片的材质采用粉末冶金。该制动盘与闸片组成一对摩擦副，具有摩擦系数稳定、导热率高等特点。

3.2.7 AM96型客车转向架

国产25T型客车中的AM96型客车转向架，是从比利时引进的最高运行速度为160 km/h的新型客车转向架。

AM96型客车转向架采用了较为经典的U形构架无摇枕结构，设计速度为200 km/h。目前，我国25T型客车所用AM96型客车转向架取消了磁轨制动装置并撤出车轴上的中间制动盘，完全适应160 km/h的速度运行。

AM96型客车转向架主要技术参数如下。

转向架自重/t	小于6.5
轴重/t	16.5
固定轴距/mm	2 560
构架中心距/mm	2 000
连续运行速度/（km/h）	160
一系悬挂跨距/mm	2 000
二系悬挂跨距/mm	2 000
车体纵向自由间隙/mm	15
车体横向最大移动量/mm	60
车轮滚动圆直径/mm	ϕ835~915

二系悬挂高度/mm	1 020
一系悬挂最大挠度/mm	40
二系悬挂最大挠度/mm	65

AM96 型客车转向架现车实物及结构如图 3-82 所示。它主要由构架组成、轮对轴箱装置、中央悬挂装置、牵引装置和基础制动装置 5 部分组成。

(a) 现实实物图

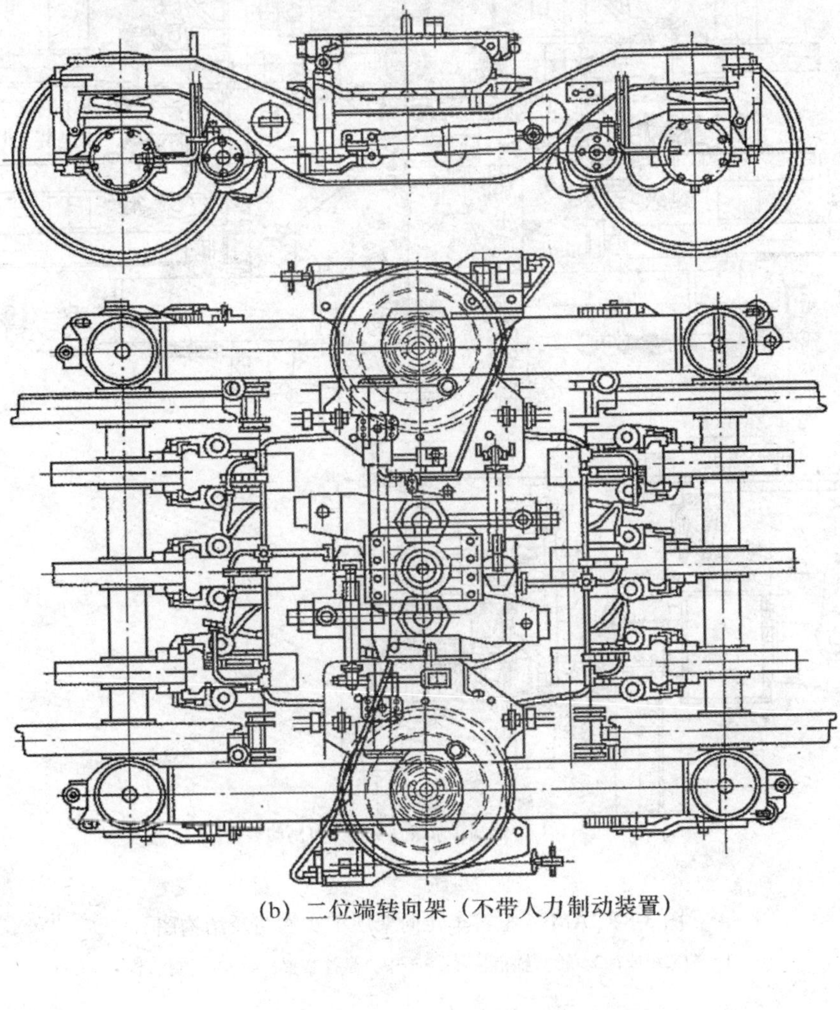

(b) 二位端转向架（不带人力制动装置）

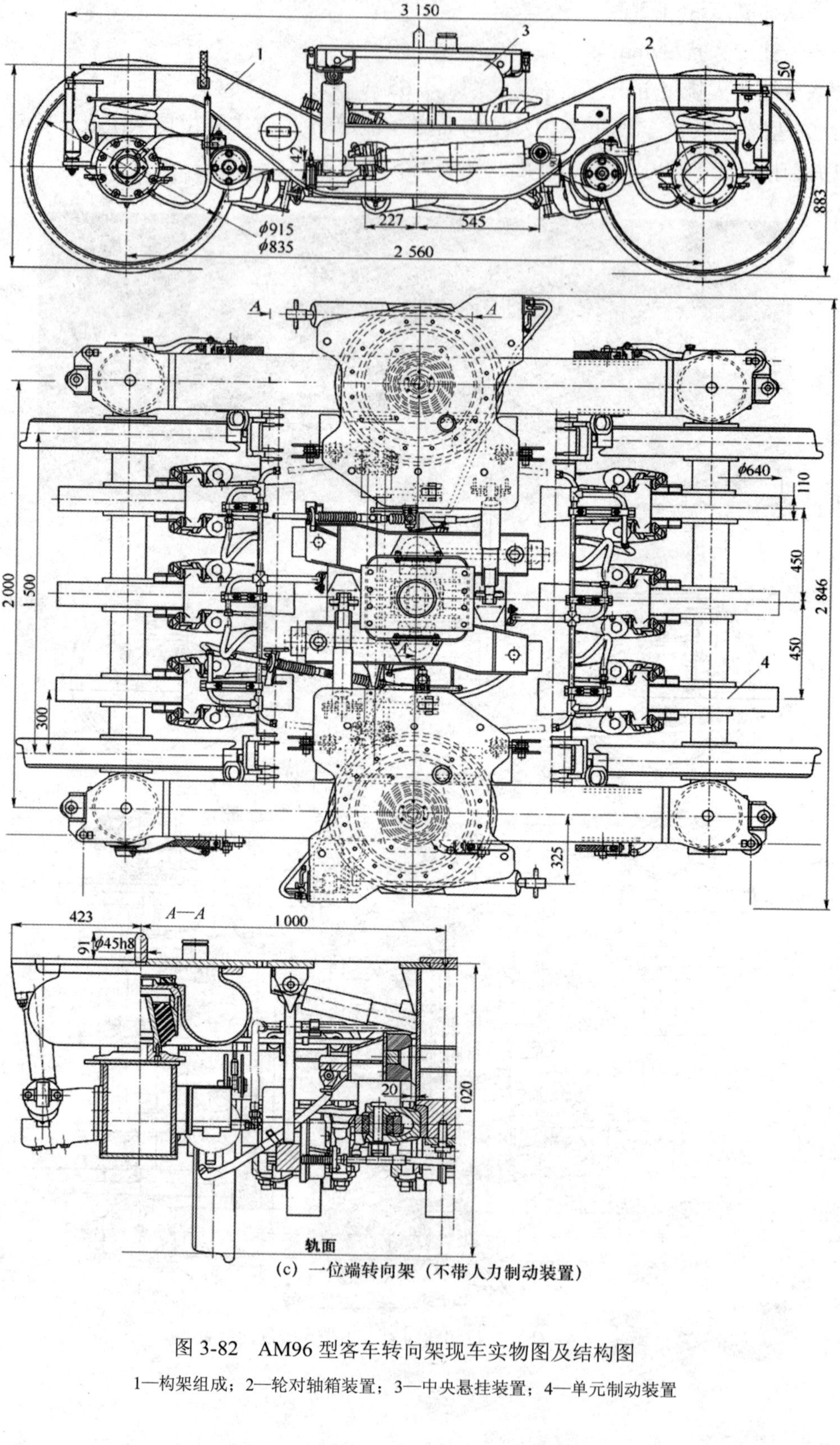

(c) 一位端转向架（不带人力制动装置）

图 3-82　AM96 型客车转向架现车实物图及结构图

1—构架组成；2—轮对轴箱装置；3—中央悬挂装置；4—单元制动装置

1. 构架组成

AM96 型客车转向架采用双 H 形钢板焊接结构 U 形构架，如图 3-83 所示。构架中心跨距为 2 000 mm。

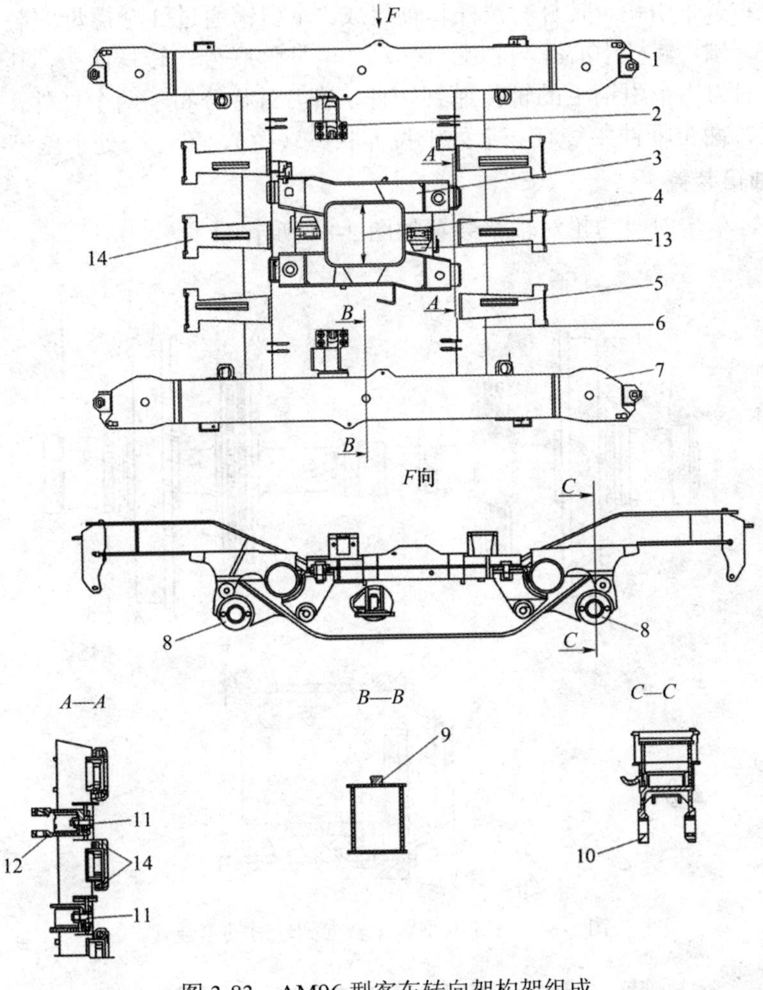

图 3-83 AM96 型客车转向架构架组成

1—旋转止挡；2—抗侧滚扭杆支座；3—中部构架；4—横向止挡座；5—风管固定夹；6—横梁；7—侧梁；8—轴箱定位转臂；9—空气弹簧定位销；10—轴箱定位转臂吊耳；11—中部构架紧固螺栓；12—纵向牵引拉杆座；13—横向减振器座；14—盘形制动单元吊座

为了提高车辆在运行时的稳定性和降低车体重心，AM96 型客车转向架的构架采用了 U 形箱形侧梁。侧梁上通过 U 形底部平台与空气弹簧、紧急弹簧安装底座相联接，下与轴箱弹簧安装座和弹性转臂与一系悬挂相联接。侧梁为矩形断面，左、右两侧侧梁与圆形断面钢管焊接为一体，形成 H 形框架结构，两侧侧梁外侧斜对称装有抗蛇行运动减振器座，两侧侧梁内焊有抗侧滚扭杆座。除此之外，还提供了一些安装座，例如，旋转止挡、一系油压减振器座、二系油压减振器座、排气阀座、高度调整阀连杆座及接地线座等。

横梁采用筒形中空结构，作为两个侧梁的联接和支撑。横梁两端与侧梁相焊接，中部每根横梁对称地焊接三套盘形制动单元吊座，两根横梁之间通过螺栓安装中部构架，并有牵引纵向梁安装座和牵引拉杆座等。

牵引纵向梁：上设横向止挡、纵向刚性止挡和横向油压减振器座等。

牵引装置：有牵引销、转杆、拉杆和轴组成。牵引销通过 8 个螺母安装在车体底架枕梁上，底部焊接一轴，转杆中心孔与轴配合转动，两杆件联接在转杆两头，其另一端与牵引纵向梁固定。牵引力由牵引销上的轴传递到转杆，然后对称分布于两个杆件，传递到牵引纵向梁，再到横梁，两个杆件始终有一个处于拉伸状态（拉），另一个处于压缩状态（推）。

2. 轮对轴箱装置

AM96 型客车转向架的轮对轴箱装置如图 3-84 所示。

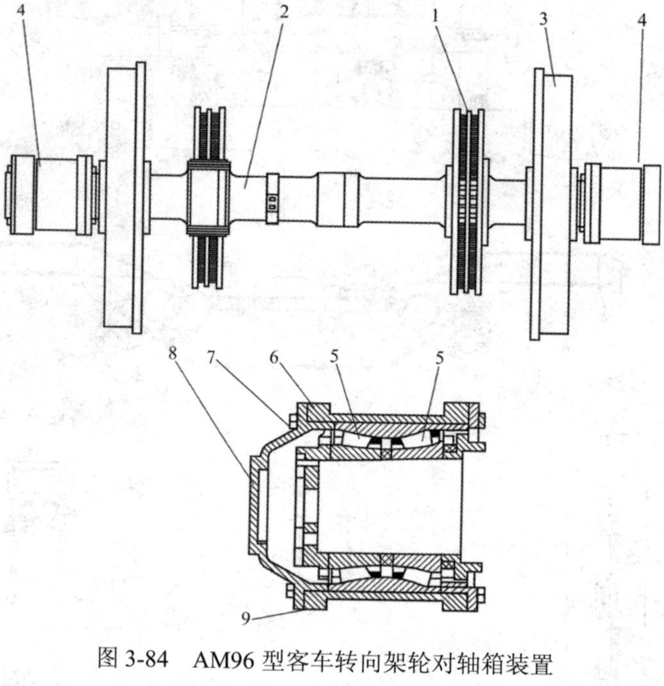

图 3-84　AM96 型客车转向架轮对轴箱装置

1—制动盘；2—车轴；3—车轮；4—轴承；5—轴承滚子；6—轴承上座；7—前盖安装螺栓；8—前盖；9—轴承下座

轮对组成包括车轴（2）、车轮（3）和制动盘（1）。车轴为非合金锻钢件，车轮为 R9T 辗钢整体轮，车轮踏面符合 UIC 标准，车轮与车轴为冷压装配。新旧车轮滚动圆直径分别为 915 mm 和 835 mm，轮缘可车削厚度为 40 mm。

车轴轴身对称安装两套制动盘，制动盘由制动盘箍和摩擦盘两部分组成。制动盘材质为铸铁，盘箍用冷压方式安装在车轴制动盘座上，制动盘安装箍上设有注油孔及注油孔螺堵。制动盘箍与摩擦盘之间采用螺栓联接。车辆日常运用中若需更换，则需将原整体盘切割后取下，更换为两个半盘组成的分体盘。盘形制动装置型号为 DAKO KBZ8。

轮对组成的安装和拆卸，只需将 4 只紧固螺栓拧下，并将轴承下托板拆下，轮对即可与转向架组成分离。

AM96 型客车转向架采用的轴承为双列圆锥滚子自密封式轴承，型号为 SKF432795-104，轴承轴径为 130 mm，轴承为冷压装配，安装时不需加注润滑脂。日常运用免维修，当运行达 80 万千米时，将轴承拆下，由专业维修工厂负责更新润滑脂。润滑脂型号为 SHELL ALVANIA 2760B。

除了正常的端盖外，在不同位置的轴端带有不同的附属设备，需要不同的端盖。每个轴箱都设有一个轴温传感器（两孔取一）。2位轴箱装有轴端集流装置，通过车体-转向架的次级接地线（铜编织线）、转向架-轴箱的初级接地线（铜编织线）、轴箱-车轴端面（分流器、电刷）提供接地回路，在车辆设备漏电时，避免电流通过轴承，保护轴承不受电蚀（在一系弹簧组装中也设有绝缘垫圈，阻断构架与轴箱装置的电流通路）。1、3、5、7位轴箱装有速度传感器，用于防滑器的数据检测。

3. 中央悬挂装置

AM96 型客车转向架中央悬挂装置由一系悬挂系统和二系悬挂系统组成。

1）一系悬挂系统

AM96 型客车转向架一系悬挂系统如图 3-85 所示。

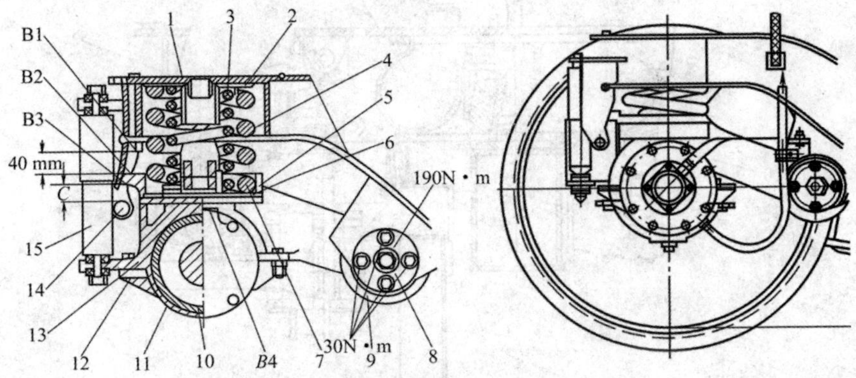

图 3-85　AM96 型客车转向架一系悬挂系统

1—绝缘座；2—弹簧上导向套；3—弹簧；4—橡胶止挡；5—下导筒；6—尺寸调整垫；7—调整垫；8—弹性定位套；9—定位转臂；10—轴箱；11—轴承下座；12—安装座紧固螺栓；13—轴承上座；14—提吊销；15—轴箱减振器；B1—构架挡块；B2，B3—轴箱挡块

简单来说，一系悬挂装置就是联接轮对轴箱装置和转向架的装置，主要作用是缓和、衰减轮轨冲击对转向架的振动。

一系悬挂系统主要有垂向减振器、轴箱弹簧组、轴箱定位转臂、轴箱定位弹性节点等。两个同轴轴箱螺旋弹簧（3），外簧为右旋，内簧为左旋，弹簧内设有一个弹性橡胶止挡（4），螺旋盘簧和弹性体止挡组成挠性弹簧装置，安装在定位转臂轴簧安装座上及构架端部轴簧上导筒内，实现了转向架构架上的垂向载荷传递到车轴上。

轴箱定位转臂：轴箱定位为单转臂式弹性节点装置。轴箱定位转臂（9）将轴箱（10）和构架联接起来，通过弹性定位套（8）和构架上定位臂形成轮对轴箱纵、横方向的弹性定位，传递侧向力和纵向力到车轴上。同时，定位转臂还提供了一系钢弹簧安装座和一系油压减振器安装座。

在轴箱弹簧装置下（弹性橡胶止挡座的下面）即下导筒（5）下，还有一个调整垫（7）和尺寸调整垫（6），在车辆正常运行所承受的载荷下，通过调节尺寸为40 mm来调节一系弹簧的高度。

在轴箱弹簧上导向套（2）和构架之间有一个绝缘座（1），用来隔离轴箱。

安全止挡（在弹簧开裂时落下）：由构架挡块（B1）和轴箱挡块（B2）组成，分别位于构架和轴箱导框上。在一般状况下，两个挡块之间的距离为40 mm。

轮对提吊（上升或弹起）：由提吊销（14）和轴箱挡块（B3）组成，它们分别位于构架侧梁端部和轴箱导框上部。

轴承安装下座（11），用于固定轴箱体（10）。

2）二系悬挂系统

AM96型客车转向架二系悬挂系统如图3-86所示。

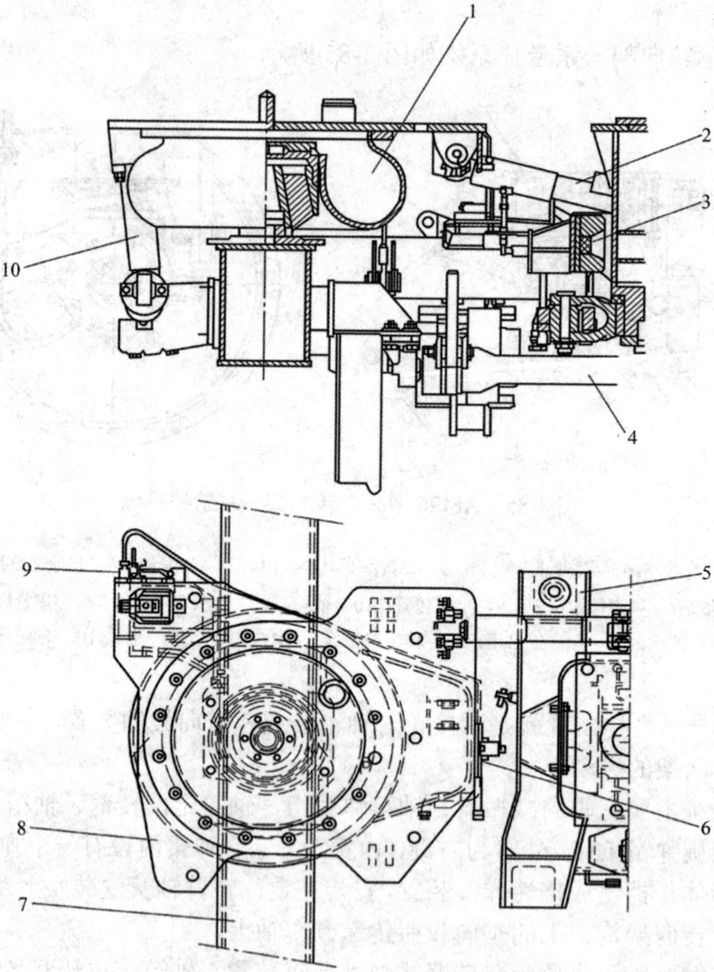

图3-86　AM96型客车转向架二系悬挂系统

1—空气弹簧；2—横向减振器；3—横向止挡；4—抗侧滚扭杆；5—构架；6—高度调整阀；7—转向架侧梁；8—上盖板；9—排气阀；10—垂向减振器

二系悬挂系统采用无摇枕悬挂系统，位于车体至转向架构架之间。它既提供垂向悬挂，也提供侧向收缩，并使得转向架相对车体可以转动。

二系悬挂系统主要由空气弹簧（1）、横向减振器（2）、横向止挡（3）、抗侧滚扭杆（4）、高度调整阀（6）、上盖板（8）、排气阀（9）垂向减振器（10）和抗蛇行运动减振器等结构组成。

二系悬挂系统对称分布于构架两侧中心线上的两个空气弹簧（1），抗侧滚扭杆（4）和固定于构架（5）上的横向止挡（3），垂向减振器（10）和横向减振器（2），用于调节空气弹簧的高度调整阀（6）和排气阀（9）。

另外，车体和构架之间还装有两个抗蛇行运动减振器，以限制车辆的蛇行运动。空气弹簧、减振器、高度调整阀和排气阀分别与转向架构架、空气弹簧上盖板相联接。空气弹簧上盖板使用螺栓与枕梁联接。这样，转向架的拆装将非常容易。

垂向减振器（10）、横向减振器（2）和抗侧滚扭杆（4）与空气弹簧构成二系悬挂系统，为车体提供良好的稳定性。

位于转向架构架上的两个横向弹性橡胶止挡（3）限制车体的侧向振动。

（1）空气弹簧。AM96 型客车转向架二系悬挂系统空气弹簧结构如图 3-87 所示。

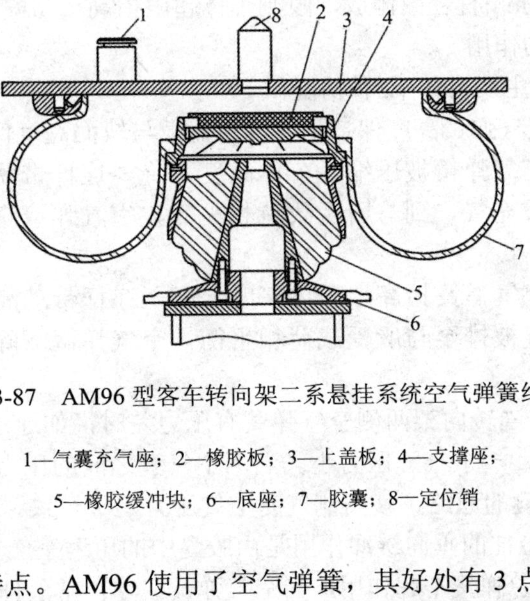

图 3-87　AM96 型客车转向架二系悬挂系统空气弹簧结构

1—气囊充气座；2—橡胶板；3—上盖板；4—支撑座；
5—橡胶缓冲块；6—底座；7—胶囊；8—定位销

① 空气弹簧系统特点。AM96 使用了空气弹簧，其好处有 3 点，首先，满足了车辆舒适度所要求的垂向和横向挠度；其次，保证车体在不同静载荷下都与轨面保持恒定的高度；最后，通过曲线时使车体保持平衡。

② 空气弹簧系统组成。空气弹簧系统由空气弹簧上盖板、胶囊、紧急弹簧组成、辅助风缸、差压阀、高度阀、排放阀等组成。空气弹簧上盖板通过 5 个螺栓与车体底架枕梁联接（定位销定位），紧急弹簧组成通过底座与侧梁联接。气囊充气座与底架内的辅助风缸相连。

胶囊（7）与支撑座（4）、橡胶缓冲块（5）、底座（6）组成一体，安装在构架侧梁上。当空气弹簧正常作业时，二系悬挂的垂向缓冲作用是由胶囊中的压缩空气提供的（紧急弹簧没有起作用）。在空气弹簧出现故障（因气动系统故障或胶囊破裂而造成的气囊瘪下）的情况下，上盖板（3）落到橡胶板（2）上。这时，垂向缓冲由橡胶缓冲块（5）提供，保证乘坐舒适度以及维修或更换气囊的时间。

③ 空气弹簧部件的功能如下。

a）空气弹簧上盖板：固定、密封胶囊体，使空气弹簧与车体底架相连，并安装高度调整阀、排气阀座。

b）胶囊：工作主体。储存压缩空气，提供垂向支撑。

c）紧急弹簧组成：无风状态下的应急支撑。

d）辅助风缸：与空气弹簧相连，增加空气弹簧的空气量，同时增加刚度，但不改变空气弹簧的容积。

e）差压阀（两空簧管路间）：设定压力开关，实现在两侧空气弹簧内压力空气的平衡，避免单侧空气弹簧漏泄故障下的车体倾斜。

f）高度调整阀（每个空簧上盖板与构架总纵向牵引梁支座间）：设定联接杆长度（高度开关），实现在动态载荷下空气弹簧空气量的自动调节，保持车体高度及平衡。

g）排气阀（每个空簧上盖板与构架支座间）：在高度阀排气能力超限时，加速气囊空气排放，或在空气弹簧突然充气而高度调整阀出现故障时，尽快建立正常的车体高度。作为一个安全装置，它与高度调整阀连通，其操纵杆中心线与空气弹簧上盖板的距离大于40 mm时完全打开，在30～40 mm有轻微排放，限制车体超限抬高（与安全止挡限度相联系）。

④ 空气弹簧系统的作用。

a. 自动调节高度，主要有如下3种情况。

- 恒定载荷时，空气弹簧高度保持不变，上盖板与轨面高度保持在1 020 mm。
- 载荷增加时，空气弹簧被压缩，车体高度下降—连杆带动高度阀，使进气机构工作—空气弹簧被充气，到与所受载荷相平衡，空气弹簧膨胀，使上盖板距轨面恢复到1 020 mm。
- 载荷减小时，空气弹簧抬高，车体高度下降—连杆带动高度阀排风，钢索带动排气阀排风—空气被排至与所受载荷相平衡，空气弹簧下降，使上盖板距轨面恢复到1 020 mm。

b）平衡车体倾斜：当转向架两侧空气弹簧有压力差时，如通过曲线、一侧空簧有轻微漏泄，一个气囊压力大，一个气囊压力小。当两个气囊之间的压力超过150 kPa时，差压阀会打开两个空气弹簧气囊的通路，使两侧气囊空气压力趋于一致。

正常情况下，二系悬挂的垂向缓冲作用是由胶囊中的压缩空气提供的（气囊内空气压力为600 kPa），此时，紧急弹簧不起作用，当空气弹簧在非正常条件（胶囊破裂或气路故障）下胶囊体无风瘪下时，上盖板落到橡胶板上，这时，垂向缓冲由紧急弹簧提供，确保车辆高度及运行安全。

c）二系悬挂的最大下降量计算方法如下。

- 空气弹簧上盖板至紧急弹簧橡胶板的最大间距等于（31±0.8）mm。
- 橡胶板的最大压缩量等于（6±0.8）mm。
- 在紧急弹簧支撑和销轴上端面之间的间隙等于（28±1）mm。

因此，当空气弹簧失去压缩空气时，最大下降量为（65±1）mm。

（2）横向减振器。AM96型客车转向架二系悬挂系统横向减振器的安装如图3-88所示。

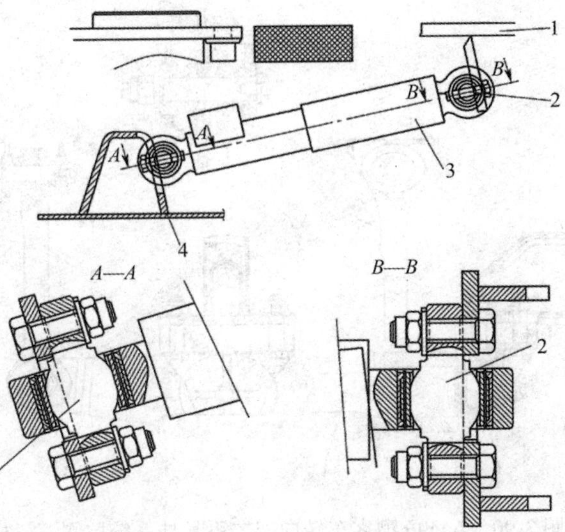

图 3-88 AM96 型客车转向架二系悬挂系统横向减振器的安装

1—空气弹簧上盖板；2—球关节；3—横向减振器；4—中部构架

每一转向架安装两个横向减振器，对角分布在牵引销两侧，其内侧安装在转向架中梁构架顶面，外部安装在空气弹簧上盖板上。

（3）横向橡胶止挡。AM96型客车转向架二系悬挂系统的横向止挡如图3-89所示。

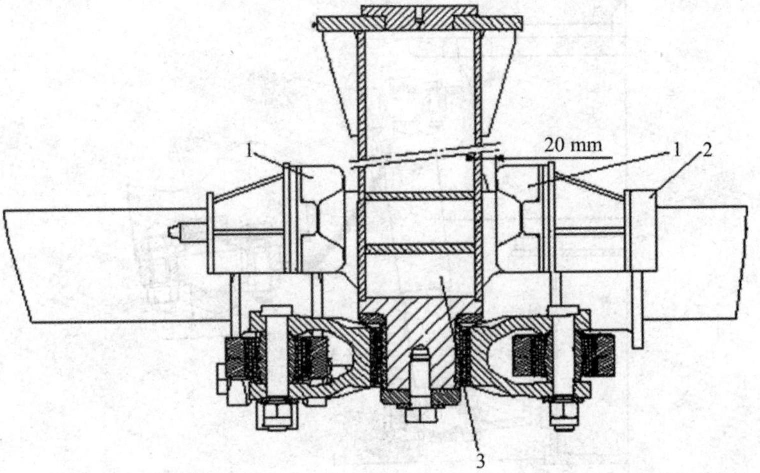

图 3-89 AM96 型客车转向架二系悬挂系统的横向止挡

1—横向止挡；2—构架；3—牵引销

横向橡胶止挡（1）限制车体相对于转向架构架的侧向移动。它们固定到构架上，其动作是渐进的。不过，牵引销（3）和横向橡胶止挡之间的间隙为 20 mm。

（4）抗侧滚扭杆。AM96 型客车转向架二系悬挂系统的抗侧滚扭杆如图 3-90 所示。

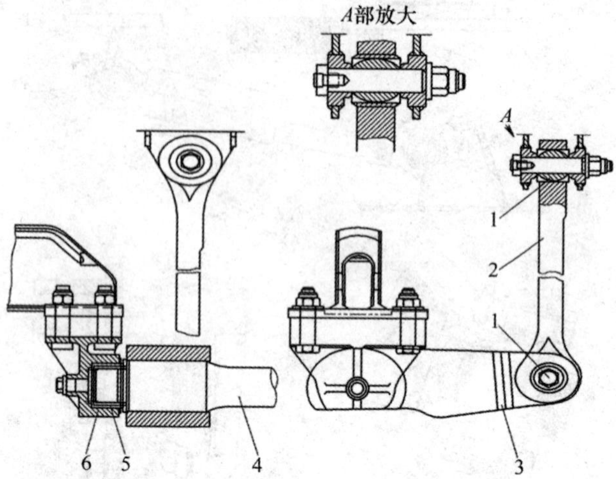

图 3-90 AM96 型客车转向架二系悬挂系统抗侧滚扭杆

1—球关节；2—连杆；3—转臂；4—扭杆；5—衬套；6—扭杆座

抗侧滚扭杆由扭杆（4）、转臂（3）、连杆（2）、衬套（5）、扭杆座（6）、球关节（1）等组成，抗侧滚扭杆连杆上端通过球关节安装在空气弹簧上盖板，扭杆座安装在转向架构架的侧梁上。车辆运用每 50 万千米时，定期对注油孔向扭杆座的衬套注润滑脂。

（5）垂向减振器。AM96 型客车转向架二系悬挂系统的垂向减振器如图 3-91 所示。

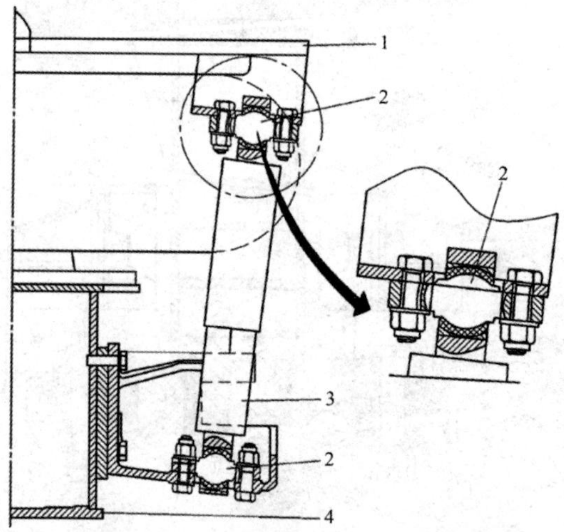

图 3-91 AM96 型客车转向架二系悬挂系统垂向减振器组装

1—空气弹簧上盖板；2—球关节；3—垂向减振器；4—构架侧梁

每个二系悬挂侧装有一个垂向减振器，减振器的上端安装在空气弹簧的上盖板，下端安装在转向架构架侧梁外侧。减振器与座的联接采用球形关节，这样可适应减振器在空间的复杂运动。

（6）抗蛇行运动减振器。AM96型客车转向架二系悬挂系统的抗蛇行运动减振器如图3-92所示。

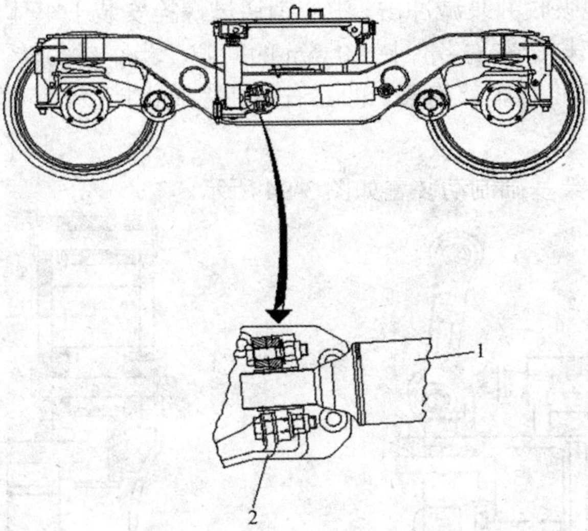

图 3-92　AM96 型客车转向架二系悬挂系统抗蛇行运动减振器的安装

1—水平减振器；2—铸造支架

抗蛇行运动减振器的两个水平减振器（1）防止转向架蛇行运动。减振器与转向架纵向轴线是平行的，联接两个接头的直线经过中心销轴线。每个减振器的安装稍微偏于水平位，与每个二系悬挂装置垂直。

减振器一端固定到转向架构架上，另一端通过一个焊接在底架上的吊座而固定到车体上。

4. 牵引装置

AM96 型客车转向架牵引装置如图 3-93 所示。

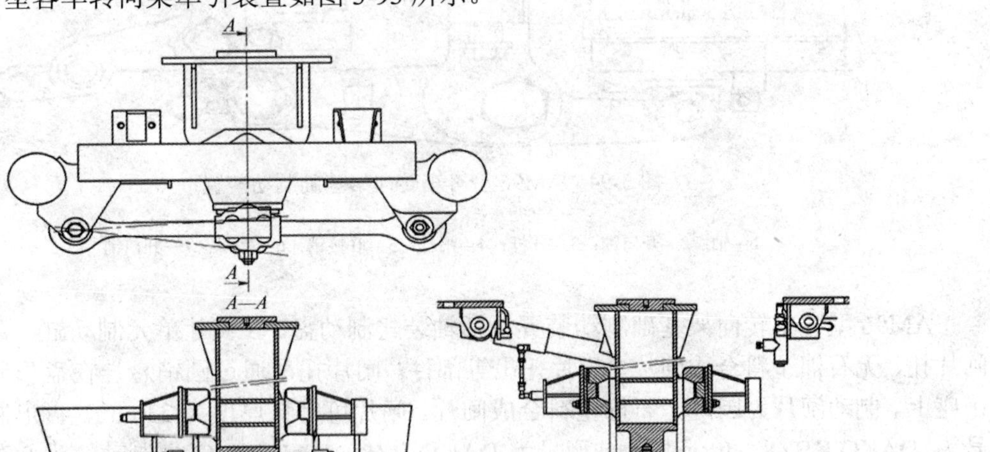

图 3-93　AM96 型客车转向架牵引装置

牵引装置包括车体中心销、均衡杠杆、纵向拉杆等，牵引力及制动力依次通过中心销传递至均衡杠杆及纵向拉杆，由于均衡杠杆，纵向拉杆接头均采用橡胶衬套，因此，在载荷的传递过程中可以很好地吸收并衰减冲击。中心销通过螺栓安装于车体底架枕梁中心，中心销与转向架构架上的中部构架左右各保持 20 mm 的间隙，当车体与转向架间的横向自由运动超过 20 mm 时，中心销将与中部构架上的左右弹性橡胶止挡接触，并压缩橡胶止挡。

5. 基础制动装置

AM96 型客车转向架基础制动装置如图 3-94 所示。

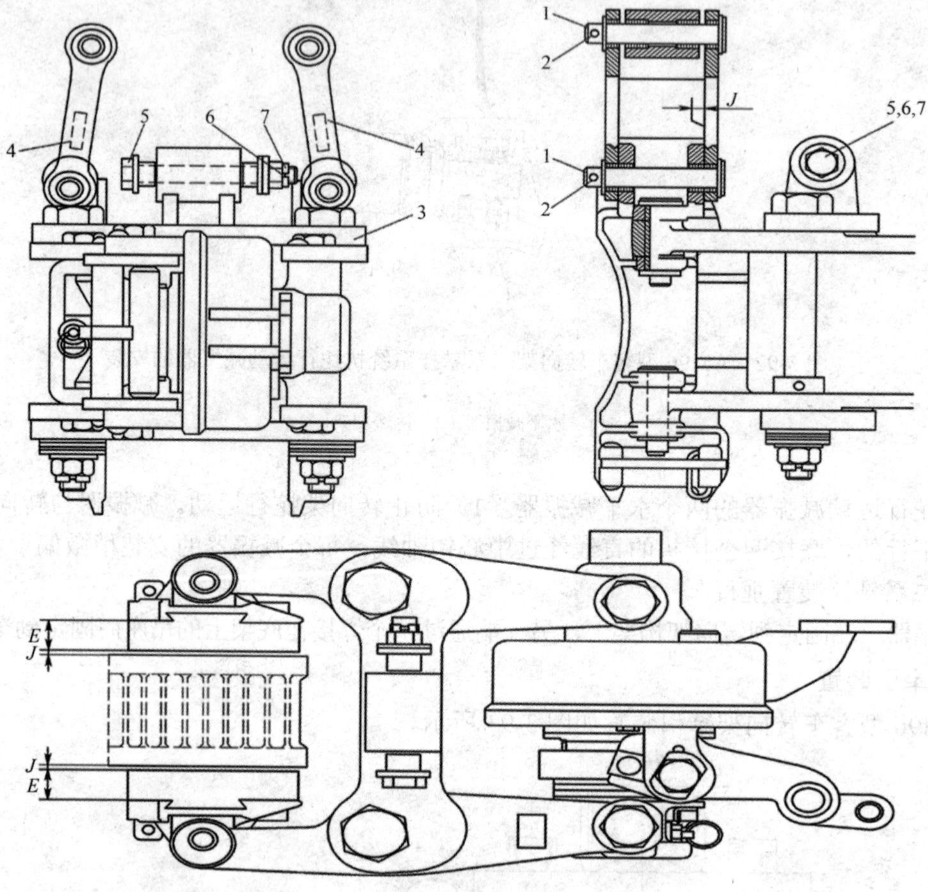

图 3-94 AM96 型客车转向架基础制动装置

1—轴；2—开口销；3—杠杆；4—吊杆；5—联接销；6—螺母；7—开口销

AM96 型客车转向架基础制动装置包括轴装式制动盘、8 英寸单元制动缸、制动杠杆、闸片托、无石棉塑料合成闸片、闸片托吊等部件。闸片托吊通过圆销悬挂在盘形制动装置悬吊座上。制动闸片为国产无石棉塑料合成闸片。闸片可磨耗厚度为 23 mm。盘形制动装置型号为 DAKO KBZ8，单元制动缸型号为 DAKO BZ8，DAKO BZ8 型制动缸为 8 英寸皮碗式双向间隙自动调整制动缸。

缓解状态下，制动闸片与制动盘间隙为（3.5±0.5）mm。为了适应手动调整闸片间隙的要求，制动缸端部设手动调整轮，只需将锁环拉出，便可顺时针或逆时针旋转调整手轮，使制动闸片与制动盘间隙增大或减小。

AM96 型客车转向架的创新点如下。

① 不设置纵向辅助梁，而采用螺栓安装的中央小构架。

② 牵引机构采用 Z 形拉杆，对中性好，比国内现有产品结构紧凑。

③ 采用 UIC 踏面。

④ 二系垂、横向减振器车体端安装在空气弹簧的上盖板上，与转向架成为整体。落车时只需要联接牵引中心销并用螺栓联接空簧上盖板与车体，不需要安装减振器，从而减小了落车工作量。

3.2.8　PW-220K 型客车转向架

中国铁路总公司运输局于 2014 年 8 月 18 日发文，将南京浦镇车辆有限公司开发的 CL242-K 型客车转向架更名为 PW-220K 型客车转向架。PW-220K 型客车转向架在保持主体结构不变的原则下，对轮对轴箱及基础制动部分进行了适应性改进设计，以满足 25T 型客车转向架轮对轴箱及基础制动的统型要求。

PW-220K型客车转向架主要技术参数如下。

轨距/mm	1 435
持续运行速度/（km/h）	160
最高试验速度/（km/h）	180
通过最小曲线半径/m	
正线运行	145
单车调行	100
轴重/t	≤17
车轮型式	KKD
每台转向架质量/t	≤6.2
固定轴距/mm	2 600
轴箱定位方式	无磨耗的弹性节点定位
悬挂装置弹簧型式	
	一系钢弹簧
	二系大挠度空气弹簧
减振方式	一系垂向油压减振器
	二系横向油压减振器
	二系垂向油压减振器
牵引装置	Z 形双牵引拉杆
空簧上平面距轨面/mm	959
轴箱弹簧横向跨距/mm	2 000
空气弹簧横向跨距/mm	2 000
基础制动装置	盘形制动

PW-220K 型客车转向架采用无摇枕、无摇动台和无旁承的“三无”结构，结构简单紧凑，使用维修方便。该型转向架采用了现代高速客车转向架较为经典的 U 形构架；转臂式

轮对轴箱定位装置；中央悬挂装置采用无摇枕大挠度的空气弹簧悬挂；制动装置采用每轴两套盘形制动单元、加装电子防滑器，并在一位转向架一位角设有人力制动装置。能够满足25T 客车以 160 km/h 的速度运行。

PW-220K 型客车转向架具有以下优点。

① 采用了阿尔斯通公司的成熟设计和成熟产品，在转向架的技术引进、技术转化、工业化生产阶段都得到了阿尔斯通公司的全程技术支持和现场指导。

② 采用了成熟的抗侧滚扭杆技术，采用了扭臂与连杆叉接式联接，扭杆两端弹性支承，并取消了扭杆支承端关节轴承的新结构，大大提高了抗侧滚扭杆的整体可靠性，并且便于抗侧滚扭杆的安装和维护。

③ 采用了 Z 形双牵引拉杆结构，能可靠地传递牵引力和制动力，在保证合适的纵向刚度前提下，尽可能地减小了垂向和横向刚度，较好地适应了车体和转向架间的相对运动。

④ 组成构架的板材和无缝钢管，焊缝均采用进口材料；构架以及其上铸件的制造和检验均采用 UIC、EN 等标准。

⑤ 轮对轴箱组成采用中国铁路总公司客车统型的结构，轴箱弹簧组成取消了工艺定位螺栓，弹簧上夹板上加了绝缘垫，增加了构架与轮对轴箱绝缘性能，简化了结构，方便后期的维修和保养。

⑥ 转臂定位采用了非整体的弹性节点定位，通过两个一样的橡胶节点和两个锥形销把构架和轮对联接起来，锥形销的采用使得橡胶节点的压装变得简单，便于后期维修。

⑦ 采用无摇枕全空气弹簧支重不仅简化了悬挂结构，减轻了质量，还提高了安全性和可靠性，并减少了运用中的检修工作量。

⑧ 二系悬挂装置上增设了二系垂向减振器，有效地抑制了垂向振动，提高了运行安全性和可靠性。

⑨ 橡胶减振元件采购和制作完全按照 UIC、EN 等标准执行，使得产品的性能和质量得到了很大的提高。

⑩ 结构简单、安全可靠，便于制造、维修。

PW-220K 型客车转向架现车实物如图 3-95 所示。它主要由构架装置、轮对轴箱定位装置、中央悬挂装置和制动装置等组成。

图 3-95　PW-220K 型客车转向架现车实物图

1—构架装置；2—轮对轴箱定位装置；3—中央悬挂装置；4—制动装置

PW-220K 型客车转向架结构如图 3-96 所示。

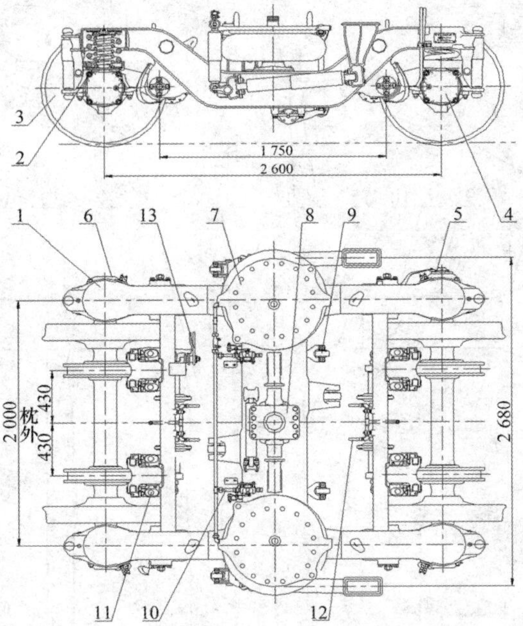

图 3-96　PW-220K 型客车转向架结构图

1—构架装置；2—一系悬挂装置；3—轮对轴箱组成；4—测速轴端布置；5—接地轴端布置；6—普通轴端布置；7—二系悬挂装置；8—牵引装置；9—扭杆装置；10—阀总成；11—盘形制动装置；12—制动管路组成；13—人力制动装置

1. 构架装置

PW-220K 型客车转向架构架装置实物如图 3-97 所示。构架装置采用 U 形焊接结构，主要由侧梁、中间横梁和制动横梁组成。侧梁、中间横梁均采用箱形焊接结构，制动横梁为无缝钢管。

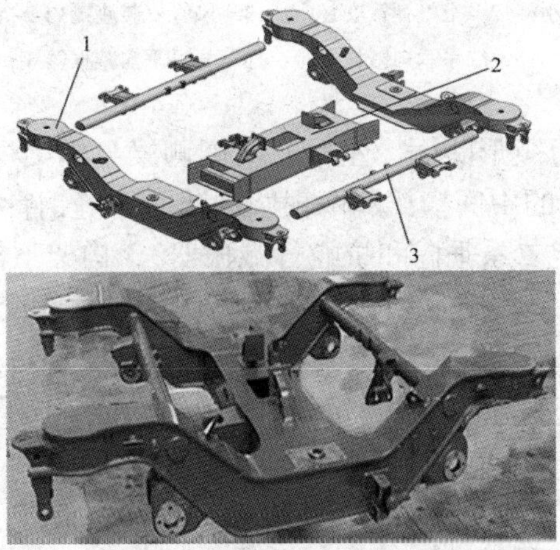

图 3-97　PW-220K 型客车转向架构架装置实物图

1—侧梁；2—中间横梁；3—制动横梁

PW-220K 型客车转向架构架装置结构如图 3-98 所示。

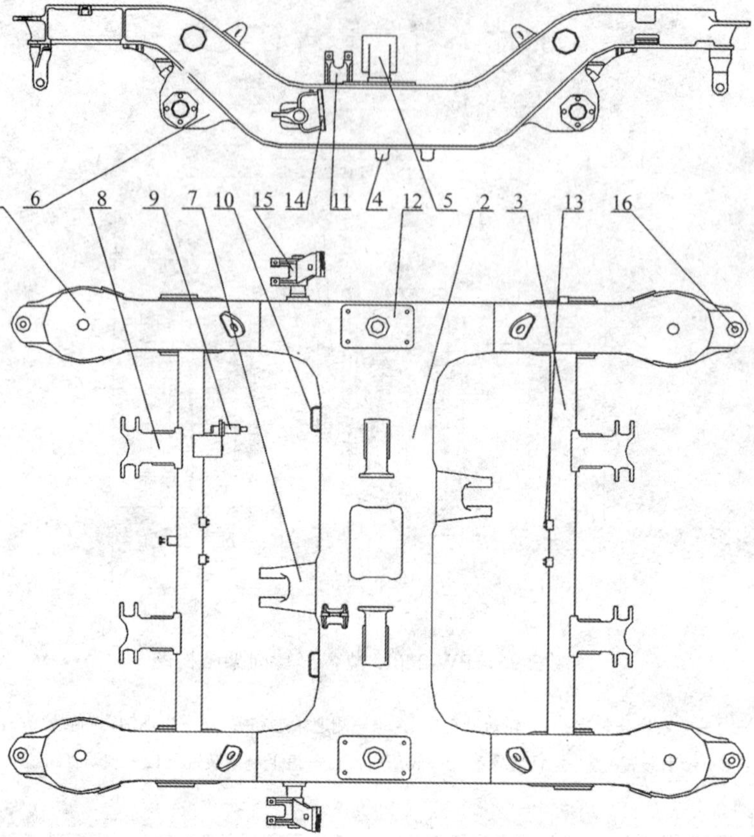

图 3-98 PW-220K 型客车转向架构架装置结构图

1—侧梁；2—中间横梁；3—制动横梁；4—抗侧滚扭杆安装座；5—横向挡座；6—轴箱定位转臂座；7—牵引拉杆座；8—盘形制动单元吊座；9—人力制动装置安装座；10—高度调整阀安装座；11—横向减振器座；12—空气弹簧安装座；13—风管安装座；14—抗蛇行减振器座；15—二系垂向减振器座；16—一系垂向减振器座

在构架装置中，侧梁为矩形断面，左、右两侧侧梁与横梁焊接为一体形成类 H 形框架结构，横梁由一个矩形断面的中间横梁和两根圆形断面无缝钢管制动横梁组成。两侧侧梁外侧对称布置减振器座（安装二系垂向和抗蛇行减振器），构架下部对称的焊接轴箱定位转臂弹性节点座，构架弹簧筒均为整体铸件，构架两侧纵横轴线相交处为二系空气弹簧安装座，中部横梁焊接横向挡座、抗侧滚扭杆安装座、横向减振器座和牵引拉杆座等，两根制动横梁上焊接制动吊座。两侧梁中心距为 2 000 mm，两制动横梁中心距为 1 640 mm。

侧梁和中间横梁主要由上盖板、下盖板、腹板等拼焊而成，材质为进口 P275NL1，其外侧焊缝经探伤检查。

制动横梁材质为进口 S275NLH 的高精度级无缝钢管制造，外径为 ϕ114.3 mm，壁厚为 16 mm，外表面需经电磁探伤检查，既保证了强度，又减少了焊缝和焊接工作量。

构架上所有铸钢件材料均为 E260-450-MS 或 GE280。

2. 轮对轴箱定位装置

PW-220K 型客车转向架轮对轴箱定位装置如图 3-99 所示。它主要由轮对轴箱装置、转臂、夹紧箍、橡胶节点、一系双绕组轴箱螺旋钢弹簧及一系垂向减振器等组成。采用无磨耗橡胶节点转臂式定位结构，轮对轴箱装置的纵、横向定位刚度主要由橡胶节点来提供，一系垂向刚度主要由轴箱钢弹簧提供。

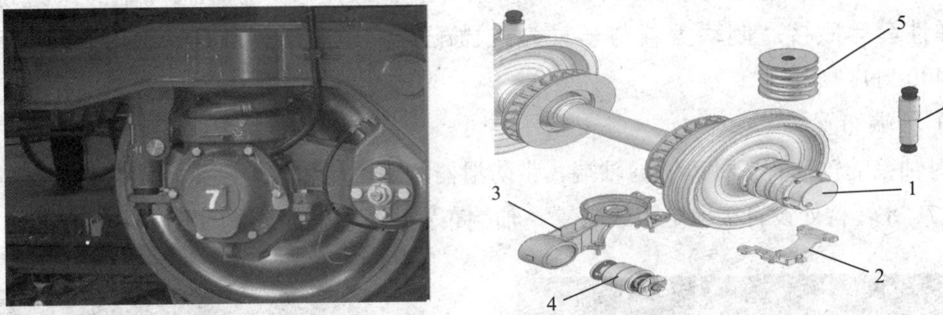

图 3-99　轮对轴箱定位装置现车实物图

1—轮对轴箱装置；2—夹紧箍；3—转臂；4—橡胶节点；5—轴箱弹簧组成；6—垂向减振器

1）轮对轴箱装置

轮对轴箱装置实物及结构如图 3-100 所示。

图 3-100　轮对轴箱装置

1—轮对组成；2—轴箱组成

轮对轴箱装置采用 25T 型客车统型结构，主要由轮对和轴箱装置组成。车轴采用了由四方车辆研究所统型的 RD_{3A1} 型车轴，轴颈中心距为 2 000 mm，采用了 KKD 型全加工车轮、LM 磨耗型踏面，车轮与车轴的压装采用突悬结构、冷压装方式；轮箍上设注油孔 (用于退卸车轮用)及注油孔螺堵 新、旧车轮滚动圆直径分别是 915 mm 和 830 mm。采用 BC1B322880/BC1B322881（进口 SKF）轴承。采用轴装制动盘，制动盘的结构和材质同提速客车，为整体式铸铁结构的制动盘环和盘毂组成。制动盘与盘毂通过螺栓、垫块和弹性套等联接。制动盘毂与车轴为过盈配合，过盈量为 0.14（0.22 mm，压装力为 200～400 kN。

2）轴端布置

轮对轴箱的轴端有 3 种：普通轴端、带防滑器测速轴端和接地装置轴端。转向架的 1、2、4、6、7、8 转臂处设有接地电阻线装置。轴端布置现车实物及结构如图 3-101 所示。

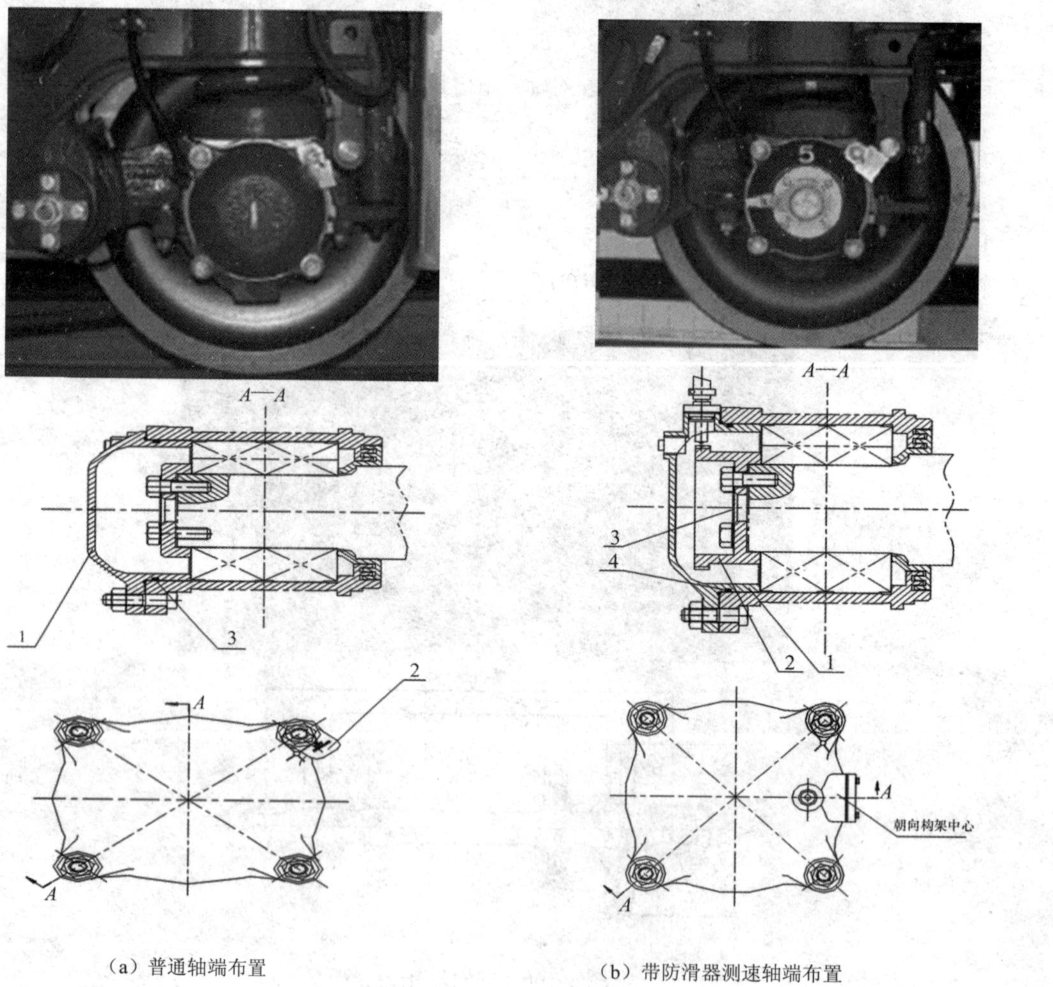

（a）普通轴端布置

1—普通轴端前盖；2—标志盘；3—密封圈

（b）带防滑器测速轴端布置

1—防滑器测速轴箱盖；2—测速齿轮；3—防松片；4—密封圈

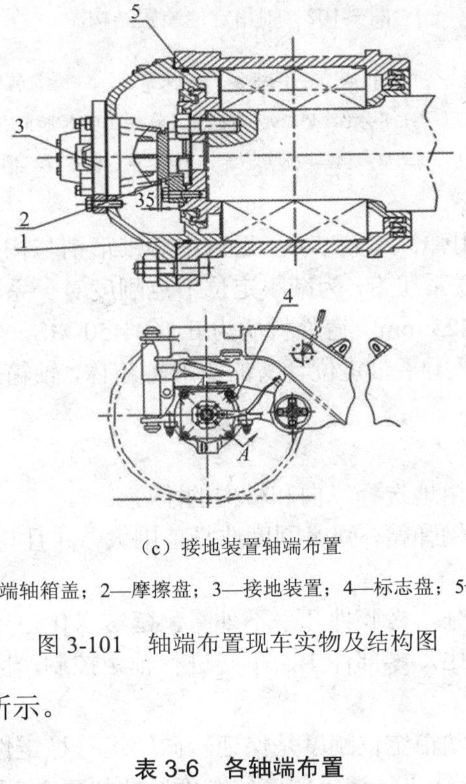

（c）接地装置轴端布置

1—接地端轴箱盖；2—摩擦盘；3—接地装置；4—标志盘；5—密封圈

图 3-101　轴端布置现车实物及结构图

各轴端布置如表 3-6 所示。

表 3-6　各轴端布置

	普通轴端	防滑器测速轴端	接地装置轴端
按照位别	1、7	2、4、6、8	3、5

3）轴箱定位装置

轴箱定位装置结构如图 3-102 所示。

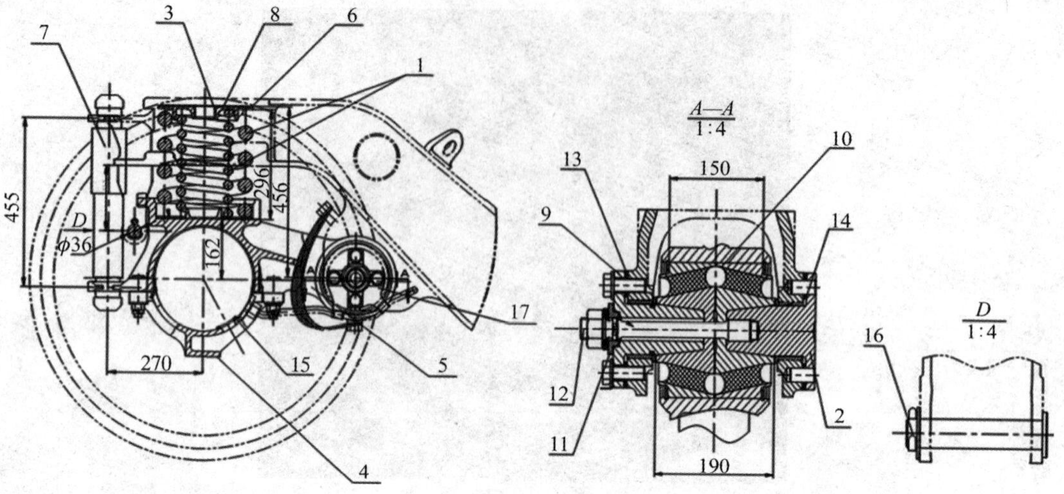

图 3-102　轴箱定位装置结构图

1—轴箱弹簧组成；2—定位套组成；3—绝缘套；4—夹紧箍；5—定位转臂；6—弹簧上夹板；7—一系垂向减振器；8—绝缘垫；9—定位套（前）；10—橡胶节点；11—垫套；12—节点联接螺栓；13—调整垫；14—橡胶垫（后）；15—密封圈；16—销；17—防滑电缆固定座

一系轴箱定位装置采用弹性橡胶节点，通过中心锥形销与构架轴箱定位转臂联接。定位转臂是轮对轴箱与构架的联系纽带，为减小定位节点刚度对一系垂向刚度的附加影响，定位转臂应尽可能长，一般为 425 mm，铸件材质为 E 260-450-MS。

转臂与轴箱联接结构采用了带定位台肩的筒形轴箱体，轴箱体上部安装定位转臂，下部安装夹紧箍。

这种定位装置有以下特点。

① 可利用弹性节点自由地选择纵向和横向的刚度。

② 垂向采用轴箱顶置钢弹簧，弹簧刚度选择范围大，并且与纵向、横向刚度几乎无关，可以单独设计。

③ 没有滑动和摩擦部分，橡胶件几乎不外露，延缓老化，可以长期运用免维修。

④ 与其他定位方式相比，零部件少，不必进行轴距控制，因此，组装、分解中均不需特殊工装。

（1）轴箱定位刚度。轴箱定位刚度是保证转向架运行稳定性的关键参数，根据车辆动力学计算结果和动力学试验结果，选定的定位刚度参数如表 3-7 所示。

表 3-7　定位刚度参数　　单位：MN/m

垂向刚度	纵向刚度	横向刚度
≈0.905	12.6～15.4	6.1～7.5

（2）弹性节点。转臂弹性节点的压装如图 3-103 所示。

图 3-103　转臂弹性节点的压装

转臂弹性节点是由橡胶与金属硫化成一体的结构，提供转向架所需的纵横向定位刚度。弹性节点组装时，定位转臂的内腔孔与弹性节点的外表面均涂 Molycote MOS2 油脂，两弹性节点的接触面涂 Anti-seize 油脂。

（3）一系双绕组轴箱螺旋钢弹簧组成。一系双绕组轴箱螺旋钢弹簧组成包括内、外圈钢簧、弹簧调整垫和上夹板。钢弹簧在生产时需把弹簧的横移方向用油漆做出标记，钢弹簧采用 60Si2Cr（V）A 材质。

（4）一系垂向减振器。在定位转臂和构架弹簧筒之间设置了油压减振器，以防止高频的传递和减小构架点头振动。减振器的阻尼力系数 F=2 600 N，v=0.3 m/s。

3. 中央悬挂装置

PW-220K 型客车转向架中央悬挂装置如图 3-104 所示。

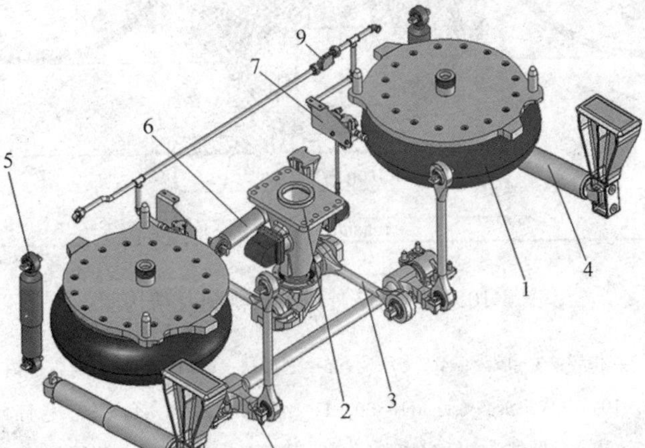

图 3-104　中央悬挂装置

1—空气弹簧组成；2—牵引中心销；3—双牵引拉杆装置；4—抗蛇行减振器；
5—二系垂向减振器；6—横向缓冲器；7—高度调整阀；8—抗侧滚扭杆组成；9—差压阀

PW-220K 型客车转向架中央悬挂装置取消了传统的摇枕、摇动台和旁承等零部件。主要由空气弹簧组成、二系垂向减振器、二系横向缓冲器、抗蛇行减振器、横向挡与止挡、牵引中心销、双牵引拉杆装置、抗侧滚扭杆装置、高度调整阀和差压阀等组成。

1）空气弹簧

空气弹簧主要由弹簧上盖板、扣环、胶囊以及应急橡胶堆等组成。空气弹簧现车实物及结构如图 3-105 所示。

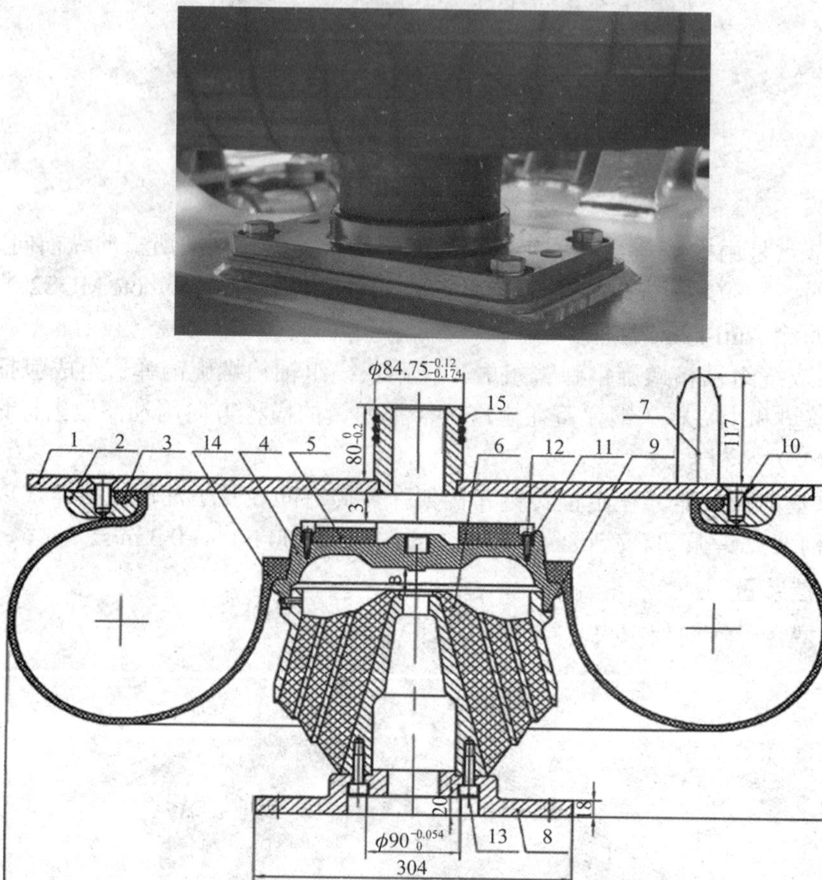

图 3-105　空气弹簧现车实物图及结构图

1—上盖组成；2—扣环；3—胶囊；4—支承座；5—摩擦块；6—橡胶堆；7—定位销；8—安装座；9—垫圈；10—内六角沉头螺钉 M16×30；11—套筒；12—内六角平圆头螺钉 M5×20；13—内六角圆柱头螺钉 M10×35；14—槽销 B6×16；15—O 形圈 ϕ75×5.3

车体质量通过 4 个大挠度的空气弹簧直接作用在构架侧梁上，空气弹簧工作高度（358±3）mm，横向最大变位可达±135 mm，垂直方向最大拉伸 50 mm，压缩 60 mm，空气弹簧通过构架上的空气弹簧定位销定位，并通过 4 个 M16 的螺栓紧固在构架上。

二系悬挂装置采用无摇枕全空气弹簧支重，不仅简化了悬挂结构，减轻了质量，还提高了安全性和可靠性，并减少了运用中的检修工作量。

2）减振器布置

为了改善二系悬挂的垂向、横向以及抗蛇行振动的性能，提高乘坐舒适性。二系悬挂装置中采用了两个二系垂向减振器、一个二系横向缓冲器以及两个抗蛇行减振器。减振器现车布置如图 3-106 所示。

图 3-106　减振器现车布置

为了改善空气弹簧上下振动的性能，每个空簧设有一个垂向减振器，垂向减振器的阻尼系数为 F=2 250 N，v=0.15 m/s。空气弹簧内设橡胶堆，可以保证当空气弹簧胶囊破损时，车辆减速运行安全到达指定地点。车体与转向架间安装一个横向减振器并对称地装有两个横向缓冲器，以改善车体的横向振动性能，横向减振器的阻尼系数为 F=3 000 N，v=0.1 m/s。为了避免运行中车体频繁碰撞横向缓冲器或者接触后出现硬性冲击，缓冲器设计成非线性特性，它与空气弹簧的横向刚度共同完成限制车体的横移，且位移较大时，可提供非线性增长的复原力。

（1）二系垂向减振器。二系垂向减振器的上端安装在车体枕梁下盖板上，下端安装在转向架构架侧梁外侧的二系垂向减振器座上。二系垂向减振器现车安装位置如图 3-107 所示。

图 3-107　二系垂向减振器现车安装位置

（2）二系横向缓冲器。二系横向缓冲器的一端与构架横梁上的横向缓冲器座联接，另一端安装在车体枕梁下盖板横向缓冲器座上。二系横向缓冲器现车安装位置如图 3-108 所示。

图 3-108　二系横向缓冲器现车安装位置

（3）抗蛇行油压减振器。抗蛇行油压减振器一端安装在转向架构架侧梁外侧，另一端安装在车体底架的抗蛇行油压减振器安装座上。抗蛇行减振器现车安装位置如图 3-109 所示。

图 3-109　抗蛇行油压减振器现车安装位置

为了获得稳定的回转阻力，以防止转向架的蛇行运动，采用了抗蛇行油压减振器，代替了以往转向架使用旁承摩擦副提供阻力的方式。

3）横向挡布置

为了抑制车辆横向位移，二系悬挂装置在中部设有两个横向挡与止挡。横向挡布置如图 3-110 所示。

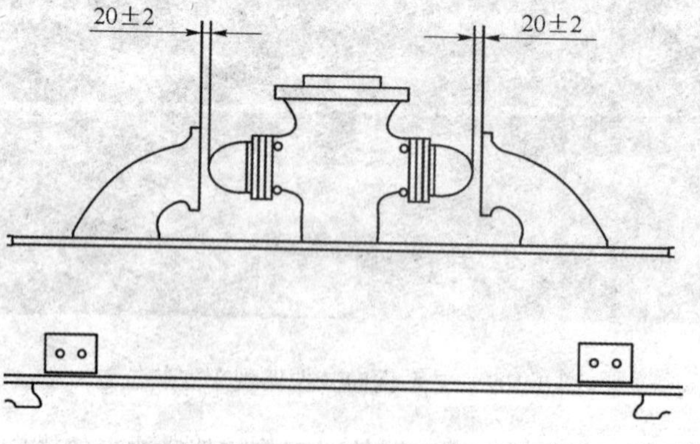

图 3-110　横向挡布置

本系统中将缓冲器与止挡的间隙设置为（20±2）mm。

4）牵引装置

牵引装置包括牵引中心销和Z形双牵引拉杆（包括牵引体及牵引拉杆）等，牵引力依次通过中心销传递至牵引体及牵引拉杆；制动力传递过程刚好相反。由于牵引体、牵引拉杆均采用橡胶节点，因此，在载荷的传递过程中可以很好地吸收并衰减冲击。中心销通过螺栓安装于车体底架枕梁中心，中心销上装有横向挡，横向挡与转向架构架上的左、右横向挡座各保持20 mm的间隙，当车体与转向架间的横向自由运动超过20 mm时，横向挡与横向挡座接触，并压缩横向止挡。

牵引装置实物及结构如图3-111所示。

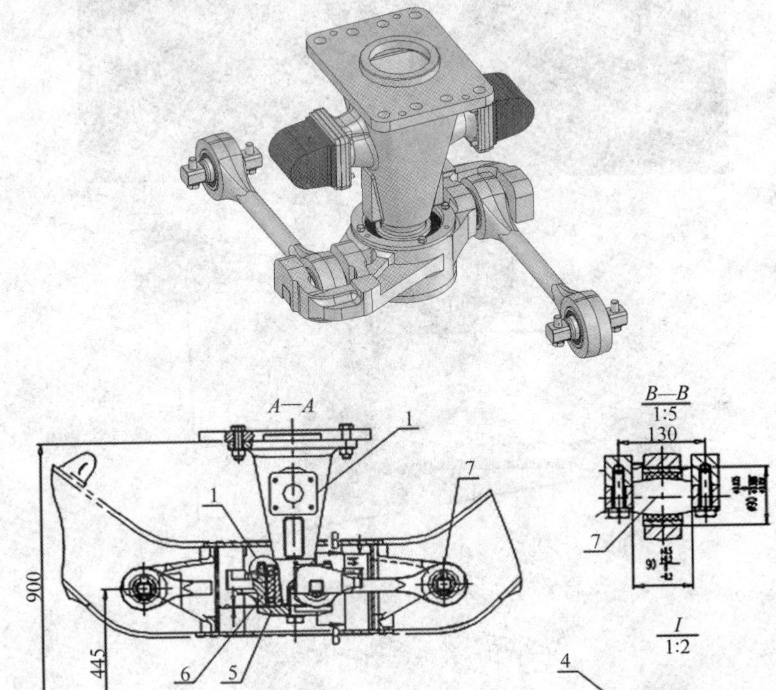

图3-111　牵引装置实物及结构图

1—牵引中心销；2—牵引体；3—牵引拉杆；4—节点压盖；

5—紧固板；6—牵引节点；7—牵引拉杆节点

Z 形双牵引拉杆组成现车实物如图 3-112 所示。

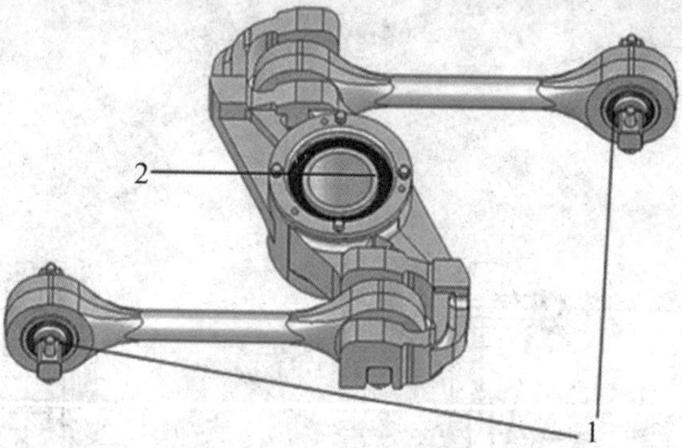

图 3-112 Z 形双牵引拉杆组成现车实物图

1—弹性球关节；2—锥形橡胶套

采用 Z 形双牵引拉杆结构，牵引拉杆两端均为弹性球节点，中间通过牵引节点与中心牵引销的锥面相配合，落车后由下部的紧固螺栓及紧固板将双牵引拉杆装置和中心牵引销紧固。牵引装置内无相对滑动部分为无磨耗结构。该牵引装置在提供合适的纵向刚度的同时，具有较小的横向和垂向刚度，能可靠地传递纵向力，并方便起落车工作。

5）抗侧滚扭杆装置

抗侧滚扭杆装置包括连杆组成、扭杆以及扭杆轴承等组成。

这里采用了新型抗侧滚扭杆装置，连杆装置与扭臂的联接方式为叉接式，改善了关节轴承的受力状况，方便了安装和维护；扭杆与扭臂之间取消了花键联接结构而改用过盈压装配合，不仅简化了结构，还提高了扭杆的疲劳强度。

抗侧滚扭杆装置现车实物及结构如图 3-113 所示。

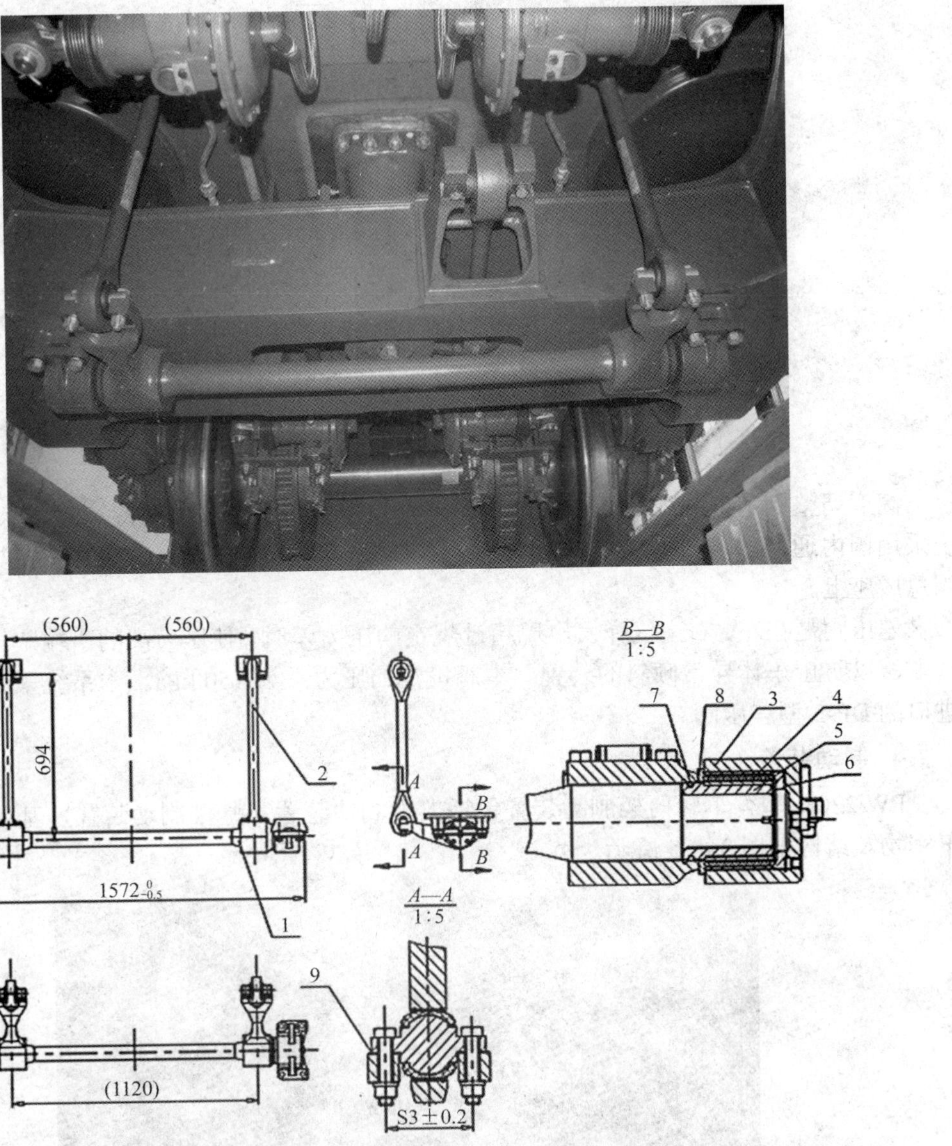

图 3-113　抗侧滚扭杆装置现车实物及结构图

1—扭杆组成；2—连杆组成；3—轴承座；4—弹性节点；5—摩擦套；
6—退装挡圈；7—密封圈；8—密封圈；9—调整垫

抗侧滚扭杆连杆上端通过球关节安装到车体枕梁上，扭杆座安装在转向架构架横梁上。

车辆运行过程，每 50 万千米定期通过注油孔向扭杆座里的衬套内加注 Molykote 33 Medium 润滑脂。

6）阀组成

阀组成主要由高度调整阀、高度调整阀调节杆、差压阀及相关管路组成。阀组成现车布置如图 3-114 所示。

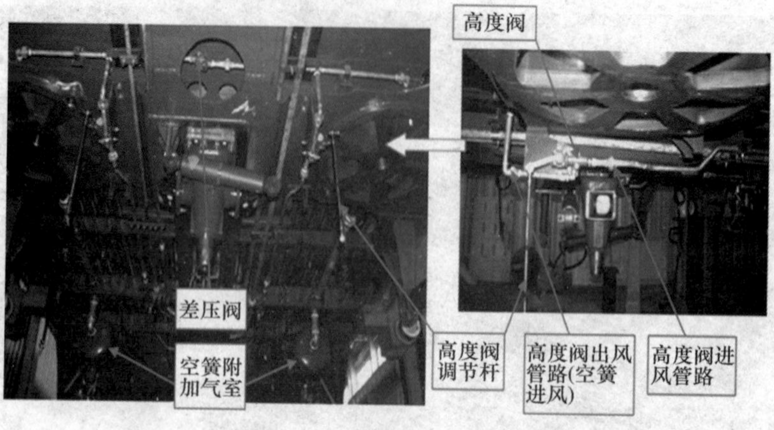

图 3-114 阀组成现车布置图

高度调整阀是根据载荷的变化自动调整空气弹簧内压使车体保持一定高度的装置。本系统采用国内通用的从日本进口的 LV-3A（LV-3A－1）高度阀。高度阀安装在与车体联接的阀总成座上。

差压阀是在左、右空气弹簧出现超过规定的压力差时，使压力高的一端空气流向较低的一端，以防止车体异常倾斜的装置。本阀设定的压力差为 150 kPa。本系统采用的是从日本进口的 DP-3 型差压阀。

4. 制动装置

PW-220K 型客车转向架制动装置包括人力制动装置和基础制动装置，基础制动装置现车实物及结构如图 3-115 所示。

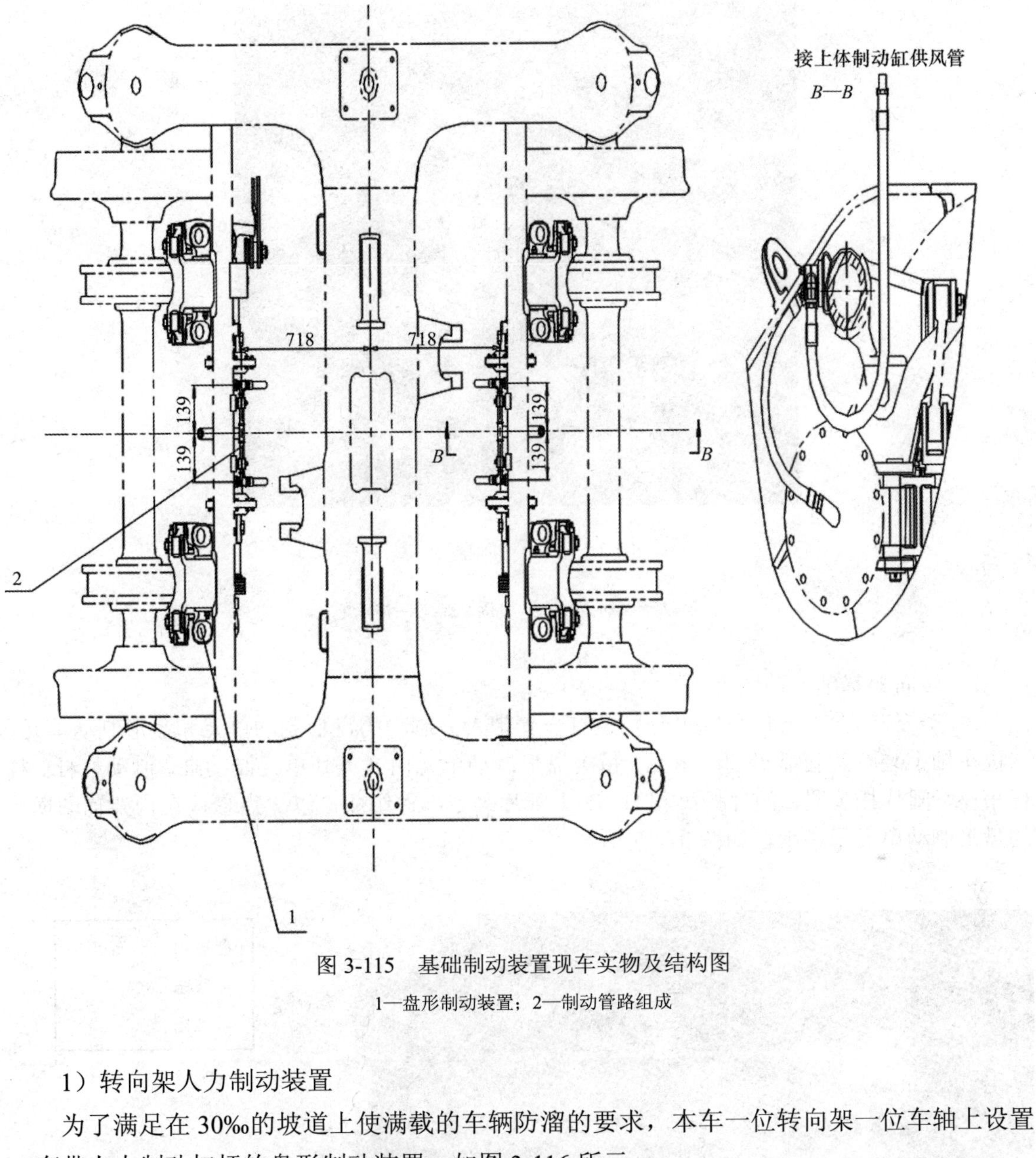

图 3-115　基础制动装置现车实物及结构图

1—盘形制动装置；2—制动管路组成

1）转向架人力制动装置

为了满足在 30‰的坡道上使满载的车辆防溜的要求，本车一位转向架一位车轴上设置一套带人力制动杠杆的盘形制动装置，如图 3-116 所示。

在车体一位端通过台设置的人力制动操纵手柄，手柄与构架之间通过钢丝绳联接，当转动手柄时，钢丝绳将驱动构架上的曲拐结构对车辆实施人力制动。因为曲拐装置自带复原弹簧，因此，在一位端通过台内既可以实施人力制动作用，也可以实施缓解。

图 3-116 人力制动装置

1—人力制动曲拐；2—复位弹簧；3—钢丝绳

2）转向架基础制动装置

本车一位转向架一位车轴上分别装有一套带人力制动的盘形制动单元和盘形制动单元，二位车轴上装有两套盘形制动单元。每个盘形制动单元由 8 英寸单元制动缸、制动杠杆、杠杆吊座、闸片托装置、闸片托吊和 HVD-Ⅰ闸片等零部件组成，以 3 点悬挂在构架辅助横梁的盘形制动单元吊座上，如图 3-117 所示。

图 3-117 盘形制动单元安装

闸片托吊通过圆销悬挂在盘形制动装置悬吊座上。制动闸片为进口 HVD-Ⅰ闸片。闸片可磨耗厚度为 30 mm。单元制动缸型号为 SP13。SP13 型制动缸为 8 英寸模板式双向间隙自动调整制动缸。为了满足低温环境的运营要求，对制动缸进行了低温试验，自 70℃至－40℃，各保温 5 min，并经多次高低温温度循环，恒温期间，制动缸内充入 600 kPa 压力的空气，各项性能稳定。缓解状态下，制动闸片与制动盘间隙最大为（3.5±0.5）mm。为了适应手动调整闸片间隙的要求，制动缸端部设手动调整螺母，可顺时针或逆时针旋转调整螺母，使制动闸片与制动盘间隙增大或减小。更换闸片时，只需将闸片托下部的其中一个定位销拔出，然后将止挡旋出，闸片即可从闸片托中脱落，此时，可更换新闸片，闸片防落装置如图 3-117 所示。

图 3-118　闸片防落装置

5. 辅助装置

转向架辅助装置包括轴端接地装置、防滑器速度传感器、轴温报警仪传感器、车体与转向架接地电缆等。

防滑器速度传感器位于 2、4、6、8 位轴端，轴温报警仪传感器位于 1~8 位轴端；轴箱与构架间的接地电阻线位于 1、2、4、6、7、8 位；轴端接地装置位于 3、5 位；车体与转向架接地电缆位于 3、5 位。

3.3　客车转向架主要零部件的检修要求

3.3.1　客车转向架的段修要求

客车转向架主要零部件在段修时，转向架导柱、摇枕挡和牵引拉杆安装座状态良好者可不分解，其他配件均必须分解检修。检修时必须符合以下要求：

（1）转向架各部件清除表面锈垢，焊接构架、摇枕防腐层可局部修补。除锈时不许损伤螺纹和精装配面。

（2）与车体联接的牵引拉杆座、抗侧滚扭杆座和抗蛇行减振器座弯曲、变形时调修，裂损时焊修、补强或更换，腐蚀深度超过 30%时更换，构架上组焊件原焊缝裂纹时焊修。

（3）转向架各零部件焊修必须符合 TB/T 1581《机车车辆修理焊接技术条件》或 EN 15085《铁路应用——轨道车辆和轨道车辆部件焊接》的相关要求。

（4）各螺纹联接配件螺纹必须良好，构架上盲孔螺纹损坏时堵焊后加修或用钢丝螺套修复，钢丝螺套的基孔螺纹大径到母材边缘最小距离必须大于 10 mm。原钢丝螺套损坏时，必须更新。

（5）衬套裂纹、缺损、松动时，必须更新，衬套（销孔）内孔直径磨耗量大于 1 mm 时，必须更新，衬套表面凸出基体表面不大于 1 mm、凹入深度不大于 2 mm。衬套基体孔磨耗、损伤导致衬套松动时，必须加修至原型尺寸。

（6）转向架上各风管损坏或裂损更换时，采用不锈钢管。

（7）钢丝绳有断股或断丝数量超过总数 10%时，必须更新，钢丝绳胶套脱落、破损时，必须更新。

（8）构架、弹簧托梁、摇枕原则上原车原套原装。

（9）金属配件组装结合面（配合面除外）及补强板，在组装前均必须涂刷防锈漆。

（10）圆、扁开口销必须更新，防松止铁、防松铁丝状态不良或分解时，必须更新。

1. 构架的检修

（1）构架裂纹时焊修或更换。

（2）构架腐蚀深度不超过原型厚度 20%时，可不焊修；腐蚀深度不超过 30%或任意 100 mm×100 mm 范围内腐蚀深度超过 30%但面积之和不大于 25 cm^2 时，焊修、补强；超限时，更换。

（3）构架上各种吊座、补强板弯曲变形时，调修；裂纹时，焊修或更换；腐蚀超过原型厚度 30%时，更换；构架上组焊件原焊缝裂纹时，必须焊修，焊接式构架焊修后必须对焊缝探伤检查无裂纹。

（4）定位转臂座裂纹时，焊修；变形时，更换；AM96 型转向架定位转臂座裂纹时，更换。

构架定位尺寸符合下列要求。

① CW-200K 型转向架构架定位尺寸必须满足表 3-8 所示的要求（车辆脱轨、颠覆或构架主体结构焊修等情况测量）。

表 3-8　CW-200K 型转向架构架定位尺寸

序号	检测部位	尺寸要求/mm
1	① 定位座中心纵向距离	1 740±1
2	② 定位座底面与弹簧座顶面距离	四角高差≤2
3	③ 定位座中心横向距离	2 000±1
4	④、⑤定位座中心对角线距离	｜④-⑤｜≤3

如图 3-119 所示为 CW-200K 型转向架构架定位尺寸示意图。

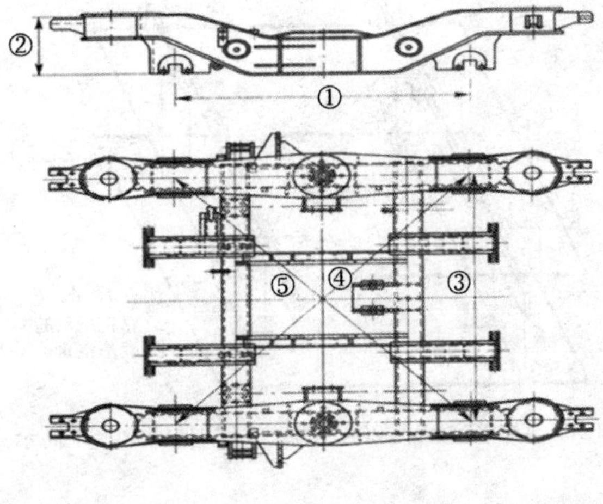

图 3-119　CW-200K 型转向架构架定位尺寸示意图

② SW-220K 型转向架构架定位尺寸必须满足表 3-9 所示的要求（车辆脱轨、颠覆或构架主体结构焊修等情况测量）。

表 3-9　SW-220K 型转向架构架定位尺寸

序号	检测部位	尺寸要求/mm
1	① 定位臂基准面纵向距离	1 455±1
2	② 定位臂底面与弹簧座顶面测量基准距离	四角高差≤2
3	③ 定位臂中心横向距离	2 000±1
4	④、⑤ 定位臂中心对角线距离	|④-⑤|≤3

如图3-120所示为SW-220K型转向架构架定位尺寸示意图。

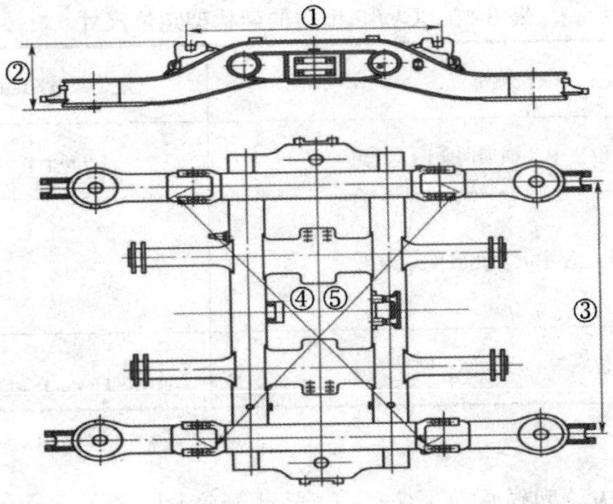

图 3-120　SW-220K 型转向架构架定位尺寸示意图

③ AM96、PW-220K 型转向架构架四角水平高度差不大于 1 mm，对角线尺寸之差小于 1 mm，如图 3-121 和图 3-122 所示。（车辆脱轨、颠覆或构架主体结构焊修等情况测量）。

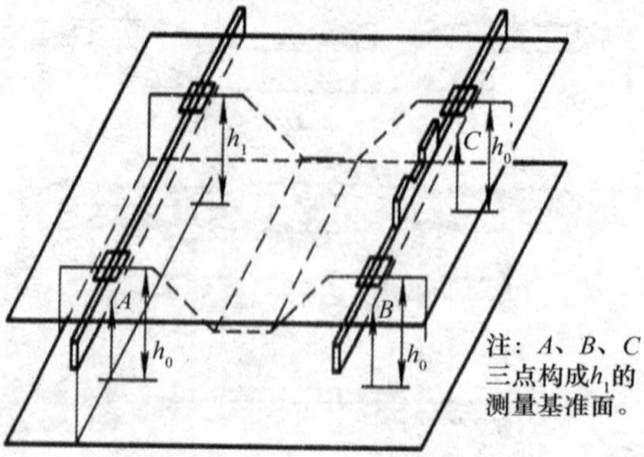

图 3-121 AM96、PW-220K 型转向架构架四角水平高示意图

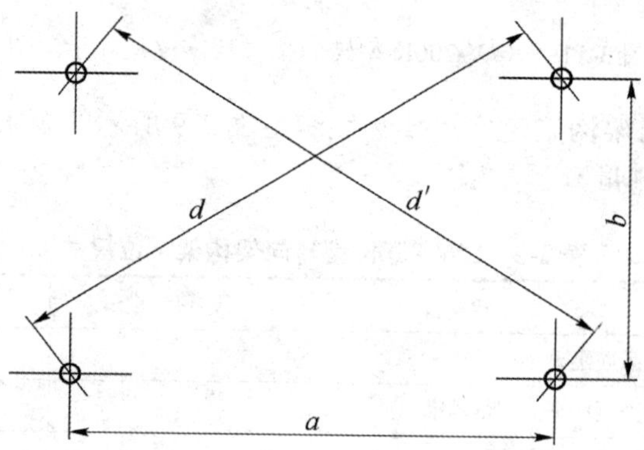

图 3-122 AM96、PW-220K 型转向架构架定位转臂对角线示意图

④ CW-2 型转向架构架定位尺寸必须满足表 3-10 所示的要求（车辆脱轨、颠覆或构架主体结构焊修等情况测量）。

表 3-10 CW-2 型转向架构架定位尺寸

序号	检测部位	定位尺寸/mm	尺寸要求/mm
1	定位座中心横向间距[①，②]	1 956±1	1 956±1
2	定位座中心对角线[③，④]		尺寸之差 ｜(3)-(4)｜<3
3	定位座中心纵向间距[⑤，⑥]		1 432±1

如图3-123所示为CW-2型转向架构架定位尺寸示意图。

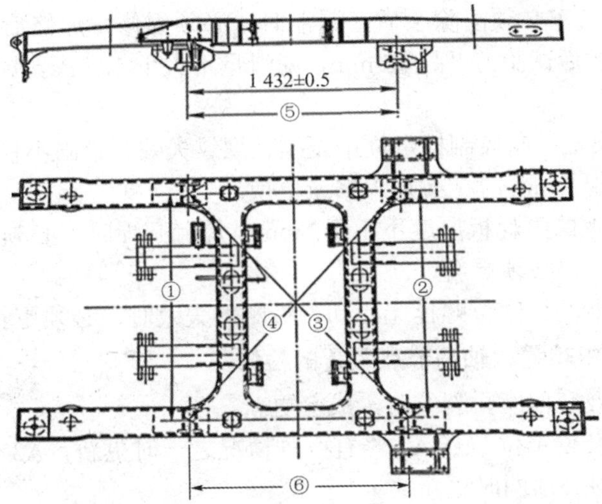

图 3-123　CW-2 型转向架构架定位尺寸示意图

⑤ SW-160 型转向架构架定位尺寸必须满足表 3-11 所示的要求（车辆脱轨、颠覆或构架主体结构焊修等情况测量）。

表 3-11　SW-160 型转向架构架定位尺寸

序号	检测部位	定位尺寸/mm	尺寸要求/mm
1	定位销（定位转臂上）纵向间距（A_1、A_2）		2 180±1 $\mid A_1-A_2 \mid \leqslant 1.5$
2	定位销（定位转臂上）横向间距（B_1、B_2）		$\mid B_1-B_2 \mid \leqslant 1$ 1 956±1
3	定位销（定位转臂上）对角线（C_1、C_2）	≤2	$\mid C_1-C_2 \mid \leqslant 3$

如图3-124所示为SW-160型转向架构架定位尺寸示意图。

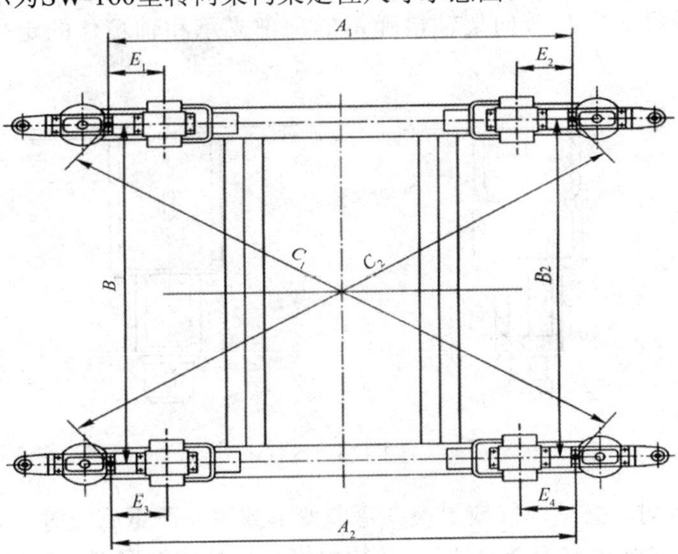

图 3-124　SW-160 型转向架构架定位尺寸示意图

（5）构架附加空气室必须清除杂质，漏泄时，必须焊修，焊修后必须按工作空气压力进试验（可在车辆落成后试验），保压 5 min，漏泄量不大于 10 kPa，焊修部位涂检漏剂，不许有气泡。

（6）CW-2 型构架上横向控制杆定位销裂纹、螺纹失效、紧固不良时，必须更换，定位销开口销孔磨耗量大于 2 mm 时，必须焊修或更换。

（7）构架、摇枕上的磨耗板厚度不小于2 mm，焊缝开焊时，必须焊修。纵向、横向缓冲器橡胶老化、破损时，必须更新。

（8）构架上单元制动缸限位螺栓无松动，折断、失效时，必须更新。

2. 轴箱定位装置中转臂、轴箱节点装置的检修

（1）转臂定位轴及套偏磨、裂纹时，成套更新。

（2）各型转向架转臂定位节点 A2 修有下列情况之一时更新，A3 修时更新。转臂定位节点更新时，同一轮对必须同时更新。

① 橡胶与金属件结合面之间开裂长度超过 1/4 圆周且深度大于 5 mm。

② 橡胶表面周向裂纹长度超过1/4圆周且深度大于5 mm。

③ 橡胶表面周向贯通裂纹且深度大于 3 mm。

（3）转臂和箍必须原套检修，转臂、箍必须良好，无裂纹。转臂报废时必须与箍成套更新，CW-200K箍报废时，与转臂成套更新或单独更新为ϕ282 mm的新箍。定位套内、外表面涂油脂，CW-200K型转向架转臂、箍与轴箱接触面涂30～50 μm厚的防锈底漆，其余转向架转臂、箍（压盖） 与轴箱接触面涂油脂。轴箱转臂与节点装置组装时，盖形螺母组装必须在外侧。

（4）轮对提吊腐蚀厚度超过 30%或裂纹时，必须更新。

（5）CW-200K 转臂节点锁紧板弯曲变形大于 2 mm 或裂纹时，必须更换。

（6）CW-200K型转向架轴箱定位套与转臂圆孔配合过盈量为0.1～0.2 mm。

3. 导柱及附件的检修

（1）导柱。导柱是客车转向架轴箱弹簧的顶部支承和轴箱体的定位装置，其形状如图 3-125 所示。

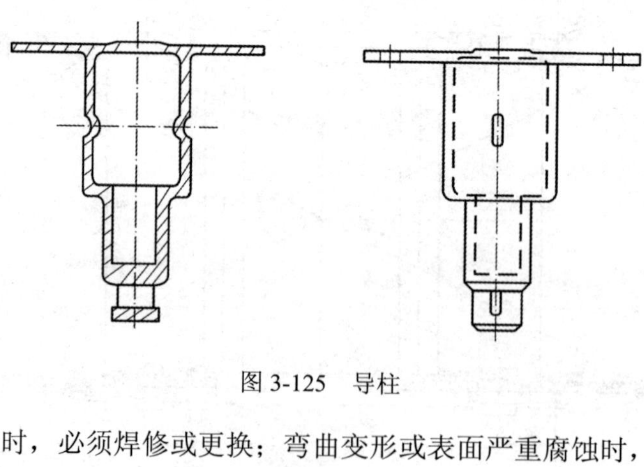

图 3-125　导柱

① 导柱有裂纹时，必须焊修或更换；弯曲变形或表面严重腐蚀时，必须更换。导柱扁销孔长度或宽度方向磨耗大于 2mm 时，必须焊修。导柱扁销磨耗、腐蚀大于 3mm 时，必

须更换。

② 导柱弹性定位套A2修时，必须状态检查，不良者更新；A3修时，必须更新。弹性定位套挡盖螺栓紧固良好并加装防松铁丝。

③ 导柱上摩擦套磨耗大于1 mm或松脱、裂损时，必须更新；206G型转向架导柱摩擦套安装后必须加防脱钢丝。

④ 橡胶缓冲垫老化、缺损时，应进行更换。导柱组装后，其位置直接决定了该转向架固定轴距的尺寸，因此，在组装后应先测量导柱的位置是否准确。206G（P）、209T（P）、209PK型和209HS型转向架安装后的尺寸偏差分别不得超过表3-12、图3-126和表3-13、图3-127所示的规定范围。

表3-12　206G（P）、209T（P）、209PK型转向架导柱定位尺寸要求

测量部位	定位尺寸/mm
① ② ③ ④	2 400±3
⑤ ⑥ ⑦ ⑧	尺寸之差不大于5（脱轨或颠覆时测量）
⑨ ⑩ ⑪ ⑫	1 956±1
⑬ ⑭ ⑮ ⑯	580±2
b_1 b_2 b_3 b_4	间隙不大于2
$\frac{①+②}{2}$与$\frac{③+④}{2}$	尺寸之差不大于2

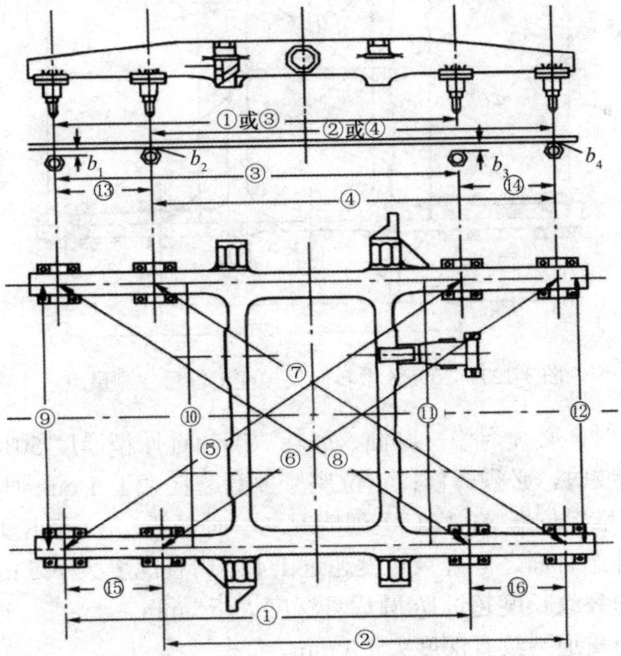

图3-126　206G（P）、209T（P）、209PK型转向架导柱定位尺寸测量点

表 3-13　209HS 型转向架导柱定位尺寸要求

测量部位	定位尺寸/mm
① ② ③ ④	2 400±1
⑤ ⑥ ⑦ ⑧	尺寸之差不大于 3（脱轨或颠覆时测量）
⑨ ⑩ ⑪ ⑫	209HS 型转向架 1 956±1
⑬ ⑭ ⑮ ⑯	580±1
b_1 b_2 b_3 b_4	间隙不大于 1
$\frac{①+②}{2}$与$\frac{③+④}{2}$	尺寸之差不大于 1

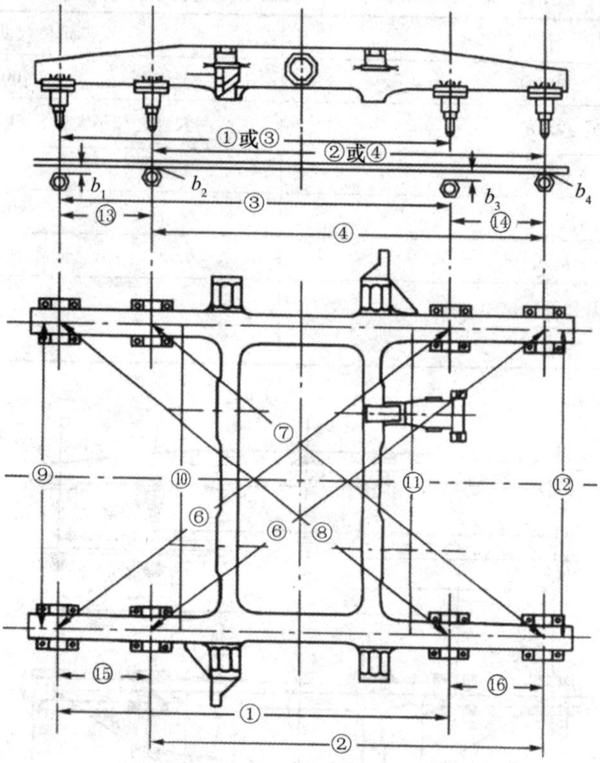

图 3-127　209HS 型转向架导柱定位尺寸测量点

（2）支持环裂纹时，必须焊修；腐蚀、磨耗深度超过原型厚度 50%时，必须更换。

（3）定位座体裂纹时，必须焊修；定位座摩擦套磨耗大于 1 mm 时，必须更新。

（4）209HS 橡胶堆定位器 A2 修有下列情况之一时更新，A3 修时更新。

① 橡胶与金属件结合面之间开裂长度超过 1/4 圆周且深度大于 5 mm。

② 橡胶表面周向裂纹长度超过1/4圆周且深度大于5 mm。

③ 橡胶表面周向贯通裂纹且深度大于3 mm。

（5）橡胶缓冲垫老化、缺损时，必须更新。

（6）定位座、支持环绝缘橡胶层破损时，必须更新。

4. CW-2 型转向架横向控制杆的检修

（1）横向控制杆及定位销有裂纹时，必须更新。

（2）横向控制杆腐蚀深度超过30%时，必须更新。

（3）横向控制杆定位销螺纹失效、紧固不良时，必须更换，开口销孔磨耗量大于 2 mm 时，必须焊修或更新。

（4）夹板折断、腐蚀深度超过30%时，必须更新。

（5）橡胶定位节点 A2 修状态检查，有下列情况之一时更新；A3 修时更新。

① 橡胶与金属件结合面之间开裂长度超过 1/4 圆周且深度大于 5 mm。

② 橡胶表面周向裂纹长度超过1/4圆周且深度大于5 mm。

③ 橡胶表面周向贯通裂纹且深度大于 3 mm。

5. 轮对轴箱装置的检修

（1）轮对外观检查。段修时，必须清除轮对各部位表面的油漆及锈垢，车轴外露表面必须露出基本金属面，制动盘散热筋、盘毂上的污垢杂物必须清除干净；各部位必须进行外观检查和尺寸测量，按规定建立《轮对卡片》，确定施修范围。

（2）退轮及退盘检查。段修时，有下列情况之一时退轮或退盘检查。

① 轴端无组装时间或组装单位钢印（进口轮对除外）。

② 经磁粉或超声波探伤检查，轮座、盘座上有裂纹或车轴上的裂纹延伸进轮座、盘座镶入部；车轴透声不良或难以判断。

③ 轮座或盘座透油、透锈、接触不良。

④ 轮对内侧距离或内距3点差超过规定限度且无法修复。

⑤ 轮对的轮位差超过规定限度且无法修复。

⑥ 有其他需要退轮、退盘检修故障的。

（3）更换车轴。段修时，有下列情况之一时更换车轴。

① 达到车轴寿命管理规定要求。

② 车轴无制造时间或制造单位代号。

③ 车轴有裂纹。

④ 轴身的打痕、碰伤、磨伤超过规定限度。

⑤ 车轴弯曲或轴颈、卸荷槽、防尘板座、轮座、制动盘座、轴身等有 1 处尺寸超过规定限度而无法修复（脱线车辆轮对必须测量轴身弯曲度，以轮对内侧距离差超限为准；脱线车辆轮对必须检查其轴颈弯曲度，以中心孔为基准，轮对或车轴旋转 1 周测量轴颈后肩处半径尺寸的变化量，超过 0.15 mm 时不得使用）。

⑥ 经超声波探伤检查确认透声不良。

⑦ 轴端螺栓孔移位一次不能使用者。

⑧ 车轴有电焊打火。

⑨ 轴颈碾长或弯曲。

⑩ 其他需要更换车轴的。

（4）更换车轮。段修时，有下列情况之一时更换车轮。

① 轮辋厚度小于规定限度。

② 车轮踏面及轮缘裂纹、缺损、剥离经旋修无法消除。

③ 轮辋裂纹无法消除及车轮辐板（含辐板孔）、轮毂有裂纹。

④ 其他需要更换车轮者。

（5）轴箱装置检修时必须除锈。

（6）轴箱内壁打磨、轴箱清洗。

① 轴箱检修时，必须打磨内壁。

② 轴箱装置清洗时，必须选用对轴箱装置无腐蚀、具有防锈作用的清洗介质。

③ 轴箱装置清洗后，各工作表面手感不得有颗粒物存在，非工作表面不得有易脱落的物质。

（7）轴箱装置外观检查、检测。新品轴箱及附属零部件在装用前，必须对相关尺寸进行全面检测，符合图样要求。轴箱及其附属零部件检修时外观检查、检测要求如下。

① 轴箱体。

a）轴箱体有破损、裂纹、变形时，不得装车使用，弹簧托盘磨耗过限时，允许焊修，焊修后焊缝必须打磨处理。弹簧托盘圆孔磨耗（测量直径）≤4 mm，超过时，必须焊修或更换。

b）轴箱体内径表面有纵向擦伤或划痕，其深度段修≤1.0 mm、厂修≤0.5 mm时，允许将边缘棱角磨除后使用；局部磨耗深度≤0.3 mm时，允许使用，超过时，必须更换；如有锈蚀时，必须清除锈垢，除锈后允许局部留有除锈后的痕迹。

c）轴箱体检修时，轴箱体内径表面，允许存在5个直径≤3 mm、深度≤2 mm的砂眼或气孔，超过时，报废。

d）金属迷宫轴箱体密封沟槽上有凹陷、变形，有锈蚀、尖角及毛刺时，必须磨除；局部轻微变形时，必须磨除突出部位，经检测合格后使用，尺寸超限时，报废。

e）轴箱体上的轴温测孔必须清洁，符合图样规定，螺纹无破损、滑扣。

f）CW-2型轴箱定位销、轴箱体按规定进行磁粉探伤，裂纹时，必须焊修或更新；弹性节点必须更新。CW-2型轴箱定位销的圆锥表面有擦伤、划痕或锈蚀时，必须处理，螺纹部分损伤或滑扣1扣以上者或定位销弯曲变形时，必须更新，定位销开口销孔磨耗＞2 mm时，必须焊修或更新。

g）SW-160 型轴箱底部轴温报警器连线固定座状态必须良好。

h）测量轴箱内径直径时，必须分别在距轴箱体两端内孔端面20～40 mm处测量，同一断面必须测量相互垂直的两个直径，两断面尺寸的平均值为轴箱内径直径。

② 轴箱前盖。

a）前盖有凹陷、变形、裂纹，锈蚀、尖角或毛刺时，必须消除。

b）O 形橡胶密封圈必须全部更新。

③ 橡胶迷宫式轴箱后盖、骨架油封检查及安装。

a）后盖不得有砂眼、气孔、夹砂、夹渣、浇注不足等铸造缺陷，有局部缺损、裂纹、变形及过度磨耗或偏磨时，必须更换。

b）后盖螺栓不得松动。

c）后盖排水孔应朝下，不可堵塞，排水孔处有毛刺时，必须清除。

d）后盖的骨架油封有装配松动、移位、唇口破损、撕裂、堆磨缺肉，内、外排水沟根部连续裂纹，长度超过全周的 1/4 或裂纹裂透（见骨架）时，必须更换。

e）后盖内骨架油封装用两个段修后，必须更新。每次分解后盖时，O形橡胶密封圈全部更新。

f）骨架油封透光检查。

g）骨架油封压装：压装前检查后盖配合面，倒角处无棱角、毛刺，表面必须光滑，在骨架油封外径及后盖配合面均匀涂刷一层变压器油；压装时使用专用胎具将骨架油封压入后盖，骨架油封压入后不得有偏斜和不到位现象，间隙≤0.8 mm。

h）向轴箱体安装后盖：在后盖与轴箱体接触表面上涂刷一层变压器油，沟槽内 O 形橡胶密封圈更新，将后盖排水孔朝下。螺栓螺纹部分涂少量润滑油（脂），放上弹簧垫圈均匀对角紧固，使两者端面密贴，局部间隙≤0.5 mm。非防松螺母、螺栓紧固力矩为 176～186 N·m，防松螺母、螺栓紧固力矩按产品说明书执行。

（8）防尘挡圈不得有裂纹、凹陷、变形，有锈蚀、尖角及毛刺时，必须消除，经检测合格后使用。

6. 空气弹簧及附属装置的检修

1）空气弹簧

（1）空气弹簧外观检查无异状时，必须进行气密性试验，试验合格者可不分解。

（2）橡胶囊老化、龟裂、破损时，必须更新。空气弹簧各零部件更换判定标准如表 3-14 所示。

表 3-14　空气弹簧各零部件更新判定标准

部位	缺陷	更新判定标准
橡胶囊	龟裂	露帘线
	磨损	深度大于 1 mm，橡胶囊帘线外露
	裂纹	深度大于 1 mm，裂纹长度大于 30 mm
	鼓泡	直径 20 mm 以下超过 2 处，直径 30 mm 以下超过 1 处
上盖板	变形	不能保证与橡胶囊密封
	缺损	不能保证与橡胶囊密封
橡胶堆	龟裂	橡胶与金属分离深度大于 20 mm，长度超过 1/4 圆周

（3）上盖板裂纹、弯曲变形影响安装和密封时，必须更新，上盖板硫化橡胶层状态不良影响密封性能时，必须更新。橡胶囊安装座、扣环必须光滑、平整、清洁。组装螺栓不许与橡胶囊接触。

（4）进气口（节流阀）橡胶密封圈更新。

（5）空气弹簧橡胶垫破损、老化时，必须更新。

（6）橡胶支持座脱胶时，必须更新。

（7）节流阀脱落、损坏、锈蚀时，必须更换，安装节流阀时，必须涂抹螺纹锁固胶。

（8）空气弹簧辅助钢弹簧裂纹时，必须更换，自由高必须符合（259±6）mm，不符合时，必须调修或更换。

（9）空气弹簧气密性试验：空气弹簧在标准工作高度下，充气至500 kPa，保压10 min，漏泄不大于10 kPa，浸入水中无连续气泡；AM96型转向架仅做保压试验。空气弹簧标准工作高度：209HS型转向架为196 mm，SW-160型转向架为200 mm，CW-2型转向架为150 mm，PW-220K型转向架为358 mm，SW-220K型转向架为200 mm，CW-200K型转向架为210 mm。

2）高度阀、差压阀、安全阀

（1）高度阀、差压阀A2修时试验台试验，良好者可不分解，A3修时分解检修（AM96型转向架的除外）。分解检修和试验标准按《铁路客车空气制动装置检修规则》执行。

（2）高度阀调整杆组成的上、下关节轴承动作灵活，轴向窜动量不大于0.5 mm。杆体弯曲变形时，必须调修或更换处理。

（3）AM96型转向架安全阀：

① 清除锈垢，外观检查，良好者进行动作试验：相对于操纵杆中心线VOM位置的行程为40 mm时开始排风，当行程小于30 mm时，必须停止排风；

② 外观检查不良或做试验不良者按《铁路客车空气制动装置检修规则》要求分解检修。

③ 杠杆必须无变形、缺损，安装时，必须加润滑脂。

7. 摇枕的检修

（1）摇枕裂纹时焊修或焊后补强，各部位腐蚀深度超过原设计尺寸30%时焊修、补强或更换。摇枕上各安装座腐蚀深度超过30%时焊修或更换，弯曲、变形时调修，裂纹时焊修或更换。

（2）附加空气室必须清除内部杂质，漏泄焊修后按工作压力进行压力空气试验，保压5 min，漏泄不大于10 kPa，焊修部位涂检漏剂，不许有气泡。

（3）钢弹簧座下平面必须平整，锈蚀深度不大于3 mm。

（4）中心销橡胶套橡胶老化、裂损或脱胶时更换，组装时橡胶套距中心销座上平面距离：209HS型转向架为（44±4）mm，CW-2型转向架为0^{+2}_{-3} mm。

8. 弹簧托梁（板）的检修

（1）弹簧托梁（板）裂纹时焊修或更换，弯曲变形大于10 mm时调修或更换，腐蚀深度超过30%时焊修、补强或更换。209T型转向架弹簧托梁更换时必须采用铸钢弹簧托梁。

（2）209HS、209PK型转向架弹簧托梁检修必须符合下列要求：

① 弹簧托梁连杆裂纹时更换，腐蚀深度超过原型厚度20%时更换，弯曲时调修。

② 重新组装后，两吊轴安装孔中心距之差不得超过2 mm，对角线长度之差不得超过3 mm。

9. 抗侧滚扭杆装置的检修

（1）扭杆、扭臂、连杆有裂纹时，必须更新。

（2）关节轴承（销轴）、橡胶密封圈、胶垫、轴套必须更新。AM96型转向架轴套、进口关节轴承作用良好者可不更新。

（3）扭杆与扭臂松动时必须分解检修。

（4）扭杆弯曲大于8 mm时调修，扭杆端轴直径磨耗大于2 mm时焊修或更换。

（5）杆身腐蚀深度超过2 mm时更换。

（6）扭杆支承座裂损时更新。

（7）安全吊、连杆安全托变形时调修，腐蚀深度超过30%时更新。

（8）装用轴套的扭杆必须向支撑座内注适量润滑脂。

10. 旁承的检修

1）心盘承载客车

（1）旁承滑块必须分解涂油脂，旁承滑块有裂纹或油槽深度小于 3 mm 时更换，橡胶垫必须更新。旁承滑块必须凸出旁承座 8 mm 以上，不足时可在滑块下加铁垫调整，加垫厚度不许超过 5 mm。

（2）旁承体裂纹时更换。旁承体下调整垫数量不超过 3 块（不同材质垫板混装时总计不超过 2 块），总厚度不大于 30 mm。

（3）上旁承安装牢固，变形或偏磨超过 2 mm 时更换。

2）旁承承载客车

（1）SW-160、CW-2 和 209HS 型转向架上旁承磨耗板必须使用不锈钢材质，磨耗板必须保持光洁，不许有杂物、锈蚀、偏磨；下旁承磨耗板必须采用超高分子材质，旁承磨耗板必须突出旁承座 5 mm 以上。

（2）下旁承磨耗板可加铁垫板调整，要求如下。

① SW-160 型转向架在盒内可加不超过 3 块、总厚度不大于 25 mm 的调整垫；下旁承磨耗板磨耗面光滑，偏磨不大于 1 mm，剩余厚度不小于 25 mm。旁承组成高度为（58±3）mm，同一转向架旁承组成高度差不大于 2 mm。

② CW-2 型转向架在盒内可加厚度不超过 2 mm 的调整垫，在下旁承盒下可加不超过 3 块、总厚度不大于 40 mm 的调整垫，调整垫 2 块及以上时每 2 块之间必须点焊在一起，焊点不少于 3 处，并均匀排布。旁承盒定位销折损时或开焊更换。旁承磨耗板必须凸出旁承盒 5 mm 以上。

③ 209HS 型转向架可在盒内加 1 块、厚度不大于 10 mm 的调整垫，在下旁承盒下可加不超过 3 块、总厚度不大于 30 mm 的调整垫。旁承磨耗板必须凸出旁承盒 5 mm 以上。

11. 摇枕吊及销、摇枕吊轴的检修

1）摇枕吊及销

（1）摇枕吊裂纹时更换。横向锻造褶皱必须消除，消除后凹入深度不大于 2 mm。

（2）209T（P）、209PK 型转向架摇枕吊衬套磨耗量大于 2 mm 时更换，镶套后局部间隙不大于 2 mm，深度不大于 5 mm。

（3）206G（P）型转向架摇枕吊孔支承处断面高度不小于 48 mm，侧面不小于 32 mm。

（4）摇枕吊上、下孔磨耗面距离之差。

① 209T（P）、209PK 型转向架：同一转向架不大于 3 mm，同一侧不大于 2 mm。

② 206G（P）型转向架：同一转向架不大于 3 mm，同一侧不大于 2 mm，同一组不大于 0.5 mm。

（5）摇枕吊销磨耗大于 3 mm 或裂纹时更换。

2）摇枕吊轴

（1）摇枕吊轴裂纹时更换，轴身横向锻造褶皱必须消除，消除后凹入深度不大于 3 mm。

（2）摇枕吊轴轴颈磨耗大于 11 mm 时更换。

（3）摇枕吊轴轴颈根部圆弧半径不小于2 mm，轴端挡边磨耗后剩余厚度不足8 mm时更换。

12. 心盘的检修

（1）心盘裂纹、裂损时焊修或更换，偏磨时加修。

（2）上心盘直径磨耗大于 6 mm、下心盘直径磨耗大于 4 mm 时焊修或更换。

（3）上心盘可加不大于 16 mm 的铁垫板 1 块，下心盘垫板铁木（或竹胶）可混合使用，混合使用时总计不许超过 2 层，全用铁垫板时不超过 3 层，总厚度不大于 50 mm，垫板厚度不大于 12 mm 时必须使用铁垫板，木垫板不许有顺板长方向贯通裂纹。

13. 钢弹簧的检修

（1）摇枕、轴箱弹簧必须分解检修，弹簧组装螺母、开口销必须更新，螺栓磨耗、腐蚀大于 2 mm 或螺纹不良时更新。

（2）弹簧裂纹、折损或腐蚀超过原簧径 6%时更换。

（3）弹簧夹板中心孔磨耗大于 2 mm 时焊修或更换，夹板裂纹、腐蚀超过原型厚度的 30%时更换。绝缘套磨耗大于 2 mm 或破损时更新。

（4）支撑圈长度不小于 5/8 圈。

（5）钢弹簧必须按最大试验载荷压缩，不少于 3 次，每次压缩均不许有永久变形；按规定载荷进行试验，试验载荷下的高度不超出设计载荷高度的±5%。轴箱弹簧载荷试验高度差：K、T 型客车同一轮对及转向架同一侧不大于 3 mm、同一转向架不大于 5 mm；非 K、T 型客车同一轴箱不大于 4 mm、同一转向架不大于 8 mm。摇枕弹簧装用前载荷试验高度差同一侧不大于 4 mm、同一转向架不大于 6 mm。

（6）钢弹簧按预压缩高度组装。内外圈弹簧旋向必须相反。

（7）AM96 型转向架轴箱弹簧橡胶止挡老化、撕裂、橡胶高出金属支撑装置、引导面损坏时更新。

14. 油压减振器的检修

（1）油压减振器使用超过 20 年或筒体破损等故障无法修复时必须报废。

（2）距新造或上次分解检修使用达到 1 个 A3 修周期时，必须按厂修标准进行分解检修，A3 修时必须装用新造或分解检修的油压减振器。

（3）距新造或上次分解检修使用达到 1 个 A2 修周期时，按以下要求检修。

① 油压减振器铭牌安装牢固，标记清晰。

② 油压减振器必须做性能试验，阻尼系数值超出标准值的±15%、示功图不对称率超过 10%、示功图有畸形或突变、平放 24h 漏油、筒体变形时必须按厂修标准分解检修。

③ 防尘罩、橡胶减振垫必须更新。

④ 橡胶定位套老化、开胶时必须更新。

⑤ 联接杆螺纹作用不良时加修。

⑥ 防松螺母更新。

15. 中央牵引装置的检修

1）牵引拉杆

（1）牵引拉杆横向裂纹时报废，表面纵向裂纹深度不大于 2 mm、磨痕深度不大于 3 mm 时打磨消除并圆滑过渡，超限时报废。牵引拉杆孔划伤深度不大于 1 mm 时必须打磨圆滑过渡，超过 1 mm 或影响橡胶节点压装时报废。

（2）CW-200K、SW-220K 型转向架 A2 修时，牵引拉杆橡胶节点老化、裂损时更新，A3 修时更新。

（3）AM96、PW-220K 型转向架 A2 修时，中心牵引体橡胶节点老化、裂损时更新，A3 修时更新。

（4）SW-220K 型转向架牵引拉杆 M30 安装螺栓更新。CW-200K 型转向架牵引拉杆锁紧板弯曲变形大于 1.5 mm 时更新。

2）牵引中心销（回转支座、牵引支座、中心销组成）

（1）安装牢固、状态良好时可不分解，松动时更新安装螺栓。

（2）焊缝裂纹时焊修或更换，焊修后必须探伤检查无裂纹；其余部位裂纹时报废。

（3）中心销轴直径磨耗大于 1.5 mm、局部腐蚀深度大于 2 mm 时焊修或更换；其他部位腐蚀深度大于 4 mm 时焊修或更换。

（4）防尘罩老化或破损时更新。

3.3.2　客车转向架分解要求

1. 209T 型客车转向架的分解

1）构架与轮对轴箱装置分离

将转向架推至轴箱定位机上方，操纵轴箱定位机定位轴箱，操纵机械手将构架吊起，取下轴箱弹簧、支持环、橡胶缓冲垫、定位座等，推出轮对。

2）基础制动装置分解

打松牵引拉杆、垂向（横向）减振器、安全吊带、旁承及心盘的各部螺栓。分解制动梁及闸瓦托吊装置。用风扳机松动缓解弹簧螺栓，打下闸瓦插销，退下闸瓦。用钩引和手锤分解闸瓦托吊总成与构架联接各圆销，分解制动梁端轴处开口销及制动梁与拉板总成联接圆销，退下各垫圈。退下闸瓦托吊总成，依次取下制动梁及缓解弹簧及其压铁等（受结构限制的缓解弹簧待分解出摇枕后分解）。分解拉板总成装置，用钩引和手锤分解拉板总成与构架相连的各部开口销、垫圈，然后卸下拉板总成，放配件托盘中。

3）中央悬挂装置分解

将转向架放在专用方凳上，分解牵引拉杆、安全吊、摇枕吊销销轴、油压减振器，抽出摇枕吊销、支承板后，将构架吊放在指定位置，将摇枕上心盘销拔出，心盘螺栓除下放指定处，然后将托板上的摇枕弹簧、吊轴等卸下，将摇枕及弹簧托板依次吊至在构架上，整体夹起送至平板车，送转向架抛丸间抛丸除锈。将弹簧托梁上弹簧吊下，卸下摇枕吊、摇枕吊轴，将托梁吊到指定位置。

2. 209P 型客车转向架的分解

1）构架与轮对轴箱装置分离

将转向架推至轴箱定位机上方，操纵轴箱定位机定位轴箱，操纵机械手将构架吊起，取下轴箱弹簧、支持环、橡胶缓冲垫、定位座等，推出轮对。

2）基础制动装置分解

将转向架放在专用方凳上，打松牵引拉杆、垂向减振器、安全吊带、旁承及心盘的各部螺栓。卸下金属橡胶软管及妨碍夹具作用的各风管。分解夹钳吊装置总成的横穿吊销，用折臂吊将夹钳吊总成放配件托盘中。

3）中央悬挂装置分解

分解牵引拉杆、安全吊、摇枕吊销销轴、油压减振器，抽出摇枕吊销、支承板后，将构架吊放在指定位置，将摇枕上心盘销拔出，心盘螺栓除下放指定处，然后将托板上的摇枕弹簧、吊轴等卸下，将摇枕及弹簧托板依次吊至在构架上，整体夹起送至平板车，送转向架抛丸间抛丸除锈。将弹簧托梁上弹簧吊下，卸下摇枕吊、摇枕吊轴，将托梁吊到指定位置。

3. 209PK 型客车转向架的分解

1）构架与轮对轴箱装置分离

（1）将空气弹簧压力空气排净，卸下高度阀、差压阀、金属软管，并将摇枕上管路接头封好。

（2）将转向架推至轴箱定位机上方，操纵轴箱定位机定位轴箱，操纵机械手将构架吊起，取下轴箱弹簧、支持环、橡胶缓冲垫、定位座等，推出轮对。

2）基础制动装置分解

（1）将转向架放在专用方凳上，打松牵引拉杆，安全吊带、旁承的各部螺栓。

（2）分解手闸曲拐及连杆。

（3）卸下金属橡胶软管及妨碍夹具作用的各风管。

（4）分解夹钳吊装置总成的横穿吊销，用折臂吊将夹钳吊总成放配件托盘中。

3）中央悬挂装置分解

分解牵引拉杆、安全吊、摇枕吊锁母、横油压减振器，卸摇枕吊及吊销、摇枕吊轴，卸下抗侧滚扭杆连杆与摇枕、支承座与弹簧托梁处的联接螺栓，将抗侧滚扭杆卸下。将构架吊放在指定位置，拔下摇枕，用专用吊索卡具将空气弹簧吊出，放到指定托盘中，然后将空气弹簧托梁卸下，构架、摇枕及托梁整体送抛丸间抛丸除锈。将卸下的各部配件有序地放在指定配件托盘中送修。

4. 206G 型客车转向架的分解

1）构架与轮对轴箱装置分离

将转向架推至轴箱定位机上方，将转向架扁插销开口销卸下，扁插销退出。操纵轴箱定位机定位轴箱，操纵机械手将构架吊起，取下轴箱弹簧、支持环、橡胶缓冲垫、定位座等，推出轮对。

2）基础制动装置分解

（1）打松牵引拉杆、垂向（横向）减振器、安全吊带、旁承及心盘的各部螺栓。

（2）分解制动梁及闸瓦托吊装置。用风扳机松动缓解弹簧螺栓，打下闸瓦插销，退下闸瓦。用钩引和手锤分解闸瓦托吊总成与构架联接各圆销，分解制动梁端轴处开口销及制动梁与拉板总成联接圆销，退下各垫圈。退下闸瓦托吊总成，依次取下制动梁及缓解弹簧及其压铁等（受结构限制的缓解弹簧待分解出摇枕后分解）。

（3）分解拉板总成装置，用钩引和手锤分解拉板总成与构架相连的各部开口销、垫圈，然后卸下拉板总成，放配件托盘中。

3）中央悬挂装置分解

将转向架放在专用方凳上，分解牵引拉杆、安全吊、摇枕吊销销轴、油压减振器，抽出摇枕吊销、支承板后，将构架吊放在指定位置，将摇枕上心盘销拔出，心盘螺栓除下放指定处，然后将托板上的摇枕弹簧、吊轴等卸下，将摇枕及弹簧托板依次吊至在构架上，整体夹起送至平板车，送转向架抛丸间抛丸除锈。将弹簧托梁上弹簧吊下，卸下摇枕吊、摇枕吊轴，将托梁吊到指定位置。

5. 206P 型客车转向架的分解

1）构架与轮对轴箱装置分离

将转向架推至轴箱定位机上方，操纵轴箱定位机定位轴箱，操纵机械手将构架吊起，取下轴箱弹簧、支持环、橡胶缓冲垫、定位座等，推出轮对。

2）基础制动装置分解

（1）将转向架放在专用方凳上，打松牵引拉杆、垂向（横向）减振器、安全吊带、旁承及心盘的各部螺栓。

（2）卸下金属橡胶软管及妨碍夹具作用的各风管。

（3）分解夹钳吊装置总成的横穿吊销，用折臂吊将夹钳吊总成放配件托盘中。

3）中央悬挂装置分解

将转向架放在专用方凳上，分解牵引拉杆、油压减振器、横向拉杆组成，摇枕、横向减振器，根据工作要求，下降机械夹手，取出摇枕吊，摇枕吊环座，摇枕吊销，卸下摇枕弹簧，弹簧托梁，将摇枕上心盘销拔出，心盘螺栓除下放指定处。将摇枕及弹簧托梁依次吊至在构架上，整体夹起送至平板车，送转向架抛丸间抛丸除锈。

6. 209HS 型客车转向架的分解

1）构架与轮对轴箱装置分离

（1）将空气弹簧压力空气排净，卸下高度调整阀、差压阀、金属软管，并将摇枕上管路接头封好。

（2）分解导柱下面的防松吊座，卸下轴箱油压减振器。

（3）将转向架推至轴箱定位机上方，操纵轴箱定位机定位轴箱，操纵机械手将构架吊起，取下轴箱弹簧、支持环、橡胶缓冲垫、定位座等，推出轮对。

2）基础制动装置分解

（1）将转向架放在专用方凳上，打松牵引拉杆，安全吊带、旁承的各部螺栓。

（2）分解手闸曲拐及连杆。

（3）卸下金属橡胶软管及妨碍夹具作用的各风管。

（4）分解夹钳吊装置总成的横穿吊销，用折臂吊将夹钳吊总成放配件托盘中。

3）中央悬挂装置分解

分解牵引拉杆、安全吊、摇枕吊锁母、横油压减振器，卸摇枕吊杆和摇枕吊轴，卸下抗侧滚扭杆连杆与摇枕、支承座与弹簧托梁处的联接螺栓，将抗侧滚扭杆卸下。将构架吊放在指定位置，拔下摇枕，用专用吊索卡具将空气弹簧吊出，放到指定托盘中，然后将空气弹簧托梁卸下，构架、摇枕及托梁整体送抛丸间抛丸除锈。将卸下的各部配件有序地放在指定配件托盘中送修。

7. SW-160 型客车转向架的分解

1）构架与轮对轴箱装置分离

（1）卸下高度调整阀杆，卸下高度调整阀、差压阀、金属软管，并将摇枕上管路接头封好。

（2）卸下轴箱体与定位转臂各紧固螺栓。

（3）操纵机械手将构架吊起，推出轮对。

2）基础制动装置分解

（1）将转向架放在专用方凳上，打松牵引拉杆。

（2）分解手闸转筒。

（3）卸下金属橡胶软管及妨碍夹具作用的各风管。

（4）分解夹钳吊装置总成的横穿吊销，用折臂吊将夹钳吊总成放在配件托盘中。

3）中央悬挂装置分解

将转向架放在专用方凳上，将松动螺栓后的牵引拉杆取下，分解横向减振器，拔下摇枕，将构架吊放在指定位置，用专用吊索卡具将空气弹簧吊出，放指定托盘中，构架及定位转臂装置送下一工位，将卸下的各部配件有序地放在指定配件托盘中送修。

4）定位转臂装置分解

（1）卸下构架与转臂定位轴处的定位挡板螺栓，分解轮对提吊定位安装螺栓。

（2）取下轮对提吊、定位转臂。

（3）取下轴箱弹簧，上、下弹簧夹板，缓冲胶垫。

（4）分解拆除锥形销固定螺母、拆除锥形套螺栓，打出锥形销，取下锥形套。

8. SW-220K 型客车转向架的分解

1）分解构架与轮对轴箱装置

（1）分解转臂与转臂箍。

① 将转向架推至举升机活动轨道上，升起转向架。

② 将转臂箍与转臂的组装螺栓分解，取下转臂箍，箍和转臂必须记位，保证原位组装。

③ 降下转向架，将转向架推至分解区。

（2）分离构架与轮对。吊起转向架，推出轮对轴箱装置，转臂与轮对分离。

2）分解中央悬挂及基础制动装置

（1）中央悬挂装置及附属配件分解顺序如下。

空气弹簧的空气管路联接接头及软管→空气弹簧→牵引拉杆→横向油压减振器→差压阀（拆除管路联接接头、阀体安装座螺栓，取下差压阀。）→构架上各进气口进行防护，空气管路联接接头及软管、差压阀做好防尘处理。

（2）分解基础制动装置。分解杠杆吊座横穿螺栓、闸片托吊圆销，将整套盘形制动单元送配件检修区进行检修。

（3）分解其他装置。

① 分解人力制动转臂。

② 分解制动单元与构架之间的制动软管联接，构架上的软管联接处要做好防尘处理。

3）分解轴箱定位装置

（1）鉴定转臂及弹性节点。A2修时转臂弹性节点状态良好的可不分解，A3修更新。

（2）分解定位转臂及其他装置。

① 用支撑座分别在轴箱转臂两侧下方支撑。

② 拆除垂向油压减振器，将轮对提吊处的螺栓分解，取下轮对提吊，剪断防松铁线，卸下弹性节点定位轴固定螺栓。

③ 使定位节点轴从构架定位臂梯形槽中脱出（可以使用撬棍），节点落在支撑座上。

④ 吊起构架，轴箱弹簧组成、胶垫从轴箱转臂弹簧座上搬下。

⑤ 定位转臂分解必须编号检修，组装时原位安装。

9. CW-2型客车转向架的分解

1）构架与轮对轴箱装置分离

（1）卸下高度调整阀杆，空气弹簧必须排风。

（2）卸下高度阀、差压阀、金属软管，并将摇枕上管路接头封好。

① 卸下的高度阀、差压阀、金属软管、垂向减振器送制动室进行检修试验。

② 各管接头封堵完好。

（3）分解垂向油压减振器，卸下构架与转臂定位轴处的定位挡板螺栓。

（4）分解横向控制杆定位销与转臂轴箱及构架联接的螺母。

（5）卸下横向控制杆安全吊，卸下横向控制杆。卸下转臂定位座、横向控制杆、安全吊带等放置在专用配件托盘内，配件摆放整齐送修。

（6）将转向架推至轴箱定位机上方，操纵轴箱定位机定位轴箱，操纵机械手将构架吊起，取下轴箱弹簧、支持环、橡胶缓冲垫、定位座等，推出轮对。

取下轴箱弹簧、支持环、橡胶缓冲垫、定位座等放置在专用配件托盘内，配件摆放整齐。

2）基础制动装置分解

（1）将转向架放在专用方凳上，打松牵引拉杆。

（2）分解手闸曲拐及连杆。

（3）卸下金属橡胶软管及妨碍夹具作用的各风管。

（4）分解夹钳吊装置总成的横穿吊销，用折臂吊将夹钳吊总成放在配件托盘中。

3）中央悬挂装置分解

将转向架放在专用方凳上，将松动螺栓后的牵引拉杆取下，分解摇枕吊杆下部的开口螺母，开口螺母必须成对存放，从构架上部抽出4根摇枕吊杆。分解减振器，分解弹簧托梁与摇枕间的横向拉杆。卸下安全钢丝绳。卸下抗侧滚扭杆安全吊。卸下抗侧滚扭杆连杆与摇枕、支承座与弹簧托梁处的联接螺栓，将抗侧滚扭杆卸下。拔下摇枕，将构架吊放在指定位置，用专用吊索卡具将空气弹簧吊出，放在指定托盘中，然后将空气弹簧托梁卸下，构架、摇枕及托梁整体送抛丸间抛丸除锈。卸下的各部配件有序放在指定配件托盘送修。

10.　CW-200K型客车转向架的分解

1）分解构架与轮对轴箱装置

（1）分解夹紧箍。将转向架推至举升机活动轨道上，升起转向架。将箍与转臂的组装螺栓分解，取下夹紧箍，夹紧箍和转臂必须确认是否记位，原位组装。降下转向架，将转向架推至分解区。

（2）分离构架与轮对。操纵转向架机械手吊起转向架，推出轮对轴箱装置，转臂与轮对分离。

2）分解中央悬挂装置

（1）按顺序分解各部件。分解顺序：空气弹簧（空气弹簧拆除后应对构架上进气孔进行防护）→横向油压减振器→高度阀调整杆→差压阀→牵引拉杆→抗侧滚扭杆（A2修时状态良好可不分解）。

（2）鉴定牵引拉杆及附属配件状态。

① A2 修时，牵引拉杆橡胶节点老化、裂损时更新，A3 修时更新。

② 牵引拉杆锁紧板弯曲变形大于1.5 mm时更新。

3）分解基础制动装置

（1）分解附属装置及防护。

① 分解人力制动滑轮。

② 分解制动单元与构架之间的制动软管联接，构架上的软管联接处要做好防尘处理。

（2）分解基础制动装置。分解杠杆吊座横穿螺栓、闸片托吊圆销，将整套制动单元送配件检修区进行检修。

4）分解轴箱定位装置

（1）鉴定转臂及弹性节点状态。A2修时转臂弹性节点状态良好者可不分解，A3修更新。

（2）分解转臂及其他装置。

① 用 4 个支撑座在轴箱转臂节点套筒下方。

② 将轮对提吊处的螺栓分解，取下轮对提吊，将压紧轴和转轴套的锁紧板拆下，用撬棍将转轴和转轴套撬离构架上定位座，转臂由梯形槽中脱出，节点端落在 4 个支撑座上。

③ 卸下转臂，将轴箱弹簧组、胶垫、调整垫搬走，弹簧应记位检修。

④ 卸下压盖与定位转臂间的紧固螺栓，将定位转臂和压盖从轴箱体上拆下。

⑤ 从定位转臂中拆卸定位节点，转臂与压盖原套存放。

⑥ 轴箱转臂与构架分离，弹簧装置从轴箱转臂弹簧座上搬下。

⑦ 轮对提吊腐蚀厚度超过 30%或裂纹时更新。

⑧ 转臂节点锁紧板弯曲变形大于2 mm或裂纹时更换。

11. AM96 型客车转向架的分解

1）分解构架与轮对轴箱装置

（1）分解一系悬挂系统。将铁线牢固捆绑于减振器上下座处。

（2）拆除定位转臂与转臂箍。

① 拆除定位转臂与转臂箍联接螺栓，卸下转臂箍。

② 转臂箍与转臂必须原位成对编号。

③ 定位转臂座裂纹时更换。

（3）分离构架与轮对。操纵转向架流水线将构架吊起，推出轮对轴箱装置，分离构架与轮对。

2）分解盘形制动装置

（1）分解人力制动钢缆。

① 脱开人力制动钢缆与人力制动单元缸联接，卸下人力制动钢缆。

② 做好钢缆长度记录，原位组装。

（2）解除盘形制动单元与构架联接。分解盘形制动单元与构架之间的金属软管联接，构架上的软管联接处要做好防尘处理。

（3）分解盘形制动单元。分解杠杆吊座横穿螺栓、闸片托吊圆销，将整套盘形制动单元送配件检修区进行检修。

3）分解中央悬挂装置

（1）按照顺序分解中央悬挂装置。分解顺序：高度调整阀（分解安装在空气弹簧上盖板的阀体安装座螺栓，取下高度调整阀及高度调整杆、高度调整阀联接管路。）→抗侧滚扭杆连杆与空气弹簧上盖板的联接螺栓→抗侧滚扭杆与构架的联接螺栓→抗侧滚扭杆及连杆→二系油压减振器（拆除二系横向油压减振器及二系垂向油压减振器与空气弹簧上盖板、构架的联接螺栓，取下油压减振器。）→空簧排风阀及控制钢丝绳（拆除空簧排风阀与空气弹簧上盖板的联接螺栓、排风阀管路联接螺栓，拆除排风阀安全箱与构架联接螺栓，取下空簧排风阀及控制钢丝绳。）→曲线旋转止挡→安全钢丝绳→空气弹簧（拆下支撑板与构架安装螺栓，吊下空气弹簧）。

（2）分解牵引装置。

① 卸下构架拉杆座与牵引拉杆的联接螺栓，取出摇杆及左、右两根牵引拉杆。

② A2修时，中心牵引体橡胶节点老化、裂损时更新，A3修时更新。

（3）配件防护。对高度调整阀、空气弹簧进排气口做好防尘处理。送制动室及空簧检修区分别检修。

（4）检查抗侧滚扭杆状态。抗侧滚扭杆轴套、进口关节轴承作用良好者可不更新。

4）分解轴箱定位装置

（1）鉴定转臂及弹性节点状态。A2修时转臂弹性节点状态良好者可不分解，A3修更新。

（2）分解转臂及其他装置。

① 使用构架翻转机将构架翻转倒置。

② 卸下定位节点螺栓及盖形螺母，打出定位轴，取下定位套。

③ 将定位轴、定位套编号定位，转臂原位编号。

④ 松开减振器座捆绑铁线，分解转臂，下夹板，轴箱弹簧组，上夹板，绝缘胶垫。

⑤ 轴箱弹簧橡胶止挡老化、撕裂、橡胶高出金属支撑装置、引导面损坏时更新。

3.3.3　客车转向架组装及落成要求

1. 209T 型客车转向架的组装及落成要求

1）基础制动装置组装

依次组装：缓解弹簧及压铁→杠杆组成→拉杆吊、拉环及上拉杆、固定杠杆相联接的圆销上拉杆→制动梁→拉环→闸瓦托吊组成等。

① 转向架安装的各零部件技术状态必须良好，组装尺寸正确，转动部分灵活。

② 各组装接触面必须涂防锈漆，各组装螺栓及滑动摩擦部分必须涂润滑脂。

③ 各组装螺栓紧固后必须留有 1 扣以上的余量。

④ 基础制动各圆销直径磨耗不得超过 2 mm，25 型客车磨耗不得超过 1 mm。

⑤ 基础制动装置检修后必须作用良好，各圆销及制动梁端轴组装后其横动量不得超过 5 mm，横动量大于 3 mm 时，根据间隙加装置一个 2~5 mm 厚的橡胶垫圈，橡胶垫圈两边可

各加一个铁垫圈，销套配合间隙不得大于 3 mm，25 型间隙不得大于 2 mm。转向架上固定支点圆销开口销必须装用 ϕ8 mm 的圆开口销。制动梁端轴组装按销套要求。

⑥ 各部圆销安装时，竖孔或斜孔必须由上向下装入，横向孔必须由里向外装入。

⑦ 各圆扁开口销均必须使用新品，两片均匀劈开，角度为 60°～70°，劈开后如受结构限制不能转动一周者应卷起。

⑧ 闸瓦托吊上圆销一律安装扁开口销。

⑨ 闸瓦插销应装圆环；同一制动梁两端闸瓦厚之差不得大于 5 mm。闸瓦托按规定装防翻装置。

2）中央悬挂装置组装

依次组装：弹簧托梁→摇枕吊轴→摇枕吊→摇枕弹簧组成→摇枕横向缓冲器→构架摇枕→摇枕吊销支承板→销轴→摇枕吊销→安全吊→牵引拉杆组成→垂向减振器等。

① 转向架安装的各零部件技术状态必须良好，组装尺寸正确，转动部分灵活。

② 各组装接触面必须涂防锈漆，各组装螺栓及滑动摩擦部分必须涂润滑脂。

③ 各组装螺栓紧固后必须留有 1 扣以上的余量。

④ 各部圆销安装时，竖孔或斜孔必须由上向下装入，横向孔必须由里向外装入。

⑤ 各圆扁开口销均必须使用新品，两片均匀劈开，角度为 60°～70°，劈开后如受结构限制不能转动一周者应卷起。

⑥ 下心盘垫板铁木可混合使用，不得超过两层，全用铁垫板不超过三层，下心盘垫板总厚度不得超过 50 mm，不得使用 12 mm 以下的木垫板。木垫板不得有顺板长方向的贯通裂纹，螺栓孔处缺损时可粘补。

⑦ 带有纵向牵引拉杆的车辆，车体找平后，在摇枕正位状态下（可目测油压减振器的垂直度，如摇枕位置不正，应起车旋转枕簧进行调整）安装牵引拉杆，安装时不允许以牵引拉杆来调整摇枕，每个橡胶垫必须压缩 2～2.5 mm，螺母并紧后止退垫圈需翻边到内、外螺母上。全车牵引拉杆结构必须一致。

⑧ 横向缓冲器与构架横向间隙，209 型为 25_{-5}^{+2} mm，两侧之和不大于 50 mm。

⑨ 组装后各转动部分灵活，不抗劲。

⑩ 各圆销与孔组装间隙不超过 2 mm。

⑪ 各型转向架按规定装用防松螺母。

⑫ 摇枕弹簧挂位数牌。

3）转向架落成

将构架吊至轴箱定位机上方，操纵轴箱定位机定位轴箱，依次安装轴箱弹簧→支持环→橡胶缓冲垫→定位座等。操纵机械手将构架吊至轮对上方，推入轮对转向架落成。

① 转向架安装的各零部件技术状态必须良好，组装尺寸正确，转动部分灵活。

② 安全带与弹簧托梁间隙为 20～60 mm。

③ 各部必须正位，轴箱弹簧必须落实，无抗磨。

2. 209P 型客车转向架的组装及落成要求

1）基础制动装置组装

依次组装：单元制动缸装置组成及闸片托吊→横穿吊销，人力制动机曲拐及拉杆，联接金属软管。

① 转向架安装的各零部件技术状态必须良好，组装尺寸正确，转动部分灵活。

② 各组装接触面必须涂防锈漆，各组装螺栓及滑动摩擦部分必须涂润滑脂。

③ 各转动磨耗部位必须给油。组装杠杆吊座横穿螺栓及闸片托销螺栓时必须涂紧固胶。各圆、扁开口销均必须使用新品，两片均匀劈开，角度为60°～70°。因受结构限制不能灵活转动一周时必须卷起。安装各部圆销时，竖孔必须由上向下装入，横向孔必须由里向外装入。单元制动缸进气口方向朝下。组装后各转动部分灵活，不抗劲。各组装螺栓紧固后必须留有1扣以上余量。各圆销与孔组装间隙不超过2 mm。闸片厚度不得小于20 mm（测量闸片最薄处），同缸两闸片厚度差不超过5 mm。

④ 金属橡胶软管不得抗磨。

⑤ 组装时注意一位人力制动系统内外侧杠杆尺寸与其他不同。

2）中央悬挂装置组装

依次组装：弹簧托梁→摇枕吊轴→摇枕吊→摇枕弹簧组成→摇枕横向缓冲器→构架摇枕→摇枕吊销支承板→销轴→摇枕吊销→安全吊→牵引拉杆组成→垂向减振器等。

① 转向架安装的各零部件技术状态必须良好，组装尺寸正确，转动部分灵活。

② 各组装接触面必须涂防锈漆，各组装螺栓及滑动摩擦部分必须涂润滑脂。

③ 各组装螺栓紧固后必须留有1扣以上的余量。

④ 各部圆销安装时，竖孔或斜孔必须由上向下装入，横向孔必须由里向外装入。

⑤ 各圆扁开口销均必须使用新品，两片均匀劈开，角度为60°～70°，劈开后如受结构限制不能灵活转动一周者必须卷起。

⑥ 下心盘垫板铁木可混合使用，不得超过两层，全用铁垫板不超过3层，下心盘垫板总厚度不得超过50 mm，不得使用12 mm以下的木垫板。木垫板不得有顺板长方向的贯通裂纹，螺栓孔处缺损时可粘补。

⑦ 带有纵向牵引拉杆的车辆，车体找平后，在摇枕正位状态下（可目测油压减振器的垂直度，如摇枕位置不正，应起车旋转枕簧进行调整）安装牵引拉杆，安装时不允许以牵引拉杆来调整摇枕，每个橡胶垫必须压缩2～2.5 mm，螺母并紧后止退垫圈需翻边到内、外螺母上。全车牵引拉杆结构必须一致。

⑧ 横向缓冲器与构架横向间隙，209型每侧为25^{+2}_{-5} mm，两侧之和不大于50 mm。

⑨ 组装后各转动部分灵活，不抗劲。

⑩ 各圆销与孔组装间隙不超过2 mm。

⑪ 各型转向架按规定装用防松螺母。

⑫ 摇枕弹簧挂位数牌。

3）转向架落成

将构架吊至轴箱定位机上方，操纵轴箱定位机定位轴箱，依次安装轴箱弹簧→支持环→橡胶缓冲垫→定位座等。操纵机械手将构架吊至轮对上方，推入轮对转向架落成。

① 转向架安装的各零部件技术状态必须良好，组装尺寸正确，转动部分灵活。

② 安全带与弹簧托梁间隙为20～60 mm。

③ 各部必须正位，轴箱弹簧必须落实，无抗磨。

3. 209PK 型客车转向架的组装及落成要求

1）基础制动装置组装

依次组装：单元制动缸装置组成及闸片托吊→横穿吊销，人力制动机曲拐及拉杆，联接金属软管。

① 转向架安装的各零部件技术状态必须良好，组装尺寸正确，转动部分灵活。

② 各组装接触面必须涂防锈漆，各组装螺栓及滑动摩擦部分必须涂润滑脂。

③ 各转动磨耗部位必须给油。组装杠杆吊座横穿螺栓及闸片托销螺栓时必须涂紧固胶。各圆、扁开口销均必须使用新品，两片均匀劈开，角度为 60°～70°。因受结构限制不能灵活转动一周时必须卷起。安装各部圆销时，竖孔必须由上向下装入，横向孔必须由里向外装入。单元制动缸进气口方向朝下。组装后各转动部分灵活，不抗劲。各组装螺栓紧固后必须留有 1 扣以上余量。各圆销与孔组装间隙不超过 2 mm。闸片厚度不得小于 20 mm（测量闸片最薄处），同缸两闸片厚度差不超过 5 mm。

④ 金属软管不得抗磨。

⑤ 组装时注意一位人力制动系统内外侧杠杆尺寸与其他不同。

2）中央悬挂装置组装

依次组装：空气弹簧托梁→空气弹簧→摇枕（高度阀、差压阀）→抗侧滚扭杆装置→横向油压减振器→摇枕吊轴→摇枕吊杆→安全吊→牵引拉杆。

① 转向架安装的各零部件技术状态必须良好，组装尺寸正确，转动部分灵活。

② 组装前将构架和摇枕上的附加气室及管路通压力空气，吹除内部杂质、灰尘等。

③ 清理、擦拭空气弹簧与摇枕接触面。

④ 托梁重新组装后，测量两吊轴安装孔中心距之差不大于 2 mm，对角线长度差不大于 5 mm。

⑤ 横向缓冲器与构架横向间隙每侧为（25±3）mm，两侧之和不大于 50 mm；落车后紧固牵引拉杆。

⑥ 组装完后，必须对空气弹簧、附加气室及管系进行 600 kPa 风压试验，保压 20 min，漏泄不得超过 10 kPa，牵引拉杆必须在落车前安装，两端隔套中心距为（840±2）mm，使摇枕中心线与构架中心线一致后紧固。

⑦ 螺栓组装前均必须涂油脂，紧固后必须加紧定螺母，留有 1 扣以上的余量。

3）转向架落成

将构架吊至轴箱定位机上方，操纵轴箱定位机定位轴箱，依次安装轴箱弹簧→支持环→橡胶缓冲垫→定位座等。操纵机械手将构架吊至轮对上方，推入轮对转向架落成。

① 转向架安装的各零部件技术状态必须良好，组装尺寸正确，转动部分灵活。

② 同一辆车轴箱弹簧旋向必须一致。

③ 弹簧托梁底面与安全吊的距离为 20～60 mm。

④ 各部必须正位，轴箱弹簧必须落实，无抗磨。

4. 206G 型客车转向架的组装及落成要求

1）基础制动装置组装

依次组装：缓解弹簧及压铁→杠杆组成→拉杆吊、拉环及上拉杆、固定杠杆相联接的圆销上拉杆→制动梁→拉环→闸瓦托吊组成等。

① 转向架安装的各零部件技术状态必须良好，组装尺寸正确，转动部分灵活。

② 各组装接触面必须涂防锈漆，各组装螺栓及滑动摩擦部分必须涂润滑脂。

③ 各组装螺栓紧固后必须留有1扣以上的余量。

④ 基础制动各圆销直径磨耗不得超过2 mm，25型客车磨耗不得超过1 mm。

⑤ 基础制动装置检修后必须作用良好，各圆销及制动梁端轴组装后其横动量不得超过5 mm，横动量大于3 mm时，根据间隙加装置一个2～5 mm厚的橡胶垫圈，橡胶垫圈两边可各加一个铁垫圈，销套配合间隙不得大于3 mm，25型间隙不得大于2 mm。转向架上固定支点圆销开口销必须装用ϕ8 mm的圆开口销。制动梁端轴组装按销套要求。

⑥ 各部圆销安装时，竖孔或斜孔必须由上向下装入，横向孔必须由里向外装入。

⑦ 各圆扁开口销均必须使用新品，两片均匀劈开，角度为60°～70°，劈开后如受结构限制不能灵活转动一周者必须卷起。

⑧ 闸瓦托吊上圆销一律安装扁开口销。

⑨ 闸瓦插销应装圆环；同一制动梁两端闸瓦厚之差不得大于5 mm。闸瓦托按规定装防翻装置。

2）中央悬挂装置组装

依次组装：弹簧托梁→摇枕弹簧组成→构架→摇枕→摇枕吊销→摇枕吊→摇枕横向缓冲器→横向拉杆组成→油压减振器→牵引拉杆等。

① 转向架安装的各零部件技术状态必须良好，组装尺寸正确，转动部分灵活。

② 各组装接触面必须涂防锈漆，各组装螺栓及滑动摩擦部分必须涂润滑脂。

③ 各组装螺栓紧固后必须留有1扣以上的余量。

④ 各部圆销安装时，竖孔或斜孔必须由上向下装入，横向孔必须由里向外装入。

⑤ 各圆扁开口销均必须使用新品，两片均匀劈开，角度为60°～70°，劈开后如受结构限制不能灵活转动一周者必须卷起。

⑥ 下心盘垫板铁木可混合使用，不得超过两层，全用铁垫板不超过3层，下心盘垫板总厚度不得超过50 mm，不得使用12 mm以下的木垫板。木垫板不得有顺板长方向的贯通裂纹，螺栓孔处缺损时可粘补。

⑦ 带有纵向牵引拉杆的车辆，车体找平后，在摇枕正位状态下（可目测油压减振器的垂直度，如摇枕位置不正，应起车旋转枕簧进行调整）安装牵引拉杆，安装时不允许以牵引拉杆来调整摇枕，每个橡胶垫必须压缩2～2.5 mm，螺母并紧后止退垫圈需翻边到内、外螺母上。全车牵引拉杆结构必须一致。

横向缓冲器与构架横向间隙，206型每侧为（25±5）mm，两侧之和为（50±2）mm。

⑧ 206型摇枕吊组装后，不得有松动，松动时调整或研配支承面，摇枕吊必须垂直，不垂直时调整横向拉杆M42螺母。

⑨ 组装后各转动部分灵活，不抗劲。

⑩ 各圆销与孔组装间隙不超过2 mm。

⑪ 各型转向架按规定装用防松螺母。

⑫ 摇枕弹簧挂位数牌。

3）转向架落成

将构架吊至轴箱定位机上方，操纵轴箱定位机定位轴箱，依次安装轴箱弹簧→支持环→橡胶缓冲垫→定位座等。操纵机械手将构架吊至轮对上方，推入轮对转向架落成，转向架安装导柱扁插销，扁插销开口销。

① 转向架安装的各零部件技术状态必须良好，组装尺寸正确，转动部分灵活。

② 各部必须正位，轴箱弹簧必须落实，无抗磨。

5. 206P 型客车转向架的组装及落成要求

1）基础制动装置组装

依次组装：单元制动缸装置组成及闸片托吊→横穿吊销，人力制动机曲拐及拉杆，联接金属软管。

① 转向架安装的各零部件技术状态必须良好，组装尺寸正确，转动部分灵活。

② 各组装接触面必须涂防锈漆，各组装螺栓及滑动摩擦部分必须涂润滑脂。

③ 各转动磨耗部位必须给油。组装杠杆吊座横穿螺栓及闸片托销螺栓时必须涂紧固胶。各圆、扁开口销均必须使用新品，两片均匀劈开，角度为 60°～70°。因受结构限制不能灵活转动一周时必须卷起。安装各部圆销时，竖孔必须由上向下装入，横向孔必须由里向外装入。单元制动缸进气口方向朝下。组装后各转动部分灵活，不抗劲。各组装螺栓紧固后必须留有 1 扣以上余量。各圆销与孔组装间隙不超过 2 mm。闸片厚度不得小于 20 mm（测量闸片最薄处），同缸两闸片厚度差不超过 5 mm。

④ 金属软管不得抗磨。

⑤ 组装时注意一位人力制动系统内外侧杠杆尺寸与其他不同。

2）中央悬挂装置组装

依次组装：弹簧托梁→摇枕弹簧组成→构架→摇枕→摇枕吊销→摇枕吊→摇枕横向缓冲器→横向拉杆组成→油压减振器→牵引拉杆等。

① 转向架安装的各零部件技术状态必须良好，组装尺寸正确，转动部分灵活。

② 各组装接触面必须涂防锈漆，各组装螺栓及滑动摩擦部分必须涂润滑脂。

③ 各组装螺栓紧固后必须留有 1 扣以上的余量。

④ 各部圆销安装时，竖孔或斜孔必须由上向下装入，横向孔必须由里向外装入。

⑤ 各圆扁开口销均必须使用新品，两片均匀劈开，角度为 60°～70°，劈开后如受结构限制不能灵活转动一周者必须卷起。

⑥ 下心盘垫板铁木可混合使用，不得超过两层，全用铁垫板不超过 3 层，下心盘垫板总厚度不得超过 50 mm，不得使用 12 mm 以下的木垫板。木垫板不得有顺板长方向的贯通裂纹，螺栓孔处缺损时可粘补。

⑦ 带有纵向牵引拉杆的车辆，车体找平后，在摇枕正位状态下（可目测油压减振器的垂直度，如摇枕位置不正，应起车旋转枕簧进行调整）安装牵引拉杆，安装时不允许以牵引拉杆来调整摇枕，每个橡胶垫必须压缩 2～2.5 mm，螺母并紧后止退垫圈需翻边到内、外螺母上。全车牵引拉杆结构必须一致。

⑧ 横向缓冲器与构架横向间隙，206 型每侧为（25±5）mm，两侧之和为（50±2）mm。

⑨ 206 型摇枕吊组装后，不得有松动，松动时调整或研配支承面，摇枕吊必须垂直，不垂直时调整横向拉杆 M42 螺母。

⑩ 组装后各转动部分灵活，不抗劲。

⑪ 各圆销与孔组装间隙不超过 2 mm。

⑫ 各型转向架按规定装用防松螺母。

⑬ 摇枕弹簧挂位数牌。

3）转向架落成

将构架吊至轴箱定位机上方，操纵轴箱定位机定位轴箱，依次安装轴箱弹簧→支持环→橡胶缓冲垫→定位座等。操纵机械手将构架吊至轮对上方，推入轮对转向架落成。

① 转向架安装的各零部件技术状态必须良好，组装尺寸正确，转动部分灵活。

② 各部必须正位，轴箱弹簧必须落实，无抗磨。

6. 209HS 型客车转向架的组装及落成要求

1）基础制动装置组装

依次组装：单元制动缸装置组成及闸片托吊→横穿吊销，手制动机曲拐及拉杆，联接金属软管。

① 转向架安装的各零部件技术状态必须良好，组装尺寸正确，转动部分灵活。

② 各组装接触面必须涂防锈漆，各组装螺栓及滑动摩擦部分必须涂润滑脂。

③ 各转动磨耗部位必须给油。组装杠杆吊座横穿螺栓及闸片托销螺栓时必须涂紧固胶。各圆、扁开口销均必须使用新品，两片均匀劈开，角度为 60° ～70° 。因受结构限制不能灵活转动一周时必须卷起。安装各部圆销时，竖孔必须由上向下装入，横向孔必须由里向外装入。单元制动缸进气口方向朝下。组装后各转动部分灵活，不抗劲。各组装螺栓紧固后必须留有 1 扣以上余量。各圆销与孔组装间隙不超过 2 mm。闸片厚度不得小于 20 mm（测量闸片最薄处），同缸两闸片厚度差不超过 5 mm。

④ 金属软管不得抗磨。

⑤ 组装时注意一位人力制动系统内、外侧杠杆尺寸与其他不同。

2）中央悬挂装置组装

依次组装：空气弹簧托梁→空气弹簧→摇枕（高度阀、差压阀）→抗侧滚扭杆装置→横向油压减振器→摇枕吊轴→摇枕吊杆→安全吊→牵引拉杆。

① 转向架安装的各零部件技术状态必须良好，组装尺寸正确，转动部分灵活。

② 组装前将构架及摇枕上的附加气室及管路通压力空气，吹除内部杂质、灰尘等。

③ 清理、擦拭空气弹簧与摇枕接触面。

④ 托梁重新组装后，测量两吊轴安装孔中心距之差不大于 2 mm，对角线长度差不大于 3 mm。

⑤ 组装摇枕吊时，两片锁紧圈必须成对使用，使两片锁紧圈受力均匀，使其处于同一平面内。

⑥ 摇枕吊橡胶堆龟裂、老化、脱胶时必须更换。更换时必须同一转向架同侧上部或下部同时更换，同一转向架橡胶堆垂向刚度差不超过 1.5 MN/m。

⑦ 牵引拉杆必须在落车前安装，两端隔套中心距为（840±2）mm，使摇枕中心线与构架中心线一致后紧固。

⑧ 横向缓冲器与摇枕每侧间隙为（30±2）mm，超过时在侧梁上加调整垫，不足时加

工橡胶缓冲器尾部进行调整。

⑨ 摇枕吊防尘套下部、摇枕吊锁紧圈及联接座各接触面等均必须涂润滑油脂。

⑩ 螺栓组装前均必须涂油脂，紧固后必须加紧定螺母，留有一扣以上的余量。

⑪ 横向减振器紧固必须用 8.8 级高强度螺栓。

⑫ 组装完后，必须对空气弹簧、附加气室及管系进行 600 kPa 风压试验，保压 20 min，漏泄不得超过 10 kPa。

3）转向架落成

将构架吊至轴箱定位机上方，操纵轴箱定位机定位轴箱，依次安装定位器→橡胶缓冲垫→支持环→定位座轴箱弹簧等。操纵机械手将构架吊至轮对上方，推入轮对转向架落成。

① 转向架安装的各零部件技术状态必须良好，组装尺寸正确，转动部分灵活。

② 同一辆车轴箱弹簧旋向必须一致。轴箱弹簧高度差：同一轴箱不大于 2 mm，同一转向架不大于 4 mm。橡胶堆定位器钢套串出及橡胶裂损、老化时必须更换，同一轴箱两定位器必须同时更换。

③ 弹簧托盘内的定位块必须落在橡胶定位器槽内，且定位器的缺口方向必须沿车轴线方向。

④ 导柱柱面、导柱与定位器组装面必须涂润滑油脂。

⑤ 弹簧托梁底面与安全吊的距离为 20～60 mm。

⑥ 一系油压减振器、防松吊座及附属件要等车体落成后再组装。

⑦ 各部必须正位，轴箱弹簧必须落实，无抗磨。

7. SW-160 型客车转向架的组装及落成要求

1）组装定位转臂

（1）组装步骤如下。

① 构架倒置。

② 放置预压轴箱弹簧组成，放置缓冲橡胶垫。

③ 将弹性定位套内表面、定位轴、定位套梯形外表面，定位臂梯形槽部分涂清油。

④ 定位轴、定位套穿入弹性定位套，拧上盖形螺母。

⑤ 吊装定位转臂组成。

⑥ 安装弹性节点定位压板，紧固螺栓，安装防松铁丝。

⑦ 组装轮对提吊、安装防松铁丝。

（2）组装要求如下。

① 轴箱弹簧组装时预压缩高度为（262±2）mm（不含上、下夹板）。

② 测量同一轴定位转臂定位销横向间距[（1 956±1）mm]，定位转臂定位销对角线之差小于或等于 3 mm。

2）组装中央悬挂装置

（1）组装步骤如下。

① 构架正置。

② 安装空气弹簧及胶垫。

③ 组装下旁承，组装差压阀、高度调整阀，并联接空气管路。

④ 组装摇枕。

⑤ 组装横向梁及安全吊。

（2）组装要求如下。

① 差压阀与空气管路联接时不允许转动阀体两端的六角形螺母。

② 高度阀调整杆安装垂直倾斜角度不大于5°。

3）组装基础制动装置

（1）组装步骤如下。

① 组装前对附加空气室、风管路彻底吹尘。

② 将组装好的盘型制动装置安装于构架吊座上，组装横穿螺栓、闸片托吊圆销。

③ 安装人力制动转臂组成。

④ 联接单元制动缸金属软管。

（2）组装要求如下。

① 制动单元各圆销与衬套组装面涂抹润滑油脂。

② 各圆销安装时，竖孔必须由上向下装入，横向孔必须由里向外装入。

③ 各销、套间隙不大于2 mm，窜动量不大于3 mm，窜动量大于3 mm时加垫调整。

④ 圆、扁开口销均必须使用新品，两片均匀劈开，角度为60°～70°，劈开后因受结构限制，不能灵活转动1周时必须卷起。

⑤ 单元制动缸进气口方向应朝上。

⑥ 单元制动缸调整丝杆调整到最小值。

⑦ 调整限位螺栓，使限位螺栓与内侧杠杆定位挡板距离满足（10±1）mm。

4）组装构架与轮对

（1）组装步骤如下。

① 构架吊装至轮对上，将定位转臂上的定位凸台落入轴箱体承载座上的定位销孔内。

② 将轮对轴箱与定位转臂紧固在一起。

③ 组装二系横向油压减振器。

④ 组装牵引拉杆。

⑤ 组装一系垂向油压减振器。

⑥ 落车后取出转臂簧组成工艺螺栓。

（2）组装要求如下。

① 定位转臂承簧台下部与轴箱体上部间隙应大于或等于1 mm。

② SW-160H型转向架的构架、摇枕、定位转臂、油压减振器、制动杠杆，不得与SW-160型转向架相应配件互换。

③ SW-160H型转向架可与SW-160型转向架互换通用的部件有：高度调整阀、差压阀、单元制动缸、空气弹簧、轮对轴箱组成。

④ 牵引拉杆安装时，使摇枕中心线与构架横向中心线一致后紧固。牵引拉杆两隔套中心距为（840±2）mm。

5）测量

测量专项架落成后相关尺寸。

① 横向缓冲器与构架横向间隙每侧为（25±5）mm，两侧之和为（50±2）mm，超过时在缓冲器橡胶头后加调整垫，不足时调垫或加工橡胶缓冲器。

② 摇枕纵向定位挡与构架纵向定位挡间距：SW-160 型转向架每侧为（20±2）mm，两侧之差不大于 2 mm；SW-160H 型转向架每侧为（60±2）mm，两侧之差不大于 2 mm。

③ 定位套（轴）与定位臂梯形槽底部间隙为 5^{+1}_{-3} mm。

8. SW-220K 型客车转向架的组装及落成要求

1）组装轴箱定位装置

（1）组装步骤如下。

① 组装转臂、箍及轴箱体。

② 放置预压轴箱弹簧组成、橡胶缓冲垫。

③ 轴箱弹簧上夹板的定位凸台应进入定位孔。

④ 轮对定位，构架正置落装，组装定位转臂与构架并调整各部配合尺寸。

⑤ 组装轮对提吊，紧固螺栓后穿防松铁线。

⑥ 拧紧定位节点紧固螺栓后穿防松铁线。

（2）组装要求如下。

① 轴箱弹簧组成高度为（270±2）mm（不包括夹板厚度）。

② 调整定位转臂组成，使构架同侧定位节点中心间距为 1 400 mm（即轴距为 2 500 mm）。

③ 测量和调整定位转臂组成的横向位移，使其满足两定位转臂节点内侧面的横向跨距为（1 831±0.3）mm 的要求。

④ 转向架定位转臂梯形槽与定位轴接触面配合必须严密，可允许有不大于 0.1 mm 的局部间隙，定位轴与梯形槽底面间隙不小于 5 mm，超限时可在梯形槽两侧面加紫铜垫调整。

⑤ 转臂、转臂箍、节点压盖必须原套组装，转臂和节点压盖报废时必须成套更新。

⑥ 确保定位转臂上 160 mm 宽外挡落入轴箱体上 160 mm 内挡中。

⑦ 轴箱凸台与转臂弹簧座下平面间隙必须大于 0.1～3 mm，且左、右间隙之差不大于 1 mm。

⑧ 转臂与转臂箍结合面处必须有间隙（允许局部密贴），间隙不大于 1 mm。

2）组装中央悬挂装置

（1）组装步骤如下。

① 组装差压阀并联接空气管路。

② 组装各系油压减振器。

③ 安装空气弹簧，用专用吊具吊装空气弹簧及胶垫，缓缓将空气弹簧下部定位柱插入构架侧梁中心定位孔内。

（2）组装要求如下。

① 组装前对附加空气室、风管路彻底吹尘。

② 各减振器只紧固一端，另一端待落车后紧固。

③ 空气弹簧安装时下部进风口 O 形密封圈外部表面涂润滑脂。

④ 组装牵引拉杆（转向架端），联接螺栓紧固后穿防松铁线。

3）组装基础制动装置

（1）组装步骤如下。

① 将组装好的盘型制动单元安装于构架吊座上组装横穿吊销、闸片托吊圆销。

② 组装手制动转臂，调整限位螺栓，使限位螺栓与内侧杠杆定位挡板距离满足（10±1）mm。

（2）组装要求如下。

① 组装前对风管路彻底吹尘。

② 单元缸行程调至最小。

③ 制动单元各圆销与衬套组装面涂抹润滑脂。

④ 各圆销安装时，竖孔必须由上向下装入，横向孔必须由里向外装入。

⑤ 各销、套间隙不人于 2 mm，窜动量不大丁 3 mm，窜动量大于 3 mm 时加垫调整。

⑥ 圆、扁开口销均必须使用新品，两片均匀劈开，角度为 60° ～70° ，劈开后因受结构限制，不能灵活转动 1 周时必须卷起。

4）测量

测量专项架落成后相关尺寸。

① 横向挡与中心销之间单侧间隙为（40±2） mm，两侧之和为（80±2） mm。

② 同一轮对两车轮内侧面与构架上基准块的间隙差不大于 2 mm。

③ 轴箱弹簧装置缓冲胶垫下方，可加总厚度不大于 20 mm 且数量不超过两块的调整铁垫。

9. CW-2 型客车转向架的组装及落成要求

1）组装基础制动装置

（1）组装步骤如下。

① 将组装好的盘型制动装置安装于构架吊座上，组装吊座横穿螺栓。

② 闸片托吊圆销。

③ 组装人力制动滑轮。

（2）组装要求如下。

① 制动单元各圆销与衬套组装面涂抹润滑脂。

② 各圆销安装时，竖孔必须由上向下装入，横向孔必须由里向外装入。

③ 各销、套间隙不大于 2 mm，窜动量不大于 3 mm，窜动量大于 3 mm 时加垫调整。

④ 圆、扁开口销均必须使用新品，两片均匀劈开，角度为 60° ～70° ，劈开后因受结构限制，不能灵活转动 1 周时必须卷起。

⑤ 单元制动缸调整丝杆调整到最小值。

2）组装中央悬挂装置

（1）组装步骤如下。

① 组装下旁承、安装差压阀并联接空气管路，组装高度调整阀，并联接空气管路。

② 将空气弹簧吊于弹簧托梁上。

③ 将摇枕吊装于空气弹簧上。

④ 装配摇枕吊杆、橡胶垫、凹凸垫。

⑤ 将构架吊装于悬挂装置上方，在吊杆上安装上部橡胶垫、上部凹凸垫，穿入吊杆，

安装下部胶垫、凹凸垫及开口螺母。

⑥ 组装抗侧滚扭杆装置。

⑦ 组装抗侧滚扭杆安全吊及摇枕安全钢丝绳。

⑧ 装配横向拉杆。

⑨ 联接单元制动缸金属软管。

（2）组装要求如下。

① 安装时，摇枕附加空气室及空气管路灰尘要彻底吹净。

② 摇枕吊杆组装时，吊杆螺纹对开螺母必须核对编号成对组装，组装后保证下表面平齐，吊杆螺纹至少露出 2 扣以上。转向架同一侧摇枕吊杆长度差不得大于 2 mm，同一转向架摇枕吊杆长度差不得大于 3 mm。

③ 高度调整阀和差压阀在安装时不允许转动两端的六角形螺母，调整杆安装垂直倾斜角度不大于 5°。

3）组装构架与轮对轴箱装置

（1）组装步骤如下。

① 定位轮对轴箱装置，将橡胶缓冲垫、定位座、轴箱弹簧安装于轴箱簧托盘，吊装构架。

② 组装转臂节点定位装置。

③ 组装横向控制杆。

④ 组装一系垂向油压减振器，一系油压减振器落车后紧固。

⑤ 组装二系横向油压减振器。

⑥ 组装牵引拉杆组成。

（2）组装要求如下。

① 节点定位销与座的顶部必须有 2～6 mm 的间隙，压板与座不得密贴，不符时加铜垫调整，压板螺栓必须加防松铁丝。

② 横向控制杆橡胶套安装座立面与控制杆体夹角小于 180° 的一端安装在构架锥形定位销上，大于 180° 的一端安装在内侧控制杆定位销上。

③ 横向控制杆压铁水平安装，坡口朝向转向架中心，扁开口销安装后必须包卷，无松动。

④ 横向控制杆内锥与定位销接触面要求在 70%以上。

⑤ 横向控制杆前控制杆必须在转向架落车后紧固。

⑥ 轴箱弹簧调整垫厚度不大于 20 mm。

4）测量

测量专项架落成后相关尺寸。

① 牵引拉杆安装时，使摇枕中心线与构架横向中心线一致后紧固。

② 牵引拉杆必须在落车前安装，使摇枕纵向止挡与构架间隙之差不大于 4 mm 后紧固，CW-2 型转向架纵向挡与摇枕间隙必须大于 15 mm。

③ 横向缓冲器与构架横向间隙每侧为（40±3） mm。

④ 横向控制杆未组装前测量同一轮对两车轮内侧面与构架上基准块的间隙差不大于 2 mm；构架上无定位块时，测量一侧节点定位轴凸出构架定位座的距离，内、外侧差不大于 2 mm；测量符合规定后，自由状态下锁紧节点。

⑤ 轴箱节点锁紧机构与定位座间隙为 2～7 mm。

⑥ 轴箱外侧面与弹簧间隙不小于 12 mm。

10. CW-200K 型客车转向架的组装及落成要求

1）组装定位转臂装置

（1）组装转臂、箍及轴箱体。

① 上件组装好后，将轴箱转臂与配套加工的箍与轴箱体组装在一起，注意，盖形螺母组装在外侧。

② 转臂、箍与轮对轴箱体组装时，必须确保转臂和箍上 160 mm 宽的外挡落入轴箱体上 160 mm 内挡。

③ 箍报废时与转臂成套更新或单独更新为ϕ282 mm 的新箍。

④ 转臂、箍与轴箱接触面涂 30～50 μm 厚的防锈底漆，其余转向架转臂、箍（压盖）与轴箱接触面涂油脂。

⑤ 转臂、箍与轴箱体组装后，转臂与箍结合面处必须无间隙。

⑥ 轴箱凸台与转臂弹簧托盘下表面间隙必须大于 0.1 mm，左、右间隙差小于或等于 1 mm。

（2）弹簧装置组装。

① 弹簧装置由内、外圈弹簧、弹簧上、下夹板及螺栓、螺母等组成，钢弹簧装置（含上、下夹板）组装高度为（310±2）mm。

② 轴箱弹簧装置下方可加总厚度不大于 20 mm 且数量不超过 2 块的调整铁垫，空簧下可加总厚度不大于 25 mm 且数量不超过 2 块的调整铁垫。加垫后必须保证油压减振器防尘罩端朝上。

③ 螺栓、螺母用开口销固定（注意，卷起开口销时必须使其紧贴在螺母上，保证不转动）。

（3）轮对定位。将 2 条轮对置于间距 2 500 mm 位置上，用 4 个支撑座支撑在轴箱转臂节点套筒下方，如图 3-128 所示。

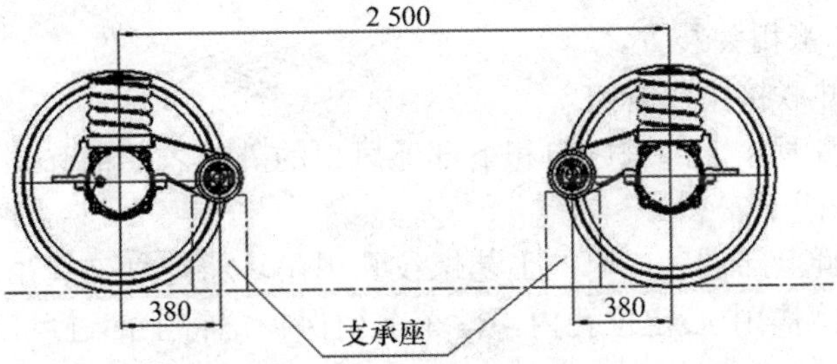

图 3-128　轮对定位示意图

（4）安装锁紧板并调整间隙。紧固锁紧板后，使 V 形块与 V 形槽两侧面完全贴合并保证锁紧板上表面与定位座下表面之间间隙不小于 2 mm，反之，必须在 V 形槽两侧面处加紫铜垫。锁紧板锁紧后，联接螺栓穿防松铁丝。

（5）联接构架与轮对轴箱定位装置。将转轴、转轴套从两端穿入橡胶节点内套中，盖形螺母预锁紧，联接构架与轮对轴箱定位装置，如图 3-129 所示。

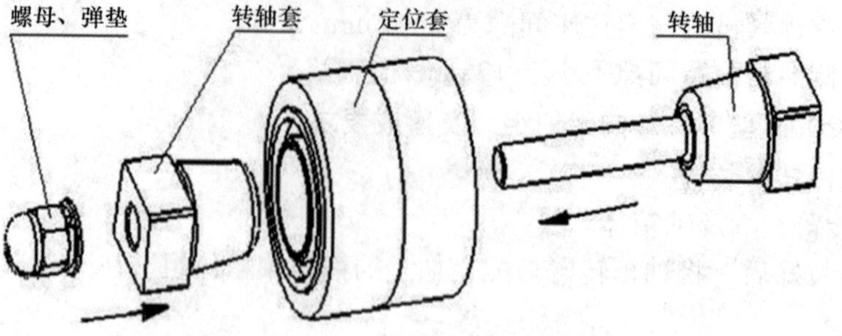

图 3-129 轴箱转臂与节点装置组装示意图

（6）组装其他配件。组装轮对提吊、牵引拉杆。

2）组装基础制动装置

（1）组装步骤如下。

① 将组装好的盘型制动装置安装于构架制动单元吊座上，组装吊座横穿螺栓、闸片托吊圆销。

② 组装人力制动滑轮，联接空气管路。

（2）组装要求如下。

① 制动单元各圆销与衬套组装面涂抹润滑脂。

② 各圆销安装时，竖孔必须由上向下装入，横向孔必须由里向外装入。

③ 各销、套间隙不大于 2 mm，窜动量不大于 3 mm，窜动量大于 3 mm 时加垫调整。

④ 圆开口销、扁开口销均必须使用新品，两片均匀劈开，角度为 60°～70°，劈开后因受结构限制，不能灵活转动 1 周时必须卷起。

3）组装中央悬挂装置

（1）组装抗侧滚扭杆及附属装置。组装抗侧滚扭杆安装座、扭杆及安全吊、安全钢丝绳。

（2）组装油压减振器。组装各系油压减振器。垂向减振器只紧固上端，另一端待落车后紧固。

（3）组装空气弹簧相关装置。

① 组装差压阀并联接空气管路。

② 安装空气弹簧时，上部进风口和下部通风口的外部表面需涂润滑脂防锈，O 形圈需涂润滑脂进行保护且便于安装。

③ 利用空气弹簧上部进风口内的工艺螺纹孔用吊环将空气弹簧吊起，缓缓将空气弹簧下部定位柱插入构架侧梁中心定位孔内，落车前用保护罩将上部进风口保护好。

4）测量

（1）测量相应的转向架落成数据。

① 轴箱弹簧根据车辆自重实验高度选配，同一转向架高度差不大于 5 mm，同一轮对及转向架同一侧其高度差不大于 3 mm。

② 转向架落成后，同一轮对上两车轮外侧面分别与构架上基准块的间隙差不大于 2 mm。

③ 横向挡与纵向梁挡板之间间隙为（40±2） mm。

④ 牵引拉杆锁紧板与定位块下表面间隙大于 1 mm。

⑤ 单元缸行程调至最小。

11. AM96 型客车转向架的组装及落成要求

1）组装轴箱定位装置

（1）组装步骤如下。

① 构架倒置。

② 放置绝缘胶垫、上夹板、轴箱弹簧组、调平垫圈、下夹板、定位转臂。

③ 使用专用工装压缩轴箱弹簧，确认转臂定位准确。

④ 组装锥形套密封圈、锥形销、锥形套、锥形销固定螺母并预拧紧；预拧紧锥形套固定螺栓。

⑤ 组装轮对提吊销。

⑥ 松开轴箱弹簧，压缩轴箱弹簧，紧固锥形套固定螺栓（落车后紧固锥形销固定螺母）。

（2）组装要求如下。

① 下弹簧座垫片厚度与原尺寸相同。

② 轴箱弹簧根据车辆自重试验高度选配同一转向架高度差不大于 5 mm，同一轮对及转向架同一侧其高度差不大于 3 mm。

2）组装中央悬挂装置

（1）组装步骤如下。

① 正置构架。

② 吊装空气弹簧组件。

③ 组装抗侧滚扭杆装置。

④ 组装安全钢丝绳及曲线旋转止挡。

⑤ 组装高度调整阀并联接空气管路。

⑥ 组装空簧排风阀并联接空气管路。

⑦ 组装二系横向油压减振器及二系垂向油压减振器。

⑧ 组装一系垂向油压减振器上端。

⑨ 组装牵引拉杆装置。

（2）组装要求如下。

① 组装前对附加空气室、风管路彻底吹尘。

② 侧滚扭杆连杆上端通过联接螺栓安装到空气弹簧上盖板，扭杆座安装在转向架构架侧梁上。

③ 通过注油孔向扭杆座里的衬套注润滑脂。

3）组装基础制动装置

（1）组装步骤如下。

① 将组装好的盘型制动装置安装于构架制动单元吊座上，组装横穿吊销、闸片托吊圆销。

② 联接空气管路，组装人力制动钢缆。

（2）组装要求如下。

① 组装前对风管路彻底吹尘。

② 制动单元各圆销、锥形销、锥形套组装面涂抹润滑脂。

③ 各圆销安装时，竖孔由上向下装入，横向孔由里向外装入。

④ 各销、套间隙不大于 2 mm，窜动量不大于 3 mm，窜动量大于 3 mm 时加垫调整。

⑤ 圆、扁开口销均必须使用新品，两片均匀劈开，角度为 60°～70°，劈开后因受结

构限制，不能灵活转动1周时必须卷起。

4）组装构架与轮对轴箱装置

（1）组装步骤如下。

① 构架吊装至轮对上，安装转臂箍。

② 定位节点、转臂和箍必须原套组装。

③ 组装抗蛇行油压减振器构架端。

（2）组装要求如下。

① 单元缸行程调至最小。

② 空气弹簧上盖板与车体接触面涂润滑脂。

5）测量

测量转向架落成后相关尺寸。

① 横向止挡与牵引销止挡座面间隙单侧为（20±2） mm，两侧之和为（40±2） mm，纵向挡间隙为13～17 mm。

② 轴箱凸台与转臂弹簧托盘下表面间隙为0.1～3 mm，左、右间隙差不大于1 mm。

③ 钢缆关节轴承座与人力制动转臂圆销中心距离为（192±2） mm。

复习思考题

1. 何为第一系、第二系悬挂弹簧？
2. 目前，我国客车上使用的主型普通客车转向架主要有哪些？
3. 如何界定客车转向架构架是外侧悬挂，还是超外侧悬挂？
4. 209T型客车转向架采用横向缓冲器能解决什么问题？
5. 209T型客车转向架摇枕弹簧悬挂装置都是由哪些主要零部件组成的？
6. 说明209P型客车转向架构架装置的组成。
7. 209P型客车转向架轴箱定位装置都由哪些零部件组成？
8. 说明209PK型客车转向架中的P和K所表示的意义。
9. 209PK型客车转向架空气弹簧充气状态的标准高度是多少？
10. 说明206P型客车转向架构架的组成。
11. 快速客车转向架结构的共同特点都有哪些？
12. 209HS型客车转向架在209PK型客车转向架的基础上，都进行了哪些技术改进？
13. 说明209HS型客车转向架轮对轴箱弹簧定位装置的组成。
14. 209HS型客车转向架空气弹簧充气后的标准高度是多少？
15. 什么样的特点决定在206KP型客车转向架中央悬挂装置中安装抗侧滚扭杆装置？
16. 206KP型客车转向架空气弹簧无气状态下的高度约为多少？充气后的标准高度是多少？
17. 说明SW-160型客车转向架中的“S”“W”和“160”所表示的意义。
18. 试说明 SW-160型客车转向架在206KP型客车转向架的基础上，都进行了哪些改进？
19. SW-160型客车转向架空气弹簧无气状态下的高度约为多少？充气后的标准高度是多少？

20. SW-220K 型客车转向架采用了哪些技术？
21. 说明 SW-220K 型客车转向架中的“SW”“220”和“K”所表示的意义。
22. SW-220K 型客车转向架轴箱定位装置的特点都有哪些？
23. SW-220K 型客车转向架牵引装置具有哪些特点？
24. 说明 CW-2 型客车转向架中的“C”“W”和“2”所表示的意义。
25. 在目前国内客车上 CW-2 型客车转向架中包括哪几种形式的转向架？
26. CW-2C 型客车转向架中央悬挂装置由哪些零部件组成？
27. CW-2C 型客车转向架空气弹簧的有效直径是多少？空气弹簧充气后的标准高度是多少？
28. 说明 CW-2C 型客车转向架抗侧滚扭杆装置的组成。
29. CW-200K 型客车转向架的总体结构是怎样的？
30. 说明 CW-200K 型客车转向架构架的组成。
31. CW-200K 型客车转向架的中央悬挂装置包括哪些主要部件？
32. 说明 CW-200K 型客车转向架牵引装置各零部件具有哪些功能。
33. 试述 AM96 型客车转向架的总体结构。
34. AM96 型客车转向架采用的是什么形式的轴承？
35. AM96 型客车转向架中央悬挂装置是由什么组成的？
36. 试述 PW-220K 型客车转向架的总体结构。
37. 试说明 PW-220K 型客车转向架轮对轴箱定位装置的组成。
38. PW-220K 型客车转向架中央悬挂装置取消了传统的哪些零部件？
39. 试说明 PW-220K 型客车转向架中央悬挂装置的组成。
40. 按照客车转向架的段修要求转向架上各风管损坏或裂损时怎么办？
41. 按照客车转向架的段修要求钢丝绳有断股或断丝数量超过总数的多少时进行更新？钢丝绳胶套脱落、破损时怎么办？
42. 定位转臂座裂纹或变形时应该怎么办？
43. 轮对提吊腐蚀厚度超过多少或裂纹时更新？
44. 什么是导柱？导柱有裂纹时应该怎么办？导柱弯曲变形或表面严重腐蚀时又如何处理？
45. 橡胶缓冲垫老化、缺损时应如何处理？
46. 定位座、支持环绝缘橡胶层破损时怎么办？
47. CW-2 型客车转向架横向控制杆腐蚀深度超过多少时更新？
48. 抗侧滚扭杆装置检修中，发现扭杆、扭臂、连杆有裂纹时怎么办？
49. 旁承承载客车SW-160、CW-2和209HS型转向架上旁承磨耗板必须使用什么材质？
50. 试说明心盘的检修都有哪些要求。
51. 油压减振器在检修时，什么情况下才能报废？
52. 如何分解 209P 型客车转向架中央悬挂装置？
53. 如何组装 CW-200K 型客车转向架中央悬挂装置中的抗侧滚扭杆及附属装置？

第4章

客车车钩缓冲装置

客车车钩缓冲装置是客车车辆最基本的也是最重要的部件之一，它是用来联接列车中的客车，使车辆之间保持一定的距离，并且传递和缓和列车在运行中或在调车时所产生的纵向力和冲击力。

如果是由同一装置来承担牵引、连挂和缓和冲击作用的，那么该装置称之为牵引缓冲装置；如果这些作用分别由不同的装置来承担，则分别称之为牵引连挂装置和缓冲装置。牵引连挂装置用来实现车辆彼此之间的联接、传递和缓和牵引（拉伸）力的作用；缓冲装置用来传递和缓和冲击（压缩）力的作用，并且使车辆彼此之间保持一定的距离。

车钩按照牵引连挂装置的联接方式，可分为自动车钩和非自动车钩。自动车钩不需要人工参与就能实现联接，非自动车钩则需要人工完成车辆之间的联接。我国铁路车辆均采用自动车钩。

自动车钩又可分为非刚性车钩和刚性车钩两种基本类型。

非刚性车钩允许两个相联接的车钩在垂直方向上有相对位移，如图 4-1 所示。在非刚性车钩中，当两个车钩的纵轴线存在高度差时，联接着的两钩呈阶梯形状，并且各自保持水平位置。我国铁路客车中的 15 号车钩、15C 号车钩和 15 号小间隙车钩采用的就是非刚性自动车钩。

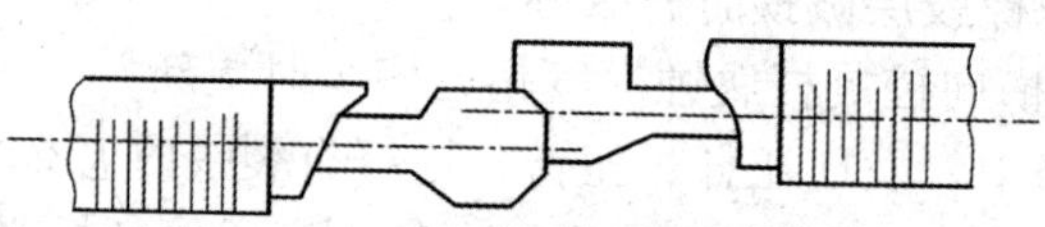

图 4-1　非刚性车钩

非刚性车钩的优点：结构较简单，强度高，质量轻，与车体的联接较为简单。

刚性车钩不允许两相联接车钩在垂直方向彼此存在位移，但是在水平方向可产生少许转角，如图 4-2 所示。在刚性车钩中，如果在车辆联接之前两车钩的纵向轴线高度存在偏差，那么在连挂后，两车钩的轴线处在同一直线上并呈倾斜状态。两车钩的尾端采用销接，从而保证了两连挂车辆之间的位移和偏角。我国铁路 25T 型客车中的密接式车钩采用的就是刚性自动车钩。

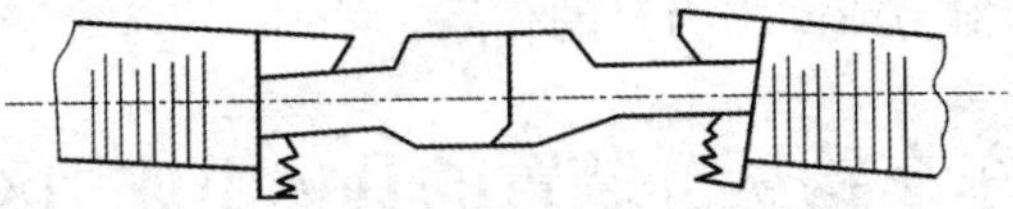

图 4-2　刚性车钩

刚性车钩的优点：减小了两个联接车钩之间的间隙，从而大大降低了列车运行中的纵向冲动，提高了列车运行的平稳性，同时也降低了车钩零部件的磨耗和噪声。另外，刚性车钩有可能同时实现车辆间的气路和电路的自动联接。

4.1　客车车钩缓冲装置概述

4.1.1　客车车钩缓冲装置的组成及作用

客车车钩缓冲装置由车钩、缓冲器、钩尾框及从板、车钩复原装置、解钩装置等零部件组成。客车车钩缓冲装置的组成如图 4-3 所示。

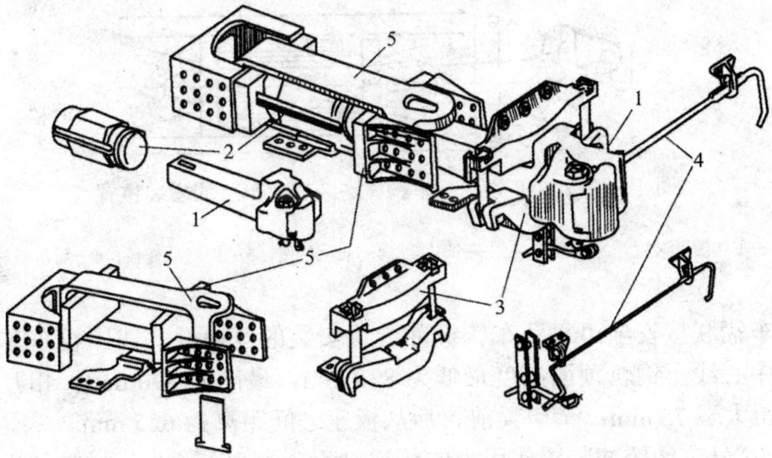

图 4-3　客车车钩缓冲装置的组成

1—车钩；2—缓冲器；3—车钩复原装置；4—解钩装置；5—钩尾框及从板

在客车车钩缓冲装置的钩尾框内依次安装有前从板、缓冲器和后从板（有时不需要后从板），借助钩尾销把车钩和钩尾框连成一个整体，因此，车钩缓冲装置具有连挂、牵引和缓冲三个基本作用。

在客车车钩缓冲装置中，车钩的作用是用来实现机车和车辆或车辆和车辆之间的连挂和传递牵引力及冲击力，并使车辆之间保持一定的距离。缓冲器是用来缓和列车运行及调车作业时车辆之间的冲撞，吸收冲击动能，减小车辆相互冲击时所产生的动力作用。钩尾框及从板则起着传递纵向力（牵引力或冲击力）的作用。

4.1.2 几种常用客车车钩缓冲装置的具体组成、区别及作用力传递过程

1. 15 号 C 级钢车钩缓冲装置

15 号 C 级钢车钩缓冲装置与（KT217-00-76）15 号车钩缓冲装置基本相同，都是由车钩、缓冲器、钩尾框和前、后从板等组成。不同之处在于：车钩钩体、钩舌、钩尾框的材质由原来的 ZG230-450 改为 C 级钢；钩舌销和钩尾销采用 40 Cr 制造；拉伸破坏强度不小于 2 256 kN（230 t）；将一号缓冲器改为 G1 型缓冲器，其全压缩时阻力为 800 kN（80 t），容量为 17.64 kJ（1 800 kg · m）。

钩尾销将车钩和钩尾框连成一体，安装在车体底架两端的牵引梁内，前、后从板及缓冲器安装在牵引梁的前、后从板座之间，下部靠钩尾框托板及摆块式车钩复原装置托住。15 号和 15C 号车钩缓冲装置在车上的安装位置如图 4-4 所示。

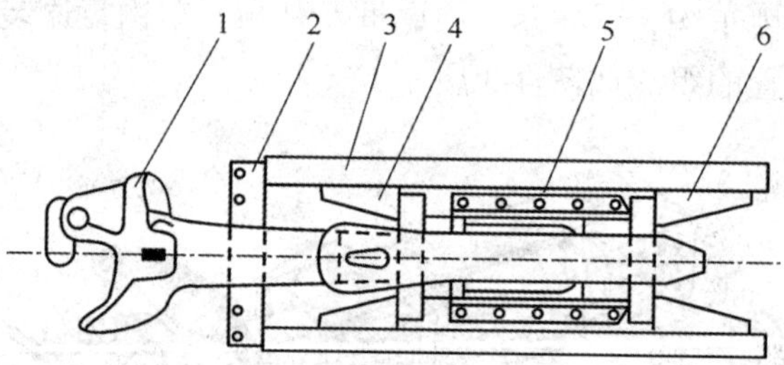

图 4-4　15 号和 15C 号车钩缓冲装置在车上的安装位置

1—车钩缓冲装置；2—冲击座；3—牵引梁；4—前从板座；5—钩尾框托板；6—后从板座

为了保证车辆联接安全可靠和车钩缓冲装置安装的互换性，我国机车车辆有关规程规定：客车车钩中心线至钢轨顶面高度最低为 830 mm，最高为 890 mm；相互联接的两车钩中心高度差不得大于 75 mm；牵引梁前、后从板座之间距离为 625 mm。

15 号和 15C 号车钩缓冲装置作用力的传递过程分为列车承受纵向拉伸力作用时和列车承受纵向压缩力作用时两种情况。

（1）列车承受纵向拉伸力作用时，车钩缓冲装置处于牵拉状态。作用力的传递过程如下：车钩→钩尾销→钩尾框→后从板→缓冲器→前从板→前从板座→牵引梁，如图 4-5 所示。

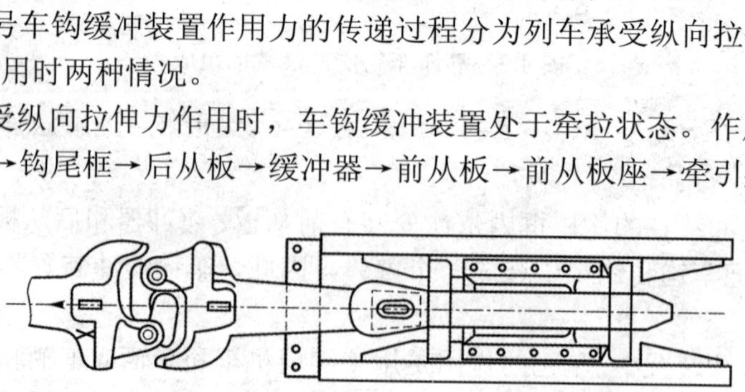

图 4-5　车钩缓冲装置处于牵拉状态

（2）列车承受纵向压缩力作用时，车钩缓冲装置处于压缩状态。作用力的传递过程如下：车钩→前从板→缓冲器→后从板→后从板座→牵引梁，如图 4-6 所示。

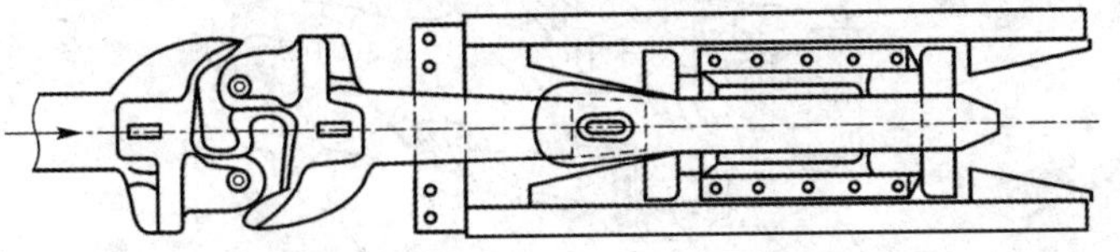

图 4-6　车钩缓冲装置处于压缩状态

2. 15 号小间隙车钩缓冲装置

15 号小间隙车钩缓冲装置与（KT217-00-76）15 号车钩缓冲装置也基本相同。不同之处在于：车钩钩体、钩舌、钩尾框的材质由原来的 ZG230-450 改成了 QG-C3 钢；钩舌销用 40MnB 或 40Cr 材质制造，钩尾销采用 Q275 材质制造；拉伸破坏强度不得小于 2 256 kN（230 t）；将 G1 型缓冲器改为缓冲性能更好的 KC15 弹性胶泥缓冲器；取消了后从板；缓冲器初压力为 50 kN，容量为 30 kJ，阻抗力为 800 kN，最大行程为 73 mm，能量吸收率为 80%。

15 号小间隙车钩缓冲装置是由车钩、缓冲器、钩尾框和前从板等组成的。

钩尾销将车钩和钩尾框连成一体，在钩尾框内安装有前从板和缓冲器。

15 号小间隙车钩缓冲装置安装在底架两端的牵引梁内，前从板及缓冲器安装在前、后从板座之间，上部由防跳板限制尾框的跳动量，下部靠尾框托板及摆块托住。

15 号小间隙车钩缓冲装置作用力的传递过程分为列车承受纵向拉伸力作用时和列车承受纵向压缩力作用时两种情况。

（1）列车承受纵向拉伸力作用时，车钩缓冲装置处于牵拉状态。作用力的传递过程如下：车钩→钩尾销→钩尾框→缓冲器→前从板→前从板座→牵引梁。

（2）列车承受纵向压缩力作用时，车钩缓冲装置处于压缩状态。作用力的传递过程如下：车钩→前从板→缓冲器→后从板座→牵引梁。

由15号、15C号和15号小间隙车钩缓冲装置作用力的传递过程可知，无论车钩缓冲装置是承受牵引力还是冲击力，都要经过缓冲器将力量传递给牵引梁，这样就可以使车辆间纵向的冲击和振动得到缓和、消减，从而改善了客车的运行品质。

3. MJGH-25T 型密接式车钩缓冲装置

MJGH-25T 型密接式车钩缓冲装置主要由车钩安装及吊挂系统、缓冲系统和连挂系统三大部分组成，它安装在车体牵引梁的专用安装座上。

4.1.3　车钩的开启方式及摆块式车钩复原装置

车钩的开启方式分为上作用式和下作用式两种。上作用式车钩装置的车钩提升机构位于钩头上方；下作用式车钩装置的车钩提升机构位于钩头下方。由于客车车体端部设有风挡装置和通过台，所以，无法采用上作用式，而采用下作用式。客车下作用式车钩借助于设在钩头下部的推顶杆的动作来实现开启，下作用式不如上作用式轻便，如图 4-7 所示为下作用式客车车钩装置。

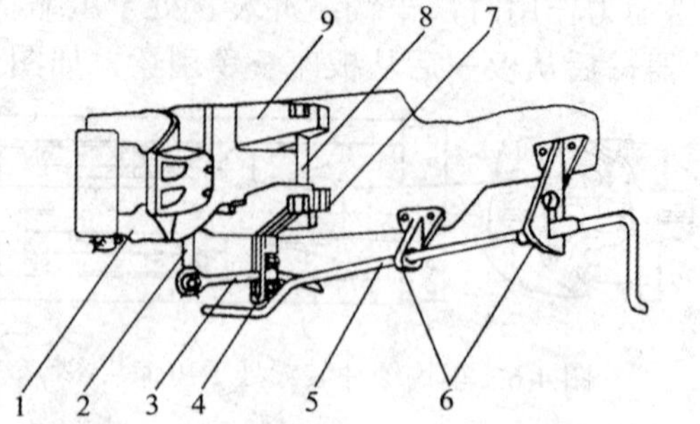

图 4-7 下作用式客车车钩装置

1—钩头；2—下锁销；3—下锁销杆；4—下锁销杆吊；5—车钩提杆；

6—车钩提杆座；7—摆块；8—摆块吊； 9—冲击座

客车车钩解钩提杆安装在二、三位车端。

当车辆在曲线上运行时，车钩中心线与车体纵向中心线之间将产生一个偏角。为了防止车钩偏移时，钩身与缓冲器及冲击座相碰，在缓冲梁的中部开有较宽的钩门。由于客车车体较长，在曲线上车钩的偏移量较大，如果车钩偏移后不能迅速、自动地恢复到正常位置，势必会增加车辆运行时的摆动量，同时还会造成车辆摘挂困难，因此，在客车上均装有车钩复原装置。

我国客车上采用摆块式车钩复原装置，它由摆块吊（俗称吊杆）和摆块（又称车钩托梁）组成，如图 4-8 所示。

摆块式车钩复原装置原理，如图 4-9 所示。

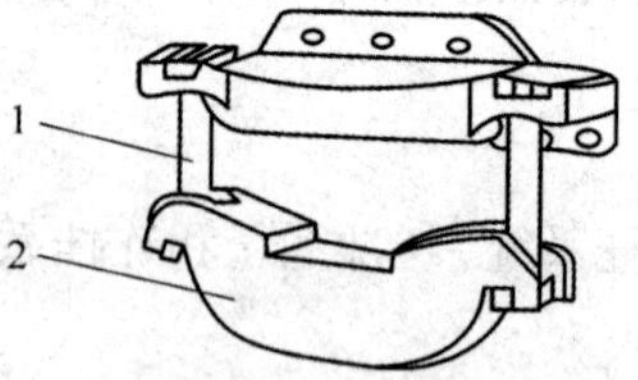

图 4-8 摆块式车钩复原装置

1—摆块吊；2—摆块

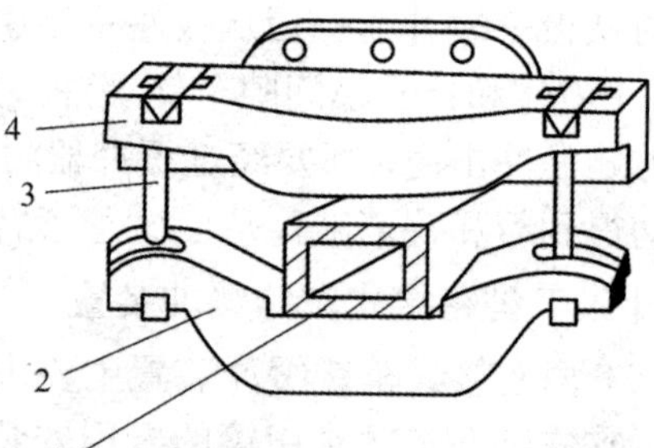

图 4-9 摆块式车钩复原装置原理

1—车钩；2—摆块；3—摆块吊；4—冲击座

为了防止客车运行中由于曲线等因素造成车钩偏移时，钩身与缓冲梁及冲击座相撞且增加车辆运行的摆动，用摆块卡住钩身，摆块的两端用摆块吊吊在冲击座上。当车辆通过曲线运行时，车钩的偏移带动摆块摆头；当车辆转入直线上运行时，借重力作用使车钩恢复到原来位置。

4.1.4　客车车钩的种类

我国现在铁路客车上使用的车钩基本为 15 号车钩、15C 号车钩、15 号小间隙车钩以及密接式车钩等。15 号车钩、15C 号车钩和 15 号小间隙车钩属于非刚性自动车钩。所谓自动车钩即在拉动车钩提杆或两车互相碰撞时就能自动完成解开或连挂的动作，这种车钩的特征为钩头上有可绕钩舌销转动的钩舌，所以这种车钩又被称为关节式车钩。

4.2　客车车钩

我国铁路客车中，标记速度为 120 km/h 以下的客车装用 15 号及 15C 号车钩；标记速度为 120 km/h 以上的客车装用 15CX（小间隙）号车钩；标记速度为 160 km/h 的 25T 型客车中装用密接式车钩。

4.2.1　15 号车钩

15 号车钩的钩体、钩舌和钩尾框的材质为 ZG230-450/ZG25 MnCrNiMo。

15 号车钩使用在普通客车上，因为客车车体端部设有风挡装置和通过台，所以，采用下作用式车钩。所谓下作用式，是指车钩由闭锁向开锁或全开位置转换时，通过车钩提杆向上推动钩锁的解钩方式。

1. 15 号车钩构造及作用

15 号车钩由普通铸钢制成，它由钩体、钩舌及钩舌销和钩头配件等组成，其中，钩体是由钩头、钩身和钩尾 3 部分组成的，如图 4-10 所示。

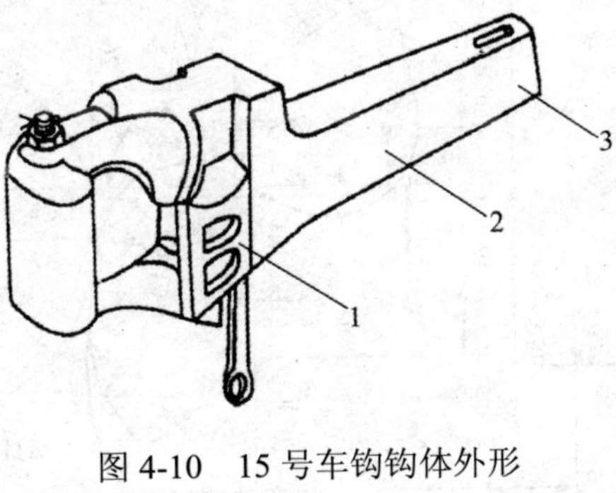

图 4-10　15 号车钩钩体外形

1—钩头；2—钩身；3—钩尾

在钩头内部装有钩舌、钩锁、钩舌推铁和下锁销等配件。钩头与钩舌通过钩舌销相联接，钩舌可绕钩舌销转动。

1）钩体

钩体是车钩的基础部分，它与其他零部件配合共同完成车钩的作用，车钩的钩体及配件如图 4-11 所示。

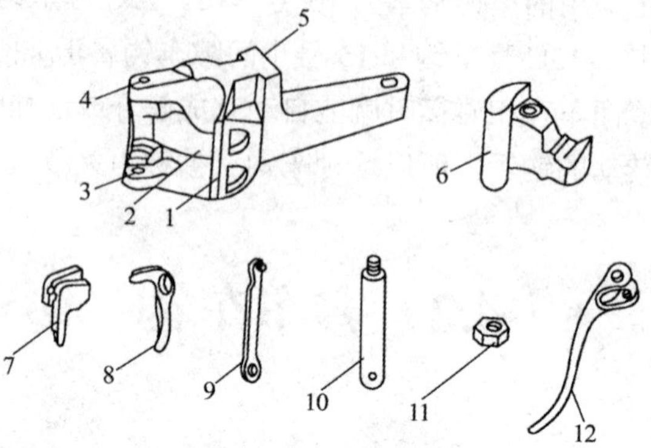

图 4-11　15 号车钩钩体及配件

1—钩腕；2—钩锁腔；3—下钩耳及孔；4—上钩耳及孔；5—钩肩；6—钩舌；
7—钩锁；8—钩舌推铁；9—下锁销；10—钩舌销；11—钩舌销螺母；12—圆棒形下锁销杆

钩体可分为钩头、钩身和钩尾 3 部分。

（1）钩头。钩头是车辆摘挂的重要部分，主要包括如下几部分。

① 钩腕：在两车钩相互连挂时，可容纳对方钩舌并控制其横向移动。钩腕与钩舌是按 TB492——机车车辆自动车钩联接轮廓规定制作的，如图 4-12 所示。

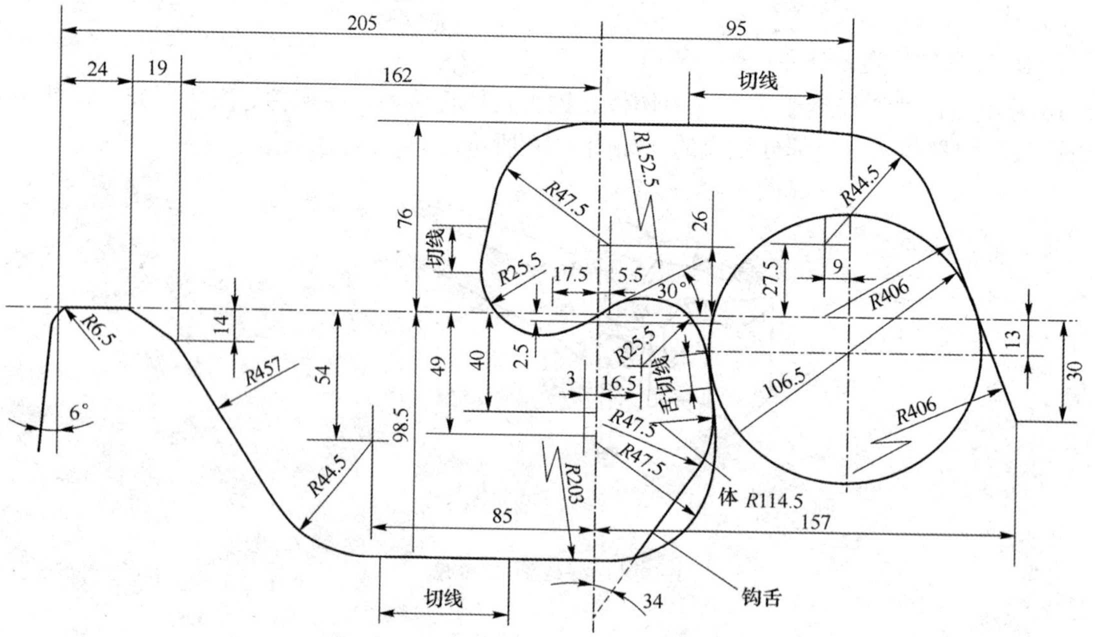

图 4-12　自动车钩联接轮廓

② 钩锁腔：是钩头的中空部分，用来安装钩锁铁、钩舌推铁等钩头配件，其内部结构如图 4-13 所示。

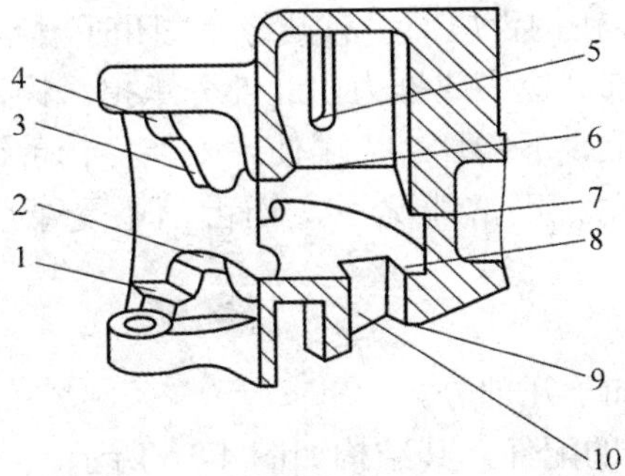

图 4-13　15 号车钩钩锁腔内部结构

1—下冲击凸肩；2—下牵引凸缘；3—上牵引凸缘；4—上冲击凸肩；5—钩舌推铁槽；
6—导向挡；7—上防脱（跳）台；8—开锁坐面；9—下防脱（跳）台；10—下锁销孔

③ 钩耳：分上、下钩耳，用来安装钩舌。

④ 钩耳孔：用于安装钩舌销。

⑤ 钩肩：当车钩受到过大的冲击时，钩肩有可能与底架缓冲梁上的冲击座相接触，从而将部分冲击力直接经冲击座传至底架，不致引起缓冲器的过载破损，同时可以减少牵引梁受偏心弯曲的影响。

⑥ 下锁销孔：是锁脚起落的孔，此孔用于安装下锁销用。

15 号车钩钩体上铸有型号等标志，其标志位置如图 4-14 所示。

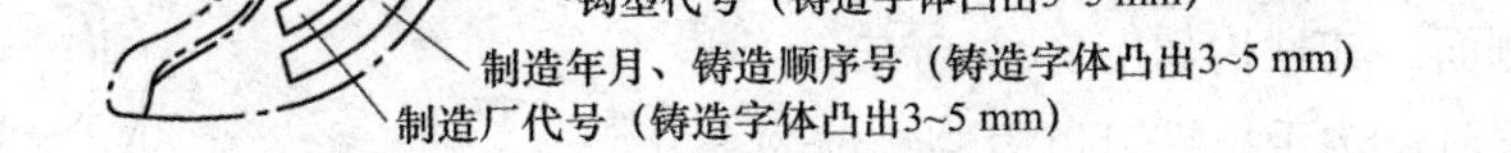

图 4-14　15 号车钩钩体铸造标志位置

（2）钩身。钩身是用来传递牵引力和冲击力的部位。它做成空心厚壁箱形结构，具有较大的强度和刚度。

（3）钩尾。钩尾是车钩后端安装钩尾框的部分，其上开有钩尾销孔。钩尾端部为圆弧面，通过圆形截面的钩尾销与钩尾框相联接，这样车钩的左右摆动对车体的影响要小些，提高了车辆运行的平稳性。但是，由于钩尾端部是圆弧面，不能借助于缓冲器的反力矩来自动复位，因此，钩尾设有自动复原装置。

2）钩舌及钩舌销

钩舌装在上、下钩耳之间，插入钩舌销，在车辆摘挂时，它能以钩舌销为轴回转，利用钩舌的开闭进行车辆的摘挂。在钩舌尾部设有凸缘，关闭时，恰与钩口内上下之凹凸部吻合，这样，在牵引或推进时，大部分拉力或推力由此部分承担。钩舌结构如图 4-15 所示。

钩舌销用于联接钩舌和上、下钩耳。为了便于安装，钩舌销上部设有螺纹，拧有螺母，并穿有开口销，以防螺母松动。正常情况下，钩舌销不受牵引力、冲击力，仅起到转轴作用。

3）钩头内部配件

钩头内部配件主要包括如下几部分。

① 钩锁：是钩头最主要的配件，其结构如图 4-16 所示。

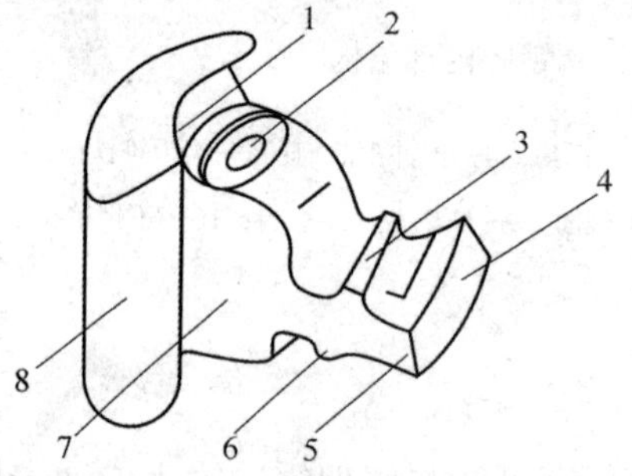

图 4-15　15 号车钩钩舌结构

1—钩腕牵引面；2—钩舌销孔；3—上牵引凸缘；4—钩舌尾端面；5—钩舌锁面；6—下牵引凸缘；7—内腕；8—钩舌鼻

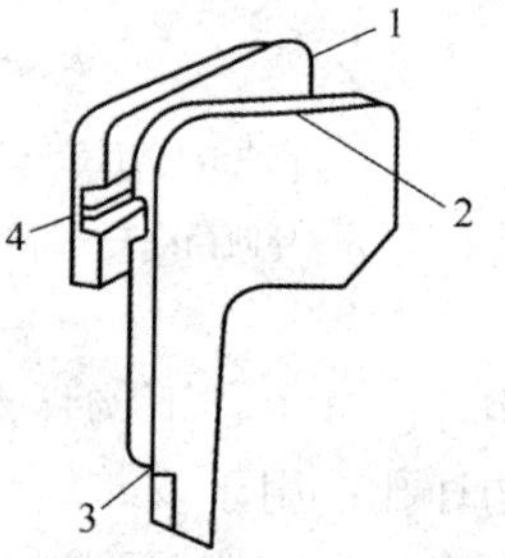

图 4-16　15 号车钩钩锁结构

1—导向角；2—全开作用面；3—开锁坐锁面；4—锁销作用槽（十字销凹槽）

钩锁的主要作用是：在闭锁位置时，挡住钩舌尾部，使钩舌不能转动；在全开位置时，推动钩舌推铁，使钩舌张开。

钩锁的背部及两侧均为垂直平面，并有导向面，与钩锁腔内的导向壁吻合，借以保持钩锁上下移动时的正位。上部设有全开作用面，背部开有锁销作用槽，供安装钩锁销轴用。钩锁腿下部的缺口为开锁坐锁面。

② 钩舌推铁：悬挂在钩锁腔内，上部嵌入钩舌推铁槽内，下端靠在钩舌尾部侧面。其结构如图 4-17 所示。

在开锁位置时，钩舌推铁可以限制钩锁的上升。

当车钩进行全开作用时，钩舌推铁的全开作用端受到钩锁铁全开作用面的撞击，钩舌推铁以背部的全开支点为支点回转，推铁踢足踢动钩舌尾部侧面，使钩舌张开。

③ 下锁销及下锁销杆：下锁销经下锁销孔插入钩锁腔内，下锁销在其一端两侧有圆柱形十字销，置于钩锁背部十字销凹槽内，顶起钩锁。下锁销端部除十字销外，还有防脱（跳）止端，以便在闭锁位置起防脱（跳）作用，其各部位的名称如图 4-18 所示。

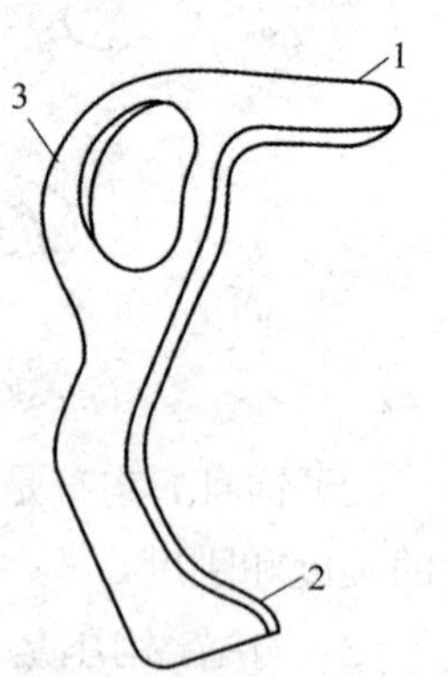

图 4-17　15 号车钩钩舌推铁结构

1—全开作用端；2—推铁踢足；3—全开支点

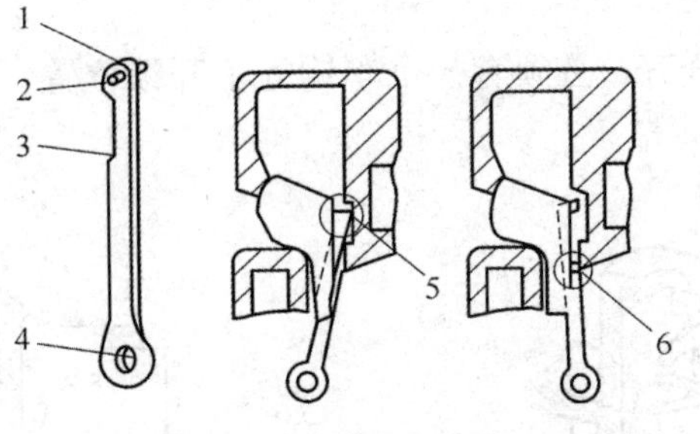

图 4-18 下锁销上、下防脱（跳）台及作用

1—上防脱（跳）止端；2—十字销；3—下防脱（跳）止端；
4—下锁销杆销孔；5—上防脱（跳）台位置；6—下防脱（跳）台位置

下锁销杆是下作用式车钩用于保持下锁销正确作用位置的配件。其一端安装在钩舌销下部，另一端与下锁销及下作用式车钩提杆套装在一起。

2. 15 号车钩的“三态”作用

车钩的自动连挂和自动摘解是通过它的“三态”作用完成的，当钩体内钩舌、钩锁铁、钩舌推铁、锁销等零部件处于不同位置时，可使车钩具有开锁、闭锁、全开三种作用，俗称“三态”作用。

1）闭锁位置

车辆连挂后，两个车钩均必须处于闭锁位置时才能传递牵引力。如图4-19所示为15号车钩闭锁位置。

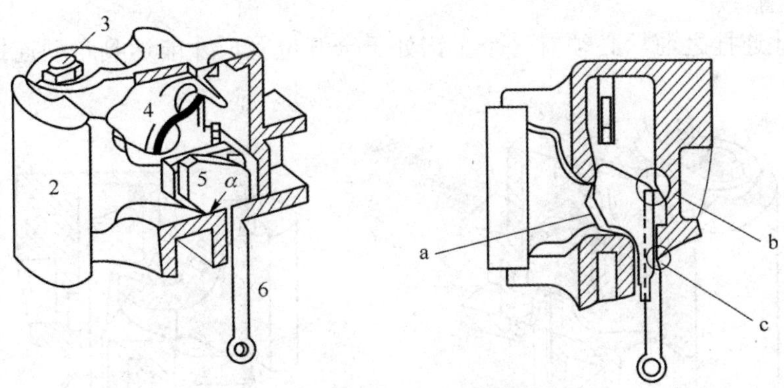

图 4-19 15 号车钩闭锁位置

1—钩头；2—钩舌；3—钩舌销；4—钩舌推铁；5—钩锁铁；6—下锁销
a—钩锁位置；b—上防跳位置；c—下防跳位置

钩舌转入钩锁腔内，钩锁靠自重落下，坐在钩锁腔底壁面上，卡在钩舌尾部侧面和钩锁腔侧壁之间，挡住钩舌的转动。这时，下锁销沿着钩锁背部的锁销槽下滑，下锁销上防跳台卡在钩锁腔后壁防跳台下；下防跳台卡在下锁销孔的后缘下防跳台处，起防跳作用，形成闭锁位置。

2）开锁位置

两连挂着的车辆想要分开，必须有一个车钩处于开锁位置。如图 4-20 所示为 15 号车钩开铁位置。

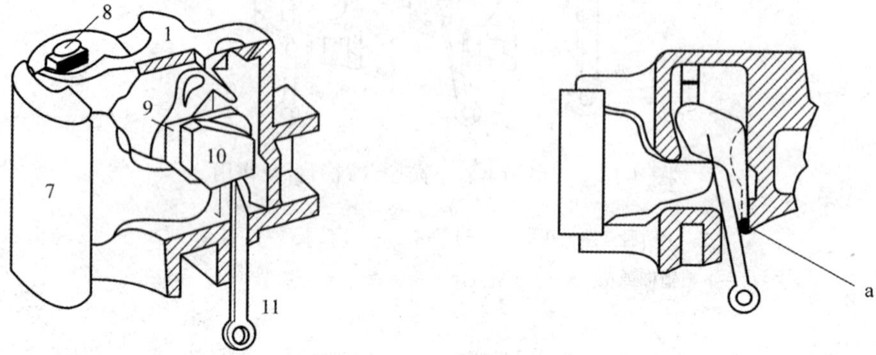

图 4-20　15 号车钩开锁位置

1—钩头；2（7）—钩舌；3（8）—钩舌销；4（9）—钩舌推铁；5（10）—钩锁铁；6（11）—下锁销

a—开锁坐锁面位置

由闭锁位置提起车钩提杆，推动下锁销，锁销轴沿着钩锁背部的锁销槽上移，使下锁销上、下防跳台脱离防跳位置。当下锁销继续上移时，则顶动钩锁上移。由于钩锁的偏重上部向前倾转，而腿部向后转动，当放下车钩提杆时，钩锁的开锁坐锁面就坐在下锁销孔后部的锁座上，钩锁不能落下，形成开锁位置。

3）全开位置

在车辆彼此连挂之前，必须有一个车钩处于全开位置，才能达到自动连挂的目的。

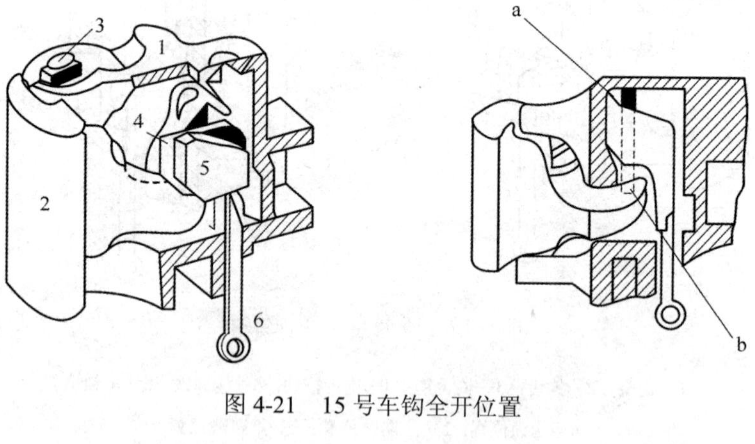

图 4-21　15 号车钩全开位置

1—钩头；2—钩舌；3—钩舌销；4—钩舌推铁；5—钩锁铁；6—下锁销

a—钩锁顶动钩舌推铁；b—推铁踢足踢动钩舌尾部侧面

由闭锁位置或者开锁位置用力提起车钩提杆，使钩锁被充分顶起，钩锁的全开作用面顶动钩舌推铁的全开作用端，钩舌推铁以背部全开支点和钩锁腔内壁接触面为支点回转，如

图 4-21 中的 a 所示，其下部推铁踢足踢动钩舌尾部侧面，如图 4-21 中的 b 所示，使钩舌以钩舌销为轴转动张开，放下车钩提杆后，钩锁靠自重落下，坐在钩舌尾部上，形成全开位置。

3. 15 号车钩的受力状态及结构特点

1）15号车钩的受力状态

15号车钩在闭锁位置时，由于合理地安排了钩头、钩舌及钩舌销之间的间隙，可使钩舌销不受或较少地负担作用力，以充分发挥车钩各部分材料的抗拉强度。

15号车钩在钩舌和钩锁腔内铸有牵引凸缘和冲击凸缘，没有护销凸缘，在长期使用中牵引凸缘产生磨耗后，受牵引时，由钩舌销、牵引凸缘和上、下钩耳承受牵引力，受冲击时，由上、下冲击凸缘、钩舌销和上、下钩耳共同承受冲击力。由于客车牵引的质量较小，所以，钩舌销折损也较少。其受力状态如图4-22所示。

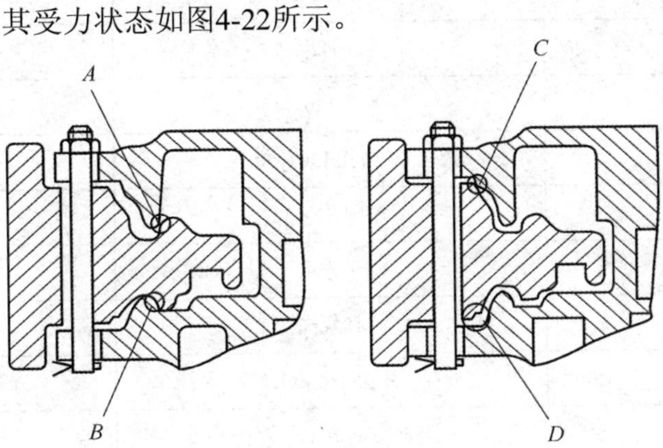

（a）牵引时受力于 A、B 处；　（b）冲击时受力于 C、D 处

图 4-22　15 号车钩的受力状态

2）15号车钩的结构特点

15号车钩结构简单，“三态”作用灵活、安全可靠；采用大钩肩，有效地保护了缓冲器；故障少，除磨耗和钩舌裂纹外，很少有其他故障。不足之处是钩头较重，加上钩身长，容易产生钩头下垂现象；钩舌上、下弯角处易产生裂纹。

4.2.2　15C 号车钩

15C 号车钩是我国客车的主型车钩。15C 号车钩用低合金铸钢代替了普通铸钢的 15 号车钩。我国双层客车使用的改进型 15 号车钩即 15C 号车钩，其抗拉强度提高到 2 250 kN 以上。15C 号车钩的钩体、钩舌和钩尾框的材质由原来 15 号车钩的 ZG230-450 改为 C 级钢；钩舌销和钩尾销改为 40Cr 制造；它的拉伸破坏强度不小于 2 256 kN（>230 t）。15 号车钩与 15C 号车钩的结构特点及主要参数性能比较如表 4-1 所示。

表 4-1　15 号车钩与 15C 号车钩的参数性能比较　（单位：mm）

车钩型号	15 号车钩	15C 号车钩
钩舌高	280	280
钩颈（宽×高）	176×130	176×130
钩尾至钩舌联接线距	1 000	1 000
钩尾至钩头台肩距离	663	663
钩身壁厚	25	25
钩耳孔形状	圆孔ϕ42	圆孔ϕ42
钩舌销直径	ϕ42	ϕ42
钩尾（宽×高）	圆弧面 130×130	圆弧面 130×130
尾销孔	长圆孔 130×50	长圆孔 130×50
钩尾销	长圆 92×32	长圆 92×32
开启方式	下作用	下作用
复原装置	摆块式	摆块式
材质	普通铸钢 ZG25	低合金钢（C 级钢）
抗拉强度	170 t	>230 t
通过半径	140 m	140 m

由表 4-1 可以看出，15C 号车钩的抗拉强度由 15 号车钩的 170 t 达到 230 t 以上，材质采用了低合金钢，而各部尺寸与 15 号车钩完全相同。因此，其作用原理、受力状态及易损部位也与 15 号车钩相同，使用时应避免混淆。

4.2.3　15 号小间隙车钩

15 号小间隙车钩采用 C 级钢（强度相当于 415-620 的低合金钢）制造。钩体、钩舌和钩尾框的材质为 QG-C3 钢，增加了钩体和钩舌强度，其最小破坏载荷可达 2 000 kN，比 15 号车钩的普碳钢（ZG230-450）提高 29%。使用 15 号小间隙钩舌后，车钩连挂间隙由原来 15 号车钩的 19.5 mm 减小到 4.5 mm，减少了 76%，极大地改善了列车纵向动力学性能，既提高了旅客乘坐的舒适度，又延长了车辆及其零部件的使用寿命。15 号小间隙车钩可与现有 15 号等型车钩连挂，其轮廓如图 4-23 所示。

15 号小间隙车钩的钩舌销用 40MnB 或 40Cr 材质制造，钩尾销采用 Q275 材质制造，钩舌销和钩尾销均进行调质处理。

15 号小间隙车钩在结构方面和作用原理等均与 15 号车钩基本相同，不同之处是改变了车钩钩头轮廓图形，缩小了两车钩连挂之间的间隙；15 号小间隙车钩与 15C 号车钩仅钩舌内、外侧弧面变化，其他部分均相同、通用。

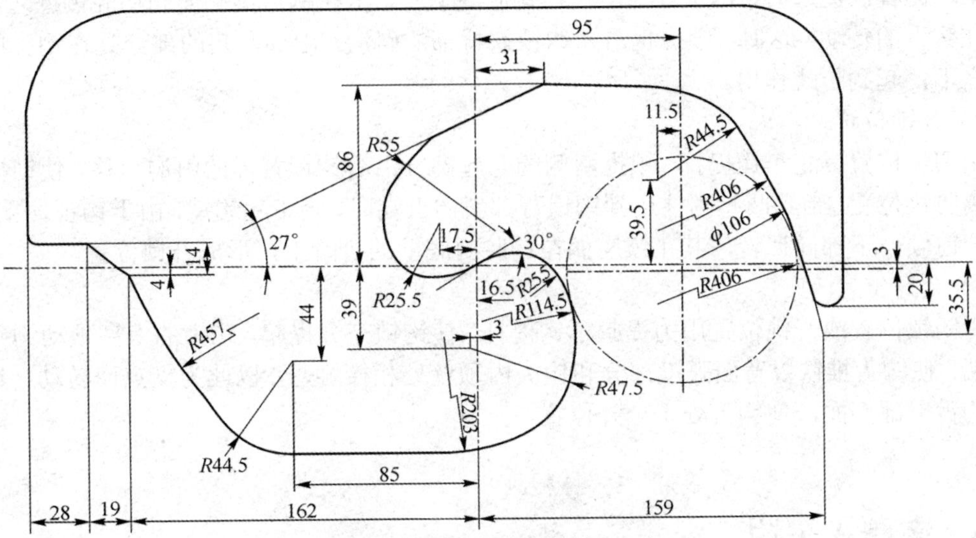

图 4-23 15 号小间隙车钩轮廓

15 号小间隙车钩钩舌的规定尺寸，即是 15 号车钩的原形尺寸。15 号小间隙车钩钩舌原形尺寸及铸造标志如图 4-24 所示。

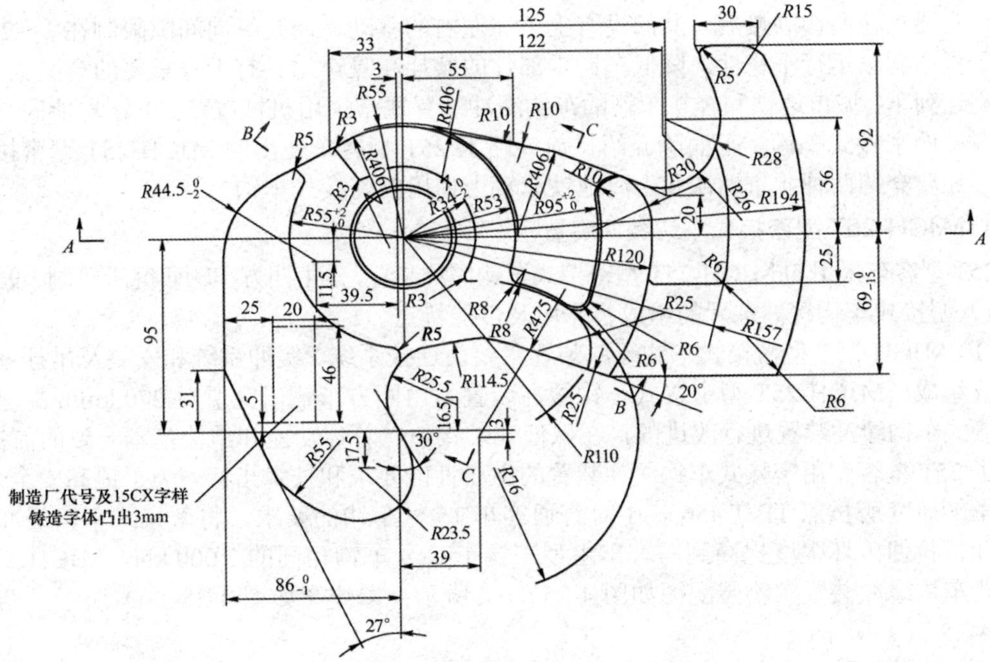

图 4-24 15 号小间隙车钩钩舌原形尺寸及铸造标志

15 号小间隙车钩也是下作用式，也具有闭锁、开锁和全开 3 种作用位置。

1）闭锁位置

车钩提杆没提起时，钩锁底部坐落在钩腔底壁上，卡在钩舌尾侧面和钩腔侧壁之间，用来挡住钩舌的转动，这时，锁提也滑入钩锁铁背部的斜沟，上部凸起的部分处在钩头内壁防跳台之下，起到防跳作用。

2）开锁位置

由闭锁位置提起车钩提杆，锁提两侧的凸起部分沿着钩锁背部的斜沟上移，使锁提凸起部脱离防跳位置，当其凸起圆柱达到钩锁背部斜沟上端时，则带起钩锁，由于钩锁偏重关系，上部向前倾，下部向后转，其止锁座搁在钩腔内底壁的台阶上，形成开锁位置。

3）全开位置

由闭锁位置或开锁位置用力提起车钩提杆，使钩锁充分提起，钩锁的上部顶动钩舌推铁的上端，使钩舌推铁以背面弧度部分和钩头内顶壁处相接触，并以此为支点而转动，其下端推动钩舌尾部侧面，使钩舌处于全开位置。

4.2.4 密接式车钩

我国目前铁路上使用的密接式车钩型号为 MJGH-25T。MJGH-25T 型密接式车钩的构造和工作原理与 15 号车钩、15C 号车钩和 15 号小间隙车钩完全不同，这种车钩属于刚性自动车钩，它要求在两钩联接后，其间没有上下和左右的移动，而且纵向间隙限制在 1～2 mm。这对于提高列车运行平稳性、降低车钩零部件的磨耗和噪声均具有十分重要的意义。

高速列车、城市地铁和轻轨车辆的车钩缓冲装置通常采用机械气路、电路均能同时实现自动联接的密接式车钩。下面除介绍目前铁路上 25T 型客车使用的 MJGH-25T 型密接式车钩外，还要介绍两种北京地铁和上海地铁车辆上使用的密接式车钩。

1. MJGH-25T 型密接式车钩缓冲装置

25T 型客车采用的 MJGH-25T 型密接式车钩缓冲装置，是由四方车辆研究所研制、设计的。

1）密接式车钩缓冲装置的组成、作用及性能特点

（1）MJGH-25T 型密接式车钩缓冲装置主要由连挂系统、缓冲系统和安装及吊挂系统三大部分组成。MJGH-25T 型密接式车钩缓冲装置是由四方车辆研究所对 270 km/h 高速列车用密接式车钩缓冲装置进行改进的，在保证安装接口、总体功能和结构基本一致的前提下，确定了 25T 型客车用密接式车钩缓冲装置的主要性能要求和技术指标。为了提高安全余量，四方车辆研究所按照 TB/T 456—91 对普通客车 15 号车钩的要求，将密接式车钩缓冲装置的设计抗拉伸破坏强度提高到与客车主型车钩 15C 号车钩相同的 2 000 kN。MJGH-25T 型密接式车钩缓冲装置实物装配图如图 4-25（a）所示；爆炸图如图 4-25（b）所示；结构图如图 4-25（c）所示。

MJGH-25T 型密接式车钩缓冲装置装配图的分解、组装顺序如下。

分解顺序：钩头—缓冲器—吊挂座—弹簧盖—复原弹簧盒—支架—钩尾销—安装座—拉杆—轴套—轴承—轴承垫圈。

组装顺序：轴承垫圈—轴承—轴套—拉杆—安装座—钩尾销—支架—复原弹簧盒—弹簧

盖—吊挂座—缓冲器—钩头。

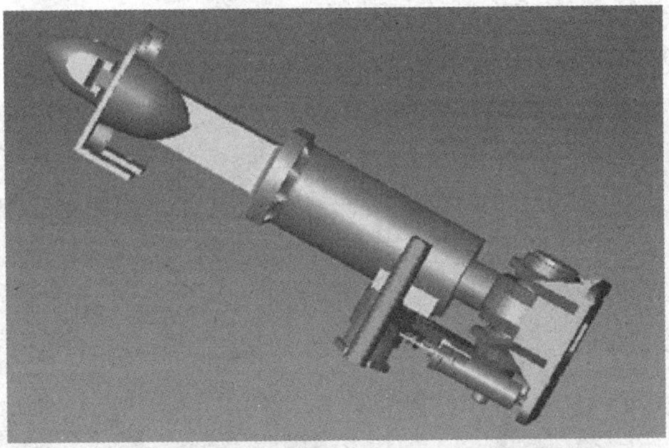

（a）MJGH-25T 型密接式车钩缓冲装置实物装配图

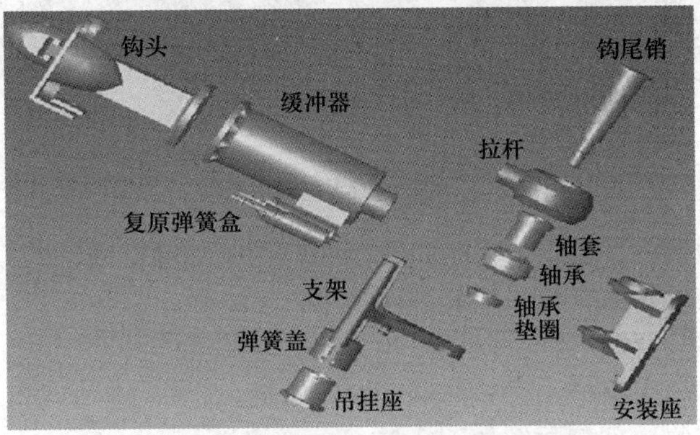

（b）MJGH-25T 型密接式车钩缓冲装置爆炸图

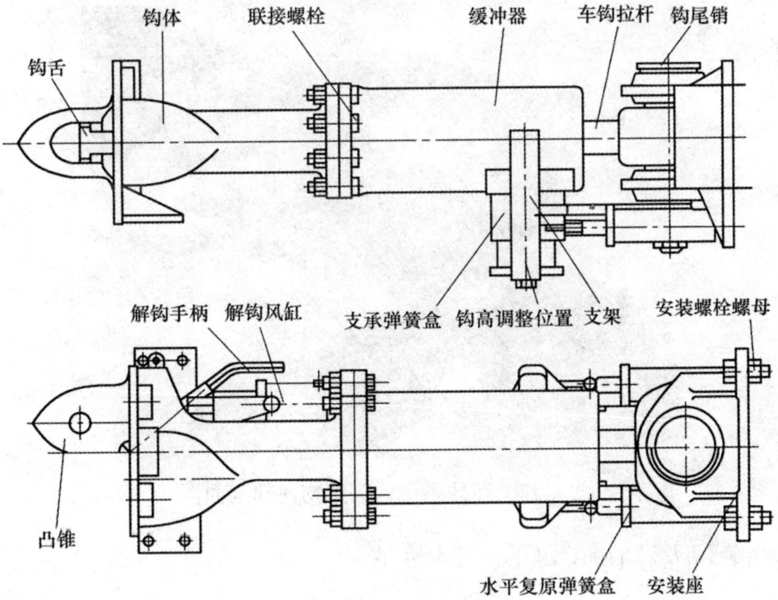

（c）　MJGH-25T 型密接式车钩缓冲装置结构图

图 4-25　MJGH-25T 型密接式车钩缓冲装置图

① 连挂系统。连挂系统的主要作用是实现车钩自动联接和分解；MJGH-25T 型密接式车钩缓冲装置连挂系统只能完成机械连挂功能。

连挂系统钩头组成实物装配图及爆炸图如图 4-26 所示。

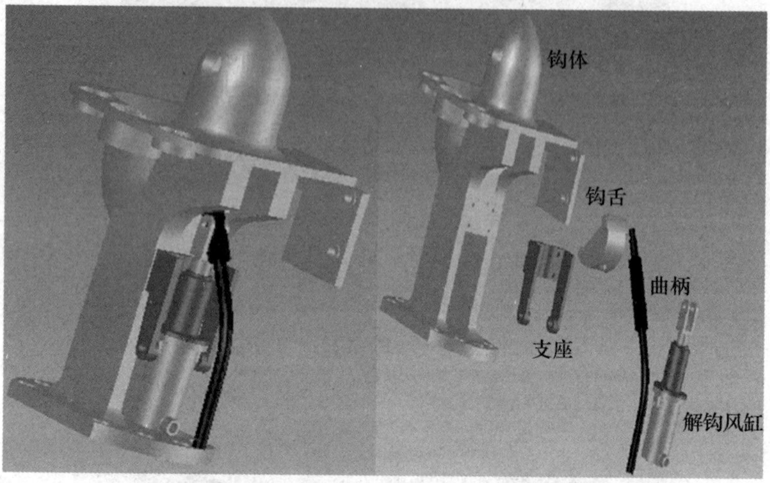

图 4-26　连挂系统钩头组成实物装配图及爆炸图

连挂系统钩头由钩体、钩舌、支座、曲柄和解钩风缸等组成。

连挂系统钩头装配图的分解、组装顺序如下。

分解顺序：钩体—解钩风缸—曲柄—钩舌—支座。

组装顺序：钩体—支座—钩舌—曲柄—解钩风缸。

连挂系统钩头实物内部剖面图如图 4-27 所示。

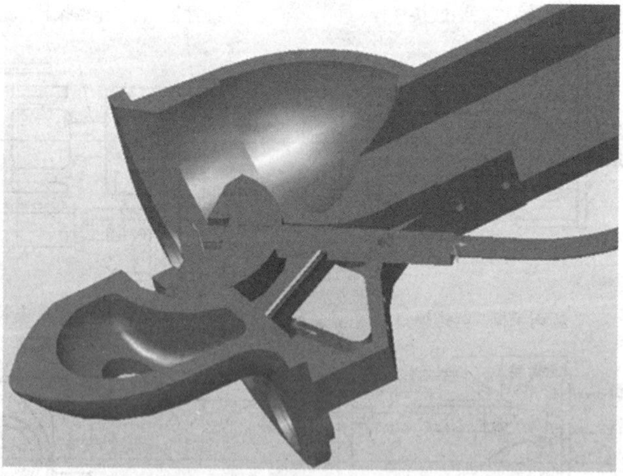

图 4-27　连挂系统钩头实物内部剖面图

两车连挂及解钩实物剖面图如图 4-28 所示。

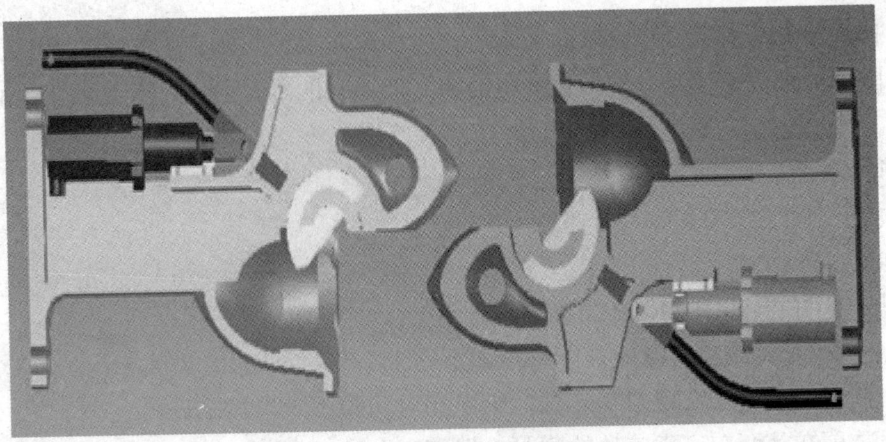

图 4-28　两车连挂及解钩实物剖面图

两车连挂时，凸锥插入对侧车钩凹锥内，凸锥内侧面压迫对方半圆钩舌沿逆时针方向转动 40°，并压缩解钩风缸弹簧。两钩联接到位后，车钩联接面相互接触，两钩钩舌在解钩风缸弹簧作用下恢复原位，车钩处于闭锁状态。

图 4-29　弹性胶泥缓冲器实物图

解钩时，由操作人员拉动解钩手柄，使钩舌逆时针方向转动40°至开锁位置，此时，两钩即可分解。

② 缓冲系统。缓冲系统在列车运行过程中起到吸收冲击能量、缓和纵向冲击和振动的作用。MJGH-25T型密接式车钩缓冲装置所用的缓冲器为弹性胶泥缓冲器。弹性胶泥缓冲器实物图如图4-29所示。

MJGH-25T型密接式车钩缓冲装置采用了如图4-29所示的弹性胶泥缓冲器。它的优点是容量大，阻抗小，结构简单，性能稳定，检修周期长达10年。

③ 安装及吊挂系统。安装及吊挂系统对整个车钩缓冲装置提供安装定位和支撑，并包含一个回转机构，保证车钩缓冲装置在各自由度方向上能产生足够的动作量，动作和复位灵活。

a）密接式车钩缓冲装置安装及吊挂系统的安装和拆卸要求如下。安装位置在车体牵引梁的专用安装座上，安装座的厚度根据具体的技术文件确定。安装前，应先用垂球检测车钩安装板的垂直度，垂直度应为90°。

- 该装置通过4个M38螺栓固定在车体对应安装座上，组装时应加弹簧垫圈、平垫圈及防松开口销。应采用测力扳手作业，紧固扭矩为800～900 N・m。
- 密接式车钩缓冲装置安装后车钩中心线高为（860±30）mm。
- 拆卸密接式车钩缓冲装置，将钩体支撑水平，拆下4个M38安装螺栓。

b）密接式车钩缓冲装置安装及吊挂系统的功能。

- 水平面内自动对中复原。
- 竖直面内支撑和自动复原。

c）安装及吊挂系统回转机构为自润滑向心关节轴承：在密接式车钩缓冲装置中尾部安

装了一套自润滑向心关节轴承，以此为中心，使车钩在水平回转、竖直旋转两个自由度方向的规定范围内能够灵活运动。改变了钩尾销和支架原有的配合关系，使支架可以相对钩尾销转动。

d）轴承主要参数如下。

- 额定载荷：2 000 kN。
- 转角：±14°。
- 型号：GEG100ET-2RS（国标系列轴承）。

（2）密接式车钩缓冲装置的性能特点如下。

① 车钩缓冲装置可实现自动连挂，纵向相对间隙不大于1.5 mm。

② 本装置在使两车可靠连挂的同时，保证列车能顺利通过现有线路所有平、竖曲线。

③ 缓冲和吸收列车运行过程中车辆之间的纵向冲击能量。

④ 解钩采用人工作业。

⑤ 密接式车钩不能直接与普通车钩连挂，如特殊情况下与装普通车钩的机车车辆连挂时，可采用配备的专用过渡车钩。

2）密接式车钩缓冲装置的主要技术指标

整体强度	≥2 000 kN
缓冲器性能参数	
初压力	≤50 kN
阻抗力	≤800 kN
容量	30 kJ
行程	73 mm
车钩连挂间隙	≤1.5 mm
水平转角	≥±17°
垂直转角	≥±4°

3）密接式车钩缓冲装置的使用

（1）列车连挂。密接式车钩缓冲装置可以实现列车自动连挂。连挂时，要求连挂速度不大于5 km / h。

（2）列车解钩。密接式车钩缓冲装置的解钩由人工完成。具体操作过程规定如下。

① 确认手柄定位销位于解钩手柄的销孔中（见图4-30位置1），不能位于钩体的销孔中（见图4-30位置2）。

② 机车向后微退，使待分解车钩处于受压状态。

③ 扳动解钩手柄至解钩位，在钩体销孔插上手柄定位销（见图4-30位置2）。然后操作人员离开操作位置。

④ 机车向前运动，将待分解车钩拉开。

⑤ 操作人员进入操作位置，拔出手柄定位销，使车钩处于待挂状态，并将定位销插回解钩手柄的销孔（见图4-30位置1）中。

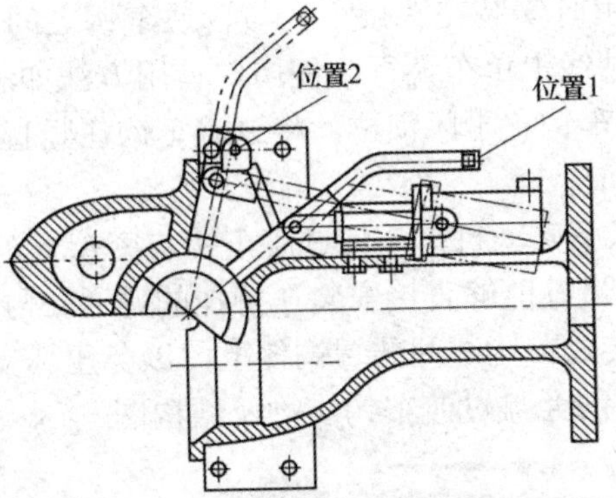

图 4-30　钩体开闭锁位置示意图

4）过渡车钩

密接式车钩缓冲装置需要与普通车钩连挂时，必须采用过渡车钩。在每列密接式车钩和15 号小间隙车钩能够互换的客车底架下部均吊有一个备品箱，随车备有一套 15 号小间隙过渡车钩、中间体过渡车钩和密接式车钩钩头，一把扭力扳手（紧固扭矩为 800～900 N· m）和 8 套 M30 的螺栓（包括螺栓、螺母、垫圈和开口销等），以方便车辆段内调车或遇紧急情况下使用。

（1）图4-31所示为中间体过渡车钩实物及结构图。

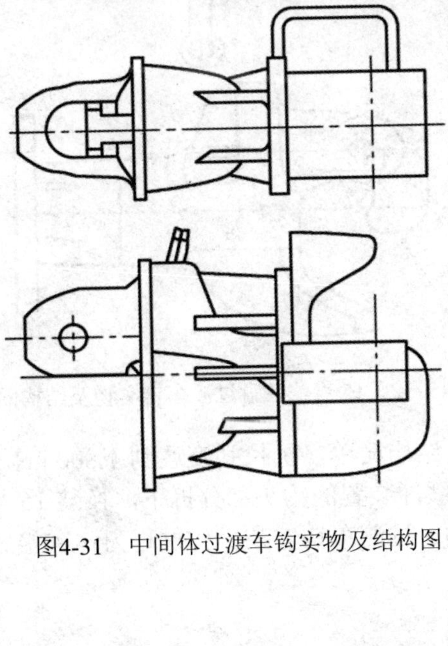

图4-31　中间体过渡车钩实物及结构图

中间体过渡车钩，使用时安装在密接车钩与普通车钩之间，运用比较方便，主要在列车解编后车辆段内倒车和站线上单车调行时使用。使用方法如下。

① 使待挂的普通15号车钩置于闭锁位，将过渡车钩在竖直面内从上到下套入15号车钩钩舌内；

② 保持速度1 km / h以下开动机车，使过渡车钩与密接式车钩缓冲装置连挂到位。

注意：中间体过渡车钩最好能够直接安装在待挂的普通15号车钩钩头上，而不允许长期安装在处于分解状态的密接式车钩缓冲装置钩体上，以免压坏支撑弹簧盒。

（2）图4-32所示为15号法兰盘过渡车钩实物及结构图。

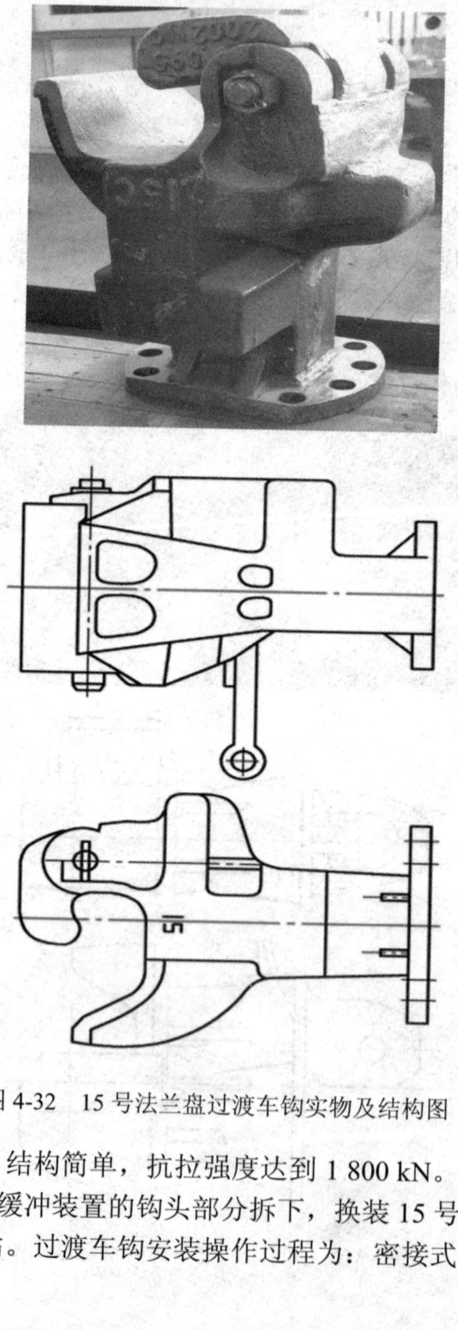

图 4-32　15 号法兰盘过渡车钩实物及结构图

15 号法兰盘过渡车钩，结构简单，抗拉强度达到 1 800 kN。当机次车辆途中故障甩车时，使用时需将密接式车钩缓冲装置的钩头部分拆下，换装 15 号法兰盘过渡车钩，列车降速至 140 km/h 运行至终点站。过渡车钩安装操作过程为：密接式车钩与缓冲器之间的组装由 8 个 M30 的螺栓完成。组装时必须加弹簧垫圈及防松开口销，应使各螺栓紧固力保持一致，采用测力扳手作业，紧固扭矩为 600～700 N • m。过渡车钩拆卸过程为：将密接式车钩与缓冲器之间的 8 个联接螺栓拆下即可分解。

2. 北京地铁车辆密接式车钩

我国北京地铁车辆所采用的密接式车钩缓冲装置是由长春客车厂研制的，它主要由密接式车钩、橡胶缓冲器、风管联接器、电器联接器和风动解钩系统等几部分组成，其结构如图 4-33 所示。

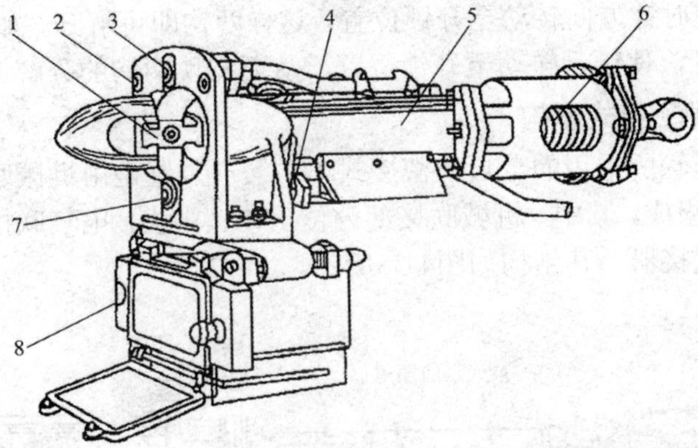

图 4-33 北京地铁车辆密接式车钩缓冲装置结构图

1—钩舌；2—解钩风管联接器；3—总风管联接器；4—截断塞门；5—钩身；6—缓冲器；7—制动风管联接器；8—电器联接器

车辆连挂时，依靠两车钩相邻钩头上的凸锥体和凹锥孔相互插入，起到紧密联接作用，同时，自动将两车之间的电路、空气管路接通，起到缓和连挂中车辆间的冲击作用。两车分解时，也可自动解钩，并自动切断车辆间的电路和空气通路。

图 4-34 所示为北京地铁车辆密接式车钩连挂与分解作用原理图。

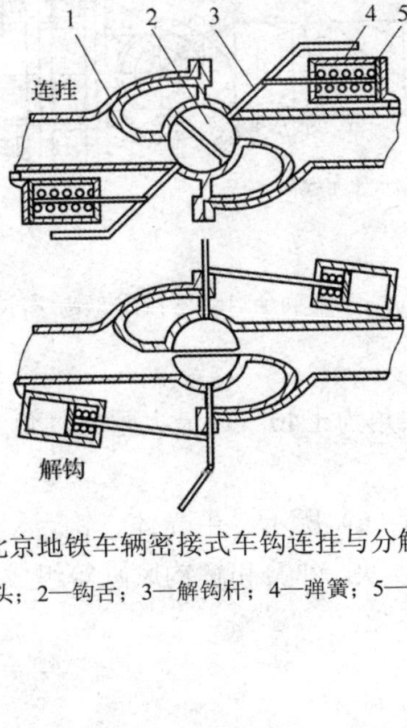

图 4-34 北京地铁车辆密接式车钩连挂与分解作用原理图

1—钩头；2—钩舌；3—解钩杆；4—弹簧；5—解钩风缸

1）两钩连挂作用原理

两钩连挂时，凸锥体插进对方相应的凹锥孔中。这时，凸锥的内侧面在前进中压迫对方的钩舌转动，使解钩风缸的弹簧受压，钩舌沿逆时针方向旋转40°。当两钩联接面相接触后，凸锥内侧面不再压迫对方的钩舌，此时，由于弹簧的作用，使钩舌沿顺时针方向旋转恢复到原来的状态，形成闭锁位置。

2）两钩分解作用原理

要使两钩分解，需要由司机操纵解钩阀，压缩空气由总风管进入前车（或后车）的解钩风缸，然后经解钩风管联接器送入相连挂的后车（或前车）解钩风缸，活塞杆向前推并带动解钩杆，使钩舌沿逆时针方向转动至开锁位置，这样两钩即可解开。如果采用手动解钩，只要用人力推动解钩杆，使钩舌转动至开锁位置，从而实现两钩的分解。

3. 上海地铁车辆密接式车钩

我国上海地铁车辆所采用的全自动密接式车钩缓冲装置是由机械联接部分、电气联接箱和气路联接器3部分组成。其中，机械联接部分位于钩头中央，电气联接箱分设在左右两侧，中心轴下方设气路联接器，其结构如图4-35所示。

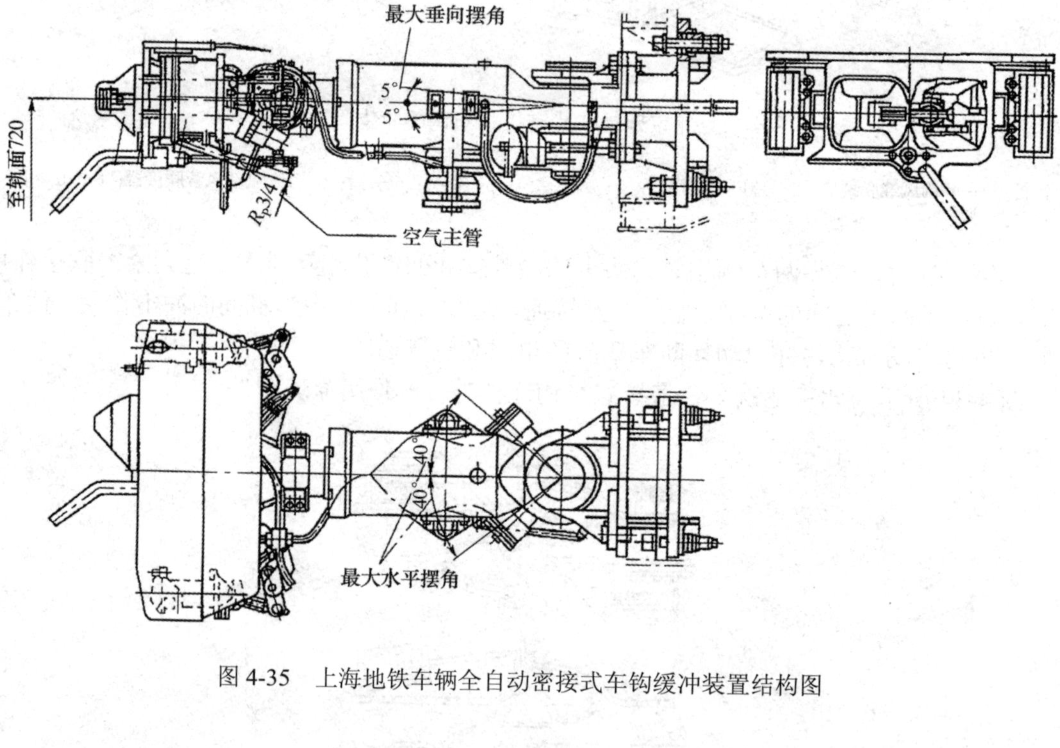

图 4-35　上海地铁车辆全自动密接式车钩缓冲装置结构图

车钩相对于车体最大水平摆角为±40°，最大垂向摆角为±5°，以满足车辆通过水平曲线和竖曲线的要求。

钩头机械联接部分如图4-36（a）所示，由壳体、钩舌、中心轴、钩锁联接杆、钩锁弹簧、钩舌定位杆、弹簧、定位杆顶块、弹簧和解钩风缸等组成。壳体的前部，一半为凸锥体，一半为凹锥孔，两钩连挂时，相邻车钩的凸锥体和凹锥孔互相插入；中心轴上固定有钩舌，钩舌绕中心轴转动可带动钩锁联接杆动作；钩舌呈不规则几何形状，设有供联接时定位和供解钩时解钩风缸活塞杆作用的凸舌，以及钩锁联接杆的定位槽、钩嘴等，是车钩实现动作的关键零部件；钩锁联接杆在钩锁弹簧拉力作用下使车钩联接可靠；钩舌定位杆上设有两个定位凸缘，使钩舌定位在待挂或解钩状态；定位杆顶块可以在联接时顶动钩舌定位杆实现两钩的闭锁。

上海地铁车辆自动车钩有待挂、闭锁和解钩3种状态，其作用原理如图4-36所示。

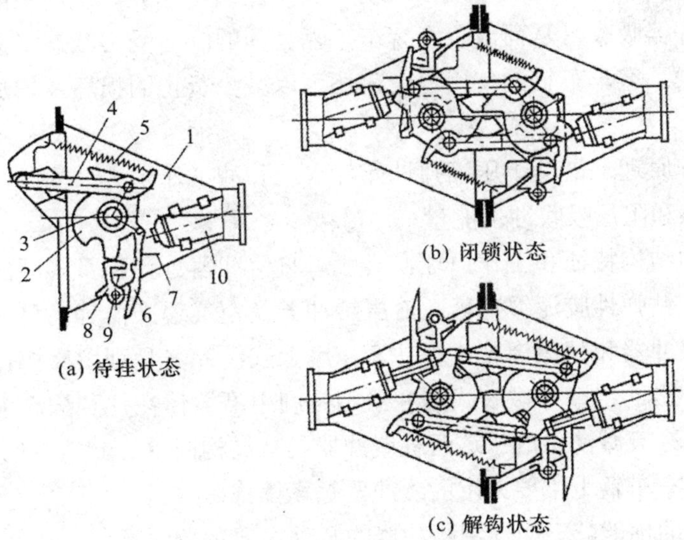

图 4-36　上海地铁自动车钩的作用原理

1—壳体；2—钩舌；3—中心轴；4—钩锁联接杆；5—钩锁弹簧；6—钩舌定位杆；7—弹簧；8—定位杆顶块；9—弹簧；10—解钩风缸

（1）待挂状态。待挂状态为车钩联接前的准备状态。此时，钩舌定位杆被固定在待挂位置，钩锁弹簧处于最大拉伸状态，钩锁联接杆退缩至凸锥体内，钩舌上的钩嘴对着钩头正前方。

（2）闭锁状态。相邻两钩的凸锥体插入对方的凹锥孔并推动定位杆顶块，定位杆顶块摆动迫使钩舌定位杆离开待挂位置，这时，钩锁弹簧的回复力使钩舌沿逆时针转动，并带动钩锁联接杆伸进相邻车钩钩舌的钩嘴，从而完成两钩的联接闭锁。这时，两钩的钩锁联接杆和钩舌形成平行四边形连杆机构，当车钩受牵拉时，拉力由两钩的钩锁联接杆均匀分担，使钩舌始终处于锁紧状态，当车钩受冲击时，压力通过两车钩壳体凸缘传递。

（3）解钩状态。司机操纵按钮，控制电磁阀使解钩风缸充气，风缸活塞杆推动钩舌沿顺时针转动，使两钩的钩锁联接杆脱离对方钩舌的钩嘴，同时，使钩锁联接杆克服钩锁弹簧的拉力缩入钩头锥体内，这时，定位杆顶块控制钩舌定位杆使钩舌处于解钩状态。

两钩分离后，解钩风缸排气，定位杆顶块由于弹簧作用复位，钩舌回至待挂位，车钩又恢复到待挂状态。

4.3 客车缓冲器

缓冲器的作用是缓和并衰减列车在启动、制动及调车作业时所产生的冲击力，这些冲击力大部分被缓冲器吸收，从而改善了客车车辆之间的纵向受力状态，提高了客车车辆运行的平稳性，延长了客车车辆的使用寿命，还可以减少货物的损坏及增加旅客旅行的舒适感。

缓冲器的工作原理是借助于压缩弹性元件来缓和冲击作用力，同时，在弹性元件变形过程中，利用摩擦和阻尼吸收冲击能量。

根据缓冲器的结构特征和工作原理，一般可将缓冲器分为弹簧式缓冲器、摩擦式缓冲器、橡胶缓冲器、粘弹性胶泥缓冲器、液压缓冲器及空气缓冲器等。目前，应用最广泛的缓冲器是摩擦式缓冲器和摩擦橡胶式缓冲器。摩擦式缓冲器是利用摩擦体在往复运动中产生的摩擦来衰减冲击的；摩擦橡胶式缓冲器则是利用摩擦体在往复运动中产生的摩擦及橡胶分子间的内摩擦来衰减冲击的。这两种缓冲器具有结构简单、制造方便、成本低的优点。目前，我国铁路客车车辆上主要采用的缓冲器是摩擦式缓冲器。

为了说明缓冲器的性能，下面介绍缓冲器的几项主要参数。

（1）行程：是指缓冲器受力后产生的最大变形量。此时，弹性元件处于全压缩状态，即使再加大外力，变形量也不再增加。

（2）最大作用力：是指缓冲器产生最大变形量时所对应的作用外力。

（3）容量：是指缓冲器在全压缩过程中，作用力在其行程上所做的功的总和。它是衡量缓冲器能量大小的主要指标，如果容量太小，当冲击力较大时，就会使缓冲器全压缩而导致车辆刚性冲击。

（4）初压力：是指缓冲器的静预压力。初压力的大小将影响列车起动加速度。

（5）能量吸收率：缓冲器在全压缩过程中，有一部分能量被阻尼所消耗，其所消耗部分的能量与缓冲器容量之比被称为能量吸收率。吸收率愈大，则表明缓冲器吸收冲击能量的能力愈大，反冲作用就愈小，否则，缓冲器必须往复工作几次才能将冲击能量消耗尽，这将导致车钩、车底架过早疲劳损伤，并且会加剧列车纵向冲动。一般要求能量吸收率不低于 70%。

15 号车钩使用的缓冲器是 1 号缓冲器，15C 号车钩使用的缓冲器是 G1 型缓冲器，15 号小间隙车钩使用的缓冲器是 KC15 弹性胶泥缓冲器，25T 型客车密接式车钩缓冲装置使用的缓冲器是弹性胶泥缓冲器。

4.3.1　1号缓冲器

1. 1号缓冲器的构造及作用

1号缓冲器是一种摩擦式缓冲器，它由前、后两部分组成。前部为螺旋弹簧，后部为内、外环弹簧，彼此以锥面相配合，两部分之间由弹簧座板分隔。具体来说，1号缓冲器是由弹簧盒、弹簧盒盖、弹簧座、圆弹簧、环弹簧及底板等组成，其结构如图4-37所示。

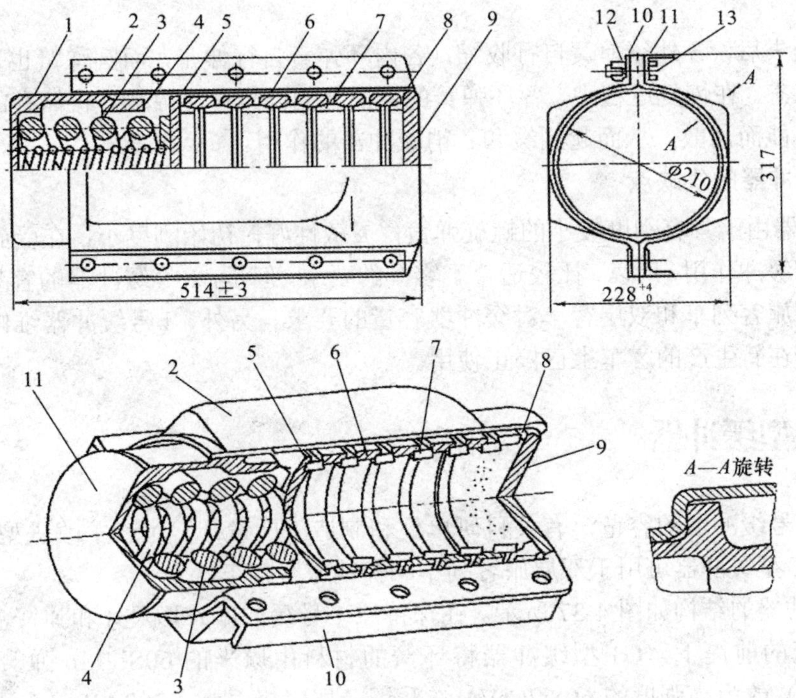

图 4-37　1 号缓冲器、G1 型缓冲器的结构

1—弹簧盒盖；2—弹簧盒；3—外圈圆簧；4—内圈圆簧；5—弹簧座；6—外环弹簧；
7—内环弹簧；8—半面内环弹簧；9—底板；10—垫铁；11—角钢；12—垫圈；13—螺栓及螺母

1号缓冲器的主要作用是：圆弹簧用来缓和冲击作用力，环弹簧两滑动斜面间的摩擦力用来消耗冲击动能，起到吸收能量的作用。

2. 1号缓冲器的结构

弹簧盒借助螺栓将两个半环状盒体连成一体，前端有一盒盖，中部有六角形凸缘，与盒盖的折缘部分卡住，从而保证盒盖受压后沿盒体方向移动，弹簧盒的后端有底板，构成一封闭的缓冲器盒。盒内前端是双卷螺旋弹簧，后端装环弹簧，共有6个外环弹簧、5个内环弹簧及两个半环弹簧，内环的外面和外环的内面都呈V形锥面，锥度为15°。组装时，要求有15 kN的初压力，以保证环弹簧锥面间的密贴配合。

3. 1 号缓冲器的作用原理

当缓冲器受冲击力作用时，弹簧盒盖向内移动，圆弹簧被压缩，因为内、外圆弹簧比较柔软，所以，可以缓和较小的冲击力。当冲击力较大，圆弹簧压缩量很大或被完全压缩时，其作用力由弹簧盒盖的弹簧套推动弹簧座，并传至环弹簧组，推动内、外环弹簧互相挤压，内、外环弹簧通过锥面接触，各外环弹簧受到内环弹簧的挤压而胀大，各内环弹簧受到外环弹簧的压缩而缩小，从而将冲击动能的一部分变成压缩与拉伸的弹性势能储存起来。同时，各内、外环弹簧的锥面之间相对移动，产生滑动摩擦，将一部分冲击动能变成热能而消散。

当外力消失后，各外环弹簧自行收缩，各内环弹簧自行伸张，而圆弹簧也自行伸长，恢复到原来的状态。在恢复过程中，各环弹簧的锥面之间同样产生摩擦，将储存的弹性势能的一部分变成热能而消散，从而起到缓和、消减冲击的作用。

4. 1 号缓冲器的优缺点

1 号缓冲器由于具有刚度较小的螺旋弹簧，灵敏性好，初始刚度小，在受到较小的冲击力时也能起到缓冲作用，所以，比较适合于客车的要求。但是，1 号缓冲器的容量仅为 14 kJ，不能满足扩编旅客列车和双层客车对缓冲器容量的要求。另外，1 号缓冲器维修工作量大，使用寿命短，在新生产的客车上已停止使用。

4.3.2 G1 型缓冲器

为提高 1 号缓冲器的容量，有关科研单位和制造工厂设计、生产了改进型缓冲器—G1 型缓冲器，G1 型缓冲器可用于双层旅客列车和扩编旅客列车。

G1 型缓冲器的结构如图 4-37 所示。在保持原 1 号缓冲器外形尺寸和弹簧盒内的内、外环簧总数不变的前提下，G1 型缓冲器将环簧的材料由原来的 60Si2Mn 弹簧钢（屈服极限 1 200 MPa）改为高强度的 60Si2CrVA 弹簧钢（屈服极限为 1 700 MPa）。适当改变环簧断面及缓冲器的结构尺寸，行程从原来的 68 mm 增加到 73 mm，最大作用力由原来的 580 kN 达到 800 kN，从而使缓冲器的容量由原来的 14 kJ 达到 18 kJ，G1 型缓冲器各项指标较 1 号缓冲器都有较大幅度的提高。

G1 型缓冲器环簧的受力较为合理，其最大的工作应力在内环簧断面。

G1 型缓冲器的构造、作用及作用原理与 1 号缓冲器相同。

4.3.3 KC15 弹性胶泥缓冲器

1. KC15 弹性胶泥缓冲器的构造

KC15 弹性胶泥缓冲器属于液压缓冲器，它是由缓冲器内筒、套筒、半环、弹性胶泥芯子、箱体及插入件等组成，其实物及结构如图 4-38 所示。

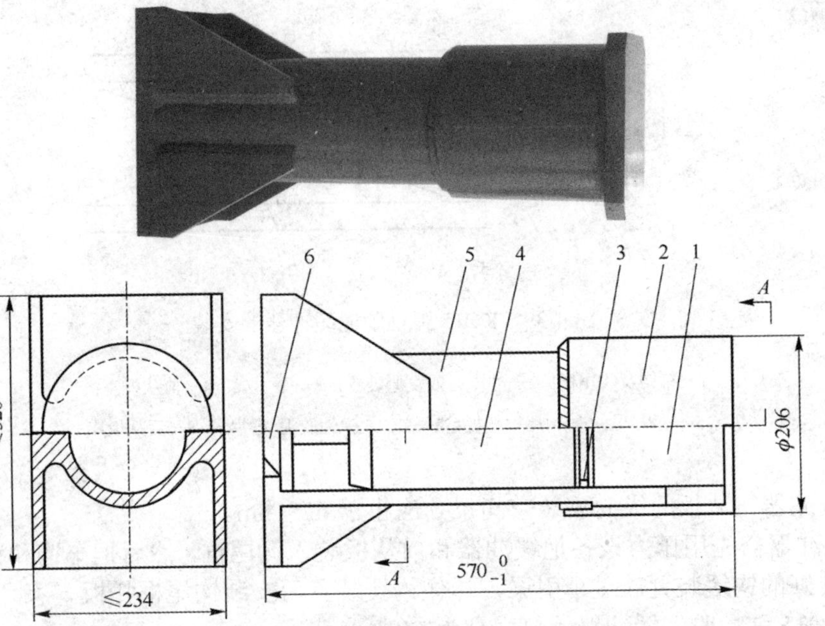

图 4-38　KC15 弹性胶泥缓冲器实物及结构图

1—缓冲器内筒；2—套筒；3—半环；4—弹性胶泥芯子；5—箱体；6—插入件

2. 主要技术指标

缓冲器行程	≤73 mm
阻抗力	≤800 kN
初压力	≤30 kN
容量	≥30 kJ
能量吸收率	≥80%

3. KC15 弹性胶泥缓冲器的结构及优点

如图 4-38 所示为 KC15 弹性胶泥缓冲器结构示意图。KC15 弹性胶泥缓冲器的初压力低，只有 20～30 kN，而现有的 G1 型客车缓冲器的初压力为 100 kN。初压力过高容易造成车钩磨耗加剧、钩尾框上跳和车钩敲击摆块等一系列问题。KC15 弹性胶泥缓冲器的容量比 G1 型客车缓冲器大 12 kJ，容量过小容易造成缓冲器压死，产生极大的车钩力，损害车体和车钩。KC15 弹性胶泥缓冲器的吸收率也比 G1 型客车缓冲器高，如果缓冲器吸收率低，则容易造成列车频繁的纵向冲动。KC15 弹性胶泥缓冲器在我国铁路客车上已经广为应用，25B 型和 25G 型客车上有少量应用，25T 型客车上与 15 号小间隙车钩配套使用的缓冲器全部都是 KC15 弹性胶泥缓冲器。

KC15 弹性胶泥缓冲器的优点是容量大，阻抗力小，体积小，质量轻，稳定性好，检修周期长达一个厂修期。

4. KC15 弹性胶泥缓冲器的安装

（1）KC15 弹性胶泥缓冲器的安装只采用前从板，KC15 弹性胶泥缓冲器的安装示意图如图 4-39 所示。

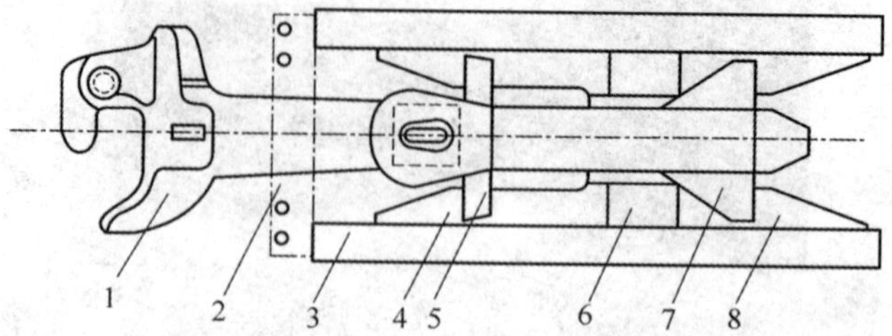

图 4-39 KC15 弹性胶泥缓冲器的安装

1—车钩及钩尾框；2—冲击座或复原装置；3—牵引梁；4—前从板座；
5—前从板；6—钩尾框托板；7—KC15 弹性胶泥缓冲器；8—后从板座

（2）缓冲器与从板的纵向安装空间尺寸应小于 625 mm。

（3）缓冲器需先用压力设备把缓冲器和前从板装入钩尾框，然后把车钩和钩尾框组装在一起，组装好的钩缓装置放进牵引梁，托住钩缓装置后安装钩尾框托板。

（4）KC15 弹性胶泥缓冲器的自由高为 570^{0}_{-1} mm。

4.3.4 弹性胶泥缓冲器

在法国、德国、波兰的高速列车、客车和货车上应用获得成功的弹性胶泥缓冲器，是近年来欧洲新开发的一种新型缓冲器，现已被纳入 UIC 标准（UIC526—1；UIC526—3），我国现在运用的 25T 型客车密接式钩缓装置所采用的缓冲器就是弹性胶泥缓冲器。

25T 型客车上使用的缓冲器全部是弹性胶泥缓冲器，其中有两种形式：一种是与密接式车钩配套使用的弹性胶泥缓冲器（缓冲系统），另一种就是我们上面所述的与 15 号小间隙车钩配套使用的 KC15 弹性胶泥缓冲器。下面我们就来学习第一种形式——与密接式车钩配套使用的弹性胶泥缓冲器。

弹性胶泥缓冲器取用一种未经硫化的有机硅化合物，称弹性胶泥作为介质，它具有弹性、可压缩性和可流动性，其物理化学性能在-50～+250 ℃范围内具有较高的稳定性，抗老化、无臭、无毒，对环境无污染。它具有固体和液体两种属性的特征，其动黏度比普通液压油大几十至几百倍，且可根据需要改变配方予以调节，因此，在液压缓冲器中十分困难的密封问题在这里变得极为简单。

弹性胶泥缓冲器的工作原理如图 4-40 所示。

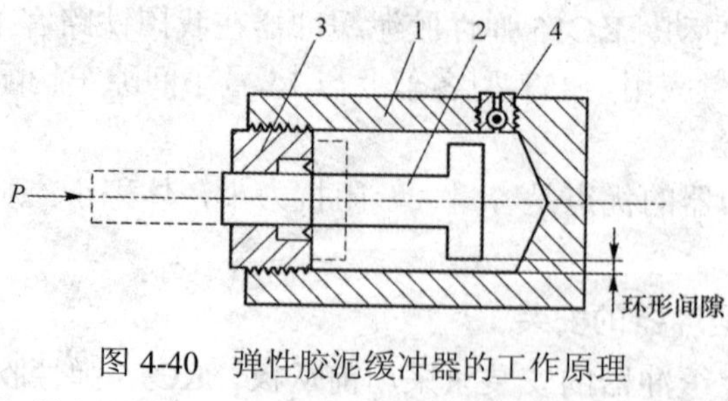

图 4-40 弹性胶泥缓冲器的工作原理

1—缓冲器壳体；2—活塞与活塞杆；3—带密封盖；4—充料阀

将弹性胶泥材料装进一个能够承受一定压力的缓冲器活塞缸体内，根据实际应用的需要增加一定的预压缩力，当弹性胶泥缓冲器活塞柱受到一定的压力（静压力或冲击力）时，活塞利用活塞缸内节流孔或节流间隙以及弹性胶泥材料本身体积被压缩后的反作用力产生一定的阻抗力。当弹性胶泥材料受到的预压缩力越大、活塞的运动速度越快，则产生的阻抗力也越大，这有利于提高缓冲器在大冲击力作用下的容量。当作用在活塞柱上的外力撤销后，缓冲器体内处于压缩状态的弹性胶泥的体积则会自行产生膨胀，将活塞推回到原始位置，在这个过程中，弹性胶泥材料以较慢的速度通过节流孔或节流间隙流回原位，实现缓冲器的回程动作。在充满弹性胶泥材料的缓冲器体内，设有带环形间隙（或节流孔）的活塞，因此，弹性胶泥材料受压缩产生阻抗力时，通过环形间隙（或节流孔）的节流作用和胶泥材料的压缩变形吸收冲击能量。由于胶泥材料的特性，冲击力越大，缓冲器的容量也随之增大。

弹性胶泥缓冲器的力—位移特性曲线呈凸形，如图 4-41 所示。

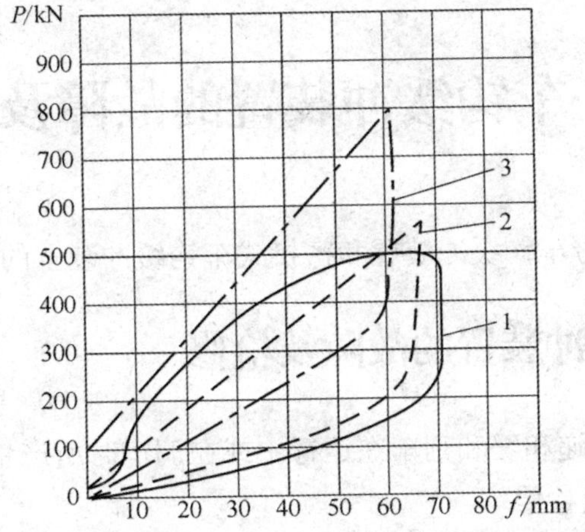

图 4-41　弹性胶泥缓冲器与摩擦式缓冲器力—位移（*P*—*f*）特性曲线

1—弹性胶泥缓冲器；2—1 号缓冲器；3—G1 型缓冲器

如图 4-41 所示，由弹性胶泥缓冲器与摩擦式缓冲器力—位移（*P*—*f*）特性曲线图可以看出，弹性胶泥缓冲器与一般摩擦式缓冲器（1 号缓冲器和 G1 型缓冲器）相比，在相同的阻抗力和行程条件下，弹性胶泥缓冲器的容量要大得多。

所以，弹性胶泥缓冲器具有容量大、阻抗力小、结构简单、性能稳定、体积小、质量轻、检修周期长的特点；据国外资料介绍，在同样容量下，可减轻重量达30%～50%，检修周期长达10年。弹性胶泥缓冲器兼有液压缓冲器和橡胶缓冲器两者的优点，同时克服了液压缓冲器制造比较复杂、密封困难及橡胶缓冲器吸收率低等缺点。由于弹性胶泥缓冲器具有其他传统缓冲器不可比拟的高技术性能，所以，迅速得到了推广，在世界上已经有十几个国家得到应用，现在依然保持着良好的发展势头。UIC标准已做出规定，参加国际联运的欧洲国家的客车需要装用弹性胶泥缓冲器。

如图 4-42 所示为密接式车钩用弹性胶泥缓冲器。

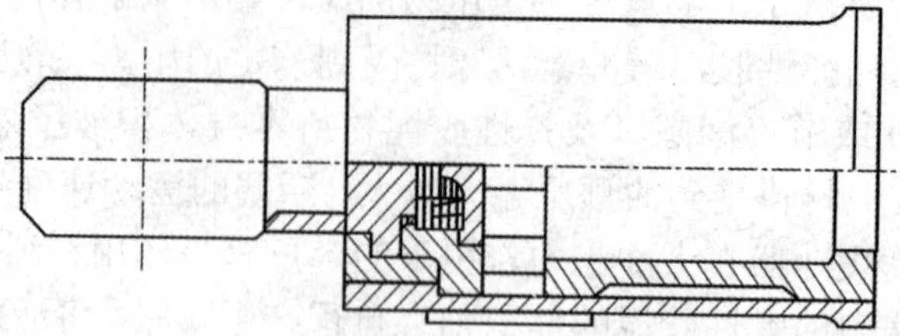

图 4-42 密接式车钩用弹性胶泥缓冲器

密接式车钩用弹性胶泥缓冲器是 25T 型客车上与密接式车钩配套使用的弹性胶泥缓冲器（缓冲系统），它的工作原理与 KC15 弹性胶泥缓冲器相同，缓冲器性能参数也与 KC15 弹性胶泥缓冲器基本一致，只是外形尺寸略有差异。

4.4 车钩缓冲装置的故障及检修

这里主要是介绍 15 号车钩缓冲装置和密接式车钩缓冲装置的故障及检修。

4.4.1 15 号车钩缓冲装置的故障及检修

车钩缓冲装置用于传递和缓和列车在运行中或在调车时所产生的牵引力和冲击力。

1. 车钩装置的故障及检修

车钩是用来传递牵引力和冲击力的，特别在调车作业中，经常受到很大的冲击力作用，致使各部分产生裂纹、变形、磨耗及三态作用不良等故障。

1）钩体故障及检修

钩体的故障主要有钩体裂纹、钩体变形和钩体磨耗。

（1）钩体裂纹。钩体裂纹一般多发生在钩头上、下牵引凸缘根部、钩耳、钩身棱角、钩尾销孔、钩头与钩身联接处前后等部位。

检修要求如下：客车车钩钩体裂纹时焊修，焊前预热，焊后热处理，但如果钩头与钩身联接线前后 50 mm 以内有横裂纹，或车钩其余部分的横裂纹超过该处宽度的 1/3 时，更换车钩。

（2）钩体变形。钩体变形主要表现为钩身弯曲、钩耳变形和钩腕外胀，其原因多是由于运行及调车作业中过大的冲击造成的，钩身弯曲过大时容易造成钩舌及钩耳裂纹，钩腕外胀严重时，将导致车钩的自动分离。

检修要求如下。

① 钩耳上、下弯曲影响组装钩舌销或三态作用时加热调修。

② 钩腕端头外胀变形影响闭锁位置时，调修、堆焊或加焊宽度60～70 mm的梯形断面钢板，钢板需有两个ϕ20 mm的塞焊孔，焊后打磨平整。测量闭锁位置时，以样板能伸过钩

舌与腕内侧距离为限。

（3）钩体磨耗。钩体磨耗是钩体与配合零部件相对摩擦的结果，磨耗部位多发生在钩耳孔及钩身下方，钩尾侧面、端面、钩锁腔侧壁及钩锁腔内防跳台处也是容易发生磨耗的位置，车钩磨耗不仅削弱了强度，而且会影响车钩的作用。

检修要求如下。

① 当客车钩耳孔磨耗过限时，必须镶3～6 mm厚表面硬度为HRC38～50的衬套。镶套后钩耳孔边缘允许有宽1 mm、深5 mm以内的间隙。

② 客车钩尾扁销孔长度磨耗超过142 mm时焊修；钩尾端面磨耗距扁销孔剩余厚度不足47 mm时焊修。

③ 客车车钩的钩身下面磨耗超过 3 mm 时焊修，焊后应加修平整。

2）钩舌故障及检修

钩舌的主要故障有裂纹和磨耗两种。裂纹多发生在钩舌内侧面的上、下弯角处、钩舌销孔、牵引凸缘及冲击凸肩等处；磨耗的主要部位是钩舌的内侧面，其次是钩舌尾部侧面（与钩锁接触面）及钩舌销孔。

检修要求如下。

① 段修时，钩舌牵引面的弯角部和上、下弯角处必须进行探伤检查。

② 钩舌内侧弯角处上、下部裂纹长度之和不超过30 mm时焊修，焊后必须进行热处理；超过30 mm时更换。

③ 钩舌牵引凸缘根部圆弧裂纹长度不超过30 mm时焊修。钩舌销孔护销凸缘部分缺损时焊补，裂纹向销孔内延伸（护销凸缘高度除外）不超过10 mm时焊修，超过10 mm时更换。护销突缘外焊修时，必须有增强焊波。

④ 钩舌内侧面磨耗剩余厚度不足68 mm时，堆焊加工。测量部位以距离钩舌上、下面距离为50 mm处为准。

⑤ 钩舌尾部和锁铁接触磨耗超过3 mm时堆焊，并加工平整。

⑥ 钩舌销孔磨耗过限时必须镶3～6 mm厚表面硬度为HRC38～50的衬套。镶套后钩舌销孔边缘允许有宽1.5 mm、深10 mm以内的间隙。

3）钩锁腔内部零部件的故障及检修

钩锁腔内部零部件主要有钩锁铁、钩舌推铁和下锁销等故障。钩头零部件在运用过程中各接触面间均产生磨耗，如钩锁铁的背部斜槽、锁脚部及与钩舌尾部的接触面；下锁销的防跳部、锁耳部；钩舌推铁的两端脚部、中间与钩头内壁相接触的部分。此外，下锁销也容易产生弯曲变形。

检修要求如下。

① 检修时，如果发现钩锁铁和钩舌推铁各部分磨耗超过 3 mm 时，可施行堆焊，并打磨平整。对于钩锁铁与钩舌尾部接触面及背部斜槽的磨耗，焊修后应磨平，恢复原形。

② 下锁销防跳部分磨耗超过 1 mm 及下锁销孔磨耗超过 2 mm 时，可施行堆焊，焊后加工磨平，恢复原形。下锁销产生弯曲变形时，可采用加热调直的方法施修，加热温度为800～850 ℃。

2. 1号缓冲器和G1型缓冲器的故障及检修

缓冲器在调车作业和运行中经常受到较大的冲击作用，致使各部分产生磨耗、裂损、弹簧变形等故障。在施行段修时，应分解、清洗、检修。

1）缓冲器分解

将缓冲器垂直立放于分解平台上，将弹簧盒盖向上对准压力机压力中心，稍加压力，卸掉螺栓和弹簧盒，撤去压力，取下弹簧盒盖、弹簧、环弹簧等配件。在分解过程中，发现内、外弹簧互相咬合在一起时，可用铁链将环弹簧捆牢，再用大锤轻轻敲击即可分解，以防弹簧飞崩，造成人身及设备事故。分解后，将环弹簧及圆弹簧放在90 ℃以上的碱水中煮洗30 min，再用清水冲洗干净，然后进行外观检查。

2）故障检修

（1）故障及故障产生原因。

① 环弹簧的裂纹及塑性变形。该故障是由于弹簧的刚度过大或过小，受较大冲击力所致，尤其是内环弹簧相对来说受力较大。当受力不均匀时，在长期使用中，其材质易产生疲劳裂纹，裂纹大多发生在锥面上，如图 4-43 所示。

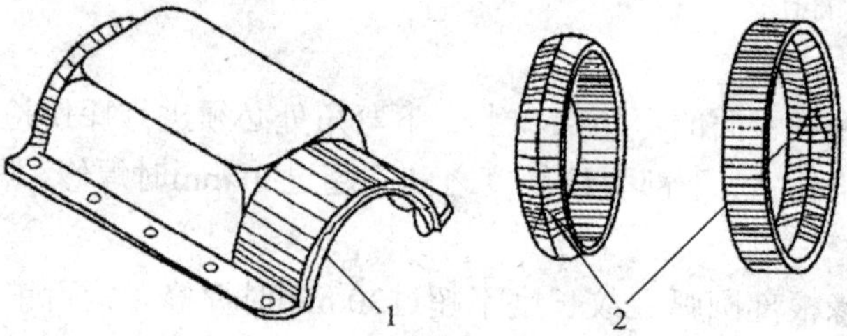

图 4-43　弹簧盒及环弹簧的裂纹

1—弹簧和底边裂纹；2—环弹簧裂纹

② 环弹簧锥面的磨耗。这是由于缓冲器受力压缩时，内、外弹簧相互挤压，并沿其锥面滑动摩擦而产生的。

③ 内、外环弹簧咬合，冲击过后不能复原，俗称“咬死”。其主要原因是环弹簧配合尺寸不正确及缓冲器内缺油造成的。在检修此类故障时，应注意用手锤轻敲，以免发生环弹簧蹦出伤人。

④ 圆弹簧衰弱、裂损。这类故障多数由于圆弹簧热处理不合要求或自由高不符合设计尺寸所致；而圆弹簧衰弱和各零部件的磨耗又易导致缓冲器的自由高不符合规定尺寸。

（2）缓冲器组装。

① 在压力机中心位置，将经检查质量合格的配件，按以下顺序垂直排放好：底板，半环弹簧，六组外环弹簧和内环弹簧组合，弹簧座，内、外圆弹簧及弹簧盒盖。

② 开动压力机，压缩缓冲器组成至规定的自由高尺寸范围。

③ 用垫铁、角铁、螺栓安装弹簧盒，并拧紧，螺栓必须加有背母或弹簧垫圈。

④ 松开压力机，测量缓冲器自由高尺寸，检查各部不得有裂纹，螺栓不松动。

⑤ 整理工具设备。

（3）缓冲器质量要求。

① 25B型及双层客车采用的G1型缓冲器不得与普通1号缓冲器换装。

② 零配件经检查合格方能组装。

③ 在组装过程中，弹簧座、盖、盒底及内、外环弹簧接触面均匀涂Ⅲ号钙基润滑脂，每一缓冲器以1 kg为宜。

④ 自由高为514^{+2}_{-3} mm。自由高不足时更换新的环弹簧（原形），或在缓冲器盒内底板（盒底）处加一块厚度不超过10 mm，直径不小于150 mm的钢垫板。

⑤ 组装前，圆弹簧、环弹簧必须经分解检修；圆弹簧、环弹簧不得用1号缓冲器的圆、环弹簧代替。

⑥ 圆弹簧按转向架圆弹簧规定检修。

⑦ 缓冲器盒尾部弯角处裂纹长度不超过30 mm时焊修，超过时截换或更换。

3. 车钩缓冲装置主要配件的故障及检修

车钩缓冲装置的主要配件有钩尾框、钩舌销和钩尾扁销等，下面分别介绍它们的故障及检修要求。

（1）钩尾框。钩尾框的主要故障是磨耗和裂纹，裂纹多发生在钩尾框弯角处及钩尾销孔周围；磨耗发生在钩尾销孔及钩尾框底部与尾框托板接触面处。

检修要求如下。

① 钩尾框横裂纹在同一断面上宽度或厚度不超过 1 / 2 时，允许焊修，超限时更换。焊修工艺与钩体裂纹的焊修相同，焊后磨平。对于锻钢钩尾框后部弯角处裂纹，焊后磨平再加焊补强板，补强板厚度为 16～18 mm，补强板长度应延过尾框后端两弯角处 100 mm 以上，如图 4-44 所示。

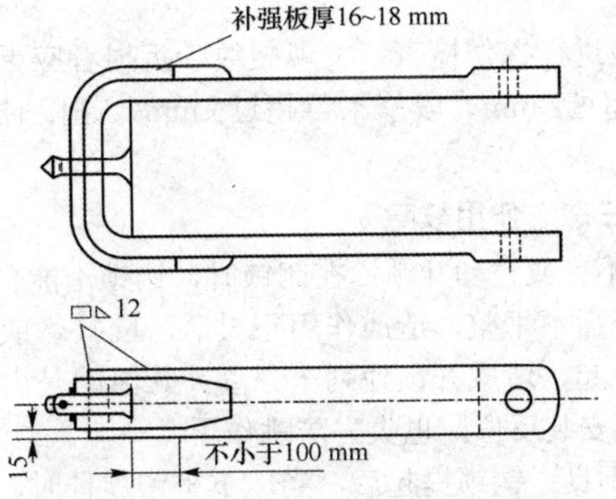

图 4-44 铸钢钩尾框补强板

② 钩尾框宽度磨耗厂修不得超过3 mm，段修不得超过4 mm；厚度磨耗厂修不得超过2 mm，段修不得超过3 mm。超限时可施行堆焊，焊后钩尾框宽度用砂轮磨平，厚度应刨削平整。

③ 钩尾框扁销孔长度磨耗超过105 mm可施行堆焊，焊后机械加工，恢复原形尺寸。钩尾框横裂纹在同一断面上宽度或厚度超过1/2时更换。

（2）钩尾销。钩舌销的主要故障是磨耗、弯曲、裂纹和折损。

钩舌销在牵引或冲击时应不受力，但由于钩舌销与钩耳孔间隙过小或钩舌尾部与钩头内部牵引凸缘磨耗失修，致使钩舌销受有较大的作用力，在强度不足的情况下将产生变形和折损。钩舌销的受力情况如图4-45所示。

车辆在运行中，钩舌销沿其长度方向承受的力是不均匀的。如图4-45所示，F_1、F_2为钩耳孔对钩舌销的作用力，F_3为钩舌销孔对钩舌销的作用合力。由于F_1、F_2作用面积较小，所以，单位面积压力较大；F_3作用面积较大，所以，单位面积压力较小，而磨耗是与单位面积压力有关的，压力愈大，磨耗愈严重，因此，F_1、F_2作用处磨耗就大。由于冲击的作用形成挤压，使钩舌销表面受到冷作硬化作用，表面硬度提高，但沿钩舌销长度方向的硬化程度是不相同的，F_1和F_2作用处的硬化层较深。而F_1、F_2是在不断改变的，当有F_1、F_2作用时，钩舌销由于摩擦、挤压，温度升高，在F_1、F_2改变和消失的瞬间，又受到运行中风的自然冷却，冷却后又在F_1、F_2作用下又进行摩擦、挤压，温度又上升，这样不断地反复作用，容易在应力集中处（F_1、F_2与F_3的交界处）形成毛细裂纹，在牵引力、冲击力的作用下，裂纹逐渐扩大，而导致钩舌销断裂。钩舌销一旦变形过大或折损就会引起脱钩事故。

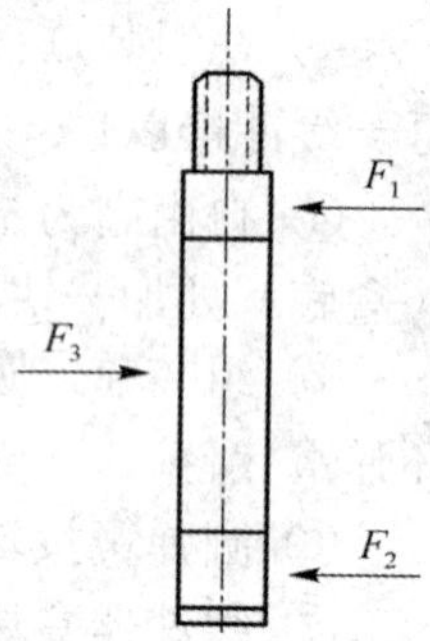

图4-45 钩舌销的受力情况

检修要求如下。

① 厂、段修中，钩舌销必须进行探伤检查，凡发现裂纹及折损者应更换。

② 钩舌销直径磨耗厂修超过2 mm、段修超过3 mm者应更换。钩舌销丝扣部分滑扣及磨耗者可以焊修，焊修时应留有1～2 mm的加工余量，焊后旋修、挑扣，恢复原形。

（3）钩尾扁销。钩尾扁销的主要损伤形式为裂纹、磨耗及折损。

检修要求如下。

钩尾扁销在检修时应进行探伤检查。发现裂纹、折损者应更换，不准焊修。钩尾扁销两侧磨耗之和厂修不得超过2 mm、段修不得超过3 mm，超限时可施行堆焊，焊后加修至原形。

4. 15号车钩车钩“三态”作用故障

（1）闭锁位置作用不良或自动开锁：在闭锁时，钩锁不能自动充分落下，其原因是钩舌尾部与钩锁接触面焊修后不平整，造成作用不灵活，应打磨或更换钩舌或钩锁。在运行中因振动易使钩锁自动跳起，造成开锁使列车分离，其原因是由于下锁销上防跳止端磨耗而失去防跳作用。下锁销安装反位，也失去防跳作用。

（2）开锁位置作用不良：钩锁提起后，当放下车钩提杆时，又自动落下，其原因是钩锁腿弯曲，开锁坐锁面磨耗或钩锁腔开锁坐锁面磨耗，致使钩锁无法坐在相应位置，产生自动落锁。

（3）全开位置作用不良：当钩舌推铁有弯曲变形，两端磨耗过甚时，易造成钩舌达不到全开位置。

5. 运用中车钩缓冲装置故障及防范措施

1）车钩和钩尾框断裂

车钩、钩尾框产生磨耗、变形、裂纹的数量增多，检修的工作量也随之增多。检修工作中存在的下列问题，将会导致车钩、钩尾框带伤工作，继而造成分离事故。

（1）检修工艺装备落后，检修人员操作不当。如钩舌、钩尾框焊修后正火处理未能严格控制温度及保温时间，大多是随炉冷却；有的多次加热，造成过烧脱碳；对钩体、钩尾框的局部正火处理达不到规定要求等原因，降低了车钩强度。

（2）钩舌和钩尾框的电磁探伤工作较为落后。钩尾框锈皮较多，弯角处除锈困难，降低了电磁探伤的识别能力。探伤设备落后，周围环境差。探伤工与其他检修人员同在钩缓间工作，室内照明不足、噪声强、落尘量大、周围电焊操作等，降低了探伤仪的灵敏度和探伤工的探伤质量。

2）车钩闭锁位尺寸过限

车钩闭锁位尺寸过限，会使客车在曲线区段运行时，两车钩相互转动而脱开，导致列车分离。具体原因如下。

（1）车钩各相关部位变形严重，其中包括钩舌、钩腕的外胀变形，钩舌S曲面形状变形，钩耳及孔的上翘及下垂等。

（2）由于牵引凸缘磨耗或各部位磨耗，使钩舌、钩锁与钩锁腔内壁之间间隙增大，从而使钩舌纵向活动量增大。这种情况下，如果不装钩舌销就测量时，闭锁位尺寸超限。但装入钩舌销再测量，却有相当一部分闭锁位尺寸并不超限。以此装车使用，当遇到运行中的车钩钩舌销折断或弯曲时，会造成闭锁位尺寸突然增大。

（3）各部位磨耗变形后加修不良。如钩舌锁面、钩锁内侧面及钩锁腔内壁磨耗过限时，未按要求均匀堆焊后再加工平整，而只是简单地堆焊面积很小的一块或一行。这些都易在客车运行当中因受冲击或摩擦而脱落，造成闭锁位尺寸突然增大。

3）车钩防脱（跳）失效

（1）防脱（跳）装置不良，加修不当。

① 锁销加修不良。有的锁销顶部防脱（跳）部位施焊过多，或焊后未加工成原形，或用乙炔焊割去一小块。这样组装后的钩锁防脱（跳）作用不可靠。

② 钩舌的钩锁承台处堆焊过高，使钩锁坐入量小于45 mm；堆焊面积小，减少了钩锁与钩舌的接触面积；堆焊不均匀，外侧高、内侧低，改变了钩锁正确的坐入位置。这些情况均容易使钩锁上窜造成车钩分离。

（2）防止客车分离的措施。

① 加强对钩舌、钩尾框和钩尾销螺栓的探伤工作，成立独立的探伤间，改磁粉探伤为湿法探伤，更新探伤设备，改善探伤工作环境，提高探伤质量。

② 加强质检验收工作，严格控制车钩、钩尾框的热处理温度和保温时间，并制定合理的报废年限。

③ 加强对不安装钩舌圆销时测量闭销位尺寸的作业程序要求。

④ 严格工艺要求，对钩舌、钩锁、钩锁腔等各部位的磨耗焊后打磨平整。防脱（跳）部位焊后加工保持原形。

⑤ 对下作用式车钩装置应严格控制钩提杆与提杆座凹槽之间间隙，要求间隙不大于3 mm，保持钩提杆角度正位，使钩提杆的扁平面在座槽里呈上部向车外方向，下部向车内方向。

4.4.2 密接式车钩缓冲装置的检修

1. MJGH-25T 型密接式车钩缓冲装置的组装与分解

1）密接式车钩缓冲装置的组装要求

密接式车钩与缓冲器之间的组装由 8 个 M30 的螺栓完成。组装时必须加弹簧垫圈及防松开口销，应使各螺栓紧固力保持一致，采用测力扳手作业，紧固扭矩为 600～700 N·m。

2）密接式车钩缓冲装置的分解方法

（1）将密接式车钩与缓冲器之间的8个联接螺栓拆下即可分解。

（2）缓冲器的分解必须在压力机上进行，原则上应返厂分解维修。

（3）缓冲吊挂系统的支架可以在不拆卸车钩的情况下在现车上进行更换，具体操作步骤如下。

① 拆下水平复原弹簧盒与支架的联接轴销上的开口销，然后拆下联接轴销。

② 拆下钩尾销螺母。

③ 用千斤顶水平支撑支架，缓慢下落使支架与钩尾销脱开，下落过程中注意保持支架水平。

④ 组装过程与上述步骤③相反。

2. MJGH-25T 型密接式车钩缓冲装置的检修

MJGH-25型密接式车钩缓冲装置日常检查以目视检查为主。车钩缓冲装置随列车实行状态修，即按列车的实际运行里程确定修程。

（1）密接式车钩缓冲装置使用的轴承为自润滑免维护轴承，使用过程中，无须专门润滑或维护。

（2）正常使用 3 个月应该至少进行一次开钩、闭钩操作，检查钩舌是否转动灵活。

（3）日常运用中以目视检查为主，主要检查以下各项。

① 外观检查各零部件有裂纹时更换。

② M38螺栓或M30螺栓松动时，用测力扳手紧固、补足力矩。

③ 联接面间隙异常时，应分解车钩，检查钩舌开闭情况，如车钩解钩手柄不正确，应重新联接。

④ A1级、A2级检修时需分解编组，按以下要求检修。

车钩必须分解检查并清洗，其分解顺序如图4-46所示。

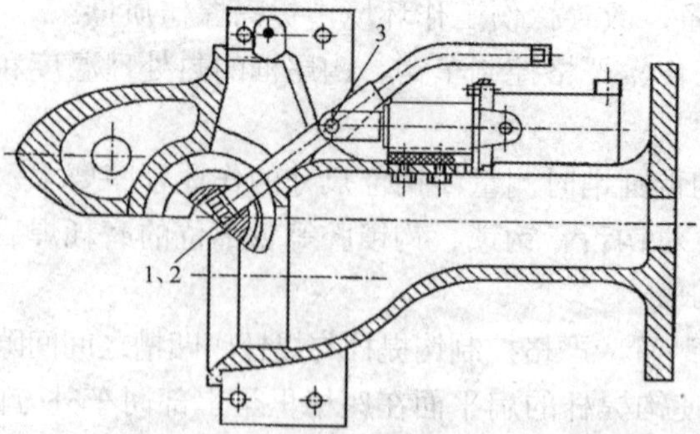

图4-46 密接式车钩分解顺序

1—螺母；2—垫圈；3—销轴

操作过程如下。

a）拉动解钩手柄，检查解钩风缸动作是否正常。

b）拆卸轴销，将解钩风缸转动到钩体外侧。

c）拆卸螺母和垫圈，取出解钩手柄。

d）在钩舌槽中顺时针转动钩舌，直至可以取出钩舌。

e）用压缩空气和干净皮革片清洗钩体腔内和钩舌积尘。

f）在钩体腔内壁、钩舌指定位置按要求涂指定润滑剂。

g）将钩舌沿逆时针转入钩体，解钩手柄插入钩舌，安装垫圈和螺母并紧固。

h）摆正解钩风缸位置，用轴销将解钩手柄与风缸活塞杆固定。整个分解清洗过程可以在车上进行。清洗完毕后开钩两次，解钩及复原动作必须正常。

⑤ A3 级检修时，除按 A1 级、A2 级检修的内容对车钩进行分解检修外，还需更接橡胶密封件。

⑥ A4 级检修时，必须对车钩和缓冲器进行分解检修并更换密封件和紧固件。此项检修原则上应返厂进行（缓冲器分解和组装需专用设备）。

3. KC15 弹性胶泥缓冲器维护检修

1）KCl5 弹性胶泥缓冲器的 A1 级检修

A1级检修是安全检修，即周期为运行20万千米（±2万千米），或运行不足20万千米但距上次A1级以上各修程时间超过1年者。根据《25K型客车检修规程》和《新型160 km / h速度级客车技术规范》的有关规定，缓冲器在A1级检修时免检修。

2）KC15 弹性胶泥缓冲器的 A2 级检修

A2级检修是运行40万千米的段修，周期为运行40万千米（±10万千米），或运行不足40万千米但距上次A2级以上各修程时问超过两年者。根据《25K 型客车检修规程》和《新型160 km / h速度级客车技术规范》的有关规定，缓冲器在A2级检修时免检修。

3）KC15弹性胶泥缓冲器的A3级检修

A3级检修是运行80万千米的段修，周期为运行80万千米（±10万千米），或运行不足80万千米但已做过一次A2级检修，距上次A2级检修程超过两年者。根据《25K型客车检修规程》和《新型160 km / h速度级客车技术规范》的有关规定，缓冲器在A3级检修时免检修。

4）KC15 弹性胶泥缓冲器的 A4 级检修

A4级检修是指运行超过240万千米（±40万千米）或距新造或上次A4级检修程超过10年者。A4级检修时要对缓冲器进行检修。A4级检修时缓冲要返回制造厂检修。

4.5　车钩高度调整方法

车钩高度的要求：车钩高度是指车钩中心线距轨面的高度，车钩的标准高度为 890 mm。运用中客车最低钩高不得小于 830 mm，两联接车钩高度差不得大于 75 mm。

影响车钩高度的因素主要有：更换轮对时轮径的大小；摇枕弹簧、心盘垫板；心盘磨耗后加修或下心盘与摇枕一体式在更换心盘内的磨耗板时；更换轴箱上垫板；钩身弯曲调修后或钩身下部磨耗经加修后；车钩托梁弯曲调直以及更换磨耗板等。它们都直接影响车钩高度的变化。

车辆各部配件在运用中不可避免地会产生磨耗和变形，车钩的高度也会因此有所降低。为了保证车钩的正确连挂，在段修时，必须将车钩高度调至要求的尺寸范围内。

4.5.1 15号车钩高度的调整方法

车钩高度的调整方法很多，而车钩高度调整的一般方法是在心盘、摇枕弹簧和钩身等部位增（减）垫板的厚度，或者更换轮对等。由于上心盘中心与同位车钩钩舌内侧面的距离为定值，调整心盘垫板的厚度与车钩抬高或降低量之间是按一定比例关系变化的，所以，调整车钩高度最常用的方法是增（减）心盘垫板的厚度。

调整心盘垫板厚度的方法主要有计算法、查表法、经验法等，下面只介绍计算法和经验法。

1. 计算法

1）心盘承载客车

在调整前，需要确定几个有关的尺寸，计算简图如图4-47所示。

（1）原车钩高度 AA_1 和 BB_1。

（2）确定需要调整达到的高度，即计划车钩高度 AA_2 和 BB_2（一般以880 mm为标准）。

（3）测量该车的全长 L。

（4）测量在闭锁状态时，车钩钩舌内侧面至心盘中心线间的距离 c。

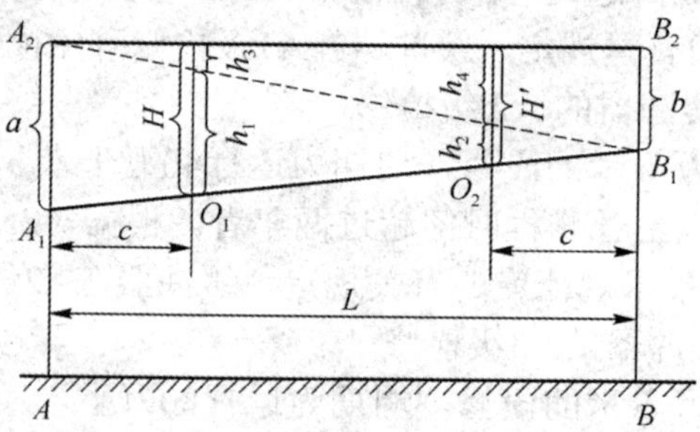

图4-47 钩高调整尺寸计算简图

由图4-47可知，调整前车钩中心连线为 A_1B_1，调整后为 A_2B_2；车钩高度需要调整为 a（A_1A_2）及 b（B_1B_2）；O_1O_2 为两心盘中心间的距离。

由三角形的相似关系可求得

$$h_1=\frac{L-C}{L}a \quad h_2=\frac{C}{L}a$$

$$h_3=\frac{C}{L}b \qquad h_4=\frac{L-C}{L}b$$

$$H=h_1+h_3=\frac{L-C}{L}a+\frac{C}{L}b$$

$$H'=h_2+h_4=\frac{C}{L}a+\frac{L-C}{L}b$$

若已知 a、b、c、L，即可用上式算得出心盘垫厚度的调整值 H 及 H'。

如图 4-47 所示是调整前车钩高度低于标准高度的情况。如果车钩高度高于标准高度需要调低时，仍采用上述公式，但要注意将调整值 a 或 b 以负值代入公式。由此计算所得的 H 及 H'，若为正值，则为心盘垫板的增厚量；若为负值，则为心盘垫板的减薄量。

心盘垫板的总厚度：上面推导出两个公式所求得的 H 及 H' 是在相关零部件未更换、修理的情况下，心盘垫板厚度的增（减）值，同时，也是在车辆原有心盘垫板厚度的基础上，心盘垫板厚度的增（减）值。

综合上述方法可以求出心盘垫板总厚度的计算公式如下。

$$H_{总}=H_{原}+H（或H'）+\frac{D_{原}-D_{新}}{2}-\beta$$

式中：$H_{总}$——心盘垫板的总厚度；

$H_{原}$——车辆原心盘垫板厚度；

$D_{原}$——原车轮直径；

$D_{新}$——新换车轮直径；

β——其他相关零部件使车钩的增高量（一般可根据更换、加修的零部件进行估算）。

例 4-1　一客车车辆全长为 26 576 mm，由心盘中心至钩舌内侧面距离为 4 288 mm。一位车钩实际高 850 mm，原心盘垫板厚度为 20 mm，轮径为 885 mm。二位车钩实际高度为 860 mm，原心盘垫板厚度为 10 mm，轮径为 875 mm。一、二位新换车轮轮径为 915 mm，其他部件对钩高影响不计，要求两端均调整到 880 mm。分别求一、二位心盘垫板总厚度。

解：　已知 L=26 576 mm，C=4 288 mm，a=880−850=30 mm，b=880−860=20 mm，$H_{原1}$=20 mm，$D_{原1}$=885 mm，$H_{原2}$=10 mm，$D_{原2}$=875 mm，$D_{新1}=D_{新2}$=915 mm，β忽略不计（即 β=0）。

由公式计算一位心盘应加垫板厚度 H、二位心盘应加垫板厚度 H' 分别为

$$H=h_1+h_3=\frac{L-C}{L}a+\frac{C}{L}b=\frac{26\,576-4\,288}{26\,576}\times30+\frac{4\,288}{26\,576}\times20=25.2+3.2=28.4\text{（mm）}$$

$$H'=h_2+h_4=\frac{C}{L}a+\frac{L-C}{L}b=\frac{4\,288}{26\,576}\times30+\frac{26\,576-4\,288}{26\,576}\times20=4.8+16.8=21.6\text{（mm）}$$

一位心盘垫板总厚度 $H_{总1}$、二位心盘垫板总厚度 $H_{总2}$ 分别为

$$H_{总1}=H_{原1}+H+\frac{D_{原1}-D_{新1}}{2}-\beta=20+28.4+\frac{885-915}{2}-0=33.4\text{（mm）}$$

$$H_{总2}=H_{原2}+H'+\frac{D_{原2}-D_{新2}}{2}-\beta=10+21.6+\frac{875-915}{2}-0=11.6\text{（mm）}$$

一、二位心盘垫板的总厚度分别是 33.4 mm 和 11.6 mm。由于二位心盘垫板总厚度不足 12 mm，必须换用铁垫板。

2）旁承承载客车

装有空气弹簧转向架的客车均为旁承承载客车，旁承承载客车车钩高度调整主要采用增减旁承垫板的方法完成。

在调整前，需要确定几个有关的尺寸，计算简图如图 4-48 所示。

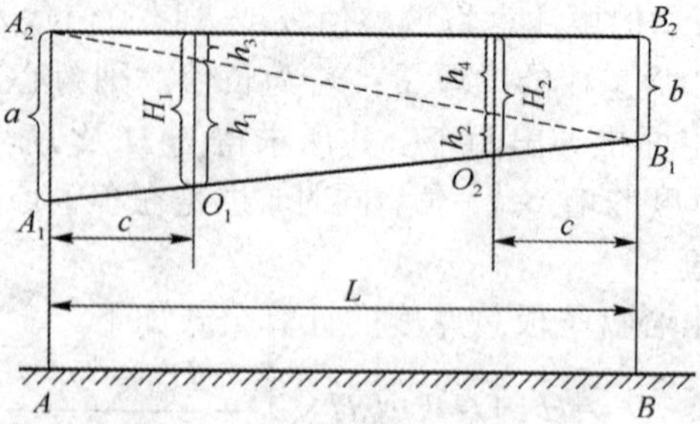

图 4-48 钩高调整尺寸计算简图

（1）确定需要调整达到的高度，即计划车钩高度 AA_2 和 BB_2。

（2）测量该车的全长 L。

（3）测量在闭锁状态时，车钩钩舌内侧面至旁承中心线间的距离 c。

具体步骤如下。

（1）计算原一、二位车钩的钩高 AA_1、BB_1。

排净空气弹簧系统内的剩余空气，使系统内没有余风，然后测量 4 个空气弹簧的高度 k_1、k_2、k_3、k_4，测量此时两端车钩高度 h_1'、h_2'，用公式计算出原车钩高度 AA_1、BB_1 为：

$$AA_1 = h_1' + k - \frac{k_1 + k_2}{2}$$

$$BB_1 = h_2' + k - \frac{k_3 + k_4}{2}$$

其中，k 为空气弹簧充气后的高度。

CW-2 型，k=150 mm；206KP、SW-160 型，k=200 mm。

（2）测量一、二位转向架原车轮半径的平均值 R_1、R_2 及原旁承垫板厚度 $H_{垫1}$、$H_{垫2}$。

根据所配车轮的半径平均值 R_1'、R_2'，算出与修车前旁承垫板面高相等所需要的旁承垫板厚度 $H_{垫1}'$、$H_{垫2}'$。

$$H_{垫1}' = R_1 + H_{垫1} - R_1'$$

$$H_{垫2}' = R_2 + H_{垫2} - R_2'$$

（3）将原车钩高度调整至计划钩高 AA_2、BB_2，需增加的旁承垫板厚度（负值为减少）H_1、H_2。

从图 4-48 中可知，调整前车钩中心线联接线为 A_1B_1，调整后为 A_2B_2；车钩高度需要调整量为 a（A_1A_2）和 b（B_1B_2）；O_1O_2 为两旁承中心间的距离。

有三角形的相似关系可求得

$$h_1 = \frac{L-C}{L}a, h_2 = \frac{C}{L}a, h_3 = \frac{C}{L}b, h_4 = \frac{L-C}{L}b$$

$$H_1 = h_1 + h_3 = \frac{L-C}{L}a + \frac{C}{L}b$$

$$H_2 = h_2 + h_4 = \frac{C}{L}a + \frac{L-C}{L}b$$

$$A = AA_2 - AA_1$$

$$B = BB_2 - BB_1$$

若已知 a、b、c、L，即可用上式算得一、二位旁承垫板厚度的调整值 H_1 和 H_2。

（4）计算旁承垫板的总厚度 $H_{总1}$、$H_{总2}$。

上面推导出两个公式所求得的 H_1、H_2，是在相关零部件未更换、修理的情况下，旁承垫板的增（减）值，综合其他因素计算旁承垫板的总厚度为：

$$H_{总1} = H'_{垫1} + H_1 = R_1 + H_{垫1} - R'_1 + H_1$$

$$H_{总2} = H'_{垫2} + H_2 = R_2 + H_{垫2} - R'_2 + H_2$$

式中：$H_{总1}$、$H_{总2}$——旁承垫板的总厚度，现场中根据以上计算结果取相近的实际单块垫板厚度 5mm 的整数倍数值即可；

$H_{垫1}$、$H_{垫2}$——原旁承垫板厚度；

R_1、R_2——原一、二位转向架车轮半径的平均值；

R'_1、R'_2——新换一、二位转向架车轮半径的平均值。

2. 经验法

调整前需确定下列数据：

（1）原来车钩高度（需考虑车钩托梁上有无垫板、螺栓是否松动等影响车钩高度的因素）。

（2）原旁承间隙（用专用塞尺测量）。

（3）原来的心盘垫板厚度及旁承垫板厚度。

（4）原来的车轮直径（用车轮直径检查器测量）。

（5）新换的车轮直径。

（6）确定计划调整车钩高度。

因实际经验法是假设将心盘移到车钩处，直接求得心盘加（减）垫板厚度，并考虑到还有其他因素使车钩高度提高少许；因此，计划钩高应接近标准车钩高度的下限。

增、减心盘垫板厚度按下列公式计算。

$$心盘垫板应增厚度=计划钩高-\left(原钩高+\frac{新换车轮直径-原车轮直径}{2}\right)$$

计算得出结果，正值为加垫板厚度，负值为减垫板厚度。

增、减旁承垫板厚度按下列公式计算。

旁承垫板应增厚度=原旁承游间+心盘垫板厚度-计划游间

计算得出结果，正值为旁承游间加垫板厚度，负值为旁承游间减垫板厚度。

例 4-2　一辆 25 型客车，一位原钩高为 852 mm，二位原钩高为 855 mm，原一位心盘垫板为 20 mm，二位心盘垫板为 25 mm，一位转向架原车轮直径平均为 870 mm，二位转向架原车轮直径平均为 860 mm，一位转向架新换车轮直径平均为 884 mm，二位转向架新换车轮直径平均为 880 mm，求一位、二位心盘垫板厚度分别是多少。

解： 一般新计划车钩高度自设为 875 mm

由公式：$心盘垫板应增厚度=计划钩高-\left(原钩高+\dfrac{新换车轮直径-原车轮直径}{2}\right)$

可得

$$一位心盘垫板应增加的厚度=875-\left(852+\frac{884-870}{2}\right)=875-859=16（mm）$$

$$二位心盘垫板应增加的厚度=875-\left(855+\frac{880-860}{2}\right)=875-865=10（mm）$$

所以

一位心盘垫板厚度为=20+16=36（mm）

一位心盘垫板厚度为=25+10=35（mm）

4.5.2 密接式车钩高度的调整方法

密接式车钩缓冲装置安装后钩高应在（880±30）mm范围内，如图4-49所示。

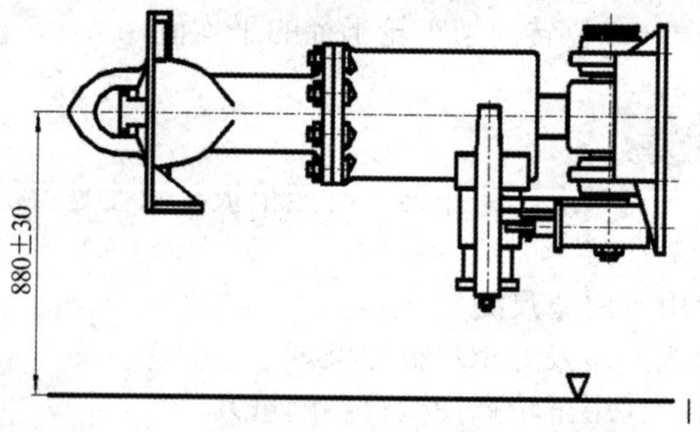

图 4-49 密接式车钩缓冲装置安装后钩高范围

测车钩缓冲装置高度时，应测量钩体凸锥顶点距轨面的垂直距离。车体上车钩安装中心线高度为880^{+10}_{-5} mm，确定车钩安装中心线高时，应测量车体底架车钩安装板上由4个安装螺栓形成的矩形的几何中心距轨面的垂直距离。

密接式车钩缓冲装置产品出厂时已经完成了钩高调整，可以保证车钩缓冲装置整体水平，在正常条件下装车后无须对密接式车钩缓冲装置的车钩高度进行调整。如果车钩缓冲装置装车后高度超过规定的范围，可以对车钩缓冲装置的高度进行调整。钩高调整是通过增加或减少吊座板与支架底板间的调整垫圈数量来实现的。调整垫圈为标准件GB / T 95—85C级平垫圈，性能等级100 HV。公称厚度为3 mm，规定厚度为2.4～3.6 mm。由于标准件厚度波动范围较大，使用前应对调整垫圈的厚度进行测量，操作过程如下。

（1）保持车钩处于连挂状态。若车钩在待挂状态，应将整个车钩缓冲器支撑水平，使支撑弹簧盒与钩体脱离，支架处于松弛状态。

（2）松开支撑弹簧盒左右两侧的4个M16螺母，拆下两个M16定位螺栓。

（3）增加或减少吊座板与支架底板之间的调整垫圈，可以增加或降低车钩缓冲装置的高度。

（4）钩高调整到规定高度范围内后，紧固2个M16螺母，固定调整垫圈和吊座板。

车钩缓冲装置高度调整范围为向上 54 mm（加上调整垫圈），向下 40 mm（撤去调整垫圈）。需要加减的调整垫圈数量按需要的调整量和调整垫圈的实际厚度计算决定。根据车钩缓冲装置的结构尺寸，调整垫圈厚度每增加或减少 1 mm，钩体凸锥顶点处的车钩高度增加或减少 4.5 mm。如果车钩缓冲装置装车后高度超过规定的范围，可以对车钩缓冲装置的高度进行调整，车钩高度调整如图 4-50 所示，通过增加或减少吊座板与支架底板间的调整垫圈数量来实现。

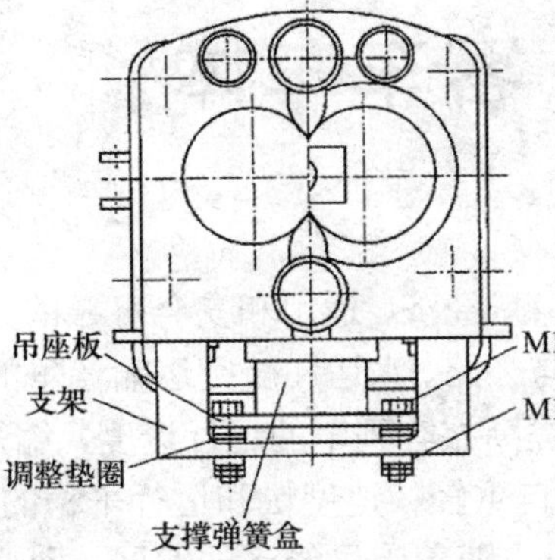

图 4-50　车钩高度调整示意图

复习思考题

1. 车钩按照牵引连挂装置的联接方式是如何划分的？
2. 车钩缓冲装置一般由哪些配件组成？
3. 简述车钩缓冲装置当车辆受牵引时作用力的传递过程。
4. 简述车钩缓冲装置当车辆受冲击时作用力的传递过程。
5. 自动车钩分为几种类型？都是什么？每个类型举出一个具体实例。
6. 举例说明我国铁路客车采用的是什么车钩。
7. 简述刚性车钩和非刚性车钩都具有哪些优点。
8. 车钩具有哪几种作用？
9. 试述 15 号车钩的“三态”作用。
10. 简述 15 号小间隙车钩缓冲装置处于牵拉状态和压缩状态作用力的传递过程。
11. 15 号车钩是怎样实现防跳作用的？
12. 一辆 25G 型客车，车辆全长是 26 600 mm，由心盘中心线至钩舌内侧面的距离为 4 050 mm，一位车钩实际高度是 850 mm，二位车钩实际高度是 860 mm，分别将两车钩调整到 880 mm。用计算法求出一、二位心盘各应加垫板厚度为多少。
13. 有一辆客车，测量原钩高均为 860 mm，测量左旁承游间 5 mm，右旁承游间 2 mm，测量原车轮直径 895 mm，新换车轮直径 905 mm，计划钩高 880 mm，计划旁承左、右游间各为 2 mm，用经验法求出各心盘垫板应增加的厚度。

第5章

客车车体

车辆的设计制造贯彻先进、成熟、经济、适用和安全可靠的方针，遵循标准化、系列化、模块化和信息化的原则。为了增强与公路、水运和航空运输竞争的能力，铁路必须保持快速、安全、节能和环保等特点，同时，提高旅客列车的运行速度，缩短旅行时间，改善乘车旅行的舒适度，保证行车安全，制造出自重轻、速度快和运行平稳的铁路客车。

回顾我国铁路客车发展的历史，随着国民经济的发展、科学技术的进步和人民生活水平的提高，铁路客车的设计制造水平也在不断提高。中国铁路客车按照铁路发展的历史，可划分为三代铁路客车。

21 型客车是新中国的第一代客车。21 型客车是我国 1953 年开始自行设计制造的，它的最高运行速度是 100 km/h，21 型客车包括硬座车、硬卧车、餐车、行李车和邮政车等，制造了约 3 000 多辆，车身短、窄、矮，座车按 2+3 布置，显得很拥挤；硬卧车设 3 层铺，中铺位置较低，下铺坐人时直不起腰来。再加上运营速度低、舒适性差等原因，被淘汰是必然的。从 1961 年开始，21 型客车就被 22 型客车取代。

22 型客车是中国铁路的第二代客车。22 型客车是我国 1956 年开始设计试制的，它的最高运行速度是 120 km/h，22 型客车包括硬座车、硬卧车、软座车、软卧车、餐车、行李车、邮政车和发电车等，至 1992 年年底共生产了约 26 000 余辆。22 型客车的车皮是深绿色的，一直生产到 1994 年。但 22 型客车车体钢结构是由普通碳钢制造的，钢结构腐蚀严重，其结构及性能满足不了时代的要求，由产品性能和技术经济指标更先进的新型 25 型客车来代替。

25 型客车是中国铁路的第三代客车。25 型客车从 1966 年开始研制，20 世纪 80 年代中期开始批量生产，1993 年定型为主型客车。25 型客车车体长为 25.5 m，车辆定距为 18 m，耐候钢制车体结构，车辆寿命可达 25～30 年。

25 型客车发展了系列产品，从车型上分为 25 型（试验型）、25A 型（空调）、25B 型（独立燃煤锅炉温水取暖、空调）、25G 型（25A 改型）、25K 型（快速）、25S 型（双层）、25Z 型（准高速）和 25T 型（提速）等。

25 型客车发展的过程是一个技术上逐渐成熟的过程，不断改善了工艺设备，引进国外先进技术和样车，这些均为 25 型客车的设计、制造提供了成熟的技术及可借鉴的经验。

25 型客车是我国现在使用的主型客车，客车车体主要是车辆供乘坐旅客的部分。我们在了解客车发展历史的同时，重点介绍25G型和25T型客车车体，简要介绍25K型客车车体和车辆振动的一般知识。

5.1 25G型客车车体

目前，我国铁路客车总数中，数量最多的新造客车是25型客车。一般长途旅客列车中编挂的车种有硬座车、硬卧车、软卧车、餐车、行李车和邮政车等。

直流600 V集中供电YZ_{25G}型空调硬座车、YW_{25G}型空调硬卧车、RW_{25G}型空调软卧车和CA_{25G}型餐车是南京浦镇车辆有限公司根据铁路客车统图要求进行开发设计的，能满足25G型客车技术规范要求。

YZ_{25G}型空调硬座车、YW_{25G}型空调硬卧车、RW_{25G}型空调软卧车和CA_{25G}型餐车设计寿命均为30年，在15年内钢结构不发生挖补、截换。车辆检修周期：厂修周期为运行（240±60）万千米，或10年；段修周期为运行（60±20）万千米，或2.5年。

下面仅以25G型客车中的YZ_{25G}型空调硬座车、YW_{25G}型空调硬卧车、RW_{25G}型空调软卧车和CA_{25G}型餐车为例进行介绍。

5.1.1 YZ_{25G}型空调硬座车

1. YZ_{25G}型空调硬座车主要技术特性

YZ_{25G}型空调硬座车的主要技术特性如表5-1所示。

表5-1 YZ_{25G}型空调硬座车的主要技术特性

项目		数值
1. 两车钩联接线间距离/mm		26 576
2. 车体长度/mm		25 500
3. 车体宽度/mm		3 105
4. 车顶距轨面高度（自重下）/mm		4 433
5. 车钩中心线距轨面高度（空车时）/mm		880^{+10}_{-5}
6. 通过台渡板面距轨面高度/mm		1 333
7. 车辆定距/mm		18 000
8. 轨距/mm		1 435
9. 最高试验速度/（km/h）		140
10. 最高运行速度/（km/h）		120
11. 通过最小曲线半径/m	车辆连挂时	145
	单车调行时	100

续 表

12. 车辆自重/t 载重/t 总重/t	约 48.8 10.5 ≈59.3
13.定员/人	118
14.转向架型式 车辆自重下心盘面高度/mm 心盘直径/mm 下旁承高/mm 两旁承中心距离/mm	209P 780 ϕ360 970 2 390
15.环境温度　限定区间 非限定区间	-20～+40℃ -40～+40℃
16.最大相对湿度	≤95%
17.线路最大坡度	≤30‰
18.适应站台高度/mm	300、500、1 250
19.平直线路上重车紧急制动距离/m 初速度为 120 km/h 时 初速度为 140 km/h 时	 ≤800 ≤1 100
20.车辆限界符合 GB 146.2—1983 的规定	
21.水箱容量/L	≥1 000
22.噪声值/dB（A） 120 km/h 时客室内	 ≤68
23.平稳性指标/W	≤2.5
24.供电方式：DC600V 集中供电方式，两路供电	

2. YZ_{25G} 型空调硬座车的平面布置

YZ_{25G} 型空调硬座车外观及平面布置如图 5-1 所示。

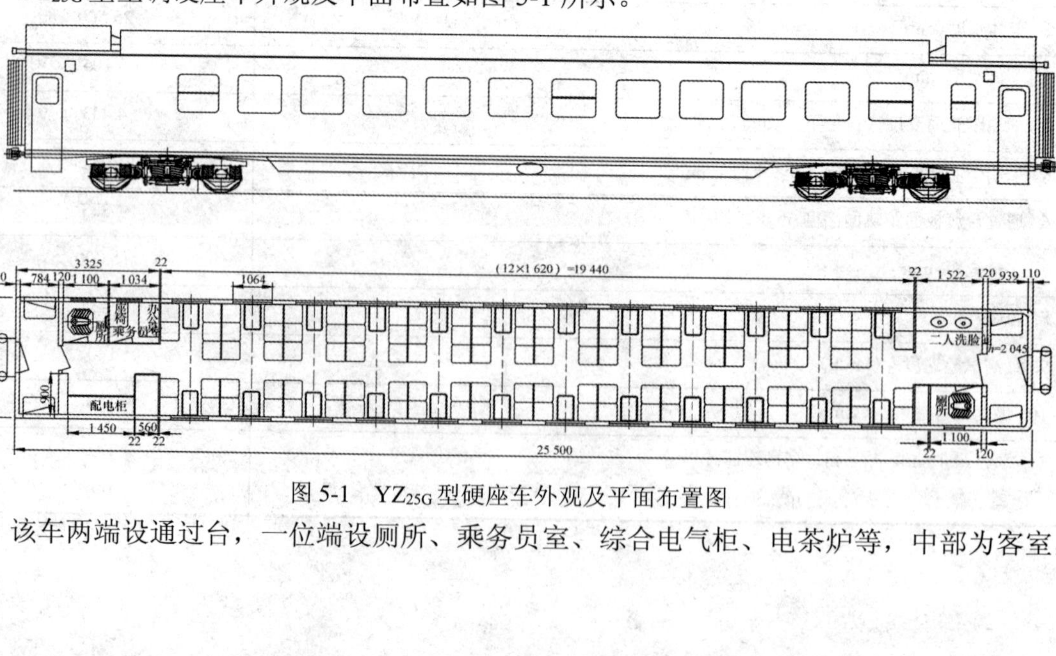

图 5-1　YZ_{25G} 型硬座车外观及平面布置图

该车两端设通过台，一位端设厕所、乘务员室、综合电气柜、电茶炉等，中部为客室，二位端设一个厕所和一个开敞式洗脸室。

（1）一、二位通过台设脚蹬门、内外端门、脚蹬、翻板和顶灯。一位通过台还设有清洁工具柜。

（2）一、二位走廊设顶灯、灭火器箱和空调回风口等。一位走廊还设综合电气控制柜、电茶炉。

（3）中部客室设座椅、茶桌、通长灯带、单元式电热器、侧向空调出风口和衣帽钩，两侧设铝合金格栅式行李架、毛巾杆、安全锤，两端间壁上设厕所有无人显示装置。客室座椅采用高回弹聚胺酯材料，乘坐舒适、牢固耐用。行李架为铝合金横格栅形式，与窗帘盒形成一体，造型大方，结构可靠，且便于行李的存放。

（4）乘务员室设板桌、座椅、安全锤、电热器、空调出风口和组合电器柜。

（5）开敞式洗脸室设不锈钢洗脸盆、角灯、梳妆台、面镜等。

（6）厕所设洗池、面镜、衣帽钩、角灯和自然通风器等。空调废排风机安装在一位角厕所内，起强迫通风作用。

3. YZ_{25G}型硬座车车体主要结构及主要技术要求

1）车体钢结构

（1）采用整体承载全钢焊接无中梁筒形结构，侧墙板采用平墙板。车体所用厚度为 6 ㎜及以下的钢板及压型件均为高强度耐候低合金钢。

（2）底架牵引梁为槽钢 30a。牵引梁下盖板宽 490 mm，厚 8 mm。枕梁为箱形结构，其上、下盖板厚分别为 6 mm 及 10 mm，宽 600 mm，腹板厚 8 mm。侧梁采用槽钢 18a，铁地板枕外为厚 2 mm 的钢板，枕内为厚 1.6 mm 的波纹地板，厕所和洗脸室部位的铁地板为不锈钢材质。底架小横梁为 50 mm×50 mm×4 mm 的压型件。底架枕梁内侧 2 m 内侧梁上各设一个顶车位。

（3）侧柱为 24 mm×70 mm×46 mm×70 mm×24 mm×2 mm 压型件。纵向梁为 2.5 mm 钢板压制，高为 22 mm。上边梁为 45 mm×90 mm×25 mm×2.5 mm 压型件，墙板无压筋，厚度为 2.5mm。

（4）车顶弯梁为帽型压制件，纵向梁为 50 mm×50 mm×3 mm 的压型角钢。中顶板和侧顶板厚度为 2 mm。空调机组座处平顶板采用不锈钢材质。

（5）车体两侧和门上设防雨檐，防雨檐与侧墙的缝隙必须密封。

（6）侧门下方设有不锈钢防滑脚蹬和翻板，一、四位角装有调车脚蹬。

（7）一、四位侧门附近各设一个侧灯架及其电源插座，一、四位角的外端墙上设登车顶用的扶梯，扶梯加装防止非工作人员攀登的防护装置。

（8）车顶钢结构落成后，墙、顶板应平整。其不平度为：车顶中部≤4 mm/m，端墙≤2.5 mm/m，侧墙≤1.5 mm/m，车顶两侧≤2 mm/m，并且不得有明显的局部凹凸不平。

（9）车体钢结构的钢材表面应进行表面预处理。

（10）保证钢结构在厂修间隔期内不发生挖补、截换等情况，其内外表面涂刷了配套的防腐底漆、“604”重防腐涂料或沥清浆、封闭断面防腐液及各种高档面漆。在厂修、段修时应用相同的油漆配套系统。

2）车体内部结构

（1）地板：地板采用厚为 20 mm 的硬木胶合板，上铺厚为 3 mm 的阻燃改进型 PVC 地板布。通过台和小走廊地板采用防腐地板。

（2）洗脸室和厕所地板采用带不锈钢便器的仿理石玻璃钢制品，地板带有便于排水的斜度。

（3）内墙板：客室和乘务员室墙板采用双面贴面胶合板封边，全车各间壁板用双面贴面胶合板。

（4）客室顶板采用模压玻璃钢，通过台和走廊平顶板采用胶合板封边。

3）车体隔热保温

（1）侧墙、车顶、地板采用厚度为 90 mm 的玻璃棉板，并在内侧加装铝箔（铝箔设在玻璃棉包装薄膜外侧）。端墙、隔墙受结构限制，厚度可适当减少。

（2）车体传热系数：客室的静置平均传热系数（K）不大于 1.16 W/（m^2・K）。

4）车门与车窗

（1）全车侧门和一、二位外端门均采用专业化厂家制造的钢制折页门。

（2）一、二位内端门采用专业化厂家制造的木制折页门。

（3）乘务员室门和厕所门为折页门，采用铝门框并装有门档装置和防夹手装置。

（4）车内各门除厕所门外均设透明玻璃窗。

（5）内部门锁采用 25 型门锁。

（6）车窗采用 25T 型统型铝合金单元式活动车窗和固定窗，规格为 550 mm 和 1 000 mm 两种。厕所车窗玻璃为磨砂玻璃，并在内侧装有防护杆及座。

5）车钩缓冲与风挡装置

（1）采用 15 号 C 级钢车钩、C 级钢钩尾框及大容量 G1 型缓冲器。钩舌销和钩尾销材质为 40 Cr，其拉伸破坏强度不得小于 2 256 kN（230 t）。大容量 G1 型缓冲器全压缩时阻力约为 784 kN（80 t），容量约为 17.65 kJ（1 800 kg・m）。

（2）车辆两端设橡胶风挡，并保证与 22 型、25 型客车的连挂。

6）转向架与制动

（1）采用 209P 型转向架。

（2）采用整体碾钢车轮，轮对做动平衡试验，不平衡值不大于 0.735 N・m（0.075 kgf・m）。采用金属迷宫式密封轴箱。

（3）空气制动装置采用 104 型空气制动装置，采用盘形制动装置。采用单风管供风，所有制动管路（转向架上金属胶管除外）采用不锈钢材质（包括截门），枕内管路采用管排整体吊装。

（4）一位通过台设有人力制动装置，一位走廊设有紧急制动阀和风表，并设列车尾部装置管路和电气装置。

（5）设有能从车上、车下操纵的缓解装置，车上缓解阀拉杆设于客室，车体两侧设制动缓解显示器。

7）采暖与空调通风装置

（1）一、二位端车顶各装有一台制冷量为 29.03 kW（25 000 kcal/h）空调机，供客室和走廊用。空调风道采用阻燃型轻质材料变截面风道，侧向送风，使整车送风均匀，并且不直接吹向旅客。客室、厕所等处下墙板上装有电热器。电加热取暖功率为 11.35 kW。

（2）采暖、空调通风能自动调节。冬季为 16～20 ℃，夏季为 22～27 ℃，分 22～25 ℃

和24～27 ℃两挡调节。

（3）四位角厕所采用自然通风器通风，一位角厕所采用废排风机强迫通风。

8）卫生给水系统

（1）车上设有两个不锈钢水箱，其总容量≥1 000 L，水箱及不锈钢水管路包有防寒材。二位端车下两侧设有防污注水口，保证车上卫生用水。

（2）厕所和洗脸室进行整体设计，采用仿理石地板，不锈钢蹲式便器，洗面柜、洗手器组成采用不锈钢件。

（3）车上一位走廊设有嵌入式电开水炉。

5.1.2 YW_{25G}型空调硬卧车

1. YW_{25G}型空调硬卧车的主要技术特性

YW_{25G}型空调硬卧车的主要技术特性如表5-2所示。

表5-2 YW_{25G}型空调硬卧车的主要技术特性

项目		数值
1.两车钩联接线间距离/mm		26 576
2.车体长度/mm		25 500
3.车体宽度/mm		3 105
4.车顶距轨面高度（自重下）/mm		4 433
5.车钩中心线距轨面高度（空车时）/mm		880^{+10}_{-5}
6.通过台渡板面距轨面高度/mm		1 333
7.车辆定距/mm		18 000
8.轨距/mm		1 435
9.最高试验速度/（km/h）		140
10.最高运行速度/（km/h）		120
11.通过最小曲线半径/m	车辆连挂时	145
	单车调行时	100
12.车辆自重/t		约47
载重/t		7.2
总重/t		≈54.2
13.定员/人		66
14.转向架型式		209P
车辆自重下心盘面高度/mm		780
心盘直径/mm		$\phi 360$
下旁承高/mm		970
两旁承中心距离/mm		2 390

续 表

15.环境温度　限定区间 　　　　　　非限定区间	−20～+40℃ −40～+40℃
16.最大相对湿度	≤95%
17.线路最大坡度	≤30‰
18.适应站台高度/mm	300、500、1 250
19.平直线路上重车紧急制动距离/m 初速度 120 km/h 时 初速度 140 km/h 时	 ≤800 ≤1 100
20.车辆限界符合 GB 146.2—1983 的规定	
21.水箱容量/L	≥1 000
22.噪声值/dB（A） 120 km/h 时客室内	 ≤68
23.平稳性指标/W	≤2.5
24.供电方式：DC600V 集中供电方式，两路供电	

2. YW_{25G} 型空调硬卧车的平面布置

YW_{25G} 型空调硬卧车外观及平面布置如图 5-2 所示。

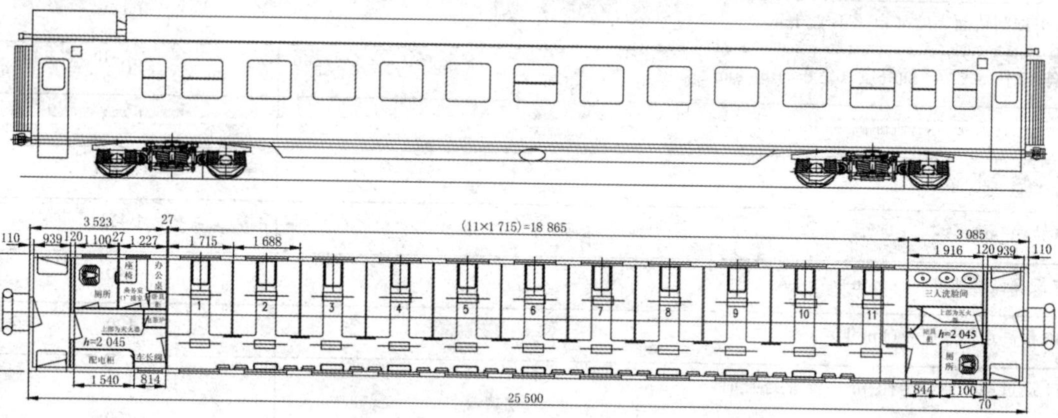

图 5-2　YW_{25G} 型空调硬卧车外观及平面布置图

该车两端设通过台，一位端设有乘务员室（播音室）、综合电气柜、电茶炉、一位厕所等，中部为敞开式卧铺间及走廊，二位端设一个厕所、一个开敞式洗脸间和组合柜等。

（1）一、二位通过台设有内外端门、脚蹬、翻板和顶灯。

（2）一位走廊设顶灯、综合电气控制柜、灭火器箱和电茶炉等。

（3）二位走廊设顶灯、灭火器箱、洁具柜箱和空调废排风口等。

（4）中部走廊设顶灯、小茶桌、安全锤、翻板凳和行李架等。一、二位走廊隔门门头上设厕所有无人显示装置。

（5）敞开式卧铺间内设卧铺、茶桌、上铺爬梯、顶灯、空调出风口和饰带板等。卧铺长度：下铺为 1 885 mm，中、上铺为 1 843 mm，铺宽为 585 mm。

（6）乘务员室设办公桌、座椅、安全锤、电热器、空调出风口和组合电器柜。

（7）开敞式洗脸室设不锈钢洗脸盆、角灯、梳妆台、面镜等。

（8）厕所设便器、洗手器、面镜、衣帽钩、角灯和自然通风器等。

3. YW_{25G}型空调硬卧车车体主要结构及主要技术要求

1）车体钢结构

（1）采用整体承载全钢焊接无中梁筒形结构，侧墙板采用平墙板。车体所用厚度为 6 mm 及以下的钢板及压型件均为高强度耐候低合金钢。

（2）底架牵引梁为槽钢 30a。牵引梁下盖板宽 490 mm，厚 8 mm。枕梁为箱形结构，其上、下盖板厚分别为 6 mm 及 10 mm，宽 600 mm，腹板厚 8 mm。侧梁采用槽钢 18a，铁地板枕外为厚为 2 mm 的钢板，枕内厚为 1.6 mm 的波纹地板，厕所和洗脸室部位的铁地板为不锈钢材质。底架小横梁为 50 mm×50 mm×4 mm 的压型件。底架枕梁内侧 2 m 内侧梁上各设一个顶车位。

（3）侧柱为 24 mm×70 mm×46 mm×70 mm×24 mm×2 mm 压型件。纵向梁为 2.5 mm 钢板压制，高为 22 mm。上边梁为 45 mm×90 mm×25 mm×2.5 mm 压型件，墙板无压筋，厚度为 2.5 mm。

（4）车顶弯梁为帽型压制件，纵向梁为 50 mm×50 mm×3 mm 的压型角钢。中顶板和侧顶板厚度为 2 mm。空调机组座处平顶板采用不锈钢材质。

（5）车体两侧和门上设防雨檐，防雨檐与侧墙的缝隙必须密封。

（6）侧门下方设有防滑脚蹬和翻板，一、四位角装有调车脚蹬。

（7）一、四位侧门附近各设一个侧灯架及其电源插座，一、四位角的外端墙上设登车顶用的扶梯，扶梯加装防止非工作人员攀登的防护装置。

（8）车顶钢结构落成后，墙、顶板应平整。其不平度为：车顶中部≤4 mm/m，端墙≤2.5 mm/m，侧墙≤1.5 mm/m 及车顶两侧≤2 mm/m，并且不得有明显的局部凹凸不平。

（9）车体钢结构的钢材表面应进行表面预处理。

（10）保证钢结构在厂修间隔期内不发生挖补、截换等情况，其内外表面涂刷了配套的防腐底漆、“604”重防腐涂料或沥清浆，封闭断面防腐液及各种高档面漆。在厂修、段修时应用相同的油漆配套系统。

2）车体内部结构

（1）地板：地板采用厚为 20 mm 的硬木胶合板，上铺厚为 3 mm 的阻燃改进型 PVC 地板布。

（2）洗脸室和厕所地板采用仿理石玻璃钢制品，地板带有便于排水的斜度。

（3）客室和乘务员室墙板采用贴面胶合板，全车各间壁板用双面贴面胶合板。

（4）客室顶板采用喷塑钢板，通过台和走廊平顶板采用胶合板。

3）车体隔热保温

（1）侧墙、车顶、地板采用厚度为 80 mm 的玻璃棉板，并在内侧加装铝箔（铝箔设在玻璃棉包装薄膜外侧）。端墙、隔墙受结构限制，厚度可适当减少。

（2）车体传热系数：客室的静置平均传热系数（K）不大于 1.16 W/（m^2·K）。

4）车门与车窗

（1）全车侧门、内外端门均采用钢质折页门。

（2）乘务员室门、厕所门和走廊隔门均为木质折页门。内部门均采用铝门框并装有门档装置。

（3）车内各门除厕所门外均设透明玻璃窗。

（4）车门门锁采用 25 型门锁。

（5）车窗采用 25T 型统型铝合金单元式活动车窗和固定窗，规格为 550 mm 和 1 000 mm 两种。厕所车窗玻璃为磨砂玻璃并在内侧装有防护杆及座。

5）车钩缓冲与风挡装置

（1）采用 15 号 C 级钢车钩、C 级钢钩尾框及大容量 G1 型缓冲器。钩舌销和钩尾销材质为 40 Cr，其拉伸破坏强度不得小于 2 256 kN（230 t）。大容量 G1 型缓冲器全压缩时阻力约为 784 kN（80 t），容量约为 17.65 kJ（1 800 kg • m）。

（2）车辆两端设橡胶风挡，并保证与 22 型、25 型客车的连挂。

6）转向架与制动

（1）采用 209P 型转向架。

（2）采用整体碾钢车轮，轮对做动平衡试验，不平衡值不大于 0.735 N •m（0.075 kgf •m）。采用金属迷宫式密封轴箱。

（3）空气制动装置采用 104 型空气制动装置，采用盘形制动装置。采用单风管供风，所有制动管路（转向架上金属胶管除外）采用不锈钢材质（包括截门），枕内管路采用管排整体吊装。

（4）一位通过台设有手制动装置，一位走廊设有紧急制动阀和风表。

（5）设有能从车上、车下操纵的缓解装置，车体两侧设制动缓解显示器。

7）采暖与空调通风装置

（1）一位端车顶装一台制冷量为 40.7 kW（35 000 kcal/h）空调机，供客室和走廊用。空调风道采用阻燃型轻质材料静压风道，顶板上设有送风口，送风大小可以进行调节。客室、厕所等处下墙板上装有电热器。电加热取暖功率为 13.4 kW（高寒车为 23.2 kW）。

（2）采暖、空调通风能自动调节。冬季为 16～24 ℃，夏季为 19.5～27.5 ℃。

（3）厕所采用自然通风器或废排风机通风。

（4）废排风机安装在二位小走廊顶上。

8）卫生给水系统

（1）车上设有一个不锈钢椭圆形水箱，其总容量≥1 000 L，水箱及水管路包有防寒材。二位端车下两侧设有防污注水口，保证车上卫生用水。水箱液位表安装在二位厕所内。

（2）厕所和洗脸室进行整体设计，采用仿理石地板，不锈钢蹲式便器，洗面柜、洗手器组成采用不锈钢材质。

（3）车上一位走廊设有嵌入式电开水炉。

（4）采用直通式便器装置，采用 JSF-Ⅲ型冲便阀。

5.1.3　RW_{25G}型空调软卧车

1. RW_{25G}型空调软卧车的主要技术特性

RW_{25G}型空调软卧车的主要技术特性如表 5-3 所示。

表 5-3　RW_{25G}型空调软卧车的主要技术特性

项目	数值
1.两车钩联接线间距离/mm	26 576
2.车体长度/mm	25 500
3.车体宽度/mm	3 105
4.车顶距轨面高度（自重下）/mm	4 433
5.车钩中心线距轨面高度（空车时）/mm	880^{+10}_{-5}
6.通过台渡板面距轨面高度/mm	1 333
7.车辆定距/mm	18 000
8.轨距/mm	1 435
9.最高试验速度/（km/h）	140
10.最高运行速度/（km/h）	120
11.通过最小曲线半径/m　车辆连挂时 单车调行时	145 100
12.车辆自重/t 载重/t 总重/t	约 48.9 4.5 ≈53.4
13.定员/人	36
14.转向架型式 车辆自重下心盘面高度/mm 心盘直径/mm 下旁承高/mm 两旁承中心距离/mm	209P 780 ϕ360 970 2 390
15.环境温度　限定区间 非限定区间	−20～+40 ℃ −40～+40 ℃
16.最大相对湿度	≤95%
17.线路最大坡度	≤30‰
18.适应站台高度/mm	300、500、1 250
19.平直线路上重车紧急制动距离/m 初速度 120 km/h 时 初速度 140 km/h 时	 ≤800 ≤1 100
20.车辆限界符合 GB 146.2—1983 的规定	
21.水箱容量/L	≥1 000
22.噪声值/dB（A） 120 km/h 时客室内	 ≤65
23.平稳性指标/W	≤2.5
24.供电方式：DC600V 集中供电方式，两路供电。	

2. RW_{25G}型空调软卧车的平面布置

RW_{25G}型空调软卧车外观及平面布置如图 5-3 所示。

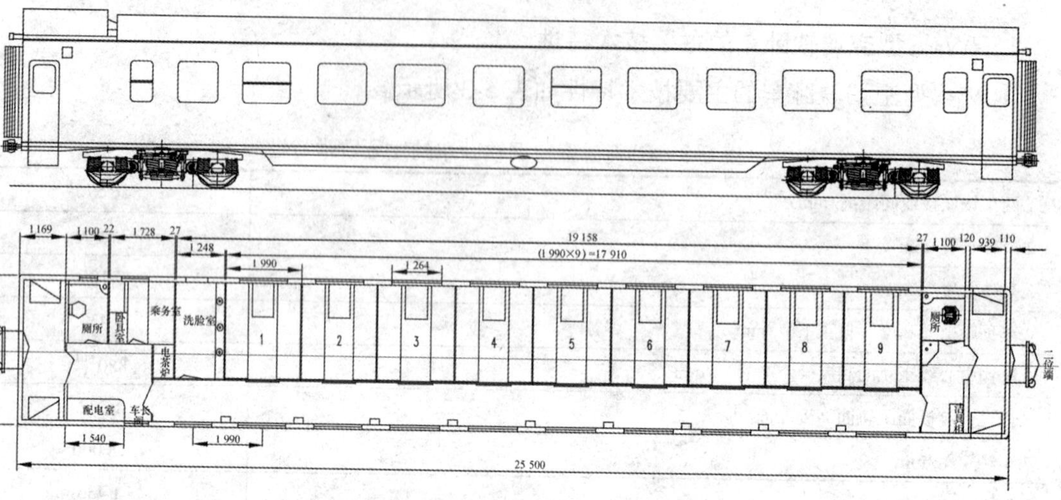

图 5-3　RW_{25G}型软卧车外观及平面布置图

该车两端设通过台，一位端设带坐式便器的厕所、乘务员室、电茶炉、洗脸室、综合电气柜和小走廊。中部为卧室包间。二位端设一个厕所、垃圾箱、洁具柜和小走廊。

（1）一、二位通过台设有钢质折页门、内外端门、脚蹬、翻板和顶灯。

（2）一位走廊设顶灯、综合电气控制柜、灭火器箱和电茶炉等。

（3）二位走廊设顶灯、垃圾箱、灭火器箱、洁具柜箱和空调废排风口等。

（4）中部走廊设顶灯、车窗扶手、书报网架、安全锤、带阻尼装置的翻板凳和窗帘盒等。窗帘盒与空调回风口形成一体，避免原走廊处回风口带来的噪声。一、二位走廊摆门门头上设厕所有无人显示装置。

（5）每个包间内设 4 个卧铺、双层茶桌、裤挂、书报网架、脚蹬、顶灯、侧向空调出风口和窗帘盒等。下铺宽为 750 mm，长度为 1 960 mm，门口处斜角 100 mm×260 mm；上铺宽度为 670 mm，长度为 1 850 mm；靠背下边距下铺高度为 260 mm，长度不小于 1 880 mm，靠背可调节角度。

（6）乘务员室设板桌、座椅、卧具柜、安全锤、电热器、空调出风口和组合电器柜等。

（7）开敞式洗脸室设不锈钢洗脸盆、角灯、梳妆台、面镜、皂液盒、纸巾盒等。

（8）一位厕所设便碗式坐式便器、便圈盒、洗池、面镜、衣帽钩、电热器、角灯和自然通风器等。

（9）二位厕所设便碗式蹲式便器、洗池、面镜、衣帽钩、电热器、角灯和自然通风器等。

3. RW_{25G}型空调软卧车车体主要结构及主要技术要求

1）车体钢结构

（1）采用整体承载全钢焊接无中梁筒形结构，侧墙采用平墙板结构。车体所用厚 6 mm 及以下的钢板和压型件均为高强度耐候低合金钢。

（2）底架牵引梁为槽钢 30b。牵引梁下盖板宽 490 mm，厚 8 mm。枕梁为箱形结构，其上、下盖板厚分别为 6 mm 及 10 mm，宽 600 mm，腹板厚 8 mm。侧梁采用槽钢 18，铁地板枕外为厚 2 mm 钢板，枕内为厚 1.6 mm 波纹地板，厕所和洗脸室部位的铁地板为不锈钢材质。底架小横梁为 50 mm×50 mm×4 mm 的压型件。底架枕梁内侧 2 m 内侧梁上各设一个顶车位。

（3）侧柱为 24 mm×70 mm×46 mm×70 mm×24 mm×2 mm 压型件。纵向梁为 2.5 mm 钢板压制，高为 22 mm。上边梁为 45 mm×90 mm×25 mm×2.5 mm 压型件，墙板无压筋，厚度为 2.5 mm。

（4）车顶弯梁为帽型压制件，纵向梁为 50 mm×50 mm×3 mm 的压型角钢。中顶板和侧顶板厚度为 2 mm。空调机组座处平顶板采用不锈钢材质。

（5）车体两侧和门上设防雨檐，防雨檐与侧墙的缝隙必须密封。

（6）侧门下方设有碳素钢防滑脚蹬和不锈钢翻板。

（7）一、四位侧门附近各设一个侧灯架及其电源插座，一、四位角的外端墙上设登车顶用的扶梯，扶梯加装防止非工作人员攀登的防护装置。

（8）车顶钢结构落成后，墙、顶板应平整。其不平度为：车顶中部≤4 mm/m，端墙≤2.5 mm/m，侧墙≤1.5 mm/m 及车顶两侧≤2 mm/m，并且不得有明显的局部凹凸不平。

（9）车体钢结构的钢材表面应进行表面预处理。

（10）保证钢结构在厂修间隔期内不发生挖补、截换等情况，其内外表面涂刷了配套的防腐底漆、“604”重防腐涂料或沥清浆，封闭断面防腐液及各种高档面漆。在厂段修时应用相同的油漆配套系统。

2）车体内部结构

（1）地板：地板采用厚为 20 mm 的硬木胶合板，上铺厚为 3 mm 的阻燃改进型 PVC 地板布。

（2）洗脸室和厕所地板采用带不锈钢便器的仿理石玻璃钢制品，地板带有便于排水的斜度。

（3）内墙板：包间、中部走廊和乘务员室墙板采用厚为 12 mm 的弯曲板。全车各间壁板用双面贴面胶合板。

（4）包间顶板、通过台和走廊平顶板采用厚为 27 mm 的弯曲板。

3）车体隔热保温

（1）侧墙、车顶、地板采用厚度为 100 mm 的玻璃棉板，并在内侧加装铝箔（铝箔设在玻璃棉包装薄膜外侧）。端墙、隔墙受结构限制，厚度可适当减少。

（2）车体传热系数：客室的静置平均传热系数（K）不大于 1.1 W/（m^2·K）。

4）车门与车窗

（1）全车侧门和一、二位外端门均采用专业化厂家制造的钢制折页门。

（2）一、二位内端门采用专业化厂家制造的木制折页门。

（3）乘务员室门和厕所门为折页门，采用铝门框并装有门档装置。走廊隔门采用木制折页门，洗脸室门和包间门为木制拉门。内部门均采用铝门框并装有门档装置。

（4）车内各门除厕所门、包间拉门外均设透明玻璃窗。走廊折页门门玻璃为 688×418×R60。

（5）内部门锁采用 25 型门锁，厕所门锁采用 5C 门锁。

（6）车窗采用 25T 型统型铝合金单元式活动车窗和固定窗，规格为 550 mm 和 1 200 mm 两种。厕所车窗玻璃为磨砂玻璃并在内侧装有防护杆及座。

5）车钩缓冲与风挡装置

（1）采用 15 号 C 级钢车钩、C 级钢钩尾框及大容量 G1 型缓冲器。钩舌销和钩尾销材质为 40 Cr，其拉伸破坏强度不得小于 2 256 kN（230 t）。大容量 G1 型缓冲器全压缩时阻力约为 784 kN（80 t），容量约为 17.65 kJ（1 800 kg • m）。

（2）车辆两端设橡胶风挡，并保证与 22 型、25 型客车的连挂。

6）转向架与制动

（1）采用 209P 型转向架。

（2）采用整体碾钢车轮，轮对做动平衡试验，不平衡值不大于 0.735 N •m（0.075 kgf •m）。采用金属迷宫式密封轴箱。

（3）空气制动装置采用 104 型空气制动装置，采用盘形制动装置。采用单风管供风，所有制动管路（转向架上金属胶管除外）采用不锈钢材质（包括截门），枕内管路采用管排整体吊装。

（4）一位通过台设有人力制动装置，一位走廊设有紧急制动阀和风表。

（5）设有能从车上、车下操纵的缓解装置，车上缓解阀拉杆设于卧室，车体两侧设制动缓解显示器。

7）采暖与空调通风装置

（1）一位端车顶装一台制冷量为 34.8 kW（30 000 kcal/h）空调机，供卧室和走廊用。空调风道采用阻燃型轻质材料静压风道，侧向送风，使整车送风均匀，并且不直接吹向旅客。客室、厕所等处下墙板上装有电热器。电加热取暖功率为 13.35 kW。

（2）采暖、空调通风必须能自动调节。冬季为 18～20℃，夏季为 24～27℃，分 22～25℃和 24～27 ℃两挡调节。

（3）厕所采用自然通风器通风。

（4）废排风机安装在二位小走廊顶上。

8）卫生给水系统

（1）车上设有一个不锈钢椭圆形水箱，其总容量≥1 000 L，水箱及不锈钢水管路包有防寒材。二位端车下两侧设有防污注水口，保证车上卫生用水。水位表位于二位厕所内。

（2）厕所和洗脸室进行整体设计，采用仿理石地板，不锈钢便器，洗面柜、洗手器组成采用不锈钢材质。设坐式便器使用的坐便纸垫圈盒，坐式便器盖采用进口工程塑料产品。洗脸室内设活动式垃圾箱。

（3）车上二位走廊设有嵌入式电开水炉。

5.1.4 CA_{25G} 型餐车

1. CA_{25G} 型餐车的主要技术特性

CA_{25G} 型餐车的主要技术特性如表 5-4 所示。

表 5-4 CA_{25G}型餐车主要技术特性

1.两车钩联接线间距离/mm	26 576
2.车体长度/mm	25 500
3.车体宽度/mm	3 105
4.车顶距轨面高度（自重下）/mm	4 433
5.车钩中心线距轨面高度（空车时）/mm	880^{+10}_{-5}
6.通过台渡板面距轨面高度/mm	1 333
7.车辆定距/mm	18 000
8.轨距/mm	1 435
9.最高试验速度/（km/h）	140
10.最高运行速度/（km/h）	120
11.通过最小曲线半径/m 车辆连挂时 单车调行时	145 100
12.车辆自重/t 载重/t 总重/t	约 46.3 ≥7.8 ≈54.1
13.餐厅定员/人	50
14.储藏量 a.餐料/kg b.水/kg c.电冰箱容量/L	3 000 1 200 900
15.转向架型式 车辆自重下心盘面高度/mm 心盘直径/mm 下旁承高/mm 两旁承中心距离/mm	209P 780 ϕ360 970 2 390
16.环境温度 限定区间 非限定区间	−20～+40 ℃ −40～+40 ℃
17.最大相对湿度	≤95%
18.线路最大坡度	≤30‰
19.适应站台高度/mm	300、500、1 250
20.平直线路上重车紧急制动距离/m 初速度 120 km/h 时 初速度 140 km/h 时	 ≤800 ≤1 100
21.车辆限界符合 GB 146.2—1983 的规定	
22.水箱容量/L	≥1 200
23.噪声值/dB（A） 120 km/h 时餐厅内	 ≤68
24.平稳性指标/W	≤2.5
25.供电方式：DC600V 集中供电方式，两路供电。	

2. CA_{25G}型餐车的平面布置

CA_{25G}型餐车外观及平面布置如图 5-4 所示。

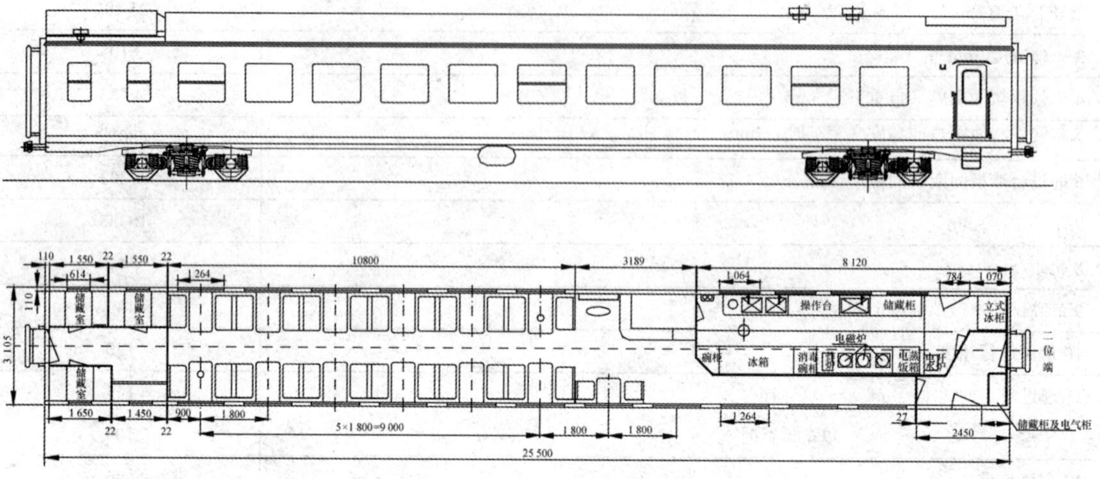

图 5-4　CA_{25G}型餐车（直流 600 V）外观及平面布置图

一位端为储藏室、开敞式综合电气控制柜和走廊，中部为餐厅、小卖部，二位端为厨房和走廊。

（1）一位端设有储藏室 3 间、走廊、空调回风口、顶灯、灭火器箱、综合电气控制柜等。手制动机安装在一位端储藏室。

（2）餐厅内设固定餐桌和固定餐椅、衣帽钩，室内装插座 2 个。

（3）在餐厅与厨房之间设小卖部。小卖部内设柜台，电冰箱 1 个，背有酒架、货架、安全锤等。靠间壁设中部为递菜口。

（4）厨房内设不锈钢厨具、电气化炉灶、电冰箱、可移动的离水格等。

（5）二位走廊设有侧反光灯、折页门、立式储藏柜 1 个。

3. CA_{25G}型餐车车体主要结构及主要技术要求

1）车体钢结构

（1）采用整体承载全钢焊接无中梁筒形结构，侧墙板采用平墙板。车体所用厚度 6 mm 及以下的钢板及压型件均为高强度耐候低合金钢。

（2）底架牵引梁为槽钢 30a。牵引梁下盖板宽 490 mm，厚 8 mm。枕梁为箱形结构，其上、下盖板厚分别为 6 mm 及 10 mm，宽 600 mm，腹板厚 8 mm。侧梁采用槽钢 18a，铁地板枕外为厚 2 mm 的钢板，枕内为厚 1.6 mm 的波纹地板。底架小横梁为 50 mm×50 mm×4 mm 的压型件。底架枕梁内侧 2m 内侧梁上各设一个顶车位。

（3）侧柱为 24 mm×70 mm×46 mm×70 mm×24 mm×2 mm 压型件。纵向梁为 2.5 mm 钢板压制，高为 22 mm。上边梁为 45 mm×90 mm×25 mm×2.5 mm 压型件，墙板无压筋，厚度为 2.5 mm。

（4）车顶弯梁为帽型压制件，纵向梁为 50 mm×50 mm×3 mm 的压型角钢。中顶板和侧顶板厚度为 2 mm。空调机组座处平顶板采用不锈钢材质。

（5）车体两侧和门上设防雨檐，防雨檐与侧墙的缝隙必须密封。

（6）侧门两侧设覆塑扶手，侧门下方设有直升脚蹬。三位侧门加防护。

（7）二侧门附近各设一个侧灯架及其电源插座，一、四位角的外端墙上设登车顶用的扶梯，扶梯加装防止非工作人员攀登的防护装置。

（8）车顶钢结构落成后，墙、顶板应平整。其不平度为：车顶中部≤4 mm/m，端墙≤2.5 mm/m，侧墙≤1.5 mm/m 及车顶两侧≤2 mm/m，并且不得有明显的局部凹凸不平。

（9）车体钢结构的钢材表面应进行表面预处理。

（10）保证钢结构在厂修间隔期内不发生挖补、截换等情况，其内外表面涂刷了配套的防腐底漆、沥清浆，封闭断面防腐液及各种高档面漆。在厂段修时应用相同的油漆配套系统。

2）车体内部结构

（1）地板：地板采用厚为 20 mm 的硬木胶合板，上铺厚为 3 mm 的阻燃改进型 PVC 地板布。厨房地面铺不锈钢地板，地板带有排水槽及排水孔。三位角侧走廊门与厨房间通道处地板表面铺设防滑铝板。

（2）内墙板采用贴面胶合板。储藏室间壁板采用厚为 22 mm 的双面贴面胶合板，厨房间壁板用厚为 27 mm 的贴面弯曲板。

（3）餐厅顶板采用厚为 4 mm 的玻璃钢板，平顶板采用贴面胶合板，厨房顶板采用喷塑金属板。

3）车体隔热保温

（1）侧墙、车顶、地板采用厚度为 90 mm 的玻璃棉板，并在内侧加装铝箔（铝箔设在玻璃棉包装薄膜外侧）。端墙、隔墙受结构限制，厚度可适当减少。

（2）车体传热系数：餐厅、小卖部的静置平均传热系数（K）不大于 1.16 W/（m^2·K）。

4）车门与车窗

（1）一、二位侧门及外端门为合金化镀锌钢板单开折页门。厨房侧门采用统型门芯窗。

（2）内部门均为折页门，采用铝门框，各门均装有门档装置。

（3）车内各门除储藏室门外均设玻璃窗。厨房门玻璃为磨砂玻璃，其他门为透明玻璃。走廊折页门玻璃规格为 388×830×R60。

（4）车门门锁采用 25 型门锁。侧门上部采用 1 号门锁，方便乘务人员出入，下部装有 6 号门锁，门外无锁孔，门内侧带有三角钥匙锁孔，列车在运行中乘务人员将门锁闭，保证行车安全。

（5）车窗采用 25T 型统型铝合金单元式活动车窗和固定窗，规格为 550 mm、 1200 mm 和 1 000 mm 厨房窗 3 种。储藏室车窗玻璃为磨砂玻璃，二位走廊窗内侧装有防护杆及座。餐厅、小卖部、走廊车窗均设有阻燃型窗帘。

5）车钩缓冲与风挡装置

（1）采用 15 号 C 级钢车钩、C 级钢钩尾框及大容量 G1 型缓冲器。钩舌销和钩尾销材质为 40Cr，其拉伸破坏强度不得小于 2 256 kN（230 t）。大容量 G1 型缓冲器全压缩时阻力约为 784 kN（80 t），容量约为 17.65 kJ（1 800 kg·m）。

（2）车辆两端设橡胶风挡，并保证与 22 型、25 型客车的连挂。

6）转向架与制动

（1）采用 209P 型转向架。

（2）采用整体碾钢 KKD 车轮，轮对做动平衡试验，不平衡值不大于 0.735 N · m（0.075 kgf · m）。采用金属迷宫式密封轴箱。

（3）空气制动装置采用 104 型空气制动装置，采用盘形制动装置。采用单风管供风，所有制动管路（转向架上金属胶管除外）采用不锈钢材质（包括截门），枕内管路采用管排整体吊装。

（4）一位角储藏室内设有手制动装置，一位走廊设有紧急制动阀和风表。

（5）设有能从车上、车下操纵的缓解装置，车上缓解阀拉杆设于餐厅，车体两侧设制动缓解显示器。

7）采暖与空调通风装置

（1）一位端车顶装有一台制冷量为 35 000 kcal/h 空调机，供餐厅、小卖部和厨房走廊用。空调风道采用阻燃型玻璃钢变截面风道侧向送风，使整车送风均匀，并且不直接吹向旅客。餐厅、小卖部和厨房走廊等处下墙板上装有电热器。电加热取暖功率为 13.87 kW。

（2）采暖、空调通风能自动调节。冬季为 18～20 ℃，夏季为 24～27 ℃，分 22～25 ℃和 24～27 ℃两挡调节。

（3）厨房内设排气扇两个。

8）卫生给水系统

采用不锈钢上水箱，容量≥1 200 L，水箱及不锈钢水管路包有防寒材。二位端车下两侧设有防污注水口，保证车上卫生用水。

5.2　25T 型客车车体

25T 型客车吸收了多年来 25 型准高速客车和提速客车设计制造技术及运用经验，同时采用了近几年来研究的新技术，使 25T 型客车得以快速发展。

浦镇厂在设计制造直流 600 V 的 YZ_{25T} 型空调硬座车、YW_{25T} 型空调硬卧车、RW_{25T} 型空调软卧车和 CA_{25T} 型餐车的过程中，贯彻了先进、成熟、经济、适用和可靠的方针，遵循了标准化、系列化、模块化和信息化的原则。

这 4 种车型的设计寿命均为 30 年，在 15 年内车体钢结构无须挖补、截换。车辆按走行千米进行检修，分为 A1～A4 修程，A1:（20±2）万千米，A2:（40±10）万千米，A3:（80±10）万千米，A4:（240±40）万千米。

下面介绍这 4 种南京浦镇车辆有限公司生产的 25T 型客车。

5.2.1　YZ_{25T} 型空调硬座车

1.YZ_{25T} 型空调硬座车的使用条件、主要技术参数、主要尺寸及型式

YZ_{25T} 型空调硬座车的使用条件、主要技术参数、主要尺寸及型式如表 5-5 所示。

表 5-5 YZ_{25T}型空调硬座车使用条件、主要技术参数、主要尺寸及型式

1.每列最大编组为 19 辆，并满足以 160 km/h 速度持续运营 20 小时的需要，满足一次库检作业 5 000 km 无须检修的要求	
2.环境温度	−40～+40℃
3．最大相对湿度	≤95%
4．适应站台高度/mm	300、500、1 250
5．站台边缘距线路中心距/mm	1 750
6．线路最大坡度	≤30‰
7．轨距/mm	1 435
8．最高运行速度/（km/h）	160
9．平直线路上重车紧急制动距离/m 初速度为 160 km/h 时	≤1 400
10. 通过最小曲线半径/m 车辆连挂时	145
单车调行时	100
11. 平稳性指标/W	≤2.5
12. 噪声值/dB（A） 140 km/h 时	≤68
13. 静止状态下车体传热系数（K）:	≤1.16 W/（m^2·K）
14. 轴重/t	≤16.5
15. 车体长度/mm	25 500
16. 车体宽度/mm	3 105
17. 车顶距轨面高度（空车时）/mm	4 433
18. 车辆定距/mm	18 000
19. 车钩中心线距轨面高度（空车时）/mm	密接式车钩： 880±30 15 号小间隙车钩： 880^{+10}_{-5}
20. 通过台渡板面距轨面高度/mm	密接式车钩： 1 283 15 号小间隙车钩： 1 333
21. 地板布面距轨面高度/mm	1 283
22. 转向架型式	PW-220K
23. 供电型式	DC600V 两路供电
24. 制动型式	盘形制动+防滑器、104 集成式电控制动装置
25. 空调型式	车顶单元式空调机组两台，每台制冷量 25 000 kcal/h
26. 车窗型式	25T 型统型车窗
27. 风挡型式	除首尾车一位端装橡胶风挡外其余装折叠风挡
28. 车辆自重/t 载重/t 总重/t	约 50.2 10.7 ≈ 60.9
29. 定员/人 无障碍硬座车定员/人	118 106
30. 水箱容量/L	≥1 200

2. YZ$_{25T}$ 型空调硬座车的平面布置

YZ$_{25T}$ 型空调硬座车按车上布置可划分为普通车和无障碍硬座车。

（1）YZ$_{25T}$ 型普通硬座车外观及平面布置如图 5-5 所示。普通硬座车两端设通过台，一位端设有乘务员室、PLC 电气综合控制柜、嵌入式电茶炉、垃圾箱、洁具柜、灭火器和一个厕所；中部为客室；二位端设有一个厕所和一个双人洗脸室。

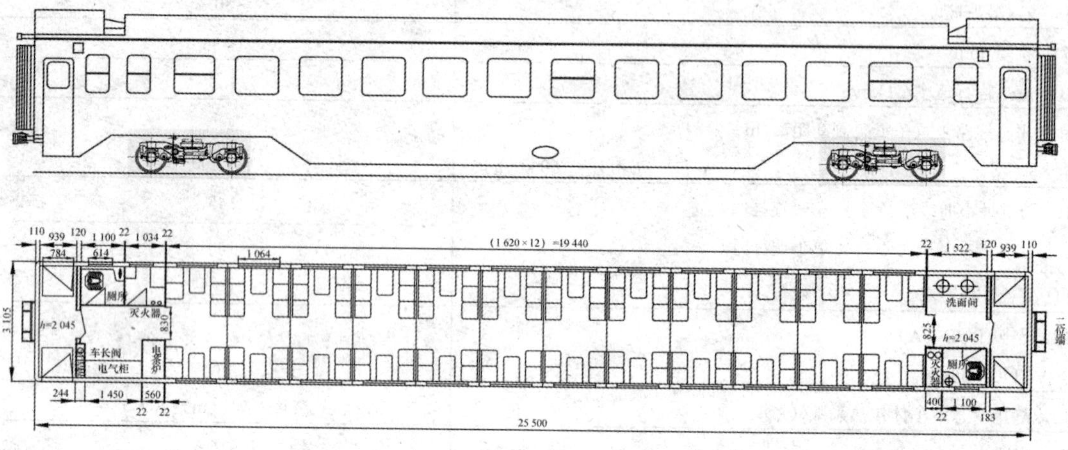

图 5-5　YZ$_{25T}$ 型普通硬座车外观及平面布置图

（2）YZ$_{25T}$ 型无障碍硬座车外观及平面布置如图 5-6 所示，无障碍硬座车是将普通车二位端部分坐席取消，二位端设无障碍通道、残障人士厕所、垃圾箱、洁具柜。塞拉门加大宽度，其他布置不变。

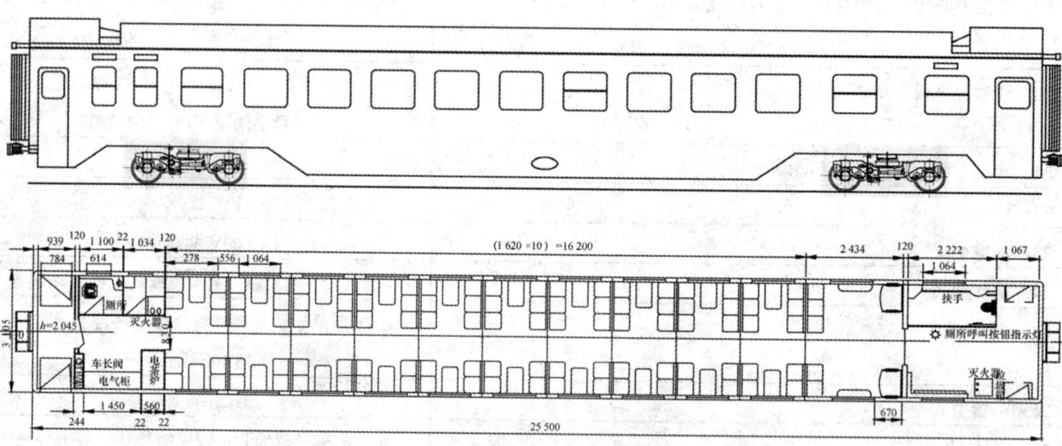

图 5-6　YZ$_{25T}$ 型无障碍硬座车外观及平面布置图

① 中部客室设座椅、茶桌、通长灯带、带状电热器、侧向空调出风口和衣帽钩，两侧设铝合金板式行李架、毛巾杆、安全锤，两端间壁上设旅客信息显示装置。客室座椅采用高回弹聚胺酯材料，乘坐舒适、牢固耐用。行李架为铝合金板式，与窗帘盒形成一体，造型大方，结构可靠，且便于行李的存放。

② 厕所采用统型整体玻璃钢产品。内设扶手、护窗杆、便纸架、衣帽钩、镜子、电加热器、排风口、玻璃钢台面柜（洗脸盆为不锈钢）、不锈钢蹲式便器、垃圾箱、手动水阀、角形灯等设施。空调废排风机安装在一位角厕所内，起到强迫通风作用。

③ 残障人士厕所采用整体玻璃钢，内设扶手、护窗杆、便纸架、衣帽钩、镜子、电加热器、排风口、玻璃钢台面柜、坐式便器、垃圾箱、手动水阀、顶灯等设施。

④ 洗脸室采用整体玻璃钢产品。内设双人洗面柜，台面下设统型电热温水箱。间壁上设镜子、梳妆架、衣帽钩等。另设电加热器、照明灯等设施。

⑤ 乘务员室内设有办公桌、组合控制柜、温水箱控制箱、顶灯、空调送风口、电加热器、扬声器、座椅、安全锤和衣帽钩等。

⑥ 一、二位通过台设有气动电控塞拉门、手动外端拉门、脚蹬、翻板和顶灯。无障碍硬座车二位端气动电控塞拉门加大宽度，便于残障人士通过。客室与一、二位走廊之间设电动内端单开拉门。一位通过台还设有清洁工具柜。

⑦ 一、二位走廊设顶灯、灭火器和空调回风口等。一位走廊还设综合电气控制柜和电茶炉。无障碍硬座车二位端设无障碍通道。

⑧ 车内门拉手采用外敷工程塑料的金属件，其余采用金属喷塑件，且结构尺寸统一。

3. YZ_{25T}型空调硬座车各部分结构及性能

1）车体钢结构

（1）采用整体承载全钢焊接无中梁薄壁筒形结构，其断面如图 5-7 所示。

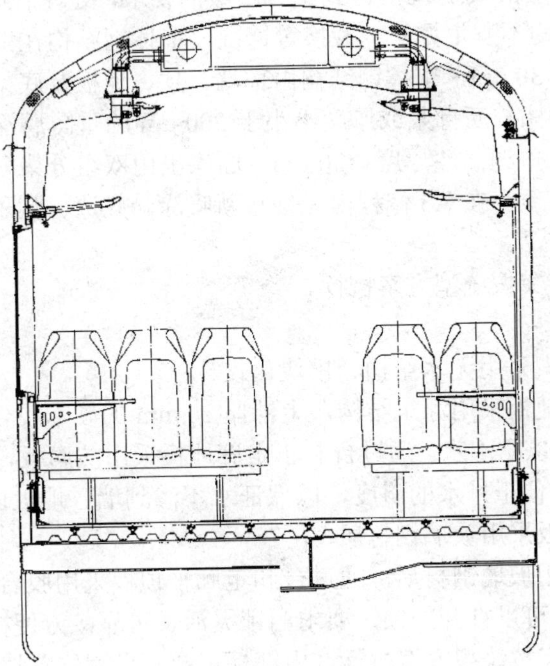

图 5-7　YZ_{25T}型空调硬座车断面图

侧墙板采用平墙板。车体钢结构中板材和型材厚度≤6 mm 的采用镍铬系耐候钢，厚度≤2.5 mm 的采用 05CuPCrNi，型钢和厚度>6 mm 的钢板采用普通碳素钢。

（2）底架牵引梁为槽钢制作。牵引梁下盖板宽 560 mm，厚 6 mm。枕梁为箱形结构，其上、下盖板厚分别为 6 mm 及 10 mm，腹板厚 8 mm。侧梁采用槽钢 18a，铁地板枕外为厚为 2 mm 的钢板，枕内为厚为 1.6 mm 的波纹地板，洗脸室和厕所部位的铁地板为不锈钢材质。底架枕梁内侧 2m 内侧梁上各设一个顶车位。

（3）侧柱为 24 mm×70 mm×46 mm×70 mm×24 mm×2 mm 压型件。纵向梁为 2.5 mm 钢板压制，高为 22 mm。上边梁为 45 mm×90 mm×25 mm×2.5 mm 压型件，墙板无压筋，厚度为 2.5 mm。

（4）车顶弯梁为帽型压制件，纵向梁为 50 mm×50 mm×3 mm 的钢板折边。中顶板和侧顶板厚度为 2 mm。空调机组座处平顶板采用不锈钢材质。

（5）车体两侧和门上设防雨檐，防雨檐与侧墙的缝隙必须密封。车下设裙板，按统型方案执行。

（6）侧门两侧设扶手，侧门下方设有不锈钢翻板脚蹬，翻板锁采用 FBS-1 型。

（7）一、四位侧门附近各设一个侧灯架及其电源插座，一、四位角的外端墙上设登车顶用的扶梯，扶梯加装防止非工作人员攀登的防护装置。一、四位角设调车脚蹬。

（8）车体钢结构落成后，墙、顶板应平整。其不平度为：车顶中部≤4 mm/m，端墙≤2.5 mm/m，侧墙≤1.5 mm/m，车顶中部≤4 mm/m 及车顶两侧≤2 mm/m，并且不得有明显的局部凹凸不平。

（9）车体钢结构的零部件在组焊前均进行了钢材预处理，薄钢板表面进行了化学处理，使其表面清洁度达到了 Sa2 级，局部达到了 Sa2 级的要求，处理后均涂刷了防锈底漆。为保证在 15 年内车体钢结构不发生挖补、截换等情况，车体钢结构在彻底干燥的条件下涂两遍防锈底漆，每遍厚度≥30 μm，车体钢结构内部墙、顶、地板及底架外部外表面在涂完防锈漆后，再涂 3 mm 厚的橡胶沥青浆或厚度不小于 200 μm 的重防腐涂料。车体外部涂两遍面漆，顶板涂 3 遍面漆，每遍面漆厚度≥30 μm，面漆采用双组分聚氨酯漆，面漆喷涂后再涂两遍清漆。涂装的油漆至少在 A3 修程内无须重新喷涂。底漆、腻子、中间涂层、面漆及清漆由同一厂家配套的产品。

（10）外皮美工方案按统型方案执行。

2）车体内部结构

（1）车内内装骨架采用无木结构、模块化设计。

（2）地板：客室地板采用浮筑结构，上铺厚 20 mm 的硬木胶合板和厚 4 mm 的橡胶地板布，地板布四周翻边以防渗水。通过台和小走廊地板采用防腐板，卫生间地板采用仿理石玻璃钢制品，地板带有便于排水的斜度，以保证水不渗到墙、地板内部。

（3）内墙板：墙板采用玻璃钢材质。

（4）客室顶板采用玻璃钢材质，通过台和走廊平顶板采用胶合板封边。各顶板检查门锁采用标准内三角钥匙可以打开的锁，要求门锁灵活、可靠，方便检修。

（5）内部美工方案按统型方案执行，内部标记及其设置位置按统型方案要求设置。

3）车体隔热保温

（1）侧墙、车顶、地板采用厚度为 90 mm 的玻璃棉板，并在内侧加装铝箔（铝箔设在玻璃棉包装薄膜外侧）。端墙、隔墙受结构限制，厚度可适当减少。

（2）车体传热系数：客室的静置平均传热系数（K）不大于 1.16 W/（m^2·K）。

4）车门与车窗

（1）各门按统型方案执行，作用灵活、可靠，关闭严密；各门框安装牢固，周边不得有锐棱，必须圆滑过渡。

（2）侧门采用专业化厂家制造的带集控功能的电控气动塞拉门。

（3）一、二位外端门采用手动对开拉门。

（4）一、二位内端门采用电动触摸式自动门。

（5）乘务员室门和卫生间门为防夹手小间门，残障人士卫生间门为电动触摸式自动门。内部各门均采用铝门框并装有门档装置。

（6）车内各门除卫生间门外均设玻璃窗。门玻璃为透明玻璃。

（7）各门均加锁，采用部统一的型式。内外端拉门、塞拉门锁采用统一型式，卫生间门采用 5C 型锁。

（8）采用 25T 型统型铝合金单元式车窗。根据平面要求，车上装有固定和活动窗两种，车窗密封性能好，安装方便并便于检修。厕所车窗玻璃为磨砂玻璃。

（9）各窗设窗帘。

5）车钩缓冲与风挡装置

（1）采用密接式车钩、弹性胶泥缓冲器。车钩抗拉强度≥2 000 kN；缓冲器缓冲器容量≥30 kJ。

（2）每列首尾客车二位端采用密接式车钩，一位端采用 15 号小间隙 C 级钢车钩。每列配备托梁、15 号法兰盘过渡钩头 2 套和中间体钩头 1 套。

（3）车辆两端设密封式折棚风挡，车端加装阻尼装置。两车联接通道处设统一型式扶手。

（4）每列首尾客车二位端采用密封式折棚风挡，车端加装阻尼装置。一位端采用橡胶风挡。

6）转向架

（1）采用 PW-220K 型转向架。轴重≤16.5 t，轴距 2 600 mm。

（2）采用进口整体辗钢车轮，轮径为 915 mm，轮对组成后能满足 160 km/h 的运行要求，做动平衡试验，不平衡值≤0.5 N · m，采用减重量法配平衡。同一轮对轮重差不小于 4%。车轴端部螺栓孔采用三孔机床加工，确保加工精度。

（3）采用进口油压减振器、差压阀、高度阀和轴承。

（4）采用进口无铆钉带保持架的短圆柱滚子轴承，采用金属迷宫式轴箱，在轴箱上安装接地装置及轴温报警用传感器。

（5）转向架各部件应具有良好的耐磨性能，橡胶件具有良好的抗挤压、耐冲击、耐磨及耐老化性能，基础制动各类销套采用氟塑套，要有良好的精度，便于装卸，作用灵活，关键部件的紧固件采用防松螺母，并必须涂打防松标记。各部件必须有可靠的防松、防脱、防切的安全措施。确保车辆长时间持续 160 km/h 运行时及 5 000 km 不入库检修的安全可靠性。除闸片、油压减振器、橡胶件和车轮踏面外，其余各部件应满足 200 万千米无须换修的要求。

（6）设行车安全监测诊断装置。

（7）转向架构架参照 UIC 标准要求，必须进行 6×10^6 次的疲劳试验并满足有关要求。

（8）转向架的安全性能如下。

- 轮重减载率≤0.6。
- 倾覆系数≤0.8。
- 脱轨系数≤1.0。

转向架具有良好的防腐性能，各零部件涂装油漆后组装落成。

7）制动装置

（1）采用104型集成化电控制动装置。

（2）采用双管制供风，双管供风必要时可转换为单管供风，制动主管及总风管直径1英寸。采用模块化设计，气路控制箱、管排组成后装车。车下制动装置的布置执行统型方案。采用球型折角塞门、总风折角塞门、球型截断塞门与集尘器联合体；采用制动软管联接器总成和总风软管联接器总成。

（3）采用盘形制动装置，设电子防滑器。防滑器主机设在电气综合控制柜内。联接防滑器压力开关的风管设截断塞门。

（4）车辆一位端设人力制动机；车上设紧急制动阀及制动管和总风管压力表，阀及风表罩造型应美观、安装不露螺钉；设车上、车下可以操纵的缓解装置。车体两侧设制动、缓解显示器。

（5）制动管路除转向架上采用橡胶软管，橡胶软管外部设金属护套外，其余采用不锈钢制品。管路及风缸内部必须清洁，不得有残留物。

8）空调供热装置

（1）一位端车顶装有一台制冷量为35 000 kcal/h 空调机，供餐厅、酒吧和厨房走廊用。

（2）餐厅采用侧送风，不直接吹向旅客。采用静压送风道，使整车送风均匀，回风口设于一位小走廊顶板。

（3）空调机组的控制系统设于PLC电气综合控制柜中，空调机组有自动调节位和手动调节位，根据气候的变化可以使车内进行通风换气、降温、除湿、加温、滤尘、排除废气等。使餐厅保持舒适、清新宜人的优雅环境。

（4）采用DC600V板式电热采暖装置，加不可恢复式超温保护装置。厨房采用中国铁路总公司客车统型型式，餐厅及大走廊采用铝型材带状电加热器。

（5）厨房内设排气扇两个。

9）卫生给水系统

（1）车上水箱设于二位端车内顶部，水箱容量不小于1 500 L，所有的给水管路均采用不锈钢管。在车两侧各设一注水口，注水口设有防污装置，水箱及各阀均能够便于检修。设液位显示装置。

（2）厨房采用高档次、性能可靠的手动水阀，阀及附件装在便于拆装检修的位置。

5.2.2 YW_{25T}型空调硬卧车

1. YW_{25T}型空调硬卧车的使用条件、主要技术参数、主要尺寸及型式

YW_{25T}型空调硬卧车的使用条件、主要技术参数、主要尺寸及型式如表5-6所示。

表 5-6　YW_{25T} 型空调硬卧车的使用条件、主要技术参数、主要尺寸及型式

1.每列最大编组为 19 辆，并满足以 160 km/h 速度持续运营 20 小时的需要，满足一次库检作业 5 000 km 无须检修的要求	
2.环境温度/℃	−40～+40
3.最大相对湿度	≤95%
4.适应站台高度/mm	300、500、1 250
5.站台边缘距线路中心距/mm	1 750
6.线路最大坡度	≤30‰
7.轨距/mm	1 435
8.最高运行速度/（km/h）	160
9.平直线路上重车紧急制动距离/m 初速度 160 km/h 时	≤1 400
10.通过最小曲线半径/m　车辆连挂时 单车调行时	145 100
11.平稳性指标/W	≤2.5
12.噪声值/dB（A） 140 km/h 时	≤68
13.静止状态下车体传热系数（*K* 值）:	≤1.16 W/（m^2·K）
14.轴重/t	≤16.5
15.车体长度/mm	25 500
16.车体宽度/mm	3 105
17.车顶距轨面高度（空车时）/mm	4 433
18.车辆定距/mm	18 000
19.车钩中心线距轨面高度（空车时）/mm	密接式车钩：　880±30 15 号小间隙车钩：　880^{+10}_{-5}
20.通过台渡板面距轨面高度/mm	密接式车钩：　1 283 15 号小间隙车钩：　1 333
21.地板布面距轨面高度/mm	1 283
22.转向架型式	PW-220K
23.供电型式	DC600V 两路供电
24.制动型式	盘形制动+防滑器、104 集成式电控制动装置
25.空调型式	车顶单元式空调机组一台，制冷量 35 000 kcal/h
26.车窗型式	25T 型统型车窗
27.风挡型式	除首尾车一位端装橡胶风挡外其余装折叠风挡
28.车辆自重/t 载重/t 总重/t	约 50.1 7.5 ≈ 57.6
29.定员/人 无障碍硬卧车定员/人	66 57
30.水箱容量/L	≥1 500

2. YW25T 型空调硬卧车的平面布置

YW25T 型空调硬卧车按车上布置可划分为普通车、监控车和无障碍硬卧车。

（1）YW25T 型普通硬卧车外观及平面布置如图 5-8 所示。

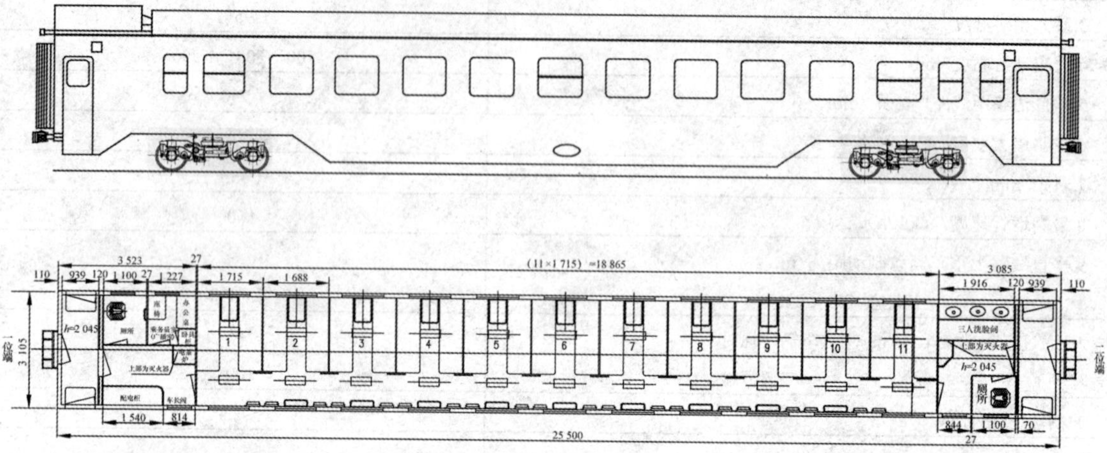

图 5-8　YW25T 型普通硬卧车外观及平面布置图

YW25T 型普通硬卧车两端设通过台；一位端设小走廊、PLC 电气综合控制柜、电茶炉、乘务员室、蹲式便器厕所；中部设封闭的 11 个 6 人半包硬卧间；中部二位侧为大走廊；二位端小走廊、垃圾箱、洁具柜、蹲式便器厕所和 3 人洗脸间。

（2）监控车是将普通车乘务员室改为监控室，其他布置不变。

（3）YW25T 型无障碍硬卧车外观及平面布置如图 5-9 所示。

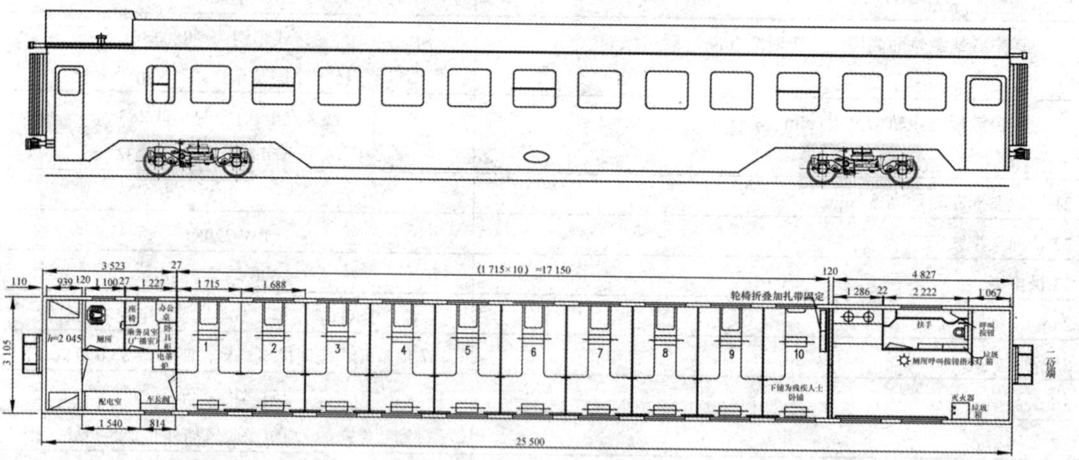

图 5-9　YW25T 型无障碍硬卧车外观及平面布置图

YW25T 型无障碍硬卧车是将普通车乘务员室改为播音室，二位端取消一个包间，二位端设无障碍通道、残障人士厕所、垃圾箱、洁具柜、双人洗脸间。气动电控塞拉门加大宽度，其他布置不变。

① 半包硬卧间设上、中、下 3 层硬卧铺各 2 个，以及固定茶桌、衣帽钩、上铺脚蹬及拉手、床头灯、烟火报警器探头、空调送风口；门上部设行李台；茶桌下设带状电加热器。

采用统型顶灯照明。YW_{25T}型硬卧车断面如图 5-10 所示。

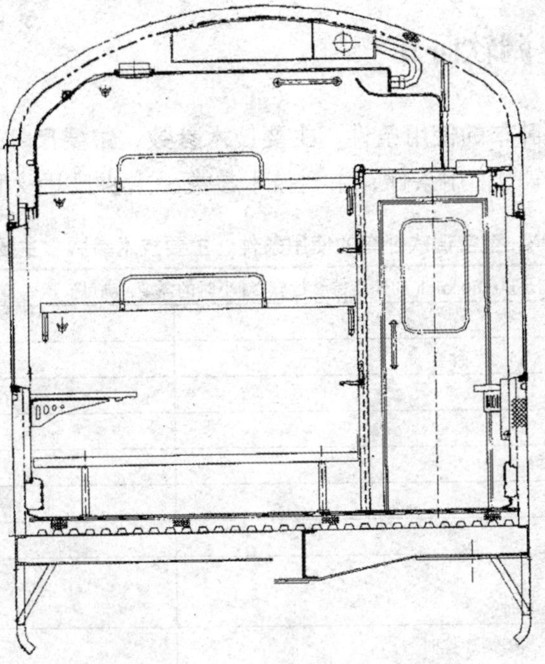

图 5-10　YW_{25T}型空调硬卧车断面图

② 厕所采用统型整体玻璃钢产品。内设扶手、护窗杆、便纸架、衣帽钩、镜子、电加热器、排风口、玻璃钢台面柜（洗脸盆为不锈钢）、不锈钢蹲式便器、垃圾箱、手动水阀、角形灯等设施。

③ 残障人士厕所采用整体玻璃钢，内设扶手、护窗杆、便纸架、衣帽钩、镜子、电加热器、排风口、玻璃钢台面柜、坐式便器、垃圾箱、手动水阀、顶灯等设施。

④ 洗脸室采用整体玻璃钢产品。内设 3 人洗面柜，台面下设统型电热温水箱。间壁上设镜子、梳妆架、衣帽钩等。另设电加热器、照明灯及一个二、三芯带保护门的防水插座等设施。

⑤ 乘务员室内设办公桌、组合控制柜、温水箱控制箱、顶灯、空调送风口、电加热器、扬声器、座椅、卧具柜、安全锤、衣帽钩等。

⑥ 一、二位通过台设有气动电控塞拉门、手动双开外端拉门、电动单开内端拉门、脚蹬、翻板和顶灯。无障碍硬卧车二位端气动电控塞拉门加大宽度，便于残障人士通过。

⑦ 一位小走廊设有嵌入式电开水炉和灭火器、顶灯等。二位小走廊设顶灯、洁具柜、灭火器等。无障碍硬卧车二位端设无障碍通道。

⑧ 大走廊侧墙侧设阻尼翻板凳、安全锤、扬声器开关、吸尘器插座等。两隔门上方侧设信息显示屏，侧墙窗上设通长饰带，采用统型顶灯照明。

⑨ 车内门拉手、扶手采用外敷工程塑料的金属件，其余采用金属喷塑件，且结构尺寸统一。

3. YW_{25T}型空调硬卧车各部分结构及性能

YW_{25T}型空调硬卧车的车体钢结构、转向架、制动装置、卫生给水系统、空调供热装置

和门窗等均与 YZ_{25T} 型硬座车类似。

5.2.3 RW_{25T} 型空调软卧车

1. RW_{25T} 型空调软卧车的使用条件、主要技术参数、主要尺寸及型式

RW_{25T} 型空调软卧车的使用条件、主要技术参数、主要尺寸及型式如表 5-7 所示。

表 5-7 RW_{25T} 型空调软卧车的使用条件、主要技术参数、主要尺寸及型式

1.每列最大编组为 19 辆，并满足以 160 km/h 的速度持续运营 20 小时的需要，满足一次库检作业 5 000 km 无须检修的要求	
2.环境温度/℃	−40～+40
3.最大相对湿度	≤95%
4.适应站台高度/mm	300、500、1 250
5.站台边缘距线路中心距/mm	1 750
6.线路最大坡度	≤30‰
7.轨距/mm	1 435
8.最高运行速度/（km/h）	160
9.平直线路上重车紧急制动距离/m 初速度 160km/h 时	≤1 400
10. 通过最小曲线半径（m） 车辆连挂时 单车调行时	145 100
11.平稳性指标/W	≤2.5
12.噪声值/dB（A） 140km/h 时	≤65
13.静止状态下车体传热系数（*K* 值）：	≤1.1 W/（m^2·K）
14.轴重/t	≤16.5
15.车体长度/mm	25 500
16.车体宽度/mm	3 105
17.车顶距轨面高度（空车时）/mm	4 433
18.车辆定距/mm	18 000
19.车钩中心线距轨面高度（空车时）/mm	密接式车钩： 880±30
20.通过台渡板面距轨面高度/mm	密接式车钩： 1 283
21.地板布面距轨面高度/mm	1 283
22.转向架型式	PW-220K
23.供电型式	DC600V 两路供电
24.制动型式	盘形制动+防滑器、104 集成式电控制动装置
25.空调型式	车顶单元式空调机组一台，制冷量 30 000 kcal/h
26.车窗型式	25T 型统型车窗
27.风挡型式	折叠风挡
28.车辆自重/t 载重/t 总重/t	约 51.7 4.8 ≈ 57.5
29.定员/人	36
30.水箱容量/L	≥1 500

2. RW$_{25T}$型空调软卧车的平面布置

软卧车是一种比硬卧车更为舒适的客车。RW$_{25T}$型空调软卧车的外观及平面布置如图 5-11 所示。

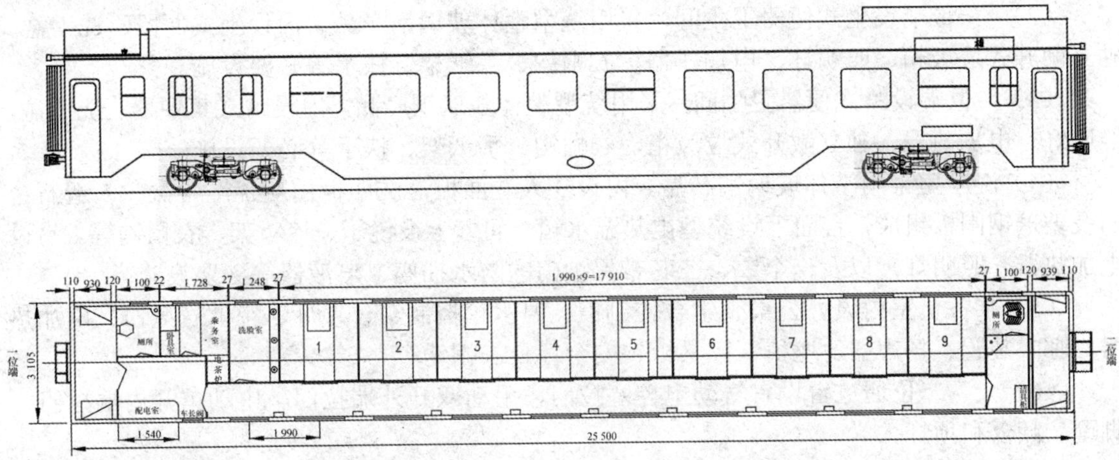

图 5-11　RW$_{25T}$型空调软卧车外观及平面布置图

RW$_{25T}$型空调软卧车的两端设通过台，一位端设小走廊、坐式便器厕所、乘务员室、隐藏式电茶炉和灭火器、PLC 电气综合控制柜以及紧急断电按钮装置等；中部一位侧为客室：客室一位端设带有拉门的 3 人洗脸间、中部为带有拉门的 9 个 4 人包间；中部二位侧为大走廊；二位端为小走廊、设蹲式便器厕所、洁具柜、隐藏式垃圾箱和灭火器等。

（1）软卧包间内设 2 个下铺、2 个上铺，下铺宽度为 750 mm，上铺宽度为 700 mm，下铺间壁上设靠背，铺间的侧墙上设固定式大茶桌。茶桌下方设铝型材带状电加热器、AC220V 插座。RW$_{25T}$型空调软卧车的横断面如图 5-12 所示。

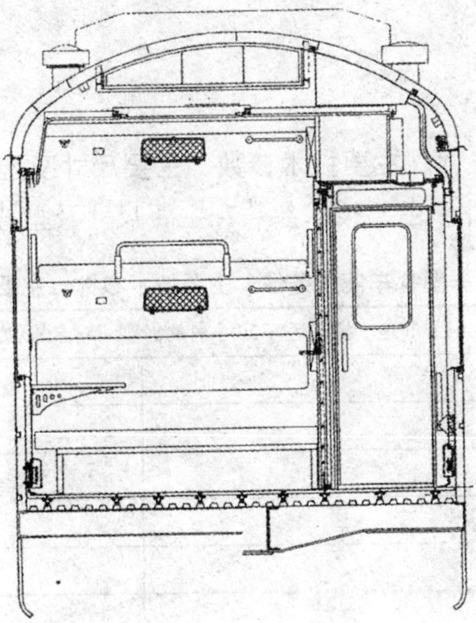

图 5-12　RW$_{25T}$型空调软卧车断面图

卧铺上方的间壁上设衣帽钩、书包网架，拉门上部设行李台，采用统型顶灯照明。包间内另有空调送风口、扬声器及灯开关、床头灯、呼唤按钮、温度调节器、挂衣架、脚蹬和拉手等，拉门采用新型拉门滑道。

（2） 一位端设坐式便器卫生间，采用统型整体玻璃钢产品。内设坐式便器、洗手盆、独立敞开式垃圾箱、照明灯、电加热器、衣帽钩、手纸架、扶手等必要设施。

（3）二位端设蹲式便器卫生间，采用统型整体玻璃钢产品。内设蹲式集便器、洗手盆、照明灯、电加热器、独立敞开式垃圾箱、衣帽钩、手纸架、扶手等必要设施。

（4）洗脸室采用整体玻璃钢产品。内设 3 人洗面柜，洗面柜由陶瓷洗脸盆、人造石台面及玻璃钢围板组成，台面下设统型电热温水箱。间壁上设镜子、梳妆架、衣帽钩等。另设电加热器、照明灯，以及一个二、三芯带保护门的防水插座、皂液器等必要设施。

（5）乘务员室内设办公桌、组合控制柜、温水箱控制箱、顶灯、空调送风口、电加热器、呼唤装置、扬声器、座椅、卧具柜、安全锤、衣帽钩等。

（6）一、二位通过台设有气动电控塞拉门、手动双开外端拉门、电动单开内端拉门、脚蹬、翻板和顶灯。

（7）一位小走廊设有顶灯、嵌入式电开水炉和灭火器等。二位小走廊设顶灯、洁具柜和灭火器等。

（8）大走廊两端窗间处设阻尼翻板凳和安全锤，车窗设防护栏杆，走廊中部设吸尘器插座；两隔门上方侧设信息显示屏，侧墙窗上设通长饰带，采用统型顶灯照明。

（9）车内门拉手、大走廊扶手采用外敷工程塑料的金属件，其余采用金属喷塑件，且结构和尺寸统一。

3. RW_{25T} 型空调软卧车的各部分结构及性能

RW_{25T} 型空调软卧车的车体钢结构、转向架、制动装置、卫生给水系统、空调供热装置和门窗等均与 YZ_{25T} 型空调硬座车类似。

5.2.4 CA_{25T} 型餐车

1.CA_{25T} 型餐车的使用条件、主要技术参数、主要尺寸及型式

RW_{25T} 型餐车的使用条件、主要技术参数、主要尺寸及型式如表 5-8 所示。

表 5-8 CA_{25T} 型餐车使用条件、主要技术参数、主要尺寸及型式

1.每列最大编组为 19 辆，并满足以 160 km/h 速度持续运营 20 小时的需要，满足一次库检作业 5 000 km 无须检修的要求	
2.环境温度	-40～+40 ℃
3.最大相对湿度	≤95%
4.适应站台高度/mm	300、500、1 250
5.站台边缘距线路中心距/mm	1 750
6.线路最大坡度	≤30‰
7.轨距/mm	1 435
8.最高运行速度/（km/h）	160

续 表

9.平直线路上重车紧急制动距离/m 初速度 160 km/h 时	≤1 400
10. 通过最小曲线半径（m） 车辆连挂时 单车调行时	145 100
11.平稳性指标/W	≤2.5
12.噪声值/dB（A） 140 km/h 时餐厅内	≤68
13.静止状态下车体传热系数（*K* 值）:	≤1.16 W/（m^2·K）
14.轴重/t	≤16.5
15.车体长度/mm	25 500
16.车体宽度/mm	3 105
17.车顶距轨面高度（空车时）/mm	4 433
18.车辆定距/mm	18 000
19.车钩中心线距轨面高度（空车时）/mm	密接式车钩： 880±30
20.通过台渡板面距轨面高度/mm	密接式车钩： 1 283
21.地板布面距轨面高度/mm	1 283
22.转向架型式	PW-220K
23.供电型式	DC600V 两路供电
24.制动型式	盘形制动+防滑器、104 集成式电控制动装置
25.空调型式	车顶单元式空调机组一台，制冷量为 35 000 kcal/h
26.车窗型式	25T 型统型车窗
27.风挡型式	折叠风挡
28.车辆自重/t 载重/t 总重/t	约 47.9 ≥8.5 ≈ 56.4
29.储厅定员/人	40
30.储藏量 a.餐料/kg b.水/kg c.电冰箱容量/L	3 000 1 500 1 000
31.水箱容量/L	≥1 500

2. CA_{25T} 型餐车的平面布置

餐车是为供旅客在旅行中用餐而编挂在列车中的一种车辆。CA_{25T} 型餐车外观及平面布置如图 5-13 所示。

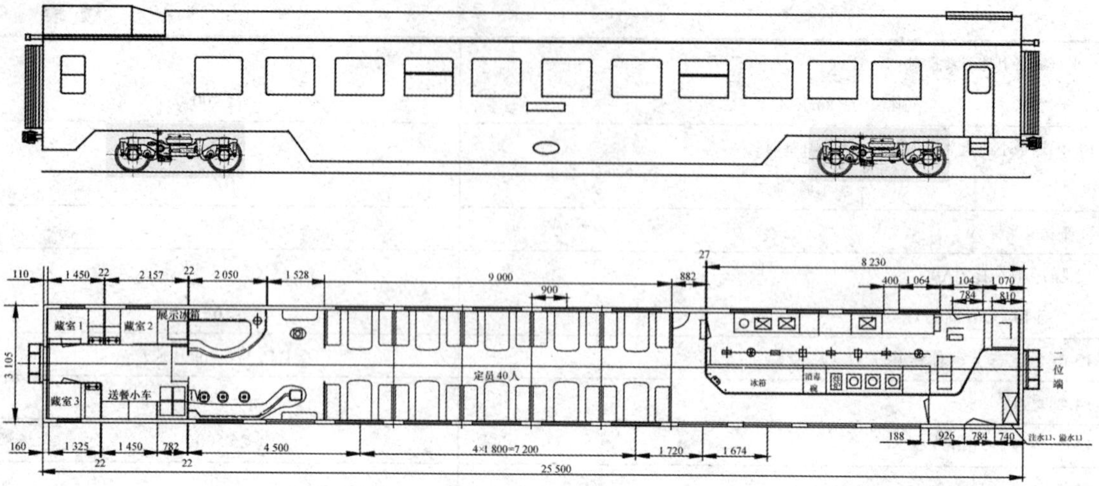

图 5-13 CA_{25T} 型餐车外观及平面布置图

CA_{25T} 型餐车的一位端为储藏室、PLC 电气综合控制柜、小走廊和送餐小车区域；中部为餐厅和酒吧区；二位端为厨房、大走廊和厨房用电设备电气柜。CA_{25T} 型餐车的断面如图 5-14 所示。

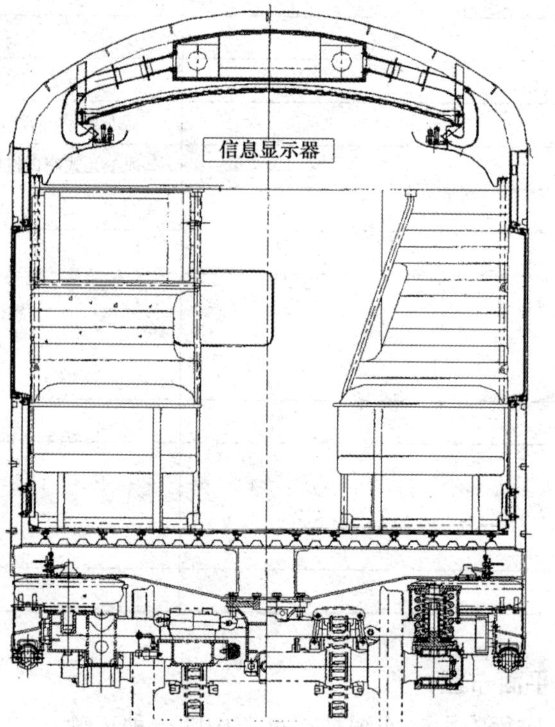

图 5-14 CA_{25T} 型餐车的断面图

（1）一位端设有储藏室 3 间、走廊、送餐小车区、空调回风口、顶灯、4 kg 水型灭火器 2 个、电气综合控制柜等。紧急制动阀及制动管和总风管压力表设在储藏室内，可以方便地在小走廊操作紧急制动阀，手制动机安装在一位端储藏室。各储藏室设存放餐料的搁板。

（2）酒吧区设吧台、展示冰箱、展示酒柜、清洗水盆和低柜；吧台有工作人员的进出门。吧台对面设吧凳、台面和靠吧。

（3）餐厅内设固定餐桌和固定餐椅、衣帽钩、安全锤等。在餐厅两端部间壁设两组旅客信息显示屏，可显示车辆顺位号、前方到站、列车运行速度等相关信息。电视设置见电气部分。餐厅及酒吧区交接处采用低玻璃隔断。

（4）厨房间壁中部开有递菜口。

（5）厨房符合“铁路客车餐车电气化厨房设备技术条件”的要求。

① 储藏设备：碗柜、吊柜、加冰冰箱、卧式冰箱、立式冰箱。

② 洁具：双盆洗池、单盆洗池、操作台、垃圾箱。

③ 烹饪设备：电炸炉 1 个、凹底电磁灶 2 个、平底电磁灶 1 个、电蒸饭箱 1 个、带烧烤功能的微波炉 1 台。

④ 消防设备：水型灭火器 2 个，每个 4 kg。

⑤ 其他设备：锅架、刀架、消毒柜、电开水炉、排油烟装置（带排油烟机）、排风机组成、可移动的离水格、电风扇。

⑥ 厨房设备电气操作箱设在四位角，下部为储藏柜。

⑦ 厨房顶板主照明采用统型灯具，吊柜下方侧墙上设角灯。

（6）二位走廊设有摆门；四位角设厨房电气设备配电柜，下部是储藏柜；大走廊各窗设防护栏杆，按统型要求设置。

（7）车内门拉手、大走廊扶手采用外敷工程塑料的金属件，其余采用金属喷塑件，且结构尺寸统一。

3. CA_{25T} 型餐车的各部分结构及性能

1）车体钢结构

（1）采用整体承载全钢焊接无中梁薄壁筒形结构，侧墙板采用平墙板。车体钢结构中板材和型材厚度≤6 mm 的采用镍铬系耐候钢，厚度≤2.5 mm 的采用 05CuPCrNi，型钢和厚度>6 mm 的钢板，采用普通碳素钢。

（2）底架牵引梁为槽钢制作。牵引梁下盖板宽 560 mm，厚 6 mm。枕梁为箱形结构，其上、下盖板厚分别为 6 mm 及 10 mm，腹板厚 8 mm。侧梁采用槽钢 18a，铁地板枕外为厚 2 mm 的钢板，枕内为厚 1.6 mm 的波纹地板，厨房部位的铁地板为不锈钢材质。底架枕梁内侧 2m 内侧梁上各设一个顶车位。

（3）侧柱为 24 mm×70 mm×46 mm×70 mm×24 mm×2 mm 压型件。纵向梁为 2.5 mm 的钢板压制，高为 22 mm。上边梁为 45 mm×90 mm×25 mm×2.5 mm 压型件，墙板无压筋，厚度为 2.5 mm。

（4）车顶弯梁为帽型压制件，纵向梁为 50 mm×50 mm×3 mm 的钢板折边。中顶板和侧顶板厚度为 2 mm。空调机组座处平顶板采用不锈钢材质。

（5）车体两侧和门上设防雨檐，防雨檐与侧墙的缝隙必须密封。车下设裙板，按统型方案执行。

（6）侧门两侧设扶手，侧门下方设有防滑脚蹬。

（7）一、二位侧门附近各设一个侧灯架及其电源插座，一、四位角的外端墙上设登车顶用的扶梯，扶梯加装防止非工作人员攀登的防护装置。一、四位角设调车脚蹬。

（8）车体钢结构落成后，墙、顶板应平整。其不平度为：车顶中部≤4 mm/m，端墙≤2.5 mm/m，侧墙≤1.5 mm/m，车顶中部≤4 mm/m 及车顶两侧≤2 mm/m，并且不得有明显的局部凹凸不平。

（9）车体钢结构的零部件在组焊前均进行了钢材预处理，薄钢板表面进行了化学处理，使其表面清洁度达到了 Sa2 级，局部达到了 Sa2 级的要求，处理后均涂刷了防锈底漆。为保证在 15 年内车体钢结构不发生挖补、截换等情况，车体钢结构在彻底干燥的条件下涂两遍防锈底漆，每遍厚度≥30 μm，车体钢结构内部墙、顶、地板及底架外部外表面在涂完防锈漆后，再涂 3 mm 厚的橡胶沥青浆或厚度不小于 200 μm 的重防腐涂料。车体外部涂两遍面漆，顶板涂 3 遍面漆，每遍面漆厚度≥30 μm，面漆采用双组分聚氨酯漆，面漆喷涂后再涂两遍清漆。涂装的油漆至少在 A3 修程内无须重新喷涂。底漆、腻子、中间涂层、面漆及清漆由同一厂家配套的产品。

（10）外皮美工方案按统型方案执行。

2）车体内部结构

（1）车内内装骨架采用无木结构、模块化设计。

（2）地板：客室地板采用浮筑结构，上铺厚 20 mm 的硬木胶合板和厚 4 mm 的橡胶地板布，地板布四周翻边以防渗水。厨房地面采用厚 1.5 mm 的不锈钢压型组件，厨房地面设有排水孔。侧走廊门与厨房间通道处地板表面铺设防滑的菱纹铝板。

（3）内墙板、平顶板采用贴面板。储藏室间壁板采用厚 22 mm 的双面贴面胶合板，其余间壁板用厚 27 mm 的双面贴面胶合板。各顶板检查门锁采用标准内三角钥匙可以打开的锁，要求门锁作用灵活、可靠，方便检修。

（4）餐厅顶板采用厚 4 mm 的 PC 合金板，厨房顶板采用喷塑金属板。

（5）内部美工方案按统型方案执行，内部标记及其设置位置按统型方案要求设置。

3）车体隔热保温

（1）侧墙、车顶、地板采用厚度为 90 mm 的玻璃棉板，并在内侧加装铝箔（铝箔设在玻璃棉包装薄膜外侧）。端墙、隔墙受结构限制，厚度可适当减少。

（2）车体传热系数：餐厅、酒吧的静置平均传热系数（K）不大于 1.16 W/（m^2·K）。

4）车门与车窗

（1）各门按统型方案执行，作用灵活、可靠，关闭严密；各门框安装牢固，周边不得有锐棱，必须圆滑过渡。

（2）一、二位侧门为耐候钢板单开折页门。厨房侧门玻璃窗为 1/2 下翻开启式活动窗，不设车外防护栏。

（3）一、二位端门为电动触摸单开拉门，门上部设钢化玻璃窗，下部为蜂窝板。该门设自动、手动转换开关，具有自动、手动开关门的功能；在断电情况下可以手动开关门。

（4）车内各门除走廊隔门外均为折页门，采用铝门框，各门均装有门档装置。走廊隔门采用带玻璃双向摆门。

（5）车内各门除储藏室门外均设玻璃窗。厨房门玻璃为磨砂玻璃，其他门为透明玻璃。

（6）车门门锁采用 25 型门锁。侧门上部采用 1 号门锁，方便乘务人员出入，下部装有 6 号门锁，门外无锁孔，门内侧带有三角钥匙锁孔，列车在运行中乘务人员将门锁闭，保证行车安全。

（7）采用 25T 型统型铝合金单元式车窗。根据平面要求，车上装有固定和活动窗两种，车窗密封性能好，安装方便并便于检修。储藏室窗玻璃和厨房窗下半部玻璃为磨砂玻璃，其他为透明玻璃。

（8）各窗设窗帘。

5）车钩缓冲与风挡装置

（1）采用密接式车钩、弹性胶泥缓冲器。车钩抗拉强度≥2 000 kN；缓冲器缓冲器容量≥30 kJ。

（2）车辆两端设密封式折棚风挡，车端加装阻尼装置。两车联接通道处设统一型式扶手。

6）转向架

（1）采用 PW-220K 型转向架。轴重≤16.5 t，轴距 2 600 mm 。

（2）采用进口整体辗钢车轮，轮径为 915 mm，轮对组成后能满足 160 km/h 运行要求，做动平衡试验，不平衡值≤0.5 N・m，采用减重量法配平衡。同一轮对轮重差不小于 4%。车轴端部螺栓孔采用三孔机床加工，确保加工精度。

（3）采用进口油压减振器、差压阀、高度阀和轴承。

（4）采用进口无铆钉带保持架的短圆柱滚子轴承，采用金属迷宫式轴箱，在轴箱上安装接地装置及轴温报警用传感器。

（5）转向架各部件应具有良好的耐磨性能，橡胶件具有良好的抗挤压、耐冲击、耐磨及耐老化性能，基础制动各类销套采用氟塑套，要有良好的精度，便于装卸，作用灵活，关键部件的紧固件采用防松螺母，必须涂打防松标记。各部件必须有可靠的防松、防脱、防切的安全措施。确保车辆长时间持续 160 km/h 运行时及 5 000 km 不入库检修的安全可靠性。除闸片、油压减振器、橡胶件和车轮踏面外，其余各部件应满足 200 万千米无须换修的要求。

（6）设行车安全监测诊断装置。

（7）转向架构架参照 UIC 标准要求，必须进行 6×10^6 次的疲劳试验并满足有关要求。

（8）转向架的安全性能如下。

轮重减载率≤0.6。

倾覆系数≤0.8。

脱轨系数≤1.0。

转向架具有良好的防腐性能，各零部件涂装油漆后组装落成。

7）制动装置

（1）采用 104 型集成化电控制动装置。

（2）采用双管制供风，双管供风必要时可转换为单管供风，制动主管及总风管直径为 1 英寸。采用模块化设计，气路控制箱、管排组成后装车。车下制动装置的布置执行统型方案。采用球型折角塞门、总风折角塞门、球型截断塞门与集尘器联合体；采用制动软管联接器总成和总风软管联接器总成。

（3）采用盘形制动装置，设电子防滑器。防滑器主机设在电气综合控制柜内。联接防滑器压力开关的风管设截断塞门。

（4）车辆一位端设人力制动机；车上设紧急制动阀及制动管和总风管压力表，阀及风表罩造型应美观、安装不露螺钉；设车上、车下可以操纵的缓解装置。车体两侧设制动、缓解显示器。

（5）制动管路除转向架上采用橡胶软管，橡胶软管外部设金属护套外，其余采用不锈钢制品。管路及风缸内部必须清洁，不得有残留物。

8）空调供热装置

（1）一、二位端车顶各装一台制冷量为 25 000 kcal/h 空调机，供客室和走廊用。

（2）采用铝箔复合材料变截面风道，侧向送风，使整车送风均匀，并且不直接吹向旅客。

（3）废排风机设于车辆一位卫生间内，及时将车内废气排出车外。

（4）空调机组的控制由 PLC 综合电气控制柜完成，空调机组有自动调节位和手动调节位，根据气候的变化可以使车内进行通风换气、降温、除湿、加温、滤尘和排除废气等，使客室保持舒适、清新宜人的优雅环境。

（5）采用 DC600V 板式电热采暖装置，加不可恢复式超温保护装置。客室采用铝型材带状电加热器。

9）卫生给水系统

（1）车上水箱设于顶部，水箱容量不小于 1 200 L，所有给水管路均采用不锈钢管。在车两侧各设一注水口，注水口设有防污装置，水箱及各阀均能够便于检修。设液位显示装置。

（2）车内一位端茶炉室设有嵌入式电茶炉一个，采用重力出水方式，并设有补水设施。电茶炉为自动沸水式电加热器，采用不锈钢材质制造，能自动、连续地供应开水，供乘客沏茶饮用，采用嵌入式安装的接水面板，面板朝向走廊侧，茶炉室内另设便于乘务员接水的水阀。

（3）洗脸室进行整体设计。采用深色仿理石地板，为圆形凸起防滑表面，洗面柜台面采用玻璃钢台面。台面柜下设电热温水箱，台面柜旁设电热器。台面上设 JSF-Ⅱ型冷热混水阀供给洗脸用温水。

（4）厕所进行整体设计，采用深色仿理石地板，为圆形凸起防滑表面，蹲式厕所内设蹲式集便器。洗手柜台面采用玻璃钢台面柜，地漏设水封。台面柜下设电热器。残障人士厕所采用整体玻璃钢，内设扶手、护窗杆、便纸架、衣帽钩、镜子、电加热器、排风口、玻璃钢台面柜、坐式便器、垃圾箱、手动水阀、顶灯等设施。

（5）采用真空保持式集便装置，污物箱容积≥550 L。污物箱两侧设有排污接头，便于从车体两侧吸污。污物箱设置 80%、100%液位传感器和防反喷装置。车内乘务员室组合柜内设置 80%、100%液位显示、加热工作等显示。

5.3　25K 型客车车体简介

前面重点介绍了 25G 型客车中的 YZ_{25G} 型空调硬座车、YW_{25G} 型空调硬卧车、RW_{25G} 型空调软卧车、CA_{25G} 型餐车和 25T 型客车中的 YZ_{25T} 型空调硬座车、YW_{25T} 型空调硬卧车、RW_{25T} 型空调软卧车、CA_{25T} 型餐车。下面将简单介绍 YZ_{25K} 型空调硬座车、YW_{25K} 型空调硬卧车和 CA_{25K} 型餐车。

5.3.1　YZ_{25K} 型空调硬座车的总体布置

YZ_{25K} 型空调硬座车的平面布置如图 5-15 所示。

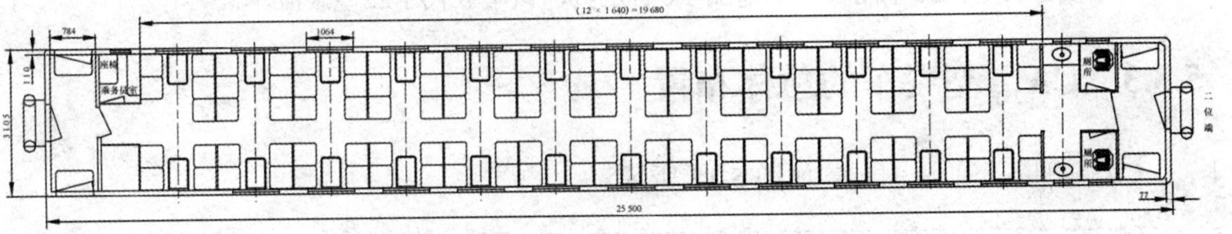

图 5-15　YZ_{25K} 型空调硬座车平面布置图

YZ_{25K} 型空调硬座车的客室两端设有小走廊和通过台；一位端设有配电室、茶炉间和乘务员室；中部为客室，室内设 2+3 排列的固定式座椅；二位端设有 2 个单人洗脸间和 2 个厕所，厕所内装有气动密封式集便器；YZ_{25K} 型空调硬座车的定员为 118 人。

YZ_{25K}型空调硬座车的两侧墙上部设有铝合金板式行李架，两端墙上方设有电子信息显示屏；车顶板采用ABS 工程塑料吸覆成型，顶板上设条缝式空调送风口及2条通长照明灯带。车顶两端设有制冷量为2×29.07 kW的单元式空调机组，采用玻璃钢静压送风道，墙板、间壁板采用防火板。侧门为气动塞拉门，风挡为密封式折叠风挡。

5.3.2　YW_{25K} 型空调硬卧车的总体布置

YW_{25K} 型空调硬卧车的平面布置如图 5-16 所示。

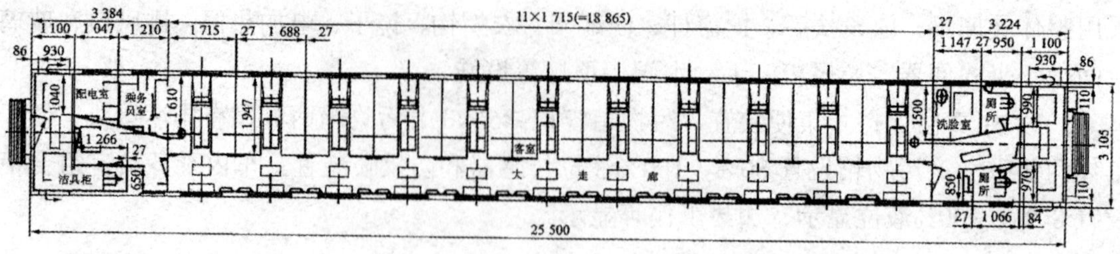

图 5-16 YW_{25K}型空调硬卧车平面布置图

YW_{25K}型空调硬卧车的客室两端设有小走廊和通过台；一位端设有配电室、电茶炉室、洁具室和乘务员室；中部设有11个开敞式卧铺包间及通长大走廊，包间内设上、中、下半软式卧铺各2组，大走廊上部设铝合金板式行李架；二位端设有1个敞开式双人洗脸间和2个厕所，厕所内设气动密封式集便器；YW_{25K}型空调硬卧车的定员为66人。

YW_{25K}型空调硬卧车的车内两端设有电子信息显示屏，车内顶板采用ABS工塑料吸覆成型，采用铝合金格栅式送风口，采用统型灯具照明。车顶一位端设制冷量为40.7 kW单元式空调机组，采用玻璃钢静压风道，墙板、间壁板采用防火板。侧门为气动塞拉门，风挡为密封式折叠风挡。

YW_{25K}型空调硬卧车卧铺的布置如图 5-16 所示，每一卧铺室内有长 2 000 mm 的横向 3 层铺位相对排列。在相对的两下铺间设有茶桌。靠走廊一侧装设有边桌和折座。通道上部设有行李架，此外，还有供旅客上下铺位用的梯子以及衣帽钩、安全挡杆等。

25型硬卧客车比22型硬卧客车增加了6名定员，该车取代了22型硬卧车。

5.3.3 CA_{25K}型餐车的总体布置

CA_{25K}型餐车的平面布置如图 5-17 所示。

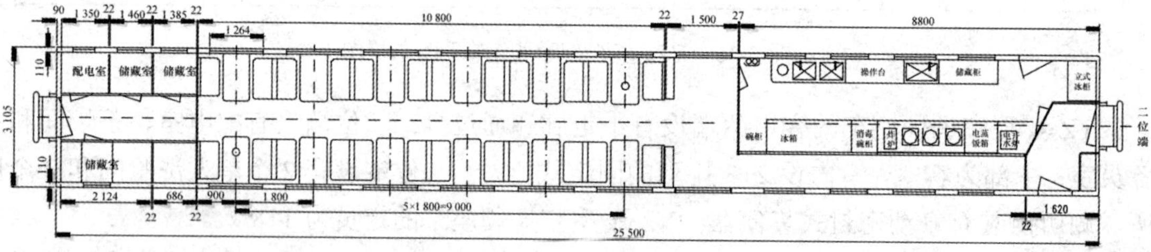

图 5-17 CA_{25K}型餐车平面布置图

CA_{25K}型餐车的一位端设有3个储藏室、配电室、走廊和小卖部；中部为餐厅；二位端设厨房和侧走廊。

配电室内设有电源配电箱、照明配电箱和空调控制柜各1个，活动椅、轴温报警器、电子防滑器、人力制动机各1个。储藏室内设有搁板，供存放物品之用。一位端走廊间壁处设有紧急制动阀。小卖部设有柜台、活动椅、电冰箱和样品柜等，可供旅客购买饮料及零星食品之用。餐厅内设有活动餐桌12个，双面4人式固定餐椅10把，单面2人式固定餐椅4把。定员为48人。餐椅下部为落地柜，其座垫可掀起供储藏餐料之用。餐厅顶部为2条隐形反射光带照明，两侧饰带板上装有隐形反射灯，光线明亮柔和，中部设隐形出风口；两侧墙上装有衣帽钩，并设有吸尘器插座；走道上铺设化纤地毯。墙板为防火塑料贴面板，顶板为白色玻璃钢，地板上铺设橡胶地板革，配以暖色调的餐桌和餐椅，烘托出一种舒适高雅的用餐环境。

餐厅一位端设样品橱2个，二位端设陈列柜、餐具桌和存放柜各1个，厨房间壁处设有递菜口。餐厅两端还设有电子信息显示屏各1个，可把列车运行过程中的有关信息及时通告旅客。

厨房内设有3眼炉灶、低压锅炉、蒸饭箱等炊事设备及冰箱、碗柜、吊柜和烤箱等储藏设备，还设有水池、刀架、锅架、板桌、排烟罩和灭火器等辅助设备。其中，炉灶为燃煤炉灶，灶体是不锈钢板焊接而成的，灶面板为铸铁面，表面附贴不锈钢，坚固耐用不变形，炉芯为高铝质耐火材料制品。炉灶正面设上下烤箱各1个。低压锅炉为水气两用锅炉，容积为190 L（不包括水套），可供热水及蒸汽。蒸饭箱为不锈钢制，每次能蒸生米25 kg左右（约需时30 min）。电冰箱分卧式和立式两种，箱体由不锈钢板制成，压缩冷凝机组箱挂于车下，由制冷管道与车上箱体相连，用于冷藏食品。为防止电冰箱在运行途中出现故障，本车还特别设置了1个备用加冰冰箱。

厨房地面为水磨石结构，水磨石下面设不锈钢防水托盘，再下面设木地板及隔热层，且具有防水、耐腐蚀和隔热等特点。水磨石地面上设有坡度，并设有不锈钢排水槽及排水孔，以利于排水。地面上铺有活动离水格，便于清洗。洗池下方地板上还设有1个垃圾口。

厨房顶部设有排气扇3个、电扇2个、炉灶烟囱帽（随风转）1个和顶灯4个，两侧还设有壁灯6个。卧式冰箱上方设有电冰箱控制柜。车窗上附有百叶窗4个，供夏季通风降温之用。整个厨房布局紧凑合理，宽敞明亮，坚固实用，供餐能力大，能满足旅客列车餐饮的要求。本车设制冷量为40.7 kW车顶式空调机组，采用玻璃钢送风道，风挡为密封式折叠风挡。

5.4 客车车体故障及检修

5.4.1 客车车体的主要故障

车体钢结构承担着车体本身的重量和车体内货物重量、机车和车辆间的牵引力和冲击力，以及运行时的侧向力等动、静载荷的综合作用，当车辆运行一定时期后，会产生各种故障。车体的主要故障有变形、腐蚀、裂纹和磨耗4种类型。

1. 变形

底架的变形主要表现为中梁和侧梁下垂，牵引梁或枕梁外侧侧梁的上翘或下垂，中侧梁左右旁弯及牵引梁甩头；对于端侧墙和车顶来说，主要表现为端侧柱外胀、车体墙板局部外胀和车体倾斜。

2. 腐蚀

腐蚀常常发生在各梁件或板料的联接处和焊缝处。客车腐蚀的损伤更为严重，它是修车中工作量较大的部分，其腐蚀部位大多在车顶、门窗、端侧墙板下部 300 mm 范围内。

3. 裂纹

车体产生裂纹的部位大多在梁件断面形状改变处，焊缝附近及铆钉孔周围等处。产生裂纹的原因除设计不合理，使局部应力过大造成损伤外，还可能因基体金属受到烧损、材质发生变化或者在焊接前材质因下料、组装不合乎工艺要求，存在内在的缺陷和弊病，再加上运用过程中超载、过大冲击等因素使结构产生裂纹。此外，梁件过大的腐蚀和变形也会导致车体裂纹。

4. 磨耗

磨耗主要发生在上心盘、上旁承及牵引梁内侧面与缓冲器或前、后从板相接触处。磨耗会降低牵引梁的强度，甚至发生牵引梁胀出凹入的现象，在检修时应加以重视。

5.4.2 客车车体的检修

1. 墙板检修

（1）侧、端墙板检修。墙板不允许贴补，补板表面不得有锈蚀；施焊后应表面平整，焊缝严密；25 型挖补截换时，应使用与母材相同钢种及对应焊条，表面锈蚀或防锈漆不良时，必须除净锈垢，更换的板材清洁度必须达到 S2.5 级（相当于 P3～P4 级之间），并涂刷高性能的防锈漆及沥青浆。

对墙板腐蚀穿透的地方进行挖补处理。墙板挖补作业前，清除墙板表面周围油漆和锈垢，拆除内侧墙板和防寒层。截换时以长方形条块截下竖线与地面垂直，横线与下边梁平行。选用与原板厚度一致的补板，将补板点固后在四周进行满焊，焊后将焊缝打磨平整，涂刷高性能防锈漆，并将防寒材修复；25 型客车涂丙稀酸改性醇酸磁漆。

（2）防攀盒检修。局部腐蚀截换，严重者更换；安装牢固，使用螺栓紧固结构者，螺栓加弹簧垫；锁闭牢固，开口销齐全，作用良好。

（3）端梯、爬梯检修。无腐蚀、无裂纹，安装牢固。

2. 挡风檐、侧门挡水檐检修

（1）检修侧门挡风檐。侧门挡风檐蚀裂损时截换或修补并涂防锈漆，腐蚀严重者更新。

（2）检修色票插、顺位插、侧灯插。裂纹、腐蚀者更换，安装牢固。

3. 防雨檐取消

（1）设有车顶雨檐的既有非双层客车。

① 门上防雨檐为铆接结构的，厂、段时取消防雨檐，各运用车间客车防雨檐必须确保其安装状态牢固。厂、段修取消防雨檐时须封堵铆钉孔，涂刮腻子，补涂油漆。

② 门上防雨檐为焊接结构的，厂修时取消其门上防雨檐，同时侧墙原雨檐焊接部位必须打磨修平整。

（2）既有双层客车及未设车顶雨檐的非双层客车。门上防雨檐为铆接结构的，厂、段时改为焊接结构；门上防雨檐为焊接结构的，维持不变。既有客车的车顶雨檐结构维持不变。

4. 底架检修

（1）车底架各梁及铁地板检修。铁地板破损者修补或截换同时进行防腐处理。地板挖补截换允许搭接，搭接量不大于 10 mm，地板、地板梁、侧梁搭接处必须满焊。铁地板表面须涂刷防锈漆；25型客车底架应涂丙稀酸改性醇酸防锈漆，清除车底架各部锈垢，在底架各梁，下层铁地板等表面锈蚀或防锈漆不良处涂防锈漆，并用沥清浆封闭断面防腐；检查底架各梁有无腐蚀破损、裂纹及开焊情况；在中侧、横梁裂纹处进行焊修处理，焊前在裂纹末端钻直径ϕ8～10 mm的孔，呈V形坡口，如需加补强板者，将焊缝铲平后再补强，另一面留有3 mm左右的增强波；或在施焊前将坡口间隙适当加大，在焊口的反面补强。对车底架下孔洞处进行封堵。

（2）补强。补强板厚度应与母材厚度相同，其大小应保证在各个方向盖过裂纹或腐蚀部分的50～100 mm。

5.5　车辆振动的一般知识

在客车车体与转向架构架之间或转向架构架与轮对之间设置具有一定弹性的悬挂装置，悬挂装置在车体与转向架构架、构架与轮对之间形成弹性约束。车体、转向架构架、轮对和弹性悬挂装置共同组成一个弹簧质量系统。当车辆沿轨道运行时，由于轮轨之间的相互作用，产生各种横向和垂向作用力并引起车辆系统的各种振动。下面就来学习车辆振动的基础知识。

5.5.1　车辆振动的原因和形式

1. 车辆振动的原因

引起车辆振动的主要因素有两个：轨道线路和车辆自身结构状态。此外，机车牵引力的变化、启动、制动等因素也会引起车辆振动。

1）轨道线路因素

实际的铁路轨道不可能是绝对平直和刚性的，存在各种各样的不平顺。

（1）钢轨接头处的轮轨冲击。线路是由一根根的钢轨通过鱼尾板联接起来的，车轮通过钢轨接头时，接缝处会出现明显的形状变化。这些局部形状变化，使车轮通过钢轨接头时接触点出现跳跃，形成轮轨间的冲击。

（2）轨道的垂向变形。轨道具有弹性，当车辆沿钢轨运行时，在轮对垂直载荷的作用下，轨道也随轮对的移动出现垂向变形。

（3）轨道局部不平顺。车辆在轨道上运行时还受到轨道各种局部不平顺的影响，如曲线外侧超高及其顺坡、横向的方向变化、曲率半径变化、轨距的变化、车辆通过道岔，此外，轨道还有上坡和下坡，钢轨的局部磨损、擦伤，路基局部隆起和下沉，气温变化等。这些局部形状变化都是激起车辆振动的原因。

（4）轨道的随机不平顺。轨道的不平顺，有些可以用确定的形式来描述，但有些线路不平顺是不确定的，而是随时随地变化的。这些不平顺也会激起车辆的振动。

2）车辆自身结构状态因素

（1）轮对偏心。由于制造工艺和设备等方面的原因，造成轮对偏心。当车轮沿轨道运行时，车轴中心相对瞬时转动中心会出现上下和前后振动。

（2）车轮不均重。如车轮的质量不均匀，则车轮的重心与几何中心不一致，当车轮转动时，车轮上会出现转动不平衡力，从而引起车辆周期性振动。

（3）车轮踏面擦伤。车轮踏面存在擦伤时，车轮滚过擦伤处，轮轨间将产生冲击，该冲击也是周期性的。

（4）车轮踏面的斜度（或等效斜度）。由于车轮踏面具有斜度（或等效斜度）以及轮缘与钢轨之间的间隙存在，轮对在线路上的轨迹为蛇行运动。随着车速的提高，剧烈的蛇行运动不仅增加运行阻力，还可能造成车辆的脱轨事故，大大恶化了车辆的运行品质。

2. 车辆振动的形式

根据力学中的运动学可知，任何一个自由刚体，在空间内可以有6个自由度。车辆的车体一般也有6个自由度，为了确定车体的位置一般用6个广义坐标来表示。过车体质心O作3个互相垂直的笛卡儿右手坐标系$Oxyz$，并规定x轴与车辆的前进方向一致，y轴水平向右，z轴向下。这时车体有6种可能的运动方式，即沿x、y、z轴3个方向的直线运动和绕x、y、z轴的回转运动θ、φ、ψ。车体空间的位置由这6个广义坐标来确定，车体在空间的坐标位置如图5-18所示。

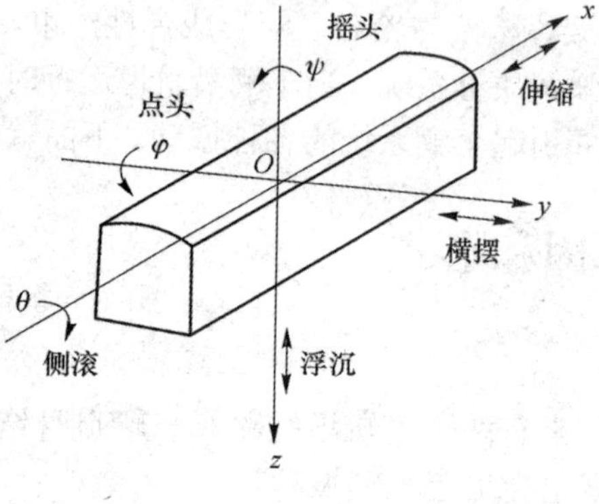

图 5-18　车体在空间的坐标位置

车辆振动的6种基本形式，如图5-19所示。

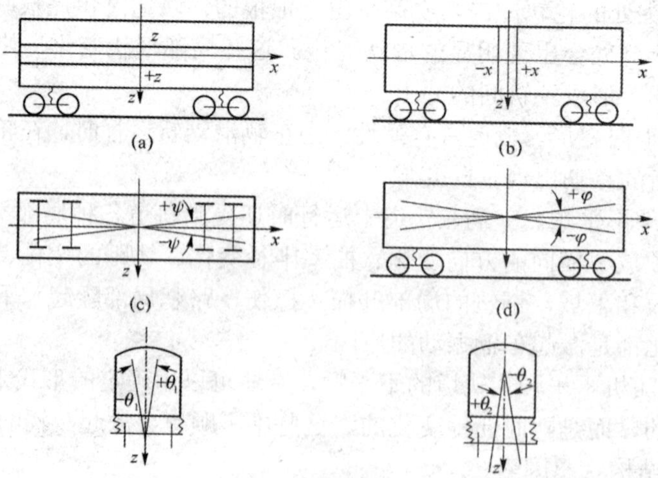

图5-19　车辆振动的6种基本形式

（1）浮沉振动——沿Z轴方向的铅垂振动，某一瞬间车体各点的铅垂位移相等。

（2）点头振动——车体绕Y轴做幅度为$\pm\varphi$的回转振动。

（3）摇头振动——车体绕Z轴做幅度为$\pm\psi$的回转振动。

（4）横摆振动——由于摇动台的摆动，车体做沿Y轴方向的振动。

（5）侧滚振动——车体在横向力作用下，做绕X轴的回转运动。

（6）伸缩振动——车体沿X轴方向的纵向振动，在某一瞬间，车体各点的纵向位移相等。

在实际运用过程中，通常把浮沉振动和点头振动称为垂直振动；把摇头振动、横摆振动、侧滚振动称为横向振动；车辆的伸缩运动称为纵向振动。事实上，上述各种振型均不会单独出现，往往是几种振型耦合在一起同时发生。因此，车辆振动一般比较复杂，在研究振动的过程时应综合考虑各方面的因素。

5.5.2　车辆减振措施

1.改善车辆垂向振动性能的措施

试验和理论研究表明，转向架的弹簧减振装置对车辆垂向性能的影响最大。因此，选择弹簧减振装置的各种参数时，应注意以下几点。

1）弹簧装置的静挠度

总静挠度即轴箱弹簧与摇枕弹簧静挠度的总和。加大静挠度，可以降低车辆垂向振动的自振频率和车体的加速度，弹簧静挠度越大，振动加速度越小。但应注意：第一，从限制车体侧滚的观点来看，弹簧静挠度不宜过大，否则，会使侧滚过大，导致车体产生较大的倾斜而超出车辆限界；第二，会发生车钩高度差过大会引起脱钩等问题。因此，一般静挠度选择在140～190 mm。

2）摇枕弹簧与轴箱弹簧刚度比

一般来讲，轴箱弹簧刚度较大，可以抑制转向架的点头振动。但刚度过大，将加剧转向架和车体的高频振动。试验表明，刚度比取0.4～0.7为宜。

3）采用减振器

在转向架的弹簧系统中，应安装减振器。试验及理论均表明，在轴箱弹簧处安装减振器，对抑制转向架浮沉振动、点头振动及改善车体的垂向振动均有好处。

4）采用减振橡胶

大量实践表明，采用橡胶可以有效地吸收车体的高频振动。在心盘处、轴箱弹簧座、摇枕弹簧座、承载鞍处加入橡胶垫，可以有效地改善车体垂直振动性能。

2. 改善车辆横向振动性能的措施

引起横向振动的主要原因是转向架的蛇行运动，尤其是行车速度超过100 km / h时更加明显。通常从以下几个方面着手解决。

1）采用旁承支重

采用旁承支重，是为了利用上下旁承面间的摩擦力，抑制转向架的蛇行运动，从而达到改善车辆横向振动性能的目的。

2）车轮踏面斜度的选择

车轮踏面斜度是引起蛇行运动的根本原因。试验及理论均表明，减小踏面斜度，可以增加蛇行运动的波长，减小横向振动的加速度。

3）轴箱定位

实践表明，轴箱定位方式对高速运行的转向架蛇行运动的影响十分明显。目前，较好的轴箱定位方式有：弹性导柱式、转臂式、拉板式及橡胶堆式轴箱定位方式，在客车转向架上已广泛采用。

4）采用横向减振器

采用横向减振器可以大大改善横向振动性能。此外，设置抗侧滚扭杆，也是十分有效的措施。这些措施已经逐渐在客货车辆上铺开使用。

3. 车辆状态

（1）转向架和车辆状态引起的车轮受力不均。构架扭曲、弹簧和轮径的制造误差、前后心盘面不平行、对角线旁承压死等，都将引起轮载荷的增减。

（2）旁承摩擦力矩过大阻碍转向架的回转，在通过曲线时，使轮缘侧向水平力增大。

（3）轴箱定位刚度过大，将使轮对与钢轨之间的侧向冲击力增大。

（4）车辆的装载状态。空车比重车易脱轨，这主要是因为空车时弹簧挠度小，对线路的适应能力较差。此外，偏载也容易引起脱轨。

（5）车辆重心位置越高，则未被平衡的横向力引起的增减载就越大，如果重心在水平面内偏向一侧或一端，会显著地影响各车轮垂直载荷的分配。

（6）车辆振动、车轴的不平行度、轮缘角及轮缘表面的粗糙度等，对脱轨安全性都有不同程度的影响。

4. 运用条件

（1）运行速度。分析转向架的脱轨实例，可以发现脱轨多发生在低速时。

（2）推进时，车辆之间的连挂作用力是压缩力，易引起脱轨。

（3）风力对脱轨的安全性也不利，特别是对长大轻型的车体，风力的影响更为显著。

（4）有大车与小车连挂的列车通过曲线时，由于大车端部偏离线路中心线比小车大，因此，大车对小车有较大的指向曲线外侧的侧向力。

复习思考题

1. 中国铁路客车按照铁路发展的历史，可划分为哪几代铁路客车？
2. YZ_{25G}、YW_{25G}、RW_{25G}和CA_{25G}型餐车，以及YZ_{25T}、YW_{25T}、RW_{25T}和CA_{25T}型餐车的设计寿命是多少年？在多少年内钢结构不发生挖补和截换？

3. YZ_{25T}型空调硬座车按车上布置可划分哪些系列品种？

4. 客车车体的主要故障都有哪几种类型？

5. 引起车辆振动的主要原因是什么？

6. 车辆振动有哪几种基本形式？

7. 什么是垂直振动、横向振动和纵向振动？

8. 改善车辆垂向和横向振动性能应采取哪些措施？

第6章

客车设备

为了满足旅客在旅行中饮水、用餐及卫生的需要，客车内必须设有给水装置；为了有效预防风沙雨水侵入车内及方便旅客在列车运行时安全地在列车内通行，需要在车辆两端的联接处装有风挡装置；随着列车运行速度的提高，空气阻力逐渐加大，车厢体内很容易形成负压，灰尘及部分空气通过车门进入车厢，使客车车厢内损失加大，非常容易造成车厢内空气混浊，这就需要客车车辆有密封性能较高的集便器和塞拉门，以满足旅客对乘车舒适性的要求。下面分别介绍给水装置、采暖装置、风挡装置、集便器和塞拉门。

6.1 客车给水装置

铁路旅客列车在运行途中，为了供给旅客和司乘人员饮水、用餐和盥洗等用水，每辆客车上均应设有存放水的设备，这种设备统称为客车给水装置。根据水箱在客车上安装位置的不同，可分为车上水箱和车下水箱两种形式。目前，我国铁路客车绝大部分都采用车上式水箱供水。对于普通 25 型车来讲，车上式水箱供水的好处是：它能完全依靠水的自重供水，省去了压缩机和给水风缸等外部供水条件；另外，由于水箱设置在客车顶棚内，配管又和采暖系统的管路靠近，不需要专门为给水装置安装防寒设备。所以，它具有结构简单、故障少、检修方便和水箱内是否有水容易确认等特点。但它的缺点是：由于水箱间连通管较细和排气慢，所以，它的上水速度较慢。对于新型 25 型空调车来讲，根据冬季运行需要和用户要求，水箱及平顶以上供水管可以包裹自控电伴热线加温。

6.1.1 25G 型空调客车给水装置

25G 型空调客车给水装置是为了旅客饮用和洗漱而设的。下面以南京浦镇车辆有限公司生产的 YZ_{25G} 型空调硬座车、YW_{25G} 型空调硬卧车、RW_{25G} 型空调软卧车和 CA_{25G} 型餐车为例，分别介绍它们的给水装置。

1. YZ_{25G} 型空调硬座车给水装置

1）组成

YZ_{25G} 型空调硬座车给水装置全车由车顶水箱、洗面器延时水阀、放水阀、注水口、管路及其他各阀等组成。

2）结构

YZ_{25G} 型空调硬座车给水装置由两个矩形不锈钢水箱组成，总容量≥1 000 L。用螺栓安装在二位端走道和通过台平顶上部的吊梁上。两个水箱由Dg40和Dg25管连通；溢水管由Dg25管连通组成，由水箱连通管引至三位角洗面器排水管至车下。两个注水口分别设在三、四位角车下，并分别设置了单向阀。为测量水箱存水情况，在四位厕所安装水位表。用水均由水箱Ⅰ引出（茶炉用水在最低位）。为保证非限定区间发电车（高寒车）冬季运行需要和用户要求，水箱及平顶以上供水管可以包裹自控电伴热线加温。

YZ_{25G} 型空调硬座车车顶给水装置结构管路示意图如图6-1所示。

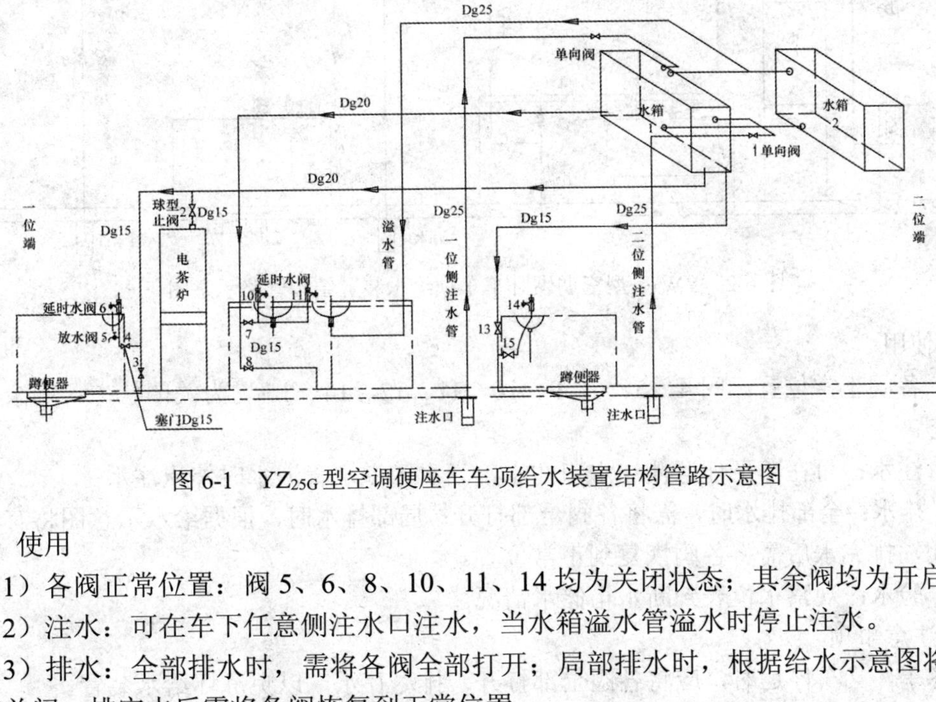

图6-1　YZ_{25G} 型空调硬座车车顶给水装置结构管路示意图

3）使用

（1）各阀正常位置：阀5、6、8、10、11、14均为关闭状态；其余阀均为开启状态。

（2）注水：可在车下任意侧注水口注水，当水箱溢水管溢水时停止注水。

（3）排水：全部排水时，需将各阀全部打开；局部排水时，根据给水示意图将有关阀打开或关闭，排完水后需将各阀恢复到正常位置。

（4）验水：观察水位表，当黑针退至红针以下时，表示缺水（打开水阀黑针仍有摆动现象）或无水（黑针无摆动现象）。

（5）供水：洗脸柜用水时，按下延时水阀阀柄即供水；冲便时，手按"冲便阀"即供水冲便。

4）注意事项

在冬季，当车停运时，应将各阀全部打开，排尽存水，以免冻坏给水装置。

2. YW_{25G} 型空调硬卧车给水装置

1）组成

YW_{25G} 型空调硬卧车给水装置全车由车顶水箱、洗面器水阀、放水阀、注水口、管路及其他各阀等组成。

2）结构

YW_{25G}型空调硬卧车给水装置由一个不锈钢椭圆形水箱、水阀、单向阀及管路等组成，总容量≥1 000 L。溢水管由 Dg20 管连通组成，引至洗脸间至车下。该系统设注水口两个，分别由水箱引至三、四位角至车下，并分别设置了单向阀。为测量水箱存水情况，在厕所的水管上设置了水位表。为保证非限定区间发电车（高寒车）冬季运行需要和用户要求，水箱及平顶以上供水管可以包裹自控电伴热线加温。

YW_{25G}型空调硬卧车车顶给水装置结构管路示意图如图 6-2 所示。

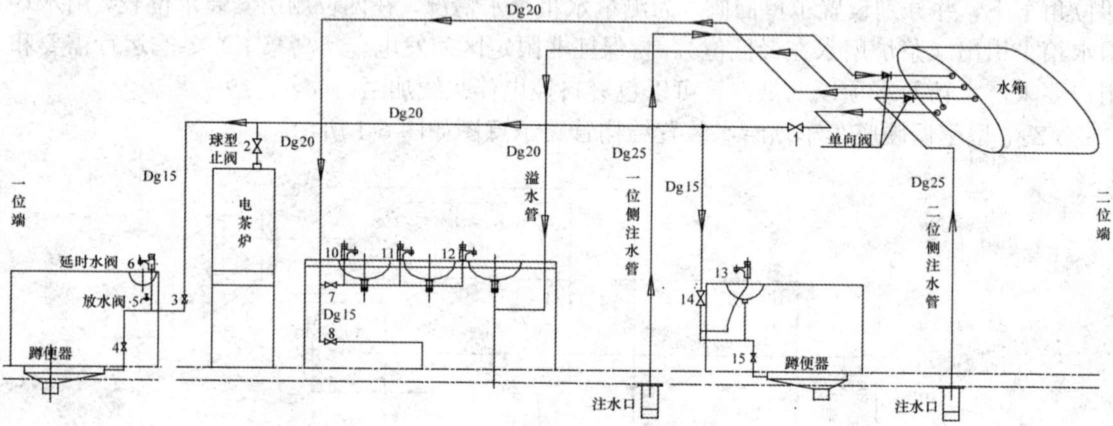

图 6-2　YW_{25G}型空调硬卧车车顶给水装置结构管路示意图

3）使用

（1）各阀正常位置：阀 4、5、6、9、10、11、12、14、15 均为关闭状态；其余阀均为开启状态。

（2）注水：可在车下任意侧注水口注水，当水箱溢水管溢水时停止注水。

（3）排水：全部排水时，需将各阀全部打开；局部排水时，根据给水示意图将有关阀打开或关闭，排完水后需将各阀恢复到正常位置。

（4）验水：观察水位表判断水箱储水情况。

4）注意事项

在冬季，当车停运时，应将各阀全部打开，排尽存水，以免冻坏给水装置。

3. RW_{25G}型空调软卧车给水装置

1）组成

RW_{25G}型空调软卧车给水装置全车由车顶水箱、过热式电热温水箱、洗面器双控水嘴、放水阀、注水口、管路及其他各阀等组成。洗脸盆下方设过热式电热温水箱一个，方便旅客冬季的使用。

2）结构

RW_{25G}型空调软卧车给水装置本系统由一个不锈钢椭圆水箱、水阀、单向阀及管路等组成，总容量≥1 000 L。水箱利用托梁及螺栓将水箱横向安装在二位端平顶上方，为防止凝结水，水箱外填充 10 mm 厚的聚乙烯板，外包阻燃市布一层。该系统设注水管两个，分别由水箱引至三位角厕所和四位角洁具室至车下，并分别设置了单向阀。为测量水箱存水情况，在水箱设液位显示器，液位显示器的传感器装在水箱上，显示器装在综合电气柜上。二位端设溢水管一根通过三位角洗手器排水管排至车下。洗脸盆下方的过热式电热温水箱功率为3.6 kW，电源电压DC600V。为保证非限定区间发电车（高寒车）冬季运行需要和用户要求，水箱及平顶以上供水管可以包裹自控电伴热线加温。

RW_{25G}型空调软卧车车顶给水装置结构管路示意图如图6-3所示。

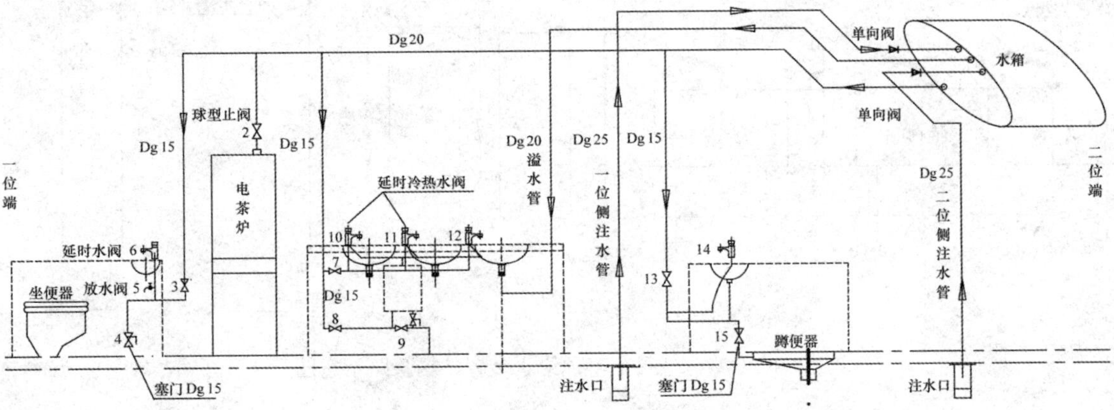

图6-3　RW_{25G}型空调软卧车车顶给水装置管路示意图

3）使用

（1）各阀正常位置：阀4、5、6、9、10、11、12、14、15均为关闭状态，其余各阀均为开启状态。

（2）注水：从车下任意侧注水，当溢水管排水时，即停止注水。

（3）排水：全部排水时，需将各阀全部打开，如局部排水时，可根据给水示意图将有关阀打开或关闭，排完水后，应将各阀恢复正常位置。

（4）验水：观察液位显示仪显示面板上的显示情况确定水箱水位高低。显示器分20格显示，分别表示满水、缺水、无水。

（5）供水：洗脸柜用水时，手拧洗脸柜台面上的放水阀阀把即供水；冲便时，按下便器的冲洗按钮即供水冲便。

4）注意事项

在冬季，当车停运时，应将各阀全部打开，排尽存水，以免冻坏给水装置。

当给水装置有关管路因受冻结冰时，不可强行向水箱注水，待水管流通后方可正常注水使用，以防发生胀裂水箱或高压水从软管接头处泄漏等现象。

4. CA_{25G}型餐车给水装置

1）组成及结构

CA_{25G}型餐车给水装置是为了餐饮需求而设的。由一个椭圆筒形不锈钢水箱组成，总容量≥1 200 L。用螺栓安装在二位端横向水箱托梁上。水箱端部由两个（3/4）英寸水管座分两路分别引至侧墙侧洗池及间壁侧电蒸饭箱、电开水器炊事设备。水箱空气管由水箱引至车下。

注水口设在三、四位角车下两侧，由水箱顶部注水。

为了更直观地观察水箱存水情况，洗池旁设水位表 1 只。

CA_{25G} 型餐车车顶给水装置结构管路示意图如图 6-4 所示。

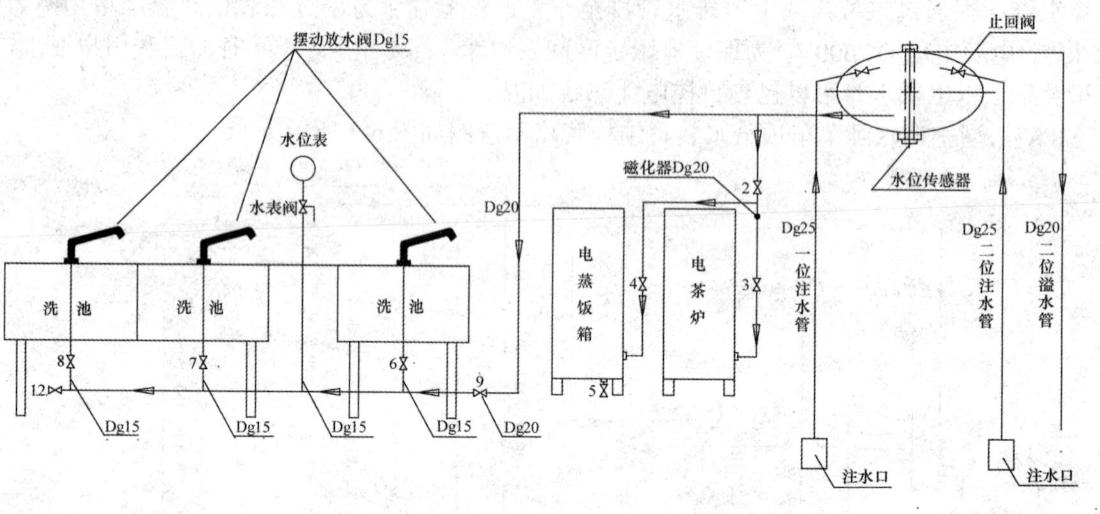

图 6-4　CA_{25G} 型餐车车顶给水装置结构管路示意图

2）使用

（1）各阀正常位置：阀 2、3、4、6、7、8、9 均为关闭状态；阀 5、12 均为开启状态。

（2）注水：可从车下任一侧注水口注水，当水箱空气管溢水时停止注水。

（3）排水：全部排水时，需将各阀全部打开。局部排水时，根据给水示意图将有关阀打开或关闭，排完后需将各阀恢复到正常位置。

（4）验水：观察水位表，当黑针退至红针以下时，表示缺水（打开洗池水阀黑针仍有摆动现象）或无水（黑针无摆动现象）。

3）注意事项

（1）为保证水位表指针正确，先将水箱注满水后，应由检验人员打开水位表盖，将红针拨至黑针升起位置，最后将水位表用铅封封闭。

（2）车辆停运期间（特别在冬季），应将各阀打开，排净存水，以免冻坏给水系统。

6.1.2　25T 型空调客车给水装置

25T 型空调客车给水装置，是为了旅客饮用、洗漱而设的。下面以南京浦镇车辆有限公司生产的 YZ_{25T} 型空调硬座车、YW_{25T} 型空调硬卧车、RW_{25T} 型空调软卧车和 CA_{25T} 型餐车为例，分别介绍 25T 型空调客车的给水装置。

1. YZ_{25T} 型空调硬座车给水装置

1）组成

YZ_{25T} 型空调硬座车给水装置全车由车上水箱、水位显示器、过热式电热温水箱、洗面器冷热水阀、放水阀、注水口、管路及其他各阀等组成。

水位显示器设于一位端配电室配电柜内，电热温水箱设于洗面柜内。

2）结构

YZ_{25T}型空调硬座车给水装置由两个矩形不锈钢水箱组成，总容量≥1 200 L。用螺栓安装在二位端走道和通过台平顶上部的吊梁上。两个水箱由Dg40和Dg25管连通；溢水管由Dg25管连通组成，由水箱连通管引至三位角洗面器排水管至车下。两个注水口分别设在三、四位角车下。并分别设置了单向阀。为测量水箱存水情况，在水箱Ⅰ上设置了液位显示器，液位显示器的传感器装在水箱Ⅰ上，显示器装在综合电气柜上。用水均由水箱Ⅰ引出（茶炉用水在最低位）。洗脸盆下方的过热式电热温水箱功率为3.6 kW，电源电压AC380V。为保证非限定区间发电车（高寒车）冬季运行需要和用户要求，水箱及平顶以上供水管可以包裹自控电伴热线加温。

YZ_{25T}型空调硬座车车顶给水装置结构管路示意图如图 6-5 所示。

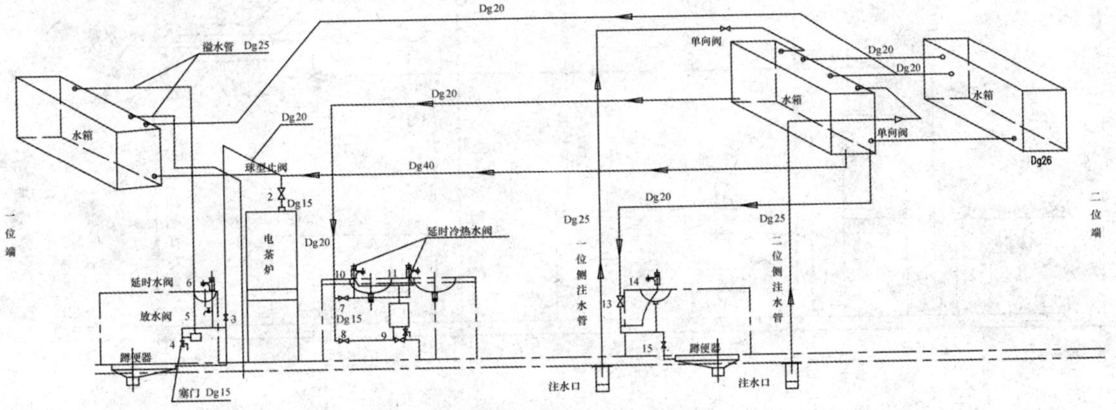

图 6-5 YZ_{25T}型空调硬座车车顶给水装置结构管路示意图

3）使用

（1）各阀正常位置：阀 4、5、6、9、10、11、14、15 均为关闭状态，其余各阀均为开启状态。

（2）注水：可在车下任意侧注水口注水，当水箱溢水管溢水时停止注水。

（3）排水：全部排水时，需将各阀全部打开，如局部排水时，可根据给水示意图将有关阀打开或关闭，排完水后，应将各阀恢复正常位置。

（4）验水：观察显示器，显示器分 5 格显示，分别表示满水、缺水、无水。

（5）供水：洗脸柜用水时，按下延时水阀或延时冷热水阀阀柄（延时冷热水阀有冷热水调节开关）即供水；冲便时，按下便器的冲洗按钮即供水冲便。

4）注意事项

在冬季，当车停运时，应将各阀全部打开，排尽存水，以免冻坏给水装置。

2. YW_{25T}型空调硬卧车给水装置

1）组成

YW_{25T}型空调硬卧车给水装置全车由车上水箱、过热式电热温水箱、水位显示器、洗面器延时水阀、放水阀、注水口、管路及其他各阀等组成。水位显示器设于一位端配电室配电柜内，过热式电热温水箱设于洗面柜内。

2）结构

YZ$_{25T}$型空调硬卧车给水装置由一个椭圆水箱、水阀、单向阀及管路等组成，总容量大于或等于1 500 L。溢水管由Dg20管连通组成，引至厕所盆排管上。该装置设注水口两个，分别由水箱引至洁具柜和蹲便厕所至车下，并分别设置了单向阀。为测量水箱存水情况，在水箱上设置了液位显示器，液位显示器的传感器装在水箱上，显示器装在综合电器柜上。为保证非限定区间发电车（高寒车）冬季运行需要和用户要求，水箱及平顶以上供水管可以包裹自控电伴热线加温。

YW$_{25T}$型空调硬卧车车顶给水装置结构管路示意图如图 6-6 所示。

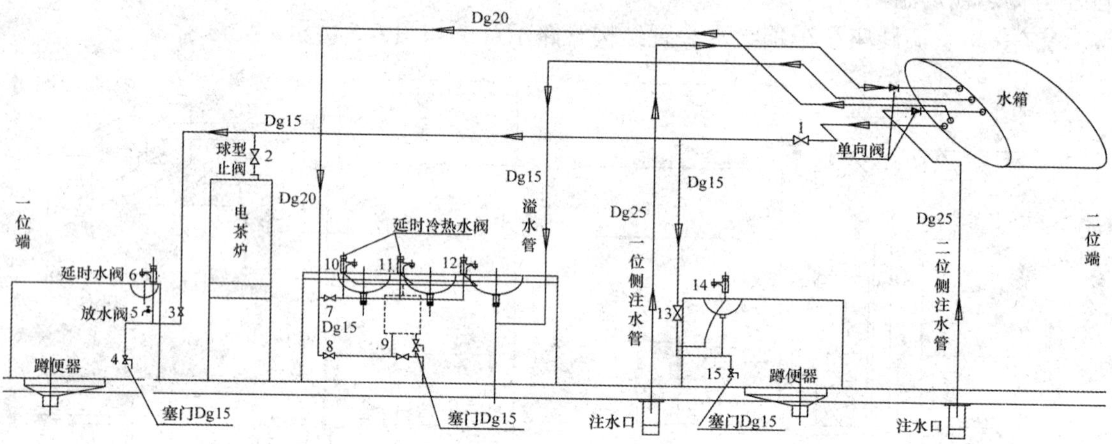

图 6-6　YW$_{25T}$型空调硬卧车车顶给水装置结构管路示意图

3）使用

（1）各阀正常位置：阀 4、5、6、9、10、11、12、14、15 均为关闭状态，其余阀均为开启状态。

（2）注水：可在车下任意侧注水口注水，当水箱溢水管溢水时停止注水。

（3）排水：全部排水时，需将各阀全部打开，局部排水时，根据给水示意图将有关阀打开或关闭，排完水后，应将各阀恢复正常位置。

（4）验水：观察显示器，显示器分 5 格显示，分别表示满水、缺水、无水。

（5）供水：洗脸柜用水时，按下延时水阀或延时冷热水阀阀柄（延时冷热水阀有冷热水调节开关）即供水；冲便时，按下便器的冲洗按钮即供水冲便。

4）注意事项

在冬季，当车停运时，应将各阀全部打开，排尽存水，以免冻坏给水装置。

3. RW$_{25T}$型空调软卧车给水装置

1）组成

RW$_{25T}$型空调软卧车给水装置全车由车上水箱、过热式电热温水箱、水位显示器、洗面柜冷热水阀、洗手器延时水阀、放水阀、注水口、管路及其他各阀等组成。水位显示器设于一位端配电室配电柜内，过热式电热温水箱设于洗面柜内。

2）结构

RW_{25T}型空调软卧车给水装置由一个椭圆水箱、水阀、单向阀及管路等组成，总容量大于或等于1 500 L。溢水管由Dg25管连通组成，引至厕所盆排管上。该装置设注水口两个，分别由水箱引至车下，并分别设置了单向阀。为测量水箱存水情况，在水箱上设置了液位显示器，液位显示器的传感器装在水箱上，显示器装在综合电器柜上。为保证非限定区间发电车（高寒车）冬季运行需要和用户要求，水箱及平顶以上供水管可以包裹自控电伴热线加温。

RW_{25T}型空调软卧车车顶给水装置结构管路示意图如图6-7所示。

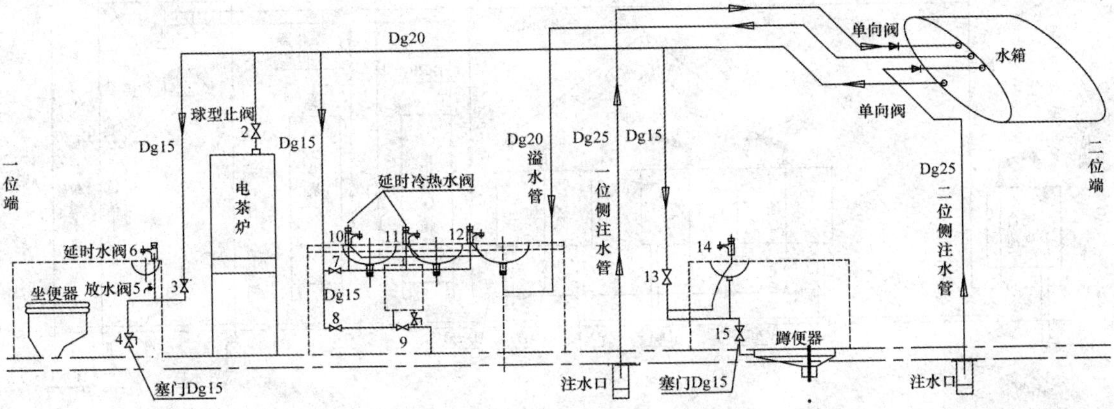

图 6-7　RW_{25T}型空调软卧车车顶给水装置结构管路示意图

3）使用

（1）各阀正常位置：阀 4、5、6、9、10、11、12、14、15 均为关闭状态，其余阀均为开启状态。

（2）注水：可在车下任意侧注水口注水，当水箱溢水管溢水时停止注水。

（3）排水：全部排水时，需将各阀全部打开，局部排水时，根据给水示意图将有关阀打开或关闭，排完水后，应将各阀恢复正常位置。

（4）验水：观察显示器，显示器分 5 格显示，分别表示满水、缺水、无水。

（5）供水：洗手器用水时，按下延时水阀阀柄即延时供水；洗面柜用水时，打开冷热水阀阀柄即供水；冲便时，按下便器的冲洗按钮即供水冲便。

4）注意事项

在冬季，当车停运时，应将各阀全部打开，排尽存水，以免冻坏给水装置。

4. CA_{25T}型餐车给水装置

1）组成

C A_{25T}型餐车给水装置是为了炊事人员炊事时提供水源。CA_{25T}型餐车给水装置由水箱（水位传感装置）、水表阀、水位表、注水口、各水阀及管道等组成。水位显示器设于一位端配电室配电柜内。

2）结构

CA_{25T}型餐车给水装置全车设一个水箱，水箱呈椭圆形，由不锈钢制造。水箱的总容量约为1 500 L。从水箱上部引出两根至车下。从水箱引出一路支管至厨房电开水炉、电蒸饭箱，以及窗口侧墙侧水池。水箱另一路延一位侧引出连通管至一位端吧台电茶炉等处。为测量水箱的存水情况，在水箱上设置了液位显示器，液位显示器的传感器装在水箱上，显示器装在综合电器柜上。为保证非限定区间发电车（高寒车）冬季运行需要和用户要求，水箱及平顶以上供水管可以包裹自控电伴热线加温。

CA_{25T}型餐车车顶给水装置结构管路示意图如图6-8所示。

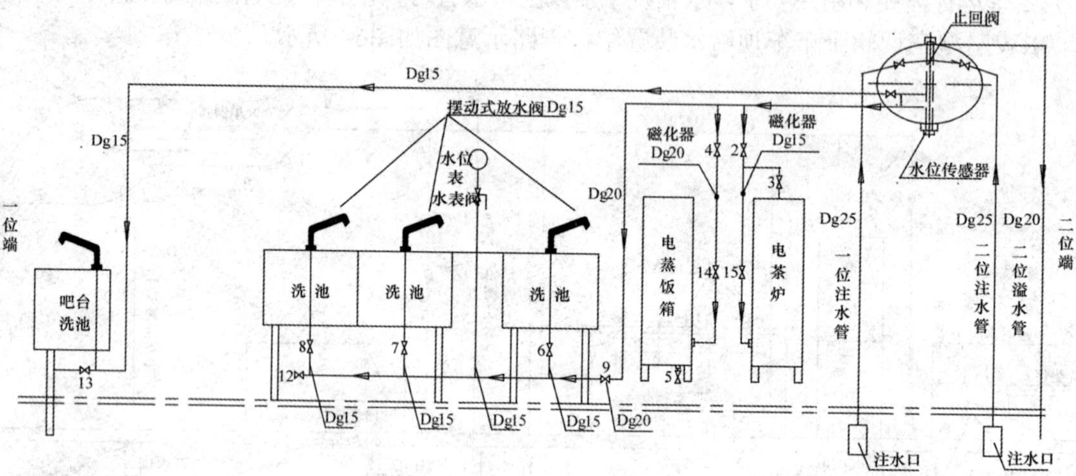

图 6-8　CA_{25T}型餐车车顶给水装置结构管路示意图

3）使用

（1）各阀正常位置：阀1、2、3、4、6、7、8、9、10、11为开启状态；阀5、12、13为关闭状态。

（2）注水：可在车下任意侧注水口注水，当水箱溢水管溢水时停止注水。

（3）排水：全部排水时，需将各阀全部打开，局部排水时，根据给水示意图将有关阀打开或关闭，排完水后，应将各阀恢复正常位置。

（4）验水：观察显示器，显示器分 5 格显示，分别表示满水、缺水、无水。

（5）供水：厨房洗池用水时，开摆式放水阀；电茶炉用水时，开电茶炉上的水阀；吧台洗池用水时，开洗池上的水阀。

4）注意事项

（1）补水：根据设于一位端配电柜内的水位显示器观察水位格，1/4 表明水箱已缺水。应从车下注水口及时补充上水。

（2）排水：车辆停用期间（特别在冬季），应将各阀全部打开，排尽存水，以免冻坏给水装置。

6.2　客车采暖装置

为保持冬季车厢内具有适宜的温度，普通 25 型客车采用温水取暖装置。温水取暖装置是将安装在每一辆客车任一位端的温水锅炉内的水加热送入车厢内散热管中，使车内空气加热，称为独立温水锅炉取暖装置。新型空调客车以 25G 和 25T 型客车为例，简单介绍它们的采暖装置。

6.2.1　YZ_{25} 型普通客车燃煤锅炉温水取暖装置

目前，在铁路上运用的客车中还有一部分 22 型和 25 型普通客车采用燃煤锅炉温水取暖装置，这里以 YZ_{25} 型普通客车为例，简要介绍燃煤锅炉温水取暖装置。

25 型普通客车燃煤锅炉温水取暖装置散热管散发的热量比较温和适中，燃料热效率较高；运行中不受机车类型限制；车辆单独停放时，可以独立取暖。但是这种取暖也存在一些缺点，比如锅炉比较笨重、操作时劳动强度大、需要经常补水等。

1. 组成

YZ_{25} 型普通客车燃煤锅炉温水取暖装置结构如图 6-9 所示。

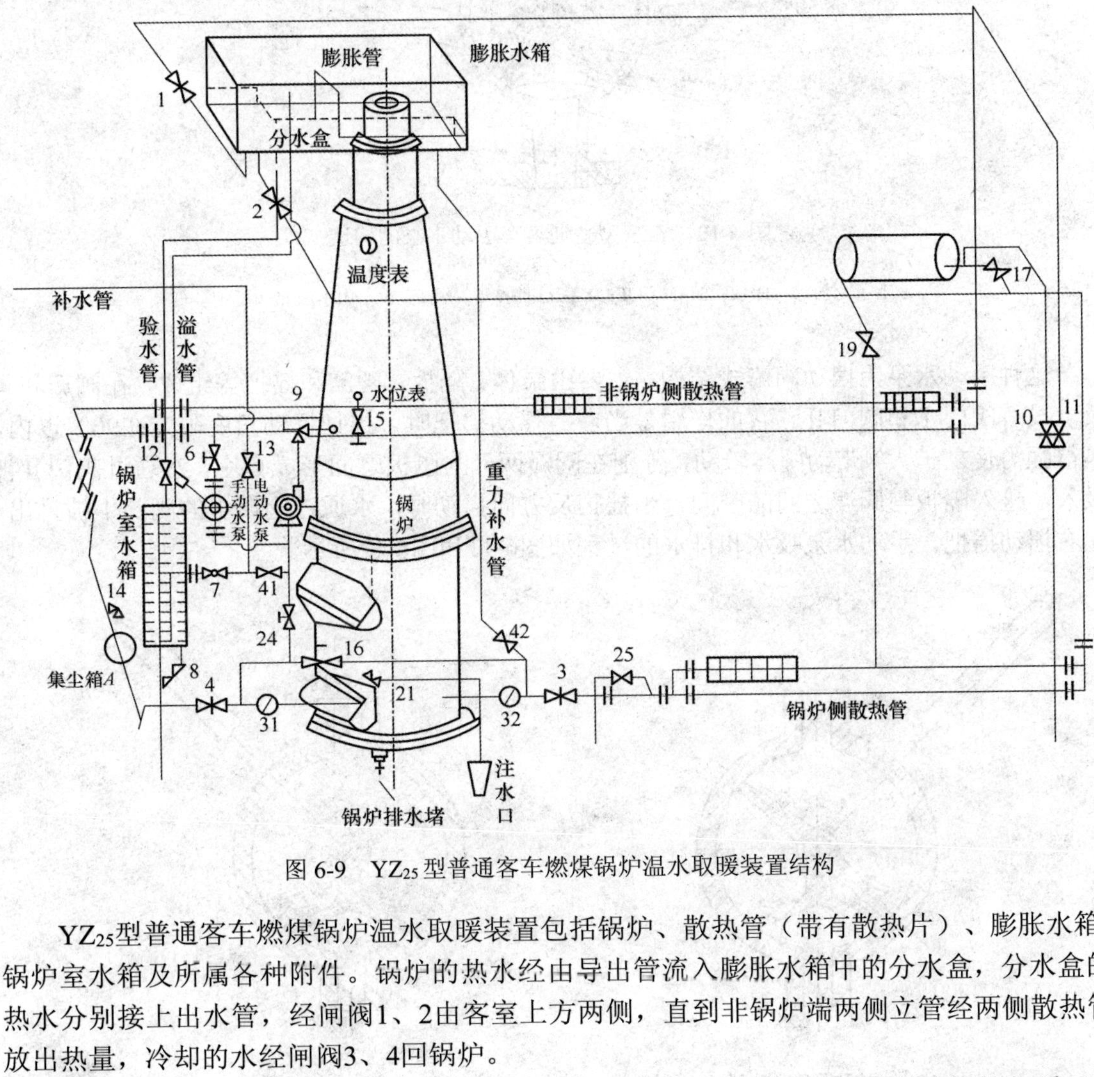

图 6-9　YZ_{25} 型普通客车燃煤锅炉温水取暖装置结构

YZ_{25}型普通客车燃煤锅炉温水取暖装置包括锅炉、散热管（带有散热片）、膨胀水箱、锅炉室水箱及所属各种附件。锅炉的热水经由导出管流入膨胀水箱中的分水盒，分水盒的热水分别接上出水管，经闸阀1、2由客室上方两侧，直到非锅炉端两侧立管经两侧散热管放出热量，冷却的水经闸阀3、4回锅炉。

膨胀水箱处在独立循环回路之外，膨胀水箱借助重力补水管和分水盒的膨胀管与循环系统联系，使膨胀水箱中的水位波动得到均衡。膨胀管伸到膨胀水箱中标注的最低水位处（离箱底40 mm），重力补水管上安装1个旋转式止回阀42。

当通过注水口向锅炉注水时，由于止回阀42的逆止，起初注水时膨胀水箱和注水系统相隔，只是在排完系统空气之后，借助膨胀管使膨胀水箱中的水注满到溢水管的位置。

在二位端二位侧的平顶板上设有温水箱，箱内有加热水的蛇形管，管的两端分别接在上出水管和散热管上。

手动水泵和电动水泵并排安装在锅炉水泵架上，手动水泵的构造如图6-10所示。

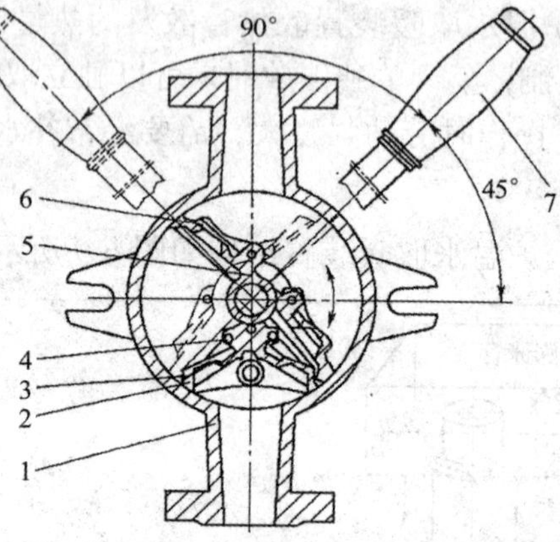

图 6-10 YZ_{25}型普通客车手动水泵的构造

1—泵体；2—隔板；3—阀门Ⅱ；4—开口销；5—阀瓣；6—阀门Ⅰ；7—摇把

这种手动水泵为摆动阀瓣式结构，主要由泵体、隔板、阀瓣和摇把等组成，在阀瓣和隔板上设有阀门Ⅰ和阀门Ⅱ。它的作用是当左右摇动摇把时（摇把摆动角度限定在90°以内，不得强力使之扩大）带动阀瓣转动，分别在阀瓣两侧与隔板之间形成真空，水通过阀门Ⅱ被吸入，进入隔板与阀瓣之间的空间，当摇把反方向摇动时，水通过阀瓣上的阀门Ⅰ被排出。左右摇动摇把，手动水泵吸水和排水的过程如图6-11和图6-12所示。

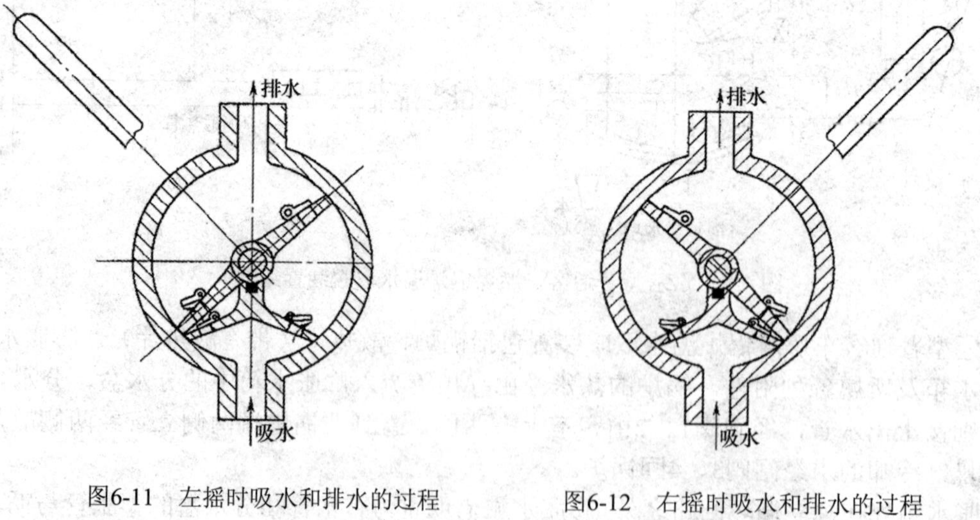

图6-11 左摇时吸水和排水的过程

图6-12 右摇时吸水和排水的过程

手动水泵的特点：体积小、质量轻、操作省力、往返行程均可做功、效率高和安装拆卸方便。

电动水泵除进行强迫循环时使用外，还可向锅炉补水时使用。25型客车和新型燃煤锅炉使用的电动水泵实物如图6-13所示。

图 6-13 电动水泵实物图

电动水泵由水泵和电动机两部分构成。水泵部分主要由水泵座、蜗壳体、水泵盖、水泵轴、叶轮、螺母、橡胶水封、衬套、抛水圈、联轴套等组成。其正常供水时抽水量为3 m^3/h，具有体积小、质量轻、工作可靠、省电等优点。

2. 车内温度调整方法

1）自然循环调整方法

两侧散热管同时自然循环。

（1）开启的阀：1～4、9、16、31、32。

（2）关闭的阀：6～8、10～14、21、24、25。

（3）锅炉侧散热管自然循环：各阀在两侧同时自然循环的基础上关闭阀4或阀1。

（4）非锅炉侧散热管自然循环：各阀在两侧同时自然循环的基础上关闭阀3或阀2。

2）电动水泵的强迫循环调整方法

（1）两侧散热管同时强迫循环：各阀在自然循环正常位置的基础上，开启阀24，关闭阀31、32，启动电动水泵即可。

（2）锅炉侧散热管强迫循环：各阀在自然循环正常位置的基础上，开启阀24，关闭阀4、31、32，启动电动水泵即可。这时，非锅炉侧散热管停止循环。

（3）非锅炉侧散热管强迫循环：各阀在自然循环正常位置的基础上，开启阀24，关闭阀16、31，启动电动水泵即可。此时，锅炉侧散热管仍为自然循环。

3）手动水泵的强迫循环调整方法

（1）两侧散热管强迫循环：各阀在自然循环正常位置的基础上，开启阀24、6，关闭阀4、31、32、9，往复摇动手动水泵摇把即可。此时，非锅炉侧散热管停止循环。

（2）非锅炉侧散热管强迫循环：各阀在自然循环正常位置的基础上，开启阀24、6，关闭阀16、31、9，往复摇动手动水泵摇把即可。这时，锅炉侧散热管仍为自然循环。

3. 注水、补水和排水

1）注水

确认各阀保持正常位置，开启阀21，从注水口开始注水。随即开启阀10、11。当排水时关闭。当溢水管溢水时，立即关闭阀21，停止注水。

2）补水

观察水位表和开启验水阀口，当确认锅炉内缺水，用手动水泵补水时，开启阀6及阀7或阀13，左右摇动手动水泵摇把即可。当溢水管溢水时，停止补水。用电动水泵补水时，开启阀7或阀13，开启电动水泵即可。当溢水管溢水时，停止补水。补完水后各阀恢复正常位置。

3）排水

先开启放水塞门10、11，然后开启排水阀8、12、14及电动水泵排水丝堵，最后卸下锅炉排水堵、集尘箱排水堵，摇动几次手动水泵，将水排尽。

4. 使用时注意事项

（1）在使用中要经常观察水位表，最好每天开启几次验水阀检查水位。在每次焚火时，要摇动几次手动水泵，往锅炉内补一些水。但一次补水量不要过多，以免影响管路系统的温度。

（2）在焚火时，操作上要求投煤要勤、要快，煤层厚度要均匀；煤块大小合适，炉内火焰保持麦黄色。如果需要猛火燃烧，可打开清灰口盖，以增大风量。锅炉内水温不得超过95 ℃。

当超过95℃时，可用手动水泵或电动水泵进行强迫循环，使水温降下来，同时减少火力，可在炉床燃料层上铺盖一层碎煤末；需要压火时，可将炉门打开。

（3）锅炉在点火状态。绝对禁止从注水口向锅炉补水，这是因为：

① 直接向锅炉注入大量冷水时，会使锅炉由于冷热不均而变形，造成法兰盘处漏水。

② 由锅炉顶部流入冷水时，会影响取暖系统的正常循环。

③ 水量不易控制、容易使大量热水溢出、降低锅炉内水的温度。

④ 散热管上的闸阀必须在全开位置，以免影响水的循环。

⑤ 要注意防止管路内聚集空气，阻碍循环，应打开排气管上的塞门检查。

⑥ 集尘箱要定期排污，以利于水的循环。

⑦ 锅炉室内不得放置易燃物品，以防止发生火灾。

6.2.2 直流600V供电YW_{25G}型空调硬卧车电热采暖装置

YW_{25G}型空调硬卧车采暖装置包括机械通风电预热器和室内辅助电加热器两个部分，二者能够自动、手动调节，变负荷工作并且可以轮流使用，前者借助空调主风道将预热空气送入客室内，后者则直接加热客室内空气。这样，两者有机配合共同完成客车采暖工作。

1. 结构

（1）机械通风电预热器为空调机组自身配备，功率为9 kW（4.5 kW+4.5 kW）。

（2）室内辅助电加热器。室内辅助电加热器在非高寒车上共计27组，总功率为10.5

kW，室内辅助电加热器在高寒车上共计 28 组，总功率为 19.7 kW，厕所、乘务员室、洗脸间、包间和大小走廊均为独立的不锈钢罩板式电加热器。

（3）加热器的结构型式及技术参数。电加热器主要由电热元件、隔热板、电热器罩及支架等组成。电热元件为半导体复合材料加热板，额定电压 DC600 V，工作时，面罩任意点的最高温度不应高于 65 ℃，电热板任意点的最高温度不高于 165 ℃。冷态绝缘电阻≥500 MΩ，热态绝缘电阻≥100 MΩ，湿热状态绝缘电阻≥20 MΩ。

不锈钢电热器罩为相互独立的箱体结构，表面冲有长圆形 3×40 个散热孔，全部采用不锈钢板 1-1Cr18Ni9Ti 且表面抛光。如需检修，通过拧开上部两个螺钉和下部两个螺母即可拆卸下来。

2. 操作方法

室内辅助电加热器能够根据客室内温度变化，实现自动控制。当 PLC 出现故障停止工作时，通过转换开关置于“手动”位，控制客室电热器工作。

3. 维护保养

（1）电热器安装时，必须注意接地保护。

（2）电热器及罩不能用水冲洗，不能用脚踩踏。

（3）电热器变负荷工作时，要注意轮流使用。

（4）客车清洗时要切断电源，以防触电危险。

（5）客车运用时，要定期对电热器进行检查维修，发现问题应及时处理。

6.2.3 25T 型客车电热采暖装置

25T 型客车采用电热采暖，分四路控制。电热器工作电额定压为 DC600 V。

1. 25T 型客车电热器控制

25T 型客车全车电热由设在客室内空调感温头集中控制，四路电热均设手动和自动两种控制，控制开关设在配电柜内。

2. 25T 型客车电热器布置

下面分别介绍 YW_{25T} 型硬卧车、RW_{25T} 型软卧车和 CA_{25T} 型餐车电热器布置。

1）YW_{25T} 型硬卧车电热器布置

（1）南方车。全车共设电热功率为 12.2 kW。其中：客室每个窗口下设 0.45 kW，乘务员室设 0.6 kW，洗面室设 0.45 kW，大走廊每个窗口下设 0.4 kW，每个厕所设 0.6 kW，小走廊各设 0.3 kW。

（2）北方车。全车共设电热功率为 20.65 kW。其中：客室每个窗口下设 0.8 kW，乘务员室及每个厕所均设 0.6 kW，洗面室设 0.45 kW，大走廊每个窗口下设 0.8 kW，小走廊各设 0.4 kW。

YW_{25T} 型硬卧车电热器布置方式南北方完全相同，仅功率不同，25T 型硬卧车电热器布置如图 6-14 所示。

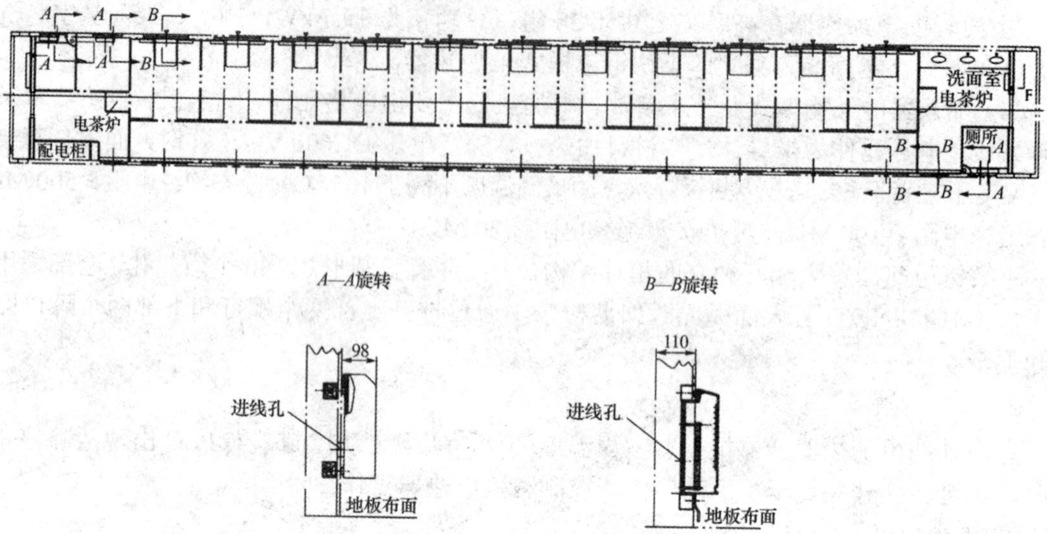

图 6-14　YW_{25T} 型硬卧车电热器布置

2）RW_{25T} 型软卧车电热器布置

（1）南方车。全车共设电热功率为 12.6 kW。其中：客室每个窗口下设 0.6 kW，乘务员室设 0.6 kW，洗面室设 0.6 kW，大走廊设 4.2 kW，每个厕所设 0.6 kW，小走廊各设 0.3 kW。

（2）北方车。全车共设电热功率为 22.48 kW。其中：客室每个窗口下设 0.8 kW，乘务员室、洗面室及每个厕所均设 0.6 kW，大走廊设 7.9 kW，小走廊各设 0.4 kW，铺下设 4.18 kW。

RW_{25T} 型软卧车电热器布置方式南北方区别：功率不同，北方车铺下有电热器，南方车铺下没有电热器，RW_{25T} 型软卧车电热器布置如图 6-15 所示。

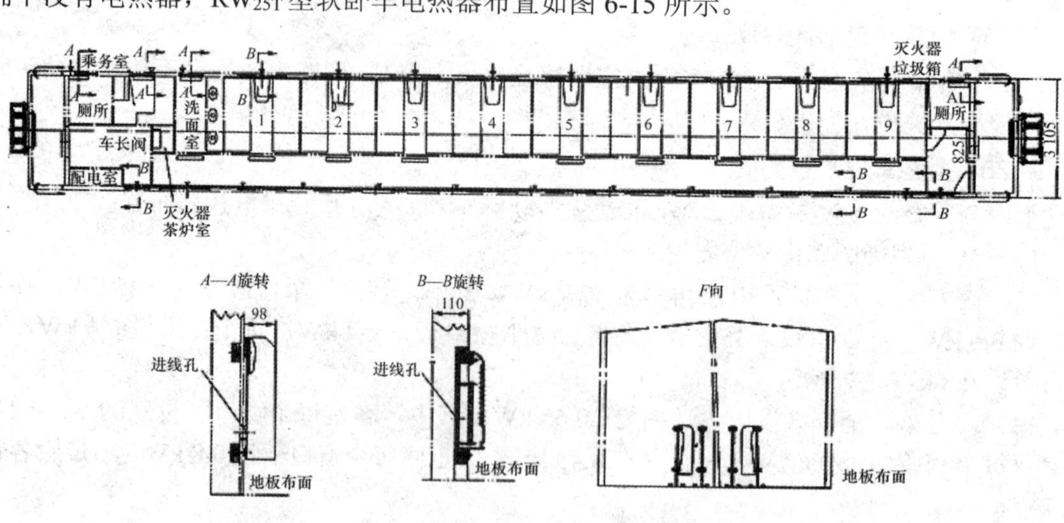

图 6-15　RW_{25T} 型软卧车电热器布置

3）CA_{25T} 型餐车电热器布置

（1）南方车。全车共设电热功率为 14.5 kW。其中：餐车每个窗口下设 0.6 kW，共 12

处，合为 7.2 kW；一位侧靠近厨房处为 0.4 kW；吧台设 0.7+0.4=1.1（ kW）；二位侧走廊为 1.6 kW；厨房为 4.2 kW，分布在侧墙、间壁、洗池下部和加冰冰箱侧面。

（2）北方车。全车共设电热功率为 18.9 kW。其中：餐厅每个窗口下设 0.9 kW，共 12 处，合为 10.8 kW；一位侧靠近厨房处为 0.4 kW；吧台设 0.7+0.4=1.1（ kW）；二位侧走廊为 3.2 kW；厨房为 6 kW，分布在侧墙、间壁、洗池下部、加冰冰箱侧面和下部。

CA_{25T} 型餐车电热器布置方式南北方区别：功率不同，北方车厨房加冰冰箱下有电热器，南方车厨房加冰冰箱下没有电热器，CA_{25T} 型餐车电热器布置以北方车为例，如图 6-16 所示。

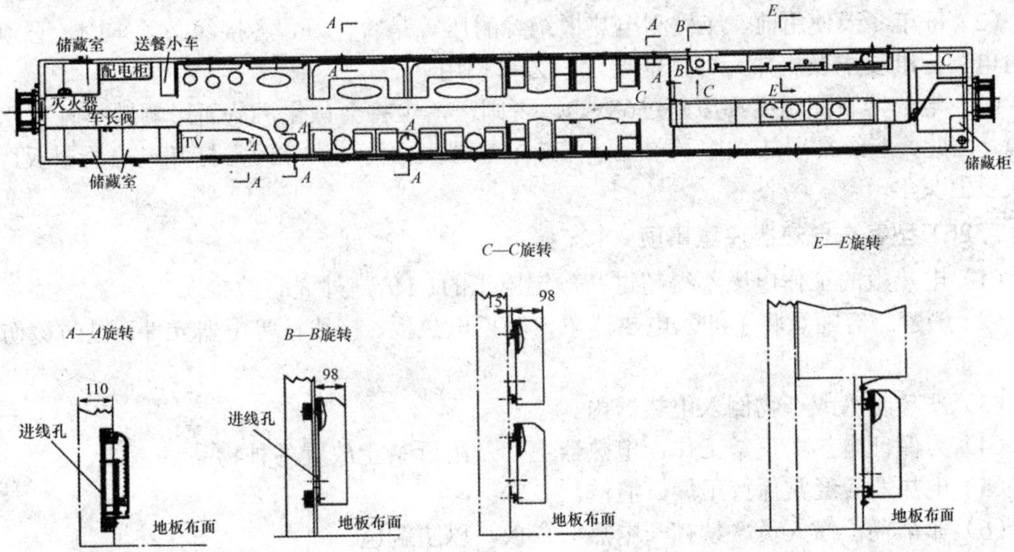

图 6-16　CA_{25T} 型餐车电热器布置

3. 25T 型客车电热器

25T 型客车采用电热器进行采暖，电容器主要由电热器体、电热板、熔断保护器、接线板、防水盒、耐高温联接导线和罩板等组成。

（1）电热器体：采用钢板 1-2-Cr18Ni9Ti 制作。

（2）电热板：电热板是电热器核心部件，它是在人造云母基片中缠绕金属电阻丝，经处理后焊上引线，再经绝缘处理，用铝型材散热板封装而成。电热板有良好的热辐射性能，可在较低的温度下进行热辐射，辐射的电磁波是远红外线，热效应强，使用寿命长（≥10 000 h），具有体积小、质量轻、温度分布均匀等特点。

（3）接线板与联接导线采用耐高温材料制作。

4. 25T 型客车电热器性能

（1）额定功率偏差为−10%～+5%。

（2）耐压2 500 V，1 min，无击穿、闪络现象。

（3）绝缘电阻：冷态≥500 MΩ，热态≥100 MΩ，湿态≥20 MΩ。

（4）泄漏电流：1 mA / kW。

（5）电热转换效率：≥90%。

（6）电热板表面温度：≤165℃。

（7）罩板表面温度：≤68℃。

（8）使用寿命：≥10 000 h。

5. 25T 型客车电热器操作说明

电热控制放在配电控制柜内，可根据客室内温度高低开半负荷或开全负荷工作。

6. 25T 型客车电热器检修与保养

（1）电热器装车使用后，应定期检查电热器，使电热板、电热器表面经常保持干燥、清洁。

（2）每年冬天使用前。应检测电热板绝缘耐压等是否良好，各接线必须牢固，必须符合车内电器标准要求及电热元件性能要求，方可使用。

（3）电热器表面温度不应超过68 ℃，否则，落尘将会焦化，从而影响散热且恶化卫生环境，因此，应经常用抹布擦拭罩板，保持电热器表面清洁，并经常打开电热器罩板，清除电热板上灰尘。

7. 25T 型客车电热器注意事项

（1）电热板的工作电压不得超过其额定电压的1.1倍，外壳有效接地。

（2）严禁旅客随意将手伸入电热器罩内触摸电热板、接线柱等电器元件，以防烫伤或触电。

（3）严禁将水或杂物倒入电热器内。

（4）为保证电热器正常工作，电热器上部及附近禁止放置各种物品。

（5）电热器应经常保持干燥、清洁。

（6）非车辆检修人员严禁打开电热器罩板，以防触电。

（7）应经常检查电热器内接线是否松动，保证接线压紧、牢固、可靠。

6.3 风挡装置

为了防止风沙雨水侵入车内及运行时便于旅客安全地在列车内通行，同时由于客车在高速下运行，客车箱体内外极易形成负压，大部分冷空气及灰尘通过车辆联接处进入车厢、造成客车热量损失和车内空气质量浑浊，直接影响到列车的运用质量。因此，车辆两端联接处装有风挡装置，也称折棚装置。我国使用的风挡装置有铁风挡装置、橡胶风挡装置和密接式折棚风挡装置 3 种形式。

6.3.1 铁风挡装置

1. 铁风挡装置组成

铁风挡装置由摩擦板、风挡板、风挡扁簧、缓冲杆和圆弹簧等组成，如图 6-17 所示。

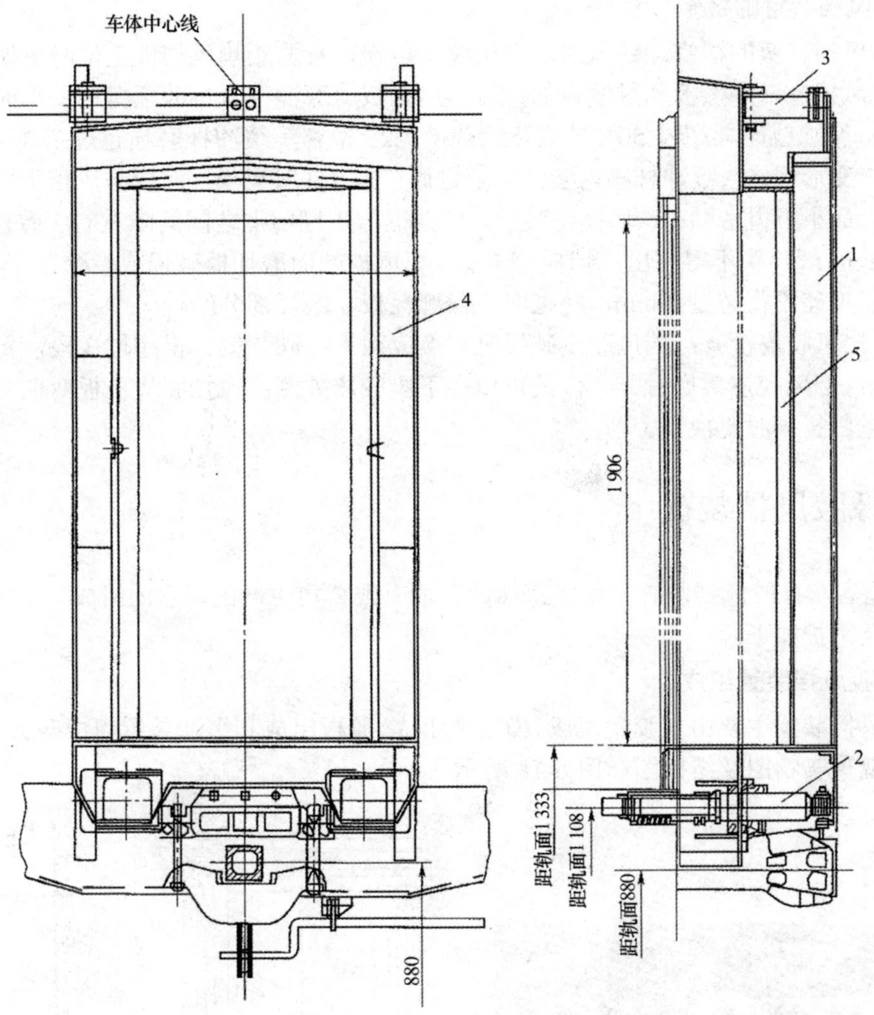

图 6-17　铁风挡组成

1—风挡框组成；2—渡板及缓冲装置；3—扁簧组成；4—摩擦板；5—挡风胶皮

2. 铁风挡装置工作原理

车辆连挂后，借弹簧的弹力，使两风挡摩擦板紧密贴合，在列车通过曲线时，摩擦板左右滑动，不会产生间隙，从而保证安全。

3. 铁风挡装置特点

（1）优点：结构简单，工艺要求低，经久耐用。

（2）缺点：气密性差，隔音、隔热效果差，产生噪声大等，特别是铁风挡连挂后，带有错动间隙的风挡板摩擦面边缘均裸露在车内，容易挤伤手脚，对车厢内通过台的旅客造成人身伤害。

铁风挡已无法满足现代客车的要求，正逐步被橡胶风挡或折叠风挡所取代。目前，我国铁路部分运用的普通客车上还在使用这种铁风挡。

4. 铁风挡装置的检修

（1）风挡扁簧的检修：铁风挡扁簧裂纹、折损、衰弱影响风挡板正位时更换。

（2）风挡板、摩擦板和过渡板的检修：风挡板、摩擦板、过渡板弯曲变形时调修，裂纹时焊修，腐蚀或磨耗超过 50%时挖补或截换；25 型客车缓冲杆磨损超过了 3 mm 焊旋处理至原型，变形调修，缓冲杆座内套磨耗超过原壁厚 1/2 时更换；渡板与风挡下框最大间隙为 15 mm，最小不得密贴；铁风挡组装后，风挡框与折棚门框之间间隙左右一致，偏差量不得超过 3 mm，螺栓头不得突出风挡板，25 型客车风挡端面磨耗板破损或剩余厚度不足 4 mm 时更换，厚度差不得超过 2 mm，超过时更换磨耗板，磨耗部分给油。

（3）挡风胶皮检修：挡风胶皮破损时更换或截换，同一侧不得超过 3 段，每段不得小于 400 mm；挡风胶皮截换时，上段胶皮压在下段胶皮外侧；风挡胶皮压板弯曲时，以及调修腐蚀严重、折损时更换。

6.3.2　橡胶风挡装置

25T 型客车橡胶风挡装置是由南京浦镇车辆有限公司生产的，它的组成、工作原理、优点和使用及维护如下。

1. 橡胶风挡装置组成

橡胶风挡装置主要由立胶囊组成、横胶囊组成、渡板组成和缓冲装置组成四大部分构成，橡胶风挡现车实物图及结构图如图 6-18 所示。

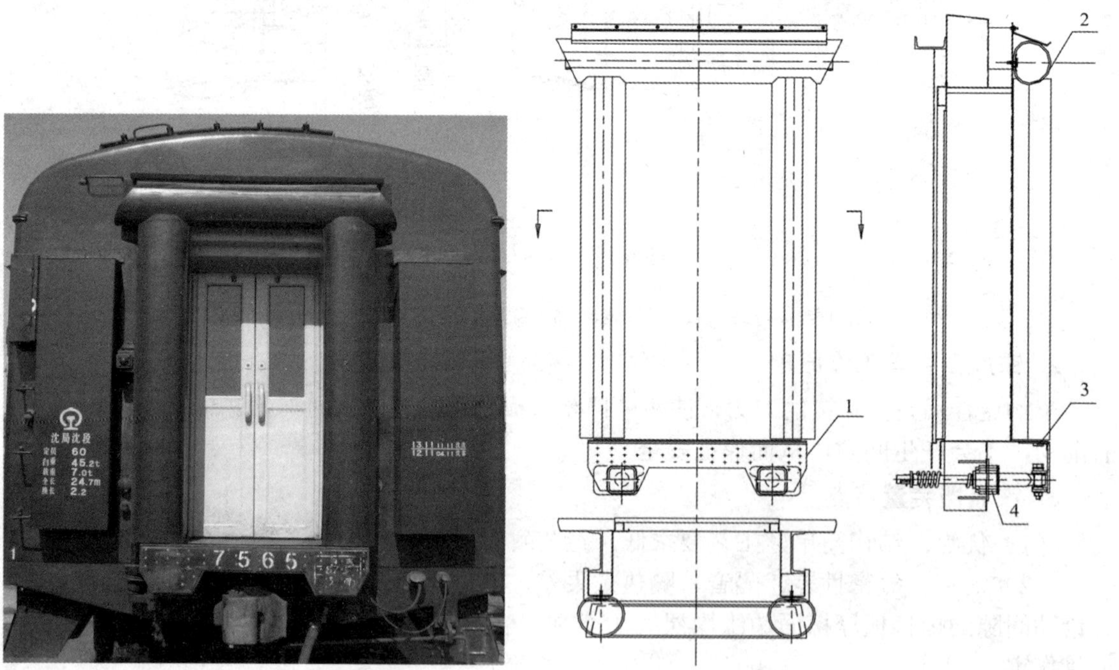

（a）　（b）

图 6-18　橡胶风挡现车实物图及结构图

1—立胶囊组成；2—横胶囊组成；3—渡板组成；4—缓冲装置组成

2. 橡胶风挡装置工作原理

车辆连挂后，借弹簧的弹力，使两风挡橡胶圆弧面紧密贴合，在列车通过曲线时，橡胶圆弧面左右滑动，不会产生间隙，橡胶风挡具有良好的纵向伸缩性能，可与铁风挡互挂运行，可安全通过 R145m 的最小曲线半径的线路。此外，横橡胶囊上方设置防晒板（兼防雨作用），防晒板可提高橡胶囊抗紫外线照射的老化特性。

3. 橡胶风挡装置的优点

橡胶风挡可提供两车之间的联接，确保旅客通过方便和行走安全；橡胶风挡具有特殊形状的弹性橡胶囊和密封垫，具有良好的密封性，能够满足防雨、防尘和消音等要求；并且还具有良好的纵向伸缩性和横向、垂向柔性，以适应车辆通过曲线和振动等；有利于满足车体气密性要求，故可降低车内噪声，提高舒适性。

4. 橡胶风挡的使用及维护

（1）日常检查和维护。橡胶囊部分使用寿命一般为 7.5 年，不需进行预防性维修，只要在日常检查时进行外观检查（目测）即可。避免油污、油漆及其他化工品的侵蚀，避免利器的划伤。下部的缓冲部分日常需检查各零部件是否有异常现象、固定螺栓是否松动、行车时是否有异常声响等，以便及时处理。

（2）定期检修。当车辆运营一个段修期时，应进行全面检修，主要检查以下各部件的状态（可解体检查）。

① 检查弹簧是否有变形和裂纹。

② 缓冲杆是否有弯曲或偏磨现象。

③ 检查各磨耗板的磨损程度是否需要更换。

④ 检查各磨耗板是否损坏，应及时更换。

⑤ 缓冲杆与缓冲套间添加润滑脂（凡士林）。

⑥ 检查安装座和车体间焊缝是否开裂，并焊补。

按上述步骤检查后，如有损坏件，应及时更换，再进行装车。

6.3.3 密封式折棚风挡装置

密封式折棚风挡又称折叠风挡，它主要用在 25K 型和 25T 型客车上，主要零部件都采用了不锈钢和高强度铝合金材料，具有耐腐蚀和不受气候影响的特点。棚布原材料的主要性能指标已经接近欧洲发达国家同类产品的技术标准。

1. 25K 型客车密接式风挡

25K 型客车密接式风挡由联接架（1）、拉杆（2）、折棚（3）、挂钩（4）、通道（5）、踏板（6）、板簧（7）和锁盒（8）8 个组件组成，如图 6-19 所示。

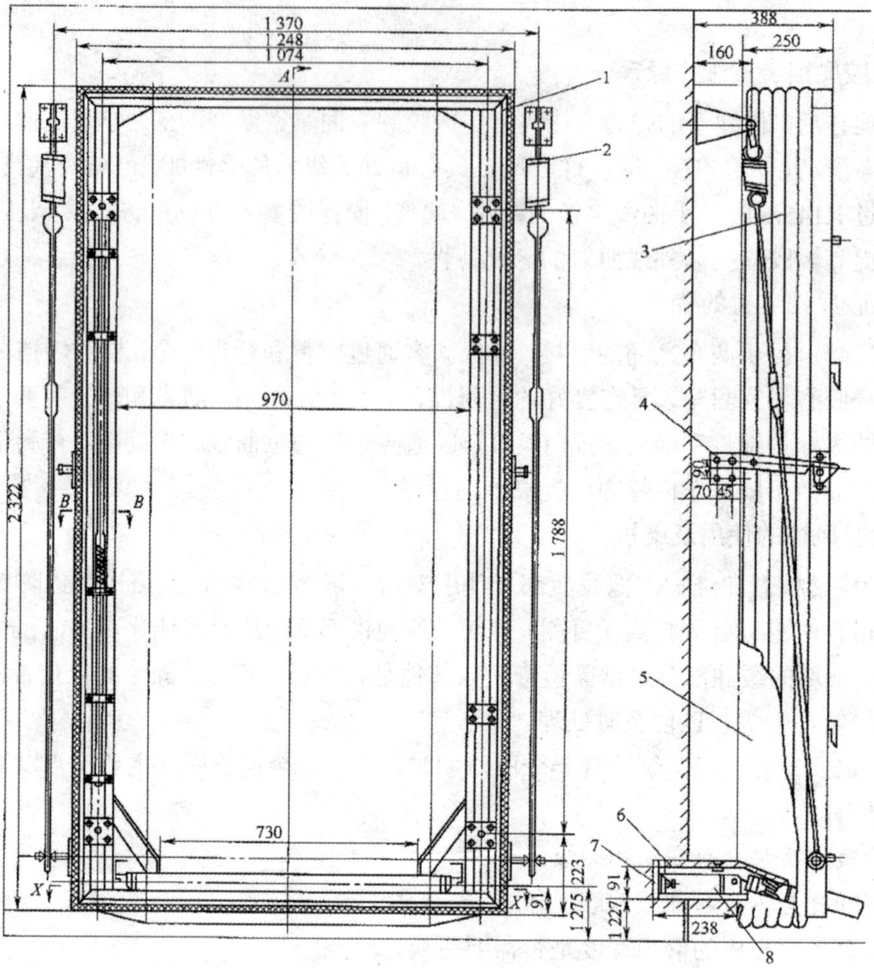

图 6-19 25K 型客车折叠风挡

1—联接架；2—拉杆；3—折棚；4—挂钩；5—通道；6—踏板；7—板簧；8—锁盒

1）折棚（可折叠的棚布）

棚布采用低可燃性、隔音性能较佳的由专门纤维织物制成的弹性材料，能承受来自高速运行中所带来的横向拉力。其温度适应范围较大，为－40～＋80 ℃。

棚布被制成可折叠的波纹状，一端与车体联接，另一端与联接架联接。联接架的一边装有一根滑条，滑条上固定两只锁舌，当扳动操作手把时，通过杠杆作用，使锁舌进入另一联接架的托架中。同样，将另一个联接架上操作手把扳动，两只联接架彼此锁住，联接架上的密封圈彼此合上，完成了两节车厢之间棚布的衔接。

车体端部上方装有两只固定座，座孔内装有两只卸扣，套有两只拉伸弹簧。每只弹簧中吊着一根上拉杆，上下拉杆之间有索具螺旋扣，索具螺旋扣有左、右旋螺纹用以调节长度，下拉杆套在联接架下方装有衬套的拉杆座上，用以吊起和支承着折棚和联接架的重量。

2）桥式通道和踏板

两节车厢之间的桥式通道是由两座半桥式通道组合而成的。每座半桥式通道组成一个铰链式框架，联接框架和车体的是踏板。踏板由固定板和波纹板两部分组成，这两部分用不锈钢折页联接，固定板固定在车体上，波纹板起防滑作用，搁在通道上，通道的框架横向摆角约为45°。框架由不锈钢和增强的铝合金型材组成。框架中装有可摆动的地板条，地板条是由高强度铝合金和高强度工程塑料组成的，铝合金型材表面压有防滑条纹，踏板也是由高强度铝合金型材制成的，型材表面也压有防滑条纹。框架底部有定位销孔，套在联接架横梁中部的定位销上。联接架承受着来自于通道上的一切重量，所以，两座半桥式通道必须在两只联接架锁合情况下使用，如果没有联接架的锁合就不能组成两节车厢之间的一座桥式通道，两座半桥式通道将松开。

折叠风挡具有良好的气密性，风、雨、雪、沙尘等不能侵入。同时防噪声效果大大提高，使乘客乘坐舒适性大大提高。过道美观并采用内饰板及新结构渡板，避免乘客挤伤手脚现象的发生，可圆滑地过渡列车走行时发生的两车之间的错动。该型风挡使用寿命长达15年，并且不需进行预防性维修，只需在日常检查时进行外观检查（目测）。若发现故障，更换零部件即可。如棚布撕裂，按损坏部分大小剪一块棚布，用胶将其粘好，24小时即可正常运用。

2. 25T 型客车密接式折棚风挡

25T型客车密接式折棚风挡是由南京浦镇车辆有限公司生产的，它能够使乘客安全地穿行于车厢之间，不受风、雪、雨等外力的损害，同时必须具有良好的纵向伸缩性和横向、垂向的柔性，以适应车辆运行中振动和安全通过曲线、道岔的要求。

1）密封式折棚风挡的主要技术参数

（1）运行环境条件如下。

① 工作温度：－45～+40 ℃。

② 相对湿度：≤95%。

③ 适用于最高运行速度180 km/h以下的客车。

④ 最小通过曲线半径：连挂时R=145m，单车调行时R=100m。

⑤ 连挂时钩差≤75 mm。

（2）主要尺寸如下。

① 联接长度：1 076 mm， 最大压缩量：180 mm，最大伸长量：230 mm。

② 最小通过宽度：970 mm。

③ 最小通过高度：2 000 mm。

④ 横向错位量：524 mm。

⑤ 折棚收起固定厚度：≤220 mm。

（3）主要技术性能指标如下。

① 气密性：压力从3 600 Pa降至1 350 Pa的泄漏时间52 s以上。

② 传热系数：K<5.0 W/（m^2 · K）。

③ 隔声量：≥25 dB（A）。

2）结构

每组风挡由分别安装在两个车体上的两个风挡组成。

风挡由安装框、对接框、棚布组件、渡板组件、对接锁闭机构、拉簧组件及挂绳等组成。

安装框用于风挡与车体的联接。

对接框用于列车连挂时风挡之间的联接。

渡板组件是为了保证旅客安全通过。

对接锁闭机构是保证列车连挂、分解的安全装置。

3）连挂和分解

（1）连挂。风挡在两车连挂时，一定要在车钩联接牢固后进行操作。松开折棚挂钩绳，打开锁盒，锁杆手柄向上翻转至开启状态，用手合拢对接框使一侧定位销插入对面销座内，进行合并。将翻转竖直的活动踏板放下，自然搭落在渡板上，调整踏板都处正确状态后，将手柄向下翻转至锁紧状态，锁盒盖上锁好。查看棚布裙夹，要保证棚布所有裙夹上的尼龙扣全部扣好，扣紧。折棚内侧拉簧挂好。

（2）分解。两车分离时，首先，摘下折棚内侧的上下拉簧；然后，打开锁盒，锁杆手柄向上翻转至开启状态，将两端活动踏板向上竖直翻转，分开对接大框将棚布合拢，将挂钩绳挂在钩座上，锁杆手柄向下翻转，锁盒盖上、锁好；最后，摘开车钩，两车分开。

3. 密接式折棚风挡的检修

（1）检查折棚整体外观情况：配件是否齐全，对重点故障部位做好施修方案。

（2）检查折棚紧固件是否松动：如有松动，必须紧固补齐。

（3）检查折棚框架运行状态：棚框架不得有明显折弯或折断，折弯处应校直，折断时，必须换。

（4）检查棚布是否有撕裂和划伤：发现裂伤的部位可局部铁线缝补后，对破损处用同样的棚布施胶补好。

（5）检查联接框架的平面度：平面度变形时，必须调修。

（6）检查折棚风挡护脚布：护脚布必须处于正常位置，密封胶条作用良好。

（7）检查连挂机构、挂绳及定位装置：检查连挂机构、挂绳及定位装置必须作用良好，中间插销和中间插孔无松动、裂损确保将两折棚联接。

（8）检查板簧、踏板机构、托板和渡板：板簧应处于正常位置，损坏更换，松动紧固；踏板机构上的耐磨条应齐全；耐磨层磨损超过50%的应更换；托板必须安装牢固；渡板作用灵活，支架螺栓无松动。

6.4 客车集便器

随着我国铁路运输事业的发展，铁道线上奔驰的旅客列车上的卫生装备也发生了质的巨变。卫生、科学、环保的客车集便器装置已经成为我国铁路客车上必备的并广泛使用的服务设施之一。客车集便器改变了在停车、通过桥梁隧道时锁闭厕所的旧传统，最大限度地满足了旅客如厕的需求。目前，铁路客车上使用的集便器有气动冲水式集便器和真空保持式集便器装置。

6.4.1　气动冲水式集便器装置

1. 气动冲水式集便器系统的组成

气动冲水式集便器系统主要由不锈钢便器、便碗、控制风缸、过滤器、润滑器、冲便开关、使用阀（气水联动阀）、风管及管接头等零部件组成，如图 6-20 所示。

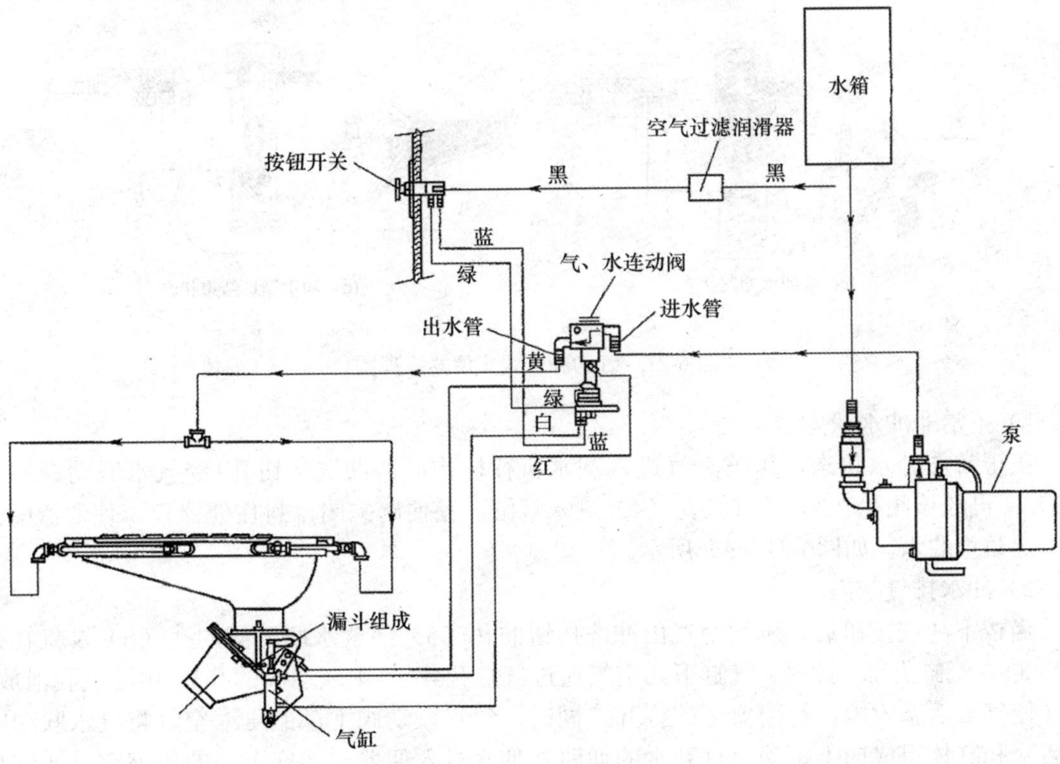

图 6-20　气动冲水式集便器

气动冲水式集便器系统的主要材料为不锈钢和塑料，集便器的不锈钢盘直接预埋到玻璃钢地板上，两者为一整体，其风路与水路为塑料软管联接，以车下制动供风来控制整套系统的动作。

2. 气动冲水式集便器系统的工作原理

按动冲水钮，水阀打开，水经过皮碗边缘进行冲洗并保留一部分，几秒后水阀关闭，清洗水保留到上碗顶部直到下一次冲洗。当水间闭合后，压力空气喷出，将废水污物送至集便箱。污物和废纸冲入集便箱，集便箱中有立柱式纤维栅栏，固体物质保留在顶部，由药品发酵处理，液体通过箅了过滤消毒重新回收再用。药品对环境无污染，废液对人体无害。

在气动水封系统中，气水联动阀是一个关键部件，它控制着整个冲便过程的排气、冲水、便碗开启、充气、便碗关闭和排气等一系列动作，如图6-21所示。

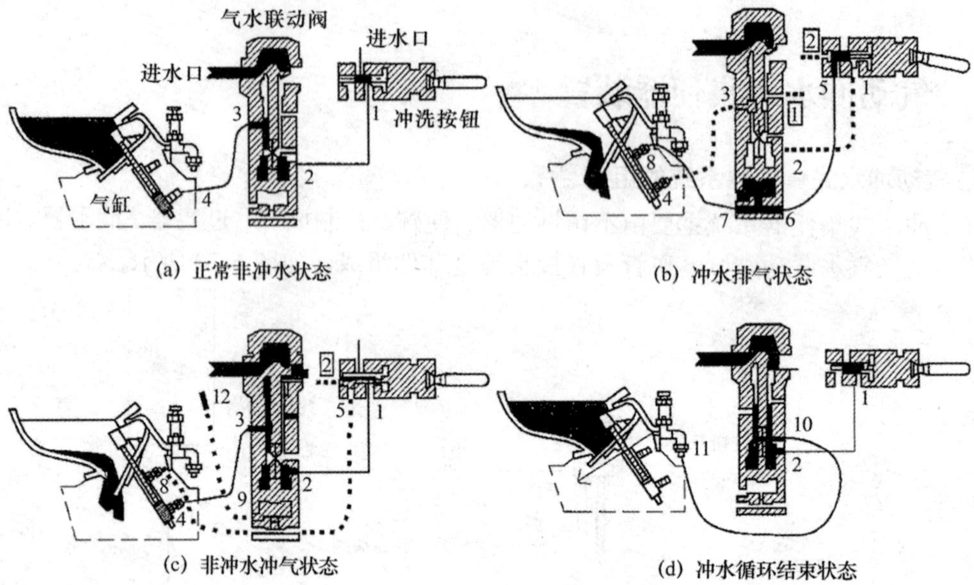

图 6-21 气动冲水式集便器原理图

1）正常非冲水状态

在正常非冲水状态，压缩空气进入冲水执行机构后从冲洗按钮孔1经气水联动阀的孔（2），再经该阀孔（3）及气缸孔（4）进入气缸，使便碗关闭，封住便器口，使便器中保持一定数量的水，如图6-21（a）所示。

2）冲水排气状态

当按下冲洗按钮后，压缩空气由冲洗按钮的孔（5）经气水联动阀的孔（6）及气缸孔（8）进入气缸上部，此时，气缸下部空气通过气缸孔4经气水联动阀的孔3，由排气孔泄放，这样使气缸活塞收缩，将便器便碗打开，同时，气水联动阀下部的压缩空气将气水联动阀的活塞和缸体组成向上推动而打开水的通路，使水进入便器，活塞上部的压缩空气通过孔（1）至孔（2）泄放出去，如图6-21（b）所示。

3）非冲水冲气状态

当冲水按钮释放时，冲水执行机构又回到非冲水状态，压缩空气经孔（2）、孔（3）及孔（4）进入气缸下部，通过延时阀（12），使气水联动阀活塞下部的压缩空气泄放出去，气水联动阀缸体向下移动，逐渐关闭水的通路，气缸上部的空气通过孔（8）经冲水执行机构的排气孔（2）泄放出去，气缸活塞动作，将便碗关闭，少量冲洗水将在便器中积累，达到适当的液面高度，如图6-21（c）所示。

4）冲水循环结束状态

气水联动阀活塞下行至终行程前，压缩空气经孔（10）和孔（11）进入漏斗，将便器便碗周围的污物残渍吹入排便筒，时间为4～5 s，之后便碗关闭。当气水联动阀的缸体到达底部时，水路被切断，完成一个完整的冲水循环。

万一压缩空气供应中断，气水联动阀的弹簧将使阀体处于关闭状态，挡住了通路，便器便碗将打开，使便器内的存水流进漏斗，形成一个水封。

3. 气动冲水式集便器系统的技术要求

（1）规格及技术条件如下。

① 工作空气压力：410～900 kPa。

② 一次冲洗用风量：0.028 m^3（1个标准大气压）。

③ 冲洗用水压：20 kPa。

④ 每次冲洗用水量：6 L（蹲式）；4 L（坐式）。

⑤ 空气进口接头：1 / 4英寸。

⑥ 进水管接头：1 / 2英寸。

⑦ 排便管外径：89 mm。

（2）制造材料。便器坐垫采用塑料、铜或不锈钢制造，阀皮碗和便器盖材料为塑料。另外，其他部件应做防锈和防腐处理。

（3）使用环境如下。

① 环境温度：−35～+40 ℃。

② 相对湿度：90%。

③ 运用纵向冲击加速度：3 *g*。

（4）使用要求如下。

① 颜色：白色。

② 空气：过滤、调压。

③ 空气元件：无泄漏。

④ 进水软管冲击加速度：3 *g*。

⑤ 便器冲水：无盲区。

⑥ 便器螺栓：在里面。

⑦ 开关颜色：蓝色（阀标为水流方向）。

由于阀本身结构为内存水，结冰后不影响使用。

（5）质量保证。便器主要部件在正确使用的条件下，寿命不低于30年。

6.4.2　真空保持式集便器装置

客车真空集便器是利用真空原理，将污物集中收集、集中处理的一种新型便器，它是从国外引进的先进技术项目，集压力空气、水、电于一体。采用集中控制，对污物集中，集中收集、集中排放。真空集便器原名为真空保持式污物收集系统（VEWS），经国内厂家配套污物箱后成为目前客车上应用的机型。

1. 概述

随着社会的不断发展，人民生活水平的不断提高，环境污染成了人们工作、生活中的突出问题。

真空集便系统解决了列车对铁路沿线、站场，检修基地的污染源问题；为旅客提供了舒适的旅行条件；消除了列车走行部件的污染，为检修人员创造了良好的工作环境。因此，真空集便系统在铁路运输中的作用是非常重要的。

真空保持式集便器系统由污物收集系统、显示器、便器、冲水按钮和冲水控制系统等组成。

2. 污物收集系统

污物收集系统用于收集和存放污物，直到污物箱对外排放，是真空保持式集便器系统的主要组成部分，由污物箱、真空发生器、系统控制器、液位开关、应急排放阀、冲水喷嘴组成，如图 6-22 所示。

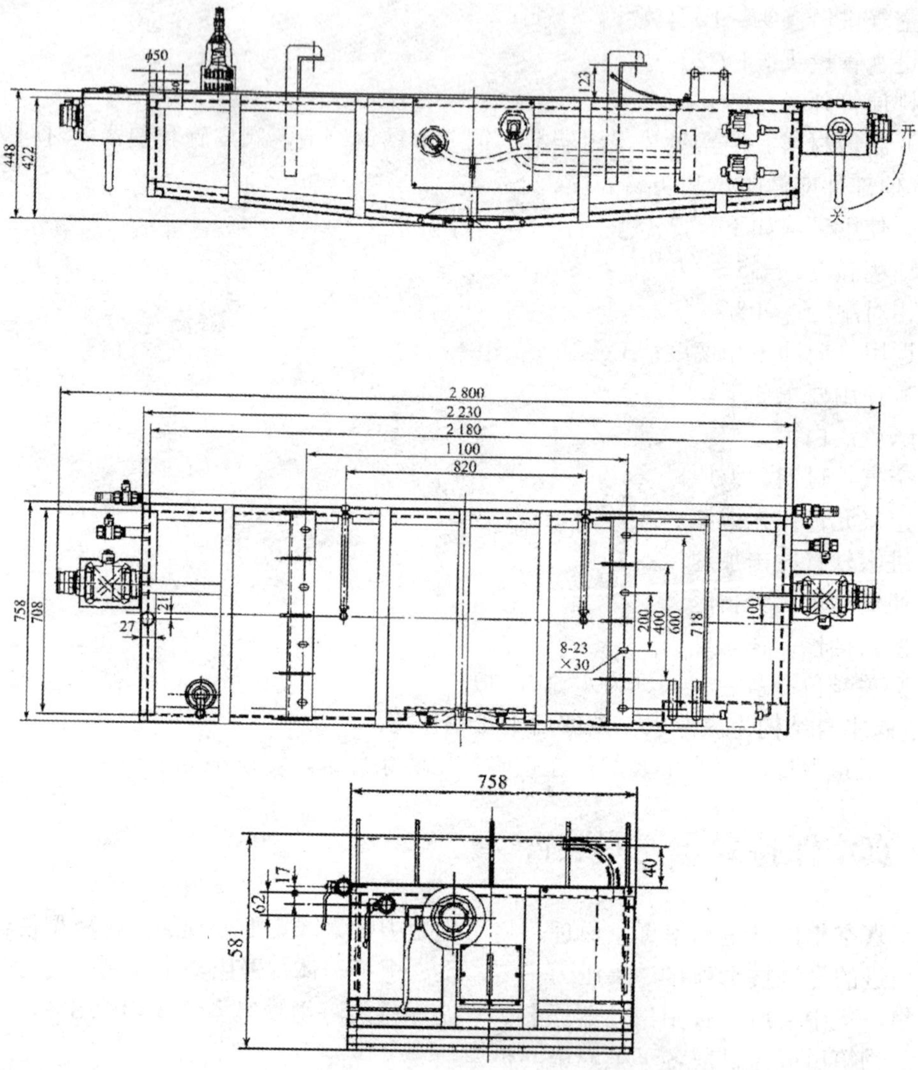

图 6-22　真空保持式集便器污物收集系统

1）污物箱

25T型硬卧车、软卧车每个便器放有1个污物箱，大小为400 L，每车2个。高级软卧车设3个污物箱。污物箱有3个检查门，在箱两端各有1个，另1个在箱底部。

在寒冷状态下使用时，当温度降至低于0 ℃时，开通污物箱伴热线。伴热线使用供电电压为AC220 V，单向50 Hz，由系统控制器供电。

污物箱的两端设排放阀、排气阀、冲洗阀各一。

2）真空发生器

真空发生器用来限制每一次系统操作的时间，产生真空，控制上、下真空度以及压力监控，如图6-23所示。

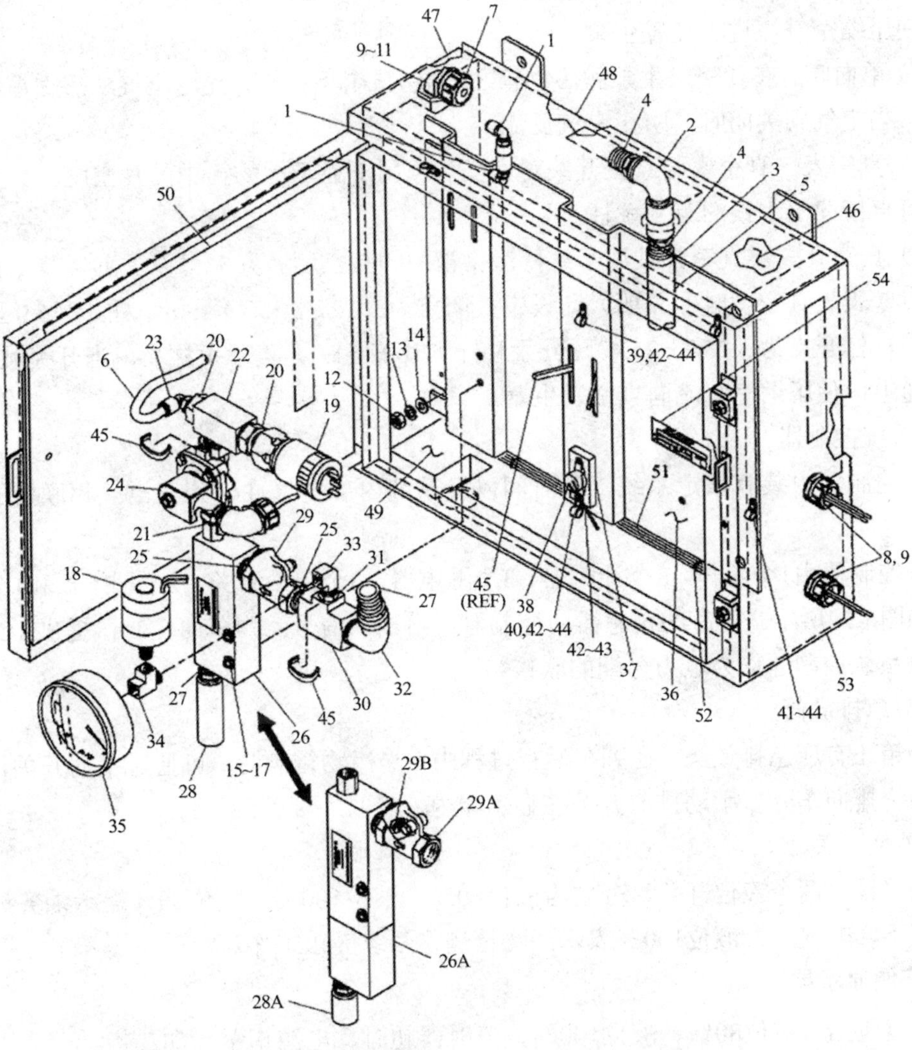

图 6-23　真空保持式集便器真空发生器控制柜

1、23—90° 阳形弯头；2、32、33—内外丝弯头；3—软管夹；4、27—软管倒钩；5—真空软管；6—软气管；7—90° 线管；8—导管直接头；9—密封垫圈；10—防松螺母；11—绝缘套管；12—六角螺母；13、16、43—弹簧自锁垫圈；14、17、44—平垫圈；15、42—皿形头螺钉；18—真空开关；19—压力开关；20—六角内接头；21—真空发生器；22—分流T形管；24—气阀；25—螺纹管接头；26、26A—喷射器；28、28A—排放软管；29、29A、29B—摆门止回闸；30、34—三通；31—导径管接头；35—真空表；36—底板；37—温控器挡板；38—温控器；39、40、41—线夹；45—线扣；46、47、48、49、50—绝缘板；51—伴热线；52—电线带；53—控制柜；54—标签

（1）压力开关。压力开关监控至污物系统内的空气压力。当压力高于410 kPa（4.1 bar）

时，接触器关闭。当压力低于340 kPa（3.4 bar）时，接触器开启，切断系统。

（2）真空发生泵。真空发生泵不含任何活动零部件，它利用流量计（文丘里管）原理从车辆提供的压缩空气中产生真空，在污物箱和污物管中建立真空度。

（3）空气阀。空气阀用于控制真空发生泵的空气流量，阀处于常闭位置。当有电力时，阀打开使压缩空气流进真空发生泵。

（4）单向阀。在真空发生泵和污物箱之间装有1个单向阀，允许空气从污物箱和污物管中排出，当空气阀关闭时，防止空气反流。

（5）真空表。真空表与真空开关对齐安装，用于显示污物箱中的真空度。真空表为模拟式，可直接读出水银的英寸汞柱。

（6）真空开关。真空开关用于维持污物箱中的真空度。开关可以上下调节。它有两极常闭触点（丧失真空度时即关闭）。设定关闭点为（127±25.4）mm汞柱［（5.0±1.1）英寸汞柱］，打开点为（254±25.4）mm汞柱［（10.0±1.0）英寸汞柱］。当开关触点关闭，空气阀通电，使压缩空气流向真空发生器。

3）系统控制器

系统控制器内装有限定系统工作时间以及系统内部电气件与列车电气相联接的所有零部件。

系统控制器由1个箱体、3个计时器、3个继电器、3个门锁开关、2个端子板和1个温控器组成，如图6-24所示。所有的传感器向控制器发出输入信号。列车向控制器提供AC220 V电压，提供系统控制并作为电力分配的联接箱。

4）应急排放阀

污物箱还有应急排放阀，在列车运行过程中，当污物箱满时，可通过手动开关，将污物箱内的污物排向车外。手动排放开关在显示器内，轻易不要使用。

5）液位开关

污物箱设有两个液位开关，分别为液位80%、液位100%。液位80%提示乘务员污物箱将满，但不影响使用；液位100%表示污物箱满，系统停止工作。

3. 集便显示器

显示器包括：液位80%、液位100%、喷射器超时、电源指示和加热指示。

指示灯与每个液位指示开关及低真空指示器相连。当80%箱满液位指示灯亮时，系统继续正常工作。当污物箱满指示灯亮时，便器将停止工作并且不会产生真空，直到污物箱排放至存污量低于最大容量值。

如果系统2 min之内达不到要求的真空度，喷射器超时灯将会亮起。

当系统有电时，电源指示灯亮；当冬季污物箱加热开通时，加热指示灯亮。

4. 真空便器

真空便器用于接收污物，并用最少量的水将便斗中的污物冲刷掉。两种便器类型分别为蹲式便器和坐式便器。

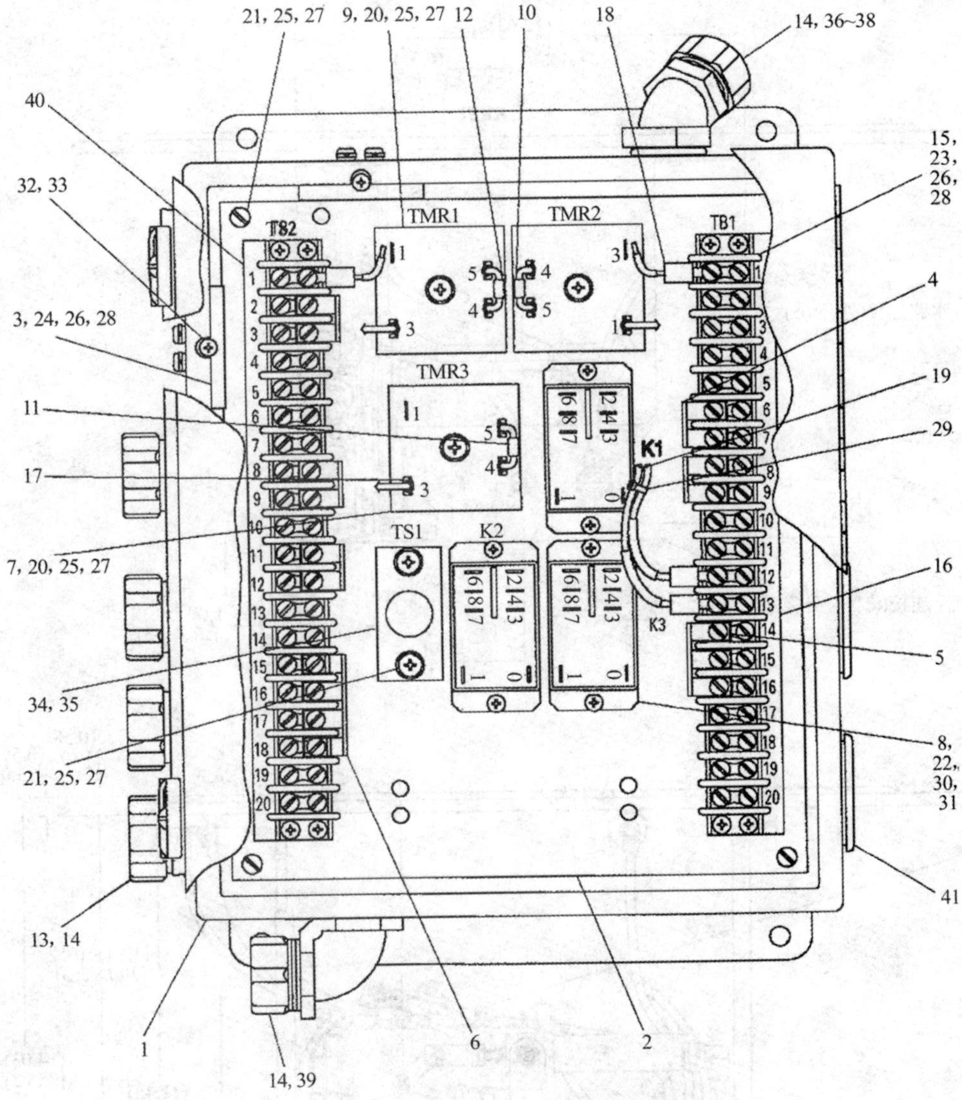

图6-24　真空保持式集便器系统控制器

1—控制柜；2—控制板；3—门锁开关；4、5、6—端子排跳板；7、9—计时器；8—继电器；10、11、12—计时电阻；13—导管直接头；14—密封圈；15—端子板；16、40—标志牌；17—速断凹形接头；18—环形端子；19—标识套管；20、21、22、23、24、32—皿形头螺钉；25、26、30—平垫圈；27、28、31—弹簧自锁垫圈；29—线扣；33—螺母；34—温控器；35—温控器挡板；36—45°线管；37—锁定螺母；38—绝缘衬套；39—90°导管接头；41—过线孔密封圈

1）蹲式真空便器

蹲式便器糊在玻璃钢地板上，由安装框架、便斗、冲洗喷嘴、冲便阀和排放阀弯头组成，如图6-25所示。

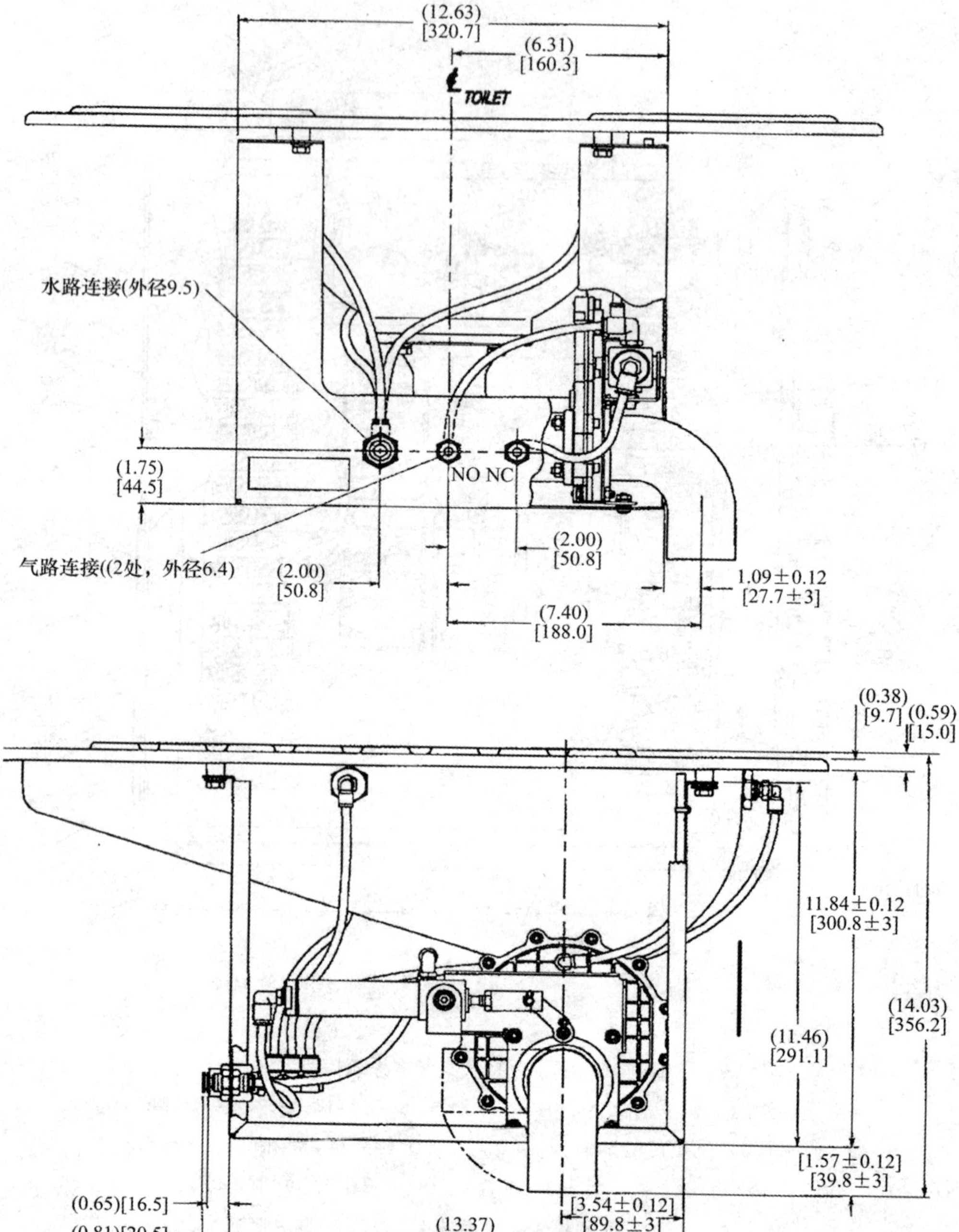

图 6-25　蹲式真空便器

注：（）内数值单位为英寸；［ ］内数值单位为毫米（mm）

2）坐式真空便器

坐式便器由支架、冲洗环、冲便阀和排放弯头组成，如图6-26所示。

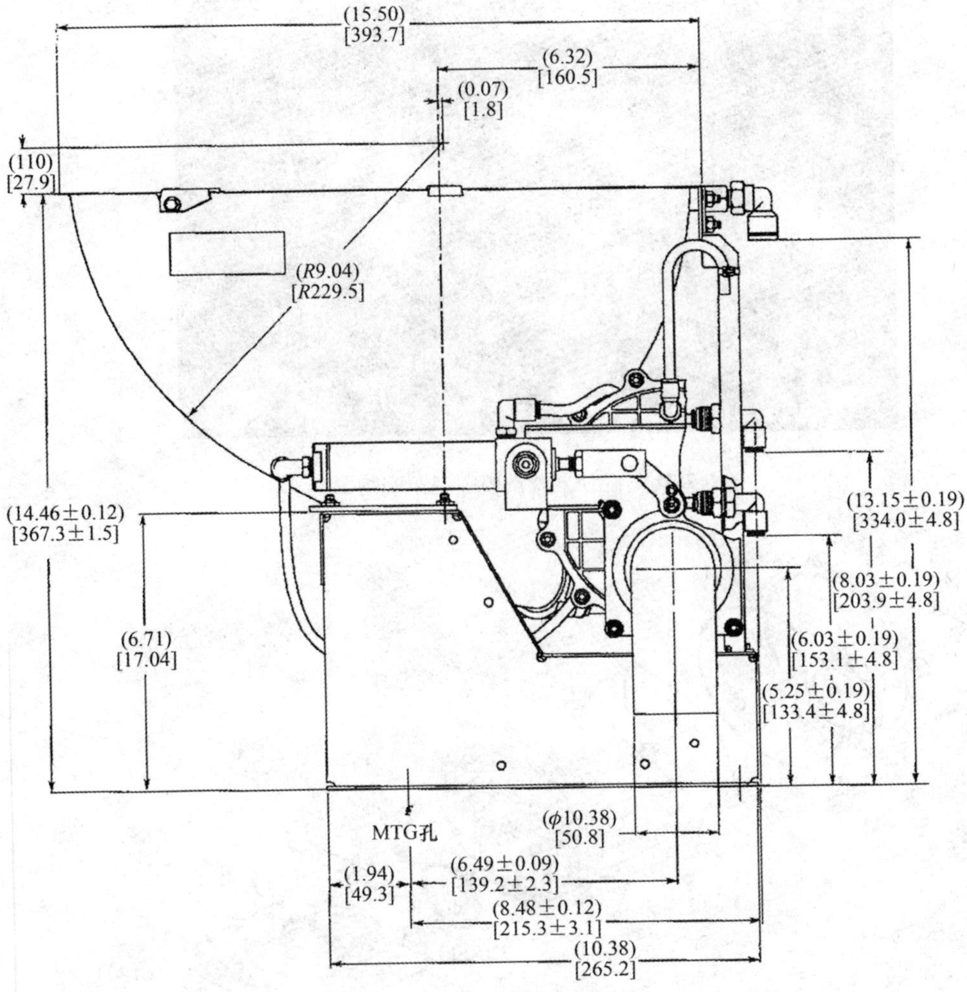

图6-26　坐式真空便器

注：（　）内数值单位为英寸；[　]内数值单位为毫米（mm）

（1）便器便斗。坐式便器便斗由不锈钢制成，并在内侧涂有不粘涂层。蹲式便器便斗由黄铜制成，同样在内侧涂有不粘涂层。涂层可防止污物附着并减少无机物沉淀。两种便斗均为连续曲面且无任何凹陷处和难以达到的部分，便斗的内部表面陡斜直对底部排放口。

（2）冲洗环和冲洗喷嘴。座式便器中的冲洗环安装在便斗内侧上部，每次冲洗循环时，喷出水来冲洗污物。冲洗环由LTEM1000塑胶管制成。

蹲式便器装有3个冲洗喷嘴，其现车实物如图6-27所示，它们与坐式便器中的冲洗环作用相同。

（3）冲便阀。冲便阀装置在冲洗循环的预定时间内开关，由空气阀控制气缸开或关闭冲便阀。空气阀与气缸用两条软管装置联接，如图6-28所示。

图 6-27 蹲式便器冲洗喷嘴现车实物图

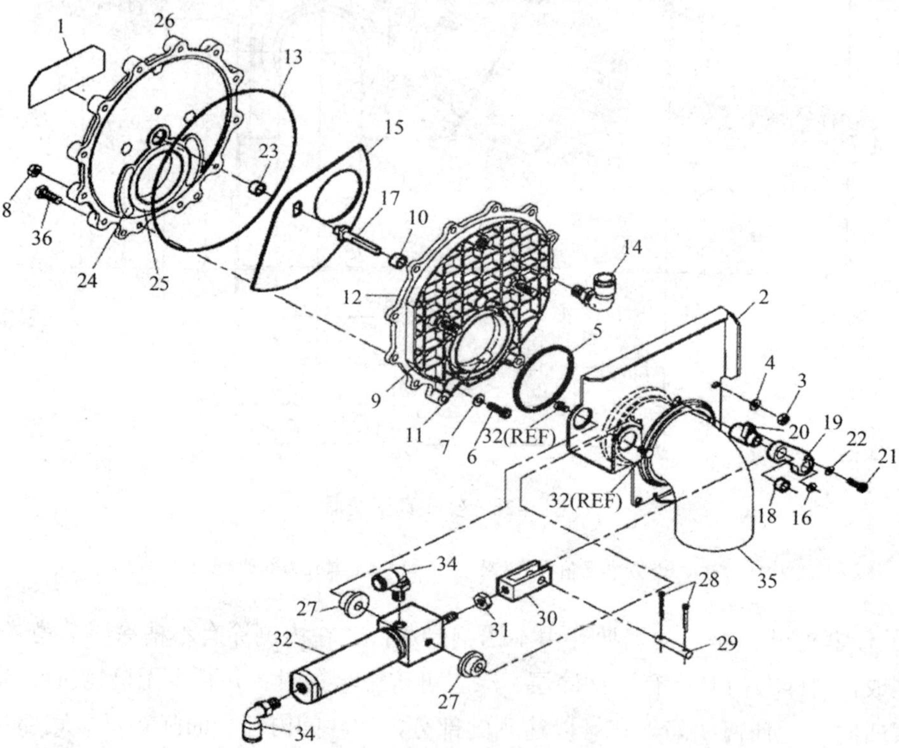

图 6-28 冲便阀组合

1—识别标签；2—气缸安装板；3—六角螺母；4—10 号平垫圈；5、13—O 形圈；6、21—内六角螺钉；7—平垫圈；8—自锁螺母；9—螺栓；10—铜轴衬；11、25—密封面；12—后罩；14、34—90° 阳弯头；15—滑板；16—外部保持圈；17—阀轴；18—轴衬；19—冲便阀杆；20—杆止套；22—8 号锁定垫圈；23—轴衬套；24—曲面安装板；26—前罩；27—衬套；28—开尾销；29—钻孔销；30—联接叉；31—螺母；32—气缸；33（REF）—气缸固定件；35—排放弯头；36—六角螺栓

5. 冲水控制系统

真空保持式集便器冲水控制系统包括遥控操作单元、冲洗控制单元和风源过滤调压装置。

1）遥控操作单元

遥控操作单元用以控制真空便器，分别利用电气插头、水管插头及空气管联接头与冲洗控制单元互相联系，如图6-29所示。

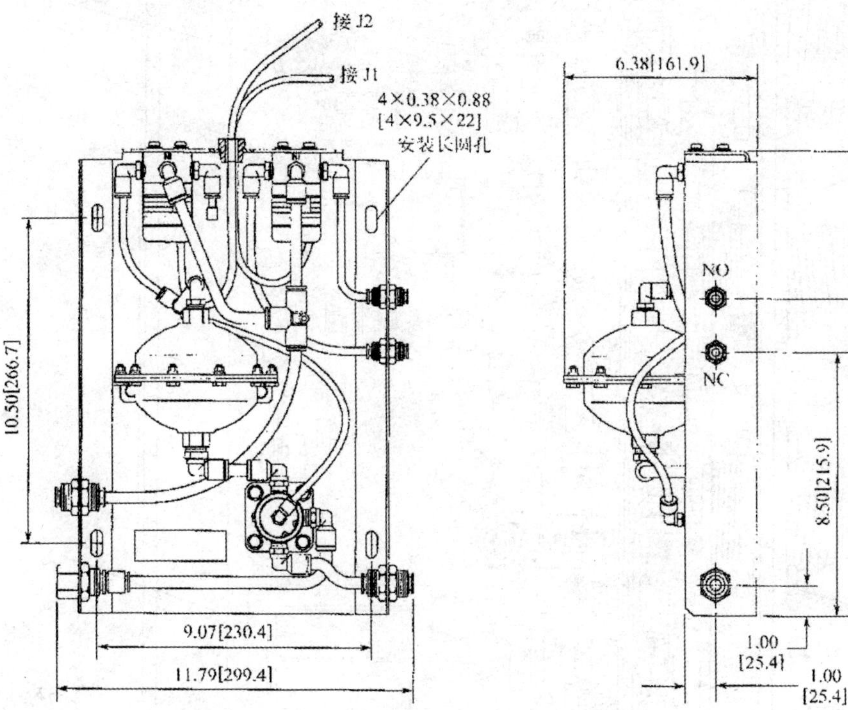

图 6-29 遥控操作组件

注：［ ］内数值单位为毫米（mm），其余数值单位为英寸

（1）水增压器施压于定量的水去冲洗便斗。增压器装有水输入／输出口和压缩空气输入／输出口各一个。

（2）冲洗阀装配。冲洗阀装配利用FCU控制的空气阀以气动操作，装有水输入口、水输出口和水转移口各一个。

（3）空气阀。一个阀控制进入增压装置的气流，另一个阀控制进入冲便阀气缸中的气流。每个阀都有一个单独的电气接头与FCU联接。FCU发出信号以控制阀的开／闭。空气阀是四向的单一电磁阀。每个阀有1个进气口、2个出气口及1个排气口。

2）冲洗控制单元

冲洗控制单元与系统控制器、冲洗按钮、遥控操作单元、冲洗电磁阀和排泄电磁阀相连，如图6-30所示。

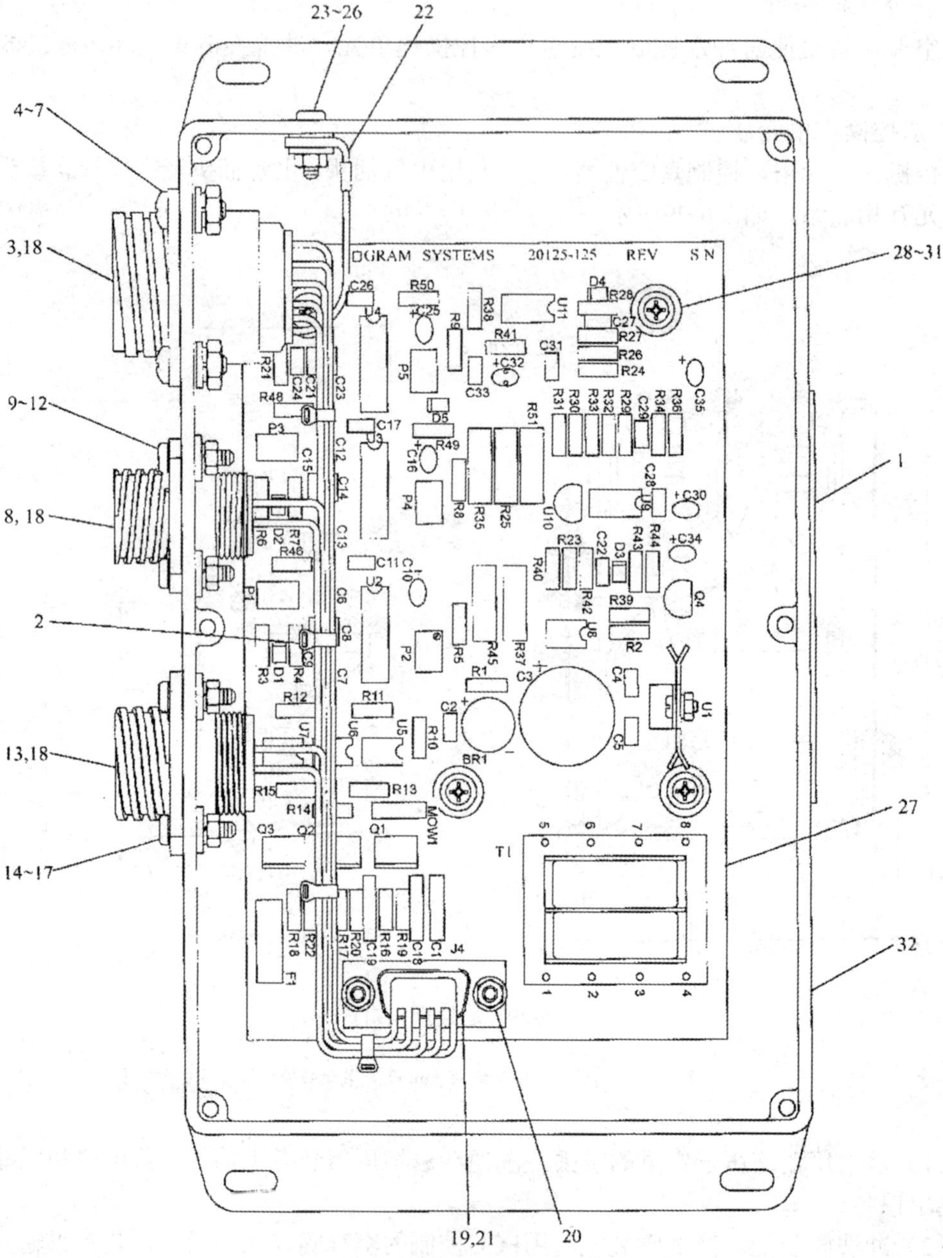

图 6-30 冲洗控制单元

1—识别标签；2—线扣；3—插座接头（J3）；4、9、14、23、28—皿形头螺钉；5、10、15、24—六角螺母；6、11、16、25、31—弹簧自锁垫圈；7、12、17、26、29—平垫圈；8—插座接头（J2）；13—插座接头（J1）；18—导针；19—插座接头（J4）；20—凸形止动螺钉；21—针插座；22—环形端子；27—电子板；30—绝缘平垫圈；32—电子板箱

冲洗控制单元主要控制冲水和排便的动作与时间。

系统控制器负责向冲洗控制单元提供电源。

6. 系统工作原理

真空保持式集便系统通过真空发生器将污物箱抽成真空，它利用文丘里管原理，车辆压缩空气通过真空发生器内的喷射器，将污物箱抽成负压，在污物箱和排便管内建立并保持一定的真空度，当系统工作时产生足够的力，将便斗内的污物抽到污物箱中。污物箱内的真空度由真空发生器内的真空开关来控制，它让污物箱内始终保持5～10英寸汞柱的真空度，当真空度低于5英寸汞柱时，真空开关闭合，空气阀动作，压缩空气流向真空发生器；当真空度达到10英寸汞柱时，真空开关断开，空气阀失电，压缩空气停止流动，如图6-31所示。

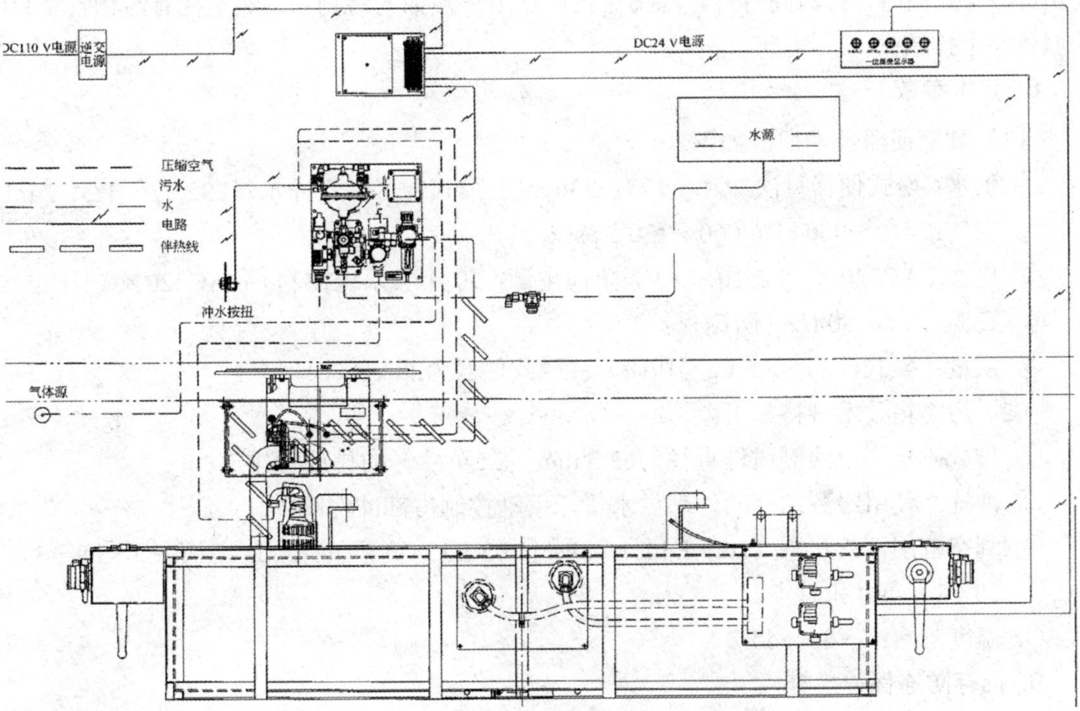

图 6-31　MONOGRAM 集便器系统图

7. 系统操作

1）真空保持式集便系统

真空保持式集便系统（VEWS）需要列车供应电源、压缩空气及水。系统和防冻保护所需电压为2组AC220 V，50 Hz。两条线路都与系统控制器相连。控制器内的端子板将电源分配给便器、电磁阀、开关、指示灯及防冻保护系统。

2）压缩空气

系统压缩空气压力为500 kPa（5 bar）。空气压力开关监控压缩空气，如果压缩空气低于最小值340 kPa（3.4 bar），系统将不能正常运作。

3）系统操作

系统的操作基于整个冲洗循环。按下冲洗按钮就开始了一次冲洗循环。冲洗按钮按下后，联接到真空发生泵的空气阀打开一段时间，直到真空高度达到254 mm汞柱（10英寸汞柱），或者等待2 min，看哪一种情况先发生。如果系统在2 min内达到254 mm汞柱，可进行下一次冲洗循环。

如果系统在2 min后还没达到254 mm汞柱，则当按下按钮，系统将会自动设置，下一次冲水循环又将开始。

4）冲洗动作

冲洗时，压缩空气作用于水增压器，将水瞬间压入便器，水压高达0.3 MPa，能够将污物击碎，与此同时，排泄阀打开，污物在负压作用下被抽入污物箱，然后在有污物收集系统的服务站上排放。

8. 技术参数

（1）真空便器技术规格如下。

① 供水：坐式便器每次冲水量177～236 mL；蹲式便器每次冲水量295．7～473．2 mL。

② 供气：410～900 kPa（60～130.5 psi）。

③ 电源：AC220×（1±10%）V，单向电源，50 Hz（系统控制）；AC220×（1±15%）V，单／三向电源，50 Hz（防冻保护）。

④ 质量：坐式便器为8.6 kg（19磅）；蹲式便器为28 kg（61磅）。

（2）污物箱技术规格如下。

① 排放：从列车两侧通过直径为63.5 mm（2.5英寸）的排放管排放。

② 冲洗：使用服务站上的外部供水管，手动控制内部冲洗喷嘴。

③ 真空范围：低状态（16.9±13.4）kPa［（5±1）英寸汞柱］；高状态（33.8±3.4）kPa［（10±1）英寸汞柱］。

④ 温度范围：−40～40℃。

9. 储存防冻保护措施

为了防止污物箱系统在0 ℃以下冻坏，应采取以下措施：

① 切断至污物收集系统的水源。

② 按冲洗按钮排出水管及便器中的剩余水，使便器保持干燥。

③ 排空污物箱。

④ 切断风源、电源，列车所有系统可以停止运行。

注意：列车需提供AC220 V电源及最小410 kPa（60 psi）的压缩空气才能进行防冻步骤。

10. 吸污车

集便器污物排出采取地面真空吸污车统一收集、定点排放的办法。

吸污车应采用五十铃或东风底盘，车速不小于90 km／h；污水罐体容积应不小于3 m^3，罐体采用不锈钢材质；吸污管规格应为65 mm，抽吸深度≥8 m。

吸污车与污物箱排污接头采用凸轮锁机构快速联接，每个污物箱排空时间为30～60 s；吸污车污物的排放通过向罐体加正压实现，污物排空时间为1～2 min。

每组车应至少配一个吸污车，在专用站线进行收集。

6.5 客车塞拉门

目前我国25G、25K、25T等型客车使用的塞拉门通常采用电控气动塞拉门和手动塞拉门，电控气动塞拉门驱动方式为气动，控制方式为电控，能实现本车控制和列车自动化集中控制；手动塞拉门以手为动力，无法实现集中自动化控制，靠加压装置增加密封力。

所谓塞拉门就是车门在关闭的过程中有塞拉的动作，并且门关闭时门外面与车体外表面齐平，门打开时车门车体部分重叠。塞拉门从功能上分如下几种：手动、半自动、全自动等。它比原用钢折页门有许多优点：密封性好；不占车内空间；锁闭机构安全可靠；在全自动门上还装有防夹功能等。我国铁路客车上装有IFE、康尼、Bode、Faive Ley等公司生产的电控或手控气动塞拉门。下面简单介绍南京康尼公司生产的MS730CP50电控气动塞拉门，其他型号的塞拉门其结构、原理与之基本相同。

6.5.1 MS730CP50电控气动塞拉门的结构

MS730CP50电控气动塞拉门主要由以下6部分组成。

1．基础部件

（1）上、前、后压条；上、下滑道；带防冻装置的防护罩；防护罩胶条；门框胶条等零部件。其主要作用是引导门扇的运动及实现门扇与车体的密封。

（2）翻转脚蹬：主要由转轴箱、支承架及脚踏板等组成。

（3）翻转脚蹬传动杆：主要由下拉杆、接杆、套、气缸支架及气缸等组成。

2．门扇部件

门扇部件主要由门扇（下部带防冻装置）、锁扣、保险锁（隔离锁）、下支架和携门架组成。

3．驱动部件

（1）移动承载部件：主要由支架、挂架、长导柱、短导柱及直线轴承组成。

（2）气动机构及气路系统：由无杆气缸、气缸支架、球阀（作气源开关用）、快排气阀、过滤减压阀组件、消音器、节流阀、气管和管接头等组成。

4．操作部件

操作部件主要由内操作装置（电控锁）、外操作装置（手动、电控双功能锁）、连动机构、紧急解锁装置（手动锁）4个部分组成。

5．门锁部件

门锁部件主要由开、闭锁气缸和锁体、锁叉定位套及锁扣等零部件组成。

6. MK0405 电控系统

MK0405电控系统主要由可编程控制器（PLC）、电源开关及指示灯、蜂鸣器、电磁阀、压力继电器、压力波开关、磁感应开关、电气箱及其附件组成。

6.5.2 MS730CP50电控气动塞拉门的工作原理

1. 结构形式与功能

MS730CP50电控气动塞拉门由门体、门框、驱动机构、承重机构、传动机构、导向机构、闭锁装置、门锁及操纵装置、密封和防挤压装置、活动脚蹬、气动元件和电控系统组成。

驱动装置为气缸式结构，一般开门时间单程为3～6 s，门的运动速度由气缸两端的节流阀调整。门的导向由上、下导轨实现。闭锁装置产生的机械闭锁力能保证在压缩空气发生故障时车门不会自动开启。防挤压装置是为防止车门在关闭时压挤乘客而设置的，其防挤压力不大于150 N。防挤压功能在关门全行程的98%范围内具有门遇障碍物可自动返回，10 s后再自动关闭。

车门内、外操纵装置用于车门的开关操作。塞拉门可实现列车集中控制和本车控制，紧急情况下也可手动。通过集中控制箱、本车三角钥匙开关或车门的按钮／电子钥匙来实现列车各车门的操作。

2. 气动原理

塞拉门不仅主要组成相同，而且气动原理也基本一致，一般由车辆风源、空气过滤器、调压阀、风缸、气路控制阀及空气管等组成。车辆风源由车下储风缸提供，供气压力为0.45～0.9 MPa。

3. 电控系统

整列车塞拉门的电控系统主要由一个集控箱和各车厢的单车电控系统组成。单车电控系统主要由门控器、传感器、操作单元、控制元件、指示元件及电路组成。一个车厢总共有4套车门，两套门控器，每端一左一右两个门，共用一个门控器。当车速小于5 km／h时，判定“车辆静止”，门控系统处于“安全”状态，门可以打开；当车速大于或等于5 km／h时，判定“车辆不静止”，门控系统处于“非安全”状态，除了紧急锁外，其他方式不能将门打开。

6.5.3 MS730CP50电控气动塞拉门门控操作

MS730CP50电控气动塞拉门门控操作有手动、电控气动和集控气动3种控制方式。

1. 手动操作

当门系统无电无气时，可用下述方法实现门的开启与关闭。

1）开门

用专用三角钥匙按紧急解锁装置（或外操作装置）标记上箭头所指方向（顺时针）转动装置上的三角头转轴约45°。解锁后，用手拉动门扇即可开门。在操作过程中如遇非正常情况松开钥匙后仍不能拉动门扇，此时操作者一手进行解锁操作，另一手拉动门扇即可将门打开。注意，手动操作装置经紧急解锁后应及时复位。

2）关门

用手拉动门扇直至关闭位，当听到锁的二级闭锁动作发出声响时，即认定门已被可靠关闭并锁定，若只听到一级闭锁动作声响则应开门重新关门，直到实现二级锁闭。

2. 电控气动操作

1）开门

（1）集控系统未开或没有集控关门信号且有电有气时，外操作装置与内操作装置具有相同的功能，用三角钥匙按箭头所示操作方向操作，门控操作现车实物如图 6-32 所示。蜂鸣器响 2 s 以后车门打开，翻转脚踏板翻下成水平状。

图 6-32 门控操作现车实物图

（2）在有集控关门信号且有电有气时：

① 操作装置不能开门。

② 作外操作装置压下微动开关，系统将关门电磁阀电源切断，这时可以手动开门， 10 s 后门将自动关闭。

③ 紧急状态下的开门。

在遇到紧急情况时，用三角钥匙按箭头所示的方向顺时针操作紧急解锁装置，系统将电磁阀电源切断，报警蜂鸣器报警，此时，可以手动开门。

如果手动操作未复位，则有电时报警蜂鸣器将持续报警，塞拉门也将失去所有自动控制开关门的功能。

2）关门

（1）车门处于开启状态，用三角钥匙按箭头所示进行操作，蜂鸣器响2 s后，车门关闭，同时翻转脚踏板向上翻起。若门扇在关闭过程中遇到障碍，门扇会自动返回。2～5 s后再自动关闭。若关闭途中障碍仍存在，则车门会重复上述动作，直到障碍排除，门扇关闭至离门框胶条15～30 mm时，无防挤压功能。

（2）车速≥5 km / h时（5 km / h信号由车辆提供），车门将自动关闭，且设有防挤压功能。

3. 集控操作

（1）开左侧门：将集控箱中的开左 / 右侧门信号选择开关旋至开左侧门位置，揿开门按钮，各车厢门系统得到信号，蜂鸣器响2 s后，左侧车门执行打开功能。

（2）开右侧门：将选择开关旋至开右侧门位置，其他操作与上相同。

（3）关门：无论选择开关在何位置，揿关门按钮，各车厢得到信号，蜂鸣器响2 s后，车门关闭。如果门未关到位指示灯不熄灭，则表示有门没有关到位，可重新揿下关门按钮，此时关到位的门不动作，没有关到位的门重新打开后自动关闭。

（4）集控操作注意事项

① 集控处在关门状态时，各车厢单门系统的内操作不能电控开门，外操作只能实现手动开门，10 s后自动关门。

② ≥5 km / h信号产生后，集控的各种操作不起作用。

③ 锁闭时，单门控制系统将不接收任何信号，并且该门的“门关到位”信号正常供给集中控制系统。

④ 锁装置解锁后，系统将电磁阀电源切断，各类操作无效。

复习思考题

1. 什么是客车给水装置？
2. 客车给水装置根据水箱在客车上安装位置的不同，可分为哪几种形式？我国铁路客车绝大部分都采用什么形式的水箱供水？
3. YZ_{25G}、YW_{25G}、RW_{25G}和CA_{25G}型餐车在车顶棚内都设有哪些水箱？其总容量各为多少？
4. YZ_{25T}、YW_{25T}、RW_{25T}和CA_{25T}型餐车在车顶棚内都设有哪些水箱？其总容量各为多少？
5. 有一辆CA_{25G}型餐车，观察水位表，发现黑针无摆动现象，这说明什么？
6. 有一辆CA_{25T}型餐车，从一位端配电柜内的水位显示器观察水位格为1/4，这说明什么？应该怎么办？
7. 对YW_{25T}型空调硬卧车给水装置在验水时，观察显示器，显示器分为几格显示？分别表示什么？
8. 对25型客车注水时，应该在车下哪一侧注水口注水？在什么时候停止注水？
9. 说明YZ_{25}型普通客车燃煤锅炉温水取暖装置的组成。
10. 手动水泵具有哪些特点？
11. 电动水泵水泵部分主要由哪些配件组成？
12. YW_{25G}型空调硬卧车采暖装置由哪几部分组成？
13. 25T型客车电热器由哪些配件组成？
14. 我国使用的风挡装置有哪几种形式？
15. 橡胶风挡装置由哪几部分组成？
16. 说明25T型客车密接式折棚风挡的组成。
17. 气动冲水式集便器系统主要由哪些零部件组成？
18. 说明真空保持式集便器系统的组成。
19. 塞拉门从功能上分为哪几种？
20. 说明 MS730CP50 电控气动塞拉门主要由哪几部分组成？

附录A　NJ（P）3226X1型轴承用工程塑料保持架技术说明

A.1　技术要求

A.1.1　保持架材料采用玻璃纤维增强聚酰胺制造。

A.1.2　保持架尺寸和公差应符合相应图样的规定。

A.1.3　零部件外观检查要求。

（1）　外观应完整，表面应平整、光滑。

（2）　不允许有结构性损坏，如裂纹、破损、折断、分层等。

（3）　与滚子组件接触的窗孔表面不应有毛刺，非工作面的毛刺高度≤0.2 mm；不允许有超过0.3 mm深度的机械性损伤，如划伤、磕伤等缺陷。

（4）　表面不允许有可见的玻璃纤维、明显的熔接线。

（5）　表面不允许有油污、水垢及灰尘等。

A.1.4　产品标识：保持架上应注明制造单位代号、3226X1、模具号、制造年月。

A.2　包装规定

A.2.1　保持架应用塑料袋密封，并装入包装箱中。

A.2.2　外包装要完整无破损，包扎牢固，不得有雨淋及其他异常现象。

A.2.3　内包装要完好无破损，封装整齐，不得出现敞口、进水及液体浸泡现象。

A.3　存放规定

A.3.1　保持架应存储于清洁、干燥的室内，避免紫外线或太阳光直射，远离热源，不得与酸、碱接触。按照产品包装日期顺序依次摆放，实行先进先出的原则。储存期自包装日期至装用之日不应超过12个月，逾期应重新抽样检验，验证合格后方可使用。

A.3.2　运输过程中严禁挤压和撞击，装卸过程中严禁摔、扔和踩踏包装箱等。

A.4　使用规定

A.4.1　保持架在装用、分解和清洗过程中应轻拿轻放，避免磕碰。

A.4.2　保持架从塑料袋内取出部分后，要及时扎紧塑料袋口。

A.4.3　保持架从塑料袋内取出后必须在24 h内组装使用，否则，必须把保持架重新放入塑料袋内并密封好，从塑料袋取出或放入部分保持架后，要及时扎紧塑料袋口。

A.4.4　轴承在搬运、组装及检修过程中若出现摔落触地，应分解检查保持架外观是否受损，尤其缩口处是否变形或开裂。

A.4.5　所有报废的保持架都必须做有明显的废品标记，如涂刷红色油漆或切断，以便区分合格和报废的保持架，避免报废的保持架误装或混装入轴承。

附录B　轴承组装前的清洁度及工作间环境质量要求

B.1　轴承组装前的清洁度质量要求

B.1.1　目视要求：轴承各零部件表面及沟角处不得存在肉眼可见的油污、水分、灰尘、纤维物、锈斑和其他污物，但检修轴承的外圈外表面允许局部留有除锈后的锈迹。

B.1.2　手感要求：轴承各零部件表面用手触摸时，手感不得有颗粒物存在。

B.1.3　白布检查：使用洁净的棉白细布擦拭轴承零部件表面后，白布上不得呈现污迹。

B.1.4　按规定的方法进行定量检查，杂质含量必须符合表 B-1 所示的规定。

表 B-1 轴承组装前清洁度标准

杂质类别	轴承类型	质量标准	
		合格标准	优质标准
杂质质量	热组装圆柱滚子轴承	15mg/套	10mg/套
	冷压装滚子轴承	80mg/套	60mg/套

B.2　轴箱及其附件组装前的清洁度质量要求

B.2.1　目视要求：轴箱及其附件表面及沟角处不得存在肉眼可见的污垢、水分、灰砂、纤维物、锈斑和其他污物，但检修后的轴箱内孔表面允许局部留有除锈后的锈迹。

B.2.2　手感要求：轴箱内部及其各附件的工作表面用手触摸时，手感不得有明显的颗粒物存在；用手触摸轴箱、前盖和后盖的外表面时，手感不得有脱落的颗粒物存在。

B.2.3　白布检查：使用洁净的棉白细布擦拭轴箱、前盖和后盖的外表面后，白布上不得呈现浮灰、浮砂和浮锈，擦拭轴箱内孔及其他附件工作表面后，白布上不得呈现污迹。

B.2.4　按规定的方法进行定量检查，杂质含量必须符合表 B-2 所示的规定。

表 B-2　轴箱及其附件组装前清洁度标准

杂质类别	零部件名称	质量标准	
		合格标准	优质标准
杂质质量	轴箱内孔	20mg/个	10mg/个
	前盖内表面	20mg/个	10mg/个
	后盖内表面	20mg/个	10mg/个
	油封	10mg/个	5mg/个
	防尘挡圈	20mg/个	10mg/个
	压板	20mg/个	10mg/个
	防松片	20mg/个	10mg/个
	螺栓、垫圈	20mg/套	10mg/套
	轴颈	10mg/个	5mg/个

B.3　轴承检测、组装、存放工作间环境质量要求

B.3.1　工作间内空气清洁度

1. 定性检查

（1）目视要求：轴承检测、组装、存放工作间内的空气中不得有明显飘尘，在专用测试板上不得有明显落灰层。

（2）白布检查：用洁净的棉白细布擦拭时，不得有明显污迹。

2. 定量检测

用专用测试板做定量检查时，24 h 的落尘量为：轴承检测工作间的落尘量≤60 mg/m^2；轴承存放、组装工作间的落尘量≤8 0 mg/m^2。

B.3.2　工作间地面清洁度定性检查。

1. 目视要求

工作间地面应呈原色，不得存有油泥、杂物。

2. 手感要求

工作间地面用手触摸时，手感不得有明显的颗粒物存在。

B.3.3　工作间内的温度：轴承检测、组装工作间内的温度要求为 16～30℃。

B.3.4　工作间内的湿度：轴承检测、组装工作间的相对湿度≤60%；存放工作间内的相对湿度≤40%。

B.4　轴承检测工作台及检测工卡量具的清洁度要求

（1）目视要求：轴承检测工作台及检测工卡量具应无可见的污垢、灰尘和锈迹。

（2）手感要求：轴承检测工作台及检测工卡量具用手触摸时，手感不得有明显的颗粒物存在。

（3）白布检查：用洁净的棉白细布擦拭轴承检测工作台及检测工卡量具时，不得有明显污迹。

B.5　定量检查方法及杂质、落尘量计算方法

B.5.1　测试仪器、设备与工具材料。

（1）0.5～2 英寸规格的尼龙扁刷、圆刷，1 套。

（2）与被清洗零部件尺寸相适应的带盖的桶等容器，1 套。

（3）永久性磁铁，1 块。

（4）万分之一自动加码光电天平，1 台。

（5）烘箱、干燥器和称量瓶等，1 套。

（6）带刻度能放大 40 倍以上的显微镜，1 架。

（7）滤膜（5μm 微孔），若干。

（8）滤网（300～360 目，约 40μm），若干。

（9）测试板（250 mm×250 mm 的玻璃板、有机玻璃板或镀钢板），1 块。

（10）清洗液（GB/T 1922—2006 规定的 5 号溶剂油），若干。

（11）其他常用工具，1 套。

B.5.2　准备工作

（1）清洁度的测定工作应在环境清洁、通风良好并具有安全设施的室内进行。

（2）操作人员应身着洁净的工作服和工作鞋帽，洗净双手。

（3）所有清洗工具和容器等均应清洗干净。

（4）所使用的清洗液应用备好的 5 μm 微孔的滤膜过滤。

（5）将滤网平整地放在清洗液中浸泡 10 min，取出后待清洗液挥发干净再置入（100±5）℃的烘箱内烘干 60 min，取出后再置于干燥器内冷却 30 min，然后称重（G_1）待用（用万分之一自动加码光电天平，以两次称重值相差≤0.4 mg 为准）。

B.5.3 操作方法

（1）清洗轴承零部件及其附件时，对可分解的零部件应全部分解，对不可分解的轴承零部件组件在清洗过程中应施行转动清洗，清洗时用尺寸合适的洁净刷子将每个零部件洗刷 3 遍，再用没有清洗过零部件的新清洗液冲洗 2 遍，收集清洗液待查。

（2）清洗测试板时，将已取样的测试板放入盆中，用刷子洗刷 3 遍，再用没有清洗过零部件的新清洗液冲洗 2 遍，收集清洗液待查。

（3）用 300～360 目滤网过滤清洗后的清洗液。

（4）将滤有杂质的滤网置于称量瓶中，放入（100±5）℃的烘箱中烘干 60 min，取出后再放入干燥器中冷却 30 min，然后称得滤网质量为 G_2（用万分之一自动加码光电天平，以两次称重值相差≤0.4 mg 为准）。

B.5.4 杂质及落尘量计算方法

（1）轴承及其附件杂质质量按下式计算：

$$G=G_2-G_1$$

式中：G—杂质质量（mg）；

G_1—过滤前滤网质量（mg）；

G_2—过滤后滤网质量（mg）。

（2）用包有玻璃纸的磁铁分拣杂质中的铁屑（必要时可到有条件的试验室分拣出其他金属杂质），称出铁的质量并计算其占杂质的比例（%）。

（3）用 40 倍及以上的显微镜测出杂质最大颗粒物的尺寸（长×宽，单位为μm）。

（4）工作间落尘量按下式计算：

$$W=(G_2-G_1)/S$$

式中：W——落尘量（mg/m²）；

G_1——过滤前滤网质量（mg）；

G_2——过滤后滤网质量（mg）；

S——测试板面积（m²）。

参 考 文 献

[1] 严隽耄. 车辆工程. 2 版. 北京：中国铁道出版社. 1999.
[2] 刘惠民. 铁道车辆构造检修及装备：上册. 北京：中国铁道出版社，2000.
[3] 刘惠民. 铁道车辆构造检修及装备：下册. 北京：中国铁道出版社，2000.
[4] 王辉，何方. 列检、库列检车辆钳工制动钳工. 北京：中国铁道出版社，2002.
[5] 宋顺宝. 客车车辆构造与检修. 北京：中国铁道出版社，2003.
[6] 刘柱军. 车辆构造及检修. 北京：中国铁道出版社，2004.
[7] 张曙光. 青藏铁路高原客车. 北京：中国铁道出版社，2007.
[8] 严隽耄，付茂海. 车辆工程. 3 版. 北京：中国铁道出版社，2008.
[9] 杨志强. 客车电气装置.北京：中国铁道出版社，2008.
[10] 袁清武. 车辆构造与检修. 北京：中国铁道出版社，2008.
[11] 亚牛，廉洁. 漫话车辆. 北京：中国铁道出版社，2009.
[12] 李原福. 铁道车辆职业教育培训教材车辆乘务员. 北京：中国铁道出版社，2009.
[13] 铁路职工岗位培训教材编审委员会. 铁路职工岗位培训教材轮轴装修工. 北京：中国铁道出版社，2010.
[14] 铁路职工岗位培训教材编审委员会. 铁路职工岗位培训教材客车检车员. 北京：中国铁道出版社，2011.
[15] 铁路职工岗位培训教材编审委员会. 铁路职工岗位培训教材车辆电工. 北京：中国铁道出版社，2011.
[16] 铁路职工岗位培训教材编审委员会. 铁路职工岗位培训教材车辆钳工. 北京：中国铁道出版社，2012.
[17] 袁清武. 客车构造与检修. 北京：中国铁道出版社，2012.
[18] 中国铁路总公司. 铁路技术管理规程：普通铁路部分. 北京：中国铁道出版社，2014.
[19] 法子利. AM96 型客车转向架车辆落成尺寸与称重关系探讨. 铁道车辆，2014，52（4）：35-36.